泰州文獻

第二輯

泰縣農業
泰州賦役全書
水荒吟
姜泰釐局邀免稟稿
泰州繂堤説略
丁草劉白疆域屬東駁議　興東界綫成案録
備采録
敬止集
泰州鄉土志
姜堰鄉土志
泰州詩書畫及見識
吴陵畫譜補
吴陵藝苑

鳳凰出版社

ISBN 978-7-5506-2040-7

圖書在版編目（CIP）數據

泰州賦役全書 / 佚名編. -- 南京 : 鳳凰出版社,
2014.10
（泰州文獻）
本書與“泰州鄉土志·泰州詩書畫及見識等”合訂
ISBN 978-7-5506-2040-7

Ⅰ. ①泰… Ⅱ. ①佚… ②馬… ③程… Ⅲ. ①泰州市
—地方史—史料 Ⅳ. ①K295.33

中國版本圖書館CIP數據核字(2014)第229653號

責任編輯　王愛榮
裝幀設計　姜　嵩
出版發行　鳳凰出版傳媒股份有限公司
　　　　　鳳凰出版社(原江蘇古籍出版社)
　　　　　發行部電話025－83223462
出版社地址　南京市中央路165號　郵編:210009
出版社網址　http://www.fhcbs.com
印　　刷　揚州文津閣古籍印務有限公司
　　　　　揚州市開發區鴻揚路22-2號(6幢)　郵編:225009
開　　本　889毫米×1194毫米　1/16
印　　張　41
版　　次　2014年10月第1版　2014年10月第1次印刷
標準書號　ISBN 978-7-5506-2040-7
定　　價　590.00圓
（本書凡印裝錯誤可向承印廠調換,電話:0514－87969255）

《泰州文獻》編纂委員會

主　編

盧佩民

副主編

黄林華　姜小青

執行主編

成愛君　費振鐘

編　委（按姓氏筆畫为序）

王　飛　王　劍　王正奎　卞惠興　朱長順　全　勤
李文華　李明官　吴　迪　吴小晴　吴雙林　汪　政
沈　俊　林世田　臭其康　倪培翔　徐一清　徐同華
高　峰　陳　立　黄　靖　曹學林　常　康　張　定
張永龍　劉仁前　劉春龍　潘浩泉　薛　飛　謝冬榮
竇立成　顧寄南

總序

泰州古稱海陵，漢初（公元前一一七年）置縣，晋末（公元四一一年）設郡，南唐（公元九三七年）建州，始稱泰州。

泰州濱江近海，物阜民豐。漢唐以來，糧鹽並舉，商貿繁榮，爲溝通南北的重要港口城市。

泰州素爲文教昌明之邦。唐初立州學，北宋建貢院，明清開學政試院，産出大批科舉優秀人才。

泰州自古人文薈萃。走進泰州的，從范仲淹、富弼、陸佃，到孔尚任、吴讓之、蔣春霖，都留下深遠影響。走出泰州的，從張懷瓘、胡瑗、施耐庵、王艮，到李清、吴嘉紀、柳敬亭、黄龍士、李鱓、鄭燮、劉熙載、李詳、梅蘭芳、高二適，都在各自領域爲中國文化作出巨大貢獻。

泰州遺存的文獻也很豐富。僅據《江蘇藝文志》所載，便有二千七百餘種，涵蓋經、史、子、集的方方面面。其中，尤以明清時期爲夥，占到百分之九十九以上。這當中不排除由於種種原因，致使元以前的一些著述湮没無聞，但明清兩代，確是泰州文化的繁盛期。在這些文獻中，如《書斷》（張懷瓘）、《水滸傳》（施耐庵）、《王心齋先生遺集》（王艮）、《宗子相集》（宗臣）、《陋軒詩集》（吴嘉紀）、《板橋全集》（鄭燮）、《藝概》（劉熙載）、《李審言文集》（李詳）、《黄龍士先生棋譜》等，在中國文化史上都有重要地位和深遠影響。

與此同時，對鄉邦文獻進行整理的也代不乏人。自宋至清，周氏（周麟之等）、宫氏（宫偉鏐等）、陳氏（陳應芳等）、徐氏（徐鳴柯等）等都曾致力其事，爲泰州留下了許多寶貴的文化財富。清嘉道間，鄉人夏荃編輯《海陵文徵》二十卷、附録十二卷，《海陵詩徵》十卷。民國初年，曾任江蘇省省長的鄉人韓國鈞歷經十餘年編成《海陵叢刻》計二十三種六十六册。

二〇一一年九月召開的中共泰州市第四次代表大會，提出了建設文化名城的任務。爲此，中共泰州市委、泰州市人民政府决定編纂《泰州文獻》。這是泰州有史以來對本土文獻最大規模的整理和彙編。它對於保存、利用、研究和開發泰州的歷史文化，尋繹泰州獨特的地方文化價值，爲泰州文化建設提供歷史人文資源，意義重大。

爲了保證編纂工作的順利進行，市委、市政府專門成立了工作委員會、編纂委員會和學術指導委員會。工作委員會由市委、市政府領導和相關部門負責同志組成，負責對編纂工作的領導和協調。編纂委員會由相關專家、學者組成，具體負責《泰州文獻》的編纂出版工作。學術指導委員會由江慶柏、魯國堯、程章燦、茅家琦、華學誠、徐雁、金良年等國内知名文史專家組成，負責對編纂工作的指導和把關。

編纂工作按如下幾個步驟進行：（一）進行文獻調查，建立文獻檔案；（二）精選有代表性、有學術價值的作品影印出版，選目由編纂委員會和學術指導委員會共同審議確定；（三）編輯出版《泰州文獻總目》。

《泰州文獻》分爲四輯：

第一輯『官修舊志』，收録泰州地區現存所有官修地方志。

第二輯『地方史料文獻』，收録泰州地區歷代重要的筆記和史料。按内容又可分爲史地類：收録有關泰州歷史地理方面的著作，包括小志、專志、雜志等；政情類：收録有關泰州政治、經濟等方面的著作；文教類：收録有關文化、教育、圖書館等方面的著作。

第三輯『家族文獻』，收録泰州地區重要的家譜、家傳、家集與名人年譜。按内容又可分爲家乘傳記類：擇要收録泰州家族譜牒中的譜序、家規、家訓、箴言、族約、族記、祠田記、塋田記、雜記、著述等資料；家族總集類：以家族姓氏筆畫爲序。

第四輯『泰州文存』，收録泰州地區作者的詩文著作及其他代表性著作。按内容又可分爲學術論著類：收録泰州作者的經史雜著；文集類：收録泰州作者的詩文集；地方總集類：收録泰州作者的詩文合集。

考慮到《水滸傳》、《封神演義》（《辭海》云『一説陸西星作』）、《檮杌閑評》（學界多謂李清所作）等小説流傳甚廣，版本豐富，故不再收録。其他如堪輿、術數類著作，泰州人撰泰州地區以外的地方志、地理志類著作，一般性的彙編、摘鈔類著作，亦不予收録。

《泰州文獻》原則上收録現轄區内的作家作品。但從尊重歷史出發，泰州學派創派人物、明代思想家、哲學家王艮，平民詩人吴嘉紀等人，歷史上均屬於泰州地區，對泰州地區具有深遠的文化影響，他們的作品亦予收録。

前人給我們留下了豐厚的文化遺産，我們既要加以珍視和傳承，更要在前人的基礎上，創造出無愧於今天這個偉大時代的新篇章。這是我們更重要的使命，讓我們爲之努力。

《泰州文獻》編纂委員會
二〇一三年十月十八日

凡例

一、《泰州文獻》（以下簡稱《文獻》）分爲《官修舊志》、《地方史料文獻》、《家族文獻》和《泰州文存》四輯。

二、《文獻》收録範圍原則上爲現行政轄區内作者的著述和與泰州有關的重要著述，但考慮到歷史上曾屬於泰州地區的人物，如泰州學派的代表人物王艮、平民詩人吴嘉紀等對泰州文化深具影響，對他們的作品亦予收録。

三、所收著作成書年代限於一九四九年以前。

四、《文獻》所收著作，以學術價值、使用價值較高爲原則，適當兼顧版本價值。

五、《文獻》以影印方式出版。如有蠹損、殘缺、漫漶不清處，原則上以相同版本予以補配，以保證完整、清晰。

六、《文獻》對所收每種著作均撰寫提要，置於該著作前面，以方便讀者瞭解作者生平、主要内容、學術價值等。

七、《文獻》除保留所收著作原有頁碼外，均新編頁碼，每册頁碼自爲起訖。

八、《文獻》最後一册編有書名索引和作者索引，以方便讀者使用。

目録

泰縣農業

王國謀 撰

《泰縣農業》，民國王國謀撰，據上海圖書館藏稿本影印。

王國謀，初名昌謀，字蘭谷。民國泰縣人，江蘇省議員。

此書稿内容有：《泰縣地質調查表》，包括表土、心土、土色、深度、特性。《農事門》，包括《泰縣農事之歷史》、《泰縣收穫之情形》。《泰縣農事之歷史》記載了從吴王劉濞開茱萸灣，引河東向，以通海陵之倉，到民國年間泰縣農業發展、演化的歷史。其中記泰縣地價的變化，尤爲重要之史料。作者以下河一畝田爲標準，記道：光緒元年（一八七五）約六千文，十年爲十千文，二十年爲十五千文，三十年爲二十千文。宣統年間爲二十元（此時一元已超出一千文以外）。而到民國十五年（一九二六）已是七十元，其後稍有回落，民國十九年是四十五元。此是光緒以來下河田價之大略。民國十五年水災之後，田價超出舊軌幾乎一倍。之所以如此，是因爲谷價與田價成正比，農民生齒日繁，與田畝之數成反比例。這些資料對瞭解當時的農業狀況乃至社會狀況，有一定意義。書稿還有《泰縣農器史》，記載了泰縣地方使用的主要農具，包括漕筒、鏟、犁、鐮刀、枷、風車、洋風車等。各配有草圖。

（江慶柏）

泰縣農業

王國謀著

泰縣地質調查表

區	表土	心土	色	深度	特
城區	塵灰土	粘硬	灰黃	八寸	有鹵 宜陶
姜堰	壤土帶灰	壤土	黃	五寸	河南[illegible] 河北多砂質青灰有光
塘灣	細砂土	砂土	黃赤		
港口	腐植物	粘土	黑塗泥	六寸	見日則硬 見水則塗
海安	黏土	蛤灰	黃	六寸	有鹵性 宜陶
坂埨	腐植物	蛤灰	黑	五寸	塗泥
小紀	腐植物	黏土	灰黑	五寸	黏
樊汊	黏	黏土	灰黑		硬

寺巷口附張家壩	砂土	黏土	黄赤	五寸	鬆
蒲津	砂土	沙土	黄赤	一	鬆
蔣垈	砂土	黏土	黄	五寸	多含鉛質
曲塘	壤土	壤土	黄		黏
白米	壤土	壤	黄		黏
謝王河	壤土	壤	黄		河南鬆 河北黏
梅與市	石羊青灰土 河南砂土	鬆硬	青黎	二寸	多含鉛質

說明	張家壩現屬城區而土質與寺巷口同故附於寺巷口

農事門

泰縣農事之歷史

昔吳王濞開茱萸灣引河東向以通海陵之倉有二道焉一曰裏運河由仙女廟東通力發橋即今泰人俗稱上河是也一曰合瀆渠（即仙鎮東之大涵子）迤北由喬墅蕩丁溝爲三洋河再折而東爲海陵溪（此溪在今湯家西北與興化交界之河）其水味鹹其粟紅色即今泰人俗稱之下河是也吳王狎於漁鹽之利屢蠲正賦國民豐樂其倉在長洲澤之旁（今淤溪鮑漸東北至武家澤是也其倉址在今縣治北三十餘里倉場莊自六朝以來淮南當南北之衝軍事繁興民卒逃亡田畝荒棄

有劉善明者勸民種榆以暨造林及今每至泰堡榆柳成陰其遺教也隋唐統一海陵殷富甲於東南駱民討武檄文海陵紅粟倉儲之積靡窮其粟多其地僻革命家因以取資焉其從來遠矣晚唐之際張覇遷民以赴江都丁是時父不得有其子夫不得有其妻喘喘載道而遑恤田廬乎雖元山授首散者已不可復聚昇元之間最稱小腆周師二入兵不血刃民不辟畔其時中原板蕩富民避亂來歸者輒出其資以置田畝以營漁鹽以長其子孫故曰泰州者安泰之義云爾至北宋天聖中范仲淹築捍海堰泰州田畝之收入乃大增業夫范公以前之下河非無田畝及農民也黃茅白葦一

望無際蜃蛤之所生漁工水師之所居萬灶蒸蒸集於龍溪射陽之間引鹽南岸即泰縣治之北門外其北岸則為鹽城（鹽城當時亦屬於泰城）南北數百里厥土為塗泥高者為半生半熟之海灘低者為半隱半現之海沙海潮一至汪洋一片則廬舍漂沒無蹤自范堤成南起通如北至鹽城西及運堤之下芸芸菁菁始克成為永久之田畝其功烏可沒哉

然沙田成熟之時必有兩種現象

（一）地之平或窪者因而匡之築圩以規田兩圩之間水道繞通此水道遂成為魚網形

（二）地之聳出者因而洲之則田之在水中者若棋子之

在秤

由前言之今下河圩田是也由後言之今下河塔岸是也其由來可以知矣

南宋以後迺促而用不減賦稅煩重州守陳垓百出其計以朘剝（見徵榷）民不堪命理宗時李全由鹽城據泰州大肆殘殺泰人逃亡殆盡富貴者皆寓公於外（見繆氏家乘）莠民不屑種其田良民不敢種其田迴想南唐北宋之富泰不可得也元朝賦稅寬大不如南宋之重而徭役甚為苛暴草料有征馬餉有征番僧播教來泰者誅求無厭九十年閒蠻蚩之氓如坐井以觀天迨張士誠起自鹽場而泰州地位高始增高於東南云

雖然藉張士誠以為光寵者一為武人如王丑雷夏思

恭之徒也二爲文士如徐勉之馬東皐其人也若農家則未見其利豈徒未見其利而担負之重殺戮之慘有不可勝言者溯張士誠盛時開張王港以通泰於姑蘇以此泰州之粟沿軍糧河出江去矣擬新城以爲武庫起太倉以爲倉場以豐沛之故都作關中之轉運迨洪武元年明師到泰新城屠戮決水高堰泰人靡有孑遺則遷蘇民以實之插標以領田畝膏腴之地則自取之以賞軍人是爲屯田或賞糧衛是爲衛田故屯衛之制直至於今日也又令泰縣於常賦之外攤完鳳陽之糧名曰鳳米泰人子子孫孫勿替引之直至滿清中初葉有繆嶔者始敢叩閽而呼然未能盡除之也嗚呼天不

嘉萬間屢不開大水
徵魚鱗檔冊因此
破壞或曰破壞於
洪武時

而生此偉人農界之所以殉張王者可謂至矣
匯特此已也終明之世泰州迭受水患車邏五里誌莊
甚低稍有秋汎則開壩以泰州為之壑所以然者實陵
寢在鳳陽欲保全陵寢則預先犧牲下河試問黃河奪
淮無年不漲運壩無年不開泰縣遂無年不飢天命乎
實人為之也
康熙之時黃河四潰而不入海倒灌洪澤湖高家堰潰
壞三十四所清水潭陸漫閘大潭灣等處共決三百餘
丈泰州下河七縣盡成澤國康熙帝力以靳輔為河督
專當治水之任駐清江浦行署大挑清江以下至雲梯
關河道不急急於築隄得治水要領適河決宿遷利其

淤淺涤築雲梯關外河隄束水入海十七年決口盡塞河工告成直至咸豐六年黃河北徙頻年雖有漲溢而泰州農事上之保障實有其三(一)康熙帝有詔永不加賦農民精神上有一種安慰(二)運隄誌椿加高有時雖到限度仍不開壩而河道北遷其患已絕(三)斜豐堤成立有最後之保障此三者比較之切膚之關係在斜豐堤此隄建議在嘉慶末年大成於光緒六年起南道遙而迄於老閘以東接於蚌蜒堤分十一段段有董董有總當西水下注時必需半月之久水始到泰泰人搶先芟割已登場矣所以自光緒以後泰縣地價之增高有一日千里之勢茲以下河一畝田為標準從歷年稅契價值估匡

光緒元年每畝約六千文
光緒十年每畝約十千文
光緒二十年每畝約十五千文（此時七百文等於一元）
光緒三十年每畝約二十千文
宣統年間每畝二十元（此時六元已超出一千文以外）
民國五年每畝三十元
民國十年每畝六十元
民國十五年每畝七十元
民國十八年每畝六十元（民國十九年各區報價每畝折衷銀幣四十五元）

實際上卻有每畝六、七十元者

此光緒以來下河田價之大略也其間以民廿年水災之後田價之超出舊執幾於一倍所以然者穀價

豈與田價為正比例農民生齒日繁與田畝之數實成反比例例如光緒元年稻一石值一千文其一畝為六千文今稻一石值六元其一畝之價當然值六十元又例如光緒初年有田十畝一人種之今此一人生三子分種此十畝其每人僅得三畝三分是人愈多地愈促也安得廣田千萬頃大庇農佃皆歡顏書至此不禁爽然

泰縣收穫之情形

自斜堤告成而泰縣以下河無堤價之田（堤價當冬春時業主給錢與佃預防秋水費用）自劉汝賢清濬後而下河無備種之田（由業主給種糧）與夫佃民生齒日繁趨於耕種者日衆則田價增租額增

恕王氏沂中公訓子孫對於佃民不許長租以符官家永不加賦之意此乃閭縣中僅見之事租日加重穀日加貴佃民擔負既重不得不勉力投資以盡地力於是一畝之肥料有費至一元以上者每畝包水機有包至二元者有時豐年大穫而農有憂色問之則曰穀賤不到本而況於凶年乎茲以每畝之收穫一考證之(一)稻田每畝至多不過三石以一石抵肥料人工蒭秣一石完業主之租(自種者則完錢糧車木農器)一石為純益之收入(二)旱田每畝甲年春種大麥或元麥收一石零二三斗秋豆一石乙年春小麥乙石秋秫秫或穄稷二石其納租最大數為四斗豆四斗麥其內容即主收三

分之一主任錢漕修器佃任肥料人工是為呆租制从此制者泰縣居十分之七東南諸區有抽行者其制當成當熟之時主人割取田中一二行以概其餘或取三分之一或與佃均分兩貼其肥料人工是為抽行制近以地促民稠有先繳明年之租者是為預租制但行之未廣耳

南鄉佃農人口過剩一畝之田有多至三四佃者皆先人遺留子孫分種也納租之時或一二升焉或二三合焉甚至不盈一掬焉田主當此固無所用其壓迫之可能即里書下鄉催徵亦形同討飯矣麻煩如此其自身生活如何解決乎(一)曰養豬(二)曰出境作苦工豬本農

南鄉本無大資本家故共匪不得不求之於中產

之副產故主租於麥豆之外每以肉抵租此縣南苦力者以人力車為多學入下臨見聞複雜故列寧主義多由該等攜帶而歸首當之者亦南鄉之地主焉民十九年春夏之交已成燎原之勢幸而伊等殘殺過當施及於中產階級故中產者亦起而相抗而保衛團得抵於成不然者泰縣殆矣今者匪雖請而生計之窘如故人口過剩如故不有善法處之未可以樂觀也

泰縣農器史

漕筒

桔槔之制見於莊子漢末改為翻車魏臣馬鈞有巧思乃造此車以三四人之力日灌田二十餘畝或云係漢靈帝時畢嵐所造即泰縣所謂漕筒是也。有駕馬牛者則有蓬名之曰車蓬我縣東鄉每一車蓬稱之曰一張田

鏵

凡排掘樹根適用此器有江南之鏵有江北之鏵

江南之鏵兩頭鋒鋩 如甲圖

江北之鏵一頭鋒鋩 如乙圖

泰縣屬江北所用者如乙圖案此制最古即古所謂大斧之斤也

犁一

犁為墾田器冶金謂之曰犁鑱曰犁壁斲木而為之曰犁底曰壓鑱曰策額犁箭犁轅犁梢犁評犁建犁槃木金凡十有一事起土者鑱也覆土者壁也故鑱引而居下壁偃而居上鑱之次曰策額自策額達犁底縱而貫之曰箭前如桯而樛者曰轅後如柄而喬者曰梢轅有越如箭可張弛焉轅之上又有如槽形亦加箭焉刻為級前高而後卑所以進退曰評進則箭下入土深退則箭上入土淺評之上曲而衡者曰建所以抳其轅與評

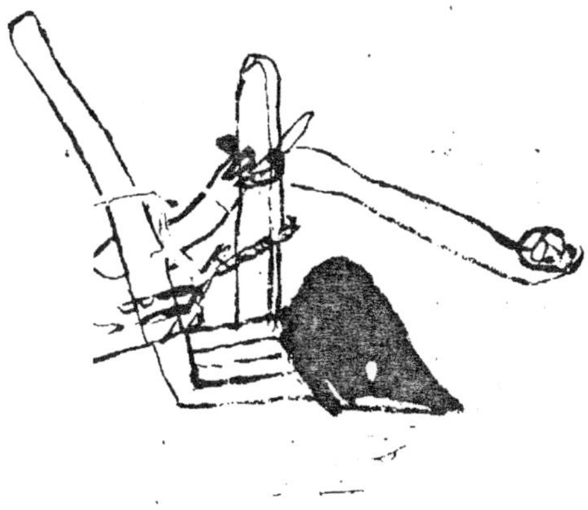

横於轅之前末曰槃言可轉也轅之後末曰梢中在手所以執耕者也

鑱長一尺四寸廣六寸　壁廣長皆尺上微橢　底長四尺廣四寸

評底過壓鑱二尺　策頟減壓鑱四寸廣狹與底同箭高三尺評尺有三寸槃增評尺七焉建惟稱轅長九尺梢得其半轅至梢中間掩四尺犁之終始丈有二

案泰縣開化在漢唐之後故墾田直用犁鑱而不用耒耜　因耒耜用人力推耕或耦耕二耜為耦　犁則用牛畜之力其工省矣

鎌刀

所以芟割 柄刀短而鋒內向古人謂之銍艾

枷

以竹片爲之繫於竹竿之上所以擊禾穗而扑其實

長鋤

長鋤用時向內鉤取之凡農器向外推者力小向內挽者力大所以鋤草也南鄉高田用之柄用竹或堅木造成其制最古爾雅農器斪斸謂之定其圖考即是此制秦時稱耰鋤賈子耰鋤父子有德色耰耘也唐宋詩篇時以見之我縣麥黍之田於耘草時恒發現於田間

土甕

土甕之制摶稻草及黏土以為甕式高七八尺徑三四尺所以盛種粱云稱稻麥之端均有胚芽入土甕内則不受傷而易發達否則若遇碰器磨擦則胚芽恐有傷損此種論調不過文飾其陋而已案土甕本在該志農器之中物產篇已載

三齒耙

耙所以起土其制不一以九齒起以三齒終九齒者其力最薄二齒者其力最厚今二齒則工人用之農家之器大都九齒至三齒古人嫌九齒不得力進而七齒再進而五齒三齒以至二齒其進化程序由繁而簡力學所謂重心多則力分重心少則力溥歟

泰縣東鄉官河南之稻田有特別農器曰拉耙其制以竹為之以秧畝行中拉二回或三回則所出穀脂肪增加今惰農多用之者少矣

大揷

亦謂之鍬臿所以挖溝其制極古爾雅釋器斛謂之疀阮氏引方言釋之云燕北謂之斛河南謂之鏵或謂之鍏韽趙魏謂之喿（音鍪）江淮謂之臿實一物也泰縣屬江淮故稱揷

泰縣農人於大揷之外又有小揷一種其音讀若錯實則揷字農人拾乾糞作肥料所謂屎杓子即揷子也

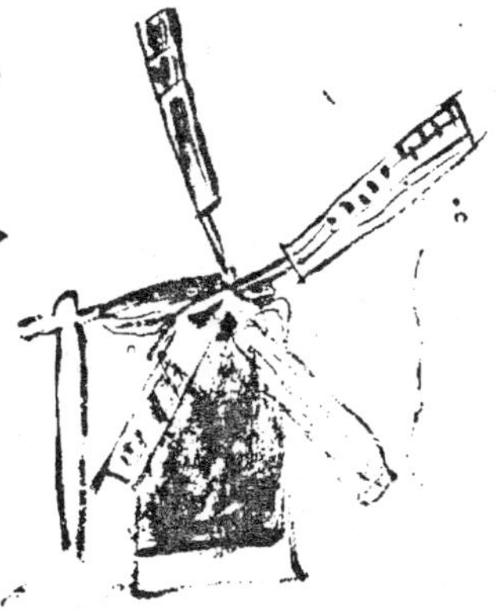

泰西之風車

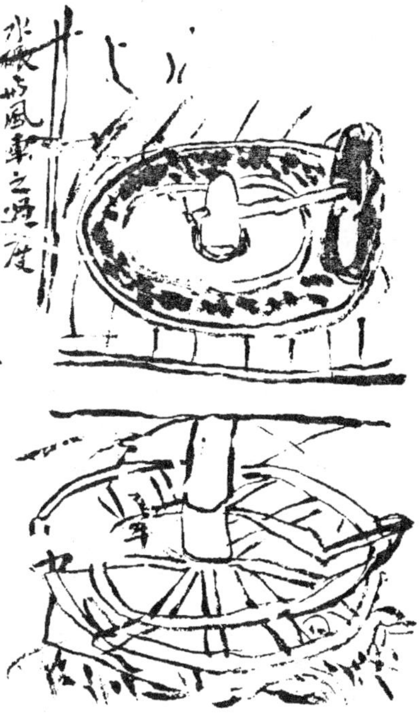

水鄉之風車之舊式
卽車去石磨而加風篷也

制度實甚繁冗推原其始實以江西不泰縣乾隆後運河地面平鄣又無用風車將水磨換去下承以輞子用軸旋轉旁有蒲帷護風偶遇微風亦至不如新式之洋風車也

洋風車

風車泰縣土語製造簡單而利用等於風車其制源於丹墨浸淫而荷南東亞諸邦首行輸入者為羅泰縣於最近七八年間亦布滿於下河產稻之矣但歐州之洋風車架子用磚土或水泥砌成而

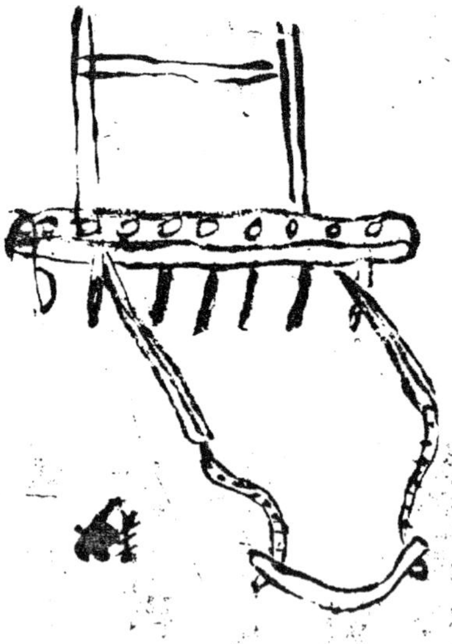

車架子以木為之此微異也

泥器高約三尺許廣四尺上有橫柄下有

手按之前用畜力挽行一耖用一人一牛

者則二人二牛

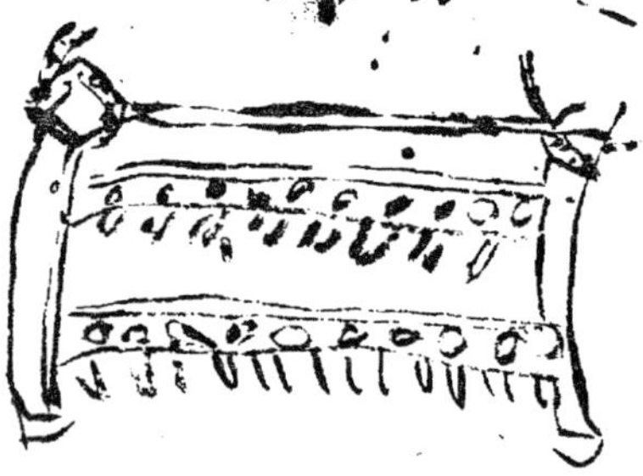

耙程長五尺闊約四寸兩程相離五寸許程上相間

以鑿方洞以納木齒長六寸許程兩端木栝長

一前稍微昂穿兩木以繫索前云河南水濱若

竹為之亦有用此制者

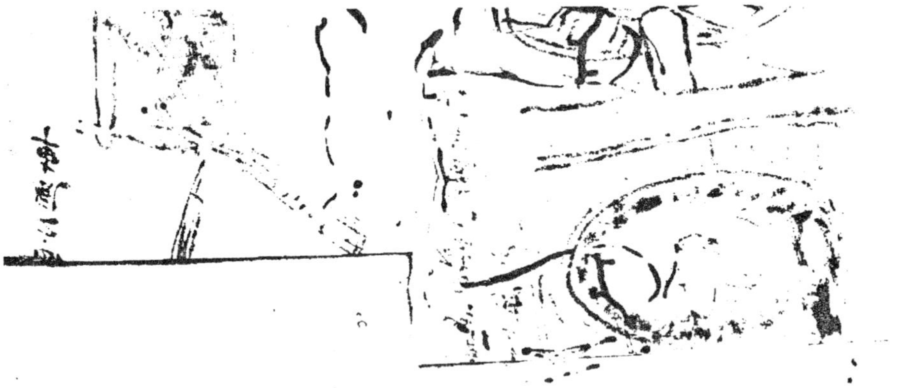

風車

泰縣下河風車制度實甚繁冗推原其始實以江西造紙之水礱而來泰縣乾隆後下河地面平鄗又無樹木牽掛故適用風車將水礱換去下承以輻子用以輸水中有大軸旋轉旁有蒲帷護風偶遇微風亦能大轉其費太重不如新式之洋風車也

洋風車

洋風車泰縣土語製造簡單而利用等於風車其制發源於丹墨浸淫而荷南東亞諸邦首行輸入者為暹羅泰縣於最近七八年間亦布滿於下河產稻之區矣但歐州之洋風車架子用磚土或水泥砌成而

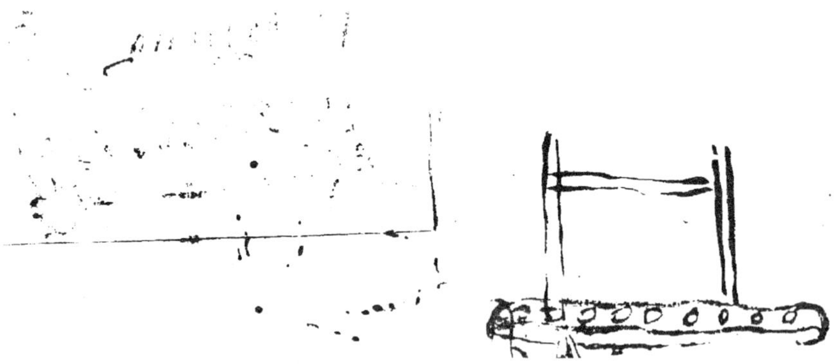

し車架子以木為之此微異也

為通田泥淤高約三尺許廣四尺上有橫柄下有列齒以兩手按之前用畜力挽行一耖用一人一牛有作連耖者則二人二牛

方耙

耙桯長五尺闊約四寸兩桯相離五寸許桯上相間各鑿方洞以納木齒長六寸許桯兩端木栝長尺有三前梢微昂穿兩木以繫索前云宮河南水田拉耙以竹為之亦有用此制者

三齒耙

筒漕

耒耜舊制

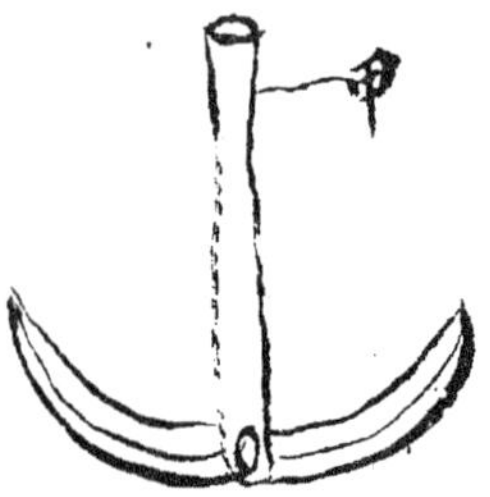

泰州賦役全書

佚名 編

《泰州賦役全書》，據鎮江圖書館藏清刻本影印。

明清兩代記載各地賦役數額的册籍稱爲《賦役全書》，爲各地徵收地丁錢糧之總册，以省、府、州縣爲編製單位，開列人丁、田畝、徵收糧米銀兩等具體數額。清代編製《賦役全書》始自順治年間，此後多次修訂，此書即爲道光九年（一八二九）重修。此書全名爲《道光九年重修賦役全書·揚州府泰州》，分爲民賦和併所兩部分。民賦部分記載的項目爲人丁、田地、雜辦、額徵糧米總額、實徵糧米總額、額徵銀總額、實徵銀總額及解支起存各款。併所記載軍隊系統的泰州所賦役情況，各項目爲軍丁、田地、徵銀總額及解支起存各款。所記載各類數額，對研究考察清代泰州經濟狀況，具有重要價值。此外有關泰州廟壇祭祀、驛站、各衙門皂隸馬快等相關記載，對研究泰州政治制度、社會生活等，亦具史料價值。

（周　忠）

泰州

一人丁 凡二則

道光玖年奏報實在通共男丁陸拾伍萬叁千伍百玖拾玖丁

原額充餉當差人丁肆萬陸千陸百叁丁共應徵銀伍千捌百叁拾玖兩捌分伍厘隨正加壹耗羡銀伍百捌拾叁兩玖錢捌厘 內河泊所人丁貳千陸拾捌丁每丁徵銀貳錢叁分玖厘叁毫叁絲陸忽柒纖貳沙共徵銀肆百玖拾肆兩捌錢捌分伍厘隨正加壹耗羡銀肆拾玖兩肆錢捌分捌厘○本州人丁肆萬肆千伍

百叁拾伍丁每丁徵銀壹錢貳分共銀伍千叁百肆拾肆兩貳錢隨正加壹耗羡銀伍百叁拾肆兩肆錢貳分

節年滋生人丁陸拾萬陸千玖百玖拾陸丁欽遵

康熙五十二年

恩詔永不加賦

一田地 凡六則

乾隆[illegible]年考前原額田地玖千貳百玖拾頃

[illegible]分伍厘共徵漕存等銀肆萬陸千

捌斗叁升柒[illegible]合叁厘

玖升陸合叁勺內 叁百玖拾壹石柒 色小稞麥壹千

斗陸升壹合叁勺續奏改徵米石○淮倉麥玖百捌石柒斗陸升伍合係名本實折每石折銀伍錢共改折銀肆百伍拾肆兩叁錢捌分叁厘○遇閏加徵銀肆百柒拾貳兩玖錢陸分又應增乾隆三十九年一件復熟陞科事案內民人袁子成報陞版荒復熟官民田柒畝叁分陸厘共應徵折色銀肆錢叁分貳厘○遇閏加徵銀肆厘本色米伍斗伍升伍合陸勺又應除清查陞除

坍漲等事案內奉部原報公佔挖廢田地叁拾捌畝捌分捌厘 內東臺縣分管田地壹拾捌畝捌分肆厘○泰州仍存地貳拾畝肆厘○此係乾隆元年以前報出之案業蒙各憲

題准 部覆自乾隆六年為始照額除于乾隆十六年起分晰地漕並辦理合詳明

共蠲折色起存銀叁兩伍錢壹分貳厘 內東臺縣蠲銀壹兩叁錢捌分捌厘○泰州蠲銀貳兩壹錢貳分肆厘 米陸斗伍升壹合叁勺 內東臺縣蠲米貳斗捌升貳合玖勺泰州蠲米叁斗陸升捌合肆勺○遇閏增蠲銀叁分壹厘 內東臺縣蠲銀壹分貳厘泰州蠲銀壹分玖厘○又除奉部原報義塚並普濟育嬰堂基

[illegible]玖拾[illegible]錢肆分[illegible]厘[illegible]東[illegible]
[illegible]泰州[illegible]折色起存銀陸兩叁
地[illegible]錢[illegible]獨銀壹百玖分捌厘
錢[illegible]泰州[illegible]銀伍兩貳錢貳分捌厘
米肆石[illegible]柒升[illegible]合玖勺 內東臺縣獨米捌斗捌合叁勺
泰州獨米[illegible]斗陸升[illegible]勺 ○遇閏增獨銀伍分伍厘
內東臺縣獨銀壹分壹厘泰州獨銀肆分肆厘 ○又除會勘辭蕩具
奏等事案內奉部低窪田地壹拾柒頃捌拾
壹畝捌分貳厘 內東臺縣低窪田玖頃肆拾柒畝叁分壹厘○泰州低窪
田捌頃叁拾肆畝伍分壹厘 共獨折色起存銀壹百肆兩

道光九年重修賦役全書 卷 揚州府泰州民賦 三

伍錢貳分玖厘 內東臺縣獨銀伍拾伍兩伍錢柒分貳厘泰州獨銀肆拾
捌兩玖錢伍分柒厘 米壹百叁拾肆石伍斗陸合伍勺
內東臺縣獨米柒拾壹石伍斗壹升捌勺泰州獨米陸拾貳石玖斗玖升伍合柒勺 ○
遇閏增獨銀捌錢柒分貳厘 內東臺縣獨銀肆錢陸分叁厘
泰州獨銀肆錢玖厘 ○又奉部低窪減則田玖拾玖頃
貳拾壹畝玖分叁厘 內東臺縣減則田貳拾貳頃肆拾叁畝壹分陸
厘泰州減則田柒拾陸頃柒拾捌畝柒分柒厘 ○查此田畝止應獨減錢糧其田頃畝
仍應減則輸賦冊府開除理合註明 共應獨折色起存銀貳百
捌拾肆兩肆錢陸厘 內東臺縣獨銀陸拾肆兩貳錢玖分玖厘泰州

獨銀貳百貳拾兩壹錢柒厘 米柒百肆拾捌石玖斗捌升
玖合肆勺 內東臺縣獨米壹百陸拾玖石叁斗叁升貳合叁勺泰州獨米伍百
柒拾玖石陸斗伍升柒合壹勺 ○遇閏增獨銀肆兩捌錢伍
分捌厘 內東臺縣獨銀壹兩玖分捌厘泰州獨銀叁兩柒錢陸分 ○查前
項低窪減辭貳項田地共應獨減折色銀叁
百捌拾捌兩玖錢叁分伍厘 內東臺縣獨銀壹百壹拾玖兩
捌錢柒分壹厘泰州獨銀貳百陸拾玖兩陸分肆厘 米捌百捌拾叁石
肆斗玖升伍合玖勺 內東臺縣獨米貳百肆拾石捌斗肆升叁合壹
勺○泰州獨米陸百肆拾貳石陸斗伍升貳合捌勺 ○遇閏增獨銀伍

道光九年重修賦役全書 卷 揚州府泰州民賦 四

兩柒錢叁分 內東臺縣獨銀壹兩伍錢陸分壹厘泰州獨銀肆兩壹錢陸分
玖厘 ○又奉文豁免荒積坍田地貳百壹拾
玖頃陸畝肆分叁厘 內東臺縣田地貳拾捌頃陸拾壹畝柒分捌厘
泰州田地壹百玖拾頃肆拾肆畝柒分 共應獨折色起存銀壹
千叁百貳拾兩壹錢柒分叁厘 內東臺縣獨銀壹百伍拾
[illegible]兩伍錢壹厘○泰州獨銀壹千壹百陸拾[illegible]兩貳錢伍分捌厘 米壹千
伍百[illegible]拾伍[illegible]石[illegible]合 內東臺縣獨米壹[illegible]石玖升
[illegible]奉[illegible]玖[illegible] ○遇閏增獨
[illegible]

泰州漕銀玖兩
陸錢柒分壹厘

以上各案共該准豁公佔義塚低窪廢荒積涉
等項田叁百叁拾柒項肆拾肆畝貳分貳厘
內除低窪減則田玖拾玖項貳拾壹畝玖分
叁厘[illegible]田貳拾貳項肆拾叁
拾捌畝[illegible]泰州減則田柒拾陸項柒
分柒厘[illegible]則徵輸毋庸剔除外
實該豁除田地貳百叁拾捌項貳拾貳畝貳
分玖厘內東臺縣豁除田地叁拾捌項伍拾
壹畝肆分肆厘泰州豁除田地壹百
玖拾玖項柒拾
畝捌分伍厘　共應徵折色起存銀壹千柒

百捌兩玖錢肆分陸厘內東臺縣應徵銀貳
百柒拾捌兩[illegible]錢柒
分貳厘泰州徵銀壹千肆百
[illegible]兩陸錢柒分肆厘米貳千肆百叁拾
肆石[illegible]斗玖升玖合壹勺內東臺縣應徵米叁百玖拾肆石叁
升叁[illegible]○泰州應徵米[illegible]升伍合肆勺○遞閏增徵
[illegible]拾[illegible]捌錢壹分銀內[illegible]應徵銀[illegible]錢柒
[illegible]
[illegible]
[illegible]乾隆三十[illegible]
[illegible]四十年[illegible]
[illegible]叁拾捌項壹[illegible]
[illegible]自開河[illegible]

叁拾叁石陸斗肆升叁合伍勺○遞閏增徵
折色銀壹拾陸兩捌錢陸厘
又乾隆三年全書內開原科淮安府常盈倉麥
捌百柒拾壹石陸斗壹升伍合又帶徵協濟
清河縣麥叁拾柒石壹斗伍升共麥玖百捌
石柒斗陸升伍合淮糧道詳報係名本實折
每石折銀伍錢徵解共該折徵銀肆百伍拾
肆兩叁錢捌分叁厘內東臺縣麥折銀壹百伍拾肆兩肆錢壹分柒
厘泰州麥折銀貳百玖拾玖兩玖錢陸分陸厘　應改入折色項下造

報其乾隆三年原載本色麥石應行減除理合註明
嘉慶十四年續訂應增乾隆四十三年一件請豁
陞科事案內民人表鳴岐報陞減則復熟田壹
拾肆畝伍分壹厘共應徵折色銀[illegible]錢叁分伍
厘隨正加壹耗羨銀肆分叁厘[illegible]
今訂自嘉慶十五年起至道光九年[illegible]增減
以上原額續訂今訂通共實在[illegible]伍拾貳
項貳拾伍畝陸分貳厘內除坍[illegible]東臺縣分當田
地叁千伍百柒拾[illegible]拾[illegible]墾復實在

存州田地伍千肆百柒拾叁頃叁拾玖畝□
分捌厘（内有低窪減則田地柒拾□頃□柒拾捌畝柒分）其應徵折色地漕等銀肆萬
□千陸百□□拾兩捌厘内除劃分東臺縣分管田地
應徵銀壹萬陸千壹百陸拾兩玖錢壹分捌
厘實該銀貳萬捌千肆百伍拾玖兩玖分隨
正加壹耗羨銀貳千捌百肆拾伍兩玖錢玖
厘又淮倉名本實折麥改徵折色銀肆百伍
拾肆兩叁錢捌分叁厘内除東臺縣分管田
地應徵銀壹百伍拾肆兩肆錢壹分柒厘實

道光九年重修賦役全書　揚州府泰州　民賦　七

該銀貳百玖拾玖兩玖錢陸分陸厘隨正加
壹耗羨銀貳拾玖兩玖錢玖分柒厘共該折
色地漕等銀貳萬捌千柒百伍拾玖兩伍分
陸厘隨正加壹耗羨銀貳千捌百柒拾伍兩
玖錢陸厘本色米伍萬伍百伍石壹斗玖升
柒勺内除劃分東臺縣分管田地應徵米壹
萬捌千伍百陸拾玖石肆斗叁升玖合柒勺
實該米叁萬壹千玖百叁拾伍石柒斗伍升
壹合本色麥改米壹千叁百玖拾壹石柒斗

□升壹合叁勺内除劃分□□□□□
應徵麥改米肆百柒拾貳石玖□□□
伍勺實該麥改米玖百壹拾捌石柒斗捌升
柒合捌勺○遇閏加徵折色銀肆百伍拾陸
兩壹錢伍分肆厘内除劃分東臺縣分管田
地應徵銀壹百陸拾伍兩陸錢捌分陸厘實
該銀貳百玖拾兩肆錢陸分捌厘隨正加壹
耗羨銀貳拾玖兩肆分陸厘内
原額官民田陸千捌百肆拾陸頃柒拾柒畝捌

道光九年重修賦役全書　揚州府泰州　民賦　八

分玖厘内除義塚堂基公佔田伍拾柒畝捌
分伍厘低窪田壹拾柒頃捌拾壹畝捌分貳
厘版荒積滷田貳百頃柒拾柒畝玖分捌厘
均奉豁免又原科官民則應減照鄰境江都
縣籽粒蘆課則徵輸田玖拾玖頃貳拾壹畝
玖分叁厘另列于後外又除劃分東臺縣分
管田貳千叁百肆拾捌頃叁拾玖畝捌分玖
厘實在存州田肆千壹百柒拾玖頃玖拾捌
畝肆分貳厘又乾隆三十九年民人袁子成

[illegible]田柒畝叁分陸厘共[illegible]
捌拾玖頃伍畝柒分捌厘
每畝科折色起存銀肆分捌厘叁毫肆絲壹忽
貳微肆纖伍沙肆塵共銀貳萬貳百陸兩玖
錢叁分隨正加壹耗羨銀貳千貳拾兩陸錢
玖分叁厘〇遇閏加徵銀肆毫捌絲玖忽陸
微陸纖玖沙伍塵共徵銀貳百肆兩陸錢捌
分伍厘隨正加壹耗羨銀貳拾兩肆錢陸分
捌厘
每畝攤徵人丁銀玖厘玖毫伍絲肆忽壹微壹纖
叁沙 共銀肆千壹百陸拾兩捌錢叁
分伍厘隨正加壹耗羨銀肆百壹拾陸兩捌
分叁厘
每畝攤徵雜辦銀叁毫陸絲玖忽壹微叁纖叁沙陸
塵共銀壹百伍拾肆兩叁錢隨正加壹耗羨
銀壹拾伍兩肆錢叁分
每畝科本色米柒升伍合肆勺伍抄捌撮肆圭
叁粟伍顆伍粒共米叁萬壹千伍百肆拾貳

石陸升肆合貳勺
每畝科本色麥改米壹抄捌撮肆粟捌顆捌粒
共麥改米柒石伍斗肆升肆合肆勺
每畝科淮倉麥折銀伍忽捌微玖纖肆沙貳塵
共銀貳兩肆錢陸分肆厘隨正加壹耗羨銀
貳錢肆分陸厘
民竈田壹千壹百伍拾叁頃壹拾肆畝壹分柒
厘內除奉豁挖廢田捌畝肆分陸厘義塚堂
基公佔田壹拾畝伍分叁厘版荒積滷田伍
頃伍拾柒畝陸分捌厘又除劃分東臺縣分
管田柒百捌拾叁頃捌拾貳畝壹分叁厘實
在存州田叁百陸拾叁頃伍拾伍畝叁分柒
厘
每畝科折色起存銀貳分柒厘玖毫捌絲陸忽
柒微玖纖伍沙玖塵共銀壹千壹百壹拾柒兩肆
錢柒分隨正加壹耗羨銀壹百壹拾壹兩柒錢肆
分柒厘〇遇閏加徵銀貳毫[illegible]玖絲[illegible]
壹沙陸塵捌渺共徵銀壹拾[illegible]兩[illegible]分[illegible]

厘隨正加壹耗羨銀壹兩捌分柒厘
每畝攤徵人丁銀伍厘捌毫貳絲伍忽柒微玖
沙共銀貳百壹拾壹兩柒錢柒分叁厘隨正
加壹耗羨銀貳拾壹兩壹錢柒分柒厘
每畝攤徵雜辦銀貳毫壹絲陸忽壹微肆沙捌
塵共銀柒兩捌錢伍分叁厘隨正加壹耗羨
銀柒錢捌分伍厘
每畝科本色米壹升捌勺貳抄捌撮捌圭肆粟
柒顆陸粒共米叁百玖拾叁石陸斗捌升陸

合捌勺
每畝科本色麥改米貳抄陸撮叁粟伍顆共米
改米玖斗肆升陸合伍勺
每畝科淮倉麥折銀捌忽肆微玖纖柒沙共銀
叁錢玖厘隨正加壹耗羨銀叁分壹厘
官民地玖百肆拾肆頃肆拾陸畝陸分捌厘[illegible]
除奉豁公佔地叁拾畝肆分貳厘[illegible]入義塚[illegible]
基地貳拾[illegible]畝壹分貳厘[illegible]
玖拾畝貳[illegible]柒厘[illegible]

壹百柒拾伍頃肆拾壹畝捌分貫在存州地
柒百伍拾玖頃陸拾貳畝柒厘[illegible]
每畝攤徵折色起存銀捌分柒厘陸絲伍忽陸
微柒纖玖沙柒塵共銀陸千陸百壹拾叁兩
陸錢捌分玖厘隨正加壹耗羨銀陸百陸拾
壹兩叁錢陸分玖厘○遇閏加徵銀玖毫叁
絲壹忽貳微伍纖伍沙陸塵共銀柒拾兩柒
錢肆分隨正加壹耗羨銀柒兩柒分肆厘
每畝攤徵人丁銀壹分捌厘貳毫叁絲貳忽伍

微伍纖貳塵共銀壹千叁百捌拾肆兩玖錢
捌分貳厘隨正加壹耗羨銀壹百叁拾捌兩
肆錢玖分捌厘
每畝攤徵雜辦銀陸毫柒絲陸忽壹微叁纖貳
沙伍塵共銀伍拾壹兩叁錢陸分隨正加壹
耗羨銀伍兩壹錢叁分陸厘
每畝科徵本色麥改米壹升壹合壹勺貳抄貳
撮肆圭貳粟捌顆伍粒共麥改米捌百肆拾
肆石捌斗[illegible]升貳合柒勺[illegible]

每畝科淮倉麥折銀[illegible]壹忽貳微
伍纖捌塵[illegible]捌錢叁分柒
釐隨正加壹耗羨銀[illegible]錢捌分肆
釐
官民竈地叁百陸頃捌拾肆畝叁分玖釐內除
奉裁公佔地肆畝陸分壹釐又版荒積溶地
叁頃捌拾畝伍分伍釐又除劃分東臺縣分
管地貳百肆拾肆頃壹拾柒畝玖分肆釐實
存存州地伍拾捌頃捌拾壹畝貳分玖釐

每畝科折色起存銀肆分玖毫陸絲捌忽壹微
伍纖叁沙叁塵共銀貳百肆拾兩玖錢肆分
陸釐隨正加壹耗羨銀貳拾肆兩玖分肆釐
○遇閏加徵銀肆毫叁絲捌忽肆微陸纖共
銀貳兩伍錢柒分玖釐隨正加壹耗羨銀貳
錢伍分捌釐
每畝攤徵人丁銀捌釐陸毫陸忽叁微玖纖共
徵銀伍拾兩陸錢壹分柒釐隨正加壹耗羨
銀伍兩陸分貳釐

每畝攤徵雜辦銀叁毫壹絲玖忽壹微伍纖共
銀壹兩捌錢柒分柒釐隨正加壹耗羨銀壹
錢捌分捌釐
每畝科本色麥改米壹升壹合壹勺貳抄貳撮
肆圭貳粟捌顆共麥改米陸拾伍石肆斗壹
升肆合貳勺
每畝科淮倉麥折銀叁釐陸毫叁絲壹忽貳微
肆纖柒沙肆塵共銀貳拾壹兩叁錢伍分陸
釐隨正加壹耗羨銀貳兩壹錢叁分陸釐

陸地叁拾玖頃壹拾柒畝肆分貳釐內除劃分
東臺縣分管地肆頃陸拾畝柒分貳釐實存
存州地叁拾肆頃伍拾陸畝柒分
每畝科折色起存銀肆分叁釐壹毫柒絲玖忽
壹微捌纖肆沙叁塵共銀壹百肆拾玖兩貳
錢伍分柒釐隨正加壹耗羨銀壹拾肆兩玖
錢貳分陸釐○遇閏加[illegible]絲柒[illegible]
陸纖貳沙伍塵共銀[illegible]伍[illegible]分叁釐隨
[illegible]加壹耗羨[illegible]壹[illegible]玖[illegible]

每畝攤徵人丁銀捌厘玖毫□叁絲貳忽陸微陸
纖□沙玖塵共銀叁拾□兩捌錢柒分捌厘隨
正加壹耗羡銀叁兩捌分捌厘
每畝攤徵雜辦銀叁毫叁絲壹忽叁微肆纖伍
塵共銀壹兩壹錢肆分伍厘隨正加壹耗羡
銀壹錢壹分肆厘
低窪減則田玖拾玖項貳拾壹畝玖分叁厘內除
劃分□□□□分管田貳拾貳項肆拾叁畝壹
分陸厘實在泰州田柒拾陸頃柒拾捌畝柒
道光九年重修賦役全書　揚州府泰州　民賦　圭
分柒厘又乾隆四十三年民人袁鳴岐荒地
復熟田壹拾肆畝伍分壹厘共田柒拾陸頃
玖拾叁畝貳分捌厘攤賦應照江都縣籽粒
蘆課則徵輸
每畝科徵折色銀叁分共徵銀貳百叁拾兩柒
錢玖分捌厘隨正加壹耗羡銀貳拾叁兩捌
分
一雜辦
乾隆四十年考訂雜辦各款共銀貳千肆百

拾壹兩捌錢伍分玖厘內除大船等戶出辦
銀陸拾兩柒錢肆分捌厘改于裁剩淮安等
巡司弓兵工食銀內扣抵總歸地丁款內奏
銷又除撫部等餉銀壹千壹百壹拾叁兩陸
錢歸入雜稅項下造報又撥營等銀柒拾叁
兩陸厘歸併揚關徵解外實該銀壹千壹百
捌拾肆兩伍錢伍厘內有匠戶出辦匠班銀
叁百叁拾玖兩玖錢陸分叁厘業于援例詳
請等事案內題准雍正七年爲始統歸該州
道光九年重修賦役全書　揚州府泰州　民賦　夫
田地項下攤徵在案○閏月銀叁兩捌錢柒
分柒厘又一件欽奉
上諭事裁留雜辦案內于乾隆十一年准部咨應裁
各款銀貳百柒拾柒兩貳錢玖分叁厘內
吏農出辦吏農班銀貳拾兩貳錢
礦戶出辦礦餉減免銀壹百柒拾陸兩叁錢肆
分
漕糧項下出辦餘米軍餉銀捌拾兩柒錢伍分
叁厘又于一件□□□□□等事案內奉

蘇州府湖灘租銀[illegible]兩[illegible]錢壹分[illegible]釐

把總[illegible]

今實該徵[illegible]款銀[illegible]貳拾兩陸錢貳釐內
計

除[illegible]銀貳百壹拾陸兩柒錢

貳分叁釐實存[illegible]州銀陸百叁兩捌錢柒分

玖釐隨正加壹耗羨銀陸拾兩叁錢捌分捌

釐○閏月銀叁兩捌錢柒分柒釐內除劃分

東臺縣分管銀貳兩伍分玖釐實在存州銀

壹兩捌錢壹分捌釐隨正加壹耗羨銀壹錢

捌分貳釐內

牧馬草場租銀壹百肆拾伍兩柒錢陸分隨正

加壹耗羨銀壹拾肆兩伍錢柒分陸釐 查簡明全

書[illegible]牧馬草場出辦荒田所租共銀

壹百叁拾玖兩玖錢陸分伍釐績于

閏賦有自然之利等事案內文

增銀伍兩柒錢玖分伍釐

牙行出辦牙帖銀壹百壹兩內除劃分東臺縣

分徵銀伍拾叁兩陸錢叁分伍釐實在存州

銀肆拾柒兩叁錢陸分伍釐隨正加壹耗羨

銀肆兩柒錢叁分柒釐

漁戶出辦碾餉銀壹百貳拾叁兩陸錢陸分內

除劃分東臺縣分徵銀壹拾壹兩捌錢貳分

實在存州銀壹百壹拾壹兩捌錢肆分隨正

加壹耗羨銀壹拾壹兩壹錢捌分肆釐

免糧田出辦馬價草料銀肆拾壹兩貳錢捌分

伍釐隨正加壹耗羨銀肆兩壹錢貳分玖釐

家鴨等行出辦銀肆拾捌兩伍錢陸分柒釐○

簡明全書訂後績于全書額款等事案內增

編銀叁兩捌錢伍分捌釐共銀伍拾貳兩肆

錢貳分伍釐內除劃分東臺縣分徵銀貳拾

柒兩捌錢肆分實在存州銀貳拾肆兩伍錢

捌分伍釐隨正加壹耗羨銀貳兩肆錢伍分

捌釐○遇閏加編銀叁兩陸錢捌釐○又簡

明全書訂後續于全書額款等事案內增編

銀貳錢陸分玖釐共銀叁兩捌錢柒分柒釐

內除劃分東臺縣分徵銀貳兩伍分玖釐實

在存州銀壹兩捌錢壹分捌釐隨正加壹耗

羨銀壹錢捌分[illegible]

新闢城濠河灘伍項叁拾捌畝柒分叁厘每畝
徵銀叁分陸毫肆絲共徵銀壹拾陸兩伍錢
玖厘隨正加壹耗羨銀壹兩陸錢伍分壹厘
康熙三十二年李鳳等領墾于康熙三十九
年起科城濠隙地肆項壹拾伍畝叁分徵銀
拾貳兩柒錢貳分柒厘○又朱汝鈞等于雍
正二年領墾于雍正七年起科城濠河灘地
捌拾伍畝柒分徵銀貳兩陸錢貳分陸厘○
又朱蘇于雍正四年認墾于雍正十年起科
城濠河灘地壹拾壹畝玖分壹厘徵銀叁錢
陸分伍厘○民人李仙于雍正七年認墾于
乾隆元年起科城濠河灘地貳拾伍
畝捌分貳厘徵銀柒錢玖分壹厘
匠班攤歸田畝徵輸銀叁百叁拾玖兩玖錢陸

分叁厘內除劃分東臺縣銀壹百貳拾叁兩
肆錢貳分捌厘實在存州銀貳百壹拾陸兩
伍錢柒分伍厘隨正加壹耗羨銀貳拾壹兩
陸錢伍分柒厘
以上通共雜辦[illegible]分東臺縣分徵外實該銀
陸百叁兩捌錢柒分玖厘隨正加壹耗羨銀
陸拾兩叁錢捌分捌厘內除匠班銀貳百壹[illegible]
拾陸兩伍[illegible]叁分伍厘隨正加壹耗羨銀[illegible]
拾壹兩[illegible]

徵銀叁[illegible]肆分[illegible]
壹耗羨銀叁拾捌兩[illegible]錢叁分[illegible]
加徵銀壹兩捌錢壹分捌厘隨正加壹耗羨
銀壹錢捌分壹厘
以上丁田雜辦等項共額徵
本色鳳漕月糧米伍萬貳
千玖百叁拾捌石捌斗叁
升肆合貳勺又麥改米壹
千叁百玖拾壹石柒斗陸
升壹合叁勺共米伍萬肆
千叁百叁拾石伍斗玖升

[illegible]
版荒積淹[illegible]灘[illegible]田地
豁免米貳千肆百叄拾肆
石壹斗玖升玖合壹勺內東
臺縣應蠲米叄百玖拾肆
石叄升叄合柒勺泰州蠲

米貳千肆拾石壹
斗陸升伍合肆勺實徵米
伍萬壹千捌百玖拾陸石
叄斗玖升陸合肆勺內除
劃分東臺縣分徵米壹萬
玖千肆拾貳石肆斗壹升

叄合[illegible]叄萬貳
[illegible]百伍拾叄石玖斗捌
升叄合貳勺又袁子成復
熟陞科米伍斗伍升伍合
陸勺共米叄萬貳千捌百

伍拾肆石伍斗叄升捌合
捌勺
額徵折色銀伍萬陸千陸百
柒拾玖兩玖錢玖分柒釐
內除公估義塚版荒積淹

坍荒低窪減則田地蠲免
銀壹千柒百玖拾伍兩伍
錢伍分陸厘內東臺縣應蠲銀貳百柒拾捌兩貳錢柒分貳厘泰州應蠲銀壹千伍百壹拾柒兩貳錢捌分肆厘又裁留雜辦案

內奉豁吏農班碾餉餘米
軍餉等銀貳百柒拾柒兩
貳錢玖分叁厘實徵銀伍
萬肆千陸百柒兩壹錢肆
分捌厘又淮

肆百伍拾肆兩
叁厘共實徵銀伍萬伍千
陸拾壹兩伍錢叁分壹厘
內除劃分東臺縣分徵銀
壹萬玖千柒百伍兩玖錢

陸分壹厘又淮倉麥石改
折銀壹百伍拾肆兩肆錢
壹分柒厘共銀壹萬玖千
捌百陸拾兩叁錢柒分捌
厘實該銀叁萬伍千貳百

壹兩壹錢伍分叁厘又表
子成復熟陞科銀肆錢叁
分貳厘又表鳴岐荒地復
熟銀肆錢叁分伍厘共銀
叁萬伍千貳百貳兩貳分

隨正加壹耗羨銀叁千伍
百貳拾兩貳錢貳厘○遇
閏之年加徵銀肆百柒拾
陸兩捌錢叁分柒厘內除
叁[illegible]錢塚版荒積淹低窪

[illegible]田地蠲免銀拾陸兩
捌錢壹分內東臺縣蠲免銀貳兩玖錢柒
厘泰州蠲免銀拾叁兩玖錢叁厘又除劃
分東臺縣分徵銀壹百陸
拾柒兩柒錢肆分伍厘實

該銀貳百玖拾貳兩貳錢
捌分貳厘又表子成復熟
陞科銀肆厘共銀貳百玖
拾貳兩貳錢捌分陸厘隨
正加壹耗羨銀貳拾玖兩

貳錢貳分捌厘

一解支各衙門起存大款

一本色

江安糧道衙門漕糧正改兌正耗漕贈共米叁萬壹千肆拾壹石柒斗柒升陸合壹勺

各倉給軍行糧米叁百柒拾壹石捌斗伍升陸合陸勺

月糧麥改米玖百壹拾捌石柒斗捌升柒合捌勺

存留充餉項下

鳳倉兵糧米伍百貳拾貳石壹斗壹升捌合叁勺

一折色

江寧布政司衙門地丁實徵銀貳萬捌千肆百□拾□兩□錢□分柒厘隨正加壹耗羨銀貳千肆百□拾□兩貳錢叁分叁厘○閏月

加壹耗羨銀貳拾伍兩□□分柒厘

解司摃腳銀壹百柒拾壹兩□□貳分柒厘隨正加壹耗羨銀壹拾柒兩壹錢伍分叁厘○閏月銀叁錢玖分肆厘隨正加壹耗羨銀叁分玖厘

江安糧道衙門額撥漕項隨漕蘆蓆船料旱腳漕贈各倉米麥折等項共銀叁千柒兩玖錢陸分陸厘隨正加壹耗羨銀叁百兩柒錢玖分陸厘又淮倉麥折銀貳百玖拾玖兩玖錢陸分陸厘隨正加壹耗羨銀貳拾玖兩玖錢玖分柒厘

各衙門官役俸工並祭祀雜支等項共銀叁千貳百叁拾兩貳錢叁分肆厘隨正加壹耗羨銀叁百貳拾叁兩貳分叁厘○閏月銀肆拾兩柒錢貳分壹厘隨正加壹耗羨銀肆兩柒分貳厘

以上共符實徵本色米叁萬壹千玖百叁拾伍石柒斗伍升壹合月糧麥改米玖百壹拾捌石柒斗捌升柒合捌勺折色銀叁萬伍千貳百貳兩貳分隨正加壹耗羨銀叁千伍百貳拾兩貳錢貳厘○閏月銀貳百玖拾貳兩貳錢捌分陸厘隨正加壹耗羨銀貳拾玖兩貳錢貳分捌厘查該州應支正佐養廉銀兩先奉文於□□□伍千□□在□□文

解支各衙門起存實徵細欵

道光伍年爲始正印養廉在
欵放佐雜養廉仍由府經支
上耗羨項下應徵撥佐雜養
來兩柒分叁釐理合登明

一本色

起運項下

江安糧道衙門

漕糧正兑米叁萬玖百叁拾石壹斗捌升又坐
撥兵糧案內以鳳改漕米壹千柒百捌拾玖
石肆斗壹升伍合共該正兑米叁萬貳千柒

百壹拾玖石伍斗玖升伍合內除公佔義塚
蠲免米叁石貳斗捌升叁合壹勺又低窪田
地減豁米伍百陸拾陸石貳斗伍升叁合肆
勺又除劃分東臺縣米壹萬壹千柒百玖拾
陸石捌斗陸升叁合叁勺實該正兑米貳萬
叁百伍拾叁石壹斗玖升伍合貳勺
加叁耗米玖千貳百柒拾玖石伍升肆合又坐
撥兵糧案內以鳳改漕米伍百叁拾陸石捌
斗貳升肆合伍勺共加叁耗米玖千捌百壹

拾伍石捌斗柒升捌合伍勺內除公佔義塚
蠲免米玖斗捌升肆合玖勺又低窪田地減
豁米壹百陸拾玖石捌斗柒升陸合又除劃
分東臺縣米叁千伍百叁拾玖石伍升玖合
壹勺實該加叁耗米陸千壹百伍石玖斗伍
升捌合伍勺
改兑正米壹千玖百玖拾柒石伍斗又坐撥兵
糧案內以鳳改漕米壹千玖百玖拾石伍斗
伍升貳合捌勺共該改兑正米叁千玖百捌

拾捌石伍升貳合捌勺內除公佔義塚蠲免
米叁斗柒升玖合柒勺又低窪減豁米陸拾
肆石陸斗叁升貳合捌勺又除劃分東臺縣
米壹千肆百叁拾玖石肆斗捌升陸合叁勺
實該改兑正米貳千肆百捌拾叁石伍斗伍
升肆合
加伍耗米肆百玖拾玖石叁斗柒升伍合又
坐撥兵糧案內以鳳改漕米肆百玖拾柒石
陸斗叁升捌合壹勺共該加貳伍耗米玖百

[illegible]

兑米改[illegible]合玖[illegible]低[illegible]米壹

拾陸石壹斗伍升[illegible]柒合[illegible]勺又除劃分東臺

縣米叁百伍拾玖石捌斗柒升壹合伍勺實

該糧貳伍拾柒陸百貳拾石捌斗捌升捌合

伍勺

漕贈伍米貳千壹百叁拾伍石叁斗伍合伍勺

又坐撥兵糧案內以鳳改撥漕贈米貳百肆

拾石柒斗貳升壹合柒勺共該伍米貳千叁

道光九年重修賦役全書 揚州府泰州 民賦 圭

百柒拾陸石貳升柒合貳勺內除公佔義塚

窪兑米貳斗叁升柒合壹勺又低窪田地減

豁米肆拾石捌斗肆升陸合又除劃分東臺

縣米捌百伍拾陸石柒斗陸升肆合貳勺實

該漕贈伍米壹千肆百柒拾捌石壹斗柒升

玖合玖勺

運軍月糧米陸百伍拾捌石貳斗陸升柒合陸

勺內除低窪田地減豁米壹拾壹石叁斗壹

升柒合叁勺又除劃分東臺縣米貳百柒拾

伍石玖升叁合柒勺實該月糧米叁百柒拾

壹石捌斗伍升陸合陸勺

月糧麥改米壹千叁百玖拾壹石柒斗陸升壹

合叁勺內除劃分東臺縣麥改米肆百柒拾

貳石玖斗柒升叁合伍勺實該麥改米玖百

壹拾捌石柒斗捌升柒合捌勺

淮安府常盈倉壹半麥捌百柒拾壹石陸斗壹

升伍合又帶徵協濟清河縣壹半麥叁拾柒

石壹斗伍升共麥玖百捌石柒斗陸升伍合

道光九年重修賦役全書 揚州府泰州 民賦 圭

淮 道冊開報每石折徵銀伍錢共該折徵銀

肆百伍拾肆兩叁錢捌分叁厘內除劃分東

臺縣銀壹百伍拾肆兩肆錢壹分柒厘實該

麥折銀貳百玖拾玖兩玖錢陸分陸厘已改

入折色項下開列

以上自起運漕糧起至月糧米麥止共米麥肆

萬柒千捌百石貳斗捌合肆勺又坐撥兵糧

案內以鳳[illegible]撥漕贈[illegible]千伍

[illegible]伍[illegible]升貳[illegible]勺

千捌百伍拾伍石叁斗陸升伍勺內除淮倉
名本實折麥玖百捌石柒斗陸升伍合改入
折色項下開造外實該米伍萬壹千玖百肆
拾陸石伍斗玖升伍合伍勺內除公佔義塚
田地蠲免米肆石玖斗柒升玖合柒勺又低
窪田地減豁米捌百陸拾玖石捌升叁合柒
勺又除劃分東臺縣米壹萬捌千柒百肆拾
石壹斗壹升壹合陸勺實該米叁萬貳千叁
百叁拾貳石肆斗貳升伍勺

存留撥給兵糧項下

鳳倉兵米柒千肆百叁拾玖石壹斗伍升貳合
壹勺內除坐撥兵糧案內改抵漕糧正耗贈
伍等米伍千伍拾伍石壹斗伍升貳合壹勺
又除公佔義塚積潦版荒田地蠲免米壹千
伍百肆拾伍石柒斗貳升叁合伍勺又低窪
田地減豁米壹拾[illegible]石肆斗[illegible]升貳合貳勺
又除[illegible]分東臺縣[illegible]米叁百貳石叁斗壹合陸
[illegible]米伍[illegible]

豁[illegible]又袁子成復[illegible]科米伍斗伍升伍合
陸勺共米伍百貳[illegible]石[illegible]壹斗壹升捌合叁
勺

一折色

起解項下

江寧布政司衙門

起運地丁縮辦並協濟外邑驛站改歸充餉銀
貳萬捌千貳百伍拾伍兩玖錢肆分貳厘內
除劃分東臺縣銀壹萬壹百玖拾壹兩柒錢

伍分陸厘實該銀壹萬捌千陸拾肆兩壹錢
捌分陸厘隨正加壹耗羨銀壹千捌百陸兩
肆錢壹分玖厘○閏月銀壹百貳拾壹兩陸
錢柒分玖厘內除劃分東臺縣銀肆拾叁兩
捌錢捌分玖厘實該銀柒拾柒兩柒錢玖分
隨正加壹耗羨銀柒兩柒錢柒分玖厘
存留額編兵餉銀陸千伍百玖拾伍兩叁錢玖
分叁厘○閏月銀伍拾壹兩捌錢貳分貳厘
乾隆三年考訂以前合柒裁扣並續裁新裁充

餉共銀肆千貳百捌拾叁兩玖錢叁分捌厘
○閏月銀陸拾叁兩貳錢陸分玖厘
驛站項下奉裁充餉銀貳千壹百壹拾兩柒分
柒厘○閏月銀壹百伍拾叁兩陸錢陸分柒
厘
優免田糧並不免餘丁充餉共銀捌百伍拾陸
兩捌錢玖分陸厘
節年新增人丁充餉銀柒百肆拾叁兩肆錢捌
分又應增俸工項下原編祭祀香燭歸入地

道光九年重修賦役全書 揚州府泰州 民屯 三五

丁銀捌拾壹兩捌錢○閏月銀壹錢伍分○
河工項下輕齎開夫等項歸入地丁銀肆千
捌百柒拾壹兩柒錢玖分肆厘○閏月銀伍
兩肆錢又裁減儲房漕院皂隸工食銀壹拾
兩又裁歸東臺縣同知工食閏月銀壹拾肆
兩伍錢又丟子成復熟除科銀肆錢叁分貳
厘○閏月銀肆厘以上應增共銀肆千玖百
陸拾肆兩貳分陸厘○閏月銀貳拾兩伍分
驛站又應除項下撥給孤貧不敷米折

[illegible]捌錢叁分玖厘[illegible]月銀陸
兩[illegible]厘又新設[illegible]等處閘
官[illegible]工銀捌拾柒兩肆分又均編
文廟各壇祭祀香燭等銀壹百壹拾柒兩肆錢伍分
壹厘○閏月銀陸分又撥給東臺縣各房抽
撥俸工銀貳百捌拾伍兩貳錢柒分貳厘又
撥歸俸工銀叁拾玖兩捌錢貳分肆厘又
文廟香燭閏月銀陸分歸入俸工項下造報外又雜
辦項下器免吏農班餘米軍餉裁餉等銀貳

道光九年重修賦役全書 揚州府泰州 民屯 三六

百柒拾柒兩玖分叁厘又坍荒公佔義塚版
荒積滯田地蠲免銀壹千肆百伍兩捌錢叁
分壹厘○閏月銀壹拾壹兩柒分玖厘又低
窪田地減豁銀叁百伍拾柒兩肆錢叁分叁
厘○閏月銀伍兩柒錢叁分壹厘以上應除
共銀貳千柒百貳兩柒錢捌分叁厘○閏月銀
貳拾叁兩壹錢捌分陸厘計以增抵除外實增
正銀貳千貳百陸拾壹兩貳錢肆分叁厘○
實減閏月銀叁兩壹錢叁分貳厘

嘉[illegible]

[illegible]

續訂應增

旨等事案內勻攤[illegible]南通判豐碭二縣縣丞俸工裁
歸地丁充餉銀肆兩柒分陸厘

續訂應增一件傳付事案內該州有徵無驛將原
編驛站夫馬工料裁歸地丁充餉銀陸拾肆
兩○閏月銀伍兩叄錢叄分叄厘

今訂應增嘉慶拾陸年壹件遵

旨等事案內勻攤新設海安通判海阜同知俸工裁
歸地丁充餉銀伍兩貳錢陸分柒厘

又應增嘉慶拾柒年壹件知照事案內勻攤新
設山涛外北通判俸工裁歸地丁充餉銀壹
兩壹錢柒厘

又應增嘉慶拾捌年壹件會議具
奏事案內勻攤新設阜寧北岸縣丞主簿俸工裁
歸地丁充餉銀貳兩貳錢陸分

以上存留須編兵餉迄至今訂應增止通共存
留兵餉並各項裁歸充餉除蠲緩外實征銀
壹萬陸千玖百貳拾捌兩壹錢柒分貳厘內
除劃分東臺縣銀陸千貳百玖拾肆兩捌錢
叄分玖厘外該銀壹萬陸百叄拾叄兩叄錢
叄分叄厘內除額撥漕項銀貳百伍兩壹錢
玖分貳厘實該存留兵餉銀壹萬肆百貳拾
捌兩壹錢肆分壹厘隨正加壹耗羨銀壹千
陸拾叄兩叄錢叄分叄厘內除額撥漕項耗
羨銀貳拾兩伍錢壹分玖厘實該地耗銀壹
千肆拾貳兩捌錢壹分肆厘○閏月銀貳百
柒拾兩玖錢伍分玖厘內除劃分東臺縣銀
玖拾柒兩伍錢柒分捌厘實該銀壹百柒拾
叄兩叄錢捌分壹厘隨正加壹耗羨銀壹拾
柒兩叄錢叄分捌厘

以上起運存留地丁共實該銀肆萬伍千壹百

捌拾肆兩壹錢壹分肆厘內除額撥漕項銀
叄百貳拾兩玖錢陸分內劃東臺縣銀壹百壹拾伍兩柒錢陸分捌厘泰州仍存銀貳百伍兩壹錢玖分貳厘
歸入江安糧道項下開列外實該解司地丁
銀肆萬肆千捌百陸拾叄兩壹錢伍分肆厘
內除劃分東臺縣銀壹萬陸叄百柒拾兩捌
錢貳分柒厘實該銀貳萬捌千肆百玖拾貳
兩叄錢貳分柒厘隨正加壹耗羨銀貳千捌
百肆拾玖兩貳錢叄分叄厘○閏月銀叄百
玖拾貳兩陸錢叄分捌厘內除劃分東臺縣
銀壹百肆拾壹兩肆錢陸分柒厘實該銀貳
百伍拾壹兩壹錢柒分壹厘隨正加壹耗羨
銀貳拾伍兩壹錢壹分柒厘查隨正征收加
壹正閏耗羨銀兩於乾隆伍拾叄年奉文每
年將已未完數目隨同正項[illegible]
[illegible]

起運戶部項下[illegible]銀貳百肆拾捌兩伍錢貳厘內除劃
辦買下[illegible]農班損銀貳錢又除劃分東
臺縣銀玖拾陸兩柒錢柒分伍厘實該銀壹
百柒拾壹兩伍錢貳分柒厘隨正加壹耗羨
銀壹拾柒兩壹錢伍分叁厘○閏月銀陸錢壹分柒厘內除
劃分東臺縣銀貳錢貳分叁厘實該銀叁錢玖分肆厘隨正加壹耗羨銀叁分玖厘查征
收正閏加壹耗羨銀兩奉文隨同正銀造報

江安糧道衙門

隨漕給軍蘆蓆銀壹百捌兩柒錢伍厘內除劃分東臺縣銀叁拾玖兩貳錢玖厘實該銀陸拾玖兩肆錢玖分陸厘內

叁分本色蘆蓆內扣減伍厘蓆折銀柒兩柒錢
陸分伍厘內除劃分東臺縣銀貳兩捌錢壹
厘實征銀肆兩玖錢陸分肆厘
貳分伍厘本色蘆蓆內扣減捌厘蓆折銀壹拾
貳兩肆錢貳分叁厘內除劃分東臺縣銀肆
兩肆錢捌分壹厘實該銀柒兩玖錢肆分貳厘
壹分柒厘本色蓆折銀貳拾陸兩肆錢內除劃
分東臺縣銀玖兩伍錢貳分貳厘實徵銀壹
拾陸兩捌錢柒分捌厘

淮庫餘蓆銀陸拾貳兩壹錢壹分柒厘內除劃
分東臺縣銀貳拾貳兩肆錢伍厘實徵銀叁
拾玖兩柒錢壹分貳厘

額徵輕賚船料旱腳銀捌百肆拾柒兩捌錢內
除公佔義塚蠲免銀柒錢玖分又低窪田地
減豁銀叁拾壹兩伍錢貳厘又除劃分東臺
縣銀貳百玖拾肆兩壹錢肆分玖厘實該銀
伍百貳拾壹兩叁錢伍分玖厘

額撥漕項銀叁百貳拾兩玖錢陸分內除劃分
東臺縣銀壹百壹拾伍兩柒錢陸分捌厘實
該銀貳百伍兩壹錢玖分貳厘此于地丁銀內撥出如遇
地被災[illegible]應蠲之銀于地丁款內一體扣除其額撥[illegible]內扣蠲之數于地丁項下統扣
[illegible]
[illegible]

漕贈伍銀[illegible]千叁百柒拾陸兩貳分柒厘內除
劃分東臺縣銀[illegible]百伍拾柒兩壹分玖厘實
徵銀[illegible]伍百[illegible]拾玖兩捌厘

泰州[illegible]麥折銀[illegible]除劃分東臺縣銀貳

拾壹兩陸錢肆分貳厘實該銀叁拾捌兩叁
錢伍分捌厘
淮安常盈倉月糧麥折銀叁百肆拾捌兩陸錢
肆分陸厘又帶徵清河縣月糧麥折銀壹拾
肆兩捌錢陸分共銀叁百陸拾叁兩伍錢陸
厘內除劃分東臺縣銀壹百叁拾壹兩壹錢
壹分肆厘實徵銀貳百叁拾貳兩叁錢玖分
貳厘
廪工銀貳百伍拾伍兩陸錢內除劃分東臺縣
銀玖拾貳兩壹錢玖分肆厘實該銀壹百陸
拾叁兩肆錢陸厘
月糧銀肆百肆兩柒錢肆分柒厘內除劃分東
臺縣銀壹百肆拾伍兩玖錢捌分玖厘實徵
銀貳百伍拾捌兩柒錢伍分伍厘
淮倉名本實折麥改徵折色銀肆百伍拾肆兩
叁錢捌分叁厘內除劃分東臺縣銀壹百伍
拾肆兩肆錢壹分柒厘實該銀貳百玖拾玖
兩[illegible]錢陸分[illegible]厘

以上隨漕蘆蓆起至淮倉改折止共銀伍千壹
百玖拾壹兩柒錢貳分伍厘內除公佔義塚
銀柒錢玖分又低窪田地減豁銀叁拾壹兩
伍錢貳厘又除劃分東臺縣銀壹千捌百伍
拾壹兩伍錢壹厘實該銀叁千叁百柒兩玖
錢叁分貳厘隨正加壹耗羡銀叁百叁拾兩
柒錢玖分叁厘按賴道冊開共征銀叁千叁百陸兩肆錢伍分捌厘耗銀叁百叁拾兩陸錢肆分陸厘計道冊少征銀壹兩肆錢柒分肆厘耗銀壹錢肆分柒厘係應以東臺縣所多之銀劃求即屬符合理合註明

管河衙門
舊額河工銀貳百玖拾兩陸錢壹分貳厘改派
抵補河工輕賫車盤銀貳千柒百陸拾捌兩
貳錢貳分貳厘
一椿草磚灰停役堤夫銀壹百捌拾伍兩柒錢陸分
協濟徐州溜夫椿草銀肆拾叁兩貳錢
議裁儀徵閘夫工食銀叁百叁拾捌兩肆錢
協濟儀徵[illegible]閘夫[illegible]百柒拾[illegible]

協濟[illegible]鎮分司椿草銀貳拾壹兩[illegible]

銀伍兩肆錢

以上舊額河工起至夏鎮分司椿草止共銀肆

千捌百柒拾壹兩柒錢玖分肆厘〇閏月銀

伍兩肆錢查此河工正閏銀兩已于乾隆二十八年奉文動支司庫地丁銀兩照額彙解河庫交收所有前項原編銀兩改歸地丁項下解司充餉在案理合註明

驛站項下

夫馬工料銀陸拾肆兩〇閏月銀伍兩叁錢叁

道光九年重修賦役全書　揚州府泰州民賦　四十八

分叁厘查此驛站銀兩已于一件傳付事案內嘉慶六年六月內奉准戶部咨有徵無驛之州縣所徵銀兩統入地丁儘數提歸藩庫報撥等因該州係有徵無驛改歸地丁充餉在案理合註明

存留支給項下

各衙門官役俸工並祭祀織支等項共銀肆千

貳百壹拾叁兩伍錢玖分叁厘又撥給孤貧

不敷米折銀壹百叁拾貳兩捌錢叁分玖厘

又新設丁溪小海等處閘官二員俸工銀捌

拾柒兩肆分又均編

[illegible]

[illegible]又撥給新設東臺縣各[illegible]貳

百捌拾伍兩貳錢柒分貳厘又撥歸俸工銀叁拾玖兩捌錢

貳分肆厘共銀肆千捌百柒拾陸兩壹分玖厘內

除原編祭祀香燭銀捌拾壹兩捌錢又裁閏月扇油院皂隸工食銀壹拾兩實該銀肆千柒百捌拾肆兩貳錢壹分玖厘內除劃分東臺縣銀壹千伍百肆拾壹兩貳錢柒分伍厘實該銀叁千貳百肆拾貳兩玖錢肆分肆厘

續前應除嘉慶捌年壹件遵

旨等事案內泰文勻攤新設宿南通判豐碭貳縣縣丞

道光九年重修賦役全書　揚州府泰州民賦　四十九

俸工裁歸地丁充餉銀肆兩柒分陸厘

今前應除嘉慶拾陸年壹件遵

旨等事案內勻攤新設海安通判海阜同知俸工裁歸

地丁充餉銀伍兩貳錢陸分柒厘

又應除嘉慶拾柒年一件卯照等案內勻攤新

設山清外北通判俸工裁歸地丁充餉銀壹

兩壹錢柒厘

又應除嘉慶拾捌年壹件會議具

奏事案內勻攤新設阜寧北岸縣丞主簿俸工裁

歸地丁充餉銀貳兩貳錢陸分均於地丁項
下開列外
實該銀叁千貳百叁拾兩貳錢叁分肆厘隨正
加壹耗羨銀叁百貳拾叁兩貳分叁厘○閏月銀
柒拾伍兩伍分又撥給孤貧不敷米折銀陸
兩貳錢伍分陸厘又均編
文廟香燭銀陸分又撥給東臺縣
文廟香燭銀陸分共銀捌拾壹兩肆錢貳分陸厘內除
原編祭祀香燭銀壹錢伍分又裁裁東臺同知
衙門工食閏月銀壹拾肆兩伍錢實該銀陸
拾陸兩柒錢柒分陸厘內除劃分東臺縣銀
貳拾陸兩伍分伍厘實該閏月俸工銀肆拾

兩柒錢貳分壹厘隨正加
壹耗羨銀肆兩柒分貳厘
一各衙門官役俸工銀貳千貳百伍拾柒兩捌
錢伍分肆厘內除勻撥豐碭貳縣縣丞俸工
銀肆兩柒分陸厘又勻撥海安
通判海阜同知俸工銀伍兩貳錢陸分柒厘
又勻撥山清外北通判俸工銀壹兩壹柒厘
又勻撥阜寧北岸縣丞主簿俸工銀貳兩貳
錢陸分均撥歸地丁充餉並另於地丁項下
開列外實征銀貳千貳百肆拾伍兩壹錢肆
分壹厘○遇閏加銀貳兩陸錢陸分柒厘
揚州府□□員下
伍兩
銀壹拾貳兩

皂隸拾陸名每名工食銀陸兩共銀玖拾陸兩
馬快拾名每名工食銀陸兩共銀陸拾兩每名
添支草料銀壹拾兩捌錢共銀壹百捌兩通
共工食草料銀壹百陸拾捌兩
步快拾陸名每名工食銀陸兩共銀玖拾陸兩
禁卒拾貳名每名工食銀陸兩共銀柒拾貳兩
查禁卒壹項尚有加增工食于雍正玖年
奉文在于各役工食銀內扣給理合註明
庫子肆名每名工食銀陸兩共銀貳拾肆兩
斗級陸名每名工食銀陸兩共銀叁拾陸兩
轎傘扇夫柒名每名工食銀陸兩共銀肆拾貳兩

以上知府員下歲支俸工銀陸百伍拾壹兩
管糧通判員下
步快捌名除如皋縣分編外實該本州編支工
食銀叁拾叁兩玖錢陸分內除勻撥宿南通
判工食銀壹兩伍錢柒分貳厘又海安通判
海阜同知工食銀伍兩貳錢陸分柒厘又山
清外北通判工食銀壹兩壹錢柒厘實征銀
貳拾陸兩壹分肆厘
泰州 知州員下

俸銀捌拾兩

門子貳名每名工食銀陸兩共銀壹拾貳兩

皂隸拾肆名每名工食銀陸兩共銀捌拾肆兩

查此欵于雍正十二年酌裁皂隸肆名抵給仵作工食在案理合註明

馬快捌名每名工食銀陸兩共銀肆拾捌兩每名應支草料銀壹拾兩捌錢共銀捌拾陸兩肆錢通共工食草料銀壹百叁拾肆兩肆錢

轎傘扇夫柒名每名工食銀陸兩共銀肆拾貳

民壯叁拾名每名工食銀陸兩又每名加給器

械銀貳兩共銀貳百肆拾兩

庫子肆名每名工食銀陸兩共銀貳拾肆兩

看監禁卒捌名每名工食銀陸兩共銀肆拾捌兩

查此禁卒尚有加增工食銀兩係雍正玖年奉文在於各役工食內扣給理合註明

斗級肆名每名工食銀陸兩共銀貳拾肆兩

鋪司兵伍拾陸名每名工食銀柒兩貳錢共銀肆百叁兩貳錢

修理倉監銀伍兩

以上知州員下歲支俸工銀壹千玖拾陸兩陸錢

州同員下

俸銀陸拾兩內除勻攤豐碭貳縣縣丞俸銀壹兩陸錢肆分又阜甯北岸縣丞主簿俸銀壹兩肆錢貳分叁厘實徵銀伍拾陸兩玖錢叁分柒厘

門子壹名工食銀陸兩內除勻攤豐碭貳縣縣丞工食銀玖分陸厘又阜甯北岸縣丞主簿工食銀玖分叁厘實徵銀伍兩捌錢壹分壹厘

皂隸陸名每名工食銀陸兩共銀叁拾陸兩內除勻攤豐碭二縣縣丞工食銀伍錢柒分陸厘又阜甯北岸縣丞主簿工食銀伍錢伍分捌厘實徵銀叁拾肆兩捌錢陸分陸厘

籠馬傘夫貳名每名工食銀陸兩共銀壹拾貳兩內除勻攤豐碭二縣縣丞工食銀壹錢玖分貳厘又阜甯北岸縣丞主簿工食銀壹錢捌分陸厘實徵銀壹拾壹兩陸錢貳分貳厘

以上州同員下歲支俸工銀壹百壹拾肆兩內除勻攤豐碭二縣縣丞俸工銀貳兩伍錢肆厘又阜甯北岸縣丞主簿俸工銀貳兩貳錢陸分實徵銀壹百玖兩貳錢叁分陸厘

吏目員下

俸銀叁拾壹兩伍錢貳分

門子壹名工食銀陸兩

皂隸肆名每名工食銀陸兩共銀貳拾肆兩
馬夫壹名工食銀陸兩
以上吏目員下歲支俸工銀陸拾柒兩伍錢貳
分
儒學員下
學正壹員俸銀肆拾兩
齋夫貳名每名工食銀拾貳兩共銀貳拾肆兩
門子貳名每名工食銀柒兩貳錢共銀拾肆兩
肆錢

膳夫貳名每名工食銀陸兩陸錢陸分柒厘共
銀壹拾叁兩叁錢叁分肆厘 查原編全書登
開膳夫每學貳名共銀肆拾兩經費冊內開
載甚明此指縣學廩生貳拾名為言也其州
學廩生叁拾名廩支銀陸拾兩府學廩生肆
拾名廩支銀捌拾兩自當按數遞增載入全
書至教官從無支給膳銀之例 茲以准從等
因查該學廩生膳夫編支復給叁分之一相
應註
明
復給廩生貳拾名每名廩糧銀肆兩共銀捌拾
兩〇遇閏加銀陸兩陸錢陸分柒厘
以上儒學員下歲支俸工經費銀壹百柒拾壹

兩柒錢叁分肆厘〇閏月銀陸兩陸錢陸分
柒厘
海安司巡檢員下
俸銀叁拾壹兩伍錢貳分
皂隸貳名每名工食銀陸兩共銀拾貳兩
弓兵拾名每名工食銀壹兩捌錢共銀壹拾捌
兩
以上海安司巡檢員下歲支俸工銀陸拾壹兩
伍錢貳分

寧鄉司巡檢員下
俸銀叁拾壹兩伍錢貳分
皂隸貳名每名工食銀陸兩共銀拾貳兩
弓兵拾名每名工食銀壹兩捌錢共銀拾捌兩
以上寧鄉司巡檢員下歲支銀陸拾壹兩伍錢
貳分
一
文廟各壇祠春秋祭祀香燭等銀壹百壹拾柒兩肆
錢伍分壹厘〇閏月銀陸分

文廟春秋祭祀銀肆拾捌兩壹錢……
火神廟
常雩禮
祭祀銀貳兩壹錢捌分玖厘
社稷等伍壇共祭祀銀壹拾兩玖錢肆分柒
厘
專祠貳拾叁祠共該祭祀銀伍拾兩叁錢伍分
伍厘
厲壇祭祀銀叁兩貳錢捌分肆厘
文廟香燭銀貳兩伍錢柒分肆厘〇閏月銀陸分外
有

道光九年重修賦役全書 揚州府泰州 民賦 三五

關帝祭品銀陸拾兩 查此款于雍正八年特奉添備于地丁銀內動撥不在俸工額數之內理合註明
一雜支各款並孤貧柴布口糧等銀捌百陸拾
柒兩陸錢叁分玖厘〇閏月銀叁拾叁兩玖錢
玖分肆厘
協濟江寧科場銀伍兩捌錢伍分伍厘
總漕部院座船水手工食銀壹百肆拾壹兩
總河部院座船水手工食銀伍拾兩肆錢
揚州府修理刑具銀伍兩

支剩俸工銀壹百叁拾陸兩捌錢內
漕撫部院沉廢座船水手工食銀壹百兩捌錢
知州沉廢座船水手工食銀叁拾陸兩
鄉飲酒禮銀伍兩 查此款銀兩原應按款支給如遇未經舉行之年應節省解司撥用理合註明
額設養濟院均給孤貧壹百貳拾陸名每名歲
支花布柴薪口糧米折銀肆兩壹錢伍分伍
厘肆毫貳絲伍忽共銀伍百貳拾叁兩伍錢
捌分肆厘〇閏月銀叁拾叁兩玖錢玖分肆
厘 計每名遇閏加給銀貳錢陸分玖厘柒毫玖絲理合註明

道光九年重修賦役全書 揚州府泰州 民賦 三六

以上俸工銀兩先于乾隆五十一年奉文彙解
司庫核給嗣奉文于嘉慶五年起歸縣徑支
仍于地丁項下彙計考成造報又隨正加壹
耗羨銀兩于乾隆五十三年奉文隨同正銀
完欠歸入地丁合計分数併疏
題報理合登明
再地丁俸工項下隨正征收
奉文於嘉慶伍年起征州經

[illegible]撥佐雜養[illegible]前奏准兩分
奏明從道光伍年起知州養廉銀兩在于司庫耗
羨項下動放佐雜各官養廉銀兩仍由屬徑
支所有該州佐雜各官養廉銀貳百肆拾兩
內除勻攤豐碭貳縣縣丞養廉銀壹兩伍錢
又勻攤阜寧北岸縣丞主簿養廉銀壹兩肆
錢貳分柒厘外實徑支給銀貳百叁拾柒兩
柒分叁厘應於該州地丁俸工耗羨項下徑

撥每員應撥銀數附後備考
州同除攤實支銀伍拾柒兩柒分叁厘
吏目額支銀陸拾兩
海安司巡檢額支銀陸拾兩
寧鄉司巡檢額支銀陸拾兩
以上佐雜肆員共徑支養廉銀貳百叁拾柒兩
柒分叁厘

泰州
歸併泰州所
一軍丁
道光玖年奏報實在男丁貳千伍百壹拾貳丁
原額充餉清出上中下空閒官舍軍丁叁百貳
丁協濟打造漕船銀柒拾兩陸錢隨正加壹
耗羨銀柒兩陸分內上則丁肆丁每丁納銀伍錢隨正加壹耗羨銀伍分〇中則丁玖拾丁每丁納銀叁錢隨正加壹耗羨銀叁分〇下則丁貳百捌丁每丁納銀貳錢隨正加壹耗羨銀貳分

年滋生軍丁貳千貳百壹拾丁欽遵康熙伍拾貳年
[illegible]永不加賦
一田地 凡壹則
乾隆肆拾年考前乾隆叁年原額屯田壹百壹
拾貳分每分計田壹百捌拾柒畝伍分叁厘
共田貳百壹拾頃叁畝叁分陸厘〇每畝徵
夏麥壹升伍合玖勺玖抄柒撮肆圭叁粟玖
粒捌[illegible]共麥叁百叁拾陸石〇每畝徵秋米
[illegible]叁粟玖粒捌

泰共米叁百叁拾陸石共麥米肆百柒拾貳
石每石折銀叁錢伍分共銀貳百叁拾伍兩
貳錢隨正加壹耗羨銀貳拾叁兩伍錢貳分
又每畝加徵軍餉淮料等銀柒厘玖絲壹忽
貳微肆纖叁沙玖塵陸渺貳漠陸埃共銀壹
百肆拾捌兩玖錢叁分玖厘隨正加壹耗羨
銀壹拾肆兩捌錢玖分肆厘計編徵屯糧折
色銀叁百捌拾肆兩壹錢叁分玖厘隨正加
壹耗羨銀叁拾捌兩肆錢壹分肆厘

又康熙十六年爲籌餉挪子有濟等事案內奉
文墾出基馬二地肆百壹拾貳畝陸分壹厘
共編麥米折地畝銀柒兩伍錢肆分柒厘隨
正加壹耗羨銀柒錢伍分伍厘
以上實在田地貳百壹拾肆頃壹拾伍畝玖分
柒厘共編徵麥米折等項銀叁百玖拾壹兩
陸錢捌分陸厘隨正加壹耗羨銀叁拾玖兩
錢肆分玖厘
自四十年起至嘉慶十四年

許自嘉慶拾伍年起至道光玖年止亦無增減
應照舊科徵
每畝科麥米折並軍餉地畝等銀壹分捌厘貳
毫捌絲玖忽肆微貳纖陸沙壹塵共銀叁百
玖拾壹兩陸錢捌分陸厘隨正加壹耗羨銀
叁拾玖兩壹錢陸分玖厘
每畝科徵軍丁銀叁厘貳毫玖絲陸忽陸微伍
沙陸塵共銀柒拾兩陸錢隨正加壹耗羨銀
柒分陸厘

以上八丁田地通共徵銀肆
百陸拾貳兩貳錢捌分陸
厘隨正加壹耗羨銀肆拾
陸兩貳錢貳分玖厘
解支各衙門起存各欵
起運項下

地畝銀壹百壹拾兩柒錢捌分壹厘
隨正加壹耗羨銀壹拾壹兩柒分捌厘
濟川料場地航銀柒兩伍錢肆分陸厘隨正加
壹耗羨銀柒錢伍分伍厘
奉裁千總俸工銀壹百捌兩柒錢陸厘隨正加
壹耗羨銀壹拾兩捌錢柒分壹厘
協濟造船八丁充餉銀柒拾兩陸錢隨正加壹
耗羨銀柒兩陸分

以上共應解司庫屯折正銀貳百玖拾柒兩陸錢叁分叁厘隨正
加壹耗羨銀貳拾玖兩柒錢陸分肆厘

江安糧道衙門

軍三淮料銀壹百陸拾肆兩陸錢伍分叁厘隨
正加壹耗羨銀壹拾陸兩肆錢陸分伍厘

水荒吟

（清）鄭鑾 輯

《水荒吟》一卷《附下河水利説》一卷，清鄭鑾輯，據南京圖書館藏清道光十四年（一八三四）刻本影印。

鄭鑾（一七八二—一八五三），字子硯，一字子彦，江蘇興化人。鄭燮從孫。嘉慶十二年（一八〇七）舉人。大挑知縣分廣東，署吴川縣，後又改爲河南諸縣，頗有政績。詩古文詞獨辟畦徑，尤工書翰。

此書序云：『興化，澤國也，爲淮揚下游，自靳文襄增垻座於郵南，受患最頻且重。』鄭鑾深爲憂慮，『余游宦久，不盡記憶，因以舊簏所存與二三同志之士採輯若干首付剞劂，並附《水利説》數則於後。』此書多收水患災難之詩作，如李沂《插秧歌》述順治八年（一六五一）大水後老百姓生活之悲慘；顧仙根《破屋》寫大水來時，老婦人獨坐空破之屋哭訴；金德輝《破圍歎》寫荷花塘决水，官府未及時拯救，到處是餓死或溺死人之場景。鄉人以爲哀鴻之吟。《下河水利説》録乾隆頒佈的兩道諭旨，其中深切地表達了對黄河下流的水患擔憂，希望有關官員能解除水患。之後是鄭鑾對水患的見解。最後是一封寫給南河副總河潘錫恩的信函，信中述説了高郵以下五州縣之水患情形，希望其能瞭解並儘可能解除之。

（瞿林江）

興化澤國也為淮揚下游自靳文襄增壩座於郵南受患最頻且重顧今昔興勢茍順其勢而利導之豈遂無術而當局者不察一任吾民與魚蝦為侶邪之人以得之見聞者為哀鴻之吟余游宦久不盡記憶因以舊麗所存與二三同志之士採輯若干首付剞劂并附水利說數則於後詩不云乎是用作歌惟以告哀此編亦鄭監門圖也願仁人君子見而矜之以大有造於是邦則幸甚

道光甲午九月下浣鄭鑾彙刻并叙

水荒吟

李　沂　字艾山號壺菴著有鸞嘯堂詩集

插秧歌　憫農人之苦作插秧歌順治辛卯大水至李子

朝插秧暮插秧往視我田中乃有鰍與魴
朝芸田暮芸田往視我田中乃有蒲與蓮
誰者造屋吾為爾操版築誰者有牛羊吾願為爾牧

秋日水上遣懷　康熙庚申

匝地翻淮水滔天走濁河長隄穿小隙下邑聚洪波
猛仆千間屋平沉萬頃禾遺黎凋喪盡有昊意如何

氾濫瀆今日蕭條甚往時城添新溺鬼野出舊埋尸
網罟墻頭設舟航樹杪移平成無夏后誰為鎖支祁
架木聊為路登城暫作家危巢隨鳥雀老屋讓魚蝦
雨急夫號婦風狂子抱爺何人理荒政民瘼實堪嗟

康熙庚戌隄大潰予架木而居時值立秋盎粟將盡慨然賦詩

壯懷牢落對西風顧影蕭然一釣翁腸斷萬家眠積
水心驚片葉墮高桐貽書誰送顏公米命駕徒傷阮
籍窮但使登山雙足健會攜瓢笠上崆峒

開襟遠望暫消憂蹤跡平生似野鷗豈料洊饑愁婦子久將高卧傲王侯滄波霧覆柴門晚獨樹風悲海縣秋却怪朝宗原有路滔滔衆壑苦横流

城西一帶爨烟無隣曲流亡剩老夫粗糲倘能供旦夕琴書不厭坐江湖空庭水漲羣魚跳舊郭人稀野鶴呼風物又催時節改漸令霜雪滿頭顱

荒村行

荒村年荒氣凄楚屋破上墻留半堵水底穫禾浪打頭連陰不得登場圃欲炊無粒爨無薪雞豚闃寂空四隣君不見雨淫淫兮風颯颯灌木蕭蕭愁殺人

二

徐燕譽槐江

水上秋夜感懷

松韻石臺上月透花滿廊涼風飄我衣蟋蟀吟近牀幽菊列瓦盆夜靜時吐香深坐忽自嗟年年薄田荒去夏蝗損苗今復洪水傷庭樹斫為薪棲鳥巢空梁閟極欲遣懷展琴撫藜床囊中乏酒錢噫嘻歲夜長靜念顏子樂心齋能坐忘

三

卜嵩 字籜園 諸生

水至後作

漫說陽侯厄，須知造化恩。米甘今歲味，水矮去年痕。一枕清秋好，三杯老興存。連宵風雨後，此日慰驚魂。

水上作

卜築偏宜水一方，五還門巷接滄浪。已聽雨溜稀疎瓦，又見波搖破碎墻。防溺有時憂稚子，枕流終日在繩牀。便教賣賦爲生計，紙價何曾貴洛陽。

斜枝斷木着微軀，四壁蕭然水一區。海縣窮荒愁病婦，蓬門歌嘯老狂夫。先秋已覺波紋冷，有月偏憐夜氣孤。遙想江南山聳翠，移家何日挈妻孥。

顧日宣 字椒亭 歲貢生

雜感十首之四

昨歲村墟爨火稀，今年城市景尤非。傾頹破屋隨流水，寂寞殘垣冷夕暉。一葉輕舟看爾去，全家枵腹竟誰依。他鄉漂泊應無策，鬻盡妻兒不療飢。

閉門獨自倚昏黃，可沐
殊恩及老蒼。有粟難從書圃種，無年並使硯田荒。謀生計拙空搔首，賣賦才疎合斷腸。檢點甕中存晚爨，來朝休復問餘糧。

策杖閒行病骨支，欲尋良友叩門遲。城頭樹老喧飢雀，市口人稀卧乞兒。到處草深三徑外，隣家飯熟五更時。小民一粒關宵旰，此景何堪達
帝知。

算來身世總茫然，老至何堪百慮牽。可惜傾囊無剩粒，轉嫌負郭有閒田。眼前庚癸呼方切，春到菑畬累更纏。瑣屑情懷題不得，繩牀終夜抱愁眠。

顧仙根 字耦怡 諸生

破屋

破屋寄抔土水猶未及門孱殘見老婦獨坐愁朝昏
豈無子與媳空室無一存慘容坐對水瞪視默無言
半日水上岸半日水入屋半日且安坐半日無棲宿
我未知所生只此苦誰告近城多水村同聲盡一哭

舟中傷摘瓜者

有婦手摘瓜啼泣聲不已昨日瓜在田今日瓜在水
枝蔓瓜不稀苗長無與比一日幾回看愛瓜如愛子
如何方幼稚摘去向城市手摘腸已斷心與瓜同死
爾田只一方安用傷至此乃知隄失防巨細無生理
水激舟轉疾聲聲猶在耳一歲忍餓人又復從今始

六

對月篇

華堂照新月堂與月俱新我見此間月月見流離人
流離皆我農紛若埃與壒築隄在上河豬田在下河
上河隄易開下河民奈何昨歲流離者半未還鄉里
今日還鄉人轉羨昨歲死望望苗出田望望苗入水
行行與苗別影動波濤裏我心徒傷悲不如明月輝
月輝猶及人我憂將何為

聞鬻子子哭聲作歌以諷鬻者

心傷畏聞哭哭聲入我屋為問哭者誰鬻子不去父
鞭扑送去去復回他人非骨肉得錢買米甕有粟子
復回時飯正熟飯熟可以救父飢門前子去何時歸

贖子不得死其母歌和徐西河明府

父鬻其子母急來奔其子已入鬻者門母號泣叩門
子聞是母聲魂驚不定走相迎子母對哭如再生傷
心不動主人情母奉主人錢主人詈且嗔子非汝子

七

實為我僕紙上寫分明此身永不贖爾子我僕有貴
賤我今許汝一見面雲行在天水在淵母子顧復寗
相懸驅母出門去何用多流連母孤人衆人誰親呼
子不得隨母身一日兩日坐視鬻者門門堅不啟母
心亦喜見門見子子在門裏門裏子生門外母死我
生無土我死惟水骨肉一門隔生死有如此吁嗟乎
主人門啟母不起門外之水何時已

買人船

荒歲市不通來有買人船船不上馬頭常泊野水邊

買女不買男，口不惜多錢。似賈却非賈，時亦着衣冠。兩三共為侶，去來若閙閧。見人不直視，白日有暗顏。忽然類相逐，男婦為後先。出門復入門，言談大有緣。日月豈不照，詭譎事多端。誰憐方幼小，鵠面辨媸妍。豈無許嫁者，亦已及笄年。至愛豈能割，好語為纏綿。遂忘鞠育勞，寧顧禮義愆。所得分他人，骨肉已不全。吁嗟父母心，不如金石堅。一船一船去，百去無一還。好鳥不歸巢，游魚離故淵。兩歲無一粒，何以救飢寒。

八

顧麟瑞字芝杉拔貢生

雜感十首之四

傳聞高堰日摧頹，淮泗無端又告哀。蔣家壩決，泗州一帶皆已被水
汩沒那禁同類痛，死生還起故人猜。謂邵吉人、王石塘、林庚泉諸子
司農不惜防河費，上將仍煩治水來。德將軍留守南河
聖主憂勞民事亟，臨流空憶濟時才。

斗大孤城水四圍，女墻崩圮薜蘿肥。忽看平野成滄海，獨上危樓弔落暉。樂歲謀生才尚拙，貧家奉母事全非。何時買屋南山下，荷鍤朝朝種豆歸。

九

策杖歸來淚滿襟，眼看填海有冤禽。救荒已告臣躬瘁，議賑頻知帝澤深。農事百年爭水利，國維千古在人心。寄聲同學須珍重，且抱遺經守故林。

茫茫天地奈愁何，瞥眼繁華委逝波。古渡亂雲啼鳥急，空城斜日閉門多。園林咫尺成千里，謂柳園尊酒悲涼發浩歌。便欲乘風問銀漢，生涯未許托漁簑。

徐慶升字孟安 增生

丙寅叠荒感賦十首之四

心驚一事更悲酸古墓高阡苦急湍駭浪摧殘千尺樹洪濤翻盡百年棺風淒白骨纏蘋末月照青燐閃夜闌生死何辜同一刼不堪仁孝兩俱難

萬家烟火斷朝昏日日荒齋只閉門花月場中俱慘淡啼吟膝下費温存飽餐旨蓄蕁頭菜勤補寒衣犢鼻褌薄暮懐人兼歲晚腸枯掬水淚同吞

清浦隄傾十月天天涯兄弟有誰憐死生未卜傳聞

十

異萍絮無踪望眼穿喜極平安惟一紙悲來離別已三年何時得爾歸鄉井話盡艱辛亦穩眠五弟時客清江浦

陽回大地水痕低忍對春風不舉犁萬死謀生營百畝三農儌福倚雙隄那堪轉盼成滄海又見洪濤長舊畦從此孑遺爭一息監門欲繪也淒迷

薛聯元號琴谿 歲貢生

丙寅水至

兩載隄傾萬壑奔揭來猶未定驚魂官衙又睹頒新示水閣還教長舊痕凫鳥依人登卧榻耕牛含淚過屠門最憐滿載江南去妻女如今幾個存

周章日日事千端課得春畊力已殫拆骨不辭湯火烈舉頭旋見水天漫童孫膝下三餐缺老友尊前一聚難聞說勘災差可幸今年只作九分看

田廬到處總漂淪轉眼支離剩此身下邑共知成苦

十一

刼羸軀幾擬付波臣催來學俸難餬口賣盡殘書不療貧范叔即今寒至此綈袍戀戀更何人

萬井頻年爨火稀凶荒事事與心違虛檐浪捲蛇爭入老樹城空雀不飛卧病每聞新鬼哭逢人都覺舊顏非便教樂歲從今肇東作何由荷鍤歸

丙戌水上作

門前水湧不得出拆屋開牕利舟楫乃知仙人樓居好所惜經營苦不早若得元龍樓百尺放舟直向樓窗入開天門 灘河居民門戶沒於水始猶架木為閣蛇行而入後則於屋上開窗乘舟來往俗謂

之開天門

水痕一日長一日水閣一日高一尺春來燕子巢我
堂秋至我居燕子梁燕來莫訝巢莫保主人暫作雞
窠老 雞窠老
凶歲廚中活東躁三月洪流漫廚竈今朝竈上新炊
作又苦米價珠相若舊竈炊米巧媳困新竈炊珠塵
積寸 竈上竈
水來幾日入我房水來幾日上我牀牀頭架木勢陡
絕始知牀有上下別下牀潑剌棲水族上牀一家團
骨肉 牀上牀

薛樹聲字風坪增生
丙戌水後雜吟

援以手負而走一文兩文錢無多十步五步路坎軻 人負人
而今無地無風波隔巷聲聲喚渡河
扁舟來故人繞屋時逡巡維舟屋之隅乃見屋上門
升我屋入我門屋中之水與檐平嘻屋中之水與檐
平屋下之人何以為生 屋上門
廚無薪何以爨婦來前爾無怨囊有錢時薪不匱今
日無錢薪更貴爾有舊布裙質錢市一束負薪歸來
帶濕燒急切不得麥飯熟 無薪歎
驅牛牛不行賣牛牛無償躑躅過屠門牛泣如雨下
牛乃前致辭而我命相依死我暫活汝汝活能幾時
吁嗟乎今年賣牛不值錢明年誰與汝耕田 牛上紅俗謂賣牛入屠市為牛上紅

水窗書所見

道旁孤兒嗷嗷哀鳴中路失母哭無常聲客過問之
茫乎不知惟其不知是為可憫其予何辜其母何忍
母棄子

夫耕在野婦卧在室問爾胡為夫勞婦逸婦病不言
夫乃泣訴我貧無粮婦貧無袴無粮則那無袴奈何
婦無袴

水閣吟十首之二

習靜帷高卧生涯不自聊破床低壓水深巷暗通潮
防蹶爭扶杖瀕行屢折腰愁看來往路新漲又平橋支木為橋以通往來
腐草沉荒渚殘花落夜釭風吹紋細細雨雜浪淙淙
屋漏頻移榻垣頹早護樁輸他梁上燕安穩語雙雙

十四

金德輝字子石廪生

破圍歎丙寅六月荷花塘決水較乙丑加長飢溺莫拯萬目傷心形諸詠歎

去年五月水星落今年夏至不愆約顛興何如殀死
兒瀕死猶思求大藥折屋打圍圍加高水來破圍不
持刀圍破須臾沒圍頂圍裏人家齊墮井水底青黃
搖稻影

賣牛歎

東方欲曙牛闌倒赶集驅牛賣趂早出門鞭牛牛不
行躝水依依齧殘草語牛莫怪主不賢忘爾竭力耕
我田水來奪去爾我食爾身不肥我益瘠牛亦低頭
淚滴滴

十五

藻羹歎

盲風捲浪日色黃破艇烟騰釜氣揚河中之毛煑河
水葉葉絲絲碧綠光兒吞女攫不及熟兒女同是心
頭肉去年水至魚為米今年水至夫為鬼淚眼不乾
吹濕草

刈樹歎

白日慘淡霜風驕林木拔盡浪益高豈無良材及桐

梓一經入夔皆成焦百里水鄉多蘆荻水高荻短爲
水蝕窮民憂食魚憂灶煞垂楊不肯肥春風雖來
無處歸

拋兒歎

日暮途窮無食覓懷中有兒呱呱泣張口索乳乳不
得兒泣母泣聲悲惻掩淚拋兒去不顧茫茫落葉常
辭樹骨肉相捐奈忍何無如一身猶恨多草枯風勁
搖白波

賣婦歎

十六

涑雨凄凄落不止傷哉人値不如豕賣女賣婦咸尋
常幾人能甘飢餓死徒死無裨夫婦情不如爾活我
權生販夫交錢速婦走相顧無言願分手三日羹湯
不到口

丙戌六月水荒紀異得六章

築園岸狂惑人傳水將漫計田徵錢急於官鳴鉦擊
柝晝夜看脂膏瀝入土一旦成浮炭風雨助水水忽
飛風聲雨聲水聲哭聲喧如雷築園岸

漉稻草穗長盈尺誇稻好再遲十日稻便飽晒向檐
頭風又漂一夜水狂連屋倒漉稻草

日日雨城中水深三尺許架木爲巢復呈古俯枕玩
游魚仰屋聽蛙鼓蛇鑽竈突無烟吐日日雨日日雨

朝涉水朝朝涉水白脬兩骹出水猶人沒水鬼水深
尺短身忽輕戴米負薪無力撑薪濕猶可炊米漂不
能歸朝涉水

水破屋巨浪如牛穿屋腹泥垣沃水腐如粥梁木不
支向水伏婦女瞋立水中哭頭上戴雨如盆覆看兒
隨水不及攎水破屋

十七

佛亦餓村裏僧逃無一箇香火斷絕墻屋破往來波
浪開門大黃昏飢賊思舡過常抱慈悲佛腳卧佛亦餓

螘蟲謡自地而上聲如雷鬨著樹則枝葉旋盡日上不見災異也

蟲飛螘螘寢不安夢氣從地奮如雷斯鬨
不食我禾仁於螽斯秋風未作樹樹空枝
匪禾不食待水蝕之爲水先聲水來沒之
昔有蠓蠛六年水災白日成團今有螘蟲知我者智罪我者矇

陸世用 號湘雪 增生

水至雜咏

今日苦雨明日苦雨一雨廿日天漏誰補雨不止風不息西風烈北風急沿隄水長一丈一 苦雨

朝涉水暮涉水足指爛陷涉不悔水淺猶可水深殺我 涉水

落脚高水括括水生脂落脚滑婦女彳亍行狀類鶩與鴨 落脚

老米貴新米無江米來如珍珠平糶復閉糶居民譁然呼凶年之米珠不如 米貴

十八

黃晉卿 字子仲 歲貢生

卧疾水上詩四首之二

門外無舟未許行解囊隨意散蚨青 城中非舩不行遣市者必貴數錢 奇形入市嗤蛩蟨 水淺處舟不能行則倩人背負 古器橫街識癸丁 舊家多出古器入市求售 斷續橋梁支壞木傾敧門巷蝕浮萍艱難更抱河魚疾一月何曾離朮苓

淫雨經旬日色慳一竿常驗水痕斑忘機客到惟呼酒無病人來亦改顏把釣有時魚幸得葺園何日竹先刪 花竹為水所傷 扶跡尚剩將秋桂幾點餘馨放小山

十九

趙慎修號竹塘廩生

苦雨行

十日雨不肯晴田中水長與岸平雨不止水不落河伯雨師互為虐河隄破雨不休波浪奔騰上樹頭稜稜殘縫誰家樓

涉水難

涉水難朝朝涉水水漸寒皮皴膚裂水聲嗚咽婦女裹足行不前一步一啼聲凄然聲凄然酸我耳語伊休得慘如此來源不竭水長未已

大路罾

昔日罾張於浦今日罾張於路游魚避罾行路側甚毋入市網愈密

趙闕中字沅芷廩生

涉水謠

涉水難日出水暖日入水寒水暖漚月爛水寒侵骨酸吁嗟乎涉水難

樹葬人

死無乾土葬屍於樹飢烏啄食白骨露吁嗟乎今年人餓不如故君不見前年餓人猶得死於路

辛卯八月十六日對月

昨宵竚月月不出今夜月來光瑟瑟積水滿地縱橫流涼波浸月月無色荒齋寂坐意不歡秋花蕭槭秋風寒水聲汩汩葉聲乾對水對月心神酸河伯不道忍為虐狂風捲浪助其惡逃亡織路悲無依孀首田廬盡為壑傷心六月淫雨飛農夫竭力築圍築圍旋隨湖隄决膏血瀝盡洪水肥六年水來早禾熟今歲水來甕無粟日高一日米價昂飢殍餘生形似鵠洪濤直注東海濱村墟出沒水無垠皎皎明月共千里空復下照流離人流民生計苦日蹙紛紛賣船復賣屋粥婦粥女更粥兒老幼同聲盡一哭白門八月

走蛟螭棘闈文戰秋風遲鄉試改期九月幾輩振衣上鍾阜
俯視萬頃如琉璃功名夢幻覆蕉鹿蠹鹽愁思胡逐
逐我欲枕月吸寒流洗滌胷中愁百斛明月在天水
在庭呼月告哀月不靈階心濯月波影動惟見清光
搖畫屏

二十二

顧繼華字子清廩生

丙戌紀荒

五壩開洪水來水來水不來五日十日水排徊水來
來不止萬馬奔騰入城市老人涉水向水指八十年
來未見此五壩開

兩脚涉水浸水中水中用力兩脚紅久浸不已紅轉
黑膚上生霜蕉白色蕉白色不得消水中支持骨兩
條行行深處沒至腰脚不得力身欲漂頭上戴米祇
一瓢把持不定行搖搖涉水謠

閣落脚用繩縛破板横鋪成略彴左衣衾右釜勺八
口依棲權此托水定夢稍安水長落脚浮一磚復一
磚加高不得休小兒嬉笑伏上頭我家大屋化為樓
人居上層魚下游閣落脚

四圍包裹周以薪懸之樹上樹葬人膏血染樹赤樹
身祝我樹上鴉啄肉勿啄繩啄月骨尚存啄繩墮水
骨為水巢居避水古所云爾死乃作黃農民樹葬人
大衆涉水爭買薪買薪到手俱歡忻新一斤錢四文
新漲倍重薪半斤歸來舉火八火焚入火火避火不

二十三

焚以口吹之烟熏人愁濕薪

二十四

下河水利說

伏讀

高宗純皇帝諭諸臣曰洪澤湖上承淮潁泗諸水滙為巨浸所恃以保障者惟高堰一堤天然壩乃其尾閭伏秋漲盛輒開此壩洩之而下游諸州縣胥被其患冬月清水勢弱不能刷黃往往濁流倒灌在下游居民深以開壩為恐而河臣轉藉為防險秘鑰二者恒相持朕南巡親臨高堰循堤而南乃知天然壩斷不可開夫設堤以衛民也堤設而民仍被其災設之何用若第為掣流緩漲自保上游險要各工而鄰國為壑田廬淹沒弗復顧惜此豈國家建立石堤保護生靈之意耶為河臣者固不當如此存心也

一

乾隆五十一年

諭曰朕早慮及今年湖水必有盛漲之時曾諭令該督等將山盱五壩內先開兩壩以資暢泄今兩壩已經啟放過水下游高寶諸湖儘可容納而湖水仍有加長之勢若再將仁禮等壩開放又恐宣泄過多下河一帶民田受淹於小民生計亦大有關礙此數壩尚

應堅守朕意若清水再長莫若將清口東西壩口門再行拆展俾清口暢出毫無阻滯既可將淤墊浮沙刷滌淨盡而下河田禾不致有礙更為兩有裨益再濱臨運河之車邏等壩朕屢經臨視洞悉情形亦應加土謹守不可令其過水淹及下河民田該督等務宜相度機宜妥協辦理以副朕意

聖諭煌煌為下河生民計者至矣夫以清敵黃以水攻水以水治水此河防不易之良法也自淮黃合流而其閒功成底定者無出於此乃靳文襄私

二

智自用為閘門揖盜之計而剏建高堰六壩（至乾隆十六年遂定為仁義禮智信五壩）又為亡羊補牢之計而增設郵南車邏五壩（五壩名目雖定於乾隆年間其實皆由康熙二十年文襄增置高郵南北滾水壩凡八座作之俑也）有此去路以為淮之尾閭遂至清弱黃強而雲梯關之海口愈湮矣遂至邑沼民魚而漕堤東之七州縣受害無窮矣於此而欲籌全局以復故跡恐非一時一人之所能辦也第即舍源而治流而文襄之措置乖方有令人不可解者洪湖下注至高寶湖止有入江入海二路入江近而捷且無弊入海遠而紆而為禍烈文襄不於入江多置閘口而於入海多增壩座此不可解一也入海之徑亦有遠近漕堤以東地勢南高北下揚之屬邑近南淮之屬邑近北文襄不於近北上接洪湖下注海口之區設壩使水徑由鹽阜入海乃轉設壩於郵南使其水由高而甘泰東興寶而鹽而阜而後入海此不可解二也文襄為治河能手而余獨以增設郵南之壩為非悠悠者將謂余言之謬而

三

文襄必有說以處此余因深思其故於萬無可解者而曲為之解有二端焉文襄時運河設有濬淺船河底深而能受非如今日之遇水即漲也下壩不着重無庸頻年啟放矣此其一興東海口其時尚可出水不至如今日之愈淤愈高也雖非捷徑而有路可通姑假道焉此其二然余觀康熙二十四年文襄疏下河海口高昂應於內地築堤高一丈六尺束內水高過海潮其趨海之勢必速云云此議尤謬是明知其事已

成其行不順四前之失着而復欲為此險着也
文襄之術亦窮矣
誌有云他邑之水治在境內興邑之水治在境外范公堤本名捍海堰當日築堤之意為障水計非為洩水計也邑誌載来去二水来水從高寶東入縣境邑東各場之水亦西行入縣境縣有五河去水皆北達塩城以入海是興之海口在東而興之河流向北洩水之路不在本境而在他境明矣鬥龍港受水閘口雖在興化境內

四

而出海口面實紆至塩邑伍佑場之北境迴迤二百餘里問之各場土人此港去大海近者百餘里遠者三百里當日范堤之外即海今既淤成數百里之地淤深土彊民竈雜居近堤數十里海變為田墾荒成熟港內積水甚深紆迴曲折勢若盤龍来水既不能容去水又不能速若欲於此拖功恐針喉甕腹勞費徒然
下河州縣海口興不如塩塩不如阜洩水要道無如滕朧喻口者天妃石達猶次之射陽湖舊

稱三百里今即淤墊湖形自在界連山寶塩阜下河州縣瀦水之區亦無踰此者然則濬射陽達滕朧喻口入海非今日之尾閭秘鑰乎
來源入射陽者莫便於涇河府志宗觀疏邑志王永吉議一覽自明丙戌年開放高郵南關等壩壩面過水不過二三尺而涇河閘過水至一丈數尺此余親見之者外如白田舖子嬰溝皆在運堤東岸水俱滙入射陽湖　國家欲為一勞永逸之計酌移郵南之壩於此數處又多置

五

閘座以分疏使潦有以宣旱有以蓄既不至養癰以待潰又不至仰沫以待枯上洩高堰五壩之洪濤下延海隅七州縣之殘喘民命河防兩有裨益誠目前要着也
白田舖水趨望直港過獐獅蕩滙馬家蕩入射陽湖
子嬰溝水自臨澤鎮東北滙廣陽湖分股注射陽湖
山陽以南寶應以北涇河一閘之水由射陽湖

直達海口、海口在鹽阜洩水最暢之路非若興東各場海口之河淤港淺也射陽湖周圍三四百里爲向来瀦水之區非若興泰諸邑之是水皆田也閘底甚深過水可至一丈數尺車邏等壩過水不過一二尺宣洩之遲速判然閘下淹没之田除軍田外不過寶應之一隅車邏等壩之水則甘泉之東北境高郵之東南境泰州之西北境東台之西境興化則全境皆淹利害之輕重判然洩水既速爲害又輕且上接洪湖又

最近仰承俯注誠至便也乃余於開壩時拏小舟歷河堤見涇河閘未啓一版以致運河之水仍高於湖上流如病噎而不下下流如病腫而不消爲禍實非淺鮮此固典守者之奉行不力而當局何以一無見聞耶

或曰近南者欲移壩以减害近北者甘移壩以受害乎余曰不然壩不移泰甘東興淹而寶鹽阜亦淹壩一移泰甘東興可不淹而寶鹽阜亦可不淹何也鄰邑各壩踞下河之上游下河洩

水之港均在鹽阜境内各壩下注必先灌滿泰甘東興然後入港泛濫汪洋區區數港不能驟洩不能驟洩斯驟漲矣所謂泰甘東興淹而寶鹽阜亦必淹也若將子嬰溝移置一壩自臨澤東北滙廣陽湖南一股趨蟒蛇河由石䃥天妃二閘下新洋港歸海北一股趨西唐河由上岡草堰口陳冲等閘下廟灣歸海再將白田鋪移置一壩由壩下涌草蕩田趨望直港過獐獅蕩滙馬家蕩入射陽湖過通洋港歸海源源而來

亦源源而去廣陽射陽各湖蕩淤墊者疏濬之或堤防之廟灣通洋港各閘淺者深之狹者廣之無停蓄自無溢漫所謂泰甘東興可不淹即鹽寶阜亦可不淹也後讀巡撫許容奏御史夏之芳疏其說亦然

或謂寶應以上運河河面高於湖面洩水較難此甚不然水消時河高於湖水漲時便湖與河平且運河上流多减一分即下流少增一分以爲容納湖水之地况洪澤湖水出清口七分入黄三分入運此平溜時成例也若至清水盛漲

即大汛清口、自四十丈以至八十丈、不得拘泥
蓄清之說、若再有長無消、即將仁義禮智信五
壩次第啟放、直注高寶湖、此盛漲時成例也、愚
謂開壩注湖淹及兩郡、何不於清水盛漲大展
清口之時、將天妃閘以下越壩一律啟除、使暢
流入運、旁達涇河等壩、洪湖水勢暢出清口而
外、又得此預為宣洩、而五壩可得守且守矣、是
南關等壩、能洩高寶湖之水、在五壩既開之後、
涇河等壩、能洩洪澤湖之水、在五壩未開之先、

其遲速利害何如哉、不獨此也、運河自黄流倒
灌、淤高河底、水落則漕滯難行、水長則堤危欲
潰、若於吃緊之時、由清口分流入運、借溜刷淤、
其功百倍於撈淺、河底日以深、河堤日以高、不
致水來即漲、是設涇河等壩、不但能洩水、并能
蓄水、旱澇皆有備、利賴及無窮、所望於仁人之
用心焉、

子彥甫述

致副河督潘芸閣同年啟

高郵以下五州縣、素稱澤國、興化一邑、形同釜
底、去年洪水為災、田廬墳墓盡付波臣、甚至架
木瘞人、乘舟入市、禍至慘烈、百餘年來未之有
也、今歲自春徂夏、水始涸出、田始可畊、殘喘餘
生、爭此一息、頃忽有啟放車邏等壩之信、農民
失望、遠近皇皇、情狀迫切、竟有號哭於市而東
奔西竄、不知所歸者、蓋大荒大災之後、閭閻膏
血竭於南畝、水不來而生理已枯、水再來而生

機立絕、小民以性命為重、事如至此、尚忍言哉、
明知
皇上愛民如子、 年大人受恩深重、上體
聖主之心、下恤窮黎之隱、斷無即啟放下壩之理、所
以陳管見於 閣下、前者恐左右之人、未識下
游地勢、而狃于已見也、查嘉慶年間、各河帥於
水符誌椿之時、猶必少為停待、得守且守、恒保
至一丈四尺以外、所以有上壩開而下壩未開
者、上壩早開、而下壩遲之又久始開者、堤工與

農田雨無損壞淮揚一帶獲豐收者十有餘年去歲下壩水誌未符各工並未着重歸江之路亦暢而車邏等壩已漸次啓放若遲開十日半月則早禾可收民間不至大傷元氣且歸江之路多消一分則下游少受一分之水亦何至城鄉內外全無乾土此　年大人所目見耳聞而心知其故者也　年大人讀書萬卷留心水利已非一日豈淺識者所能代謀而廳員或導以金灣等閘入江尚迂車邏等壩入海較捷之說殊不知壩下非海皆民田也壩去海遠至四五百里較入江之路迂至數倍興東等處地勢又屬東高西下下壩一啓必先灌滿民田次及民居而後經旬累月迤邐入海是啓下壩不能即解上壩之險惟以重下河之厄而已夫慎堤工所以節

國帑各壩之啓閉需帑幾何數州縣之錢漕蠲緩幾何

皇上軫念災區賑卹又當幾何各大員雖極焦心勞思補苴于後而民之沾實惠者有幾人哉現在高郵湖河水勢尚出誌樁之下而下河水已平田若早啓下壩勢難容受今年之水倍于去年去年之荒又重以今年畜荒奇荒民胥流亡恐其時　年大人不忍見

聖天子亦不忍聞矣用敢不辭冒昧乞命于仁人君子之前惟執事哀而察之

姜泰膧局邀免禀稿

李壽開 撰

《姜泰釐局邀免稟稿》，民國李壽開撰，據泰州圖書館藏一九一三年鉛印本影印。

李壽開，字元之。民國丹徒人。寓居泰州，任泰城商會會長。

此書有民國二年（一九一三）十月丹徒李壽開序，丹徒陳嵩慶跋。光緒四年（一八七八）戚家議釐局委員姚令擬將雙廟、沈家渡兩處漕捐分巡移設泰城鮑垻。李壽開等人認爲在泰州鮑垻設立漕捐分巡，是重徵也，因請免鮑垻徵稅。遂起草宣統元年（一九〇九）請免泰城加捐、宣統二年秋前清保堤垻等稟告，另收入各項文牘。辭簡義精，爲泰州商民稱道。

（顔　萍）

孔聖有言四十五十而無聞焉斯亦不足畏也矣余少時誤於帖括之學思乞取科名壯則家室累人遂什一之利乃倥偬無聞迄四十而五十三復聖言每廢然自歎今陰歷七月十六日值余五十受生之期諸子爭爲余壽余乃召諸子而言曰夫稱觴上壽其人必於世界上有經濟之實驗否則或以文章馳名一時爾父經濟文章一無表見何以壽爲余言未竟忽三子葆緒捧觴而進曰吾父何自菲薄若斯吾父每作一文多隨手棄去不暇珍惜子不才輒代爲錄存若爲泰城懇免加捐秋前請保壩座諸稟稿皆於文章之中見經濟之學奚不足以鳴世余聞而大聲呼責汝童子年幼無知見識淺陋此種文字若以鳴世適爲爾父之羞俟後愼勿爲外人道也余言次方益自慨歎不意長子葆彝次子葆棻又前席而請曰吾父勿責弟也吾父此兩事泰縣人士至今論及猶嘖嘖稱道曷不徇吾弟之請將此兩稿刷印庶吾父之心血不至淹沒余不禁啞然失笑曰何爾等所見之同耶抑爾等今日爲余壽將益以重吾過耶然念爾等出言之誠姑徇所請但余行年五十無與我之人毁我者亦少恐此稿印成非刺之聲將不絕於耳爾等然後知余之不求聞於世者正余之愼重名譽也因退而自述崖末俾見此兩稿之存實非余之本志爾

民國二年十月丹徒元之李壽開自識

男葆 綸 緒 彝 棻 績 校字

爲姜泰釐局違章苛徵援照成案懇恩邀免稟 金陵總局 江甯商務總會 江 藩 暨 泰州商務分會 商務局 稿

並附全案

稟爲違章苛徵援照成案懇恩邀免事竊泰州城廂各業商進貨向分南北兩路一由長江運來之貨是爲自南而北一由下河鹽城東台海口運來之貨是爲自北而南其貨自南來者經滕家壩過儎即在姜泰釐局所轄之滕壩分卡報捐該局除收活釐正項外善後捐二成漕捐四成亦統代收其貨自北來者在姜泰釐局所轄之犁山嘴分卡報捐亦如滕壩之例此數十年來各商貨進泰城投南北分卡報捐之舊章也惟各貨進城上店後由店批發下船分銷附近各村鎭仍在泰邑境內向無抽釐名目至東關外鮑家壩設有姜泰釐局分卡外來客貨不入泰城逕往下河一帶在該卡報捐亦有漕捐四成在內此泰境不立漕捐以免重複故也迄光緒四年戚家汉釐局委員姚令擬將雙廟沈家渡兩處漕捐分巡移設泰城鮑壩曾經劉前州通稟以各貨在滕壩報捐本有漕捐四成在鮑壩報捐亦有漕捐四成今又添設漕捐局於鮑壩是重徵也旋奉上憲批查移設捐卡是否各局帶收四成漕捐業已停止若猶未停則漕捐係屬重複商人如何肯依即使四成已裁而重新添設亦於大局恐有關礙復經姚令稟以分巡移設鮑壩專爲巡查繞越并不重徵漕捐各憲方始批准移設暫行試辦以一兩月爲率卷存經承袁汝濤處吊核可憑嗣後該卡試辦日久即藉巡查之名爲重徵漕捐之實顯違定章當因無礙本城各商是未追

究不意本年六月十一日滕壩分卡忽張告示內開漕捐一項現奉金陵釐捐
總局憲諭飭將鮑壩漕捐分巡改立滕壩示諭商販遵報漕捐彼時商等皆有
貨船停泊河南該卡傳飭行家不准過儎勒令重徵漕捐商等聞之頗深駭異
竊思改立局卡係屬要公未奉大憲先期札飭未經州牧會銜出示何得跨越
擅自改立藉以諭飭出示重徵實屬不解故而急向該卡查看憲札方能報捐
而該卡司扦强詞抵飾謂既不願報捐將示收回仍歸鮑壩商等以該卡循照
舊章辦理諒必悔悟姑置勿論以期商局相安詎該局在滕壩重徵漕捐未遂
其欲復又改在北關外分卡創立店貨下船新捐商等前數日有人買貨批發
下船該卡竟欲將貨扣留挾制商等報捐百般爲難似此一貨進出皆捐商業

三

何安伏查通商以來各埠商務日臻繁盛獨泰邑情形仍復凋敝其故由南北
局收捐外關稅板稅及本城各項捐輸重疊而生意來源祇有泰境之北隅附
近村鎮一帶略有一綫生機又皆係水道雖二三里相隔非船莫渡今該卡忽
創立批發下船之捐開數十年未有之例累商擾民何堪設想至以前移設漕
捐分巡爲巡查繞越並不重徵漕捐印委互稟案卷俱在班班可考况今物價
無不昂貴加之銀高錢落費用倍增於前商等已屬受困若再添設新捐力更
難支形將坐以待斃商等事關切己不能緘默不言且大憲體恤商艱屢擬裁
併釐局以紓商困乃該局初思跨越重徵一計未成繼又苛徵新捐病商病民
實爲已甚爲此縷陳各情抄粘示式聲明以前移設舊案有卷公叩電鑒俯念

商艱恩准邀免以維市面則商業幸甚泰城幸甚並抄粘釐局示式一紙
宣統元年七月　日具稟泰城職商　李壽開　李振泰
陸信淵　劉恆泰
侯應蒸　馮友三
戴金臺　蔣志沂
孫在寬　張濟生
葉沛恩　俞型伯
汪朝栻　胡鑑臨
陳金綬　朱子香

四

戈水雲　陳古香謹稟

花翎同知銜總辦姜泰釐捐江蘇即補縣正堂鄧　爲
示諭事照得鮑壩漕捐一項現奉
金陵釐捐總局憲諭飭凡自北向南貨物仍由鮑壩自收自南向北貨物改
由滕壩代收九里溝經收正捐即隨收鮑壩漕捐如繞西浦一帶盤壩者即
由泰北分局查驗捐仍一道並非重徵仰即督飭司巡認眞辦理等因本委
員遵奉
憲諭所有鮑壩漕捐准於六月十六日一律照章分飭辦理爲此示諭商販
船戶人等知悉自示之後凡各貨物經過滕壩九里溝二卡即由該卡遵報

漕捐如過西浦盤壩卽由泰北分局卡查驗爾等須知鮑壩漕捐酌議就近抽收係爲便商起見藉免繞道報捐徒勞往返務各遵照改定章程到卡投報聽候扦查給票放行毋得固執成見藉端饒舌倘有無知船商地方痞棍肆意力詐阻撓公事者定卽移送嚴辦決不姑寬其各凜遵毋違切切特示

金陵釐捐總局函致藩憲稿

敬稟者前奉發下商人李壽開等控姜泰釐局違章苛徵懇請札禁等情本局查前據鄧令請將鮑壩漕捐改由滕壩代收原爲因時制宜以杜繞越起見現經汪守調查稟復情形旣與商情不便祇好仍舊辦理所有北關外分巡一節亦須照案飭州示諭除分別移行遵辦並稟摺抄錄備案外合將該商原稟汪守清摺一併繳呈卽請察收備案謹稟

委員候補知府汪文經摺復釐捐總局查過情形稿

敬呈者竊知府於本月十八日奉憲台發交泰州各業職商李壽開等稟控姜泰釐局將鮑壩漕捐改立滕壩勒令重徵漕捐又在北關外分卡創立店貨下船新捐各等情飭往泰州查明稟復等因奉此知府遵於次日馳赴泰邑詳細查勘伏查得鮑壩分卡原有代收新併漕捐一道本年五月間該局委員鄧令因鮑壩僻在一隅稽查難到自南運北貨物當經稟准改由滕壩代收漕捐並非擅自改章出示且改由滕壩代收鮑壩卽不再收亦非希圖重徵可比至北關外分卡舊設有漕捐之分巡鄧令深恐繞越鮑壩之商販潛由北關外東壩

西壩一帶運往下河就近在北關外巡查如遇有繞越之貨卽在該分巡驗收新併漕捐亦係援舊有漕捐設巡之例並非創店貨下船新捐而該業職商等遽行上控者殆有誤會之處查台捐除正捐外附有漕捐四成此項漕捐係隨正捐按成報捐至新併之漕捐係於光緒三十三年由江北併歸金陵代收代解與台捐之原有漕捐四成先後顯分爲二姜泰分卡之鮑壩卽係遵章代收新併漕捐之卡該職商等或不知江北漕捐是併非裁重征之說恐誤於此且鮑壩卡旣代收新併漕捐卽擔任新併漕捐比較新章三月列比不得短欠在該令比較攸關未便放鬆一步在商人積習相沿事事意圖取巧知府當卽傳集該職商等剴切開導告以隨同正捐之漕捐四成與新併漕捐分別之原因及委員比較之關係該職商等雖稍有解悟究不免語多偏執一以滕壩之代收新併漕捐請仍改歸鮑壩代收爲便一以北關外分巡之驗收鮑壩漕捐未奉上憲暨州牧明諭爲詞知府再四思維仰體憲台整頓釐務之中時寓體卹商情之意所有滕壩代收之新併漕捐業商旣恐變更擬仍請復歸鮑壩照舊徵收以免商人藉口北關外分巡驗收新併漕捐一節雖有漕捐成例可稽擬再請憲台札行姜泰釐局委員泰州州牧查照成案會銜出示明白曉諭該商等或可折服知府愚昧之見是否有當仰荷憲台鑒核施行呈繳原稟一件

電稟制憲張

南京制憲鈞鑒前因姜泰釐局更章加捐商等當郵稟藩憲及金陵總局憲懇

請札飭循舊收捐不得藉漕捐歸併金陵巧立名目旋蒙總局憲札汪守到泰調查迄閱一月未見批示而各局司扞益形滋擾商務市面大有關係商等繕具公呈公舉代表李壽開投轅面遞並求先行飭吊商等公稟察核公叩助安

泰州各業商民叩電

金陵釐捐總局抄發泰州商會申文批示稿

督辦金陵釐捐總局（司道）抄由批發一件泰州商務分會申據業商李壽開等稟控釐卡苛徵公叩嚴禁由此案已據該商李壽開等具稟前來當委總巡汪守查明稟復除批查江北台漕兩捐向係各派專員辦理自上年詳准歸併本總局委員兼辦定章三月核比一次虧則勒賠整頓稽查係該局員應有之職務前據該委鄧令請將鮑墒漕捐議由滕墒代收原屬因時制宜以杜繞越既非重徵便不得謂之苛擾惟商情困苦自應體恤今核汪守查復情形姑准仍在鮑墒徵收新併漕捐以便商情如有繞漏情弊仍應照章議罰至北關外設有漕捐分巡本有成案應即照舊辦理除移江南商務總局暨江寧商務總會轉飭泰州分會知照并札姜泰釐局泰州一體遵照示諭外仰即知照此批

七

江寧商務總會照會泰州分會稿

奏辦江寧商務總會為照會事案准金陵釐捐總局移開案據泰州各業職商李壽開等稟以姜泰局藉詞苛徵公叩嚴禁等情一案并據該商務分會轉呈前來當將原稟發交總巡汪守文綬飭令親往密查稟候核辦去後茲據該守查明開摺復稱所有滕墒代收之新併漕捐業商既恐紛更仍請歸鮑墒照舊徵收北關外分巡驗收新併漕捐雖有成案再請札飭州局會同示諭以期折服等語據此除批查江北台漕兩捐向係各派專員辦理自上年詳准歸併本總局委員兼辦云云（同上至）一體遵照示諭外合就抄粘移會為此合移貴總會請煩查照迅飭泰州分會傳知各業商一體遵照等因並抄摺到會准此查此案前據貴分會牒稱各情並接據職商李壽開等報告前由即經據情一併移請金陵釐捐總局查照辦理在案茲准移復前來合即備文照轉為此照會貴分會煩為查照迅即傳知各商一體知悉此次釐捐總局總算俯恤商情但商人此後運貨亦須遵照定章不得有繞越情事致損名譽是為至要須至照會者

八

電稟制憲稿

南京制憲鈞鑒商民前稟姜泰釐局更章加捐迄未奉到藩憲及總局憲批示電懇飭吊商稟察核嗣接寧商會函知准金陵總局移知一切照舊辦理闔邑商民托庇帡幪毋任欣感泰州商民代表李壽開叩電

擬赴省稟制台稿

為苛徵病商乞恩嚴核事竊商等前因姜泰釐局鄧令初思將鮑墒漕捐分巡局改立滕墒跨越重徵繼又欲在北關外分局苛勒新徵郵稟（藩憲金陵總局）各情懇恩札禁當蒙金陵總局憲諭令知府汪文綬至泰調查商等方幸商情之困苦

冀邀憲恩之高厚而商務得以保全乃汪守於七月二十一日抵泰為鄧令先請至釐捐局董事方某家宴會聚談汪守不無聽鄧令先入之言為其朦蔽故於次日傳諭商等面見意存迴護謂鮑壩之局改立滕壩並非重徵經商等剖說鮑壩之漕捐局定案本為巡查繞越其收捐已屬額外重徵有卷可稽何得於重徵之中更為跨越至北關外姜泰分局創立店貨批發下船新捐實數十年未有之例乃汪守不思體恤商艱任意迴護鄧令乃以壓力箝制商人謂江北漕捐裁併金陵釐局督憲加新併漕捐一道實非鄧令創立新捐爾商等不知捐例妄為率稟等語復經商等據理剖訴汪守似省悟鄧令之非婉辭回答商等方冀汪守吾省必不至袒護鄧令使商民交困孰意商等近聞汪守稟復

九

金陵總局憲仍持加新併漕捐一道並請札飭泰州知州出示伏思加新併漕捐一道商等有不解者五敢為大帥敬陳之汪守所云加新併漕捐一道光緒三十三年即有此例商等先固未有所聞何以閱三四年之久在前局委概未辦理豈非藐玩憲章獨鄧令知有此捐例以商重困此不解者一也江北漕捐裁併金陵釐局代收代解縻費當可節省理宜減捐以紓商力乃反加新捐是商等不敢邀裁併之益而轉受加捐之累此不解者二也鮑壩漕捐定案係屬分巡本不收捐乃不查成卷輒思朦瀆憲聽欲於泰邑境內任意加捐商民擾累何堪設想此不解者三也若云局員比較不足即加新捐於情理似未允協蓋比較不足當嚴剔司扦弊竇整頓中飽以重國課乃專責商人加捐為局員

比較地步恐各捐局皆得藉比較不足一語稟請加捐此不解者四也且謂商等誤會漕捐裁併金陵為裁撤則各局之代收漕捐四成商等當不遵報現商等各局所收捐票載有漕捐在內商等何嘗誤會實鄧令藉新併之名為加捐之地其意顯然汪守竟為所愚此不解者五也總之論店貨下船向無抽釐名目今欲創例收捐累商擾民實為苛加新徵論新加漕捐一道則各商進貨凡經過各局其漕捐四成皆隨正捐遵報焉有繞漏今忽於出貨時再加漕捐何得謂非重徵況一貨進出皆捐商等血本幾何勢必虧折以致於相繼倒閉則泰邑市面大局攸關凡屬商民皆為大帥赤子不得不再訴苦衷籲懇於大父母之前仰乞恩予矜全札飭姜泰釐局委員鄧令傳知各卡不得藉漕捐歸併

十

金陵巧立名目苛勒加捐以恤商艱而保市面望恩上稟

　　此稟成後當奉釐金總局批示照舊辦理故未遞姑存之

公稟州牧龍稿

為藐視憲札不遵舊章朦請出示叩詳定案事竊商等前因姜泰釐局分設泰城北關外犂山嘴局苛索加捐瀝陳各情懇請錄案申詳並郵稟藩憲及金陵釐捐總局憲核示在案旋蒙總局移知金陵商務總會一切照舊辦理當由總會轉飭泰州分會傳諭商等遵照並奉札飭姜泰釐局及憲台衙門會同出示曉諭仰見大憲體恤商艱商民無不感戴詎局委鄧令藐視憲札不遵舊章仍注意在犂山嘴分卡查驗商等批發下船之貨藉就示稿告示朦請憲台會銜

出示不思商等所運南北各貨未進店之先經過南北各卡均遵向章照報台捐其漕捐四成亦隨台捐統報有票可憑故進店後批發附近下河莊堡係已報捐之貨且下河非船莫渡從無再行查驗之例況犂山嘴設分卡以來各業商耆亦未聞有此事惟憲諭照舊辦理是商等已邀憲恩今鄧令仍欲改章查驗是顯違照舊辦理之諭至鮑壩漕捐局本屬分巡何得分而又分況鮑壩漕捐分巡定案於光緒四年有卷可稽犂山嘴添設漕捐分巡憑何案據始於何年在鄧令前欲於犂山嘴分卡苛勒加捐經商等通稟大憲未遂其欲今仍思藉分巡查驗之名爲需索歛費之實其意顯然但泰邑本非通商大埠市面零星商情已屬困苦而該分局任意滋擾商力更難支持是商民何不幸爲泰邑

十一

之商民獨受該分卡之蹂躪乎商等素仰憲台廉明果斷必能洞悉商艱不得不申訴各情仰懇公祖大人電鑒查照憲札主稿重行會銜出示曉諭照舊辦理請於示內載明商等已報捐之貨批發下河北關外分卡司扦不得藉漕捐分巡之名再行查驗留難滋擾並沐飭檢北關外添設漕捐分巡成案連同憲台重擬示式一併錄齊詳請江藩總局憲定案並申報督憲保商安民批示祇遵實爲恩公兩便上稟

州牧龍移姜泰釐局稿

爲移詢事據本城各業職守商李壽開等稱竊商等前因姜泰釐局分設泰州北關外犂山嘴局苛索加捐瀝陳各情照稟同敘至實爲公便等情到州據此

查此案前奉督辦金陵釐捐總局憲抄粘札飭並准貴局擬就示稿移送核辦在案茲據前情詳加覆核該商等所運南北各貨未進店之先經過南北各卡既遵定章照報台漕有票可憑則進店後批發附近下河各莊堡乃係已報捐之貨較之進貨迥不相侔下河一帶非船不便往來若經過貴局北關外犁山嘴分卡再行查驗雖司扦等並無留難情事而該商等終有畏累之心藉口生端在所難免但北關外漕捐所設分巡前奉總局札悉有照舊辦理之諭該分巡係於何年稟設是否指明犂山嘴地段貴局必有檔案可稽除稟批示外合亟備文移詢爲此合移貴局請煩查照希將該處設立漕捐分巡原案迅賜飭承抄錄全卷刻日移復過州以憑傳集各該業商明白宣布俾釋羣疑倘貴局

十二

並無此項成案則該商等既節次嘵嘵有詞所有進店後批發下河各貨前已遵章報捐似可免予查驗以洽商情而杜藉口事關商業全體務希切實見復是爲至要切切須移

姜泰釐局移復稿

爲移復事頃據貴州移開據各業職商李壽開等稟稱姜泰釐局分設泰城北關外犁山嘴局苛索加捐添設漕捐分巡不遵舊章任意滋擾稟請不得藉漕捐分巡之名再行查驗等情前來查此案前奉督辦金陵釐捐總局憲札曾有照舊辦理之諭該分巡係於何年稟設是否指明犁山嘴地段貴局必有檔案可稽除稟批示外合亟備文移詢貴局請煩查照希將該處設立漕捐分巡原

案迅賜飭承抄錄全卷刻日移復過州以憑傳集各該業商明白宣布俾釋羣疑倘貴局並無此項成案則該商等既節次嘵嘵有詞所有進店後批發下河各貨前曾遵章報捐似可免予查驗以洽商情而杜藉口事關商業全體務希切實見復等因准此查鮑壩漕捐係江北威家汊所屬分局於光緒三十年七月十六日歸併敝局接辦所有案卷全宗向例不存分局其威家汊漕捐歸併台捐之時不知各卷宗已移交樊興台局抑巡繳江北總局無從知悉惟泰城北關外漕捐分巡有貴州張前任告示於光緒三十年六月初六日懸掛西浦至今已六年之久自三十三年七月漕捐歸併台捐告示猶存該商自有聞見至此次敝北門分卡稽查漕捐奉示悉遵舊章既非重徵亦非創設再將告示

另抄粘呈外相應備文移復爲此合移貴州檢齊舊案邀集各業商人明白宣布不難折服俾肅釐務而重餉需實爲公便望切須至移者

公稟州牧龍稿

爲懇恩據情轉詳督憲以免商累事竊商等前因姜泰釐捐分設北關外分卡不遵憲札照舊辦理商等進店已報捐之貨批發附近鄉堡該卡藉漕捐分巡之名新立查驗之例朦請會銜出示當經商等瀝陳各情呈請移詢該局憑何卷據核辦蒙賞移詢在案商等現閱該局移復憲台以前州憲張於光緒三十年有告示一道抄粘爲北關外漕捐分巡之證伏查前州憲張光緒三十年所張告示內既未載明奉大憲札飭又未聲敘設立分巡成案始於何年況漕捐於光緒三十三年歸併金陵總局則漕捐在前係漕督主政如此關外三十年添設漕捐分巡前州憲張當稟詳漕憲批准立案有卷可稽何以憲台衙門漕捐卷內並未奉到漕憲公文札飭出示不能以該局一紙空言貽商等無窮之累況漕捐歸併金陵總局曾奉通飭抄粘漕捐正分各局清單內詳泰州境只有鮑壩王村兩處設立分巡並無他處是北關外實無漕捐分巡成案閤邑商民衆所共知該局何得以無據之詞藉事生端爲商民之擾害爲此再陳下情並抄粘金陵總局札發漕捐分巡章程仰祈公祖大人電鑒俯恤商艱抄錄漕捐分巡定章轉詳督憲批示立案均沐深仁戴德上稟

批

查閱抄粘光緒三十三年漕捐歸併之時威局分卡八處祇有鮑壩地名並無北關外犂山嘴在內現在經姜泰釐局備文移復而前奉金陵釐捐總局札飭循照舊章辦理等因凡司榷政者裕餉恤商必須兼籌並顧所有犂山嘴查驗漕捐一節在姜泰釐局自當上遵憲飭下協輿情督飭司扦妥慎辦理也該商等毋庸緦緦過慮其各知照抄粘附

龍公梓修去思碑記

今皇上御極之元年我州侯龍公來守斯土州之父老歡迎道左爭先恐後欣欣然額手相慶曰吾民之困得公來而其蘇矣及公視事百廢具舉其撫字之勤勞聽斷之明決以及一切新政之次第舉辦類無不默察乎輿情之向背而

調劑乎財力之盈虚州民歌來何暮焉入夏亢旱彌月不雨蝻孽蠢蠢欲動公親督鄉民四出撲捕短衣踏步走炎天烈日中辛苦備至而蝻患賴以肅清但鄉民待澤孔殷公禱於神而甘霖立霈是非公之精誠有以格天烏克至此七月高郵開壩西水東注公親率鄉民修築圩岸雨淋日炙不遑安處是時穀價昂貴貧民搶米幾成事變公爲之平定米價而民食不至維艱得以消患無形轉危爲安公之惠也然公之心關民瘼固共霑仁厚之施公之體恤商艱尤不遺維持之力通商以來各埠商務日臻蕃盛獨泰邑情形仍復彫敝由於生意來源祇有北關外下河附北鄉垡一線生機至東關外鮑家壩於光緒四年辦理戚家汊漕捐局姚欲在該處添設漕捐分局經前州憲劉通禀以該商等在南北各卡報捐皆有漕捐四成在内何得添設重徵以重商困始以改設漕捐分巡試辦稽查繞越并不收捐定案商民賴之嗣後試辦日久該分巡藉稽查之名爲收捐之實已違定章乃今年六月間北關外復思添設分巡各商進店之貨批發下河抑勒加捐各商瀝陳商情公卽毅然以保護自任爰錄案上詳旋蒙大憲批飭照舊辦理示諭商民遵照孰意該分卡未遂加捐之欲乃巧立查驗之名豈知各商批發下河係已報捐之貨數十年來向無抽釐查驗名目今該卡雖不抽釐仍欲查驗畏累之心實所難免因禀懇我公籲求保護我公洞悉商業全體攸關不避嫌怨援案備文與該局力爭免予查驗以洽商情商民何幸爲我公之商民耶方期借我使君長守此土俾闔邑商民永受無疆之

十五

賜然近今釐局類多滋擾激生事故大吏憂之知我公素以保商安民爲己任量移寶應釐局差大吏爲釐局得人計商民本欲公呈乞留因格於例不果雖然公去矣公之恩德未與之俱去用誌顛末銘諸石刻以表民不能忘之意云公印曜樞字梓修安徽壽州籍癸巳科舉人花翎三品銜在任候補道歷官句容江都江寧縣調署泰州州篆備載之使後之讀此碑者知公之偉略焉

爲江北下游各州縣農民乞恩秋前仍宜固守勿啟壩座禀稿並附全案

敬禀者竊揚屬運河東西兩堤爲淮揚各州縣田廬保障誠以國賦民生關係綦重公家不惜歲糜鉅款逐段保護愼重堤工不稍疏懈自清水潭横決後未遭水患者數十年於兹矣今仁憲慮及去歲堤工疊出危險並鑒於清水潭横決爲災是以合詞入告申明定章啓放壩座此後水勢逾過舊制一尺卽當酌量啓放使堤工無潰決之患民命得以保全足見仁憲痌瘝在抱壽開等捧讀奏稿欽仰無極但地勢今昔懸殊民情不能齊一敢爲我仁憲縷晰陳之如揚屬運河由瓜洲口上達清江浦縣亘數百里水道汙墊年盛一年加以小輪行駛逐日往來傾棄煤渣更形汙墊雖屬啓放照舊制加增一尺其實河身汙墊尚不止一尺平時運河水道不能暢通者其故一且下河各州縣亦復阻滯蓋由於港汊海口日見汙塞港汊不修遇旱不能瀦蓄海口不濬遇潦不易宣洩一遭水患勢必横溢其故又一至於民情勤勞者少偷安者多現雖出示曉諭農民將低窪之區多種早稻高阜圩岸趕緊修補在下河各州縣低窪之區動

十六

遭淹沒圩岸亦多半損壞民情狃於固見以爲壩水可保多年未遭水患卽是開壩亦必保至秋收之後意存希冀每每置圩岸於不修況下河各州縣因地勢窪下僅種早稻一熟農民得一季米糧不能敷終歲口食是以秋收後扶老攜幼紛紛出外各謀生計此又農民無力修築圩岸之實在情形也今仁憲若照奏定丈尺卽當酌量啓放在下河各州縣農民修補圩堤固難及時趕辦卽間有一二趕辦者舉凡取泥購料在在需欵尤恐力有不逮本年三四月間因天寒播種稍遲則收割亦晚所慮者底水固大近又霖雨多日水勢有增無減聞湖水近亦漲至一丈以外若上游滙注繼長增高下游江潮頂灌於內則水勢一丈五尺卽在眉睫萬一秋前啓放則下河各州縣民田既無捍禦又無容

十七

積勢必横溢將千百萬民食悉付巨浸則後患何堪設想伏念左文襄公督兩江時督飭在工人員每遇盛漲搶險保護不遺餘力歷年均循例保守良因下河億萬生靈僅恃秋成一熟不得不固守堤防以維民食今仁憲慮及潰決於舊制一丈四尺逾過一尺卽當啓放意至善也但小民無識聞今定一丈五尺啓壩不知比舊制已加增一尺感戴憲恩而祇知比歷年保至一丈八尺有奇反減去三尺餘羣情惶恐實滋疑慮去歲秋收尚稱中稔今年春夏之交食米一升幾至百文以至窮民不能果腹藉端滋事時有所聞惟有仰懇仁憲俯恤民艱雖屬明定丈尺總以酌量水勢再行啓放在秋前能保守一分則人民受一分之益壽開等並非以傲倖之私撓瀆清聽總之各處河道海口及各處圩

岸不一律疏濬修補完竣卽不能不酌量辦理以濟權變壽開等爲欲保全下河各州縣民命必先保全民食蓋民以食爲天民不得食民命將安保乎況鹺漕正供出自下河七州縣者實占多數各場鹽課亦歲輸甚鉅籲求仁憲飭令在工人員秋前仍宜盡力保護毋恃有現定丈尺疏於防範壽開等愚昧之見是否有當不勝呼籲待命之至再此稟係由農會及各商務分會函商泰州商務分會主稿合併陳明肅稟恭請鈞安伏乞垂鑒

宣統二年六月　日泰州商務分會總理李壽開

興化商務分會總理徐步瀛

姜堰商務分會總理鄭　杰

十八

泰州農務分會總理李家榮

東台商務分會總理丁立棠

海安商務分會總理劉　蔚謹稟

按壩水在前定誌秋前水至一丈四尺秋後水至一丈二尺五寸啓放壩座下河歲遭水患秋收無豐稔之日迨同治後始以保障下河爲重左文襄督兩江時是年伏汛盛漲竟保至一丈八尺以上尚未開壩嗣後歷年循例保守乃宣統元年冬撫督提會奏秋前以一丈五尺秋後以一丈三尺爲限制卽行啓壩照舊誌雖加增一尺實則較三十年來力保成例減去三尺餘特將壩水丈尺附記于後

六月十一日牒州牧文稿

爲牒請事竊揚屬運河堤工本有舊定啓放壩座丈尺而歷年秋前均極力保守者蓋以下河各州縣國賦民生所關甚鉅今奉各憲會奏申明舊定水誌一丈四尺秋前加增一尺卽啓放壩座人心惶恐不可終日敝會因聯合隣近各分會聯銜具稟各大憲懇乞恩施秋前猶宜極力保守並報告諮議局謹將兩稿抄呈台鑒並乞俯賜轉詳不獨泰境生靈同深感戴卽下河各州縣人民亦仰荷大德也爲此牒請貴州察奪施行實爲公便須至牒者

六月初七日報告諮議局稿

敬啓者去年九月諮議局成立後貴局長關懷桑梓列導淮議案設測量水利局圖一勞永逸之大計紉佩曷極但事體重大非旦夕所可償事惟目前最爲切急者揚屬運河堤工自聞各憲會奏申明定章啓放壩座在下游各州縣人民莫不呼號疾痛不可終日伏念淮揚下游各州縣地處窪下自淸水潭橫決後數十年幸獲有秋者皆由歷任各大憲督飭在工人員極力保護秋前不輕啓放其中以左文襄公持之尤力不爲人言所動迄今下游億萬生靈猶復謳思盛德今若照奏定秋前一丈五尺卽行啓壩援舊制論雖屬加增一尺而以保至一丈七八尺比例實則減去二三尺似此民食民命兩無所保啓開憂天之心所不能免因聯合各分會聯銜具稟各憲爲下游各州縣人民乞恩是否俯順輿情准予所請尙俟批示特將稟稿抄呈察核並乞貴局將此案提議就近於督憲磋商堤工能多保一分則下河農民卽多受一分之益不勝盼禱之至伏乞垂鑒

六月二十二日諮議局來函

敬啟者前接貴處公信當卽由敝局議長函致督部堂請其斟酌情形變通辦理頃奉復書大致謂將咨明江北提部堂分行淮揚道堤工局審度情形權衡輕重稟承妥辦云云並貴局稟批一件亦抄交到局爰將復函及敝局前致督部堂原函一併抄奉台覽專此佈復卽頌公安

六月十四日諮議局致督部堂函

敬肅者頃接江北下河各團體函請將運河啓壩奏案隨時相度實在情形辦理一節就近稟承鈞座核示據稱各該團體已由泰州商務分會領銜具稟在案竊維下河以運堤爲保障壩座啓閉兩有利害自古爲爭執之端下河但顧目前之秋收既肇大禍卽亦同歸於盡此明定椿誌尺寸先事預防仁人之用心正億兆所當尸祝者也惟該團體等所稱運堤情形今昔不同河身汙墊實不止一尺今定一丈五尺之限制照舊制已加增一尺而照近年歷年保壩成例轉減去二尺有餘在奏案規定宜候仍請地方行政官酌量水勢再行啓放等語所述是否實情記從前蒯京堂光典任淮揚道時力主保壩水過椿誌尺寸甚多而卒無恙人民至今謳思是亦一例之可援者應請鈞座飭屬查明以備於遵照奏案之中稍留一斟酌兩全之標準本局仍當遵照議案監督江淮

水利之測量局長力圖一勞永逸之大計伏乞核賜復示以便轉知下河各團
體無任翹企待命之至耑請鈞安

督部堂復諮議局函

敬復者接准惠函具悉一是運河一線長堤爲沿河各州縣之保障民生攸賴
關係極爲重要各壩啓放有時並經定有標誌前人立法於堤防民食兼籌並
顧用意至爲深遠溯從前盛漲之年所有各壩均令得守且守有逾誌啓放者
亦有已逾誌猶未啓放者要在管河各員審察當時情勢斟酌辦理前經江北
提部堂會同敝處奏明將壩誌尺寸酌量加增本係變通盡利之意泰州商務
分會等來呈昨經批答另紙錄奉台覽現經查照尊函咨明江北提部堂察酌

核辦並分行淮揚道堤工局隨時察度情形權衡輕重稟承妥辦泐復祇請台
安諸希徵照不備

督部堂批稿

民食固關緊要民命尤須保全但使水勢不至盛漲自無秋前啓壩之理若已
逾誌椿丈尺則不能不酌量啓放以資宣洩而免漫潰上年經前江北提部堂
會同本部堂酌定限制具奏實已照制加高當由在工人員隨時體察情形稟
報核辦仍實力防護堤岸以保無虞該商會亦當勸諭農民不得一味固執爲
要仰淮揚海道會同堤工局李道分別轉飭遵仍候撫部院提部堂批示繳

提部堂批稿

查本年水勢尚不甚大如果長至啓壩定制自應察看情形飭道督廳得守且
守但上下游堤工實在危險之時亦須權衡輕重量爲啓放未可執一而論仰
即諭各農民務宜培築圩岸疏濬溝洫以備不虞勿以有壩可恃稍存大意是
爲至要仍候督部堂撫部院批示繳

淮揚道爽批稿

揚屬大汛啓壩本有定章歷年得守且守而於湖西民田未曾顧及即如去年
吳前竭力防守終於啓壩而湖西業已被淹受災甚重各大憲有鑒於此是以
奏定啓壩尺寸俾資遵守實係一視同仁卽該紳商等同隸淮揚亦當敬恭桑
梓所幸邇來天氣暢晴水勢稍退可不致議啓議守但願洪流順軌普慶西成

當與吾士大夫同祈禱之耳仍候各憲暨藩司批示繳

七月初十日高郵來電 按此年七月初三日立秋

泰州商會水丈四尺五啓壩速郵蒸

十一日電稟提憲

江北提憲鈞鑒下河月初大雨尺餘水漫圩岸未退聞壩水丈四尺五若啓壩
稻必盡淹求飭道廳力保數日以便收割乞電復泰州商會叩真

十二日提憲復電

泰州商會真電悉已飭道廳得守且守提院文印

七月二十二日公稟督部堂

具稟泰州興化東台議員商會李壽開顧詠葵丁立棠王錫光農會趙鉦鋐李家榮王開祐翟洪銓謹稟督憲大人鈞座敬稟者湖水盛漲已逾新誌迭蒙電飭道廳得守且守造福下河感淪肌髓惟壽開等仍有籲求者自來堤廳一遇盛漲即先將鄆南十里以內之涵閘盡行堵閉備開壩云恐臨時措辦不及但以壽開等歷年所見涵洞早閉是速壩水使驟漲其勢出於不得不放鄆南涵閘小者數尺大者丈餘每日洩水至爲浩大值湖漲大盛方思多覓一洩路少殺滔天之勢今預將涵閘全閉水焉得不漲壩焉得不開去年六月二十三日放壩而五日以前已將涵閘全閉因之水勢刻見增長下河百姓環叩道廳乞恩緩閉格於成例泣血無從刻鄆南涵閘又擬全閉下河以春夏雨水過多秧壞重栽計早禾三成晚禾七成雖立秋半月收割尚遲遠行放壩淹損必多下河自光緒三十二年以來四年之放壩沈墊窮苦言之傷心若再遇沈災民生何賴今春大修西堤高原堅固足禦湖浪修款二十一萬兩下河百姓踴躍認攤原冀保全秋稼倘堤工甫修壩水旋放不將以二十一萬之巨款擲諸虛牝乎爲此迫叩督憲大人迅電淮揚道廳緩閉涵閘毋增水勢多保一刻下河即多受一刻之惠披瀝下情伏希電鑒

二十三

跋

予同縣李元之先生才學精敏富於經驗夙抱濟世主義前總理海陵商會多所擘畫聲譽遠播而尤以請免泰城加捐及秋前請保堤壩二事爲海陵商民稱頌至今弗倦兹讀先生往來各項文牘辭簡義精於商情困苦水潦利病瞭如指掌誠有用之文非若世俗侈言空理拳拳於章句之間也今值付梓之際用敢不避僭越擅跋數語至先生流惠商民社會間類能道之何待予之贅述耶

民國二年十月世愚姪丹徒陳蔚慶謹跋

陳柏陔校字

二十四

泰州繂堤説略

（清）王又樸 撰

《泰州繂堤説略》一卷附《春秋繁露》後，清王又樸撰，據南京圖書館藏清光緒元年（一八七五）輔仁書院刻《詩禮堂全集》本影印。

王又樸（一六八一—一七六〇），字介山，號從先，清天津人。雍正元年（一七二三）進士。雍正四年後，兩次代理河東鹽運使。乾隆五年（一七四〇），署西安府丞。八年署泰州運判（此據其乾隆二十三年作《泰州繂堤説略》自序所記，道光《泰州志》卷十四《秩官表》、卷二十《名臣》均謂十六年任。以下所記行蹤均據作者自序）。王又樸一生著述甚多，其《易翼述信》一書尤爲學界所重。

明代泰州鹽官楊澄爲方便運鹽，沿泰東河築堤一條，史稱楊公堤。由東臺至泰州壩，長一百二十里。楊公堤年久失修，水沖坍陷。王又樸到任二年間，往來於溱潼、淤溪上下一百二十餘里之湖泊中，兩次親眼看到客舟因遇大風而沉没，自己也有一次因大風而被阻礙。所以力請重築堤岸，以利繂夫挽船，亦爲避免遭禍。然各方議論多謂費用太大難辦。王又樸親自查看地形，瞭解其難易深淺，又上書兩江總督、江蘇巡撫、南河河道總督、兩淮鹽政，並試築其中一段。後至安徽廬州任職。乾隆十七年，王又樸年已七十餘，以年老請回天津。途經揚州，面見兩淮鹽政普福，再次提出應該修築當年未竟的百里堤道。普福遂命王又樸主持此事，當地鹽商捐銀二萬兩。十八年正月開工，六月完工。但當時修築堤岸較爲低矮，當年秋天即被洪流冲壞。後王又樸又再次到泰州，參與修築。乾隆二十三年，王又樸遂將有關公牘等編爲此書。書前自序詳細地説明了整個事情的經過。自序中作者特地指出『余既無一金之捐』，可糾正道光《泰州志》卷二十《名臣》『又樸捐資』記載之誤。王又樸雖未捐資，但泰州繂堤之築實成於其手，並爲當地帶來極大便利，《泰州志》謂『堤成，商民賴焉』。

（江慶柏）

漢江都相董子著　乾隆十九年新鐫考定真本

摘刊止雨求雨二則

春秋繁露

附土星祠記并説

春秋繁露第七十四　今江寧周生架考定新本

求雨

春旱求雨，令縣邑以水日令民禱社，家人祀戶，無伐名木，無斬山林，暴巫聚蛇，八日，於邑東門之外爲四通之壇，方八尺，植蒼繒八，其神共工，祭之以生魚八、玄酒，具清酒膊脯，擇巫之清潔辯言利辭者以祝，祝齋三日，服蒼衣，先再拜，乃跪陳，陳已，復再拜，乃起，祝曰：昊天生五穀以養人，今五穀病旱，恐不成，敬進清酒膊脯，再拜請雨，雨幸大澍。

奉牲禱以甲乙日，爲大蒼龍一，長八丈，居中央，爲小龍七，各長四丈，於東方，皆東向，其間相去八尺，小童八人，皆齋三日，服青衣而舞之，田嗇夫亦齋三日，服青衣而立之，諸里社通之於閭外之溝，取五蝦蟇，錯置社中，池方八尺，深二尺，置水蝦蟇焉，具清酒膊脯，祝齋三日，服蒼衣，拜跪陳祝如初，取三歲雄雞、三歲猪，皆燔之於四通神宇，令閭邑里南門置水，其外開北門，具猳猪一，置之於里北門之外，市者亦置一猳猪，聞鼓聲，皆燒猪尾，取死人骨埋之，開山

溜積薪而燔之決通道橋之壅塞不行者決瀆之幸而得雨以猪一酒鹽黍財足以茅爲席毋斷疑有缺文

夏求雨令邑以水日家人祀竈無舉土功更大浚井暴釜於壇臼杵於術七日爲四通之壇於邑南門外方七尺植赤繒七其神蚩尤祭之以赤雄雞七玄酒具清酒膊脯祝齋三日服赤衣拜跪陳祝如春辭以丙丁爲大赤龍一長七丈居中央又爲小龍六各長三丈五尺於南方皆南鄉其間相去七尺壯者七人皆齋三日服赤衣而舞之司空

嗇夫亦齋三日服赤衣而立之鑿而通之閭外之溝取五蝦蟇錯置里社之中池方七尺深一尺酒膊祝齋衣赤衣拜跪陳祝如初取三歲雄雞猳猪燔之四通神宇開陰閉陽如春

季夏禱山陵以助之令縣邑壹徙市於邑南門之外五日禁男子無得行入市家人祠中霤無興土功聚巫市爲益四通之壇於中央植黃繒五其神后稷祭之以缺五玄酒具清酒膊脯令各爲祝齋三日衣黃皆如春祠以戊己日爲大黃龍一長五丈居中央又爲小龍四各長二丈五尺於南方皆南鄉其間相去五尺丈夫五人齋三日服黃衣而舞之五人二字疑誤亦齋三日衣黃衣而立之亦通社缺中缺於閭外溝取蝦蟇池方五尺深一尺他皆如前

神農求雨第十九日戊己不雨命爲黃龍又爲大龍祈者舞之季立之又曰東方小僮舞之南方壯者西方沾未詳人北方下疑少一字人舞之周引曰神農求雨乃古求雨書名按此則後文雨書字亦有著洛

秋暴巫至九日無舉火事煎金器家人祠門爲四通之壇

於邑西門之外方九尺植白繒九其神太昊祭之相水二字疑誤魚九玄酒具清酒膊脯祝齋三日服白衣他如春以庚辛日爲大白龍一長九丈居中央爲小龍八各長四丈五尺於西方皆西向其間相去九尺鰥者九人皆齋三日服白衣而舞之司缺亦齋三日衣白衣而立之蝦蟇池方九尺深一尺他皆如前

冬舞龍六日禱於名山以助之家人祠井無壅水爲四通之壇於邑北門之外方六尺植黑繒六其神玄冥祭之以

黑狗子六、玄酒、具清酒、膊脯、祝齋三日、衣黑衣、祝禮如春、以壬癸日爲大黑龍一、長六丈、居中央、爲小龍五、各長三丈、於北方、皆北鄉、其間相去六尺、老者六人、皆齋三日、衣黑衣而舞之、尉亦齋三日、服黑衣而立之、蝦蟆池如春、樸按四時品物之數皆河圖之成數也獨季夏則用生數冬池當方六尺四時皆深一尺春二尺似誤四時皆以水爲龍、必取潔土爲之、結蓋、龍成而發之、四時皆以庚子之日、令吏民夫婦皆偶處、凡求雨之大體、丈夫欲藏匿、女子欲和而樂、神書又曰、開神山神淵、積薪夜擊鼓譟而燔之、爲其旱也、

繁露　止雨考定　四

止雨

雨太多、春秋恐傷五穀、趣止雨、止雨之禮、廢陰起陽、令縣邑以土日塞水瀆、絕道蓋井、禁婦人不得行入市、令縣鄉里皆掃社下、縣邑若丞令吏嗇夫三人以上祝一人、鄉嗇夫若吏三人以上祝一人、里正父老三人以上祝一人、皆齋、書十七縣八十離鄉及都官吏千石以下、夫婦在官者、咸遣婦女子不得至市、市無詣井、蓋之勿令泄、鼓用牲於社、祝之曰、雨以太多、五穀不和、敬進肥牲、以請社靈、社靈幸爲止雨、除民所苦、無使陰滅陽、陰滅陽不順於天、天意常在於利民、願止雨、敢告、鼓用牲於社、皆壹以辛亥之日、書到即起縣社令長若丞尉官長各城邑社嗇夫里吏正里人皆出、至於社下、顧西罷、三日而止、未至三日、天心亦見、

史稱董子爲江都相、以春秋災異之變推陰陽所以錯行、求雨止雨、行之一國、未嘗不得所欲、著有繁露行世、至今、余於乾隆五年入關、適庚申辛酉連歲雨暘多不時若、　方伯帥公率僚吏行此法、多驗、既而余來吳分守廬巢暨署欲守遵行之者三、亦驗、而此地正董子之傳治也、聞之四十年前、　直指張公應詔力行此法、而茂多稔、然則此邦之賢大夫果能篤信而設誠以致行之、其斯民之福乎、獨惜世本頗多缺誤、秣陵周生渠爲之考定、稍還其舊、余欲梓之而力未能、特摘其求雨止雨二則、鏤板而行之、以繼當年　張公之志、至好學通

繁露　止雨考定　五

佡欲覽其全則就周生而求之可也時乾隆十九年歲次甲戌端陽日天津七十四老人王又樸識

創建土星祠記 祠在無爲州江岸

祠建於乾隆之十有三年六月二十五日蓋州民苦於江工之将墊求所以奠安斯土者而不得數百餘年亦甚亟亟矣余蒞斯邦輒不揣謬妄竊取古人之意而草其大槩成之者謝生之謀也其初則土一邱小甓屋數尺耳嗣見江溜漸移而爲害之洲亦漸削州衆譁然歸其功於神走

望報賽無虛日次歲乃包土以甓又像祀神之司下土者并傍築僧舍以守之再次歲祠爲雨敗遂盡易以甓石焉夫水土之在天地皆隨氣化以爲轉移未有一定而不可變者是以前人有滄海桑田之論蓋天定固勝人人定亦未嘗不可以勝天董江都大儒也所著春秋繁露載有祈求晴雨之法余在關中時方伯帥公用之極驗及來濡逮署徽守亦一再試無違者昔蔡端明守泉州以神告橋成於二十一日酉時屆期海潮不至橋果成而吳越武肅王於五日以萬弩射潮江爲之退流此尤其大彰明較著者也夫成天平地聖人必擅其才而抑盛扶衰人功豈無其事况皖城之先亦以江波嚙岸有刻氐土之形於社竿懸而鎮之岸不爲崩則又其近事之足據者矣余故祭以天官五行諸書立祠於戊辰之歲者以塡星實在壽星之次也其月乙未其日戊寅土又當夏季土王用事之初胃宿是值土度雖留從此由亢入氐實爲進氣火羅在後以生之計爲土餘次於女得權以照對宮之水水正躔柳臨未

叠受其尅而是夜又退伏不見土旺水衰千載一時乃謹丹書塡星於版同氐女胃柳四宿以奉於祠而先是則各於四宿所值之日搏土以範其象焉祠則近臨木而遠負山其制上圜下方圜者高廣皆尺之五方倍之天五以生地十以成河圖數也上以奉天星下以祀地祇星則生其氣地則成其形也而必閒一歲者太陽歲一周天列星各仰其次其日庚子上當夏季土王之旣其先也以剛歲用事之始日始之義也以柔歲用事之終日終之所謂乾知

大始、坤作成物、坤道無成而代有終者也、爲之之人、與爲之之時、與日必納音土者、非是則勿用也、結搆既不以木、而猶爲屋於上以蔽風雨者、不得已也、然皆丹堊而丹之、丹、火色也、爲楹於內外各七、其崇庳視屋、其數視楹而積乘焉、穹窿於楹上者、楶亦如之、礎則倍其寸之二、中楹則正七尺、二生之、七成之也、而自中楹以下、又各如火土之數而罥之爲連珠、以貫於祠之巔、所以然者、木生火、火生土也、爲之之人、與其日、亦必以火之納音者、從其類也、周

祠下而屋之四、合祠亦五也、繚外有垣、圍前方後、如祠制也、而皆塗之以黃、表土色也、既仰藉其力於神、而必堅其防、又爲之支水者、天人交相成也、余願後之人、以誠事神、以謹固堤、以身親滅吏役、以仁廉恤圩夫、庶幾哉、江流之移者、竟中趨而民之田廬其永奠以安也乎、時乾隆十五年、十月初一日、未立冬、猶在秋季土王十八日之內、月建丙戌、歲與日皆庚午、皆土也、而重修祠工適竣、神亦妥止、前廬郡分守天津王又樸爲之記、

建土星祠并支水說

土星二十八年一周天、而乾隆十三年適在辰、爲二十八年僅一見之事、而太歲又次戊辰、干支皆土、且此歲六月以前、爲氐女胃柳四土禽星之乘納音土者、恰有四日、而氐女胃柳所值之日、皆在辰戌丑未之宮、此尤數百年不能遇者、而竟遇之、時乎時乎、不可失也、余既擇土命工人、于土日、取土及方于氐女胃柳所各值之土日、範其形、形則取諸玉匣記中所繪者、爲男女像各二、男則辰戌剛土、

女則丑未柔土也、事雖近於俚、然神道設教、聖人所不廢焉、又于胃宿上日、取艮土築廟基、詳見祠記中皆成矣、乃于六月二十五日、其月乙未火、其日戊寅土、胃宿所值、當夏季土王用事之時、用火命童子二人、朱其衣冠、燃爆竹于前、以引神、地二生火、火生土也、用土命人捧神像、而衣冠則以黃、于是日丙辰土時、自艮趨坤、即于是時安神位、位各于其方、又以磚刻愼星之神位于中、皆丸泥而黃之、肖其星數、綴以鐵線、而各植于像後、像雖非真、而星則真、其像

也瓣香拜禱之數皆五土之生數也主祭與讀祝人亦皆以土命人爲之從六類也祭以特羊羊未土也祠成後每季土王十八日內遇納音土日必祭春祭氐夏祭柳季夏祭填星秋祭胃冬祭女祭之日辰戌丑未四時必拜拜必穆然作土湮江成洲之想仍作樂以侑神聚衆人之精神以爲神之威靈也又以濡人議爲種洲其法以舟載土沉于江以俟沙之聚然百不得一焉余乃令其載碎石積于岸以四禽星值土日之戌時土星見辰方望而拜隨以筆

繁露 附　十

取其氣而呵之如此五日乃求土命童子能書者于土日土時以其筆蘸硃對神像一氣書五土字于黃紙土命之壯者則書基壘壅塞堅五字一氣作一字不得斷續所以萃之也會夏季納音土日則命土命人取黃紙所書者粘于石而駕舟過江隨行隨棄于水皆誦基壘壅塞堅五字人各五衣黃而仍以火命朱衣童子二聲爆竹以生其氣所以擲碎石者欲其一生十十生百千萬億也亦如濡人請載石于舟而沉之者五餘石則自江邊斜插而南爲支

水上下各一如是者三年不少懈濡人莫不兩余之迂余亦不敢自謂愚誠即能達于神而貿貿焉爲之今問江果生洲其說之確然與否即確矣而爲神之賜歟非歟余皆未敢知也

此余在濡苦於江嚙之日圯乃竊取繁露之說以爲人之精意既可通于天則亦可通于地于是推廣其意爲建祠與支水　大中丞衞公于歲之己巳過濡而親勘焉乃以支水有驗兩次

繁露 附　十一

上聞而檄州踵行勿懈第事近妄而爲之者近愚然非愚不能誠也朱子云吾之心正則天地之心亦正吾之氣順則天地之氣亦順所謂人一小天地顧不信哉孟子又云徒善不足以爲政徒法不能以自行今日之祈求晴雨者不過一禁屠酤行香拜跪令緇黃輩梵誦而已所謂善與政者兩無之實心愛民者而可如是乎余不敢嫌于自伐而附著祠記與說于其後以見董子之說其推行有徵如此願後之君子勿疑其妄且愚而斷

以爲必可行也介山老人王又樸再識

浩淼煙雲水一方金堤屹立障汪洋千檣利涉功推范萬竈歡騰蹟繼楊前度懸帆盤曲折此來飛輓倚平康知君夙抱澄淸志瀟洒江湖計廟堂

此海陵綽堤落成志喜

前憲普公所贈之詩也葢余自乾隆癸亥歲署泰運倅二載時往來於泰潼淤溪上下

一百二十餘里之湖泊中目睹客舟之遭風沉溺者二余亦爲風阻者一爲凍阻者一慨然思欲築堤以拯之閒查舊案五六十年前言之者非一日然皆以費鉅難成築室中道屢屢矣余隨審其土脉查其難易淺深次第偕東臺丞朱君藻泰州牧王君允謙通詳　督　撫　河　鹽四憲批

委　司　道憲帶同商總程君夢箕洪君
徵治勘視詳奉批准俟大工竣後徐勸商
辦理時蓋疏濬通海車邏等河也工既竣
仍復停議而余亦陞補盧丞矣乃歲壬申
余請告歸里道過揚　晋公適按鹺在郡
余乃求得今　安撫高芳伯公札得謁見
陳及泰堤可爲狀而　晋公亦將巡蒞通

二

泰淮三分司問民疾苦焉先是余于去泰
倅任日因人言藉藉皆以堤必不能成成
亦必毀懼余一人力不能勝衆口思有以
買之者擬于泰潼泊中泥淖最深之處暫
築數丈之堤以試適苦囊空商之東臺場
商金君文昇者君慨卽捐百五十金余遂
築三十餘丈然後赴盧任去則已閱八年

矣堤雖刷削餘尚屹立水中者二三尺
晋公過而見之乃信其果可爲歸令商議
時程君已故惟洪君協議與諸總翁其議
先捐銀二萬兩儘辦後如不足雖二三倍
皆可蒙　晋公卽委余任之余亦以人人
疑畏不敢前遂破例以一旅人代肩斯任
焉于癸酉之春正月開工迄六月之杪報

三

完　晋公親臨閱視喜甚卽行
入告然余已先以水中築土勢不能加夯硪不
過暫爲草創須歲加高厚然後可久稟明
在案故　晋公據卽入
摺并請留余辦理歲修事且欲于鹽務補用
焉第計余所築高不過五尺頂寬六尺底
寬一丈三尺耳詢之土人皆以爲足矣不

意此歲之秋黃淮異漲決邵伯之二閘大入下河洪流至漫堤而過堤因而汕刷蟄坐而通河溝之各板橋亦皆為饑民所竊遂見荒廢乃　普公又調蘆去歲修竟停余亦辭歸無何　普公復來淮檄余至而酌復焉然　普公又以已成復毀終以人言為疑遲遲未果余請命商議經洪君既

偕衆總公稟矣仍力行獨請于賑濟餘銀內動支　公遂坦然委泰牧李君世傑運倅張君永貴督各場諸賢分奏厥功蓋袤長同而高厚則倍之至成工起止之月日石木等橋之多寡所用金錢之數已勒于石余不復贅特以洪君從中主持之力及金君啟牖之功人皆不及知如聽之泯泯

而余獨攘其名抱愧豈有極歟然此舉前後實用錢七萬金淮南諸君之好義樂施可謂至矣余既無一金之捐又無一手一足之烈乃敢冒忝其功不又重益其愆哉惟是永行保固以利濟無窮此則重有望于後之君子耳爰錄此以誌別時乾隆歲次戊寅秋九月之朔天津老人王又樸謹

述

竊查泰州搊河繂堤自雍正年間卽議建置乃事同築道旋

議旋停至乾隆十年

鹽憲吉　始決意興建於乾隆十七年

鹽憲普　遂繼其志而成之然樂輸者實出自通河

諸公之資也第新隄雖成不過一線坯基必需歲修逐加高濶

方能經久是以

普憲　摺內有兩三年加帮之語然則永遠保固端在

諸公矣攷陰隲文內云修數百年崎嶇之路建千萬人往來之

橋註載報應昭然不爽夫編竹爲橋以渡蟻尚掄大魁況利

濟同類之人千百億萬於無窮之歲月乎其爲功德之大自可不言而喻也但恐事由公舉則彼此觀望一時因循久則廢弛不知見義卽宜勇爲當仁原屬不讓世止有爭于利而人嫉之仇之天因而禍之未有爭于爲善而人不欽之頌之天不從而福之者也故無論獨力擔荷爲善實宏且鉅卽分任工一段橋一座或已雖無力而勸人爲之其爲功德皆同耳謹將善後事宜并工程寬長尺丈施工難易次第原詳稿

鐫呈

公鑒幸

仁人長者留意焉

乾隆十九年閏四月廿澣天津七十四老人王又樸謹白

堤工善後事宜清摺 乾隆十八年十二月十六日詳 院 司兩憲

留淮候補同知王又樸今將泰州下河新修橋路善後事宜除前稟外又擬議六條開呈

憲電

一堤工仍宜加帮也查今歲新建之堤凡係水工皆極寬厚蓋因四五月間雨澤短少水落灘見此十數年中所難得之時故秦潼三江淤溪十三里之水灘所築之工皆底寬二三丈頂寬一丈而青浦角以下至何垛場海道口舊係挑河積土原本高寬不過于低窪處所築墊一律故其寬厚亦照水工之式惟上下田埂所在因村民耕種爲業不便多爲挖壓故底僅寬一丈六尺頂止寬六尺至于堤高尺寸因訪詢居民咸稱歷來發水惟有乾隆七年最大高與泰州北門外趙公橋石路相齊故一路打量水平皆以此處爲準槩高五尺不意七八兩月霪雨連綿以致淮黃異漲二閘漫決又開車邏等壩以洩上河之水于是高寶邵伯湖水盡入下河較之七年更高尺餘遂與新堤相齊一遇暴風鼓浪則受風之處漫堤而過壩頂多被損傷又堤下凡有宿土加增者其高尚未甚減其係新土築成者未免蟄坐五六七寸不等故一望高低參差不一今宜準照現今水平一律加高三尺頂皆寬足一丈二尺其底視頂則三倍之務令車馬皆可通行而村庄與義塚之前及各溝口水深之處皆下排椿塡砌松板如此夾土築實則雖有異漲之水皆不致漫溢而堤可永固矣若通身全用排椿既恐費大且板縫呼吸風浪土易蟄陷則修補爲難且一帶多係膠泥塊結水難汕刷即今異常大水而堤尚能矗立可見則排椿似可節省止植柳護根栽蘆護坡即足經久

一橋工宜再加高堅也查新建各橋梁椿柱之粗圓面板之寬厚皆係仿照仙女廟大馬小馬等橋之式今查各該處皆爲水所衝損而此新建之橋其面板管頭亦多爲風浪播掀且飢民乘機偷盜亦聞有堤北各村庄因水長船高不能過橋遂黑夜私拆放船即將面板截去以滅其跡者今堤既加高則橋不應仍舊今宜一律接高三四尺則水雖盛漲而橋下亦可行舟即有風浪亦不致掀蕩而橋面皆可保固矣再查新建橋面半用圓木排釘半用現成木料攢併之跳板今查跳板其厚不過寸餘不如圓木排釘者堅久宜一律皆用整

木湣拔根根加釘其舊跳板改用於橋之兩梁頭補其損缺又橋樁加長若盡將新舊更換不免多費錢糧止應於橋之各孔內外兩口幫一長大之樁用鐵片箍圍兩道中間則于原樁之上接一短瓜柱亦用鐵片裹牢如此不但省費且內外口面以新舊兩樁相幫分外堅固即有船隻磕撞亦不致損傷再卑職今歲建橋之時止將通行大溝估造大橋五十餘座嗣因近堤村民小船出堤迂遠不便又田戶需水灌溉再三稟求添橋四十餘處此時皆未取結及橋成之時差役取結多不肯即具且因風浪飄失往來飢民偷竊亦不盡係

五

村民田戶之過蒙前憲飭諭巡商程恒益查明稟報寬恩不欲深究然終不可為訓卑職愚見應即憲檄飭行泰州差諭近堤村庄并各田戶等建橋果有利益先即具結以便改建高橋如日久敝壞與該民無涉若被風浪所敗即須撈收板木稟請補修如係盜拆即着落賠補倘抗不具結即將該處溝港填土築實如此則居者行者永獲兩利矣至于建築石橋容俟陸續更換則事可從容就緒萬年永固矣

二夫役宜于本地僱募也查工程募夫皆按土方給價但泰州人民不諳土方是以卑職所建堤工遠覓淮夫乃淮夫管僱先須身價或工未完先即逃散致有欠帑行追之擾卑職於後次補修之時即僱本地夫役先以十丈為一段每段確核土方之數再查水勢之淺深分其工程之難易酌定工價於十段之中立一高腳木牌粘貼明示某段工價若干又於每段立一蘆標夾一紙單書明本段工價數目聽本地人民自來認辦或一二十段或一二段皆令築完領價得尺是尺得丈是丈槩不預給分文又將銀易錢按日收工隨收隨發至

六

其所取之土一聽其便或用船送或在近堤一丈外水中挑挖草根泥塊并不揀擇故人人樂為所用查今下河水勢并未消退南風則減北風則增非二閘築完缺口并閉車邏等壩之後不能得其消落計明春正二月間仍係沮洳民間不能播種正值朋曠又災祲之後覓食維艱若與此工受僱必衆但令每段工程分先後二次先將所取草根泥塊堆積堤之內口一路留外路以便人行數日間風吹日晒泥乾成土然後再堆泥於外口一路如此則行人與做工兩無所妨而窮黎小民亦可借此得免飢餓

患莫大矣
一夯硪宜擇地而施也查堤工初築原於盡頂之時僱募硪夫
一打一實嗣蒙
前院憲巡勘面諭非若河工逐層築打何必平頂以悶好看
可用水潑自然堅實嗣後即遵奉辦理乃潑水未及其半已
值河水漲發將堤漫溢及今退出堤身尚未傷損且將當日
泥塊堆砌之縫隙融成一塊似來歲辦理亦可將硪夫一項
節省但於收頂之時僱募淮夫修平即是或即責令包段夫
役隨工剷削但本地有钁無掀宜先于淮上買備給用至于

七

橋之兩梁土工最易坍卸蓋橋梁在河溝兩坡勢易傾敧土
難矗立又所釘松板有縫爲風浪吞吸故也宜於板內再加
蘆蓆貼裏用高長木夯逐尺打築務令堅實至于堤土堆成
即於內外坦坡先栽蘆根再用水潑俟其濕透陰乾即用木
榔頭挨次築打如此則堤既可堅而錢糧亦不致於虛糜矣
一布植蘆葦以護堤根也查卑職前奉議善後事宜內止言栽
柳但柳必五年而後成樹入根蟠方能保護然保護者亦止
根下之土耳至堤之坡面則根不能及且植柳止可在堤身
之外而堤內則係縴路亦免有妨是不能兩面俱護也不若

蘆葦既易於滋生且于是之內外兩坡皆可種植查青浦鎮
迤東地多葦蕩應及春開採栽則蘆根既可結土蘆苗亦可
禦浪保堤之法莫善於此
一沿堤宜設守役也查兩淮鹽法誌開載楊公堰記中有設立
郵亭津舖十所命夫防守今新堤即舊日之楊公堰是防堤
原有額設之夫役矣卑職前議飭令巡商諭撥巡快船隻就
便巡查不過爲暫時之計但事須專責方無旁貸況泰分司
衙署坐落東臺場去省會二百四十餘里上下公文多係小
船順便代賫其沉擱稽延難以究查且此堤既成凡寄送商

八

課一日可達尤須防護查泰潼鎮原有營汛設兵五名鎮上
各有私居應于堤上蓋造營房三間移駐飭令分班防守再
於泰潼上下設舖十所每舖募役二名仿照河兵及舖司之
例責令巡視橋路如有大壞稟明請修如係略有損傷即令
隨時填補并令傳遞上下公文如此則兩有裨益而商課行
旅皆可坦然無虞除在堤柳樹長成斫枝炊爨以及蘆葦之
利皆聽其自得外仍請
飭司酌議給與口食如此則責成既有專役而堤可永遠常存
矣

以上六條約估需銀一萬兩應請

飭發商議及時興行實爲公便須至摺者

查明工程高長寬廣涵座總數

查凡田地圩埂加築堤工如歷廢一丈則挖廢亦當一丈小民衣食所係既有所不便且堤既近田有土可取目今雖薄嗣後加帮易于爲力又陸續取土人情多不甚惜故一槩底寬一丈六尺頂寬六尺高連圩埂舊土計出水面五尺

今查各堤皆蟄坐下四五寸不等頂止寬三四五尺不等底則加寬一丈八九尺至二丈以外因係頂被水刷其土皆存積堤跟又頂上皆自去歲八九月以來加築小子堰二三尺寬亦多被水刷削其土皆存積跟底之故計共四千六百九十六丈二尺今已查明

又查此等工內現今亦有頂寬七八尺底寬至二丈三四五尺者皆係去年八九月間陸續加帮寬厚之故計共一千一百七丈今已查明

查凡積水之區非民田所在無廣挖壓爲礙又係排樁夾土填砌一成之後不便再加故必須即時加寬查工頭係于魚行庄大河內做工工尾係于甸梁場大王廟前水塘內做工又溱潼三汪子皆底寬二丈四尺至三丈頂寬一丈二尺至一丈五尺高深[illegible]九尺

今查各堤皆蟄坐下三四五六寸不等頂寬各減二三四尺不等底則更加寬四五六七尺不等蓋因當日做工之時原用土堆積排樁之外以護堤跟既已寬有二三尺又頂土爲水刷下皆存積堤跟之故計共四百六十九丈今已查明

查凡係水淺并出水各河灘皆不比水深之處必須排樁夾土埂砌但無民田爲礙取土又不甚難故皆照水工之例底寬二丈至二丈四五尺不等頂皆寬一丈高皆五六七尺不等

今查各堤亦皆蟄坐下三四五六寸不等頂寬各減二三四尺不等底則更加寬四五六七尺不等皆係頂土并加築子堰爲水刷削其土淤下存積堤跟之故計共一千三百四十丈今已查明

查凡溝港所在兩岸之寬狹既各不同其下水之深淺亦異故頂止六尺及一丈與上下堤式一例而底跟寬自二丈八尺至三丈二尺不等高深自七八尺至一丈不等

今查各堤亦皆蟄坐下四五六七寸不等頂寬各減二三四尺不等底則更加寬四五六七尺不等皆係頂土并加築子堰爲水刷削其土淤下存積堤跟之故亦有八九月加帮寬厚者計共四百二十六丈今已查明

十一

查自青浦角以至何垛場洋道口岸本高寬止于補築外口缺凹并于低處加高一二三尺不等者皆係近處乾地取土甚便故于補築缺凹之處頂寬一丈底寬二丈

今查此工兩邊并無大水又多係竈場暨民間種植高糧不犯風浪故新工之頂間有刷削至堤跟一切如故計長八千三百五十七丈八尺今已查明

大小橋梁共一百一座共長四百七十六丈

解家尖穿西溪至五神廟工四百四十丈

六尖河修補窪塘溝口共土工八百五十丈

十八里河修補窪塘溝口共土工三百九十二丈

跳板木橋共二十七座

跳板木橋共十二座

共工程坐落地方並寬長丈尺有詳

司憲另移明

監製泰壩分司

泰州分司細册可[illegible]知

十二

丁草劉白疆域屬東駁議

興東界綫成案録

興化續修縣志局 撰

《丁草劉白疆域屬東駁議》五卷《興東界綫成案録》一卷，興化續修縣志局撰，據南京圖書館藏一九一九年鉛印本影印。

東臺袁承業作《劉白屬東證明檔》，認爲丁溪、草堰、白駒、劉莊四地，應屬東臺。興化續修縣志局因依據雍正及嘉慶《揚州府志》、咸豐《興化縣志》、嘉慶《東臺縣志》、《兩淮鹽法志》等記載，撰述本書，明確指出四地本爲興化所屬，對袁氏之書逐條予以批駁。《興東界綫成案録》輯録歷年有關公牘，以證明丁草劉白等地原屬興化。

（江慶柏）

丁草劉白疆域屬東駁議 附成案輿圖

叙

興化之於泰州隣也自泰州分而爲東臺於東臺亦隣也隣何所爭乎然以疆域之故版圖所繫明明隸屬於我而隣人曰非我屬且雜引史志以曲證之此焉不辯非惟侵我疆土必謂我無知矣本年爲江蘇通志局徵訪事東臺袁氏著有丁草劉白七場鎮屬東確證書呈由東臺縣修志局上之省其大旨謂東臺未分以前東臺所屬各場鎮悉隸泰州其於興化皆以串場河爲界泰州之於興化既以串場河爲界則河西屬興化河東自屬東臺無疑因即雍正嘉慶兩府志興化東臺兩縣志暨兩淮鹽法志中十場志剌取一切條文以求力伸其說而悉去其不便於已者於是謂興化東止串場河又謂范公隄無興化寸土不獨丁草如是即劉白亦如是矣夫觀書不會其通而閉執一二言以爲據則其乖舛違失者必多今不敢謂是書所引之非然就所引各志詳加辨析實有不如袁氏所云者如志稱興化東至范公隄接泰州界係指丁溪言西至串場河興化縣界係指草堰言而於劉白無文焉不得舉此

以概之也且丁草與東分治以范隄爲界載在東臺縣志而東臺疆域北至興化縣界四十里東北至興化縣淮安府鹽城縣界二百四十里東臺縣志與阿修府志所載竝同所云北四十里者舊白駒場范隄界牌頭也東北二百四十里者鬬龍港口也舊白駒場界牌爲興東兩縣界鬬龍港口爲興東鹽三縣界則東臺疆域之不及於劉白審矣然則謂興東界串場河施之於丁草已不盡合況劉白乎至於鹽志所稱則泰州興化例不銷引屬泰州境者爲東臺何垛等場屬興化境者爲丁溪小海等場舊案昭然列在奏牘雖所紀與各場圖說不無歧異然自乾隆嘉慶以迄光緒重修鹽志於舊白駒及劉莊場無不云隸興化者也場境既隸興化而謂場屬泰州分屬東臺且皆謂界串場河有是理歟若謂泰州都里北及劉白遂以此爲屬東確據則竈戶田糧之隸泰州辦納自明代始明時劉白兩場不隸泰屬而竈糧亦赴泰州辦納其原委雖不可考然其距淮屬遠距泰屬近無疑也移遠就近相沿爲例故遂與丁草竈糧俱屬泰州而前清因之未改遂以此列於都里然則此亦寄糧插花

之類耳不得謂其糧在此遂謂地屬於彼也江都縣境有鎮江衛田糧甚多田自屬
鎮江衛地自屬江都也如此類者不可勝數焉得因糧賦侵及土地且串場河兩岸
竈田俱納折價並不盡屬東糧如謂河西屬興化河東屬東臺則馮家園三角墩俱
在興化境內又何說以處此至中十場本隸泰州東臺縣志言今縣所轄即康熙時
隸泰州分司之中十場此十場南起栟角北至丁草於乾隆三十四年併小海場餘
其九又白栟茶角斜隸通屬後中十場之隸泰屬者僅七場矣執是以言劉白何嘗
與於此數耶乃取乾隆場制併劉白列入謂自白駒小海歸併後縣境屬場有八併
通屬之栟角爲十展轉牽合而不知其謬然猶引中十場志以爲證亦可謂傎矣按
丁溪小海草堰及白駒劉莊各場隄閘海口之屬興化其見諸志乘者如江南通志
府縣志鹽法志無不彰彰可考而鹽城縣志與地志載鹽城疆域由丁溪至淮水南
北共袤三百餘里元至元中丁溪仍屬鹽城元史良吏許維楨傳可據而順帝紀以
張士誠爲泰州白駒場亭民明史張士誠傳亦然白駒屬泰州丁溪在白駒之南不

得屬鹽城無疑而楊志沈志於明代職官皆有白駒劉莊兩場大使各一員注云二
場分隸興化年代失考至國初兩場復隸鹽城見康熙府志不知何時又割屬興化
揚州府志兩淮鹽法志皆無明文據此是自白駒以南在元時或隸泰州自有明以
來白劉兩場固由鹽城分隸興化者也夫以鹽城分隸興化之地而徒據張士誠傳
一語指爲概屬泰州即以是爲屬東明證可乎又鹽城興化於南唐及宋爲泰州屬
縣後復以鹽城還楚州以興化屬承州至元時泰州僅領海陵如皋二縣明初省海
陵縣入州僅領如皋一縣元史謂丁溪屬鹽城白駒轄屬泰州其於前古分合之跡
已不無可疑而北劉白兩場顯隸興化以云屬泰誰實信之天下之事有乍聆之而
覺其是者愈思之愈覺其非丁溪方屬鹽城則其北可知劉白既隸興化則其南又
可知故自明代迄今丁小草劉白等場民籍攷試無一不屬於興化其獄訟非鹽官
所理者亦無不歸興化也於此可見各場隄閘海口之隸興化諸書非無所據特就
康熙中十場求之則於丁草不能不視爲與東分治之地而袁氏概屏弗錄且直指

劉白爲東屬執人之口而蔽其目曰此吾所固有也甯能終禁人之視聽耶興化僻
處海濱南被泰州豪右侵占花勝等四十三莊田四千餘頃北被鹽城越界侵占萬
餘畝東被丁溪等鹽場跳越場界侵占田地五百餘頃作爲竈戶火伏煎鹽草場事
載縣志田賦門至今人未能忘而不謂東臺之復思逞也人民雖號柔懦豈能以本
我所有之產而一聽他人之强取且任其偏執一辭嘿然弗辯此則駁義之所由作
也茲編所列悉就原書所引各志分條覆按其有徵引所未及而足資攷訂者各附
於後計凡爲篇五非敢逞茲口說暴人之短亦以事有其實不得不剖析言之以冀
當世明達君子一垂察焉袁氏並撰有學籍辯茲亦申駁附末至興東界綫之爭始
於諮議局選舉其後舉行省議會衆議院選舉劉白已定屬興化東臺劉莊市屬在
撤銷之列省案具在無可諱飾爰與輿圖及圖說併爲一册附之民國八年七月叙

興化續修縣志局

丁草劉白彊域屬東駁議第一

茲就原書依雍正揚州府志條辯之

興化縣四境圖 卷一

原書云查雍正府志各縣四境分圖繪載興化縣東止串場河

駁曰此圖於興化東境繪至串場河註云東至丁溪場蓋指縣治直東之丁溪而言丁溪草堰皆跨河爲界故繪載如此然不得據此以概白駒劉莊兩場且圖中所列經河於梓辛車路二河固未分明其所列緯河僅東西唐港二河所有古子河橫涇河均未列入又蚌蜒河北梓辛河南潘楊汊東西八十餘里自明時即爲泰州所侵占故本志云興化縣東南七十里至潘洋汊接泰州界而此圖繪興化南境至蚌蜒河向東直至串場河而止則潘洋汊東西田地悉賅括在內以南境例東境南則依界而有餘東則依界而不足似此尚足據爲典要乎故愚以爲據此圖不如據嘉慶府志圖爲近似（泰州侵占潘楊汊東西田地見興化縣志卷一疆域志）

泰州四境圖 卷二

原書云分圖繪載泰州東北丁溪草堰白駒劉莊各全境東至東大海西至串場河與化界

駁曰此圖繪載丁溪小海草堰白駒劉莊等場於州之東北並不云與何縣界原書云西至串場河興化界乃臆度之辭圖內所載興化縣界在州西北隅準諸地望亦不合本志云泰州北九十里至陵亭鎮接興化縣界東北一百九十三里至劉莊場接興化及淮安之鹽城二縣界西北七十里至樊汊鎮接高郵州界其言東北至劉莊場接興鹽二縣界者蓋據糧賦言范公隄上泰糧及隄東竈地升科之民糧相沿俱納泰州故志據此以爲文其實丁草與興化分轄白劉皆興化轄地具見鹽法志中（詳見後）此圖東南不載栟茶而東北載劉白又於陵亭及樊汊二鎮界皆未詳註其不足據依可見而原書乃欲指此以爲證不知何意

按尹府志圖之不精確非獨興化泰州爲然如江都甘泉四境圖西南踰東石人列朴樹灣而東南不載大橋嘶馬等鎮皆是阿府志圖較爲近之惟猶不若同治十二年兩江總督李宗羲奏刊江甯輿圖之可据其圖係實測別繪附後

彊域 卷四

原書云彊域志載興化縣其地東一百二十里至范公隄接泰州界

駁曰此言縣東一百二十里至范公隄接泰州界蓋指丁溪言之丁溪在興化直東故舉此以爲界至不得以概其餘各場且曰至隄非至河則以范隄爲界可知東臺志云丁溪草堰與興化分治以范隄爲界即指此（見東臺縣志疆域志）乃不明至隄接界之義遂謂興化東止串場河無疑不亦過歟

原書云彊域志載泰州東北一百九十三里至劉莊場接興化及淮安之鹽城二縣界

駁曰此言泰州至劉莊場接興鹽二縣界蓋指泰糧及竈地升科之民糧言之

泰糧即馬糧沿范隄皆有此名其原起自軍屯丁草以北各場之馬糧向由泰州營徵收推原其故以興化守禦千戶所於康熙中改設衞千總督押空重二運駐泰州自後千總缺裁設興化汛把總仍隸泰州營故雖地屬興化而糧納泰州觀於江都七里河之馬糧由揚州衞徵收可知矣至隄東竈地升科之民糧丁草原屬泰州白劉屬淮分司而糧亦歸泰州者在未改隸泰屬以前竈戶田糧沿明制隸泰州辦納劉白雖不屬泰然就近移轉亦爲情法所許迨自乾隆元年改屬泰州分司則已成爲向例矣然其所以不歸興化而歸泰州者竈地升科須由鹽官核轉泰分司駐泰其勢較便捷也因此兩端故泰州糧賦及於劉白而志即據此以爲言其實此等情形與各縣插花相等地屬於此而糧輸於彼如此類者不一而足不得據以爲分界之證且本志言至劉莊接界並不言至劉莊場之某處與某縣界則界至尚難斷定如曰劉莊全境俱屬泰州則本志鹽法志所載泰州分司之中十場並無劉白在內更覺自相矛盾（泰屬中十）

想詳見役乃原書據此謂爲屬泰確證是東臺疆域志亦可刊矣東臺縣志疆域志不錄劉莊劉域

都里 卷六

原書云泰州之屬場丁溪二里草堰一里小海一里白駒一里劉莊二里

駁曰此卽前條賦稅插花之證丁小草以隄爲界隄東糧賦屬泰固也白駒劉莊已入興化縣境而泰州都里編及之非糧賦之插花而何按嘉慶府志於泰州都里亦沿明制列東西鄉七都七場自乾隆三十三年分設東臺縣後仍列各場如故而附載案語曰丁溪草堰劉莊三場並籍隸興化又有小海場今併入丁溪白駒場今併入草堰當時任纂修者亦明知丁草以北非盡東臺轄地故爲此說以防誤會惜所說稍略未能暢明其旨不然此志載東臺疆域何以言北至興化縣界四十里東北至淮安府鹽城縣界二百四十里與尹志異乎夫疆域所不及而糧賦及之此卽寄糧插花之類乃欲返主爲客視爲屬地是誠可異已

山川 卷七

原書云山川載虎墩在泰州小海場

駁曰此以虎墩在小海場爲小海屬泰州之證不知虎墩非僅小海一處富安場亦有虎墩宋范仲淹築捍海堰起自虎墩焉知其在何地至於舊小海場本康熙時中十場之一舊屬泰州分司泰分司所轄之中十場乃東臺設縣時所分泰州轄地雖丁小草等籍隸興化然爲興東分轄之地自不必以虎墩所在而始證其爲東臺屬地也雍正府志鹽法門載泰州分司之鹽場曰富安安豐梁垜東臺丁溪草堰小海角斜栟茶何垜並附註云以上俱屬泰州分司名中十場其上十場屬通州下十場屬淮北白駒劉莊在淮屬下十場之列證諸東臺縣志凡例第一條自足以知各場所屬無俟瑣瑣引徵也

河渠 卷八

原書云河渠志載捍海堰卽今范公隄在興化縣東一百二十里與泰州相接宋開寶中泰州知州王文祐增修後范仲淹更築足證丁草各場在宋時卽屬泰州

駁曰此以興化縣捍海堰與泰州相接宋開寶中知泰州王文祐增修後范仲淹更築證明丁草各場之屬泰州查此志於興化泰州俱列捍海堰而於泰州捍海堰則曰詳見興化足見興泰兩境俱有此堰非獨泰州有之也其於興化言在縣東一百二十里與泰州相接者明在丁溪場境與泰界范隄也河防志云范隄從廟灣沙浦頭歷鹽城興化泰州如皋至通州界止共長五百八十二里然則謂范隄全屬泰州無興化寸土然乎否乎本志山川志云海在郡東北自鹽城而南經興化泰州如皋折而東通州海門諸鹽場皆其濱也又嘉慶府志河渠志云海在揚州府境內者江南通志云自淮安府阜甯縣東北折而東南至淮安府鹽城縣東又東南至府屬興化縣東去縣治一百二十里又東南至東臺縣東按江南通志本云泰州東是時未析東臺縣也又引齊召南水道

提綱云自射陽口以南泄水入海之口有六曰野潮洋曰新洋港皆在鹽城縣東北曰大團口在其東南曰鬭龍港曰苦水洋曰天開河頭皆在興化東境夫興化東境濱海豈於范隄轉無寸土是可見其未詳考矣至范隄之築始於李承宋王文祐增修之天聖初范仲淹監西溪鹽倉建議更築白於發運副使張綸綸上其事且自請知泰州以范仲淹令興化董修築之役時興化固屬泰州也然亦可見興泰疆界之不可淆否則何爲自知泰州而以仲淹令興化董之乎又自范公後元興化令詹士龍請發九郡人夫大加修築原書不按本志全文而遽以此爲丁草各場屬泰之證是否有意避免殊不敢知矣

寺觀 卷二十五

原書云寺觀志載泰州觀音寺一在草堰場一在劉莊場又義阡寺一在丁溪場又延壽寺在白駒場

駁曰嘉慶揚州府志載寺觀言本舊志廣加蒐輯有昔剏而今廢者亦存之以

爲攷古之證乃志東臺縣寺觀則曰東義阡寺在安豐場西義阡寺亦在安豐場又曰觀音寺在蚌沿河側查與尹志所載不符且並無延壽寺名又自縣治及拚茶角斜富安安豐梁垛何垛以外無一及於丁草等場者豈當時載筆者之闕耶卽東臺志亦祇載丁小草三場寺觀而不及於劉白則可知其意義所在矣原書僅據尹志爲證未免失考

以上皆據原書所引辯之其有徵引所未及而足資攷證者附列如左

河渠志江都縣市河載明嘉靖間巡鹽御史吳悌同知府劉宗仁開濬張憲序言覩公嘉績聿成人心大悅直與宋文正范公興化之海隄文忠蘇公錢塘之湖井相望後先功垂百世按此亦興化有范隄之證

河渠志江都縣運河載史奭防河議有云雲梯關爲黃淮兩水之尾閭乃第一要緊海口不必言矣其外若山陽之廟灣海口鹽城之石𥖁天妃廟海口興化之劉莊青龍橋口白駒之闞龍港口草堰之鹵河口小海之小海團口泰州丁溪之龍開港口河垜車兒壩之酒子壩口皆所以洩隄東七邑之水者也按此則劉莊白駒草堰小海各海口俱在興化境內更何論乎范堤

河渠志興化縣串場河註詳見泰州其在興化境內者卽舊志所名捵鹽河是也河南循捍海堰經各場入運鹽河按興化縣志載串場河卽捵鹽河承高郵各閘減下之水由蚌蜒梓辛車路白塗海溝界河東從牛灣河東北從鹽城天妃石𥖁各口入海考其辭意卽府志所云在興化境內者是然則串場河非全縣東境之界河可知矣

河渠志興化縣大縱湖載明知縣歐汝璉議略有云職親往踏勘由丁溪草堰小海白駒等場至石𥖁海口歷岡門界河等處又由神臺歷射陽喻口等處本縣及鹽城各海口俱已周徧按所稱本縣海口係指丁小草等各場而言如果場屬泰州何以其言若此

河渠志泰州串場河註自州東之西溪引而東北徑東臺何垜又北至丁溪草堰二場西去興化縣一百十里又北至白駒場西南去一百二十里又北至劉莊場又北至鹽城縣之伍祐新興二場又北過天妃石𥖁廟灣等口而入海按此文於丁草白駒言西去興化縣如干里者明串場河至此已入興化境內所以不言入興化境而言去縣之遠近者以與興化縣串場河註互文見義故有此說不然何以解於興化境內之串場河

河渠志興化縣丁溪閘註在縣東一百三十里卽丁溪鹽場也又東北七里爲小海草堰二場又縣東北一百二十里曰白駒場又北曰劉莊場接鹽城界明天啟二年知縣邊之靖請修攔潮五閘公私利之按此直言各場俱在縣境與前條去縣如干里意同辭異又本條下有青龍閘註在劉莊場則又爲本境場地無疑

水利志興化縣載知縣張可立海口說曰他邑之水治之四境之內興化之水治之四境之外若卜流之海口其在境內者止白駒小海諸場東行一路而在境外者則射陽神臺與夫鹽城之石𥖁天妃口也按此言白駒小海諸場東行一路在興化境內蓋指闞龍港等海口言之與河渠志載史奭防河議略同則興化之有海口自乾隆前無異辭也豈有場不屬興而海口屬興之理哉

水利志泰州載宮夢仁疏理海口疏言興泰有劉莊之新團河白駒之牛灣河草堰小海之苦水洋滷河口丁溪馮家壩之龍開港以及車兒浦按史奭防河議以龍開港車兒壩屬泰邑此文可與參看知泰屬止此兩口則其餘皆屬興化明矣

物產志載貨之屬鹽出泰州興化各場按此文與嘉慶府志鹽法門載雍正十二年兩江總督疏言泰州應於該州境內之東臺何垛等場餘鹽酌留興化縣應於該縣境內之丁溪小海等場餘鹽酌留等語互相發明丁草劉白之不屬泰州卽此可見

公署志載泰州鹽課司十註一拚茶場一角斜場一富安場一安豐場一東臺

一何垜場一梁垜場一丁溪場一草堰場一小海場按此卽隸泰州分司之中十場嘉慶府志公署門所紀亦同蓋知乾隆以前泰州屬場本止此故不以劉白等場牽入也而原書謂有劉莊在內與都里十場同不知何據

鹽法志載泰州分司鹽場十已詳見前不復贅茲於泰屬中十場外錄其附文曰上十場屬通州曰豐利曰馬塘曰石港曰掘港曰西亭曰金沙曰呂四曰餘東曰餘西曰餘中下十場屬淮北曰白駒曰劉莊曰伍祐曰新興曰廟灣曰莞瀆曰板浦曰徐瀆曰臨洪曰興莊拼円原不屬通白劉更不屬泰方策具在無從牽合故錄之以備攷覈

丁草劉白疆域屬東駁義第二

茲就原書依嘉慶揚州府志條辯之

東臺縣四境圖 卷首

原書云嘉慶府志分圖繪載東臺縣東北丁草各場東止大海西至串場河其地古蹟龍鎮村落溝河皆列入東臺屬中較雍正志爲尤詳

駁曰東臺分縣之始本有康熙時之泰屬中十場丁溪草堰雖與興化分轄自應繪入圖中惟此圖內列興東界綫距串場河甚遠又梓辛蚌沿兩河南北互易其於隄東又劃西團於界內按諸本志興化分圖種種不合至自草堰以北界綫橫截串場河及范公隄而東北亦未盡依北新河及牛灣河爲界原書引此爲證殊覺失攷

疆域 卷七

原書云疆域志載興化縣治境其地東抵泰州丁溪場一百二十里足證興東

二縣以串場河爲界

駁曰此條所引係阿府志引嘉靖志原文其文云興化縣治境在高郵城東一百二十里其地東抵泰州丁溪場又云其東至丁溪場爲路四十五里原書於丁溪場下增一百二十里五字不知何據按阿志本文載興化縣東至泰州界一百二十里東南至泰州界一百三里是時東臺已分縣而志言東至泰州東南至泰州顯有未合且其志東臺疆域曰北至興化縣界四十里西北至興化縣界四十里據東臺縣志係指舊白駒場界牌頭暨潘洋汊而言以彼證此核與準望里數均不能無疑乃遽引此以爲串場河分界確證何其敢斷若此耶卽使其然亦祇可以證丁草不可以證劉白乃概括言之誠難索解矣

原書云疆域志載東臺縣東止大海一百二十里東北二百四十里止鹽城縣界如各場地屬興化豈能閒隔百里外而又有東臺與鹽城爲界耶

駁曰阿府志載東臺疆域東至海一百二十里北至興化縣界四十里東北至

淮安府鹽城縣界二百四十里與東臺縣志所載疆域相符所云北至興化縣界者舊白駒場范隄界牌頭也東北至淮安府鹽城縣界者闞龍港口也東臺志明指所在證諸江甯輿圖內載興東鹽三縣圖說亦相差不遠（詳見後）蓋據東臺志則自舊白駒場界牌頭迤東北沿闞龍港即牛灣河爲興東界綫又東北至闞龍港口爲興東鹽界綫據江甯輿圖圖說則自丁溪草堰歷北新河至磨擔港口爲興東界綫自磨擔港西歷大團沙溝至界角爲興鹽界綫自磨擔港東北沿闞龍港至海口爲東鹽界綫磨擔港者闞龍港與大團閘下之水滙流處也其地爲興東鹽三縣交界處所此圖視東臺志尤爲明晰然則阿府志之載東臺疆域云與淮安府鹽城縣界固自有一地以實之初無容致疑於間隔百里而有東鹽接界之文也原書申辯及此殆未見江甯輿圖亦未深考本縣志書故有此說且即以府志言東臺東北二百四十里與鹽城界如所指不在磨擔港口而在劉莊以北之大團則去東臺八十里耳何至有二百四十里之遠此其誤會可知矣

山川 卷八

原書云山川志載東臺縣望海山及虎墩在縣治西北二十八里草堰及丁溪引河皆屬東臺縣治

駁曰阿府志載東臺縣望海山在縣治西二十八里草堰場便倉後並不云在西北又虎墩在縣西北六十八里舊小海場並非二十八里原書所引不知何據丁草與興化分治本志望海山虎墩載入東臺境自非無故云然惟中十場志言富安場亦有虎墩焉知文正范公所築隄起自何所至丁溪小海草堰等引河自指閘下河道而言丁草及舊小海之於興化以隄爲界隄東河道自屬東臺惟自草堰閘歷北新河至闞龍港口乃興東界河并非東邑獨有之河道不得以此志未經載明遂概視爲已有也

都里 卷十六

原書云都里志載北場九圖直至劉莊場皆東臺縣民糧又載縣轄十場內有劉白丁草等場

駁曰此條已於辯明尹府志文內詳言之蓋交界插花地方各縣皆然往往地屬於此糧屬於彼如江都之嘶馬鎮街舖忙漕歸泰興完納抵接洲等七處賦稅或江七泰三或江六泰四即其明證泰州沿明制列丁小草劉白各場於都里東臺因之所有范隄一綫之泰糧及竈地升科之民糧悉在彼徵册中此種習慣相沿實與江泰無異否則本志及東臺縣志之載疆域何以皆言北至興化縣界四十里而不及丁草以北之地然則劉白之有東糧純係插花無疑本志言縣轄場十又附載案語曰丁溪草堰劉莊三場並籍隸興化又有小海場併入丁溪白駒場併入草堰所云籍隸興化者明各場雖有東糧並非悉隸東籍而丁草與東分治白駒劉莊兩場入興化境劉莊竈糧有在隄西三角壩者證諸與東兩志及府志鹽志均有可考不然串場河西竈田何以不屬於東而屬於興乎此云縣轄場十併劉白在內蓋就賦稅言非就疆域言也如以疆域言則東臺所分泰州之屬場乃康熙時隸泰州分司之中十場並非此志所列之十場其詳別見於後

公署 卷十八

原書云公署載東臺縣鹽課司衙署十與都里十場同又海堰閘官署在縣治北草堰場

駁曰查阿府志載東臺縣公署有海堰閘官署此項閘官俸工歸東臺縣編徵固應列入東境至所載任縣公署僅鹽課司署一註云在縣治幷無鹽課司衙署十字樣查本志泰州公署有鹽課司十註云一栟茶場一角斜場一富安場一安豐場一東臺場一何垛場一梁垛場一丁溪場一草堰場一小海場俱詳鹽法按此即尹府志所載原文考尹志鹽法門內載泰州分司所屬之中十場與此條同並無白駒劉莊在內原書考覈未清誤指所列泰州公署爲東臺公

署又云與都里十場同誠不解其何據也

案原書云十場卽康熙巳亥年重修泰州志載屬隸有通分司之角斜拼茶二場泰分司所屬之安豐富安梁垛東臺何垛丁溪小海草堰白駒劉莊十場共十二場迨雍正十三年白駒歸併草堰乾隆三十三年春小海歸併丁溪實存十場是也並核析泰州置東臺縣時原奏內稱泰州襟江濱海環列東臺等十鹽場等語相符查康熙時泰屬中十場有拼角無劉白此云十二場乃都里志舊文不得牽入彊域其說已見前不復贅論惟康熙泰州志係重刊非重修其時角斜拼茶並不屬通分司白駒劉莊並不屬泰分司白駒歸併在乾隆元年小海歸併在乾隆三十四年原書種種謬誤取乾隆併場之制解康熙十場之名其誣惑甚於此考道光泰州志鹽法門有云泰州未分縣以前通分司所屬之角斜拼茶泰分司所屬之富安安豐梁垛東臺何垛丁溪草堰等場俱在管轄乾隆三十三年分設東臺縣後則均屬東臺

丁草劉白彊域屬東駁義　依嘉慶揚州府志　四

然則康熙時泰州屬場有拼角無劉白審矣至東臺分縣時原奏所稱泰州襟江濱海環列東臺等十鹽場蓋卽指康熙十場而言東臺縣志凡例第一條明言縣治所轄卽康熙時隸泰州分司之中十場此固無可疑義者原書任意牽引不知其與本縣志書刺謬抑何可哂

津梁 卷十七

原書云津梁志載東臺縣丁草劉莊著名津梁凡十三處

駁曰查阿府志載東臺縣津梁有丁溪之太平石橋勝駕橋廣豐橋紅板橋劉福家橋及沈家竈之木橋小海團之潤澤橋東寺橋草堰之龍門橋永甯橋（莊丁溪小海亦有之）北橋西團之板橋共十二處此項橋梁爲尹府志所未載係采東臺志載入而東臺志以康熙中十場志爲根據則自志場境所有而已初於縣界無涉卽使據此以明方域亦祇及於丁草而不及於劉白原書云有劉莊津梁在內不知究何所指

祠祀 卷二十六

原書云祠祀載東臺縣范公祠一在草堰場都土地廟在草堰場土神祠在縣治又在各場者凡十處

駁曰此志亦不及丁草以北所云土神祠在各場者凡十處蓋據十場志指康熙中十場而言不得以此涉及劉白也

古蹟 卷三十四

原書云古蹟載東臺縣古城基一在小海南一里許里人取土每得大瓴取之不盡俗呼舊城門口一在草堰場北三里

駁曰阿府志取嘉靖十場志列入東臺縣古蹟門蓋以中十場爲東臺分地故及之其實尹志泰州無此條阿志亦未證明係何代何城不足據

冢墓 卷二十七

原書云冢墓載元劉二公墓在小海鎭相傳元時縣令諡葬此高隱君墓在丁

丁草劉白彊域屬東駁義　依嘉慶揚州府志　五

溪頭竈明大學士高穀之祖楊元帥墓在丁溪場侍郎楊果之祖

駁曰此亦尹志泰州所未載東臺縣志彙據十場志列入故阿志引之高楊宅在興化其祖墓在丁溪固係由場遷興使然然不得謂興化與丁溪異籍也果爾則自有明以來各場著姓之籍興化者豈皆與高楊之遷徙同乎如其未遷何以有司容之不加稽覈豈皆有婣戚師友之相依成爲慣例耶此事姑置勿論卽以丁溪小海等冢墓入東臺志亦係著是書者之追叙其意以此爲康熙中十場地故錄之於興東界綫何與焉

以上皆據原書所引辯之其有徵引所未及而足資攷證者附列如左

河渠志載宋史張綱傳綱知高郵軍興化民田濱海昔范仲淹築堰以障潮鹵守毛澤民置石礎涵管以疏運河水勢歲久皆壞綱乃增修之按此言興化民田濱海范公築堰障之則與花境之越隄至海非虛語矣乃云止串場河何也

河渠志載明太宗實錄永樂四年九月泰州判官黃通理言州境舊有運鹽官

河每遇淫雨泛溢乞於普定秦潼河及西溪兩儀阡三處各開水口使下流經興化鹽城界入海按此即由串場河出范隄經各閘引河入海之道興化境內有串場河及海口此亦一證

河渠志載明神宗實錄萬歷十年河道尚書淩雲翼言牛灣河姜家堰廟灣爲三大海口引各支河東會於串場河北會於射陽湖俱入海則下流泄矣而興化之堂子鎮戴家窰海溝河白駒三十圍竈則牛灣之支河也按牛灣河即關龍港草堰白駒各閘之水悉滙於此而此河與各支河皆屬興化則興化非無各場轄地可知乃謂范隄無興化寸土不亦異乎

河渠志載南河全考萬歷十二年高郵知州邵夢弼以本州東通興化各場鹽運東河一道隄岸久圮不治申請河鹽各臣搠築東隄低田盡爲沃壤又神宗實錄寶應氾光湖素稱重險陳瑄築石隄於湖東蓄水以爲運道後因決爲八淺匯爲六潭興鹽諸場皆沒而淮水又開從周橋漫入潮湧排空按此云東通興化各場又云興鹽諸場則興化所轄鹽場非一處況曰無之

河渠志載天啓二年興化縣知縣逵之璹請修丁溪草堰小海白駒劉莊攔潮五牐按此五牐如非興化轄地何不由鄰封之泰州申請修治然則興化兼轄各場可知矣此條並見尹府志及興化縣志

河渠志載高郵州志康熙七年遣明珠等相視海口開天妃石礶白駒等牐毀白駒奸民閉牐碑議於白駒場等處設河廳一員上河水盛放牐即徹底開放各場牐河註引行水金鑑云牐河舊名運鹽河一名下河東抵興化縣由縣東直入白駒劉莊二牐下海南入草堰小海丁溪等牐入海北入石礶天妃廟灣等牐入海白駒劉莊小海草堰丁溪俱屬興化石礶天妃廟灣屬鹽城三十鹽場各有海口瀉運鹽河之水按此註引行水金鑑明言白駒劉莊小海草堰丁溪各牐俱屬興化又云三十鹽場各有海口則興化管有丁草白劉等場隄牐及海口無疑原書乃謂悉屬東臺何歟

河渠志載康熙三十九年十二月總河張鵬翮題云高郵滾水壩下之水由興化縣安豐鎮至白駒場以達於海今自鮑家莊至白駒場八十餘里地高水壅宜挑寬八丈深六七尺不等引水由白駒場入海其高郵一滞以下見有河形一片汪洋興化白駒牐以下暢流入海俱不需挑挖又自興化車路河至丁溪由撈魚港以達於海今撈魚港淤塞八十餘里應挑寬八丈深六七尺不等引水入海按此亦白駒丁溪地屬興化之證丁溪猶屬隨文列敘至白駒則云興化白駒牐以下其地屬興化尚何疑焉

河渠志載雍正六年范時繹等奏泰州興化鹽城三州縣串場河道自泰州富安場通遠橋起至鹽城伍祐場徐家港止通計三萬四百丈均應酌量地勢分別挑深自泰州東臺場三里灣起至興化縣劉莊場止一萬一千丈地勢較窪隄岸庳薄今以挑河之土加幫范隄其離隄窵遠之處增築子堰以束水勢又云如皋縣之苴河洋興化縣之青龍橋鹽城縣之石礶口廖家港草堰口等處均係水道入海要區又云興化縣地勢最窪其縣屬有梓新車路白塗海滞界河等五河爲各場海河之門戶又云串場河自泰州之富安場至興化之白駒場南岸九十餘里可以停其挑濬按青龍橋在劉莊場白駒劉莊明屬興化已無疑義至車路白塗海滞諸河之下游亦繫於興化則併丁溪小海草堰言之矣如果與興無涉何以其言如此

河渠志載乾隆三年那彥圖等奏鹽城天妃口石牐決宜早建興化白駒南北中三牐年久損壞均應修築引河亦宜疏通范公隄綿亘四五百里實爲鹽興泰等處保障其間有低薄不免海潮漫入之處亦宜加培高厚以資捍禦按此亦興化管有隄閘之證

河渠志載乾隆二十六年高晉陳宏謀言見在鹽城境內石礶天妃牐引河寬深由新洋港泄水歸海甚暢興化境內之白駒青龍八竈大團等牐引河於乾隆二十二年挑濬由鬬龍港歸海牐水分趨頗資宣泄其餘迤南之丁溪小海

迤北之上岡草堰陳家沖三牐引河有竟成平陸者按此言興鹽各牐引河而以丁溪小海屬迤南上岡等三牐屬迤北則丁小草白劉諸牐引河皆屬興化可知興化既有各牐下引河尙得云以串場河爲界耶

河渠志載江南通志及齊召南水道提綱並河防志所云興化東境海口及范隄已見前辯尹府志文內不復贅茲按本志河渠志有云按東臺縣圖莘子港牐水草堰正牐水首受串場河各出范公隄台流入海河以西屬興化東屬東臺又東出西團鎮至鬭龍港入海按此即江甯輿圖東臺縣圖說所言歷丁溪草堰沿北新河至磨臍港爲興化界之說東臺縣志四境圖列白駒西團於興化界內並列牛灣河於興化界內界綫亦不過差惟不若江甯輿圖說之明晰故興東界綫以此爲最準

河渠志載康熙三十一年總河靳輔請將下河興泰如通並范公隄串場河等處分與揚州府管糧通判兼管移駐泰州又康熙三十二年總河于成龍請將

揚州府下河通判專管興泰如通四州縣下河河道興化縣縣丞一員專管本縣下河河道安豐司巡檢一員專管白駒二牐牐夫六名按此亦興化管有范隄串場河及各牐座之證當時管理河道隄閘雖屬河官而其地屬各州縣自不可紊本志載揚糧通判後移邵伯所有下河事務添設同知駐劄東臺而以兩淮鹽運使兼管後因東臺建爲縣治復將東臺水利同知裁改其下河水利仍歸兩淮鹽運使兼管是東臺水利同知管有轄治范隄牐座及下河河道之權東臺承同知裁缺之後習慣相沿自所不免惟不得因此以淆疆域故引志載河官轄地如上述

學校志載東臺縣社學有丁溪草堰小海三場在內並無西團及白駒劉莊等處興化縣志丁溪草堰小海西團及劉白均有書院或社學之設道而草堰且有文廟之建當時皆興化學官及在學生員司其事小海社學蕩案由興化官司處理而彼志皆不之及足徵地屬興化案據在此固非東臺所能詳也本志依東臺志臺爲文故亦不能備載

又續府志載興化縣鹽場書院社學八處而於東臺無文此亦本條之證

賦役志載俸工官役項下興化縣白駒牐官俸銀皂隸牐夫工食銀各若干東臺縣新設小海牐官俸銀皂隸工食銀各若干按此亦就地編徵之義如果各場屬東何致徵及興化

鹽法志載儀徵泰州東臺興化四州縣逼近鹽場例不銷引雍正十二年兩江總督趙宏恩疏請於泰州境內之東臺何垜等場酌留餘鹽興化境內之丁溪小海等場酌留餘鹽等語按此條已見前辯尹府志文內茲不瑣錄惟丁小草三場當時果不屬興何以形諸奏牘既屬興矣何以東臺分縣後官書案牘均視此爲東屬興東分轄丁草載在東臺縣志豈因泰屬中十場故而爲此折衷之制耶然以此三場屬東亦無確實左證故雖東臺志及江甯輿圖皆存疑俟攷今乃併此不言而爭及劉白毋乃言之過當歟

兵志載江南通志鹽城營管興化縣汛地墩堡十八處如白駒劉莊大團鬭龍港地方皆鹽城汛地按營制區劃雖與地方疆域不同然興化屬泰州營而白駒劉莊屬鹽城營於其所屬地方冠以興化縣汛地五字則疆域自不淆混而因此亦足以明劉白之屬興化矣此條並見興化縣志

丁草劉白彊域屬東駁義第三

茲就原書依咸豐興化縣志條辯之

興化縣四境圖 卷首

原書云興化志四境圖東止串場河爲界丁草河西馮家圍半屬東臺縣境

駁曰查興化志四境圖說載明坊廂里竈以幅隘止注熟田圖分注云四至仍舊志莊舍圖分參以現在徵收圖列入以一邑地圖而僅據徵收圖分繪列其簡率自不待辯惟於西南北均註明與某縣分界獨無東與某縣分界明文且東境列串場河並列范隄及丁溪小海草堰白駒劉莊各場並不繪至串場河止原書强爲割裂殊失本相至馮家圍半屬東臺乃竈田之插花不得據以爲分界之證攷阿府志圖江甯輿圖暨光緒重修鹽法志圖串場河西民地自梓新河口以北當何垛丁溪分界處已入興化縣境馮家圍在車路河北焉得更有東臺界謂非插花而何

彊域 卷一之三

原書云疆域志載東至丁溪場一百二十里東北至白駒一百十里至劉莊場一百三十里以此而論足見以串場河爲界若丁草劉白各場屬興化應皆至東大海爲界

駁曰此志載東至丁溪東北至白駒劉莊蓋以縣治爲主而準諸地望以明之曰東曰東北皆紀實也東至丁溪固須逾串場河東北至白駒劉莊亦須逾串場河何爲而以此論遂證明以串場河爲界此說殊不可解若謂丁草劉白各場果屬興化應皆東至大海爲界則興化之有丁草等場及鬬龍港等海口自江南通志尹府志阿府志幷乾隆嘉慶等鹽法志均書不一書前於辯證兩府志文內亦已逐一言之茲不復述

以上係就原書所引辯之其徵引所未及而足資考證者附列如左

輿地志載草堰場丁溪場劉莊場白駒場小海場按此五場列於彊域篇末而不著其彊域所至蓋以場自爲界無俟分析是以存而弗論然不得因此疏略遂謂五場皆非縣轄至明巡鹽御史洪垣辨彊域疏言興化縣東至丁溪場一百三十里西至高郵州河口四十五里其廣一百六十里又云興化東至丁溪場西至河口南至蚌延河俱各依河爲主以里數計則前說不符以河道言則後說所指之河僅丁溪一場並未明指各場而言且當時以民竈場縣爲分畫田糧之據故田賦門載明知縣傅珮有丁溪等鹽場跳越運鹽河侵占田地之說其意蓋謂民竈田糧各有界域則場縣之間自當依河爲主至於場境之屬縣轄彼固未之及也何得遽以此爲與東分界之證案此志載興化彊域南至蚌蜒河與泰州分界北至大縱湖心與鹽城分界明初東南民以欺隱田糧遷三百戶復以蔡元等鹽徒徙五百戶於良鄉涿州致地曠人稀土田無主漸被泰州豪右芻牧耕種侵占花勝等四十三莊田四千餘頃潘楊兩汊南北深入十餘里東西八十餘里北被鹽城越界侵占萬餘畝嘉靖中知縣傅珮請於御

史洪垣疏奏勘辦不果行至今田去糧存爲邑重累然則興化縣境之爲泰州侵占者多矣泰州踰蚌蜒河古界侵我土地至於梓新河畔之潘楊汊東臺承其後不知返我所有乃獨覦我所有之場地不問其爲場縣民竈之別遽執依河爲主舊說概以串場河界別與泰思擴東臺版籍抑何其祗知爭產而不知負欠耶至於丁溪等鹽場侵占我田地五百餘頃作爲火伏煎鹽草場據田賦志而言則已踰串場河如馮家圍之有東糧及劉莊三角墩竈地皆是如云以河爲界則此等河西糧地當亦舉以歸我矣計不及此惟務剿說以求自利毋乃失之過淺乎是以附著其略如此

輿地志坊表載益恭坊爲明高文義穀建樹德坊爲明知州袁孟龍主事袁應祺舉人袁應辰建司徒坊爲明侍郎楊果建高楊及袁氏父子兄弟皆場人而坊表在興化如果場非縣屬何以入興化籍且於興化建坊若謂其由遷徙及婣戚師友而來則凡寄寓興化及寄寓興化者之婣戚師友皆得爲興化人矣

有是理乎

輿地志宅墓載大學士高文義穀宅在儲秀里又高文義墓在平望舖河東又楊侍郎墓在縣北二十里灌溝河又王贈部郎墓在白駒場成家墩葬贈戶部郎中王綱又楊元帥墓在丁溪場西九里葬淮東道正元帥楊繼先按繼先爲侍郎楊果之祖又周覺齋墓明嘉靖戊子舉人墓在草堰場西石碣猶存以上場人宅墓及各場冢墓之見於縣志者甚多設非縣境何以併各場冢墓紀之輿地志祠祀載白駒場關帝廟有朱侍郎方增記言按試至揚州興邑白駒場士民陳牒丐文等語又祠山廟在劉莊場紫雲山在劉莊場琼綱寺在西團如劉白不隸興化何以言興邑白駒場又何以縷叙入志耶此亦一證

按白駒關帝廟碑記除朱侍郎方增所撰外尚有宋范仲淹碑記清知縣林光照泰州分司武祀德二碑均縣志所未載范林碑係咸同後出土武碑撰於同治朝故纂志無其文茲取前碑附錄之以資實證朱侍郎方增碑文亦併錄於左

附錄碑文

興化縣白駒場關聖廟碑記

漢漢壽亭侯關壯繆生成忠義大節凛然而其浩氣英靈彌綸宇宙是以山陬海澨咸爲肖像而祠祀焉眞所謂凡有血氣莫不尊親也淹承乏興邑偶以修捍海堤至白駒士民環庭以侯廟碑記請予思侯之勳名節烈彪炳史書無俟予言之贅惟是欽神像之凛凛如生感士庶之諄諄愛戴願後之居高位者尙其體侯之心以爲心則下民之愛戴而建祠崇祀亦有不能自已者乃援筆而爲之記大宋天聖三年知興化縣事古吳後學范仲淹撰

重修關帝廟記

白駒場武廟相傳建自宋景德年間其像倣於帝里之蒲州在昔固以蒲像爲甲白駒次之厥後蒲廟火而白駒之像爰稱天下第一焉溯初建日不過數楹其間屢毀屢修遠不可考中得河院白大人諱鍾山稍擴其制及今歷有多年急需修葺乾隆二十八年前邑侯吳公諱淨力舉其事捐俸首倡山西典商胡君維舜踴躍樂功兼募同人黃履豫洪福各典以及興邑諸縉紳而吳公復延本場國學卞謙陸琦陳紀等捐金董事晝夜督工設大門建鼓樓更拜殿正殿增兩廡及鐘鼓亭規模數倍於昔奈功程浩大貲費不充幸分運潛公諱兆選贊助得鹽漕髙大人諱恒捐俸三百金董事等又募本場左右及東河小海西隴各士商共費若干數百金而廟遂落成即今輪奐輝煌威儀赫奕固由神力亦賴人功光照位臨茲土謁聖像瞻廟貌誠足光甲天下云是爲記賜進士出身文林郎知興化縣事福閩林光照題

重修興化縣白駒場關帝廟碑記

皇上御極之七年聖武布昭威振邊徼小醜偶作不靖大戈所指應時撲滅當逆酋被俘之時仰見關帝示聖遂震疊就縛今年春將軍等以事上聞特加封號以答神貺是時方增適奉命視學江左按試至揚州興邑白駒場士民陳牒曰場有關帝廟相傳建自宋景德前范文正公曾作廟記今碑石久泐其間旋圮旋修遠莫可考逮國朝乾隆時即故址度宏規堂廡殿寢燦然始具厥後丹艧迭飾輪奐益壯日新月增規制已大備矣今值帝威遐暢褒封有加率土人士咸欲歌詠以紀其盛而廟貌之地碑記缺如非所以昭誠恪也敢丐文以紀方增按白駒場值海陵之東地殷阜居戶闐咽覘古之曰社曰聚寥落數倍則所以佑保障資禁禦宜有禋祀之典以昭肸蠁茲廟之建自宋以來七百有餘歲矣所傳肖像之異書軸之皮神奇儵忽雖類於稗家者言顧自河流南徙洪澤湖介於其間每當黃河盛漲建瓴而下茲場適當其衝而其東又瀕於海潮汐颶風輒欲越堤而上淫潦神飆舉足以致患乃數百年來有生聚之樂無蕩析之虞井里廬舍晏然無恙至於今且心臧物變俗益蕃阜謂非賴帝之庥庇而能如是乎或者曰帝之於爍顯奕緊惟

光輔昭代當武功震爍時丕著靈異以幽贊無疆之祚至鄉邑村衆謂必降鑒在是不幾近於褻乎然趙郡蘇氏稱昌黎韓子曰公之神在天下猶水之在地中無往而不在者也夫韓子因文明道蘇氏推崇之者猶如此矧帝以躬履蹈忠義大節昭炳今古童孺婦子無不赫然在心目間則其浩然之氣彌亘宇宙自能無之而不在者白駒場雖偏隅烏覩不在焄蒿中哉然則生斯土者體聖朝崇德報功之典誌平時禦菑捍患之勳其益入廟知敬昭事勿替則帝之所以呵護之者又豈有終極與若文正公築堤捍海亦大有造於斯土者也幸廟記猶存宜補刊於石以存先賢之蹟雖不能至心嚮往之方增應士民之請繼公有作夫即師公之意云爾是爲記道光戊子孟夏誥授光祿大夫內閣學士兼禮部侍郎欽命提督江蘇全省學政浙西朱方增謹撰

重修興化縣白駒場關帝廟碑記

夫禦灾捍患澤固及於瀧淵崇德報功禮宜歌乎遂駿況乎至剛至大昭神武不殺之模厥馨靈膺俎豆不祧之典如興化白駒場之有關帝廟也瑤函緘秘寶像莊嚴自前宋而度勢起基數楹早開輪奐暨本朝而更新繼舊當軸屢竭經營碑記名賢事傳不朽蓋其地近臨澤國遠引洪湖鞏竝金湯作一方之保障鎮同柱石奠爲姓之攸居固已轄境咸安颶風永息矣其址則環沼水跨石梁潭制毒龍不涸之流無盡門嚮舞鳳騰遊之蹟常存秀自天生靈通地脉井中分而饗應宛然節奏諧鐘樹西向而堅扶想見精忠貫日且其爲制也殿啓峨峨垣彤屹屹兩廡則香升芬苾雙亭則鼓奏鏗鍧光輝碧瓦比高屋建瓴之勢功施丹艧極層樓壯采之觀以故肸蠁彌崇仰瞻在望神祇來格欽降鑒之非遙惠錫無疆矢飯衣而共切登階者凜然於心目禱祀者惕息夫儀型而歲月遷流規模剝蝕將恐旁風上雨朽蠹更甚於曩時必至棟折榱崩蠹耗漸成夫傾圮其何以肅廟貌重明禋也乎茲劉王山

先生捌議鳩材耤資狐腋計工程之浩費修葺爲難冀善信之同心扶持不斂或助來鶴俸繼文正之遺風或傾厥蚨囊效鄭公之好義庶幾有基勿壞易廢爲興日監者在茲膺共體孚佑下民之意修德必獲報定可卜降祥不爽之由是爲序同治乙丑夏月誥授中憲大夫欽加道銜升用知府淮北監掣府調署兩淮泰州分司浙江錢唐武祖德謹識

河渠志載串場河卽捵鹽河承高郵各牐減下之水由蚌蜓梓辛車路白塗海溝界河東從牛灣河東北從鹽城天妃石礎谷口入海按此條見卄府志其文曰串場河詳見泰州其在興化境內者名捵鹽河然則興化境內自有串場河在所云東從牛灣河入海者蓋草堰白駒劉莊各牐河下游之通稱卽所稱闘龍港也興化轄地略止是矣原書不知牛灣河爲界綫而強指串場河爲界不亦謬歟

河渠志載蚌蜓河自陵亭鎮東下一百二十里入串場河西半截南北與泰州

東臺分界東半截南北俱屬東臺又梓辛河東至杜家灣九十五里入東臺界又東至何垛場入串場河又博鎮河由梓辛河入車路河一百里至東臺界河口有東西博鎮二村田屬東臺十居六七自此而東沿梓辛河北岸與東臺地相錯又東十里全屬東臺按以上三河自南而北皆在車路河南與車路河同向東行爲平行綫疆域志載泰州侵占蚌蜓河北田地爲指梓辛河爲分界河道觀此足徵其非謬且其地皆在串場河西足見串場河非界綫至於車路河直達丁溪白塗河直達草堰海溝河直達白駒興鹽界河直達劉莊則皆由串場河出范隄各牐入海並無與東臺分界明文本志載與鹽界河與鹽城分界其水東流去劉莊十五里分兩支一支東流仍名界河直達劉莊串場河南北俱屬興化一支東北流名新河亦入串場河南屬興化北屬鹽城此兩河閒卽串場河西之劉莊蕩地鹽法志有閫止河在劉莊場西卽此志之新河然則劉莊串場河既不能橫截爲興東界綫亦何從牽引而指爲東鹽界綫乎原書謂

場不屬東束鹽無從接界遂謂東臺縣境直至劉莊之大團鎮與鹽城接壤亦可謂以意傅會者矣其餘已見前辯尹府志文內不復贅敘

河渠志載串場河分泄各場海口汁丁溪牐小海正越牐受車路河下注之水草堰牐章子港牐受白塗河下注之水白駒南中北牐一里墩牐受海溝河下注之水劉莊青龍八竈大團牐受興鹽界河下注之水按此志所載雖未標明界屬何縣然就鹽法志何垛場圖及圖說攷之東臺興化二縣界在何垛場北之九里墩所謂北至丁溪再北則興化界也丁溪小海白駒劉莊皆自此處循隄而北則丁小草白劉諸牐悉入興化界內可知凡自車路白塗海溝諸河以北橫以興鹽界河則諸河下游悉在興化界內又可知原書不知與東界綫及東鹽界綫所在而強指串場河以截之何其鑿歟

河渠志載草堰白駒劉莊牐下鬭龍港海口注云鬭龍港爲草堰竈河入海之道又云草堰牐下向東五十里至西團爲瀏河口白駒四牐之水總歸一河名

牛灣河來匯之自白駒牐至此三十里又東北七里爲東洋十場志草堰東五十里爲鬭龍港又十里外即大洋指此今南岸有東洋口自東洋口再北三里劉莊青龍牐下七竈河來滙之自青龍牐至此三十里又東北四十里劉莊八竈牐下八竈河來滙之自八竈牐至此四十里又東北二十里劉莊大團牐下陳家灤之水來匯之自大團牐至此五十里以上自草堰牐至此凡一百二十里按此志載自草堰牐至鬭龍港匯牛灣河七竈河八竈河大團牐河雖未明言界綫所在然與東界綫已略具於此再東北逾磨擠港至鬭龍港口則東鹽二縣分界處也本志敘各海口雖通境外言之然於此條獨詳蓋具有微意至小海牐下王家港海口丁溪牐下古河口戴家古淤海口已入東臺界內故雖分條臚列而敘述不詳云

河渠志載范隄即捍海堰宋天聖元年范仲淹監西溪鹽倉建議更築發運副使張綸奏上其事請以仲淹令興化董修築之役又五場牐座凡十二牐二十

九孔明天啓二年興化令邊之靖請修丁溪小海草堰白駒劉莊五牐按此亦隄牐爲興明證不然自宋明以來築隄修牐何以皆由興化令爲之餘詳前辯尹府志文內茲不復贅

食貨志徵解載白駒牐官員下俸銀及皂隸工食南中北三牐牐夫工食銀兩又地丁銀內經支白駒一里墩牐劉莊青龍八竈大團牐牐夫工食銀兩按此條與府志同辯已見前

秩官志白駒場牐官乾隆五年新設

食貨志物產載雍正十三年查淮南不銷官引州縣酌留鹽斤興化戶口連醃切年需鹽斤應於該縣境內之丁溪小海等場餘鹽酌留按此條與府志同辯已見前

鹽法志東臺縣志皆載有此條

學校志載鹽場文廟書院社學有草堰小海文廟草堰正心書院西團明性書

院小海團社學南團社學西團社學丁溪場社學沈家竈義學又有白駒誠意書院劉莊場社學按東臺縣志所載並不若是明備且不及於劉白可見其地有所屬矣又本志附載道光八年學博吳金潤湯潞詳稱距學署一百數十里諸生艱於應課正心書院居各場之中請每年就院傳課數次學憲申批准至今遵行草堰等各場如不屬興興化教官焉得而就課之況在光緒中有小海學蕩之案益證各場屬興並非專以學籍爲言原書謂學籍與疆土爲二事不知何義

武備志載范隄烟墩隸境內者十六座每座請設兵二名中營遊等五汛共設兵三十一名屬泰州營又白駒場劉莊場五汛六墩隸鹽城營按鹽法志載烟墩丁溪場六小海場二草堰場二白駒場三劉莊場三此云范隄烟墩隸境內者十六座撤數相符足徵興化跨越范隄不止劉白而已至以營制言則丁小草等處汛兵屬泰州營白駒劉莊等汛屬鹽城營則又係營制所關與縣界各不

相涉嘉慶府志載泰州營把總四員一駐中咼竈汛係鹽城東臺兩縣交界地方蓋即泰州鹽城兩營接界處也若以縣界言則差謬多矣

選舉志載進士舉貢及辟薦等項自馮諒高迪以後各場人之著籍興化者如高穀楊果朱軏袁株袁孟龍袁應祺輩不勝枚舉如丁草等場不屬興化何以明清兩代時歷五六百年凡屬場人悉隸興化縣籍豈皆有戚族師友之相依如彼學籍辯所言乎且考試與版籍相因苟非其地之人雖有大姓世族及師友之依託又焉能顯違令甲跨籍應考是可見其不足信也東臺縣志云丁溪草堰劉莊三場民籍考試俱隸興化舊惟竈籍歸泰州分司考試乾隆四十四年裁汰商籍竈籍已入學者移歸本籍按此所云移歸本籍即改歸民籍是也光緒重修鹽法志載明萬歷間商竈籍由運使送考揚郡商竈籍額取二十名附揚州府學順治十六年議歸併府州縣未果迨乾隆四十四年始裁汰入學舊額商籍除改歸本籍外其實有田廬墳墓在江南與例相符者准其呈明於居住之州縣入籍竈籍原與各該州縣土著無異應歸於各該州縣民籍考試然則此項竈籍亦各視其所隸州縣以定之丁草劉白等場之竈籍自應一律歸興化民籍考試夫何待因緣依託而始入籍哉學籍辯所言毋乃一無足據至於東臺所屬場竈其竈籍自歸東屬抑亦不必辯矣

人物志載馮諒高穀楊果袁應祺並列傳戴選校秀並忠烈袁椿袁懋昭袁盛烈袁宏度楊清馮標秦珊宗乂蘧馮元善袁綸楊陶庵楊崇闇袁兼並孝友王讓袁孟龍王陳策並仕蹟朱軏朱恕袁株並儒林高迪袁銑並文苑劉廣陳平夫鄧楚並武功袁潤臧燦袁文燿袁培丁芹川陳道濂並卓行楊大成楊振興康臨錢滿卞燮楊萬程陳士學卞禹銓陳煥文沈廷槐朱廷愷馮廷芳馮維冠馮錦亭並尙義錢萬選劉永光並隱逸以上皆場人之列志乘者其中不隸學籍者亦多至列女志所載旌表婦女於丁溪小海草堰白駒劉莊等場之人俱冠場名於姓氏之上而其父或夫亦不盡隸於學籍足徵各場之於興化本屬縣境非徒學籍關繫而已茲以其繁不備述試觀東臺志於人物及列女各傳均不及丁草以北各場其義蓋互見云

丁草劉白彊域屬東駁義第四

茲就原書依嘉慶東臺縣志條辯之

東臺縣四境圖 卷一

原書云東臺縣四境圖載東北至鬬龍港接鹽城界劉莊場之青龍閘八竈閘皆繪列圖中界綫分明

駁曰此圖內洋東臺縣界明言北至白駒場接興化界東北至鬬龍港接興化鹽城界其所繪界綫則於丁小草境循河而北至舊白駒場南則跨范隄循牛灣河曲折而向東北以達三了子洋其地在鬬龍港口之南界綫以南曰東臺界界綫以北西曰興化界東曰鹽城界所繪雖不盡確當然以較諸阿府志圖及江甯輿圖已約略近之白駒四牐及劉莊青龍八竈等閘雖皆繪列圖中然不在東臺界內即西閘亦不在東臺界內志書具在可以覆按而原書於圖注言至鬬龍港接鹽城界則節去興化二字於劉莊青龍八竈二閘則言繪列圖中界綫分明是豈於圖注及圖中界綫未嘗深攷之耶不然何其輕於落墨如此也

彊域 卷八

原書云彊域載形勝縣境西北控淮東南環海范隄亘其中蜿蜒一百數十里北連鹽城南接如皋西連興化

駁曰此志所載係約略言之並未剖析分明不足據爲確證按本志言東臺彊域北至舊白駒場四十里與興化縣分界東南至拼茶黃沙洋一百六十里與通州之如皋縣分界北至鬬龍港二百四十里與興化縣淮安府之鹽城縣分界東臺南接如皋北界興化就范隄之隸縣境者言之計程殆二百里水利攷云范公隄隸縣境者計二百十里相差僅十里耳然則所云一百數十里者誤也至於拼茶之接如皋舊白駒場界牌之接興化是皆以范隄爲言惟鹽城與東臺接界則不在范隄而在鬬龍港口志稱北連鹽城與縣境之范隄相屬爲文非錯誤而何故曰不足證也原書見有北連鹽城四字屬於范隄之下乃即取以爲證殆未見其下文何如耳若云見之而又不引其用意果何居耶

都里 卷八

原書云都里載北場爲圖九一圖二圖三圖四圖五圖六圖七圖九圖十圖注由何垛場至劉莊場爲北場

駁曰此志載東臺都里至劉莊場仍沿泰州志舊文以竈戶田糧向隸泰州辦納之故並非其管轄界域實至於此試觀本志彊域考可見其詳已見前辯府志文內茲不複述

原書云都里又載縣北九里墩曰九里墩十八里場曰丁溪場二十八里場曰草堰場五十五里場曰白駒舊場六十八里竈曰沈家竈七十里團曰小海團八十里團曰西團戚家團場曰劉莊場至興化縣界

駁曰據鹽法志何垛場圖說何垛北至丁溪南北計九里再北則興化界則自

丁溪以北無復東臺縣境矣光緒重修鹽法志何垛場圖於九里墩西橫列東臺興化兩界尤有明驗然則丁溪小海草堰白駒劉莊諸場猶得視爲東屬耶且按本志彊域攷明言北四十里至舊白駒場范隄界牌頭爲與興化分界處據此亦祇丁草屬東不能更及於劉白而都里並載及此者就其舖舍所至以言之非就其彊域所至以言之也按丁溪草堰白駒舊場皆在隄上沈家竈小海團西團皆在隄東至戚家團則在白駒海河北岸並不在劉莊界內即使據以爲轄地之證無論在隄上及在隄東亦斷無侵及劉莊場境之理況以本志所載街市計之凡爲市十九縣治及各場竈街市俱載獨無白駒劉莊在內豈劉白無街市耶殆亦明知其非縣屬耳原書不知參互攷訂遽引都里志文以爲口實質以前說夫復何辭

山阜 卷九

原書云山阜載望海山在縣治西北二十八里草堰場便倉後虎墩在縣治西

北六十八里舊小海場

駁曰此條已見前辯尹府志阿府志文內惟小海舊場在丁溪北與草堰同在隄上有鹽法志圖可證其距東臺縣治並無六十八里所云舊小海場或即小海團然非舊場治也且捍海堰不起於是種種舛誤殊無可取原書引之毋乃失攷

水利 卷十 卷十一

原書云水利載海在縣治東百二十里自南迤邐北折環縣境十場如玦形距范公隄遠近不等中十場志云遠者百里近者七八十里惟栟茶較邐角斜則海在三里之外今栟茶角斜距海二三十里丁溪草堰距海百三四十里

駁曰此言海在縣治東環縣境十場如玦蓋指康熙中十場言之東臺志明引中十場志南盡栟角北盡丁草絕無一言及於劉白而原書解釋十場乃謂小海白駒未併之先爲十二場既併之後爲十場遂將白駒劉莊一律牽入是何

其善於傅會也至丁溪小海草堰沿海雖屬東臺然在范公隄上尚有不可概論之處其詳別見於後

原書云水利又載丁溪閘下引河在縣治北十八里小海閘下引河在縣治北十八里草堰閘下引河在縣治北二十八里又云丁溪閘在縣治北十八里明萬歷十一年巡按姚士觀檄泰州知州李裕與小海閘同建小海正越閘在縣治北二十五里雍正七年泰州知州儲世暄改建草堰正閘在縣治北二十八里雍正七年改建草堰越閘在縣治葦子港乾隆十二年改建

駁曰小海正越閘距東臺二十五里則小海閘下引河亦必距縣二十五里可知乃云閘在縣治北二十五里河在縣治北十八里與丁溪引河同揆諸鹽法志圖實有不合志書明明錯誤而原書引之亦復不知其謬斯誠可怪矣至於此項隄閘引河之載入縣志係就鹽志所紀采入以爲場既屬縣則各場隄閘河道當然載在方策並未計及某閘某河之不皆屬縣境也然猶采輯至草堰

爲止則當時載筆尚有分寸原書不明此義至謂丁草劉白皆東境不幾漫無限制歟

原書云太平石橋紅板橋勝駕橋永甯橋廣豐橋劉福家橋木橋潤澤橋東寺橋屬治內之丁溪場龍門橋板橋北橋永甯橋屬治內之草堰場

駁曰此志載橋梁至丁草止亦係按照中十場轄境采入並未計及界綫攷與東二縣在丁溪及舊小海草堰並西團地方向例俱以橋之東西爲界而各橋梁所跨之河並不皆串場河證諸鹽法志圖自見原書引此將以證串場河分界曲說而不知適成其謬試攷行政習慣當無說以處此餘已詳前辯阿府志文內

學校 卷十二

原書云學校載社學一在丁溪場一在草堰場一在舊小海場

駁曰此皆沿中十場志及鹽法志而據以入志者也若以此證各場爲東屬則

興化縣志備載各鹽場文廟書院社學所列案據事實有爲東臺志所不及載者不詳於所屬而詳於其非所屬有是理乎餘詳前辯興化縣志文內至於社田有丁溪草堰及舊小海舊白駒在內此亦係采場志鹽志列入其實小海學蕩之屬興化有舊案可稽白駒則更非東臺所有矣

祠祀 卷十三

原書云祠祀載都土地祠一在草堰場東嶽廟一在小海金龍四大王廟一在小海一在西團

駁曰此亦不過撫拾場志列入不得即以此爲屬東確證蓋草堰小海西團不皆東臺縣境彼志並未計及遽引以證縣界恐尚有彼此混淆處也故仍以存疑爲是餘詳前辯阿府志文內

官署 卷十四

原書云官署載海堰閘官署在草堰場乾隆十四年設泰州海堰閘官又把總

署在小海團又丁溪場鹽課司署在沈家竈東乾隆三十三年省小海場司署如舊又草堰場鹽課司署在本場雍正十三年省白駒場以其署改爲增設閘官廨舍

駁曰此志載各場官署亦係因場志鹽志之舊而臚列之其實場自爲場無關縣境若以縣境言則丁溪小海草堰舊場司署是否屬東猶待考證況於海堰閘官白駒閘官又與鹽場牽不相涉歟海堰閘官係工由東臺編徵白駒閘官係工由興化編徵因賦役以求疆界則其官署所在當分屬於二縣彼志因白駒併入草堰遂併白駒場地官署悉行列入當時已少斟酌而原書引之概視白駒爲屬地不益謬乎至於把總署之在小海團自係營制使然小海團與小海舊場亦非一地此條與沈竈皆於界綫無與茲不備述

原書引阿府志載東臺縣鹽課司衙署十誤指劉莊場署在內辯已見前

古蹟 卷三十四

原書云古蹟載通聖泉在丁溪場三賢祠左便民泉在丁溪場中即雙鳳井

駁曰此志采自中十場志嘉慶府志列入山川門亦不過因地搜采藉增故實云爾究竟此項井泉是否係屬東境仍非勘定界綫不能據以爲實蓋丁溪草之與興化以隄爲界隄上所有官署市廛民物屬東屬興須詳攷也試觀本志疆域攷可知

原書云冢墓載元劉二公墓在小海場相傳元時縣令諭葬墓高隱君墓在丁溪頭竈明興化高文義穀之祖楊元帥墓在丁溪場侍郎楊果之祖又處士朱恕墓在小海舊場東二里閘下近引河有斷碑書明隱士朱恕之墓後漸圮乾隆初年邑民袁文耀等修之有傳載流寓

駁曰此志載高楊祖墓已見前辯阿府志文內惟元劉二公無攷元時泰州爲州承南宋之舊領海陵如皋二縣興化本海陵縣地自楊吳始置縣元初改隸高郵府此云元時縣令非海陵即興化可知矣太平寰宇記泰州本揚州海陵

縣明史地理志揚州府泰州洪武初以州治海陵縣省入則海陵係泰州附郭縣也東臺古建陵縣地隋初省入海陵南唐置海陵監管鹽場八在東北者曰東臺場然則故海陵縣地之在東臺境者止於此矣小海舊場非元時海陵縣境則此縣令當爲興化令然志亦不載東臺志列入冢墓蓋亦就場志撫拾之耳場志隨地紀載本與縣界無涉何得據以爲證且於高隱君墓曰興化高文義穀之祖於楊元帥墓曰侍郎楊果之祖高楊皆場人隸興化籍而其文異辭是豈非場自爲場本無岐視耶至於處士朱恕係草堰人聞王艮講學安豐毅然褁熟麥麵往從之東臺志列入流寓與宗部朱軏同傳而興化志則皆列於本傳既以草堰人居安豐爲東臺流寓則草堰非東臺屬地審矣不然何以不列於本傳而列於流寓也草堰既非東屬則小海亦非東境何得以墓在小海而遂有內之之意原書徵引及此毋乃自生荊棘若袁文耀袁培並見興化縣志卓行傳文耀修隱士朱光信先生墓光信朱恕字具載本傳而此志乃以文耀爲邑民不亦異歟

寺觀 卷三十五

原書云寺觀載東義阡寺一在丁溪場一在小海觀音寺一在草堰場戴恩閣在小海團

駁曰此條已見前辯府志文內不復贅敘志列此等寺觀亦不過因場志之舊而爲之數典初無關於大要然其所引不及白駒以北則當時爲此志者尚有依據之可言也若原書則併視劉白爲東屬矣

以上皆就原書所引辯之其有徵引所未及而足資攷證者附列如左

東臺縣志周序云東臺分泰州地其村莊多寡田畝肥瘠已不能均又越海安而得栟茶胡以彼此間隔舍近就遠若是丁溪草堰兩場俱在串場河之東乃糧輸東臺籍隸興化而讞獄則兩屬焉胡以重勞百姓若是其殆制之未定者乎然行之已五十年矣按此即丁溪草堰與興化分治之證當嘉慶分治已五

十年則自東臺未設以前興化治權之及於丁草久矣然而泰州並不之爭豈眞制之未定者乎陸東竈糧讞獄屬泰州餘皆屬興化也觀東臺志可見然則范公隄豈無興化寸土歟

東臺縣志單序云合天下權鹽之利莫大於兩淮合兩淮南北之鹽場而三分之所轄莫多於泰分司合泰分司所轄之十一場分隸四縣而東臺得其七又南得通分司之栟角兩場是東臺所產之鹽實居兩淮之半焉按乾隆時泰屬十一場東臺何垛梁垛安豐富安丁溪草堰七場隸東臺劉莊一場隸興化伍佑新興廟灣三場隸鹽城阜甯此云分隸四縣東臺得其七者指此然白駒雖併歸草堰而其地自屬興化不得因併場而遂併縣屬移之也且丁溪草堰與興化分治亦不得悉指爲東屬單序所云已涉籠統而況併視劉白爲東臺縣地耶故特揭之以資質證

東臺縣志凡例第一條云今縣治所轄即康熙時隸泰州分司之中十場故此

志採中十場志爲多按康熙時泰屬中十場曰栟茶曰角斜曰富安曰安豐曰梁垛曰東臺曰何垛曰丁溪曰小海曰草堰雍正府志鹽法志備載其說前於辯明尹府志文內已詳辯之至於栟茶角斜之改隸通屬係自乾隆元年始小海一場之併歸草堰係自乾隆三十三年始在乾隆以前泰屬中十場固自有栟角及小海在也自乾隆時栟角改隸通州小海併入丁溪東臺所分泰州屬場僅餘其七故單運判序云泰屬十一場東臺得其七然彼所云十一場係合劉伍新廟四場而言乃乾隆之制非康熙之制也康熙中十場自有栟角而無劉白彼志凡例既以此爲一書之準則轄地自不容稍混乃原書不知此義輒舉乾隆以後之場制列栟角於通屬而求足泰屬十場之數不得遂於東屬七場外兼及已併之小海白駒並劉莊一場其牽合附會固不待言然於彼志凡例及鹽法志所載不亦顯相刺繆耶志書具在盍更檢賖

東臺縣志凡例第十條云丁溪草堰雖與興化分治而籍皆隸興化且市井人聚全在隄西十場志所紀人物未能確辨其何者屬興何者屬東也故一槪不載以免借才異地之嫌按東臺志所載列傳除流寓外無一丁草以北各場人物即列女傳亦無一丁草以北各場人物而興化志則備載之足見考試旌獎無不屬於興化彼雖欲載其人而不得也且自明初迄今五六百年丁草以北各場之人無不籍興化者乃云籍隸於此地屬於彼復叛爲姻戚師友相依之曲說以冀翻兩朝舊案辯則辯矣如故實何況此志明言丁草籍隸興化且市井人聚全在隄西雖分治無從確辨其誰屬則范隄之屬興化亦復不辨自明乃猶以串場河界爲言豈尚未見及此歟

九場圖叙云按中十場志其次序始於富安自南而北至於草堰而栟茶角斜偏在東南故後之蓋當時令甲如此今輯縣志當以在城者爲主惟九場之圖摹諸鹽法志則仍首角斜次栟茶次富安北至草堰而止使其形勢相接一覽瞭然不敢沒其舊也按此言中十場次序及九場次序均有栟角在內至於草

堰而止足見康熙中十場不及於劉白舊本十場而此云九場則小海併入丁溪之故也本志言泰屬十一場其八場在縣境而不錄劉莊疆域以爲興化屬地蓋猶狃於乾隆之制而未加深考焉且於凡例第一條不無矛盾故附辨之以明其異同所在

職官表載東臺水利同知雍正八年添設專司泰州興化縣串場各河道及各閘座並鹽場一切詞訟事件乾隆三十三年裁汰改設知縣其水利事務移歸揚糧通判按此言泰州興化縣串場各河道及各閘座並鹽場詞訟悉歸東臺水利同知管理則泰州興化之於各場各有轄地可知同知係河官而管及鹽場詞訟事件以距坐落州縣窵遠且場員權輕不能審理訟案故也乾隆七年十一年迭經定案自裁同知設東臺縣後水利事務歸揚糧廳而鹽場詞訟之關乎民竈及命盜賭博姦匪等案件則由各場移歸所在州縣辦理於是丁草二場以范隄分界之故遂有讞獄兩屬之事矣東臺所轄歸東興化所轄歸與

自係不易之理至於白駒劉莊訟案除應由鹽場自理事件外從未涉及東臺小海學蕩一案且歸興化斷結則劉白更可概見執是以言丁草劉白等場豈皆東臺轄地耶

沿革攷載請析泰州置東臺縣原奏有云泰州襟江濱海環列東臺等十鹽場按此十場即康熙中十場也其時栟角雖隸通屬然本泰州轄地至小海則尚未議併故奏牘云然（此奏係乾隆三十二年所上小海議併在乾隆三十三年）東臺志載九場疆域而不知原奏十場即在此九場中蓋猶不免於誤會焉

疆域攷載縣治北至舊白駒場四十里與興化縣分界東北至鬬龍港二百四十里與興化縣淮安府之鹽城縣分界又縣境四至八到自縣治北四十里至舊白駒場范隄界牌頭東北二百四十里至鬬龍港口按此條已見前辯各志文內茲錄本文以見白劉兩場不屬東境與東鹽三縣交界不在范隄而在鬬龍港口實出彼縣志書並非強爲傅會

疆域攷附載九場疆域言丁溪場西七里自串場河與興化界北十五里接草堰界草堰場西一里至串場河與興化界北四十里至牛灣河界牌與劉莊界按此係指丁草兩場界至而言惟於丁草皆云以串場河爲界核與本志摹繪鹽法志圖不合且嘉慶鹽法志僅載草堰場西至串場河與興化縣界而丁溪場則曰西至草堰場界光緒志改曰西至興化東臺兩縣界並無以串場河爲界明文此志所載不知何據至丁溪北兼小海草堰北兼白駒係乾隆以後之場制鹽法志就場言場固應爾爾若以之言縣界則丁溪草堰與興化分治以西論小海亦當分治以北論白駒已入興化境矣志載九場疆域而不言縣境所至如與前載本縣疆域參互考訂則所云串場河及牛灣河界仍係場與場及場與縣之界而非縣與縣之界也不察乎此誤會必多故備錄其文而附辯焉

疆域攷載泰州分司所屬共十一場其八場在縣境尚有伍祐新興兩場在鹽城廟灣一場在阜甯按此直以劉莊場爲縣境八場之一矣攷本志載全縣疆

域北至舊白駒場范隄界牌頭則白駒且不在界內何有於劉莊又單序言泰屬十一場分隸四縣東臺得其七是泰屬各場之隸縣境者亦不得有八場又凡例第一條言縣治所轄乃康熙時隸泰州分司之中十場此十場至乾隆時就小海已併言之隸泰屬者實祇七場何得又以劉莊益之爲八而謂有八場在縣境綜其前後所言種種自相矛盾蓋皆以乾隆場制誤解原奏十場之故其說已詳辯於前茲不複述至本志既云八場在縣境而又不錄劉莊疆域亦不免於曲說別述如下

疆域攷載丁溪草堰與興化分治以范隄爲界惟隄東竈糧讞獄及隄西有古熟竈糧歸于縣治至劉莊則自場署東稍有屬縣治者以牛灣河爲界其西全屬興化故劉莊疆域不錄即丁溪草堰之市廛民物亦不盡爲東臺有矣又云凡民居官署盡在隄上其西直臨串場河丁溪草堰之隸興化者名以范隄爲界實則以串場河爲界也今興化將並隄而盡有之經界不正紛紜錯雜皆由乎此按此條於興東界域言之獨詳惟丁草既以范隄爲界既云隄東竈糧讞獄及隄西古熟竈糧歸於縣治則凡不在此例者之不屬於縣可知隄上所有市廛民物既爲界綫所在則兩縣皆有轄及隄上之權其必不容無故退讓又可知尹府志云興化縣東一百二十里至范公隄接泰州界以隄爲界自無疑義乃執鹽法志串場河界之說不知其爲場界言非爲縣界言冀翻前案以爭一隄創爲名以隄界實以河界之說貽誤後人亦可謂不自審慎者矣至於劉莊及白駒舊場本屬興化縣境本無待於東臺縣志之錄其疆域乃於白駒則沿乾隆以後之場制併入草堰疆域以內而不辨其舊隸何縣於劉莊又誤認爲東臺屬地列於縣境之泰屬八場雖其言曰劉莊自場署東稍有屬縣治者以牛灣河爲界其西全屬興化似於劉莊疆域及興化轄境均尚瞭然可覩然攷其辭意仍不免於視如已有仍有沿乾隆場制而誤以此足縣轄十場之意故雖不錄其疆域而其志未有已也攷東臺所分泰州十場於乾隆時栟角改

隸通分司尙有富安安豐梁垛東臺何垛丁溪小海草堰等八場隸泰分司東臺奏請分縣時小海尙未議併則所稱十場自當以此爲準前已辯不一辯焉能於小海併場後復取劉莊以足其數此可見其誤矣原書指劉白爲東屬然於此志並未徵引及之殆以牛灣河界足闢其謬故屏置弗錄而不知其誤亦有在也因附辯之

水利攷載闞龍港即牛灣河在縣治北范隄東七十八里上洩草堰正越二閘暨大團八竈背龍一里墩北中諸閘之水港形紆迴屈曲海口深通乃興化東臺第一洩水要道按闞龍港卽興東界綫所在此志雖未言及然以鹽法志圖證之已無疑義詳見另辯各志文內茲不復贅

水利攷載范公隄綿亘各場隄之東屬竈隄之西屬民隸縣境者計二百十里南接如皋北接興化鹽城按東臺疆域於范公隄上無與鹽城接界之理此說顯有錯誤試觀本志疆域攷及前辯形勢條文自見

水利攷載丁溪場范隄北至草堰界合小海計長二千三百餘丈草堰場范隄自丁溪北至劉莊合白駒計長五千一百四十餘丈按此係鹽法志文鹽志載各場疆域自就當時場制而言故丁溪合小海計之草堰合白駒計之於縣界初無關繫蓋丁草范隄與東分轄自舊白駒場界牌以北皆興化境也觀是志者須參疆域攷以求之否則場縣混淆將有視爲屬地者矣故爲申明其略如此

賦役攷載新設小海閘閘官員下俸銀三十一兩五錢二分皂隸工食銀一十二兩按乾隆十四年裁汰草堰閘官專設海堰閘官即此非另有小海閘官也海堰由東臺編徵白駒由興化編徵如白駒亦屬東臺何至徵及興化觀此益見劉白非東臺境餘詳前辯興化縣志文內

軍政考載揚郡瀕海者興化東臺而東臺尤爲要地南之拼角與如皋隣北之王家港與鹽城隣按王家港海口並不與鹽城接界此云與鹽城鄰者白駒劉莊場境雖屬興化而自營制言則劉白五汛六墩俱隸鹽城營故曰王家港與鹽城隣也營汛地界與縣界各不相侔不可移彼以就此不然興化東臺既皆瀕海何以王家港與鹽城隣哉是亦不可不辨

鹽法攷載伍祐新興廟灣三場鹽課屬泰州分司而不隸縣治劉莊列在都里而場地不屬皆不載栟茶角斜二場地隸於縣其鹽課則屬通州分司按此言劉莊列在都里而場地不屬蓋因泰州之舊竈糧輸於東臺其實皆興化境也疆域攷云劉莊白場皆東稍有屬縣治者以牛灣河爲界其西全屬興化卽此義也然此志但知劉莊場地不屬而不知舊白駒場地亦不屬則於康熙中十場爲東臺轄境之說猶未合本志額引條下引萬歷泰州志載中十鹽場歲額列富安安豐梁垛東臺何垛丁溪草堰小海角斜栟茶等十場並無白駒劉莊在內足以爲證然則原書謂劉白皆東境亦當爽然自失矣

鹽法攷載東臺逼近鹽場例不銷引按此志引雍正十二年兩江總督趙宏恩

奏疏言泰州戶口連醃切應於該州境內之東臺何垛等場餘鹽酌留興化戶口連醃切應於該縣境內之丁溪小海等場餘鹽酌留與鹽法志阿府志及興化縣志所載竝同其說已詳見前惟東臺知據泰州不銷官引之例相沿亦不銷引獨不知當時泰州屬場僅有東臺何垛等場並無丁溪小海等場而欲取自他縣以有之何歟彼志所載已覺先後互異原書復由丁草而爭劉白誠不知其何說矣故竝錄之以質東人

物產考載中十場志云場雖有十而實產鹽以供課者惟五曰東臺曰何垛曰富安曰安豐曰梁垛而五場所出亦略有不同獨梁垛之鹽味鹹而甘形細而散色白而光非四場所及按此就中十場以明其土之所生自係爲物產言非爲疆域言然亦足以見其疆域所繫矣觀於此志所載各物南至栟茶北至草堰凡有所產必著之而自此以外無聞焉可見劉白非東臺屬地原書不明此義盍就縣志更考之

丁草劉白疆域屬東駁義第五

茲就原書依兩淮鹽法志條辯之

場界 乾隆志卷十五

原書云場界志丁溪場小海場草堰場劉莊場皆載明坐落泰州

駁曰此志載丁溪場坐落泰州東至海一百里西至興化一百里又引嘉靖鹽法志載東臨海西界興化所云西至興化者指興化縣治言之於界綫無關其言西界興化自係場縣界域惟亦未明載至何處與興化界則以隄爲界以河爲界尚難確定不得因坐落泰州遂併堤而盡有之攷近年兩淮調查場產表載丁溪正併場均座落東臺縣境南與何垛場聯界北與草堰場聯界東至海濱西至范隄併場指小海舊場其言正併場均座落東臺自與本志相符惟云西至范隄則以隄爲界文義顯然尹府志列丁溪等閘於興化縣即此義也

又曰此志載草堰場坐落泰州白駒場於乾隆元年併入東至海西至串場河

興化縣界按嘉慶鹽法志載草堰場在東臺境北有白駒場本隸淮安分司乾隆元年改隸以白駒併入在興化東臺之間東至海西至串場河興化縣界南至丁溪之小海舊場北至劉莊界又白駒東東臺西興化南草堰北劉莊是草堰雖在東臺境雖至串場河與興化界而白駒併場不屬東臺故曰在興化東臺之間其言白駒東東臺西興化者就場境言不得不爾其實自北新河進東北至西團其西皆屬興化無所爲西至興化也兩淮調查場產表云草堰正場座落東臺縣境併場白駒劉莊坐落興化縣境南與丁溪併場小海聯界北與伍祐場聯界東至海濱西至范隄又草堰場長駐在場境之西團鎮在東臺興化兩縣之間據此則白駒劉莊確係興化縣境而草堰場境西至范隄則又以隄爲界可知東臺志云丁溪草堰與興化分治即此義至鹽志所云串場河即運鹽河草堰閘下之運鹽河東北至西團滙牛灣河又東北至鬭龍港皆垻東界綫所在故西團在東臺興化兩縣間若指范隄以西之串場河爲界西團爲

得在兩縣交界處耶故舊志曰運鹽河東屬泰州西屬興化縣界

又曰此志載小海場坐落泰州東至海八十里西至興化縣一百十里又引嘉靖鹽法志小海場東臨海西界興化南接丁溪北卽草堰中爲草田若干畝東至海灘西至泰州民田原書疑咸豐興化縣志四境圖內載馮家園半屬東臺卽古志泰州民地按小海併場座落東臺縣境嘉慶志已言之兩淮場產調查表亦同惟其列場界曰東至海濱西至范隄既云以隄爲界則非以串場河西之馮家園爲界可知且此志言泰州民田在草田之西則斷非串場河西之馮家園民地又可知原書不加深考遽然斷定非望文生意而何

又曰此志載劉莊場坐落泰州興化之間東至斗龍港西至團子河南至舊白駒場界北至伍佑場界又引嘉靖鹽法志云東北阻海北連伍祐南接白駒西界鹽城按劉莊場坐落在泰州興化間係以場境言自場以東至鬭龍港爲劉草分界處卽今之興東界河也自場以西至團止河爲劉莊場與鹽城縣分界

處亦卽興化鹽城兩縣之界河也然則劉莊實隸興化縣境嘉慶鹽法志言興化東臺之間爲劉莊場地亦仍指場境言並未載明何縣屬地光緒重修鹽法志載劉莊場在興東兩邑之間境歸興化兼轄核與江甯輿圖圖說所載脗合蓋非申明轄境不能瞭然易曉近年兩淮場產調查表於草堰正場則云座落東臺縣境於併場白駒劉莊則云座落興化縣境其言尤爲精覈原書不知場境縣境之別遽疑坐落泰州興化之間爲與泰二州縣地並將興化之間四字掩沒不提直以坐落泰州四字爲言惡其害已而去其籍毋乃不可乎

圖說 嘉慶志卷五

原書云查嘉慶兩淮鹽法志圖說載丁溪草堰劉莊各場皆在東臺縣境又各場界東至大海西至串場河興化縣界

駁曰此志載丁溪在東臺境係蒙前志坐落泰州之文以立言其言場界曰西至草堰圖注亦云西至草堰場界草堰在小海併場北丁溪之西焉得有草堰

地方光緒重修鹽法志云丁溪場在東臺境西至興化東臺界注云舊志西至草堰誤今更正按此係明場界與縣界之别然無西至串場河興化縣界明文光緒志言至興化東臺界者串場河口以北已入興化縣界馮家園適當其處有東臺插花屬地纂書者不知其義或即據此以爲文然按阿府志圖及江甯輿圖皆不以其地列入東臺界内則光緒志所載丁溪西界亦涉含混據近年場産調查表言丁溪正場小海併場均西界范隄所云以隄爲界是也然則隄爲場縣之界亦興東之界矣嘉慶鹽法志何垛場圖説何垛西至西溪北至丁溪南北計九里再北則興化界據此則丁溪小海應均在興化境尚何東臺之可言

又曰此志載草堰場在東臺境北有白駒場本隸淮安分司乾隆元年改隸以白駒併入在興化東臺之間東至海西至串場河興化縣界南至丁溪之小海舊場北至劉莊界又云白駒則東東臺西興化南草堰北劉莊所云在興化東

臺閒東東臺西興化者皆就白駒言已見前辯乾隆志文内茲不複敘惟查光緒重修鹽法志草堰場圖説草堰場隸東臺興化兩縣境東至海西至串場河興化縣界草堰場併白駒場既云隸興東兩縣則草堰屬東白駒屬興可知草堰屬東云與興化界串場河其説雖不盡確然猶可言至白駒既屬興矣何以又與興化界串場河豈以場縣攸分必須申明界畫耶然自乾隆嘉慶兩志執串場河爲草堰西界以明場縣之别而説者遂以此概白駒併場並以概各場矣原書言各場皆至串場河興化縣界可異也故於兩淮場産調查表外復申其説如此

又曰此志載興化東臺之間爲劉莊場地舊隸淮安分司乾隆元年改隸泰州東至斗龍港通大洋又名牛灣河西至圍止河南至白駒舊場北至伍祐蓋仍以場境言已見前辯乾隆志文内按光緒重修鹽法志劉莊場圖説劉莊場在興東兩邑之間境歸興化兼轄其圖注云太平塘係草劉伍三場交界之處斷

龍港以東屬草堰場轄太平塘以北屬伍佑場轄劉莊場境被草伍兩場包隔東與海不通現在海灘日漲距海愈遠將來必致淡廢太平塘者磨擔港西之場地草劉伍三場分界於此與東鹽三縣亦即分界於此也至於圍止河乃興鹽界河之支流劉莊既歸興化兼轄則自此河以東之劉莊竈地悉屬興化無疑矣志稱劉莊場在興東兩邑間係蒙前志舊文而非其實故又申之曰境歸興化兼轄既云轄境則場地非在興東兩邑間可知故江甯輿圖及近年場産調查表均以此爲興化縣屬地原書言各場皆在東臺縣境又各場皆至串場河興化縣界此不獨光緒志未載即嘉慶志亦無此説蓋鹽志明載以串場河爲界者僅草堰一場而草堰併場之白駒及劉莊皆不在此列劉白固隸興化縣境且劉莊蕩地之在串場河西者如三角圩等處村莊田地爲數實多若云界串場河則是離固有之場境而二之鹺務官司其能聽從分析耶乃東人不加深考遽以是爲爭界口實亦適成其爲强斷而已何傷乎

以上皆就原書所引辯之其有徵引所未及而足資考證者附列如左

嘉慶鹽法志六省行鹽表載泰州興化東臺三州縣逼近鹽場例不銷引又載雍正十二年江南總督趙宏恩疏言細查場竈坐落之州縣戶口醃切多寡酌留鹽斤泰州戶口二十二萬零連醃切每年約需鹽二百四十九萬五千八百十二斤應於該州境内之東臺何垛等場餘鹽内酌留興化縣戶口一十二萬七千零連醃切每年約需鹽一百四十三萬五千三百三十一斤應於該縣境内之丁溪小海等場餘鹽内酌留按此疏内載場竈坐落州縣如通州海州鹽城阜甯如皋安東均各有酌留鹽斤之屬場載諸奏牘當時丁溪小海等場如不屬興化縣境豈容明白列入此可以見丁草屬興非同臆說此條並見阿府志及興化東臺兩縣志

又轉運志載乾隆元年二月兩江總督趙宏恩題准白駒場南中北三闗相隔窵遠令白駒場大使管理二闗安豐司巡檢管理一闗鹽城縣石䃮口一闗歸

鹽城縣縣丞管理興化海場一鬮歸小海場大使管理泰州草堰場一鬮歸草堰場大使管理丁溪場一鬮歸丁溪場大使管理按此所云丁草屬泰小海屬興雖與前條微異然白駒三鬮以場大使及安豐司巡檢管理則爲興化屬地甚明此亦一證

又轉運志載乾隆三十一年九月淮揚道巴靈阿會同運司趙之璧詳興化縣所轄丁溪草堰小海劉莊四場均係產鹽之地又與坐落場竈之鹽城縣泰州接壤支河汊港繁多原設巡役水手不敷分撥請於大鄒莊中堡莊二處添設巡役巡船水手以資巡緝按此明言丁草等四場屬興且出於運司詳文必非無據之言何得更屬泰州分縣

又場竈志載雍正十二年河督高斌疏言泰州屬之丁溪草堰興化縣屬之白駒劉莊鹽城縣屬之伍祐等場范隄殘缺應行修補乾隆六年大理寺卿汪漋等疏言泰州興化鹽城阜甯四州縣境內舊有范公隄一道堵禦潮汐段有殘缺復多卑薄應修補完整幫築高厚按此皆劉白屬興及興化之有范隄與瀕海確證

又職官志載雍正十年管理鹽政高斌請裁改場員一疏言通分司所屬之馬塘餘中淮分司所屬之白駒莞瀆諸場皆非產鹽之區毋庸虛設冗員請將馬塘餘中白駒莞瀆四場裁汰白駒就近歸於草堰又劉莊伍祐新興廟灣四場係在淮南所產鹽斤又係淮南收買由泰壩運至儀所掣擊淮分司相距甚遙且商人領票下場捆鹽遠越淮分司衙門挂號往返經時應請將劉莊伍祐新興廟灣四場改隸泰分司管轄又泰分司之栟茶角斜接連通分司甚近與泰分司窵遠請將栟茶角斜兩場改隸通分司就近管轄計通分司所轄十場泰分司管轄十二場淮分司管轄三場又乾隆三十三年部議鹽政尤拔世奏泰屬十二場內之小海場及丁溪場相去不過十有餘里小海所管竈地只有四處亭場七百餘面產鹽四萬餘引額徵折價等銀二千二百七十餘兩實屬簡缺丁溪亭場亦僅六百餘面產鹽四萬引折價五千餘兩政務亦不爲繁應將小海歸併丁溪等語應如所請准其裁汰歸併按此即乾隆以後泰屬十一場之緣起蓋栟角本隸泰屬自乾隆初改屬通州劉莊伍祐新興廟灣本隸淮安自乾隆初始改歸泰屬而白駒小海之歸併亦俱在乾隆朝就此二場未併計之泰屬實應有場十三因白駒同時歸併故爲十二自小海併入丁溪則爲十一場矣此十一場原屬泰分司者僅安豐富安梁垛東臺何垛丁溪草堰等七場加以改歸通屬之栟茶角斜二場及已併之小海一場共爲康熙時之中十場東臺分縣時白駒歸併已久小海甫經議併栟角又不隸泰屬何得以意增減謂康熙時泰州屬場併白駒劉莊爲十二自白駒小海歸併後實存十場謂即泰州之分地耶原書所引牽合傅會而不知於康熙乾隆場制均有乖謬蓋就康熙制言則泰屬無十二場就乾隆制言則泰屬十二場其存者十一種種不合於此可見故於場境坐落外復因職官志以正其誤焉

又優恤志載雍正二年七月通泰淮三分司所屬豐利等二十九場悉被潮淹內有泰屬栟茶角斜富安安豐梁垛東臺何垛丁溪小海草堰十場雍正八年六月沿海風潮內有淮安分司所屬白駒劉莊伍祐新興廟灣板浦徐瀆莞瀆臨洪興莊十場被災按此志所載足見乾隆以前栟角屬泰白劉屬淮中十場與下十場判然不同東臺縣志凡例第一條明言今縣所轄即康熙時隸泰州分司之中十場何得更取乾隆以後之制強爲解說耶茲備述之以明得失

又優恤志載乾隆八年五月奉特旨泰州分司所屬鹽場坐落阜甯鹽城興化泰州等處所有廟灣富安安豐東臺何垛梁垛丁溪草堰劉莊伍祐新興等十一場上年被災亦重其未完帶徵折價銀兩應與淮安分司所屬板浦等場一例停緩以示優恤按此係乾隆以後泰州屬場名目其時小海未併容有漏列惟與康熙制迥不侔矣觀於泰分司所屬鹽場坐落阜甯鹽城興化泰州等處一語則場制雖改轄境自存設如原書所言則自伍祐新興廟灣本屬鹽阜外

其餘各場不幾無興化屬地乎然則當時之言坐落者何以亦有興化在也故
謂劉白屬於中十場固非謂丁草劉白無興化寸土尤非
又優恤志載雍正十三年七月鹽政高斌請增倉分貯一摺言泰分司駐劄之
東臺場係泰屬十場適中之地通分司駐劄之石港場係通屬十場適中之地
均可建倉分貯按此言東臺爲泰屬十場適中之地則栟茶角斜富安安豐梁
垛五場在南東臺何垛丁溪小海草堰五場在北合之爲十場並無白駒劉莊
在內當時劉白固淮屬十場之二也此亦一證
光緒重修鹽法志泰屬十一場總圖說泰州分司統轄十一場毘連四縣境富
安安豐梁垛東臺何垛丁溪六場屬東臺縣草堰劉莊二場屬東臺興化二縣
伍祐新興二場屬鹽城縣廟灣一場屬阜甯縣東至大海西至東臺興化鹽
城縣界按此志明言泰屬各場分隸四縣與東臺縣志單運判序言正合所云
草堰劉莊二場屬東臺興化二縣者本志草堰場圖說草堰場隸東臺興化兩

縣境又劉莊場圖說劉莊場境歸興化兼轄蓋白駒本隸興化而白駒已併入
草堰則與東臺分治故云屬二縣也至於場旣屬縣而又言西至東臺興化鹽
城縣界者蓋仍爲場縣界域言之耳此與縣境轄地不可併爲一談原書泥定
西至串場河興化縣界之文遂謂縣境果止於此而各場皆應歸東轄豈其然
乎
又轉運門載光緒十三年鹽政曾國荃檄行各司道工程局疏通下河出路案
內經委員許善同履勘其附冊內載丁溪閘小海越閘小海正閘在東臺縣境
草堰閘草港閘白駒南閘白駒中閘白駒北閘一里墩閘劉莊青龍閘八竈閘
大團閘等九閘在興化縣境皆由鬭龍港入海按此志所載自草堰以北至大
團悉隸興化縣境核與江甯輿圖圖說略同又光緒十四年臬司張富年稟奉
興化縣劉莊場范隄以東青龍八竈兩河均爲串場河洩水要道又鹽政曾國
荃奏淮南丁溪草堰伍祐新興四場坐落東臺興化鹽城縣境皆足證明前說

之非謬然則興化之有劉白並有草堰各閘夫豈一人之私言乎原書乃謂丁
草劉白完全爲東臺屬地不知何據
附辯康熙中十場志條文
原書言中十場志發凡第二則載十場版圖均隸泰州建置疆域皆同鹽法志
注曰串場河西屬興化東屬泰州維時止丁溪小海草堰隸中十場白駒劉莊
二場隸淮分司爲下十場
駁曰中十場本無白駒劉莊在內志言十場版圖均隸泰州自係紀實之言無
庸舉以爲證至於串場河西屬興化東屬泰州據志係指丁溪而言並不及於
小海草堰卽使兼此二場言之康熙中十場亦已止此無緣及於劉白也其言
南接如皋通州北界鹽城者蓋栟角接壤通如而泰州之草堰與鹽城之伍祐
接界於鬭龍港口也原書既知白駒劉莊不隸中十場矣乃緣中十場之隸泰
州而牽及於劉白不亦自相矛盾乎東臺縣志據鹽法志載九場疆域其時小

海已併故僅九場然且以白駒併入草堰之故於全縣疆域載明北四十里至
興化縣界並申明其界至曰舊白駒場界牌頭也當時劉白果屬泰州東臺志
豈容不載亦可謂不思之甚者矣（東臺志原文已詳見前）
原書云戶役載自成化八年竈戶田糧俱隸泰州辦納清朝因之未改此田糧
卽竈地升科之田糧卽東臺十四都九圖直至劉莊場之地丁田糧
駁曰此言竈戶田糧隸泰州辦納以中十場屬泰州也白劉不屬泰州而泰州
都里及之者疑在明代已苦淮分司相距過遠就近請赴泰州辦納矣觀於嘉
慶鹽法志載雍正十年高斌請改劉伍新廟四場屬泰分司以其地在淮南鹽
斤又係淮南收買由泰壩運至儀所掣掣則知當時劉白竈糧必有因距淮分
司遠而移轉輸納與丁草相隨赴泰者迨至前清已成習慣故亦相沿未改此
泰州疆域不及於劉白而都里及於劉白之原也然此亦寄糧挿花之類不得
因糧賦而淆改於疆域東臺係泰州分縣其疆域志曰丁溪草堰與興化分治

以范隄爲界惟隄東竈糧讞獄及隄西有古熟竈糧歸於縣治至劉莊則自場署東稍有屬縣治者以牛灣河爲界其西全屬興化故劉莊疆域不錄然則東糧之在劉白者無多指爲插花尙何所疑至於十場志所載竈糧卽鹽法志所云古熟田糧彼言竈戶田糧及水鄉額糧自係指康熙中十場而言與東臺志北場九圖之文各不相蒙原書牽引及此未免失之誤會

原書云學校載中十場皆隸泰州明洪武十八年建天下各場鎭社學以優養士夫之貧而有志者

駁曰中十場自隸泰州然於劉白無與東臺縣志采中十場志所載各場鎭社學亦祗有何垛丁溪草堰小海及梁垛安豐富安角斜栟茶等場並不及於劉白足見劉白之非東屬若謂各場鎭社學采入東志遂以此爲場境屬東確證則興化志所載丁溪小海草堰文廟書院社學較東志加詳不皆爲興化屬地乎是可見其不足辯矣

附學籍辯駁義

丁草劉白各場鎭之人民自明初以來五六百年於茲其應有司試不論大姓世族或單寒之家自竈籍外無不隸興化者也考試首重籍貫籍貫本於隴土非其土著而入其籍自非有完糧串據三十年不可也國家版籍之法考察綦嚴學政司之有司奉行之夫豈可以姻戚師友之相依而因緣以入籍哉東臺袁氏學籍辯以北七場鎭學籍之歸興化始於高馮諸族之遷徙其後袁孟龍父子通籍袁李復通婚姻而袁氏教授小海又數世於是其族黨姻舊及衆姓之受業於門者隨之以考興化觀其所言則曰有明一代通儒籍者非依大姓世族弗可沿至淸季此風未滅信如是也是考試因人而定者也豈有所謂版籍者乎不然何其地不我屬而人則皆我籍也夫丁草劉三場籍隸興化見於嘉慶府志及東臺志而各場隄㢘海口之隸興化則自江南通志府縣志鹽法志無不云然前於疆域屬東駁義中已條舉其文向使其非興化境也何以官書備載之何以其籍隸於我而官民上下畢相率以安之

是可見其籍係乎地非係乎人矣其稍可疑者惟泰州都里志有北七場東臺志亦如之糧納東臺籍隸興化於版籍法不同不知此鹽場特殊之制也竈糧歸場折徵其由竈地升科而爲民者向於泰州辦納猶之竈籍之歸揚州府學不以所在州縣限之也泰州都里所以有北七場東臺因之其故由此然則糧雖屬東於興籍固無害也是以其考試之籍與旌獎之典及雜辦錢糧刑名訴訟之事無一不歸於興雖經數百年而無異也且東糧之在場境者惟丁溪隄外較多餘皆寥寥無幾東臺縣志云丁溪草堰與興化分治惟隄東竈糧讞獄及隄西有古熟竈糧歸於縣治至劉莊則自場署東稍有屬縣治者以牛灣河爲界其西全屬興化卽此可見其少縱有升科民地之參錯亦不過百分之三四耳夫以百分三四之參錯民糧概欲以賦稅爲辭併土地而有之此亦可見其不思矣然彼於學籍固無說以解此也於是又叛爲因人轉移之說因人轉移理不可通於是復就遷民補竈之舊聞謂各場居民始祖土著少而僑民多如丁溪高氏土著也而與馮楊皆遷興化小海宗氏草堰朱氏

袁氏僑民也而其先皆由蘇遷與由興復遷於場土著者由場遷於興而僑民復由興化遷於場此無怪場人之入興化籍也故曰北七場鎮之土民誠興化一僑民也是說也無論其所據何書是否望文生義穿鑿傅會即就土著遷興而論據高文義育齋集載李賢神道碑言其祖椿於元末避兵姑蘇有子四人皆從事詩書洪武初復歸維揚始占籍於興化是遷興不自高迪賜籍始也又載高氏新莊記云余家三徙至興化皆以讀書爲業洪武初卜居城東八字橋有宅無田永樂中余忝入官讓其宅於兄世勳與季弟稷正統末乃於城南創屋數椽北郭置田三五頃以自立其族人有在丁溪者孫曾散居他處不能一一聚首惟祖親劉氏父黨石氏母黨黄氏妻黨郭氏咸在其餘期功以下及絜家之親不可枚舉故室墓安厝於此距田所二三里號曰新莊據此是以儒務畢爲家並不始於高迪按諸興化縣志鹽法志本傳皆無其文且以族人散居他處及親黨咸在之言推之亦無馮楊與高氏姻婭相依之證攷馮諒鄉貢之年在洪武九年其由薦辟至刑部尚書亦在洪武朝彼其攷試

興化不待高廸賜儒籍而依之也至楊果則以宏治十一年舉於鄉十五年成進士其距高廸賜儒籍時已一百十有餘年其距高文義入閣時亦已六十年矣夫何由相依而考興化袁氏譜馮諒楊果與高氏世代姻婭相依攷試興化其後三族繁衍及親戚故舊之子孫皆隨之攷試興化不知果何據也至其所引丁溪拜墓詩題爲舟中即事當是時文義已告歸矣觀其留別丁溪諸友詩有因餘慶歸休之句其事可見時在天順初距明初已近百年其拜墓詩云地僻有人烟何得即指爲客居漸多之證此其不足信也審矣若夫僑民之由興化而遷於場據言小海宗氏草堰朱氏皆由蘇遷住草堰串場河西正德以後漸入儒籍串場河西彼所指爲興化縣域者也而興化志卓行傳載宗部號丸齋弟節號蓮塘居草堰場俱監生部任南京兵馬司指揮節任光祿寺監事部嘗受業王艮之門艮與之書曰某欲吾丸齋爲第一等人物惜乎今日小用之語具心齋集中節以忤中官左遷投劾歸東臺志流寓傳不載宗節而載宗部曰部字尚恩號完齋草堰人寓居安豐受業王艮之門修身踐

行夫草堰與小海舊場隣易地遷居是無可疑然於何時由河西遷草堰殊無證據且東臺志列宗部於流寓以其寓居安豐言之也以草堰人居安豐而東志指爲流寓則草堰之隸興化夫何待言故興志直曰居草堰場而袁氏不察乃以其居河西爲入籍之始徧攷興化志宗氏自正德後入儒籍者如儒林之宗周仕蹟之宗獻明列傳之宗周宗臣皆卓著一時與部節兄弟不相先後而其居世在興化並無由河西遷場之說豈即指部節入監言之乎然居草堰非河西也種種歧迕殊難索解至朱氏之居草堰者在明正德中則有朱軏興化志儒林傳載朱軏聞王艮講學嘗賦詩見志曰身在利名中心在利名外仰高顏氏子不求亦不愛與泰州林春爲同門友意尤相得正德十四年鄉薦七上禮闈不第循資授高陽令遭親喪歸服闋補鹽山令年踰五十卒貧不能具棺槨場使陶悅襄其事始得葬此傳與東臺志所紀皆本鹽法志故其文並同惟東志云軏聞王艮講學安豐往從之故列於流寓此與前紀宗部同例且曰與泰州林春爲友不曰與同邑林春爲友則草堰之非泰屬可見

而袁氏必曰朱氏之入儒籍自其居河西始則又不知何所見而云然按是時有朱恕者亦草堰人興化東臺兩志均紀之而興志列於儒林東志列於流寓其聞王艮講學安豐也毅然褁熟麥麪往從之此與興化志所紀過王艮閒附糯穌聽辭雖少異然其爲寓則一也恕於安豐爲寓則於草堰爲故里雖未入籍考試其於興化固本籍也又何必居河西而始入籍哉然此猶爲宗氏朱氏言之其先世所由來或非他族所能詳至於袁氏之先則爲是辯者之祖也而袁氏之始見於興化志者爲袁株及株之父袁潤潤列卓行李文定爲之狀見貽安堂集株列儒林嘉靖七年舉人少受易於陸期范仕終吉安知府據所引族譜攷之袁氏至支祖株公已自興化縣屬安仁鄉遷於草堰數世矣然則其入籍也不自居河西始矣且袁株係舉人並未通籍其後有袁孟龍則以嘉靖十九年舉於鄉知瀫州子應祺萬歷二年進士官昌平道應辰萬歷七年舉人又袁賓係嘉靖二十一年貢生任鄖縣星子知縣改黄州府教授凡袁氏之以學籍著者皆在嘉靖以後當其時則居草堰時也足證其入籍

不自居河西始也夫以袁氏居草堰數世而子孫相繼入興化籍向使草堰不隸興化豈容以前世無徵之籍而臆其考試耶而袁氏必謂其入籍自河西始既自居河西時已入興化籍則本爲興化人矣乃又牽引袁李通婚以爲族黨入籍之證其言曰攷我懷堂公有女適李文定長子茂材官太常寺卿生子思誠官尙書丁草各場諸族入興化考籍者或有由來按志載李茂年字伯高茂材字仲達皆文定子並祀鄉賢嗣茂材並非文定長子其娶袁氏初無關於袁氏之攷籍更無關於袁氏以外諸族之攷籍而是辯引之果何義歟乃猶未已也復以袁氏之居小海自袁司諫以下子孫顯貴教授數世衆姓受業者十居其九以致皆隨師友而攷興化如明初各場市民之依高馮然攷志載道光朝舉人有袁青綬袁青雲袁青箱貢有袁青藜袁良袁愛存袁青管皆一時之較顯者袁氏之以文學教授隄東其門下受業者固多然亦何至因此而併其門人戚友舉相隨以入籍亦未免言之太易矣約而言之作者欲離丁溪小海草堰與興化爲二則凡於各場之籍興化者不得不設爲土著遷興及僑民由興化而遷於場之說以證其籍所自來其有無可證明者則概以婣戚師友之相依斷之於是場人皆興化籍而場人皆興化之僑民矣雖然彼亦知學籍隨人轉移祇可於一姓一族行之而非可以一概斷之乎假令場人之籍興化者皆爲興化之僑民而此外遂無著籍泰州及東臺之人則是昔之泰州今之東臺於各場之疆域原未嘗管有之也不然何以歷明清兩朝之久而其人皆興化之籍哉天下未有僑寄數百年而不入其籍者也且猶有說焉高馮諸族因遷興而入籍其依之者不皆遷於興也宗氏朱氏袁氏由興化遷於場而入籍其依之者不皆由興化遷於場也然則所謂婣戚師友之相依實皆興化之冒籍矣場人之籍興化者既於興化爲冒籍則於本場非僑民二者不可併爲一談今乃合併言之誠哉其不可解矣至若白駒劉莊之學籍彼固無從爲之辭也乃亦併諸因人轉移之列而指之爲冒籍爲僑民是豈白劉諸族之所敢承耶袁氏此辯荒誕支離本不足辯徒以其籍口東糧概指串場河東之地爲其屬地而於學籍則又撫拾前賢遺集及其族譜而

臆度其歸興之由不爲縷析申明其謬則迷耳眩目恐不知者徒據糧賦屬東一語遂疑學籍與疆域果二事也是以不得不爲駁辯如此至於疆域則自乾隆以後視明代及康雍時亦不無稍變何也丁草以隄爲界而興化不及於海口也白劉兩場雖皆興化轄地而海勢東遷新淤日廣歐龍港以東皆他人土地興化又不及於海口也然則因學籍而求疆域當於東臺志府志及鹽法志求之而江甯輿圖閣說尤其確鑿可憑者也東臺果不欲概括而有之則興化亦不爲無已之競爭官書具在有厚望焉

興東界綫成案錄

輿圖圖說附

興東界綫成案錄

前清光緒三十四年十二月二十八日揚州府嵩札興化縣文

本年十二月二十七日奉江甯諮議局籌辦處憲札開照得本處辦理選舉調查分派司選員前赴各屬補助進行計甯屬三十六廳州縣調查人名總數均已報告竣事惟揚屬興化東臺兩縣因丁溪草堰劉莊等七場界在東興之間頗多轇轕以致名册至今未能審定迭據吳令彭令稟函暨興化調查事務所公啟各執一詞省城相距較遠無從懸解爲此札仰該府即日派委江都袁令親往興東七場地方切實查明界綫調取志書參攷習慣究竟屬東屬興會同兩處官紳妥爲籌定以息紛爭就近傳知各該縣赶將名册釐正並稟由該府速覆本處選舉期迫切勿遲誤彭令吳令稟函及興化公函均抄發圖並發仍繳等因到府奉此除飭委江都縣往查外合亟抄粘札飭札到該縣立即遵照會同袁令彭令並兩處紳士妥爲籌定以息紛爭一面赶將名册釐正稟府轉覆選舉期迫切勿遲誤是爲至要切切特札

前清宣統元年正月二十二日興化縣吳呈藩憲及籌辦處文

敬稟者竊知縣於本月初六日准江都袁令移並准袁令來函云已逕赴東臺囑即邀同事務所紳前往會商解決知縣當即邀同邑紳於初七日登舟起程初九日行抵東臺縣治一再由袁令向兩邑士紳協商並由袁令擬定權宜辦法電稿商令各紳簽字袁令爲恐誤選舉期限起見調停之計具見苦心知縣復再三勸喻祛其疑慮正可就範適各場人士有代表十餘人來東僉以歸興化本籍入册爲宗旨因之事務所紳亦不能曲從簽字重違場人之意袁令見事緒複雜遽難解決祇得據情稟復於十三日各由東臺起程回署知縣自應靜候憲示何敢再瀆一詞惟知縣此行與袁令參攷地方鹽務各種官書並接晤各場人士詳詢形勢沿革性質習慣略有所見歸後又遍檢舊牘以資印證故仍不能自已於言伏查此次興邑人名草册所載各場人名共計七處小海沈竈隸於丁溪場白駒西

團隸於草堰場併劉莊場計之實止三場合府縣鹽場各圖志參觀彙考以丁溪屬東境劉莊屬興境草堰之白駒西團屬興境草堰舊場治屬東境者最爲確切證以府志之興化縣境圖東邑志之本境圖界線分明瞭如指掌興邑志之圖自云僅註熟田圖分故於鹽場轄境略而不載其草率簡陋與府志之東邑圖相若均不足據以現今行政範圍核之如勘辦命盜等案及一切雜辦錢糧悉依據以上所稱兩圖以爲準則第何以丁溪亦有屬興之詞見於官書者緣各場治民居皆跨范隄上與串場河兩岸隄在河東場在隄西無論以隄爲界於興有涉即以河爲界亦與興有涉也而况以河爲界僅東邑志序內有一強斷之詞乎何以劉莊亦有東邑之糧見於徵冊者緣沿隄一帶民居屋基向歸東邑徵租俗稱泰糧然即其徵糧之處民事刑事亦歸興邑勘辦以其地之廣狹計之不及劉莊通場百分之一蓋自白駒以北隄東亦屬興境東邑並無行政權矣故東邑志內載明劉莊非其所轄屏而不列此界綫之大凡也至人民籍貫一層是此次選舉問題

中之主義乃東人原稟直不復置議若謂可存而不論者僅就民糧一層反復辯論蓋緣七處居民無一非興化籍貫自前明以來五六百年於茲未嘗有一日紛爭亦未嘗有一日更改不獨考試學籍爲可憑也展閱兩邑官書其孝友列女選舉各志內七處之人皆標明住處一一列於興志而東志於他場亦皆羅列獨無此七處一人且其志序與全書中明明自認此三場之人民全屬興籍書不一書何能抹煞至謂財產資格以三場內雜有民糧爲證詢諸場民僉稱此次合格人之財產除竈產居多數外所置民糧田地亦與多而東寡蓋雖居在隄東然咫尺之外即是興境盈阡累陌悉是良疇置産在興尤是人情所便若隄外東邑民地惟丁溪較各場爲多餘則寥寥無幾總計三場幅幀之大自海勢東遷新淤日廣面積逾於兩縣以東邑民地參錯在三場內者作一比例僅百分之三四耳且未能藉指爲此項合格人之產也綜而論之今日興東兩邑之爭執者在選舉票數之多寡也丁溪草堰之願在本籍入册者蓋自權於彼於此之孰利也從前科舉

東邑利在人少則不爭此次選舉利在人多則爭此亦東邑應有之情勢然以東邑原稟辦法是併興人之居於興境者亦統合而剖分之於事理既多不順若以現在行政範圍分配人名固是權宜之計似不應割興轄西團之地以遷就人數之相平而興邑士紳更懼日後東邑逞其強權逐漸進步影響及於他事始基不慎後累滋多所以未敢遽允於下亦情勢之不得不然者矣知縣深維息事甯人之意何敢復爲揚湯止沸之言此時謹當靜候憲示督率遵行斷不固執成見惟念該三場如謂悉屬東境則劉莊等處歷年命盜重案雜辦錢糧均歸興辦向未推諉官既任勞任過之不辭如謂不盡興民則該三場歷年捐考旌獎均用興籍毫無異詞民亦必敬必恭之已久此中委曲亮有爲東紳所諱言亦宥爲袁令所未及細察者縷晰濆陳用備異時採擇所有興邑初選舉事宜知縣惟有督同事務所紳將城鄉各區照章赶爲籌備以靳無悞定期其劉莊白駒西團三處本在興邑境內者擬先酌中在白駒設一投票所俟奉到鈞示裁定後無論地址廣狹

人數多寡均以之另爲一區免於全邑大局有碍更滋罪戾臨稟無任悚切屏營之至除稟藩憲籌辦處憲外專肅稟陳伏乞垂鑒知縣用威謹稟

前清宣統元年正月二十三日諮議局籌辦處札興化縣文

札飭事照得該縣與東臺因丁溪等七場互相爭執一案經江都袁令電稱奉委查考興東界綫習慣遵經馳抵東邑並邀集官紳調取志書參考習慣查明界綫大勢緣興東所稱七場實祗丁溪草堰劉莊三場其歸併丁溪之小海及附近之之沈竈歸併草堰之白駒及附近之西團皆屬鎮壓統計三場四鎮均在串場河以東民糧全歸東邑有達部册案可憑學籍悉隸興邑有兩邑志書可證其行政範圍則東邑約居十之七八興邑僅居十之二三攷興志四境圖係以民田經界爲主故就河西分界東志四境圖係以行政範圍爲主故在河東分治而種種習慣無不錯雜紛歧即如乾隆三十三年揚州分析東臺縣治時東臺學額僅分十名興化學額竟至三十餘名之多加以商籍混淆趨多避少習慣自然而東邑士

入自願學額故亦不問七場鎮考籍致貽今日之爭執也恭讀憲札先查界綫已見挈領提綱惟選舉期迫若俟界綫勘定再議選舉誠恐有誤初選投票時期不得已會商兩邑官紳除界綫習慣及籌議以後辦法另由知縣稟請憲示外所有七場初選通融支配擬暫照兩邑界綫大勢以調查劉莊白駒兩場鎮各項資格三百四十六人無論有無東邑民糧應暫歸興邑冊報又丁溪草堰小海沈灶西團五場鎮各項資格三百二十人無論是否興邑學籍應暫歸東邑冊報此乃顧全初選通融辦理將來請示分界後究應如何辦理再候憲處核示飭遵且照此通融支配核與兩淮鹽法志所載場境大致亦不剌謬等情前來本處以該二縣始終固執不受調停惟有勘定界綫爲正本清源之法惟選舉期迫二月初五日即係本處截止呈送確定清冊彙呈督憲支配名額之時若再輾轉遲延必致以一隅之事牽動全局惟有呈請督憲批准暫照袁令電稟變通辦法以期不誤定限昨奉督憲批據呈縣界轇轕恐誤定限請變通辦理等情應即如呈照准仰速轉飭該兩縣傳諭紳民毋得爭執迅卽確定清冊如期呈送此繳等因奉此爲此飛札飭知札到該縣迅卽遵奉督憲批示照袁令電稟變通辦法以調查劉莊白駒兩場鎮各項資格三百四十六人暫歸興化以丁溪草堰小海沈灶西團五場鎮各項資格三百二十人暫歸東臺趕緊彙造清冊儘二月初三四日專差賫送本處以期無誤支配議員名額此係暫時變通辦法將來分界事宜應由該縣另稟請勘事關選舉萬無遲誤干咎切切特札

前清宣統元年三月初六日諮議局籌辦處抄發興化縣稟批

稟悉查各場鎮轇轕情形或据民糧或依籍貫均各言之成理持之有故欲平其爭非派員調取志書參考成案會同履勘判決斷難平允該令所稟各情可備勘界時之參攷至所擬白駒等二處另爲一區各節本處於未據稟復之先因恐誤初選程限已呈奉督憲批准暫照袁令辦法確定清冊業經另札行知未便任意更改仰即仍遵前札辦理此係權宜一時之計並不据爲典要況復

選選舉係屬合府通選於名額並無出入無所用其顧慮應即勸諭紳董毋任爭執至該處界線現在既啟爭端自未便聽其膠擾應候選舉事竣由該令等另文稟司請勘仰即查照並移知東臺縣可也此繳

前清甯屬諮議局籌辦處批江都縣稟查勘七場界線並籌議情形由

據稟暨另單清摺圖志均悉查興東七場界連兩邑民灶混淆考試訴訟各圖便利習之不察久矣此次因選舉調查乃始動其爭持之念九年立憲今甫權輿將來舉辦自治權利義務關於地方之界域者尤大自非簡派妥員勘定界線不足以爲正本清源之計惟是選舉期迫輾轉遲延必致以一隅而誤全局前據電稟前來業已呈明督憲並奉批示准照該令所擬變通辦法辦理已由本處札飭該二縣以劉莊白駒兩場調查合格者三百四十六人暫歸興化丁溪草堰小海沈灶西團五場鎮合格者三百二十人暫歸東臺趕緊彙造清冊儘二月初三四日專差送省以期無誤支配議員名額矣仰即知照並報該管本府繳分圖清晰之至姑留存備閱志書四本發還

附錄原稟

敬稟者竊奉本府札以奉憲臺札開興化東臺兩縣選舉人名冊因丁溪草堰劉莊等七場界在東興之間頗多轇轕至今未能釐定迭據吳令彭令稟商暨調查事務所公啓各執一詞轉飭親往興東七場地方切實查明界線調取志書參攷習慣究竟劃東屬興會同兩處官紳妥爲籌定並就近傳知各該縣赶將名冊釐正稟府復處選舉期迫切勿延誤等因幷蒙抄粘彭令吳令稟函及興化公啟東臺原圖下縣奉此伏查奉頒憲政編查館會奏各省諮議局章程第二章第二條案語內開議員定額之準則固以比照戶口之數爲最當惟中國戶口尚無確實統計詳細調查恐需歲月不得已參酌各省取進學額及漕糧之數定以多寡本條所定以各該省學額總數百分之五爲準惟甯蘇兩處漕糧最重而學額最少故就漕糧每三萬石加增一名於江甯增九名於江蘇

增二十三名等因是各省議員定額本以學額糧額爲準而甯蘇兩處皆因沿糧數多分別增額此固彰明較著各省選擧均當奉爲準繩即此外所定章程亦指各省普通之選擧而言尤爲開通人士所共知今興東七場鎭選擧問題一則以學額爲主一則以糧額爲主按以諮議局原定辦法實係各明一義而綫核與東西冀係屬特別訴訟與尋常選擧訴訟不同尤非普通之章程所能解決此憲札所以有切實查明界線之論也良以界線一定選擧亦定挈領提綱莫名欽佩知縣奉札後遵經馳抵東邑邀集興東官紳調取志書參攷習慣査明界線大勢敬爲憲臺縷晰陳之査東臺縣治係於乾隆三十三年由泰州分析查勘該縣僅有土城一座跨於范公堤之上其西則串場河東邑境內場灶即泰州所分之場灶攷康熙已亥年重刊泰志內有廵分司所屬之角斜栟茶二場泰分司所屬之富安安豐梁垛東臺何垛丁溪小海草堰白駒劉莊十場共十二場迨雍正十三年白駒歸併草堰乾隆三十三年小海歸併丁溪實存十場核與分治時原奏內稱泰州襟江濱海環列東臺等十鹽場等語相符又攷嘉慶二十一年東臺縣志內繪通泰各場圖計僅角斜栟茶富安安豐梁垛東臺何垛丁溪草堰九場獨少劉莊一場又攷咸豐元年興化縣志雖列丁溪小海草堰白駒劉莊五場於境東范公隄之上而無各場分圖其下河水利圖內雖列富安安豐梁垛東臺何垛丁溪小海草堰白駒劉莊十場於范公隄之東又未註明與界又攷興志四境圖其東境實至串場河而止而河西馮家園內又註明半屬東臺四字可見此圖係以民田經界爲主故河西有東邑糧地者即註明屬東字樣其河東未列興界即無所謂興邑糧地又攷東志四境圖串場河以西係於梓辛河迤南直達凌亭閣劃與東界綫核與興志所稱南至蚌蜒河與泰州分界相彷彿其串場河以東係於白駒閘東北向直達三了子洋劃與東界綫核與吳令出示揚州府志所繪之與邑圖界相彷彿可見此圖半以行政範圍爲主蓋河東本多場灶何縣行政所及即屬何縣範圍與

河西之民地分界微有不同倘就興邑四境圖而論則串場實爲興東天然之界綫而東地之在河西者亦祇馮家園一半而已若就東邑四境圖而論則河西固有興東分疆之界綫而河東又有興東行政之界綫以兩邑圖內界綫觀之似尙明晰而查其種種錯雜紛亂之處眞有令人不可思議者平心而論東邑四境圖雖不盡合究較興邑四境圖爲稍近且細査興東所稱七場實祇丁溪草堰劉莊三場其歸併草堰之白駒及附近之西團歸併丁溪之小海及附近之沈灶皆屬鎭市統計三場四鎭之學籍悉隸於興化固有兩邑之志書可攷其民糧則全歸於東臺又有歷年之册案可憑以致各執一詞紛爭不已況東邑四境圖內之白駒雖在東邑界內間多興邑行政範圍之所及甚至白駒西團及東至無閘之劉莊三處民田均完東邑錢糧確有近年東邑秋勘案內該三處之歉緩莊名班班可考而不在興邑行政範圍之丁溪小海草堰沈灶更無論矣經界如此糅雜行政如此淆亂以故過涓輪固多彼此重複過訴訟則又彼此紛歧徒累商民絕無公道其抱恨已不自今日始也但籍隸興化糧納東臺時歷一百四十餘年兩邑賢士大夫竟無一人起而糾正本屬駭人聽聞訪之附近父老多謂各場商籍本多混淆各場灶地又多變遷兼之東邑未分治以前七場鎭考試即以興泰路之遠近爲去就既分治以後七場鎭考試又以興東額之多少爲趨避年深代久習慣自然而東邑士人明知其故自願學額始終未與推敲故有昔日之便宜即有今日之爭執所言似尙近情夫兩邑習慣既如此兩邑志書又如彼自非恪遵憲札先將界線切實勘定終不足以折服兩邑之心知縣正與吳令彭令反復討論適淮泰分司送來兩淮鹽法志一部泰屬各場總分圖一册披閱之下始知兩淮鹽課實爲國家入欵大宗故凡一切考据無不精確如鹽法志所載各場圖說於丁溪場則直書在東臺境而於草堰場則書隸東臺興化兩縣境於劉莊場則又書在興東兩邑之間境歸興化兼轄蓋白駒閘有興邑行政範圍既經歸併草堰自以草堰爲該場

之總名故曰隸東臺興化兩縣境又劉莊本屬興邑行政範圍祗因該處民田
係完東糧不能全歸興邑故曰在興東兩邑之間境歸興化兼轄措詞雖異其
理甚明又如光緒辛巳年所繪泰分司屬場總分圖雖未註何處屬興何處屬
東而於丁溪小海沈竈草堰西團白駒劉莊七場鎮之界限部位則極分明且
白駒列在西北西團列在東南以觀東志四境圖之似是而非誠不可同日而
語也議者猶謂中國選舉一事論東西洋成法固無所謂學籍即論中國將來
之學籍亦有消滅時期其意似不滿於興邑殊不知中國選舉事屬創行民智
既未開通稅法亦未確定自不能不取材於學籍中人試觀憲政編查館頒章
按語參酌於學額糧額兩端遂定爲五項資格即可見當局者之苦心孤詣爲
可以外國之成法將來之消滅爲七場鎮現在選舉問題之解決耶惟諸議選
舉議員即可爲興東兩邑地方自治之基礎若不趁此勘定界線仍使一場一
鎮之中興籍東糧各樹一幟不特選舉之爭端未息抑恐自治之區域難分而

兩邑商民從前種種苦累亦無解釋之一日矣爰就東志四境圖及兩淮鹽法
志泰場總分圖細加參攷酌中分界擬將劉莊白駒一場一鎮議歸興邑管轄
即在該場鎮與草堰西團分界處所及斗龍港勘界立石並由東邑查明該兩
處實有民糧若干造册詳咨立案則該兩處即爲興邑之選舉區又將草堰西
團及本屬東邑之丁溪小海沈竈五場鎮議歸東邑管轄即在串場河及河西
民地分界處所勘界立石並由興邑查明該五處現存學籍若干亦造册詳咨
立案則該五處即爲東邑之選舉區自此次詳咨立案之後興東兩邑均不得
再起爭端且查駐紮白駒閘官之俸工向歸興邑編徵駐紮草堰閘官之俸工
向歸東邑編徵而向駐草堰場之鹽大使則又移駐於西團地方是照此分界
亦與兩境閘官場官之編俸駐所適相脗合祗須聲明從前種種轇轕及此次
如何分界詳咨憲政編查館暨學部度支部分別核示當不致有干駁詰惟是
勘界線需時若俟界勘定再議選舉誠恐有誤初選舉投票時期故又會商吳

彭二令另籌初選舉通融二策其一則議由興東兩縣示諭七場鎮當選諸人
凡願入何邑名册者即赴何邑事務所報名入册仍俟界線定案再行釐正並
與言本省寄居人年限財產已奉館電通融辦等初選即有不合複選仍可釐
正似無出入宣布後兩邑士紳均未認可其二則議照現查界線大勢以白駒
劉莊當選三百四十六人不論有無東糧應暫歸興邑册報又以丁溪小海草
堰沈竈西團當選三百二十人不論是否興籍應暫歸東邑册報將來究竟如
何辦理仍候憲示飭遵宣布後東邑士紳似尚勉從興邑士紳仍多固執知縣
又向開導此等通融辦法實爲七場鎮初選投票起見否則委議不下必候憲
批遽斷不遵必請館示有此二等轉折未免需時而諸議大局攸關剋期成立
七場鎮當選人豈士不自甘放棄乎乃啓集哲敷無可如何上瀆憲聰不無悶
怍然界線大勢實已遵札查明兩邑士紳之從違本非知縣權力所能及自未
便稍涉勉强除大略情形前已由泰電陳鈞鑒一面報明複選外所有知縣會

同查攷籌議各節是否有當理合照錄興東各紳士意見書及彭令交來清單
籤同邑志鹽法志並摹繪泰屬各場總分圖暨奉發原圖一併繕摺具呈仰祈
大人鑒核俯賜訓示祗遵深爲公便再鹽法志及興東邑志係由各處借來將
來定案仍乞一一發還至邑志所謂興東分治者似指串場河東西岸之鎮市
而言合併聲明恭叩崇安伏乞垂鑒知縣阎鈞謹禀

民國元年四月十八日奉前都督莊令文　令興化縣民政長
爲令飭事前據劉莊紳商學農各界公民報告以劉莊併歸草堰者折價詞訟歸
於東臺諸多不便經組織市鄉議事會公舉陸場員爲民事執法長請刊發印信
加給委任狀可否於每年徵存折價項下提撥若干以充公費等情據經咨請民
政總理張裁酌示復去後茲准咨稱查劉莊以場治而論屬東臺以地方區域而
論屬興化場既併於草堰自應劃歸地方區域歸興化縣管轄鹺政地方一經界
綫劃清自無妨碍該公民等組織市鄉議事會公舉陸場員爲民事執法長請刊

發印信並給委任狀之處自爲維持地方起見能否照准應由貴都督核奪辦理至折價項下酌給經費一層查鹽務徵解各欵各有指抵現在遵照向章礙難允撥合復查照等因准此查劉莊地土既准咨稱劃歸地方區域歸興化縣管轄所有詞訟田土事宜自可仍照舊章歸興化民政長管理不至有鞭長莫及之慮所請另設民事執法長經費既難籌撥亦恐事權不一應毋庸議除分行劉莊市鄉議事會遵照外合即令飭該民政長遵照此令

民國元年九月十七日江蘇都督程指令　令興化縣民政長

一件東臺公民任啓鉞等禀申明確定界綫請指令分劃以符選舉定章而謀行政便利由

呈及圖摺均悉民國肇建釐正區域實爲行政要圖察閲興東兩縣間自應以串場河爲天然界線據稱前清諮議局選舉曾經委勘七場均屬東臺嗣以限期迫促因兩作調人根據諮議局章程第二條案語以合計學額賦稅支配議員各節稟准以丁溪草堰小海西團沈竈五場之選舉人暫歸東臺白駒劉莊兩場之選舉人暫歸興化本一時權宜之計現在並無學額關係而劉莊場之地稅及竈地以外之田土訴訟同屬東臺且道路交通尤以屬東爲便等語應否連同范公隄以東之其餘各場一併改隸東臺以清界劃而便行政茲値選舉期迫不容以區域致啟爭端其關於分劃境界詳細情形仰東臺興化兩縣民政長會同明白呈復核奪速速勿延來文既據聲明並呈無庸鈔發此令圖摺存

民國元年十月二十五日江蘇都督程養電文

萬急揚州轉東臺興化民政長覽據興化民政長電稱籲蔭穀於十月十二日奉青電十四日復奉眞電限將選舉人總數用電報告等因遵經統核興化初選七區選舉人總數除興化市等六區外尚有劉莊市合白駒鎮一區因任啟鉞倡議改隸阻礙進行致難調查而名册未齊是以總數難稽應請憲台電飭仍舊相安

以濟要政等語查投票區早經各該縣籌畫劉莊白駒兩場既已列入興化呈經覆選監督核定在案本屆選舉自應遵照辦理不得再有翻異至該兩場將來究應隸屬何縣應候查明核奪萬不能牽涉本屆辦理國會省會選舉問題仰即轉知遵照再呈報選舉人數業已逾限十日萬難再事延緩仰將調查總數即日電覆並將確定總數如限呈報是爲至要都督程養印

民國元年十二月初六日江蘇都督程支電文

揚州轉東臺楊民政長興化張民政長覽奉大總統訓令第一號有應令各省參照覆選區表將所屬各縣一應管轄區域暨辦事權限悉依現制辦理等語查該兩縣爭議劉白區域迭經指飭在案奉令前因應照現定衆議院及省議會議員初選區域爲東臺興化兩縣區域毋庸再劃分以息紛爭都督程支印

民國二年一月三十日奉前民政長應令文　令興化縣知事

財政司內務司案呈據東臺縣知事呈主計課案呈本月十二號據公民代表王春浦等呈稱爲民竈夾雜請照前案統一徵收等情前來查劉莊賦稅向由東臺徵收本年以爭界問題未決糧戶完納因之遲滯現該處界劃行政歸興此項向歸東徵之賦稅是否歸東臺征收合據原呈錄請指令遵行等情據此查此案前據興化公民仲肇山等來呈業經都督指令該縣會商東臺縣呈復核辦在案迄未復到惟查劉莊選舉區業經列入興化人民納稅本與選舉有連帶關係況劉莊民刑訴訟及行政事宜又均隸歸興化管轄此項賦稅自應歸興化征收毋庸再事爭執除指令外合亟訓令該縣知事遵照辦理並出示通告俾衆週知此令

民國二年二月十日江蘇省訓令第五百五十九號　令興化縣知事

內務司案呈據東臺縣知事呈報劉莊市議董兩會成立一案據此查劉莊市應歸該管轄前經都督遵奉大總統元年第一號訓令即經支電飭該知事暨東臺縣知事應照現定衆議院及省議會議員初選區爲兩縣區域在案是劉莊既歸該縣管轄該市地方自治事宜應由該知事監督辦理除指令東臺縣知事轉行

知照外合行抄錄來呈訓令該知事查照此令

民國二年二月二十日江蘇省行政公署指令第二千一百八十五號令興化縣知事

內務司案呈據該知事呈報東臺違令侵越政權等情已悉查此案前據東臺縣知事呈報劉莊市議董兩會成立前來業經指令以該市地方自治事宜應由興化縣知事監督辦理並另行訓令該知事查照在案據呈前情仰即遵照前令辦理可也此令

民國二年七月九日江蘇省行政公署指令第九千二百八十七號令興化縣知事

內務司案呈據該縣知事呈據劉莊市臨時議事會呈稱境內有東臺劉莊市公所通告請令取消等情到署據此查劉莊市前經本民政長依據大總統教令劃歸該縣管轄該市自治事宜即由該縣監督指令在案何以該市境內尚有東臺劉莊市公所通告張貼究竟東臺縣知事曾否遵令辦理有無私刊圖記擅用名

義情事仰候訓令東臺縣知事查明將劉莊市公所取消至該市所有轄子仍由該縣知事督飭該市公所認眞撲滅勿任蔓延此令

民國二年十二月二十三日奉前民政長韓令文令興化縣知事

內務司案呈據劉莊市議事會議長王樂三總董王萃呈請釐正管轄等情據此查劉莊市總由該縣管轄早經核定飭遵前據東臺縣知事呈請會同監督等情以所請不合定制未予照准並令兩知該知事轉飭遵照各等因在案而東臺縣知事來呈聲明已將東臺劉莊市名義取銷並前發圖記呈繳在案等語茲閱該議長等來呈仍用東臺字樣圖記殊堪詫異合行令仰該知事迅即取銷案經規定該議長等未便率持異議仰並傳令知照此令

影繪江寍輿圖興化縣境圖

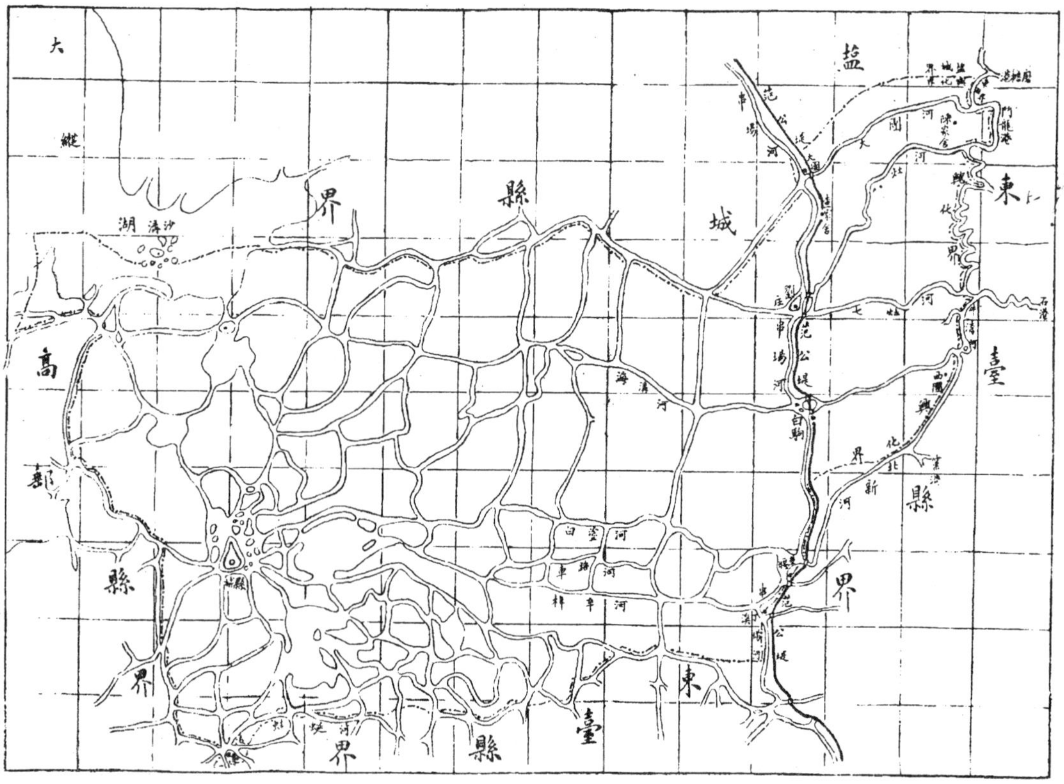

興化縣圖說

興化縣隸揚州府自北門北至沙溝鎮盐城縣界口逶直四十二里西北至豐裕溝橋高郵寶應兩界口逶直四十二里東北至磨擔港盐城東臺兩界口逶直一百二十里自東門東至草堰閘東臺界口逶直七十四里南至蚌蜒河東臺泰州兩界口逶直二十六里自西門西至西潭口高郵界逶直十里又自磨擔港西越苦縱湖至界角計迂曲界邊一百二十餘里湖中界綫三十餘里為盐城界自苦縱湖界角南至豐裕溝橋計迂曲界邊十里為寶應界自豐裕溝橋南至滷淋河口計迂曲界邊九十餘里為高郵界自滷淋河口直東數里為泰州界自蚌蜒河口東北至磨擔港計迂曲界邊二百二十餘里為東台界北境東西最廣處一百二十餘里南境東西最廣處八十餘里南北最長處七十餘里統計積地六千六百三十七方里內范公隄東盐地九百六十方里合五千一百餘頃隄西民地五千六百七十七方里合三萬六百餘頃范公隄斜亘東境計長五十餘里邑城四面皆水西承高郵界內羊馬沙毋洋汊諸蕩北承苦縱湖水巨浸汪洋湖係舊時清水潭衝決窪下之區盡成湖蕩故每當運河異漲開車邏壩中壩建瓴東注興化首受其災盖緣東隔范隄水難暢出而大團劉莊白駒諸閘之彙入闘龍港者曲折逶迤傾瀉不速全賴東台境內時濬出海各口則興邑釜底之地略可安全境內河港紛歧不通陸路無要可扼其閘水道以西塘東官中官張家串場為緯流興盐海濟白塗串路梓辛為経流灌溉利便實為膏腴惟蓄洩機宜並仰他邑故時有漂没之患耳所轄盐地計劉莊一場而丁溪草堰即與東台分轄或云范隄為界或云穿場河為界地跨兩邑商民錯居查東台縣志亦載此處境界尚有存疑未易考正也

東臺縣圖說

東臺縣為揚州府屬際海邊境自縣治東北至闘龍港海口盐城縣界逶直一百三十二里東至錢家汊子海口逶直九十里東南至李堡鎮橋如皋界口逶直九十一里南至四達橋泰州界逶直四十八里西南至秦潼鎮泰州界口逶直五十六里西至蚌蜒河泰州興化兩界口逶直七十七里北至大團鎮盐城界口逶直七十二里又自闘龍港東南歷錢家汊木橋港至三石旱洞口計迂曲海邊二百十餘里界際大洋自三石旱洞口西歷李堡鎮至許家洋計迂曲界邊一百四十里為如皋界自許家洋西北歷秦潼鎮至蚌蜒河口計迂曲界邊二百十餘里為泰州界自蚌蜒河口東北歷丁溪草堰沿北新河至磨擔港計迂曲界邊二百二十餘里為興化界自磨擔港東北沿闘龍港至海口計迂曲界邊一百里為盐城界東境南北最長處二百里西境南北最長處五十餘里東西最廣處一百六十餘里統計積地一萬五千四百六十方里內以范公隄畫分隄西積地五千四百六十方里合二萬九千四百餘頃為民地隄東積地一萬方里合五萬四千頃為竈地范公隄斜貫中境計長二百六十里舊說草堰丁溪海道梁垛安豐富安等閘俱有引河通海以洩清流近時海灘漸長港口多半堙淤惟草堰丁溪海道三閘之水尚能由東川闘龍等港出海流亦細微盖地形隄東高仰隄西窪下每當運河異漲各涵洞閘壩分洩東注興盐固被災較多而東泰亦分受其害是宜歲濬出海港口不令淤墊范堤各閘因時啟閉則境內農田或可有年邑雖海疆並非要衝闘龍港口海船僅可停泊未能深入而輪艇各船更不能抵港口非海防重地也境轄盐場七曰富安河垛東台安豐梁垛栟茶角斜各有大使分駐而丁溪草堰兩場與興化分轄縣治無城郭近倚范堤恃串場河為環池

影繪東台縣志東臺四境圖

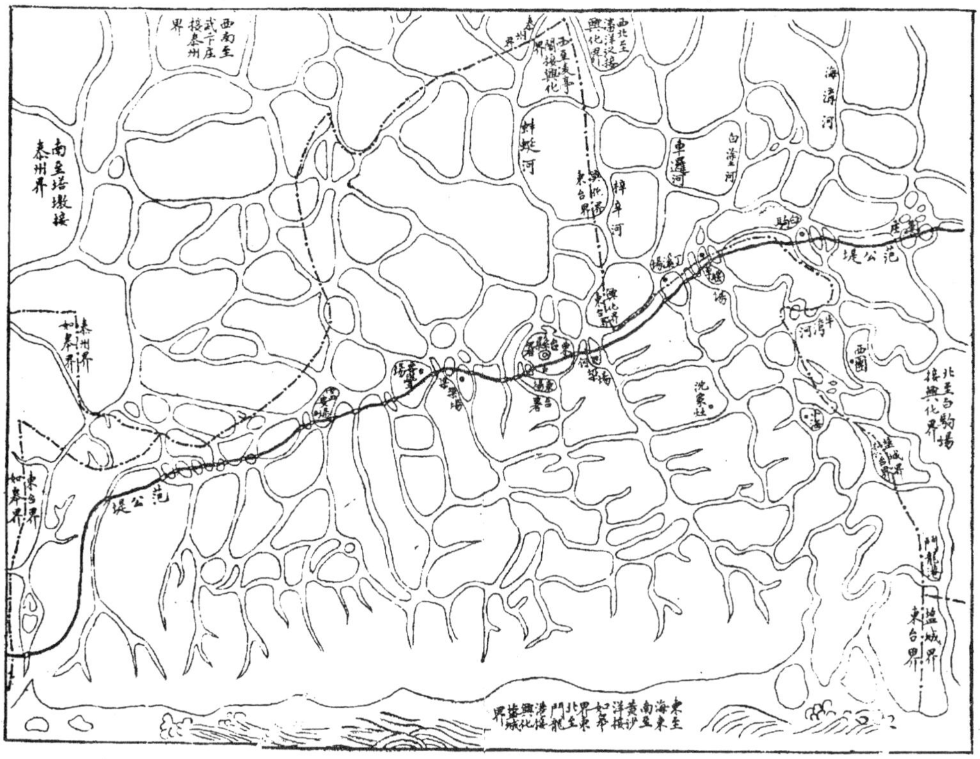

影繪揚州阿府志興化四境圖

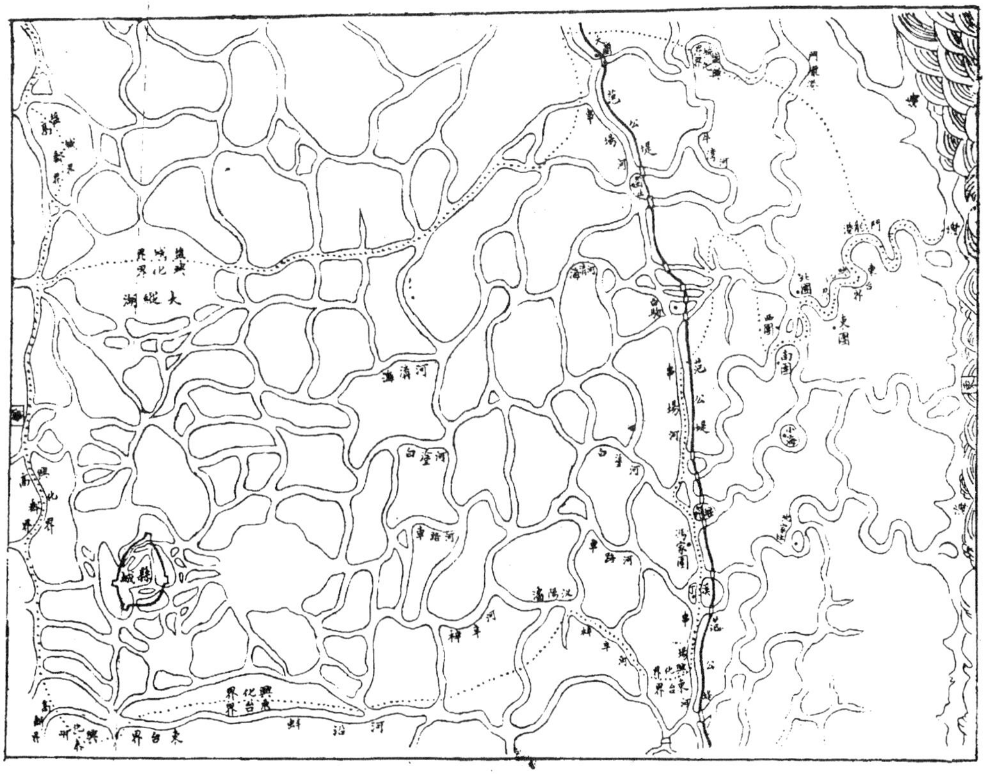

備采録

（清）曹一桂 編撰

《備采録》一卷，清曹一桂編撰，據泰州圖書館藏清刻本影印。

曹一桂，字枝山，清泰縣人。

清代初年泰縣姜堰鎮有奸民勾結官吏，妄徵夫差，脚棍横行，當地民衆上訴官府，揚州府等衙門發文禁止，當地民衆據此立碑，以作永示。年深日久，碑碣湮没，地方士紳曹一桂等人恐舊弊復萌，亦爲保存文獻，收集有關碑文，曹一桂亦自撰碑記，刊刻成書。此書卷首有道光四年(一八二四)陳晋元叙。共六篇文獻：康熙五十七年(一七一八)姜堰鎮免夫差告示，雍正六年(一七二八)姜堰鎮免夫差碑，雍正十三年(一七三五)姜堰鎮散坊告示，乾隆二年(一七三七)姜堰鎮散坊碑，嘉慶十六年(一八一一)姜堰鎮勒石永禁示，道光二年(一八二二)曹一桂撰姜堰鎮免差散坊碑記。上述文獻真實反映了清代泰縣等地的社會狀况，爲我們研究清代政治、經濟制度提供了重要的參考資料。

(周　忠)

遂志山房藏板

懷第一夔校刊

敘

前人竭數十年心力而成一善舉及其久也往往磨滅殆盡此其咎在表述無人耳姜堰免差散方二事歷兩朝案始定爰泐貞珉以垂不朽當時里中諸君子除患安民意深且遠今未百年而碑殘碣缺往蹟就湮恐廢弛之極舊弊復萌有負前賢維風善俗之苦心實唯可惜曹君枝山今之有心士也仰追前軌徧訪故家至道光辛巳秋始於郁生處得碑摹原本遂感而作記屬予一言於弁首余既

美其事爲盛舉復愛其記爲佳文因思事之有關風化者皆可載入志乘按泰州舊志藝文類中如散里碑及演化坊免差木榜諸條均皆采入現今州志局開姜堰此舉亦屬例所宜登予故慫恿付梓以備采輯他日州志修成或載此事於藝文之次將前賢數十年心力得枝山表述之功不致聽其磨滅矣韓子云莫爲之後雖盛不傳其枝山作記之謂歟

道光四年夏四月檗生姻愚弟陳晋元頓首拜撰

姜堰鎮免夫差告示

江南揚州府正堂加五級紀錄十三次馮　爲曉諭事照得本府公出一切應用夫船供應等項從不擾累經過地方居民今本府奉
憲委勘通州扁担沙一案路過姜堰地方據居民曹君恒等公呈州役書差借夫索詐過站陋規等情前來現在嚴拿究處外合亟出示曉諭爲此示仰姜堰鎮居民士庶人等知悉嗣後如有經差人等藉情科派勒索等弊許受害之人立即赴
府呈告以憑嚴拿究處決不寛貸毋違特示
康熙五十七年八月初五日示

一

姜堰鎮免夫差碑

江南揚州府泰州爲謝恩求恩等事雍正五年三月初三日奉
江撫都院陳　批據姜堰鎮居民李義忠等公呈請禁胥役加派縴夫勒索小民緣由奉批據前任州役借端索派曾經前府飭禁則此獘已經杜絶矣仰泰州永遵舊例毋致經胥派累取結具報等因奉此當即飭令該管夫差吏書出具不致需索派累甘結復又嚴飭有犯必懲叙錄前府原票詳覆　撫憲在案業批胥役借端勒派有累小民是以批令該州飭取經胥毋致派累甘結具報乃今并不取結申送殊屬不合仰揚州府再行出示嚴禁務使永遵舊例永禁取結詳報察核毋任遲延干咎繳等因當業　本府發示永禁隨經本州復取該管吏書毋致派夫甘結加粘印結申　府轉詳　撫憲奉批據送印甘各結存案仍飭該州不時查察毋致日久廢弛繳等因檄

二

飭在案今於本年三月初十日奉
特授江南揚州府正堂加四級紀録二次吕　憲票爲積
害已蒙　憲除再叩勒石以垂久遠事開據丁麗九
童鉞秦一寀王廣周高臨璧等公呈身等姜堰僻壤
小鎮自古及今向無官驛故無夫差之累嗣後州胥
蒙弊〔蔽〕借端科派經年累月致成錮弊前任　府憲華
免僅於一時而日久法弛仍踵積習幸逢　憲天節
鉞臨邗霜威永法興利除害一味認真身等各家俱

三

安枕蓆又逢　撫憲東廵閲視一切夫船毫不累民
身等以州胥之苛索屢遭害累嗗情籲訴奉批議禁
而州承竟不遵依幸送　憲天蒙恩發示嚴禁張掛
通衢永免夫差派累又蒙取州印結詳送　撫憲奉
批印甘各結存案仍飭州不時查察毋致日久廢弛
煌煌　憲檄行州萬戸歡騰是目前之積苦害累已
蒙　憲除但誠恐　憲駕高陞之後蠹弊必致叢生
身等又罹湯火與其宜　憲恩於後　憲不若再籲

憲鐵面之青天爲此公叩伏乞　大老爺始終做主
恩賞勒石永免夫差永沐　憲恩萬代公侯望恩上
呈等情到府據此合亟嚴飭勒禁等因行州立速勒
石豎立姜堰鎮地方永行嚴禁取具碑摹送核奉此
合行勒石永禁爲此碑示經管吏書各役並軍民人
等知悉嗣後凜遵　憲批凡一切官舫經過永行禁
革夫差毋致日久廢弛滋生弊端察出干咎須至碑
者　右仰勒石通知

四

雍正六年四月初六日闔鎮居民
李義忠　丁麗九　童　鉞　秦一寀　王廣周
高臨璧　秦嗣臣　夏明之　丁國臣　吕正明
郁相三　黃咸宜　王爾臣　郤明還　黃銳生
黃惟玉　丁世清　黃廷簡　童漢翼　曹金式
王朝銓　巫九錫　蕭子厚　周爾明　詹士慶
吉盛之　仇由中　王朝柱　王金書　王燦斗
公立

姜堰鎮散坊告示
署江南揚州府泰州正堂加三級李　協理泰州正
堂蕭　為公籲憲恩事據生監錢文進郁式金王雲
鵬黃炳黃偉丁思誠丁裁雲黃采居民黃眉壽張自
牧丁世淸李世楷王乾倫丁弘義李喬犀王廣周秦
一寧蕭錦標周爾明王文斗黃文玉王天錫丁爾達
黃西州黃程萬巫允錫黃子良丁雲喬丁赤城童孔
兆王仰鳴丁言周黃藝音黃心友郁聖徵郁龍光黃
南極丁豹侯童漢翼王君立等公呈前事詞稱切本
鎮脚夫沈漢英等霸坊指勒為害地方幸蒙
督撫兩憲嚴行禁革日久法弛復行霸坊攙拷傷民犯案
星炳現據士庶王廷柱等鳴　府送　天革凭詎蠹
血戀腥羶巧弊百出今春乘　天公出　淮揚道憲
按臨賄串任兵書朦朧出票着備縴夫生等公同諭
免復搆工房熊珏混稟傳蠹當官今　憲公出相驗
行轅由鎮經過又賄刑書忤作揑稟着與土工差押

五

鄉總僱應但鄉總之設原以淸理坊務非承差應役
之人初次可稱權宜將來若成定例未免又滋派擾
倘任蠹等承充必致苛歛如故其所以層謀傳與不
過借當官名色巧於勒措民財不思水旱夫差久蒙
督撫兩憲軫念姜堰彈丸之地比照由揚至泰至宜陵一
例勒石永免在案迄今十有餘年無異水陸夫差既
免脚頭之役堪除況節奉　憲禁合應永革豈容又
以　道憲夫差混派則賄書之弊已可概見其土工
一項乃驗屍必需之人即如今次屍在李家堡既不
就泰傳隨自應至彼與用乃獨於中途姜堰鎮與土
工者更可知蠹謀彰著伏思既蒙　憲鑒殃民嚴行
飭禁若再與其當差何能永杜苛勒且積蠹土工跟
隨相驗無不兩造需索生等管見似可比照忤作召
募充當一例差遣伺候辦公不獨永除地方之害更
可屏絕需索之端為此不揣冒昧公籲俯電輿情永
除蠹害地方衆姓沾恩連名上呈等情據此為查此

六

案先據該鎮士民王廷柱等赴　府控稟批州現在
嚴究詳報今據前情合亟查革爲此示仰姜堰鄉總
人等知悉嗣後毋許脚夫沈漢英等借倚土工應差
當官名目跟隨相驗計圖在於該鎮霸佔馬頭任意
勒索倘敢仍蹈前轍故違不遵許被害人等協同鄉
總稟報赴　州以憑立拿儘法究處决不寬貸凜之
慎之須至示者　右仰知悉
雍正十三年九月初九日　示

七

發姜堰鎮裱糊張掛

姜堰鎮散坊碑

署江南揚州府泰州正堂加三級張　爲脚棍當道
等事乾隆二年八月十五日奉
特授江蘇揚州府正堂加二級紀錄八次高　憲牌內開
乾隆二年八月十四日奉
欽命署理江南江蘇等處提刑按察使司按察使掌浙江
道察院加三級紀錄十六次戴　憲牌內開據常州
府詳據武進縣詳稱一凡商民客貨上岸至店鋪棧

八

房每名小轎脚夫按工給價五厘如遠里許者給工
價一分再遠者按照里數加增凡一切喪婚之家無
論紳縉士庻需用小轎脚夫按工給價每日每名許
給工價銀五分毋許額外多索一凡無籍之徒藉名
脚夫在於河干攬担搧負挑運勒指商民許被害之
人協同地總指名稟報一凡商賈需僱斛手量斛米
麥豆物等項一担每給斛價一厘毋許額外多索養
斛餘米陋項等弊盡行剪除違者立拿究處等情到

司據此查江蘇等府水陸衝途商賈雲集更應實力
遵行合行通飭仰府查照武進縣定議條規迅飭所
屬一體實力遵照勒石永禁並取遵依呈送等因到
州奉此除取遵依呈之外合行勒石永禁爲此示仰
州屬一切商民脚夫斛手人等知悉嗣後一切擯擡
量斛以及婚喪事故需用人夫聽從民便僱募遵照
定議條規按工給價如有棍徒私立脚頭名色結黨
把持肆横多索等弊許被害之人協地總指名稟報

九

以憑立拿通詳稟究不貸須至碑者
乾隆二年十二月初六日　立

姜堰鎮勒石永禁示

特授江南揚州府泰州正堂加十級紀録十次宋　爲嚴
禁把持勒索以杜擾累事照得泰境民俗刁悍每有
無賴棍徒自立脚頭土工名色各霸坊口甚至茶厨
吹手相率效尤凡遇民間冠婚喪葬以及挑運糧食
貨物任意把持多方勒索深爲民累叠經出示並勒
石永禁在案今據姜堰鎮紳士黄壯錢中懷黄泰春
曹一桂黄作屏等又以土工人等日久玩生復蹈前

十

轍公請示禁勒石並籌議章程具稟前來除出示稟
呈規條附卷外合行勒石永禁爲此示仰該鎮居民
人等知悉嗣後凡遇婚喪事故需用土工脚夫吹手
茶厨人等俱各聽其自行僱募毋許把持坊口多索
工價脚費其上下行舖糧食及客商貨物俱照定例
給以脚費不得額外勒索至小本經販零星貨物儘
可自行挑運者各聽自運亦不得從旁攬阻倘敢故
違許卽知會鄉保具稟呈州以憑嚴拏按律究治該

鄉保容隱一經訪聞或被告發定提並究不貸各宜
凜遵毋違特示

嘉慶十六年　月　日　發姜堰鎮勒石永禁

計鈔呈籌議規條

一議定脚夫土工吹手茶厨等聽人自行僱募其工價脚費俱照現今定例給發不增不減

一議定由下壩河挑運大麥稻穀粗糧至上河各行舖交卸路有遠近每担脚錢自十一文至十五文不等農忙時聽行量加過時仍然照舊米荳小麥等細糧每担照粗糧加二文此係現今定例不增不減

一議定下壩河坎低矮糧食不拘粗細踏坎上行每担脚錢四文踏坎下船每担脚錢五文路遠量加

一議定上河糧食踢坎上行不拘粗細每担脚錢六文路遠量加

一議定由上河各行舖挑運糧食至下壩河交卸其

脚錢照下壩河挑至上河定例每担加二文

一議定各舖貨物上店肩挑者方算一担手搬者不得勒索整担脚錢亦不得向店豫支脚錢

一議定過往客商糧食貨物由鎮過壩上河照上河脚例下河照下河脚例不得因過客硬行勒索

一議定脚夫偷竊糧食抽換貨物或串通竊去或成担拐逃除稟究外永不許再挑

一議定挑運糧食交卸無灰印不收

一議定小本經營其貨物或自行挑運或僱人挑運聽其自便

姜堰鎮免差散坊碑記

太上有立德立功立言然德在一已而不利乎人功在一時而不永千古均不得謂之不朽若夫數人倡之數十人和之而千萬人享其利千百世蒙其福父老子弟傳言往事靡不津津然歌功誦德相與感戴於無窮者莫如我姜堰鎮免差散坊之一事也姜堰初無官驛故無夫差因無脚頭夫差者官舫過境徵民以供牽挽州胥卽得借端滋擾科派日增每多至數百名不已且有過站飯食種種勒索稍不遂慾横恣酷烈民困財竭於此爲極而奸民又賄串胥吏先借夫差名目應官土工凡商賈貨物及居民婚喪事故無不把持苛索甚有父母之喪越五七日而不克殮父母之柩逾數十年而不克葬者慘目傷心此爲甚矣李君義忠等三十人奮然起曰脚頭之害根於夫差夫差之累肇自胥吏苟欲士農工商各得其所籲免夫差其首務也先是康熙五十七年有吾宗君恒等請除過站陋規一案　郡尊馮公賞示嚴禁後遂接踵而起具稟　各憲

十三

延至雍正六年　江撫陳公檄飭　揚州府吕公轉飭泰州取具碑摹勒石永禁夫差毋許廢弛無何　各憲軫念民艱水陸夫差一概禁免而奸蠹之患血戀腥羶仍借當官名色十有餘年頑梗不改是夫差之累可以倖免而脚頭之害伊於胡底矣復有錢君文進等四十餘人聯名上瀆雍正十三年蒙　本府李公批州革弊　州牧蕭公嚴切示禁乾隆二年又蒙　按院戴公爲脚棍當道等事牌示一切損擡量斛以及婚喪事故聽從民便毋許私立脚頭覇坊肆横且勒石通衢以垂久遠嗚呼數十年剥膚之災一旦去盡雖當時名公德政不使一夫失所抑亦由吾宗君恒倡於前李錢諸君繼於後一德同心櫛風沐雨辛苦備嘗以至斯也今之去昔近百年矣生齒日繁熙來攘往間有過碑趺而憑弔者霜摧雨蝕字跡模糊詰以某某姓字而杳不可知由是數傳而後諸君之苦心厚澤其不至湮没而無聞也幾希矣嘉慶辛未黄孝廉壯錢文學中懷及桂等防來者之患踵往事之成僅據乾隆二年碑摹

十四

稟　州牧宋公賞示勒石魁星樓側永遵舊例禁約如初
而雍正六年及十三年碑文終不可得道光元年秋郁子
涵淮偶於家藏敝簏中撿得碑摹各一紙示桂讀之乃知
前賢之憂勞　大憲之恩仁皆關千百世民生之休戚是
以碑摹所在非儘郁子之功冥穆中且有神物護持之矣
是爲記道光二年春正月枝山曹一桂撰

曹一桂印

枝山

十五

敬止集

（明）陳應芳 撰

《敬止集》，明陳應芳撰，據《海陵叢刻》本影印。

陳應芳，字元振，號蘭臺。明泰州人。萬曆二十三年（一五九五）進士。官福建布政司參政。天啟四年（一六二四）入祀鄉賢。

淮南夙稱澤國，而泰州、興化尤甚。陳應芳家於泰州，因講求水道之源委與河之利害，悉其形勢。乃集當時奏疏、公移、私劄言河道者爲一書，取名曰『敬止』，重桑梓也。又各繪爲圖，曰《泰州上河》、《泰州下河》、《高興下河》、《興化下河》、《寶應下河》、《鹽城下河》。《四庫全書》本作四卷，卷一圖、論，卷二奏疏、公移、序、碑，卷三尺牘，卷四書。卷一有圖七幅，『專以繪地方被水之狀』。作者又以其圖無法説明利害，又作十三論，以曲暢其説。十三論爲：論漕河建置、論地方形勢、論五方城治、論廣陵田賦、論田賦分數、論勘災異同、論水患疏數、論減水堤閘、論射陽諸湖、論鹽場海口、論高堰利害、論正改漕兑、論農政專官。此專論治水，兼及漕運、田賦。作者云：『覽是圖也與是論也，五州縣之大利大害具是矣。』明萬曆二十四年（一五九六）刻本有《泰州利病》一卷，《四庫全書》本已收在《敬止集》卷一中。陳應芳謂：『天下郡縣廣矣大矣，其中利病亦因之。予既論著泰州水災矣，其一切利病所當急爲補救者，輒亦附具如左。』所論四條一曰興化新堤、二曰荒廢虚糧、三曰民竈徵輸、四曰包區累民。《四庫全書總目》極稱此書道：『雖今昔異宜，形勢遞變，核以水道，與所圖已不相符。然其書議論詳明，以是地之人言是地之利病，終愈於臨時相度，隨事揣摩。因其異同，以推求沿革之故，於疏浚築防，亦未爲無補矣。』《海陵叢刻》本韓國鈞跋云：『其書專言淮揚二府屬泰州、高郵、興化、寶應、鹽城五州縣當時水害，而於泰之蒙患獨深、賦税獨巨、蠲振獨苛，皆大聲疾呼，以號籲於當路。不啻負剥牀之痛、繪流民之圖已。』

（顔　萍）

閣臺公諱應芳字世龍一字元振九歲能文父新河公捷南宮錢矢志必繼諸香年二十八登隆慶庚午科賢書越三年戊寅萬歷改元甲戌科進士筮仕浙江衢州府金華縣令丁內艱服闋補龍泉縣縣舊苦里甲縣係公用徵給及田畝等匿爲剝府之害公搜剔釐革植困以甦兩縣民爲立碑建祠設像崇祀之任禮部儀制司主事職專教習駙馬都尉時駙馬侯拱宸驕蹇致壽陽公主婚殺懲期公具疏發左右欺蔽狀且言即帝女當格遵婦道不宜使男下女姑拜婦上嘉納之授祠祭司員外郎典山西戊子鄉試得士六十五人所拔多名士榜首爲傅少宰新德第三人爲韓少師爌第九人爲通司寇用光尤榜中之最著者遷主客司倚考功郎張一元擢陟嘉官公上書劾奏出爲章昌府郡丞未赴遷南刑部郎中逾年擢福建泉司改浙江提學僉事執法秉憲端士習正文體晉秩八閩布政司參議在任歲餘積羨金千緡悉留充公帑尋遷河南按察司副使轉南大理寺丞剡意平反上萃天師古扶祖勤民一疏及遷北太僕寺少卿極陳邊關京營馬政得失疏凡十二上又上書陳說四議以革君心會寄省陳維春爲應臥植黨害公公大發其奸狀力懇歸里凡五上疏皆不溫旨慰留最後以遷葬得請假回里家居八年潛脩自律片楮不投當路惟爲地方請命則出身力任不辭勞役泰蘇有鳳陽代糧一萬四千石有奇爲累已數十年賴公力得豁除又建議開海口築河隄五百六十頃又繪水圖分別高下獨反鄰封俾有司按圖而考知爲澤國一方得免於昏墊居恒講學明道與曹水鄒南皐往復辨證萬歷二十九年冢宰孫丕揚特疏起用得旨召還而公卒於家矣壽六十有八公一生學問以正心修身爲本至任職居官事事主於尊主庇民而尤加意於桑梓抗直敢言不避權貴寵辱得喪舉不足以動其心公歿之十五年至天啟甲子里人追思其德舉祀鄉賢而金華龍泉兩縣亦各祀入名宦焉其所著有敬止集守典錄歸來日涉園合香集劍川錄宗儒語錄等書行世

刻敬止集序

昔孔子汲汲仁天下而于魯尤致意焉九經以告其君東周以望其臣勤勤懇懇唯恐斯民不獲一日蒙泰寧之福卽至于不見用而去亦遲遲吾行曰庶幾猶有望乎故孟氏表之曰去父母國之道嗟夫知去父母國之道則知其仁父母國之心矣此豈有所私乎哉詩曰維桑與梓必恭敬止誠敬之也吾友陳元振氏蓋學于孔子而有得者登之獲交于元振也在爲祠郎之日而其嚮慕元振也則始于治河堤之一疏元振家泰州瀕河河每歲橫溢漕輓商舶之行弗利也當事者議築堤以防之夫役財用之費經理至悉矣元振猶爲地方慮也于是條列數千言上之于

朝大意謂工不欲縮縮必暗派則不欲省省必空役協濟不欲偏偏必獨累三者均爲地方患請加酌議登從邸報中讀其疏因想見其人曰此必侃侃然有大節者乎此必淵淵然有深猷者乎此必肫肫然有慈衷者乎雖未識面心竊嚮往之久矣及登補官祠部爲元振同寅臭味之投遂稱莫逆徐而察之則見元振之爲人其節果侃侃如也其猷果淵淵如也其衷果肫肫如也而予疇昔之嚮慕爲不徒矣嗣是元振以爭職事見黜者殆且五年乃稍遷閩藩參而登適視學于茲復得爲同寅公暇因請元振原疏草閱之元振幷出諸所爲地方水患計者公移私札以示予予讀而歎曰思深哉元振之仁父母國之心也不徒言之

朝廷而又申之當道不徒申之當道而又望之有司此與孔子勤懇于魯君臣者何異然而侃侃乎其節也淵淵乎其猷也肫肫乎其衷也形之公移私札者與河堤疏槪相類是可以傳矣請併梓之題曰敬止集蓋取敬共桑梓義也夫敬之所以仁之也仁之所以言之也惟元振之言國猶家故

無往不見黜惟元振之言家甚于國故無時而見用而元振之心亦曰庶幾其猶有望乎不然何勤勤懇懇若是嗚呼此所以爲元振之仁也元振蓋學孔子者也孔子之言仁曰博濟則堯舜猶病立達則人我同欲而程伯子解之曰仁者以天地萬物爲一體認得爲己何所不至元振果認家國天下皆己乎則疾痛疴癢于己取之而已矣此之謂識仁吾當與元振共圖之

萬曆乙未夏四月豐城徐卽登獻和甫譔

敬止集自引

蓋治民若持衡然平天下者有絜矩之道衡平也錙銖微爽不得其平矣矩用爲方四方各得其情而後謂之平故曰無黨無偏王道平平又曰王道本乎人情方陳孺子割肉俎上時自謂平如是可宰天下彼非知道然而有味乎其言之也莫非王臣莫非王土北山何以永嘆誰秉國鈞誰秉國成南山何以興刺凡不得其平則鳴恆物之大情固有然爾淮南一路自山陽以下諸湖所匯夙號水國頃鴻波爲祟歷年不少衰止沃野沉爲沮洳民無以生而玆者長准復欲假之道焉當路緦緦然手援不可得爲請于

朝稍從𨭥折以甦其困意誠懇然惻矣顧有所及又偶有所不及見牛未見羊夫豈有成心者乃閭閻則欷歔扼腕曰奚爲後我嗟覆盆而泣向隅則嗚又惡能已乎父老遮訴情逆扞格而不得達蓋以地方形勢曲折無有爲當路明言其利害者余也生于其鄉適丁其窮不得已披腹心抒肝膽爲百姓請命繪之圖以昭晰其委著之論以曲暢其說災木而代父老一言冀當路有所考焉刻成或有謂余曰何乃自苦如是人得無謂鄉曲之暱而要譽之嫌乎余不謂然天下一家中國一人天地萬物一體豈其以父母之國曾漠然疾痛疴癢休戚之不相關也可謂仁歟詩曰維桑與梓必恭敬止奈何言暱人乍見孺子入井皆有怵惕惻隱之心同室有鬬披髮纓冠而往救之可也今鴻水沉溺勢豈異夫乍見而細民流徙情何殊于入井其急也又不啻同室而鬬已余心誠有所苦雖狂走疾呼披髮纓冠不遑恤人之非笑我也而又何毀譽之足計乎夫如衡如矩當路雅多君子不因業其成議終置一方于秦越儻因余言而必求其平以答雲霓

之望惟命卽不然而因以屑越之且皋余爲暱爲要亦惟命余則何敢知雖然平錮恤末也興水利本也本末具舉乃成所謂平也方今
神堯在上何患九年之水禹思天下有溺者由已溺之也仁人君子當茲平世持衡而治絜矩而理會見平成有日卽錮折安所用之南北山之詩當不作矣余集其以覆瓿可也圖凡七論凡十三續前敬止集而自爲引其端

萬曆丙申夏四月既望維揚天目山人陳應芳書於陪京公署之兼隱齋

敬止集

海陵陳應芳元振甫著
同郡儲　燦文光甫著
周崇儒士眞甫校

目錄

圖

論

圖說

圖者何圖淮南漕隄以內被水之壤地也壤地環五州縣千里廣矣繪之一葉曲折難詳也直其方位展閱未晰也故今以南北橫之象南有江而北有淮也東西直之象東有海而西有湖也地理自然之勢固如此矣且牽連接續庶足考其顛末云爾圖凡七首具如左

論說

右圖專以繪地方被水之狀云爾其利害則貼寫所未能詳故又分門而爲之論著以曲暢其說覽是圖也與是論也五州縣之大利大害具是矣江都山陽田不及十分之一故不列於論論凡十三首具如左

陳太僕東下河

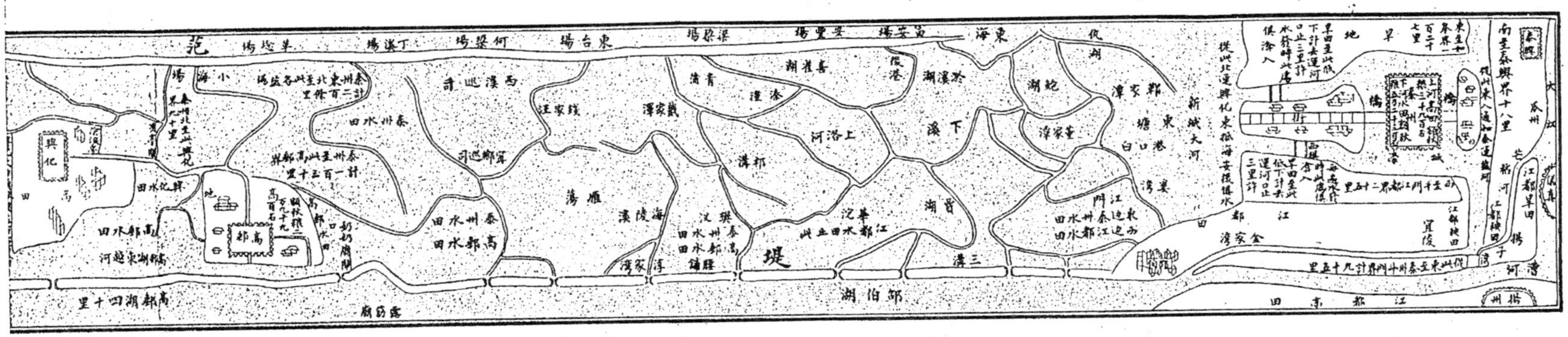

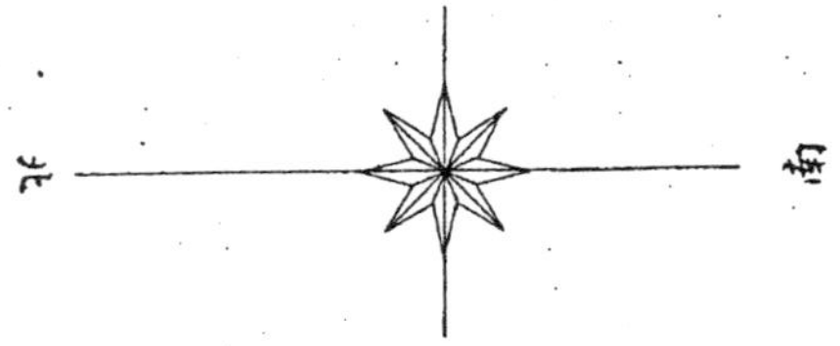

此圖不按比例係照原圖縮小三分之一

東下河水利圖

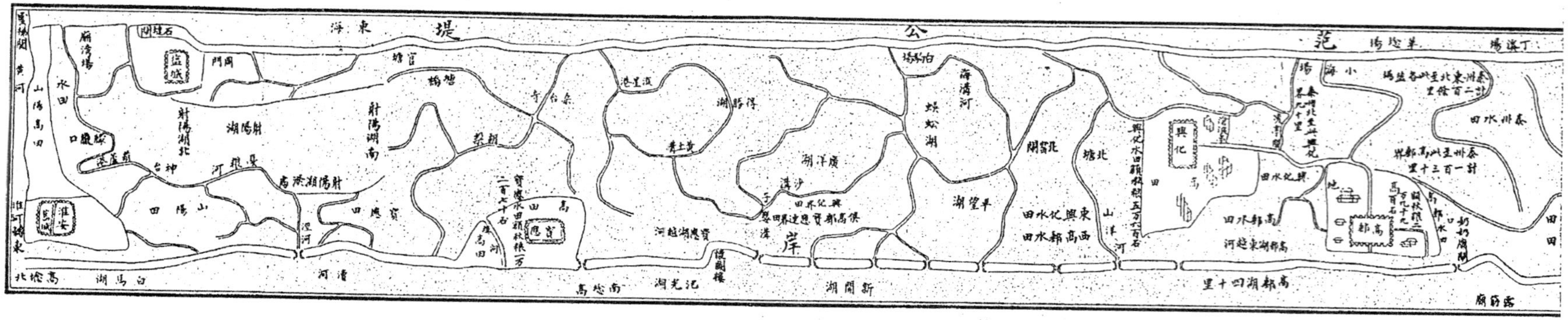

符號

旱地　水地　河道　石閘　城垣　房屋　堤岸

此圖不按比例係照原圖縮小三分之一

論漕河建置

圖所列南起大江北抵山陽漕河形勢大略也漕河惟揚州城迄揚子灣一帶可四十里地勢高阜延袤至邵伯鎭而北內外東西則皆諸水所滙而外自高寶內迄興泰鹽城地形窪下共一沮洳之區也自宋天禧中江淮轉運使張綸因漢陳登故跡經畫就中築隄界水俾隄以西匯而爲湖以受天長鳳陽諸水由瓜儀以達于江爲南北通衢隄以東畫疆爲田因田爲溝高寶泰興鹽五州縣聯絡千餘里而迤而五州縣之水有廣洋射陽等各湖以瀦之有廟灣石䃮等海口以洩之不爲田潦具稱沃壤矣此前代之所疆理而歷世因之不能易者也至

國朝復大治隄以通轉漕是爲咽喉要害而鹺利民生胥于此焉依顧不重歟夫湖藉以資漕則隄以外不使水得出而後漕之通利也無壅遏淺澁

之虞不然滔滔東注其有不決隄梗運者乎因田以定賦則隄以內不使水得入而後田之畜畬也無淹沒漂溺之患不然泯泯西來其有不傷禾廢耕者乎何也以五州縣之水溉五州縣之田其瀦也有限其洩也亦有限一遇霪雨尙爾泛濫湖決而下勢若排山四望汪洋總成一海當斯時也瀦不勝瀦洩不及洩數千里之內幾何其不載胥及溺也而漕計且壞不可支矣是縷縷一線之隄者四百萬之軍需所藉以灌輸而國脈係焉百億萬之生靈所藉以待命而國本關焉故隄固則漕無害而淮南賴以平成隄壞則漕事阻而淮南需爲魚鱉此其利害不啻燭照數計而龜卜也所從來矣

論地方形勢

圖所列距揚州二十里許至揚子灣漕河東爲鹽河專爲鹺運而鑿之渠由江都歷宜陵鎭一百二十里是爲泰州州治而北不二里許則泰州之水田也從東西二壩而下入新城河港白口甯鄉司凌亭閣而北一百四十里爲興化稍折而西南八十里爲高郵再折而西北一百二十里爲寶應又再折而東北九十里爲鹽城是起自泰州以及興高寶鹽紆迴雖共四百三十里然阡陌連壤東漸於海西濱於湖而鹽場草蕩河泊湖港則周遭不下數千里而盈矣千里之內往來者止憑舟楫之通略無牽挽之路其形共類一釜底古所爲號澤國也然所由稱沃壤者徒以湖隄固而水利興耳隄一決則千里者壑矣沃則俱沃壑則俱壑未有一州被水而一州獨異一縣被水而一縣獨存者也故言其合也則五州縣者其利害其豐約均者也無彼此一也言其分也則泰州田于邵伯湖爲近邵伯隄決先泰州而興高寶鹽次之高郵興化田于高郵湖爲近高郵隄決

先高興而泰寶鹽次之寶應鹽城田於氾光湖爲近氾光隄決先寶鹽而高興泰次之水至有先後水害無淺深蓋射陽等湖所不勝瀦而廟灣等口所不及宣者也譬之人然諸湖皆喉也五州縣田皆腹也海口一尾閭也水自喉入必腹滿而後從尾閭以出而謂腹以內有一之不受者乎況大于喉小于尾閭多其入少其出而謂不漲滿于腹也有是理耶

論五方城治

圖所列泰高寶興鹽五州縣各城惟高寶濱湖而治興化中央而居若泰若鹽則介于南北上下之間論水者急于高寶興而緩于泰若鹽無亦狃一隅之見而未嘗極原野之觀耶夫使錢糧而盡出于建城之一隅也則可如錢糧而必出諸田也則當問田之所在矣泰鹽兩州縣城治則誠高矣第高者城治耳泰之自南而北也鹽之自北而南也其爲田也幾何田

之下也又幾何古之建國者相地築城居民輻輳未嘗不就高阜之所而爲之卽高寶誠瀦湖矣興化誠中央矣然其城未嘗不高也附城之地未嘗不厚也高郵古盂城謂其形若覆盂獨據揚楚之脊耳興化爲海陵地寶應爲陽平郡論城治豈盡出泰州下哉鹽城在五代時南唐舊屬泰州其壤地相接盈盈一水蓋可知已矧湖水東決所瀰漫者在城乎在田乎卽田而治則其利不在城田而不治則其害亦不在城而獨以城治論水則惑之甚者也他不暇僂指圖內泰故設東西兩壩壩以南爲上河壩以北爲下河上河自運鹽河而來下河接興化縣而往地形高下不啻若樓上之于地下也壩以界之特以防上河水使不下洩耳頃年以來凡遇湖決壩下之水高壩上尋丈闤市不通幾及城門隆慶三年海防備兵使者衡水傅公登城望水見其汪洋之勢而嘆曰民其魚乎此近事也不一而

已往又聞諸父老嘉靖初湖隄大壞水暴東來浸淫入城州堂蒞事之所水深二尺此父老所親見者由斯以言湖水爲害豈獨在高寶興化而乃擯棄泰州使不得與彼同類而共論災也寃亦甚矣

論廣陵田賦

圖所列田高下下者宜稻上者宜菽麥然而大江之濱湖西之坂漕渠鹽河之間往往引水鑿渠以資灌溉此所謂甚美高腴之地也不特宜菽麥而已廣陵之屬爲州者三爲縣者七南有儀眞有泰興東有如皋又東有通州有海門厥土阜而且厚多前所稱引水鑿渠者是已湖決而東不相及也可勿論論其在圖者江都之賦米三萬有奇豆麥稱是其在邵伯以下與泰州水田比隣而界邵伯隄決江都此地亦嘗被災矣然以通縣計之不十分之一而由瓜渚以接泰興則濱江也由揚子橋以至高廟則漕渠也由揚子灣以至宜陵斗門則鹽河也由黃子湖以至諸塘及西山等處則蓄洩無不利也故不得以邵伯一隅之害而并議四境膏腴之利然而邵伯之民猶然觖望一夫不獲時予之辜得不希當塗者一區別乎高郵西對天長寶應相與連壤高阜腴地多亦有之第最重者在下河自不應議及耳人亦有言江都美矣雖有邵伯之災不以蔽其美何也美之地百而災之地一其數不勝也高寶災矣雖有湖西之美不以蔽其災何也災之地百而美之地一其數亦不勝也若泰與興則異是維揚之賦二十萬泰與興一州一縣者居其半彼三州六縣者居其半夫非以其地多水田偏宜稻也而特重之歟今田化爲汛洳而稻且屬烏有矣十萬重賦胡以供之然興化之不能供也當塗者蠲恤之疏屢上而逋負之誅常寬興化災民猶得延旦夕以冀將來平成之望而泰州則覆盆不白矣豈以興

化不有旱地故以躋于高寶而泰州不止水田可以比于江都耶不然矣夫亦未酌其分數耶論事者當考其原恤民者必關其痛泰州之痛不啻剝牀以膚矣試窮其原一相提而論上下二河足相當否滔滔汪洋止若邵伯之一隅否蕪蕪原野能如江都之四郊否以不耕之田共有常之賦將終不得擬于高寶興化三州縣否分數多寡可較而知也語具在後論中儻誠有若推之恥由溺之思懇懇然赤子其民不以秦越視之請一虛心詳察當不吝引手投足而必求所以援之者矣

論田賦分數

圖所列南界泰興西界斗門東界如皋此三面故泰州所稱高阜者其中惟鹽河一帶引水而田足稱腴壤可稻計科米三千九百石有奇而自兩岸入內則高亢無水不可禾矣計科麥六千石有奇豆八千石有奇再內

則仰瓦而下不三里盡下河矣北界興化則科米五萬二千石有奇此夏秋兩稅上下二河田賦之大端也麥豆不論夫秋米者上河止三千視江都之三萬同乎下河至五萬視邵伯之一隅同乎其不可共日而論也明甚夫江都不得以一隅掩三萬泰州奈何以三千掩五萬也甚矣論災者不考于分數之多寡以困此一方而令不得其平也吁嗟乎寃哉若又謂興化無上河泰州尙賴有此三千石也卽大水爲患猶可藉手而豆麥所產亦足易米而輸之官耶則又誤矣上下二河截然兩地之民也夏秋兩稅判然二時之賦也漕糧兌運此三千石足乎豆與麥可充漕乎上河之民能代下河輸米乎譬之一家然兄弟分爨久矣戶役各自以身任之其後一人富一人貧而貧者役又獨重自非友愛之至欲強令富者代貧者而受重役也必不能矣又譬之兩邑然非疆區以別矣錢糧各就地所產者派之假令一邑豐一邑歉而歉邑賦又獨多自非父子之親欲強令豐者代歉者而輸多賦也必不可矣嘗考歷代沿革泰州唐初爲海陵縣後又分爲一州一縣州名吳州縣名吳陵其時未有如臯未有興化也至元始專爲泰州而以一州一縣之地于內稍析爲如臯又稍析爲興化以故上下兩河泰州兼有之而其有下河也又偏獨多今維揚諸屬編戶定賦未有若泰州之兼有上下河者今如臯盡以上河論矣興化盡以下河論矣兼有如泰州乃不酌其分數顧令同類于如臯而不得比災于興化豈不寃哉父老嘗有激而嘆曰安得如前代故事仍分其地爲一州一縣令上下河兩不相兼也儻猶區別明而災沴庶其望有瘳之日乎此固忿激不平之嘆而其抑鬱無聊之情見乎詞矣予特爲論著其事而又以錢糧額數分別條列於下覬當路有所考鏡焉

泰州編戶共一百八十七里內

上鄉編戶三十五里

官民地計一千九百八十九頃六十畝四分二厘

一科正米三千九百一十九石六斗二升二合七勺

一科小麥六千四百九十七石五斗五升三合七勺

一科黃豆八千七百五十六石二斗一升三合七勺

以上稱上鄉圖所列三面旱地也兩稅之數具是矣地之所獲者雖磽年之所遇者鮮歉獨畏旱耳以是而概比于下河欲望上之蠲恤是欺也是不忠也第執上鄉之鮮歉而掩下鄉之常災則寃矣先年丈田守謂下河糧重苦水欲通融以下河秋米分派此中名曰爲下河減糧而不知物土所宜各有定產此無米之鄉也而強以米坐之甚矣其不通也宜其不能行也

下鄉編戶一百五十二里

官民田計三萬四千一百九十一頃五十畝八分七釐

一科正米五萬二千三百九十九石一斗六升五合九勺

以上稱下鄉圖所列北界水田也秋糧之數多至此乎湖平則猶爲禾黍之鄉湖決則常爲汪洋之海蓋近已十年而八九矣乃令不得與高寶興同論災也平乎否耶查秋糧興化則五萬六百七石五斗九升高郵則二萬九千九百八十一石三斗四升寶應則一萬二百七十四石二斗二升此一州兩縣之賦視泰州分數多寡何如哉今論水止

高寶興化而不及泰州何也夫連壤而錯居其地同被之水又同編戶多而錢糧衆則地益廣遠明矣地益廣遠則災益深重明矣豈地廣且遠而被水反狹而近耶誠所謂覆盆不白者也

論勘災異同

圖所列五州縣水患詳矣然被水無彼此而論災有異同豈當塗厚薄其間而泰州之民夫獨非當塗赤子哉必不然矣此何以故則多所聞鮮所見而見之者有所見又有所不見云耳何謂多所聞鮮所見高寶當南北孔道使節之往來如織濱湖者水孰不流傳而興卽高郵屬邑言高郵則必言興化矣此三方者固世所指名也而泰州僻在東偏誰則見之而誰則聞之何謂有所見又有所不見泰州之僻往來者獨二三上司也上司

以樓船從揚子灣入徒見兩岸禾黍穰穰洵美且都嘆賞不容口而安見江都泰州之分界也又安見下河之一望成湖也其有行縣入興化者故道又不由泰州往也而泰州之水安從見之然間亦有勘災之委官矣委官之入境未嘗一遍歷也上下河多寡之數未嘗一通考也其以災報者往往雜于上下之間未嘗一分疏爲區別之也而興泰一體之義又何自而得轉聞于當路乎當路且不聞矣況

廟堂乎雖然顧當路加意何如耳請以已事明之登城而嘆隆慶三年有衡水傳后川公矣刻冢而鳴萬歷二十一年有烏程吳平山公矣以故兩年大水泰州得與興化共蒙蠲折之請民之仰之若嘉穀之有時雨也萬歷十七年嘗大水矣勢更洶于上兩歲者偶有當路從上河來父老羣聚而控之反逢其怒曰吾親聞兩岸栽秧歌聲不絕于耳若曹何自言水災也是誑我爲首者撈笞三十及如皐尹奉檄來勘而尹故善諛當路風旨州又適同知署事時屆端陽方駕龍舟戲水上爲樂屬視如皐不爲禮尹怒而去報如前當路言是歲也水淼滔天興則改折泰則全徵漕舟抵河下至鬻妻兒以供而民不堪命矣百姓爲之語曰登城望水無傳公龍舟戲水過謝同滔滔水患如滄海賣子賠糧萬竈空嗟夫此見與不見之明驗已嘗謂名實者論之辨也利害者事之審也五州縣一爾高寶興有災之實而亦有災之名有災之害而亦有災之利不幸之幸也泰州同有災之實而獨不有災之名同有災之害而獨不有災之利不幸之不幸也下河水爲祟上河掩下河水亦爲祟何也當路謂泰州之幸有上河也而不理其災百姓怨泰州之不幸有上河也而概覆其災民隱若是苟一權于名實利害之辨尙其有痌瘝之思乎

論水患疏數

圖所列沉水者皆萬家承糧之田也業已沉之水矣雖不謂之田也亦宜積漸所至夫豈一朝一夕之故哉始自隆慶三年黃淮暴溢橫決高堰入灌諸湖遂成巨浸當是時猶曰數十年所僅見耳會當有平成之日也裔是以還凡遇伏秋水必長發屈指計之隆慶五年水矣萬歷二年水矣四年大水矣五年又水矣以至七年八年九年十一年十四年十五年又十七年十九年二十一年二十二三年無歲不大水矣黎民困苦流離之狀尙忍言耶天災流行雖國家所代有顧此一方也何天之降酷如斯也予自童時聞長老言下河雖下然春而耕也秋而穫也如取諸寄耳今乃若斯矣隆慶而前下河爲樂國隆慶而後下河爲穽府陵谷未遷風景頓異則非以水患疏數之故乎夫水之來也必以伏秋伏則栽種之時也秋則

成穫之日也農夫終歲勤動閔閔望歲當其時而失之呼號迫切如喪考妣有耳者所不忍聞也迨至冬深水落曾日月之幾何又當其始播穀之候矣仍復竭力而耕稱貸而作秧已插而甫醒苗方長而正茂生意盈野農夫望之喜溢眉端奈何荷鋤未及息肩而湖隄又報決矣俄而水至波濤四野資斧工力盡付東流年復一年長此安窮區區赤子能堪幾敗有不空杼軸而家徒四壁者乎老者死壯夫散稚子鬻大家破此孟子所謂救死而恐不贍令賈生見之有不痛哭流涕長太息者乎雖然亦豈無間遇伏秋不水之年哉則又有不可爲焉者下河盡圍田也圍者謂四面有溝而中築土爲圩者是也圩以禦水聊足成匡非有長隄旱壩之固也大水頻年盡爲所齧而圩與溝平不復有田形矣田且烏有何地可耕就中彼善於此不十之三四而三四之中有力者幾何無力者亦竟棄置之讓

爲閒田已耳欲復如鄉者竭力而耕稱貸而作者又幾何波濤暫息荒蕪過半卽不水之年猶水也不災之年猶災也嗟乎凶年樂歲民命之休戚關焉借如通十年而計九年而登一年而災民猶未病也七年而登三年而災民病矣五年而登五年而災民愈病矣三年而登七年而災民不堪命矣今十年而十年災矣民胡以生詩曰周餘黎民靡有孑遺今日之謂乎此高泰寶興所同然也而獨泰州覆盆難白蠲恤不均舊逋新徵催科愈急此所謂如水益深者也而災之內益重之災者也故嘗執州之百姓而概數之某也無田則其家必能自存者也某也有田則其家必貧窮徹骨者也某也有田而多則其家必逃亡而擠于溝壑者也何也田廢而糧存不死水則死催科爾夫民有恆產乃有恆心今以養人者害人矣而謂有恆產乎民困至此抱杞人之憂者尚慮他日不可測如之何可終令其向隅而泣不平而鳴也

論減水隄閘

圖所列南起邵伯北抵寶應長隄計三百四十里而遙嘉靖以前未有閘也建自萬歷三年始蓋隆慶而後水無年不發隄亦無年不決主漕計者患苦之思欲固隄則莫若分水而殺其洶湧之勢思欲分水則莫若啓門而通其流衍之途于是就隄建閘下以石板計五尺許實之而空其上水發則空處可出也水落則實處可留也命之曰減水閘三百里內星布棋列此豈不蓄洩之大利而保隄之長策哉然蓄于湖則利矣而洩于下其害之者誰耶保于隄則得矣而灌于下其受之者誰耶夫五州縣之地所害而難受者獨湖決耳今有一閘是有一決也計閘凡三十六座是計決三十六口也一閘計五十尺而濶是決者共一千八百尺而濶也源源而

來歲歲而是而謂不以田爲壑乎故未有閘先隄之決也猶徼萬有一之幸而間一値之也既有閘後水之至也是年例所必決之口而遂以爲常也民田安得而不沈地方安得而不災也所爲年年苦水非職此之故歟然雖損于民生實大關乎漕計是閘也何敢輕議徹顧頃年以來閘雖星布棋列乃隄又不能不時決耳何也水之減也止可減于常發之時而不能減于大發之日胡不以近事觀之萬歷二十一年大水邵伯湖隄一決至二十七處而淳家灣口費金錢數十百計築之經年而不足前監司張念碧公胼胝焦勞至轉任而不得去也今伍越潭等處又決至九口矣豈邵伯未嘗有減水閘耶憶予自束髮從先人北宦往來其地親見湖隄不過護以木樁已爾先人指示予而嘆曰土木之費至此乎不謂後且加之磚矣磚未已也尋又砌之石矣石未已也純取酒米汁和之以灰而彌縫

其闕矣帑金靡于歲修民力殫于寒決曾不能保一年之無事者何也蓋先是洪水爲災黃淮內漲沙停水積湖身頓高主漕計者不得不增隄上新土以禦之增者愈高新者愈危西風怒濤震撼排空雖欲無決不可得已嘉隆萬歷之際其顛末固如此甚矣哉水之爲害而隄之難守也今且欲益以周橋武墩高㵎之水矣後誠不知何如爾能不譚虎而色變乎夫水常發則減閘時時漫矣水大發則湖隄歲歲決矣長淮再復南下利害不問可知以此論災于湖東郡縣而泰州之獨蒙棄置也豈減閘之水于泰州五萬重賦之田不相涉耶况邵伯隄頻年屢決泰州被災最先而論災反後于興化無怪乎萬姓嗷嗷腐心而不得其平也已

論射陽諸湖

圖所列諸湖自泰州新城河以至興高寶鹽之間爲湖者計五十有奇蓋

皆就中深廣可瀦水者命之名爾雖大小闊狹各殊其爲湖則一也圖中不能殫記其名而獨射陽一湖更深且廣去廟灣海口爲近五州縣諸水必注于此而後放于海實瀦匯宣洩之孔道云凡今之言水者必曰射陽射陽而詎知今時之射陽非昔日之射陽也乎自隆慶中湖水南奔湖身無不墊而高者今探底則淤淺四望則坦平茫然無有畔岸與田不少緊異瀦匯不深宣洩何濟以致五州縣之水壅塞而難流倒灌以爲害而羣瀆所趨不瀦之湖而幷瀦之田矣夫言射陽則廣洋等可知矣蓋昔人詠諸湖詩曰三十六湖水所瀦其中尤大爲五湖今按而數之三十六可倍而千而五者何知其大後里人續其詩曰于今高墊不瀦水誰辨五湖與六湖撫今追昔時勢頓殊則水之爲害固宜然耳近有主疏導之說者徒曰導某水入射陽湖達于海使果導之而入第恐湖不足受海不即達終

能不以田爲壑耶嗟乎嗟乎水之入也不舍晝夜田之災也迄無寧止縱百射陽何益不啻惟是千里之內四通八達之渠也就中測水有至丈餘者有至數尺者地形雖共一釜而高下淺深亦自區以別矣嘗觀冬涸之時高而淺者水或落而田出下而深者水終聚而田沉伏秋暴漲則無論高下淺深總歸于汪洋而已散漫停蓄安瀾平衍非有建瓴傾倒之勢也他水又從而益之祗見水之上更高以水耳欲其有所瀦而不病田也庸可冀乎以如是之地形如是之水勢乃曰淮導而來從未有湖一假道如過客云爾不使泛濫病民也是操何術哉由斯以言五州縣之昏墊未可望有平成之期也而謂泰州獨異豈真論城治而不論五萬重賦所從出之地耶

論鹽場海口

圖所列諸鹽場濱海而錯居皆有海口而獨廟灣場通利無阻者何也地形高下天之所建誰能一之淮南鹽場二十餘上河屬通州分司者十之四下河屬泰州分司者十之六通州分司其地內多高亢于水患若風馬牛不相及也泰州分司外而海下矣內而田亦下矣而中則高阜橫焉蓋若天生之以界湖海而成內外之限者以故外者常苦海潮之入而不聞內者曾疏湖水之出也宋轉運使張綸修泰州捍海堰因命兼知泰州堰成流傭歸者三千餘戶范仲淹監泰州西溪倉築捍海隄亘數百里以衞民田世享其利春秋祀之此兩者地形足以觀矣夫修堰築隄欲以捍其外而決堰穿隄欲以洩其內揖前人之已事幸目前之苟安誠未知其可也惟如丁溪場有龍開港白駒場有牛灣河皆通海宣洩之路故跡久堙萬歷十二年泰與輿患苦積水控之巡按貴溪姚公請于

朝一疏濬矣建閘修渠費金錢萬計不兩年尋爲竈丁所陰壞而當路不一問也其故難言之矣至鹽城之石𡎆內地高于海數十百丈迅駛而下勢若建瓴宣洩之道此爲最捷然而鹽城一隅之民惑堪輿家言惡其害已也屢議而屢尼之綠閘啓閉竟屬故事無裨宣洩萬一而令二十年之積苦曾不得其毫毛之通利可勝扼腕也乎惟是廟灣一線之口雖行而不害然方千有餘里之水趨此而出何葦葦也所藉以縮轂者其與幾何蓋就地形觀之此一尾閭也若專以此千里之地而設亦止令洩此千里自然之水則可耳一益之以淫潦則壅矣再益之以湖決則又壅矣何也流水之爲物也不盈科不行千里之內地旣窪下勢亦平洋下則水所必趨平則水所必止趨則必盈而後進止則必囦而不行入海之口雖若建瓴千里之迂豈能直瀉非其不相及也而曲折多也語曰甯爲雞口毋爲牛

後言出入之數也語曰雖鞭之長不及馬腹言遠近之勢也今茲之水其來也湯湯其去也涓涓其散也四望而平其聚也一線而出則奈何令不爲虐乎而中又助之虐者四揚子灣至海安鎮一路引水溉田因而穿渠直通下河自置土壩任意蓄洩甚至奸民勾商船之漏稅引私鹽之公行爲利窟也而頻啓以縱水入是在在有決口矣漁人絕流射利遍下河之境以竹箔于要路密布而插之宿水至爲之不流環千里以內其爲漁人者不可勝數矣民間廢田蘆葦青草叢生其中水道因而蓁塞其流不得不綏五州縣之中其爲廢田者不知其幾千頃矣水之行也往往視風爲進退風順則流往風逆則流來今日退尺寸明日復如故宿水未消新水繼至沉田破圩至不可救藥矣隆萬三十年之間無日不患苦水其勢固如此也以民之患苦水也日夜思開海口徹水道不啻饑渴之于飲食方

引領而望曰庶其拯予于蕩析乎而今也長淮橫溢泗人告急

陵寢爲重民生自輕議者且就今海口道淮矣周橋之水議由子嬰溝入矣武墩之水議由涇河入矣高良澗之水議由氾光湖入矣此當路萬不得已爲

陵寢急而治其標也而又慮下流之昏墊疏瀹使入海甚仁術也至苦心也然而勢不能使兩利也竊恐淮南之墟且將爲溟渤淮南之民且將爲魚鱉已矣乎無復望有生之日矣說者曰嬰溝涇河由地中行也廟灣石𡎆放海而止也何爲病民而不知水一入湖四面趨下安得使由中而行之放乎四海是矣然不曰盈科而後進乎知其一未知其二見其影未察其形而況此千里之水一海口方洩之而不足益以三路之水一海口欲洩之而有餘而謂不漂廬舍沒糧田以病民也必無幸矣今夫大江之發于

岷山也黃河之來于星宿也越數萬里而直達于海者以兩岸之高由中行也所謂掘地而注之海者是已然黃至中州以下土鬆地平尚不能保其不旁決今淮由廟灣入海有高岸乎不四散乎能直達乎不橫溢乎則是水不必盈科而進也而謂水之性然乎卽大闢廟灣重開石𡎆在百姓專望之以洩湖今官府兼資之以縱淮淮合于湖其勢彌大其出彌遲其出彌遲其壅彌遠其壅彌遠其害彌深不至于盡沉千里之田而池沼之不止也如是而謂泰州之田不在列也豈別有隄防以界之使不相通耶論水者必觀其勢計事者必準諸理今勢窮理極特爲直言極論如此愚戇之罪倘遑他恤乎哉

論高堰利害

圖所列泰州以北鹽城以南西環漕湖東聯大海而獨不及高堰者蓋專

以地方之被水言于淮無與耳然而高堰居氾光湖西北實以憑蔽淮南
淮南之所以不害于淮獨幸有此不堰令南徙爲巨浸也故淮南之有高
堰猶室家之有牆垣也傳曰人之有牆以蔽惡也牆之隙壞誰之咎也孰
此可以論高堰之利害矣堰之地去寶應高可一丈八尺去高郵高可二
丈二尺而高寶隄去興化泰州田有至一丈而高者有至八九尺而高者
則其去堰愈下不啻三丈而奇矣參差如是天建地設莫之能改也乃信
前人不得已而築堰使淮不南下而北非故障而北之也夫亦因其勢而
利導之云爾不然淮一南下因三丈之地勢灌千里之平原安得有此數
郡縣爲淮南儼然一都會哉禹跡不可考矣漢陳登爲揚州刺史大興水
利此堰實其所創築而堰下所匯湖有名洪澤者名阜陵者名沙者仰而
受淮泗之水瀦于一區仍復折而北東入于海泗州故不爲害歷唐而宋

則轉運使張綸大修之歷元而
明平江伯陳瑄重修之又二百餘歲而至萬歷七年總河大臣復因而再修
之夫歷史久遠非一朝一代之事也上下千有餘年非一朝一夕之故也
當事者豈不能別創一畫又豈不能因勢一決然而固守成事有其舉之
莫敢廢者是遵何道哉毋亦審于南北之大勢有所不可耶議者不求其
故怵于泗人之噪而專咎堰之爲害也則漢之登宋之綸皆與有責焉爾
矣泗人之說曰淮之害在
陵寢也則誠是矣夫自
陵寢言之視淮南百萬生靈孰爲輕孰爲重卽捐生靈以護
陵寢臣子分義宜然耳然而運道咽喉係之矣予謂運道于
陵寢亦何可並言假令運道而梗也尚可別求以治之
陵寢而震蕩也安可顧運道而
陵寢之震蕩哉權以子貢必不得已何先之說則雖別求運道以安
陵寢庸何傷然而高堰之決也又不足減泗州之水而盡登之平成也則嘗
以頃年已事徵之矣萬歷二十一年淮水四溢漫高堰堤上且數尺周家
橋口原自通行而又加決也決高良澗至七十餘丈而多也南奔之勢洶
若倒海高寶邵伯諸湖隄一日崩者至百十餘處而泗城之水減不過尺
許則何以故也蓋泗州之下與淮南五州縣之地形一也皆所謂釜底也
淮自西來歷世不爲患者以下流無壅得望海而直趨也故泗州不倒灌
淮南無決隄因是以得兼有其利爾乃淸口之壅則自近年始惟淸口之
壅也泗州以釜底不得不蒙倒灌之害淮南以釜底不得不受決隄之害
其地形均也其爲害亦均也然則高堰雖決而泗州之水不甚得減匪是

故以也而誰實尸之今也不咎淸口之壅而專咎高堰之塞是徒揣其末
而不齊其本者也嗟乎滔滔淮流萬古一日何有高堰以來歷漢宋千有
餘年泗州無恙而獨今日始咎有此堰也徒曰高堰未修泗州不爲波高
堰既修泗州日苦水顧不曰淸口沙未塞淮水通流而不害淸口沙既長
淮水阻抑而不行則甚矣其惑也豈淸口門限因有高堰而滋之長耶知
淸口之塞不由高堰之修則知泗水之利害不在高堰之有無矣故淸口
而闢也卽不開高堰無損也淸口而未闢也卽大開高堰無益也大較可
睹已或曰淸口之闢功難而費鉅高堰之開功易而費省姑從易且省者
爲之急則治標之畫也而不知人之有疾治之急而壞者常十之八九治
之緩而壞者不十之二三闢淸口之沙雖難雖鉅雖緩而其爲利也兼而
博其究也又有益而可久譬之治疾者善切人之脈理扶其元氣通其關

脇不惟病可去體而壽且日躋平康者也決高堰之口雖易雖省雖急而其爲利也鮮而偏其究也又貽害而罔功譬之治疾者不視人之虛實刳其腸胃多其汗下不惟病未必中而命亦隨以就斃者也此治病標本之數可助而策也或曰淮決而南由瓜儀入江能使泗不害高寶亦不害豈不兩利而俱存乎而不知淮南之地由高寶而東則俱下由邵伯而南則又昂淮之不得達于江也地限之也何以明其然也漕河高于湖者六尺有餘鑿之使深以通湖流達于瓜儀僅可轉漕耳今高廟一帶方四十里兩岸之聳殆如山峙稍遇旱乾常苦淺澀然且儲五塘之水豫接濟之防今五塘雖壞故跡猶存古人建置良有深意頃年湖水爲患藉令可直洩于江則隄不至決水不盡東豈不便計然而不能者其故可想已萬歷五年大闢通江諸口矣湖水減不盈咫漕河舟楫三十里內幾不爲通萬歷二十年又開金家灣芒稻河矣隄決如故湖水東奔曾未能少殺其汪洋之百一此南北低昂之形可坐而照也由斯以譚其與高堰決而泗州之水不爲減者理有二致也乎夫捐民生梗運道而可以安陵寢也可爲也然而利不勝害也捐民生梗運道而未必可以安陵寢也不可爲也是一舉而利與害兩失之也而况陵寢之必不可水也運道之必不可梗也民生之必不可捐也深長之慮兼利之策宜在彼而不在此矣若陵寢之高玄宮原未濱水泗人之噪訛言出自浪傳則有諫議之疏在又何敢輕置喙焉予淮南人也盛言高堰之不可開與泗人盛言高堰之必可開也有如聚訟得無各爲其鄉也與哉顧泗人所言者情也而揆諸理則非是專利於已而忘其以隣國爲壑者也予所言者亦情也而揆諸理則

是是兼利於人而欲其以天下爲公者也天下事非一家私事予故直敢謂高堰必不可決淮水必不可南惟自信諸理而已矣而敢求同于俗乎今總河督臣主分黃謂高堰不可開矣漕撫督臣主導淮謂高堰難輕廢矣奉使科臣主勘議謂高堰不得縱淮而下矣按鹽漕江諸臣主會理簽謂高堰不得棄置而淸口急宜疏濬矣司空之評覆不爽廟堂之主裁甚確即予安用此喋喋爲哉第恐水性何常人言易惑歲修之石甃不守危隄之蟻穴難防有謂任其自削而聽之者淮南他日之憂政未歇也雖然國家萬年之鼎業方崇東南億數之氣運攸繫豈以區區一堰而有他虞者予之爲此論著也儻亦曲突徙薪之先圖而杞人憂天之過計乎

論正改漕兌

圖所列五州縣歷年之水顛末業已備具論中矣浲洞之警平成無日賦役之數一定不移萬姓所日夜延頸而待者獨望有朝廷浩蕩之恩而已顧錢糧額派于縣官爲維正之供于百姓爲有常之賦則起運存留兩端耳起運如內庫上用及京邊軍需是已存留如官生俸廩及地方經費是已數者有一之可缺乎缺一不可奈何得輕言蠲大司農于四方奏報災傷往往急起運而緩存留而不知存留之于地方即起運之于京邊無得而緩焉者也故急起運者實徵也緩存留者虛文也然則所望浩蕩之恩者何由漕糧之改兌改折是已何言乎改折也漕糧正兌以石爲律有補閏二六等費計納銀一兩二錢有奇而改折重則七錢輕則五錢止矣何言乎改兌也漕糧正兌以石爲律有水脚過湖等費計納米一石七斗三升有奇而改

兌則加耗米二斗五升又加變易米二升止矣改折之數年例若干漕司留以待四方不時之災而改兌之數均派各省聽其臨時自相酌量調劑而已故改折非撫按勘實災至九分五釐以上者不得輕許然大司農猶有嚴禁之

請改兌聽之司府就地方之原額爲派單之多寡大都不相上下予不識漕計此其大略之數如是也今興化以頻年被水漕糧盡從改兌矣改兌未已幷改兌盡從折色矣折色未已幷折色又盡從永折矣浩蕩之恩廣被於興化者如此頃當路又因興化以及地方同有是災者俾高寶漕糧亦盡從永折之例矣是浩蕩之恩推廣于高寶者又如此而獨泰州一不與也士民思之不得其故相聚而扼腕曰使州田而異于興化也無怨也使州糧而輕于高寶無怨也今田之沉于水也于興化非有疆界之別糧之出于田也於高寶且有輕重之殊何乃見棄當路不蒙體勘豈不沉寃于覆盆而號泣于向隅也乎哉矧復使爲興化代糧抑又寃之寃矣請得肆言之維揚一郡三州七縣秋米共二十一萬八千八百九十六石二斗二升於內額坐起運正兌米六萬石改兌米三萬七千石以均平之法言三州七縣視額糧爲例每糧一萬當得正兌若干石改兌若干石此一定自然之數也以通融之法言三州七縣年視豐歉爲例豐者加正兌減改兌歉者增改兌減正兌此臨時劑量之數也于徵輸之內寓輕重之權要以不失維揚九萬七千起運之額以足

國家漕運四百萬之儲而已漕規立法之善所從來矣故泰州額糧五萬二千有奇當得正兌不過一萬五千改兌不過九千二百而已嘉靖三十年以前此數未之或爽雖准通融之法臨時微有增減計于均平之法成數

無不脗合各年派單由票府州見存卷案歷歷可稽也其後正兌忽派至二萬九千六百視原額驟增一萬四千石而奇矣改兌忽派止一千九百五十視原額驟減七千石而奇矣懸絕已甚奉單之日驚不駭而且疑然竟莫知其所自起聊一具訴而當路輒不報也嗣是年年因仍遂爲常例而不聞有所更訂者夫以一郡正兌六萬石而泰州至二萬九千是十分而五也一郡改兌三萬七千石而泰州止一千九百不十分而一也增正兌一萬五千石歲計多徵銀一萬六千兩多徵米九千五百石則十分而又加七也民之重困不啻塗炭而倒懸矣顧不知漕規於各省果如是偏重而不均否耶假曰奉

旨則必有題奏章疏可據也假曰額例則三十年以前不應有異同也假曰應增則維揚總賦未見部文奉有事例續派也三州七縣一也此既有所加彼必有所減此既蒙其害彼必蒙其利蓋嘗得其故矣先是興化政府及第篤厚桑梓維時水災尚不似今時之困然已力爲之地而當路因以一郡改兌漕額盡三萬二千派于興化餘五千有奇派于三州六縣爾夫興化既以改兌易正兌則應得正兌原額仍就三州六縣公分之可也三州六縣既通減改兌則應得改兌原額仍舊起運正兌內遞加之可也乃不一衡量而徑以興化一萬五千正兌舉而盡裁之泰縣彼兩州六縣者正兌未嘗一失故物而起運驟反遞減有差此何以說也對興化言是泰州爲興化全代正兌也對各州縣言是泰州爲各州縣分代起運也揆之天理則不通質之事體則大謬不知當路何以會計也抑有由也蓋衆怒難犯加糧于衆邑則羣起而噪者必多殊費居解不如一邑之可欺也編戶之遠無如泰州也額數之重無如泰州也挈而與之足可掩覆不如各

邑之難敵也故興化宣言曰泰州有上河富郡也非興化所得望也當路
信之謂泰州眞富郡也果興化所不得望也噫何其寃之甚也蚩蚩之民
亦將何所控告哉當是時下河猶未沉水也民力尚未殫竭也鱿燕雀處
堂之安而無鴻雁集澤之感則亦因循已爾今則沉爾田矣傾爾家矣叫
閽無自泣路堪憐誰生厲階至今爲梗能不追怨當時之首事者乎今夫
富室兄弟之析產也一取數多一取數寡然而皆不失富也心雖不平而
猶以富故不之較爾一或貧矣則豈得不追怨於析產之多寡而求鳴之
官也富室百姓之當差也前役原輕後役加重然而力尚可支也心雖不
甘而猶以可支勉強應耳一或貧矣則豈得不追怨于輕重之不均而求
脫于已也泰州今日何以異是糧非洪武之舊強代興化之賠興化政府
所以爲興化則得矣其如貽怨于隣境何勢窮數極返本還原不當復泰
州之故物耶若終念興化之不能復也破格題
請令兩有所存不亦無偏無黨之政乎如不其然則請當路親舉玉趾特詣
泰州興化之境履畝而勘周詢而咨度焉地之高下同否田之被水同否
正兌之獨加于泰州順否改兌之獨存于興化安否起運之幷代于兩州
六縣是否然後以先年具題之疏及所以攤派之由的然示以當加當減
之故毋使不知而暗賠曉然諭以公平正大之理務令心悅而誠服卽雖
不蒙一體蠲恤而亦可免退有後言矣操筆至此不知其憤懣之何從也
獨念此中曲折當路借寇茲土者曾未考其端倪亦未暢其履歷輒敢備
論直抒惟仁人君子誠留意垂覽焉

論農政專官

圖所列諸水久爲地方積災而以浩蕩之恩均平之政望之當路情見乎
詞矣蓋不得已而爲萬民請延旦夕之命則然耳已伏而思之
國家有不可頻蠲之正賦黎庶有不可幾幸之屢恩今歲歲而水也歲歲而
災也請之則嫌于數不請則困于歲是兩難也幸而得請也雖稍甦其涸
轍曾無補于菜色涓滴之惠在下而虧損之額在上是交困也況不得請
之日多而得請之日少得請之地方偏而不得請之地方不均也是皆非
可久之道也欲久而可繼其惟修農政乎欲農政之修舉其惟設專官乎
請得縱言之有天下者以民爲天而民以食爲天然民不能自爲天而待
有天下者爲之天故務農重穀治田里闢土地所以輔天以利民之天也
天道之常也可久也恤災捍患捐租賦薄稅斂所以補天以救民之天也
天道之變也不可久也嘗謂雲漢之禱祠不如七月之稼穡也賜租之詔
令不如甫田之詩歌也緩賦之減除不如秉穗之滯遺也荒政之講求不
如農事之修明也與其延焦爛之上客毋甯聽曲徙之先圖則所以治淮
南之地而使水不爲災災不害歲者則必有道矣蓋天災流行何國蔑有
非人力所能挽然淮南之水非必盡出于天災也不盡出于天災則必有
待于人事也三十年來人事則何如耶嘗見大治湖隄矣治隄者爲漕也
非爲百姓也又建減水閘矣建閘者爲隄也非爲百姓也又開汜光越河
矣開越河者爲避湖險也非爲百姓也又疏金家灣矣疏金灣者爲殺湖
勢也非爲百姓也近議闢海口矣闢海口者爲導淮也非爲百姓也名雖
曰欲以兼利民生而卒不能兼利者何也則專與不專之由也天下之事
專則一一則必精精則必日起而大有功不專則二二則必略略則必緩
圖而不睹其效
國家轉漕東南不得不急高寶湖隄試觀今日上下治河使者殫心竭慮內

無遺策儲材鳩工外無餘力幾胼胝其手足而不言勞也露居野處至卅
以爲舍風波以爲家而不言苦也以故頻年鴻水而轉漕迄無患于而梗
者則專之爲効可睹已即今淮流一壅
朝廷不吝百萬之鉅費不難侍臣之特遣雖發言盈廷而成議有定功且不
日成之矣豈非以其急且重也而治之專歟淮南隄内彈丸一隅耳何敢
與河漕並言輕重緩急矧上而撫按監司下而守令林林如也莫匪治民
之任而謂何以專耶即專治之不過徹水道開海口兩者而已而謂何以
爲專治耶噫嘻此正所謂不專者也淮南與漕河相提而較是誠輕矣緩
矣然以生齒則億萬而兆也以貢賦則三十萬而五也以煮海則百二十
萬而盈也縣官所仰藉者直淺尠云乎哉撫按監司臨之上矣然而分尊
而勢隔也太守總一郡而父母之較近矣然而政旁午而地遠也州縣守

令畫地而君長之最親矣然而各爲其民血脈不相貫肘且掣而不能如
意也以故頻年鴻水非不加惠于民爲請蠲請賑而農政水利卒不聞有
爲百姓經理而圖維者則不專之爲效亦可睹已孟子曰今之治國者猶
以七年之病求三年之艾也苟爲不畜終身不得愚謂今日淮南之農政
亦若斯矣王文成言曰事成于責任之專一而敗于職守之紛撓事每思
此天下不足平矣愚謂今日淮南之水利宜用此矣不覩江南事乎三吳
以財賦之區也得專
勅憲臣董其事又曾遣直指巡行之今即不敢望三吳謂宜略倣其意特爲
設一府佐總千里以内得專理焉而署其銜曰同知題其職事曰專管淮
南高泰寶興鹽水利農政給以關防重其事權與今管河同知並峙而分
猷俾一治隄以外一治隄以内一治其上流一治其下流若車之有兩輪

也門之有兩樞也若果行此利當有十請得熟數于前曩者海口之不治
也與治之而旋復廢也迄無成功久矣有專官則日討論其故而計畫之
或開或守惟所建置利一矣千里而迂水所經行常虞其梗而不達有專
官則日經行其地而考求之可疏可闢惟所規恢利二矣湖之瀦水其高
墊欲使深也四圍欲使垣也有專官則日相其土宜而荒度之其濬其築
惟所裁成利三矣五州縣之交壤也諸鹽場之錯居也田間水道有此謂
可通而彼謂可塞者有彼見爲利而此見爲害者常苦矛盾有專官則身
履其境是究是圖不得不歸于畫一利四矣鹽城隸淮安與高泰寶興恆
不相入如石墶一事彼此爭不能决他可知已有專官則幷屬兼轄得運
指之便無曲防之虞利五矣三十年間流民移徙靡定野多廢田村各丘
墟有專官則一一經歷還定安集凡守令政不能及者得提衡而稟承焉

漸望田野治而流移復利六矣鴻水爲災以平時講求不預耳有專官則
有以待其來即不能使災不害歲而勘報拯救不至參差何處被水獨慘
何處被害尚輕均平齊一州縣不得上下其說踏勘無煩重委之官利七
矣上流之壅往往隄决以下流不能通也有專官則下流就治上流自歸
水由地行隄可易守不至臨渴掘井之急有益漕計利八矣猶未也千里
水蕩盜賊出沒無常此所謂萑苻之澤也因而申明約束有則捕論平則
消弭寇盜寢其邪心利九矣鹽利所聚民有爭心私販公行莫可禁止元
末張士誠起于此地鹽徒可鏡已令二三巡司總屬譏察爲通其利而除
其害鹽政因以修舉利十矣夫加設一官坐收一利儻不爲偏見臆說乎
誠能亟議題
請蚤爲區畫于四方州縣守令有才守兩優聲稱藉甚者選擇而使之委任

而責成焉千里水國治則其職也不治則其罪也不容他諉矣而謂五千之內有不臻平成之功者無是理也其與今日請蠲明日請折無益民窮有損國計可同日而道哉或曰設官滋擾即以治河者充之可爾不知治河者歲修長隄日且不給復兼水利自不能興是兩棄之也如江防一事也瓜洲設有專官豈能復兼治河漕河一事也治河設有專官豈能復兼農政一方水利即不得比于漕河獨不可並于江防耶維揚一郡此三同知者竊以爲均不可少也或曰公署俸薪門皂民間增派于災疲不滋累乎此可不煩增派耳州縣例有府館以備行役稍爲修葺足備分署令其春夏駐泰州秋冬駐興化而日巡行其間可也缺官柴馬往俱充餉于內扣留自當有餘門皂即于五州縣聽差額數更番而用之豈以一郡而少此奈何云增派爲也語曰事苦則慮易予不忍鄉人苦念此至熟矣愚者之一得蒭蕘之管見何敢隱忍不爲當路一致其款款而闇劣寡識于事理顧誠不知何如爾嗟夫水害驅遠民有舄鹵生稻粱之歌河伯爲殃民有膏腴成沮洳之嘆善乎林諫議之疏其言曰桑田成海天行之數誰則違之人定勝天轉移之力誰謂難之故今日而謂民生不足重也民利不必興也第聽任之天而已則無望焉矣若猶不棄置而胷越之姑無必他論捍海長隄綿亙百四十里豈不稱艱鉅范仲淹一監倉使耳不吝創築百世賴焉豈以今日之水而禦之無策又豈以淮南當路無繼仲淹而起者乎億萬家延頸舉足盻盻然日望之矣

附泰州利病

天下郡縣廣矣大矣其中利病亦因之予既論著泰州水災矣其一切利病所當急爲補救者輒亦附具如左

一曰興化新隄夫下河水道綿邈無一可通陸者萬歷已卯庚辰間興化尹偶謂高郵往來舟行良苦始倡築隄之議而興化居民利有此隄可防邵伯湖水因贊其決遂築隄由興化至高郵長計一百二十里自有此隄以來泰州西方宿水不得宣洩遂受興化曲防之害矣蓋下河地昂于東而低于西大水瀰漫時東西一耳未可見也迨至將平之日西方宿水遂爲此隄中亙而不得去雖有水門數處然亦不得通流以故泰州境內西半沉田獨多職此之由耳夫使此隄而可以隔高寶湖水使不至泰州也則泰州雖西當其害而亦北賴其庇可以無言然而水自高寶倒灌者其來如故水至冬春消落者其去獨後况邵伯湖決于泰州爲剝膚之災而頻年湖決不在高寶而在邵伯乎頃有興化西方成熟而泰州西方尚沉水底者甚矣興化之不仁也此其害獨在西前論故不著今特附見于此云

一曰荒廢虛糧夫糧因于田田廢久矣而糧猶如故雖束于額可同于熟乎蓋沉水之田或猶冀于水平之日而久廢之地終無望于復成之期即令雨暘時若年和歲豐彼廢田者久已化爲湖蕩永無可耕之碁矣計之不下數千百頃此數千百頃者糧不下萬餘石其胡以取盈也耶即曰額數難蠲而酌量于多寡之分調停于緩急之序竊謂有司者不可不加意一覈之也

一曰民竈徵輸兩淮運司鹽課甲于天下竈場三十泰州居三之一有

奇竈買民田十之三四其輸糧同也其論差以新舊爲則也蓋嘉靖二十一年以前爲舊竈二十二年以後爲新竈亦既體邺之者至矣乃新者詭而爲舊以避差役已屬弊竇而徵輸之法又往往束于竈而法有所不行起運存留額數也竈稍完起運而不納存留催科比較通例也竈專抗催科而不赴比較官亦且無如之何專責民間完及分數而其拖欠者盡舉而屬之竈矣歷年完欠數目可考而知也已往不論姑自萬歷十九年以後言之僅五年爾而竈間拖欠者至二萬四千三百八十兩有奇民間代竈挪解者至二千二百六十兩有奇此可謂有

朝廷之法乎哉夫被水一也民納不耕之稅而竈則自爲蠲也民賠無田之糧而况復代竈納也凡遇徵辦緊急則椎髓之苦專在民而不在竈

幸值

恩例蠲除則賜租之惠盡在竈而不在民嗟夫民亦何辜而至此也其間弊竇殆難悉數竈間里役往往多豪猾通同胥吏善爲姦利每遇催徵多方影射聞有一貧者輪當竈里因而致富又聞往年竈里曾徵糧數百赴州上納而一吏反教之携歸因而瓜分由斯以言則拖欠之弊豈盡在竈戶之零星者哉可慨也已近在事者不得已有民竈分徵之請聞又格于議且中寢矣然則將終聽之而已耶竊謂分徵即不能行而除姦祛蠹在董鹽政諸大人君子似當捐成心爲地方一留意焉

一曰包區累民州一百八十七里各立爲區以便催徵有定數矣自嘉靖丈量而後十年一造推收過割姦民猾書因而爲弊積有歲年遂至虛懸之糧數千石有司不得已分之各區代納名曰包區此何政體哉曩者備兵使傅公曾一查之纔有端緒而內遷之報至矣幷清出者尋復失之今又二十餘年矣不惟包區如故而虛懸又復增焉長此安窮此其弊在各里總算也卽欲清之亦自有法顧任事者何如耳語具前集與游太守書中不備論

敬止集卷一終

敬止集

海陵陳應芳元振甫著

同郡儲　燦文光甫校

目錄

奏疏

議湖工疏

奏爲湖工大舉敬陳募夫之議乞
勅當事臣工虛心經理以蘇淮揚積困生靈事頃見邸報該漕運總督李世
達一本開月河避湖險以利國計民生事大率謂寶應縣氾光湖風波
險惡屢爲運道之梗比照高郵湖葺隄開通月河一道估計工程共用
銀二十五萬兩貽運道無窮之利成湖防可久之功等因該工部覆議
題奉
聖旨開濬越河等項事宜依擬着漕運衙門督率所屬用心經理務垂永利
欽此臣淮陽人也家于寶應湖之東親見其事讀之不勝忻躍夫以積
久之害艱鉅之工先後諸臣疏凡幾上竟爾中止今數年以來淮黃流
安高堰隄固河道之工所缺而未舉者獨此一月河耳漕河諸臣目擊
其艱欲乘時修舉荷蒙
聖明軫念東南俯賜俞允誠
大聖人之所作爲而天下萬世無窮之利也臣以事關桑梓初捧邸報竊津
津喜已而思及募夫之利弊則又愀然其不樂懊然其有深惕焉幾得
一言之而復懼撓已成之議罹出位之罪數日以來展轉于懷不能自
釋去雖然芻蕘之言聖人擇焉集衆思廣忠益議事者不棄也
陛下誠寬其出位之誅臣請得畢其言而無諱今湖工所謂舉者豈非爲
國計民生乎哉顧
國計之安危在民生而民生之休戚在財力昔先儒程子曰養民之道在
愛其力民力足則生養遂教化行風俗美故爲政以用民力爲重也其

惜之也常至而其使之也常不輕卽不得已而後用亦必有撙節愛養
之道焉今以事理度之月河不開則運道爲梗漂溺爲虞所以拯民于
魚鱉而使其得安行之利者此
國計民生之所係誠不可不亟爲圖也然月河一開則民力勤于板築民
財困于賠累淮揚數十州縣爲之騷然所以還定安集而使其無怨讟
之傷者亦
國計民生之所係尤不可不亟爲講也今詳考漕臣之疏其稱論方取土
以丈計之約用工銀九萬六千有奇而木石之費則爲萬十有二焉至
其派夫也則謂工程艱鉅必得五萬人而後可各州縣照數選募精壯
者應役其規畫措置可不謂詳且盡歟然以臣管見測之姑置石工勿
論其所謂土工之費是卽募夫之値也竊意夫以五萬每名日工食卽
僅以二分則五萬之夫當一日千金矣一日千金則百日當十萬金矣
是所謂九萬六千者止可供五萬人三月之費耳不識計方取土能令
三月內可盡完乎又不識二分之費能足一夫一日之用乎限本年九
月起工萬歷十四年五月告完則通該一年零六月矣卽其中或有放
工之期或有加減之數大約計之則九萬六千者可足一年夫役之募
乎其不足者抑撫按自有處乎抑令民自爲賠也假令撫按別處則必
有神輸鬼運之術而後可假曰力役之征往役之分而令民自爲賠焉
臣之惑滋甚矣王事獨賢北山且嘆其不均未信而勞民以爲厲己淮
揚之民一何不幸也卽萬不得已可偶一爲之耳乃連年淮揚之民情
何如哉以臣目所睹記萬歷二年漕臣王宗沐議開瓜洲閘河矣萬歷
四年五年漕臣吳桂芳議築高郵湖隄矣未幾而萬歷六年七年河臣

潘季馴議築黃河遙隄與高堰石隄矣又未幾而萬歷十年鹽臣任養心議濬串場河撫臣淩雲翼議開淮安新河矣又未幾而萬歷十一年撫臣傅希摯按臣姚士觀議開白駒丁溪場海口矣之數者皆不可已之役俱經議有錢糧召募人夫量工給值非不犂然具也第如其所謂召募者豈眞以錢糧召募而一不擾諸民哉臣往見河工之方舉也撫按下之司道司道下之州縣州縣下之里甲里甲不足于是有排門之夫于是有牙行之夫于是有商賈之夫于是有管夫之長于是於燒磚之長于是有運石之長于是有舟車之長以家私之上下爲出夫之等第藉名在官而趣之役焉方其藉名也則差人有需索之例房科有打點之例富者行賄以求脫貧者奔走以愬哀能者竟脫於倖免愚者駢首以應役甚至有望風而先期挈妻子以逃者矣有赴縊投水而死者

矣有其父已死而逮其子若孫者矣牌票追呼之擾遍于閭閻鎖項牽連之衆滿于街衢呼號怨謗之聲盈于道路逮繫箠楚之人布于公庭其狀有不可勝言者矣此藉名之苦一也及其不可脫而爲之辦夫也一夫遠者月有一兩二錢之值近者月有九錢之值有稱是而計月以安家之値以一家爲辦夫五名則月幾十金之費矣卽上之而多下之而少者可推也其運石運磚與出舟車者其費不貲又可推也往往傾資以償其費傾資不足則鬻產以佐之鬻產不足則賣子女以佐之數月之間閭閻一空其狀有不可勝言者矣此僱夫之苦二也及其以應僱之夫而往卽工所也總甲有飯食之需各衙門査工人役有科索之擾管工省察業已日支官銀矣而又勒總甲輪流辦飯甚至有上役錢有放役錢有寬役錢多方影射百計需求一不遂其欲則督促而鞭撻

之受值之夫往往多逃去則省察以逃夫呈而移檄州縣逮其原籍名之人矣則又顧夫以補其額而就逮之費亦復如前是重困也至于官銀卽使盡所議者給之猶不足以償十分之一而況所給者受値之人非出値之家也以故不才佐貳通同省察以此往役之夫既已先受有主者之値可以恣意侵剋而其夫亦視此爲分外之得也不爲深較他如運石運磚者又皆殷實之家敢怒而不敢言卽有告發多而賞一人于理而其脫網者衆矣常見佐貳與省察管工畢日有充囊而歸者此何處得來耶以故官徒有募夫之名而害歸于籍名者之家利入于管工者之手此赴役之苦三也此三者爲狀甚巨而況當連年災傷之後其無窮之害又有不待言者在各州縣承上所督責而又希成功之賞則取盈于額派之夫將曰是可上首功矣而閭閻賠累之苦恐不得而

盡知也在司道撫按急于報成事而因以察州縣之能則取辦于夫匠之速將曰是可謂能有司矣而小民包賠之害恐不得而盡聞也夫以錢糧原議之狹若此淮揚之民其積困若此而募夫之弊竇又若此使不亟爲講求則風波之險未避而數方已困于瘡痍魚鱉之害未除而百姓先罹于塗炭其利害若不足相當者臣所以疾首痛心牘既成而復削牘既削而復綴不忍默默而已也若是則越河終不可開歟臣竊以爲不然夫欲舉艱鉅之工必不可無艱鉅之費未有省費而可成鉅工者諺有之馬欲其千里也而枵其腹無米作粥卽巧婦能之乎當事諸臣豈慮不及此哉事關錢糧動經掣肘使多議其費則首事之時駭于聽聞而不可其請成事之後訛于傳播而且議其後輿言至此諸臣之心良亦苦矣今日之舉其機不在撫按而在

廟堂請以三策籌之與其使當事諸臣陽有節省之虛名而閭閻小民陰受包賠之實害則孰若照糧起科名爲每石派銀或一二分或三四分以江北四府之糧可得數萬而以九年十年拖欠存留錢糧暫爲蠲免則蠲免其舊而加派其新均于出銀而去于偏累人情未有不樂從者至于東南孔道各省協濟之銀揆之事理必不可無昨撫臣議五萬臣以爲少奈何猶不允而使獨累淮揚赤子也夫錢糧足則官操其值以募人如各驛遞等夫則匪以厲民而且以養民此理之正也策之上也瓜儀巨商大賈往往有建寺修橋者向倭夷之變揚州外城俱係鹽商倡而築之不期月而集或懸旌表之令開事例之門以土石工有能願爲修舉計丈尺或授以冠帶或給以旌扁則必有應之者矣此事之權也策之次也如其不責名實而曰加派不可協濟不可事例不可而忍聽民自爲賠焉則請以十數年以來河工緩急地方品第出夫不使偏重而撫臣設爲方略專責之府佐知縣等官凡省察州縣佐貳諸弊一切釐革則省無名之費嚴侵剋之禁寬一分民受一分之惠也此則可謂無策矣若曰二十五萬儘可足用而不以累民則有求其說而不得者是在當事臣工虛心酌議而已雖然臣猶有杞憂焉康濟河開自侍郎白昂用七十萬金而高郵靠隄月河在老隄純用磚石其慮至深長矣此雖斜其根基固其樁笆竊恐歲月浸淫不至于再用磚石不已淮揚之民息肩未有日也此則私憂過計在今日且置之勿論可耳臣以生長地方親見其事故敢冒死昧言伏惟

聖明裁察特下該部詳議施行臣無任戰慄懇祈之至

萬歷十二年十月初六日具題十一日奉

聖旨工部知道

公移

鳳陽糧申文代本州作

申爲郡疲賦重飛糧併累比例懇停急救民命事本年二月二十五日奉本府帖文抄蒙

巡按直隸監察御史高　批狀據本州民丁濱等告稱揚州十郡邑共糧二十二萬泰州該六萬七千餘石盡出下鄉湖蕩田地近遭減閘分水下流漕隄時常崩潰十年九災糧差賠累春不得耕秋無可熟財盡民窮毒苦萬狀禍由嘉靖三十年間江南省屬凶荒將應納鳳陽糧米五萬四千石飛派本府各屬承替辦納以待豐年歸復本州加米一萬九千八百九十六石九斗三升逐年賠解流禍剝骨累死廒遞陳遵黃九龍等七十餘命先萬歷七年高郵寶應興化于均田大造之時具告

前院各蒙停徵一半單卷存府獨有泰州田沉水底不能丈報未蒙蠲恤切思四州縣田地盡瀕湖漕軟疆相連同水共患額稅尚不能供飛糧何堪貽害三方停徵一隅偏累死中求活比例望恩幸逢

天臺巡狩萬民得離甑釜拚死陳情泣懇一視超豁照例具

題查蠲生民再活萬世流芳等情蒙批仰府查報備蒙卷查前項鳳米先爲丈田畝清浮糧以甦民困事奉例丈田均糧高郵州停徵十分之六興化縣停徵十分之五寶應縣停徵十分之三今丁濱等告要將該州鳳米比照前例停徵一節是否與例相合事干錢糧合行查議爲此仰州官吏照帖事理即將告民丁濱等行提到官細查所告萬歷七年均田之時該州果否田沉水底未經丈報蠲恤今告停徵應否與前例相合逐查明白具詳連人解府以憑覆覈轉詳施行奉此又奉帖文該蒙

欽差整飭淮揚海防兵備按察使張　批狀亦據丁濱等告同前事蒙批仰揚州府查議速報備蒙行州併議遵依行拘告人丁濱等審問據槩州老人里遞柴蘭等呈爲極災地方飛糧積累懇天比例申停以甦民害事內稱泰州地瀕湖海自隆慶三年黃河夾淮破漕潰隄傾注高寶興泰四州縣萬歷九年丈田之時該高郵寶應興化各申水患告停浮糧蒙各院道勘議該州縣起京額糧例難蠲免而鳳陽倉代納糧米委應減停酌以水患重輕量爲停徵分數各有卷證其時本州知州患病不親堂政兼以田沉水底又難丈量未經請恤遂致賠累迄今二十餘年無田有糧死亡逃竄苦不勝言今具告

按院高爺登城閱水垂憫災傷出示行府查處議豁槩州疲困延望更生蘭等身係里遞亭老目擊民情輒敢呈稟切思年豐之時可替江南

代辦災傷之極即額稅尚望改折而飛糧豈堪徵併但今下鄉一百三十四里田沉水底不辨疆界難施弓丈而計都指里除堪種田糧不開外積年拋荒不耕者上下鄉計田五千九百二十九頃五十八畝零比三州縣浮糧田地更爲加倍伏乞踏勘查照前例申詳蠲停于本州歲辦額課毫釐不減比興化停徵之數再加幾分庶積困疲民稍得蘇息

又據通學廪增附生員繆宗堯等呈爲災傷地方額外代糧懇乞照例申停蘇恤疲困事本州稅糧六萬餘石災傷二十多年上官催科日煩勞苦士民輸納盡係虛賠即正課已不能供矧額外又何堪代今移江南之糧借派于澤國而驅災疲之衆代納于鳳陽鄰邑告災俱幸停徵一半泰民積困猶然獨輸十年非惟心所不甘兼且力不能辦事勢窮極力竭怨生近蒙法臺按部親覩水災窮民具告准行議處此惠文垂

憐之至而凋劾更生之機也伏望仁慈父母念地方久災無計能弭軫士民重困乘隙可援查照高寶興化之例速爲起死回生之圖蓋江南歲凶既可權宜借派本州疲極理合歸復停徵若論沉溺之苦卽鳳陽糧升合亦不當存如照災傷之重比興化縣分數尤宜加恤雖蒼茫水畔未得履畝丈量而浮葑荒田亦可計里扣算寬一分受一分之賜早一日沾一日之恩不獨舉州災民之幸亦係諸生身家之計也事切剝膚言非庖祝伏乞比例轉申地方幸甚士民幸甚等情各到州當堂審據萬口一詞各稱前情無異猶恐不的隨揭查各年坐派鳳陽倉糧米緣由除該房卷宗年久浥爛無存外止查得嘉靖二十五年卷一宗坐派本州鳳陽倉米二千二百八十四石四斗四勺六撮嘉靖二十七年卷一宗內開本年有收二分例徵三分共五分坐派本州鳳陽倉米六

千五百五十一石七斗一升五合八勺九抄二撮後不知何年起不論災傷坐派本州鳳陽倉米一萬九千八百九十六石九斗三升又查得萬歷九年八月分奉府帖該奉

撫按道劄該戶部題爲丈田畝清浮糧以甦民困事備仰本州一體清丈該本州前任知州吳道立備行各鄉耆老保正厫遞徐德湯曉徐湯傑吳學等各役呈稱本州田地先于嘉靖二十一年清丈明白錢糧不失原額無容量丈目今下河一百三十五里自隆慶三年被水渰漫見沉水底疆界莫辨十三餘年毫無耕種田雖送人無人肯要小民節年賠賍錢糧苦不勝言原因水災之故非出稅糧不均告乞轉達免量以蘇民困等情到官覆審相同轉詳批允免丈報部訖今該前因該本州掌印知州游　一面集同槩州里老親詣各鄉田地逐一踏勘一面移

關高郵州興化寶應縣弔取原日一應文卷去後該本年三月初十等日踏勘過上下二鄉田地今水淺堪以耕種者一萬三千九百六十二頃九十畝五分秋糧正米一萬四千二百八十二石三升二勺夏麥六千四百九十八石五斗五升四合三勺棉花米一石五勺農桑二千一百四十八株黃豆八千七百五十六石二斗一升四合六勺九抄內起鳳陽米五千五十石八斗五升一合其見沉水底自隆慶三年至今不得耕種者用竹探量或水深二三尺四五尺不等共計荒田二萬五千四百七十頃七十畝秋糧正米四萬二千二十六石六斗三升五合六抄內起鳳陽米一萬四千八百四十六石七升九合俱各取有里遞柴蘭等甘結在卷續于本年四月初二等日據高郵州興化縣關送文卷到州內開俱爲丈田畝清浮糧以甦民困事俱奉府帖轉奉

撫按道劄據高郵州申稱本州田地止丈過高阜處所九千六百一頃二十七畝尚有一萬六千七十八頃見今水深二三尺至五尺不等難以施弓候水退地出清丈另報申乞議處等因又據興化縣申稱本縣田地見今水勢渺漫置足無地先經申報免丈今查各里田地水深一二尺已經種蒔者止得一萬一千四百七十頃田二十五畝水深三尺以上不堪耕種者共計一萬二千七百九十七頃八十一畝五分俱係久沉水底一望無際節年錢糧拖欠無徵申乞併爲議處等因俱蒙

撫按具題戶部議覆除各州縣漕糧等項仍當全徵外其鳳陽倉糧本府倉糧與各州縣倉糧俱係存留本處官軍糧餉之數歷年災傷有派無徵近將本地商稅權宜抵補那前償後亦足支持暫議停徵少寬民力仍照營田事例督責掌印治農官將水荒田畝設法開墾以漸加徵

高郵州原派鳳陽米四千五百六十一石四斗三升今停徵米二千九
百四十七石五斗二升興化縣原派鳳陽米一萬二千九百二十石四
斗七升今停徵米六千八百一十二石五斗一升三合寶應縣原派鳳
陽米三千六百二十石四斗六升今停徵米一千九石八斗九升四合
俱經題奉
欽依備行各州縣遵照訖除寶應縣文卷未到然事體亦大略相同惟獨本
州未蒙分毫蠲恤蓋因彼時申報免丈之後知州吳道立適遇患病未
及會同高郵等州縣申請議處以致本州節年不耕之田照例全徵委
屬不均使後水平田出耕種成熟百姓亦自相忘于無言矣奈何二十
餘年猶然如故見今湖隄再决水勢瀰漫阡陌沉于井底愁嘆深于望
洋民窮刻骨逃移且盡景物蕭條殆不忍言士民赴愬委爲迫切卑職

蒿目憂心切照糧因田派本
國家惟正之供田廢糧存實地方切骨之害民害宜恤正賦難捐揆之今
日誠窮則變變則通之時也所據民人丁濱等告稱前情雖江南飛糧
難以更議惟以嘉靖年間鳳陽存留之數較之則遞年酌爲坐派止六
千五百有奇今時一槩全徵至一萬九千以上不論災傷不爲增減積
逋難于取盈災民困于追併誠爲疾苦迫切有不容不亟爲議處者況
高泰寶與兩州三縣壤地相連災沴一體彼三方久蒙浩蕩之
恩乃本州獨抱向隅之泣宜乎萬姓嗷嗷歸怨前官失申而迄今爲之不平
也因時酌勢比例陳情蠲停之請委與相合儻蒙覆覈速賜轉詳具
奏查照高郵州幷興化寶應二縣事例將今踏勘過水灘田數除漕糧例
難蠲免外其原派存留鳳陽等倉糧米暫議分數停徵待隄固水平之
日仍照營田事例着掌印治農官將水荒田畝設法開耕漸次加徵務
足原額暫舒目前之急永惟後日之圖
國賦民生兩有攸賴矣
萬歷二十年三月　　日

均攤錢糧申文代本州作

申爲公務事抄蒙
欽差整飭淮揚海防兵備按察使張　憲牌該蒙
欽差勘議河道工科右給事中張　憲牌前事本科看得高寶興泰均爲下
流受水之區然就而較之則興泰尤下受害尤慘而興化之視泰州則
又其甚者卽今舊水之停積方汪洋數百里奄忽伏秋新水又至民間
終歲何以爲計據泰州興化士民所稱則糧又獨倍于他州縣及查興

化額糧則爲地者二萬四千二百餘頃爲糧者五萬五千餘石維揚一
府共起運米九萬七千而興化則三萬二千及查他州縣每地一頃起
運米有一斗三四升甚有二斗七八升者而興化則每頃起運米一石
三斗五升是十倍五倍之數也事屬偏苦合行該道查議以便酌行等
因蒙此擬合就行爲此牌仰本州官吏照牌事理卽查該州田地視他
州縣果否相等額課果否偏重該州水患視他州縣亦若謂何久未調
停論經久之圖應否通融撥派論拯援之權應否速爲補折少示寬恤
備細查議明確通將始末有行文卷具詳卽日申來以憑覆覈轉報施
行等因蒙此遵依該掌印知事游　查得本州一百八十七里該田地
三萬九千四百三十頃六十畝五分除上鄉五十三里坐田止五千三
百七頃七畝五分額科麥豆不計外下鄉一百三十四里坐田三萬四

千一百二十六頃五十三畝三分額科秋糧米五萬六千三百八石七斗六升五合五勺每頃計該米二石三斗一升七合七抄內起運漕糧正耗共四萬三千九十五石一斗六升每頃該米并二六輕齎共一石七斗五升三合七抄夫揚州一府起運不過九萬七千而本州則已四萬三千有奇矣本府各州縣田地每頃起運極多不過二斗七八升而本州每頃則已一石七斗有奇矣此視興化更重而偏累獨苦之情有十倍于各州縣者自隆慶三年遭罹洪水及高寶邵伯各湖建造減水閘座之後前田年年沉于水底而前賦歲歲徵收如額以故本州百姓凡有田之家無不貧窮徹骨逃亡接踵曾不若逐末游惰之民反無賠糧切身之累與言至此誠可痛哭流涕顧

國賦不可以輕捐民隱無由以上達理數已極窮變當通今日科臺目擊

民艱檄行酌議蓋災疲地方不啻生死而肉骨也卑職仰承

德意再三思維則有數說焉以備採擇爲照有田則有租泰州錢糧所以獨重于他州縣者謂其田坐水鄉稱沃壤耳今沃壤化爲沮洳不復可耕而糧仍偏累是使不耕之田輸有常之賦非大破拘攣之議盡爲蠲減之圖則一方民生終不可濟此一說也係

廟堂浩蕩之恩然而不敢望也其次則莫如通融均派蓋錢糧分數起運重而存留輕起運急而存留緩今各州縣以歲歲有收之田大半派存留而本州年年不耕之土大半派起運今非昔比偏累何堪謂宜就本府起運九萬之內均攤三州七縣之中以存留各倉之糧均增泰州興化之額此一調停轉移之間而災民稍得沾通融均派之惠此一說也所謂經常之策然而不能不取諸彼以與此也又其次則莫如比例改

兑興泰一體被災然興化自隆慶年間築有長隄一道隔住泰州之水使不得急洩每歲邵伯湖決及減閘諸水泰州屯宿獨先而宣洩獨後故連年泰州受害視興化尤慘然興化起運三萬有奇俱係改兑本州起運四萬以上俱係正兑計每年二六輕齎比興化多派至三千八百餘兩是本州不得與興化同論災也不均更甚謂宜比照興化改兑事例一體矜恤則寬一分受一分之賜此又一說也不得已而思其次也夫百姓包不耕之稅而

朝廷施改兑之恩糧不失額民得昭蘇揆之事理無不可行者儻蒙酌議就此數說之中定爲畫一之計破格題

請則孑遺之民可望更生而受人之牛羊爲之求牧與芻者亦得藉手少效其區區之願矣至于本年災傷已經申請或于漕糧盡行改折或于別

項挪抵補此又權宜之策止可爲目前之圖恐終無濟于積困之災民也但

恩典出自

上裁卑州未敢擅便擬合呈詳

萬歷二十年四月　　日

序文

送州大夫見吾譚公遷佐南寧序

嘗觀史漢所紀循吏寥寥數人至次其行事亦未有縷縷數千言者雖以子產爲政二十六年而久太史公不過載其民情所嚮注而已自蜀文翁以下班氏雖稍加詳然其中詔書全文及士大夫奏記間至採而序之亦不瑣瑣臚列其治狀二氏之意無亦以徵諸庶民乃見信從而璽書褒美之詞尺牘規戒之語庶幾孔子所謂文獻足徵者耶竊怪輓近世郡邑人贈行之章去思之碑盈滿天下卽其諛文蕪詞將令在在傳循吏而人人軼龔黃矣孰知有大謬不然者余守曹郎在鸞轂下最久以耳目覩記四方直指使所舉劾及三年大計銓司所黜陟其于名實之際的然有當民情十不一二而其最以卓異稱錫宴大官者乃不崇朝而異議蜂起至言者鑿之欲一切報罷雖不無因噎廢食之病而因以知名實難辨蓋益信史漢所列循吏寥寥不多許可抑有由也余不文不能修班史之業然不佞亦絕不欲効世俗贈行爲諛文蕪詞以貽他日覆瓿之譏今年春余以言職守事忤旨謫官暫棲遲里中而會郡守見吾譚君以最遷廣西南寧府同知報至日里中士民不勝咨嗟嘆息若遽奪其所天然相率走監司張公所乞留不期而會者至千餘人已數日復走不佞之廬而請曰侯遷矣吾輩何可一日無侯不得已白之監司監司許我矣若寧無一言以贊其決乎余曰唯唯否否主上之愛民甚矣豈其以得民如侯而必欲奪之以去留則未有不蒙俞允者雖然

成命以下非當事者大破拘攣之議修兩漢故事寧能露章而請也若輩其再圖之又數日而察諸里巷上自父老下至兒童以及婦人女子無不咨嗟嘆息皇皇恐其去且致怨諸家居縉紳不一昌言于當路而余家兩大父長爲江陵丞年八十次爲南寧倅年七十聞之謂余曰吾老矣吾生以來見前守或以强明或以廉幹著聲代不乏人然未有得民而信若今日者諸父老以義責子子寧得否否而已余乃踴躍爲作書上之監司曰僕逐臣也且有狗馬病蓋杜門惟恐不深何敢與聞外事乃頃見敝州守之遷也百姓皇皇如有所失夫守之治狀在明公藻鑑中無俟不佞言獨其節廉惠愛百姓孺而慕之不啻慈母今日民情如此其切當路何以答之僕觀兩漢循吏明廷往往下璽書勉勵增秩賜金或爵至關內侯不知當時久任豈謚百姓能叩閽而留于上哉抑豈朝廷能親見問而得之下哉蓋必當時監司觀風采實以轉聞乞留耳史者作傳具詔書褒美狀而不載其轉聞之由僕每每觀循吏傳未嘗不想見其時上官之賢能課吏奉宣德意也今日所望于明公者能使朝廷與兩漢之吏治吳陵蒙久任之循良是在一舉手間耳僕所中籍也一切糧差于州大夫素無結納又方杜門待罪于州大夫絕不往來第耳熟于康衢之謠而心切于緇衣之好輒因諸父老之請敢以書上伏惟裁察幸甚書已具會聞御史大夫以巡察未至不欲獨疏請而代者又有主名遂不果上侯行有日矣余家二老人謀爲大夫贈卽以不佞其卽以余書當奏記之一未可知也乃若大夫不難于守益無難于佐

守而南寧爲古邑州伯大人具悉其可臥治則無俟不佞言矣

碑文

海陵修濬丁溪場龍開港碑

大江以北長淮以南爲廣陵郡其隸高寶邵伯之間諸水匯爲湖者延
袤數百里而遙號澤國焉而東則沮洳千有餘里蓋高寶興泰四郡邑
田賦鹺利所從出地環其中
國初平江伯陳公瑄因故道而疆里之北築高堰以障淮之南徙使合河
入海東築長隄以障湖之東注使南疏入江是爲東南轉漕咽喉而隄
以內四郡邑之水各循其地形高下派分之以達于海泰州故海陵郡
一稱吳陵若今丁溪場龍開港則綰轂海陵之口而淤溪秦潼西溪寧
鄉及東臺何垛串場河之水所由以宣洩者猶興化之有白駒鹽城之
有廟灣也正德已卯而後稍稍就堙塞然故不爲害迨先

皇帝已巳之歲河決而南淮受之高堰隄遂圮以灌湖而汪洋萬頃不復辨
疆邑即故太史公宋濂所嘗謂隄防一決千里爲壑者是已今
皇帝御極赫然下明詔遣重臣經略其地修平江伯故事而兩隄復還其舊
然水平沙積湖之高幾與隄埒而減水之議從起矣由淮陰達邵伯就
隄爲閘者四十有奇湖水自是歲歲減而東注而興與泰視高寶更若
釜然內窪以下外昂而高其來也日積其去也日壅而膏腴隩衍之壤
蕩而爲萑葦瀦澤之鄉者垂一十二年老稚轉于溝壑壯者散之四方
其不即死且徙者日困徵輸恨不能委而去之蓋幾無民已歲癸未按
御史貴溪姚君士觀乘督學行部至士民遮道往訴而以開海口請狀
累百千計御史下其事于海防兵備參政通城舒君大猷而以屬泰州
守黃岡李君裕及高寶興化郡邑各守若令議已民有豪舉而狡黠者

居場數盤據善因緣爲奸則詭言于鹺御史曰是不可創而開也開之
將不利于竈若商且啓海冦窺伺心而鹺御史芮城任君養心行郡縣
歲遍當代去不果勘異議者益危言以恫喝人而衆論洶洶遂不能決
李君毅然屬其耆老而告之曰州賦歲六萬石佐縣官費而民不有田
又安所從賦也事急矣議築舍無成守土者其謂何脫不幸有他請以
身任之卽日駕小舸涉海上周覽而咨度焉至丁溪之東由姚家口迄
蔣家壩里四十測之水可五尺由蔣家壩迄馮家堰里方十測之水可
三尺則嘆曰此非入海故道乎而何云創始也由壩而下五里許是爲
龍開港其勢漸下其望彌遠測之不下百數十里而民竈田在范隄內
遠不相涉則又嘆曰此豈海潮所能至乎而胡虞鹹淡交以侵也誠目
前五十里濬而深之卽煮海者得不負戴而舟也其利豈在民後哉且

若能不田而食耶港而下不越一線之河止矣非有汪洋開拓之勢也
又安能受餘皇使浮海而入乎卽入矣四望皆水也掠之何從今而知
所以策矣無已則下流施品椿以杜舟楫之往來而馮家壩以上建石
閘司啓閉使蓄水者過四尺而洩則慮且萬全儻亦杞人之計哉于是
詢之民民莫不曰善詢之竈則竈又莫不曰善夫役興于創始者則人
情駭事艱于兼利者則人情貳今濬河也非開河也爲民也亦爲竈也
奈何勘議者不察而徒曰海口海口使不逞者藉以駭貳人也歸而具
其事于牘娓娓數百言辨析甚剴切上之按御史御史色且動謂將親
按部則以三月發廣陵道府及運司而下皆從至則凡所議建置具如
李君指而亞卿兼中丞衡水傅公希摯來漕撫公故備兵海防居吳陵
久且目擊己巳之災者也曰嗚呼惟余所理賦乃以勤二三子于是疏

以丁溪白駒工並列以
請而具李君文于奏中不遺一言及下大司空議而大司空覆議所建置亦
具如李君指
詔曰可其下之守若令於是兩郡邑畫地而治之經始于今
皇帝之十一年秋七月凡三閱月而竣濬四尺者丈七千二百有奇濬三尺
者丈二千七百有奇夫應募者三千有奇食若金六千一百有奇石閘
一品椿四食若金二百五十有奇皆取給兩臺贖鍰及倉糧之備賑者
而白駒工在興化亦同時報成事矣蓋水自是以海爲壑而阡陌溝洫
井井也報聞賞賚各有差時不佞芳備員蘭省爲桑梓有生色焉無何
貢生曹君文魁至函學博陳君軫書列庠弟子陳宋周嘉魚等州父老
葉政濱等數十百人名拜而請曰惟是州田不耕稑者十二年所矣歲

癸未而斂十之三歲甲申而斂十之七今乙酉而播穀者盡畦也其皆
李侯之貺乎與造物者均矣子其一言以志永永余謝不敏葢嘗考覽
載籍凡有民社者能修陂渠之政則一書再書不厭其煩此無他民食
所天誠重之也昔文定守齊州爲石門以宣洩西北湖水民數世賴之
史起之治鄴也驅遠水害至有舄鹵生稻粱之謠用能光照史册迨今
稱焉不腆丁溪之役賴
天子仁聖不遐遺萬里俞中丞御史兩臺言藉第令李君怵于鹺御史而不
能明析于開與濬之議權酌于利與害之辨以身任之也則邦人之昏
墊者靡所底止矣乃能力排浮議迄躋平康用垂一郡之利以方二君
子事得專操之以利民者葢又有難矣哉抑猶有說焉事固難其始之
成而尤憂其終之壞卽正德己卯去今六十年未甚遠也治水者用故

事而修舉之猶然滋多口繼自今歲改時移屬有讒人交亂其間則安
知後之視今不猶今之視昔也乎余故特爲詳其事使後之治水者有
所考也無難興也無避口也而系之以銘銘曰淮南之墟衆水所趨其
勢回旋滙而爲湖轉漕于資通彼貢賦崇隄障之毋俾東赴執列之東
州郡四豐千里環帶派分其瀧曰維吳陵丁溪鹺阜龍開宣泄海以爲
注巳巳洪水瀰漫淙沖堤隨而圮有如山崩
天子曰咨下民其憫爰命冬師來疏其梗冬師有言沙積爾原水不減焉隄
胡爾垣乃闢其門石欄星布逝者潺湲不舍晝夜况茲海津越歲久堙
百川來奔盈滿民町嵩肰沮洳十年不耡徒日號呼土毛何穊控于臺
使黎元烝烝訛言儵興憂心怦怦李侯仁人不畏強禦力抗讒氛昌言
排痼剪其荊蓁波其陸壓來自湖濱入于海泯阡陌謐寧平如其几禾

黍有美以耘以耔頻歲遘害此年屢登掛已而思曰誰之功功在不刊
非文莫紀詳而敘之敢告惇史

傳

海陵遺愛傳

海陵者淮南一劇郡去江都百二十里今泰州也以其濱海而地獨高
故名海陵云然其高又獨州治及東去如皋百里而近耳至租稅所出
其田盡皆沮洳爲高寶諸湖水所滙歲計之收僅可十之三四以故民
多貧迺民又不以貧故逋租稅即儉年至鬻子女以償仕者往往視爲
善地萬歷丙戌會守乏計偕者集闕下銓曹注選人得譚侯者考上當
守海陵譚侯者廣東仁化人諱默字仁卿以明經薦于鄉高等五上春
官不第則曰士必以甲科始官耶夫士貴自効耳令當一郡邑有民社
之寄足可建樹漢循吏如黃次公輩且未聞後世以入貲貲官少之况
明經薦舉也吾恐不能循吏之愧而奚以甲科爲尋拜

命即日單車就道比至郡問民所疾苦務在拊摩而孺畜之一意寬和不爲
苛急屬時當盛夏積苦霪潦湖大决前所稱沮洳盡汪洋爲壑禾黍化
爲泥沙而署事者秦越其民方置酒高會駕龍舟戲水中會當路所使
勘災吏至以屬縣輕之弗爲禮吏繇此恚甚故輕其災不以實上迨報
至租稅當全徵民益恟恟思逃死四方侯來則以日夕行村落中體察
且慰勞之曰良苦慎毋恐乃公在終不令若死徵輸也已而兌官至侯
爲涕泣當路前請出倉中陳穀舂米及貸鹺銀若干兩繼之故事倉穀
無擅發者而鹺銀係額課臺使者有難色侯涕泣請不休當路察其迫
切不可奪具爲請于
上得報可繇是轉漕無害而閭閻安堵若弗聞也者藉令拘攣守故常誠意
不足動上則不知死徵輸者幾何人矣冬春之間民困于食道殣相望

侯度城內外寬敞隙地爲蓬舍以居就食饑民出帑金擇年長廉吏設
粥分辰中爲兩餐日循行稽考具井井有法如是者數月全活以萬計
周視城垣霪雨積久傾圮幾五百餘丈侯又私念興工作以聚失業之
人古荒政宜有也第時詘舉贏費安從出一日策曰得之矣郡故有平
市者官爲給帖易一官則更新給之給則有稅此前人抑末之意然而
充私費矣今用以修城不亦一舉而兩得耶計之金可五百兩有奇罪
稱是因鳩工飭材具爲區處某所土可以磚某處工當日幾何匠役往
一一皆符其言不爽于是城完而饑民亦仰給焉其綜理周密如此姜
堰盜起取人于萑苻之澤侯不爲張皇第曰赤子易撫耳于是購得其
渠魁一二主名懸賞募之爲檄以勸諭脅從者不一月解散去入他境
侯復爲教令諭境內以爲善禁奸之意民多化之兩造集于庭必和其
詞色使竟其說後徐以意決之卽弗服明日再來具剖說如初期于得
情乃已卽至于三不厭煩瑣以故人各輸其情實不忍欺獄訟衰止無
寃民侯自奉甚儉日蔬食間日始一肉衣服不爲鮮靡一粟一布與値
反浮于民間居久之當入
覲橐且蕭然不取市肆一物民謠有兩袖清風之頌行之日父老至遮道
各以其力所辦具金以賂悉麾而去曰毋恩乃公爲也吾無所用之百
二十里之間扶老攜幼送者趾相錯于路明年歸民益喜侯愈益務爲
寬和會大旱江南北赤地數千里侯度來年米價必騰湧急出帑金數
千兩以漕米七錢石易之明年價果至倍則仍以七錢令人自爲售漕
有羨米故事皆官自用不以報是時
朝廷遣戶曹郎出賑郡止得分金二百待哺者無慮數十千其與幾何侯

又以前羨米佐其費設粥如曩時所全活益衆其善推廣
德意多類此君爲人貌朴口遜遜不能道詞至其誠心實意表裏洞然無纖
芥可疑以故士民愛敬愈久而愈信之初時人或病其御吏稍寬會一
上官雅賢重君留飮盡歡洽而吏中狡黠者因居間至爲蜚語流謗上
官廉蹤跡所從起以私揭送侯自處人人吐舌卽吏亦惴惴請死侯第
笑曰事久自知耳卒御之如初吏亦皇恐愧無地會吏以他事被黜侯
復稍稍出俸錢貽之其人曰吾儕小人不虞公覆我如天也繇是他吏
亦感動傾心事之無緣絕簿書爲奸者矣博士靑衿弟子往往周䘏其
困乏學使者按部民有詞連一二生理雖稍曲侯必務爲成就安全終
不以曲故抵于法曰養士甚難何可摧抑之令士氣不振也侯爲政凡
五年餘節廉惠愛如一日治行爲淮南第一用資稍遷廣西南寧府同
知士民詣監司乞留者千餘人語在他序中留不可得則各爲筍脫其
靴藏之懸諸郡門以志去思榜曰譚公遺愛
郡陳子曰廉者多矯刻之行乃寬然長者不可得兼也侯才能集事誠
則可孚豚魚寬能得衆廉則可樹表儀漢詔褒予循吏必稱賢人君子
侯殆其人也乎宜其去之日有遺愛也懸門之履仰止在焉詩曰蔽芾
甘棠勿翦勿伐繼自今海陵赤子其永矢弗諼也夫

尺牘

答陳如岡掌科問湖工募夫議

昨承手教足紉虛懷其垂念桑梓爲之令主拯其乏困厚矣哉仁人君子之用心也不佞走肓瞶何知乃足當足下借聽求明之盛節乎雖然向制伏田里嘗耳聞而目擊之矣謹撮其大略以上之記室儻辱一言于撫臺淮揚生靈幸甚

計開

一人夫以募爲名謂操其値以償之也今計方取土而估其値是矣第各州縣下之里甲令出夫以應一夫遠者月有一兩二錢之値近者月有九錢之値往往俱民間僱人以應役當其負擔而卽工所也其顧値先給之官乎抑民自爲賠乎迨至論方給値之日其所給者受値之人乎

出値之家乎受値之人業已先受有主者之工價給之是分外也出値之家原不往卽工所渠亦知官銀無幾不足以償其費率皆不之領以故管工官役多影射侵尅之弊不可窮詰官雖有募夫之名而害歸于出夫者之家利入于管工者之手言之可勝扼腕故愚以爲始事之初以官銀分二次先發于各州縣正官令其預給于出夫者之家待後計方算土而論其値則出夫之家得沾分毫之實惠而亦可以杜影射侵尅之奸矣

一義官分督夫役謂其責成之易也顧此輩原係吏胥奸猾之徒甚不足託數年河工親見檄下之日義官爭用賄于房科以其名上追至見官則又故爲艱鉅不肯承認之狀而其卒也則有充囊槖而歸者且居然蒙上獎矣此何處得來耶嘗細詢其故其弊端不可縷數一人管夫一二百名必賣去一二十名則月且有數金之得矣而又有放役錢有寛役錢彼民間出値顧夫懼有逃移之害得省祭肯爲之代則忻忻願納其値于彼者亦情理之必至也若官爲點閘則萬夫雲集彼來此往混雜不可究詰若官爲查訪則預打點于差人通同于佐貳爲之中分而彌縫其缺豈惟官不可查卽同役之夫亦眩于耳目之多不識其數矣夫司道官尊止用文移而衝冒風露卽府縣官亦不便于親督其勢不得不託之此輩而此輩因爲利媒則所苦者百姓之脂膏耳數年以來視爲故事故愚以爲革去此輩不用三十里之地多用府佐州縣正官而參以佐貳之誠謹者則積弊可釐而夫且有實用矣

一夫以五萬以其工程艱鉅而多人可以速成也然五萬之夫日食計費千金而錢糧止議九萬六千民滋貽累不言可知況可令其有額外之

用乎且各州縣之人遠者五六百里近者一二百里卽更番迭用能無疲于道路乎況人多則其勢渙而難一而管夫者又得肆其影射之奸在工者又得便其偸安之巧卽使司道親臨能人人點閘之乎一一程督之乎徒耗財而長奸且不得速成也故愚以爲貴精不貴多卽使夫盡精壯人盡氣力以三萬之人果出一日之工當自數倍而又釐其積弊多其勸勞則若行兵然寡可敵衆謂其人人盡死力爾不然如數年以來其中賣放偸閒不可枚舉之狀可考鏡也省一人則省一人之費寛一分則受一分之惠亦節財除弊之一端也

一計丈尺論工蓋人力不齊難以計日故卽土爲方以償其値甚良也此以盡給之籍名之家倘不足以償十分之一乃其中又多弊端者丈以千萬計而司道委之州縣州縣理其大綱未免託之佐貳省祭等官此

輩垂涎利賄通同作弊每百方必多開一二十方卽木料亦然賣放舟車亦然多所冒破雖至精明查刷亦不能出其術中也甚至有將隄內工程以虛土塡其下而面則覆以堅固之狀希掩飾于臨時幸不敗于事後迨至一二年已無濟矣此皆熟聞之父老之口故愚以爲必責之府佐幷正官肯爲地方任事者數人親爲查理面爲定方不避風霜之勞使無冒破之奸往見一州佐貳與省祭等官在工時杯酒交歡而省祭官大肆科尅爲之聚斂彼此俱有所得歸時且爲謝于省祭者通邑知之而竟不得聞之上官可嘆也非臆說也

一新疏取老隄用剩之石四百餘丈以用之新隄而八潭原議砌石者又省其六此蓋爲公家惜費而亦以錢糧窄狹萬不得已而就省約耳可謂苦心之至矣第老隄所餘之石雖曰用剩然以之布于老隄可備不

測之用湖中風波最稱險惡老隄能必其終不壞耶萬一稍損可隨取而隨補之今盡以用之無一餘者竊謂非計也而六潭雖稍淺狹畢竟原估砌石深爲有見此雖一時權宜酌省不得已而然顧他日倘有可憂則未免又動一番恐淮揚之民息肩未有日耳大都錢糧少不得不省卽當事者亦無如之何矣此又私憂過計然非所敢議也迂遠之談不識時務惟高明者採擇而用之

答馮仁軒掌科湖工用石議

承手教具紉高雅丈位諫垣得明目張膽言天下事凡有裨
國計民生者何問南北而乃過聽芻蕘之言惓惓下訊非汪洋千頃之度誰能有此感服豈可言喻謹具緣由大略呈之記室以備採擇儻猶未妥不妨再賜商確也相左之說幸毋介意姑無論天下事非一家私事卽當事者不得已而就省約其心甚苦今諒其心爲之達其意乃所以相成豈得爲相左乎彼見之且心感矣如前疏固前撫臣也今疏卽今撫臣也乃不一月異同如此可謂今撫臣與前撫臣相左耶原非參駁者例也幸丈詳之燈下卽刻申復不盡縷縷

擬疏大略

撫臺疏內謂取老隄所餘之石四千六百餘丈用之新隄且八潭原議砌石者今又以淺深較量復省其六當事者豈得已哉錢糧不足工程甚艱萬不得已而就省約耳蓋爲公家惜費而不忍百姓之困于賠累也其用心亦良苦矣雖然論事者在窮其源而謀
國者貴圖其終區區目前之計不與焉老隄所餘之石雖曰用剩然以之布于老隄之上可備不測之用前之當事者有深慮矣湖中風浪險惡

西風泊岸之勢最非人力所能防守今隄西一面雖用石矣能保其終不壞耶一有疎虞可隨取而隨補之况越河一開則隄以東之土又有夾攻之虞此石之布于隄者其備不測之防視前更切今盡以用之新隄無一餘者竊謂非計也始事之疏謂槐角樓以北至寶應南門止內有八潭處所皆係往來湖隄決口沖爲深潭惟其河身稍寬宜兩隄砌石以防衝刷乃今則謂六潭俱係小潭水亦平淺不必槩用石砌夫前後看者同一司道同一府縣官也使前日之議是則今日之議非也今日之議是則前日之議非也二者必居一于此矣竊恐今日雖以錢糧原議之狹而就省約不數年後儻有他虞則當事者將坐視其敝而不爲之所乎抑亦再請之內帑乎前高郵湖之事可爲明鑒矣無論淮揚之民不得息肩而

國力難繼豈得不爲長慮也哉故愚以爲任事者不當爲目前一時之謀而當爲百年久遠之圖此一勞永逸所當熟思而曲突徙薪非過計也伏乞察諸臣不得已而就省之心考前後疏中互相異同之故以主事陳 所議三策下部覆議儻或可行俾任事之臣無憂于掣肘而湖防之勢務成于久遠使不致異日復有再修之患則

國計民生不勝幸甚

復王雲澤翁撫臺題疏揭書

惟氾光一湖運道咽喉東南之望開越河也若饑渴之望飲食焉第江淮之困于河工也則十也所奕又不啻任重者之思得息肩也斯兩者調停之甚難賴台臺殫力經營僅八閱月而大工迄就帑金不益民力不煩視昔康濟河所省十之八而閭閻安堵視曩者高郵石隄所省于

民者不啻半之信碩畫紆謨出尋常萬萬自有河工以來未有若斯者百世永賴東南成坦途矣捧誦大疏展覽圖冊令人喜動顏色縉紳靡不嘖嘖稱善所裨

國計民生者詎特一方一時之利而已哉不佞晚生竊以制伏田里見河工之起民苦征調蓋嘗與父老扼腕而嘆頃因協濟報罷有慨于中不覺冒昧令適知杞人之過計不足以窺至人之經綸也惟台臺不以督過之不翅幸矣猶然拜雲翰以辱大臣體

國之誠君子取善之量具見之矣寧不感服謹九頓勒言申謝昨浙中定兵變士夫報開府書曰願我民世世不忘大父母願大父母子孫世世來庇我民也台臺世有海陵之澤不佞敬援此爲江淮頌之

恩命指日下尚容專賀某不勝忻忭仰戴之至

復海道舒錫涯

恭惟晉陟崇階

聖明軫念江淮特再允冠君之借豈不地方盛事人生奇遘哉不佞爲桑梓忻忭無已圖遣一力馳賀方在勒狀而使翰辱臨重以明晛晛之盥手啓函肅襟登拜愧感如何可言湖工大舉不佞謬有陳說皆出昔者制伏田里中所親見蓋嘗與父老扼腕而嘆頃因協濟報罷又竊私憂恐貽將來之累輒爾冒昧多言適今帑金不益民用不煩不一年而大工迄就垂萬世永賴之利神矣哉其經綸也不佞杞人過計誠見不及此聞之倍自愉快且不勝仰服謹九頓申謝少選專役上訊台禧茲草草不具伏惟崇鑒

與州守李復齋

別後上起居狀者凡四蓋子弟于父母不敢以遠在外而忘愛敬之心矧荷眷存更厚則致詞以謝又義不容已者乎然而一言不及私誠不欲上累仁明而自居于干冒之嫌也硜硜自守平生所矢儻有假借幸垂察焉每見各處士夫家人往往不識法度而在事者又以士夫故而貸之不佞竊以爲恨雖甚綿力然不敢不戒戢其下恐或有出于所不知者幸明君子在上乞照于肝膽之中而略于形骸之外卽以寘于理毋爲曲庇則芳也拜賜宏矣眞切眞切室人以五月抵都病暑糾纏久稽申謝昕夕悚焉靡寧茲秋矣專遣小力馳叩于體仁堂下幷布腹心條鞭事聞已就緒品第公平大爲鄉人之福第中包區糧尚屬疑似聞榜已揭示矣以人言而復收之不佞竊以爲法貴詳愼而畫一令貴神速而風行不詳則無以垂久不速則不能去奸

明臺卽欲重爲更訂必以郡事暫輟專意了此親爲編次則詳而且速自
足以服人矣
天地鬼神鑒臨在上卽有一二人言久之自定迂謬之譚儻有可采幸留意
六月時雨傳聞鮮少秋成可望此皆長人者調燮之力矧海口告成水
有所歸時和年豐十年氣運轉而益新喜孰甚焉惟敷政之餘益茂體
仁之化以終惠海陵赤子臨楮不任拳拳

與李吉師

昨寶應湖報工疏至不越三月土工已完十分之九豈不神速哉且也
帑金不益民力不賠而工更堅緻可久謂能使數世永賴益又神之神
矣夫高寶兩湖事一體也高郵湖公費百三十萬而民猶稱擾寶應湖
公費僅二十萬而民用不煩高郵湖爲之窮年而不足寶應湖成以三
月而有餘天淵懸殊乃知碩畫神謨非前人所可方擬其萬一門生昨
所言信杞人之過憂爾雖然杞人至愚其惑終莫能解也使不幸而言
中東南之憂且未歇乎恃知愛敢附布腹心伏惟老師默識而徐俟之
不勝惶悚

與譚見吾州守

頃兩奉狀掌記者則近聞淮南大水異常海陵而北汪洋滔天民困至
此仁人何以爲策乎心念之不巳適陳貢士歸附此起居惟盤錯可辨
利器旌車甫臨適承署事貪漁之後災沴時行之初所爲撫摩而調停
之者此正可以觀大經濟也昨撫臺報災疏發自五月十三日故詞意
不甚迫切迺發本後則災傷更重不知按臺勘報時再能極言其狀否
門下于此加意則目前拯救之急務爾如何如何南望體仁堂依依不

盡

謝王見河太守

惟廣陵有福星期月矣康衢之謠傳來都下者洋洋盈耳盖薦紳數東
南良二千石則靡不爲屈第一指也此豈佞諛之貌言簡牘之套語哉
英聲茂實公論在人自不容掩
天子方嚮意吏治修兩漢故事
璽書褒勞行見首下淮南矣頃拜雲函伏承鼎貺大荷記存之厚重辱芻蕘
之採德意烝烝謙虛也則悚意而感嘆者蓋反復數四焉謹齋祓肅狀
九頓以謝近洪水爲沴東南半天下而淮南澤國更且益甚卽今湖隄
以內汪洋千里民困至此不有仁人在上何以拯救而登之平成乎桑
梓在念望雲戀慕恍乎若登經濟之堂而爲祝者

與鍾順齋南掌科

承手教足紉虛懷丈磊磊大節淸望獨隆彼忌者卽臧氏子亦奚以爲
何足介意不佞弟素屬知愛偶有所聞不忍不以告爾俟後儻更有聞
另以奉報必無隱焉毀譽不足憑自古爲然近世更甚第處之有道卽
文淸文成諸君子言之詳矣丈高明何憂乎心跡之間哉役旋草此奉
復幷謝洪水爲災東南且半天下而淮南更益甚丈何以拯救爲策乎
一言重于九鼎恐不得默默而已也

與譚見吾州守

九月小僕南也具書以候不數日而家伯以調官至兩承鼎翰再辱珍
貺且口傳種種厚雅不一而足老父母之念子弟者至矣子弟顧何以
報乎刺心爲銘眞切眞切伏讀兩移文懇然憂時之慮愛民之誠而措

注經論鑿鑿實政海邦何幸得藉福星豈非曠世一遇哉獨念淫潦異
于往時災傷甲于諸邑當路者獨奈何一視之至見眞言切如仁臺所
申呈狀乃不得一達于
九重言之扼腕即今徵輸起矣漕艘將抵河下勞心焦思仁人夙夜不寧
蓋可知已不佞秋糧數十特戒小僕買米先期盡數完納以爲郡中倡
不容升合掛欠方日夕念仁人恨不能少效涓埃至分數當輸者忍後
時以自外耶
天子愛民甚矣賑濟之使分道四出一時
特恩而江北所派帑金與山東僅僅三萬則分至吳陵亦復幾何恐不足以
塞嗷嗷待哺之望司農使者行部時門下須力請之本道必得使者親
至北河以下一擊其狀其有不涕泣而聞于

上者否也第恐行部時將在明春則水落田出不復如今時消索景象爾此
民隱所以艱于上聞而有司所以局于展布蓋往往大都然也雖然亦
盡此心而已門下初政翕然口碑自無患當路見知之難乃贊德頌功
爲桑梓幸有令主此自子弟之分且切緇衣之誠即在散地敢自愛焉
敬聞命矣舍弟奉例入南雍虔此上謝并致起居時維冱寒幸爲道愛
護以需德化之成不勝至禱不勝大願

與譚見吾州守

前奉起居惓惓以催徵一節爲仁人慮不數日而撫臺改折之疏至矣
戶部尚未復不佞雖綿力然幸有此疏不敢不極言其狀于當事者俟
覆後另報儻得改折停徵本色則寬一分地方一分之惠也先此上聞
以志喜焉撫臺疏激切皆賴老父母原申能悉閭閻疾苦故得以轉聞
于
上此其錫福生靈所存活者甯獨一人一家而已哉許君拜新安博士携家
眷赴任許君慷慨能熟民情利弊都中劇談鑿鑿有見儻辱延訪或亦
治道之一助云附此不盡

與譚見吾州守

頃許博士君過里中適見漕撫公有改折漕糧疏題語激切不覺喜動
顏色即以具報尋得全抄讀之則止興鹽二縣而司農氏所覆則據按
臺勘報之章亦不以海陵爲重災也蓋初報分數太薄故因仍至此爾
嗟乎敝州糧六萬有奇坐下河者十分之九被災與興鹽等而獨折不
得與興鹽比也豈不冤哉有孤仁人愛民之意當路者其謂之何雖然
亦將何所控告哉謹以所聞附覽近漕艘已發徵糧分數何若門下誠

心已見諒于小民矣稍有身家者當急輸公之義第逃移之戶何以取
足原數此時想已就緒不多贅舍弟以遙授歸肅此代致鄙私并候福
履遙授小銜本不敢上謁然子弟具冠服不敢不拜大父母也儻辱假
之體貌爲光厚矣臨楮馳戀有懷不盡

副啓

屢奉起居惓惓災傷一節不料勘報之疏部中只以興鹽二縣應之不
佞即百喙畢竟當事者以原疏爲主豈肯輕信鄉人之口也奈何奈何
催徵事聞大費仁臺心力近日不審能就緒否不佞以陳守業爲戶昨
戒家僮起運盡數完納前書中已悉儻別有拖欠借名不佞者幸痛懲
之當此焦勞不佞念之甚切敢不仰體仁人時勢之難而令拖欠者得
藉口乎眞切眞切

與胥頤川兵憲

日者有問遺之辱具啓陳謝入春以來祉履亨嘉譽聞休暢一路福星凡
聖明所不旰食而東顧者賴威重爲之屏翰也災沴之餘梓里人至都下者道老公祖憂形于色雖蠲恤之請大司農未允而眞誠懇切之思閭閻蓋已諒之民心至神此足覩已漕事已竣官民之力俱病矣近
朝廷有蠲舊逋之旨涸轍雖不無涓滴之惠第恐司計者將指此而督新徵則閭閻又祇爲枯魚之肆而已愚意漕事方竣而鳳陽倉口必不可不暫寬以俟秋後蓋倉口雖難欠而勢尚差緩即每年所逋可考鏡也以此調停其間則盡蠲舊逋暫寬新徵庶幾民有實惠如有司以蠲舊急新而曰上已寬矣是朝三暮四之術非用一緩二之舉也昨漕事急

如星火民方剜肉醫瘡區區子遺能再堪箠楚乎諒仁人在上此必有目擊而爲之處者而鄙生私憂過計輒効其款款之愚伏惟矜察而貸其狂幸甚家伯赴官南楚便還里中附狀起居干冒威尊無任惶悚瞻戴之至

與王麟泉操江

惟山斗崇名寰宇之思見丰采也若饑渴之望飲食焉何意江南北乃獲先在照臨之中旌旄南指留都自士大夫而下即田夫野叟婦人小子靡不戴令公而望休澤矣萑苻之竊潢池之警豈待有所詰責規畫而後帖然哉潛消默奪威名所鎮壓者遠也雖然人臣任事不貴爲一時之圖而當爲百年之慮江南事鄙生不能知江以北所習聞且見也徐淮之間日苦水患野悉蒿萊家無擔石之儲而鳳泗曠地一望數十百里民窮刻骨廬舍爲墟以彼其勢可能百年無事抑豈惟百年杞人過計若有朝不謀夕者天幸
主上以名公照臨此土所爲開益鎮撫倡率守令必有安定還集爲久遠之至計其不傳舍視其官而以越俎誚之蓋可知已至若江防捕盜具有成規牙纛申飭之餘竊謂一將吏足辦耳明諭謂建威消萌儻亦在彼而不在此乎迂疏無狀聊以答虛懷集思廣益之盛節云幷謝雲翰記存之厚伏惟矜詧而貸其愚臨楮九頓不勝瞻望悚息之至

與譚見吾太守

前閒貢士李武舉回俱附書以報頃戶曹覆災傷疏公移想已到州漕糧折五錢可謂寬矣而又停徵其半又寬之寬者也從來災傷未有浩蕩之恩如此者奉行

德意又有仁人在事豈非海陵百萬生靈之幸哉乞將原文明白開款揭示通途使百姓曉然知
朝廷蠲恤之典與老父母爲地方懇請之意不然閭閻小民不知蠲折款目里遞因而多取是澤不下究而文移徒爲虛具也萬惟留意榮滿最章想候新按臺會疏以題保留久任地方仰賴甚切前已對辥道致此意不謂其以憂去今張君新任又一番更新矣偶便附此

與王鹽法文軒

昨抵儀眞見邸報讀老公祖淮河議濟失策一疏嘆服屢日隨手錄一通置之座右蓋高寶邵伯諸湖爲運道咽喉其內則淮揚兩川四縣之民實待命焉自隆慶三年以來歲苦隄決減水諸閘滔滔東注數百萬生靈存不耕之田納不耕之稅蓋已十室九空散之四方轉于溝壑幾

靡有子遺矣方日夜引領而望曰庶幾拯我陷溺者匪異人任卽塞決隄開海口猶懼不給而倘可引淮入湖以數州縣爲壑乎況黃河強淮水弱淮引而南則黃必隨其後高邵諸湖不能容則勢必決隄而東東則入之江乎入之海乎入江則隄已決而水不復南入海則口方塞而卒不可開其勢必至汪洋瀰漫幷老隄且盡決而平矣隄決而平將千里爲壑卽欲復求如今之決而塞塞而復決且不可得已此其關係豈小小者而可漫爲嘗試哉

大疏謂從此淮不會黃大入內地不惟六州縣之生靈將爲魚鼈四百萬之漕粟將爲梗阻而通泰淮安諸鹽場皆將爲池爲沼矣一何慷慨激切而得地方之肯綮也孔子謂夫人不言言必有中非耶至謂湖黃淤墊與隄並高淤者日淺築者日增淺則水溢增則土危此則數十年諸

湖切害其機正在于此蓋隆慶三年洪水大發高堰決而淮黃之水入灌高寶以致黃土成淤湖底益高迄今爲害二十年職此之故夫高堰方患其決而可開周家橋以引之使入乎則隆慶三年之害將復見于今而前人護高家堰以防淮水之入者豈虛設耶利害昭然不啻黑白此數州縣之萬姓及三十場之竈丁日夜所恐懼咨嗟而不能一日寧者也老公祖一疏其大造地方何如者家傳戶誦不啻蓍龜不佞嘗謂天下事原有一定之理任事者當擴咸虛之量今日之水在
祖陵則有嚙及之虞矣在泗州則有剝膚之憂矣豈不誠急然自有道焉故禹以四海爲壑可也白圭以鄰國爲壑不可也夫老公祖豈輕視
祖陵薄待泗州而獨厚此六州縣者哉夫亦以天下事非一家私事任事者不貴爲目前之圖而當思爲千百年之計耳故曰遠尋上疏開支河

以殺淮黃之勢多濬下流闢諸口以擴入海之途信斯言也治水之策無逾于此矣奈何不此之圖而彼之計也不佞昨在南都曾對士夫有芻蕘之議敢因入海之說一畢其愚爲老公祖陳之
國家爲河道設官非不星布棋列然皆沿河爲歲時修隄塞決事耳至于入海之途止尋討于水漲隄決之日而不講求于水平隄固之時以故卒然水發往往無策愚以爲當專設一官以府佐銜綰銅章專住湖隄以內下流入海之地令其巡視入海諸口凡可開之使通者凡可濬之使深者一一講求而又重其事權一其職業令其專領海口事其沿河修隄不使兼攝民間詞訟不令干涉庶乎責成既專講求且預入海之途可廣而疏濬之法亦時舉而無失矣或謂沿河諸臣奉有專
勅勅中豈不亦載有濬下流之說另設一官不已擾乎愚謂濬下流雖治河

中一事然兼攝而治之則其功不專特設以治之則其責難諉況兼治者不過一時之事而特設者則可爲時時之防使其日巡海口一如歲修長隄者然庶乎平時有備不至臨時議濬而四十八閘之減水自有所歸而不至以六州縣爲壑矣迂疏之見蓋雖爲六州縣切近之害而言然下流既濬海口常通則水由地中行而隄亦可保不至常決而徙爲亡羊補牢之策竊謂便計不知有當採擇否也至如和衷之說晏子有成言矣豈如丁衙岳欲和衷以安大臣者爲哉使人皆晏子則議論異同所以相成而非以相病安得矛盾將河不足平而泗州與高寶諸湖之水兩利而俱有所歸矣又豈獨可治河天下事無不可爲特人持胸臆不相下耳
國家大務往往難任者其病正坐此言之可爲於邑欽天監官罷遣老公

祖言業已大行此有關于
國體不細周家橋必當罷開此有關于運道生靈者不細不佞縷縷豈私
桑梓而謏台下者事有定理誠不敢畏避而爲兩可之說也伏惟裁察

與凌海樓

昨登堂未面徒深瞻戀鳳陽米停徵一節太守公申文似未明悉蓋事
緒多端不可不詳而民情未白不得不切況于題
請誠難草草台下靜攝雖甚關心然未可以此相累恐勞神思也不佞謹爲
鋪敘其顚末而代太守公言如別抄中所具特以呈覽未知可當于肯
綮否幸裁教而顓削之何如不盡欲言文去時竊謂鄉先生宜連名具
一公書上本府公祖不知事體宜然否幷乞示教爲望

與張海道

河干奉送意台駕之行尚當侯覆疏不敢言別也幾番擬差人起居瀏
上聞代未有定期故需之耳馳戀間忽捧手教不翅供璧讀條議恢恢
經國遠猷言兵則機宜洞若觀火言河則利害析于秋毫學術政事具
有實用蓋爲
朝廷有人慶豈獨淮揚百萬生靈之私幸而已不勝嘆服竊謂任事者不
徒果敢之銳爲難而在鑿鑿必可行之爲貴不然禹思天下有溺者由
已溺之其志非不銳也假令不于行所無事處求之則爲鑿爲擾雖有
視天下猶已溺之心何益于成敗之算哉如何如何草率布復幷以謝
教

與游州守

前承虛懷示教勉體台下憂民至意謹以鳳陽糧稿草創呈覽以老父
母鴻筆視之不班門弄斧耶乃芻蕘之見或亦採擇者所不棄也蓋事
體宜詳不得不備載而民情迫切又不可不明言伏惟尊裁昨知加派
原由已不可得侯文書呈府轉申時備之可也又昨見教十八年倉口
事葉政等有一糧數專開竈間所欠據其數至八千令人可駭當今官
民俱困之時而竈戶以遠在場拖欠至此若貸而不問而專責之民間
以完目前所急是奸竈得計而良民爲之代納矣里巷之口如此謹以
上聞以台下均平之政乞留意一査之見今奉詳批令管糧衙會同分
司追徵此其時不可失也如何如何恃愛縷縷倘容面布

與凌海樓

序事之文詳略有體士民原情備載于前此詳乎其不得不詳者也看
詳酌擬總括于後此略乎其不得不略者也如一概以爲煩冗則士民

之情何以上聞翁謂言之詳然後意盡其知之矣至謂荒廢沉沒之田
開之不多則減之亦少此事理之必然無疑者不必拘定黃册誠然誠
然惟翁所裁定耳昨閱南河三橋二圖眞可謂百年長策酌道里之遠
近計經費之多寡鑿鑿皆經濟實用當事者會有日計必出此也不勝
仰服先此謝容再登堂劇譚不盡

與張念碧海道

自節鉞之西也不佞不敢言別且曰有傅大司馬故事將復見袞衣慰
東人之望矣今果如所言豈不佞之妄測偶中哉蓋祷望偉功
當宁爲東南再借寇一年而深仁厚澤江淮赤子願得長有福星照臨耳
聞報之日閭里歡聲載道即父老子弟靡不舉手加額以頌而況不佞
之辱庇幪徼福如天者哉日望履任伏謁稱賀而後戒行不啻農夫之

望歲也河上久勞工程計已次第下河宿水布種無地而高者被連日
風雨助而虐之百姓皇皇無所控告將來租稅何所自出蠲停之議當
路不識肯題
請否老公祖其有以左右之地方幸甚不佞請告後疏被都下相知者所留
小价不得上而歸于五月二十三日至矣雖都下諸公美意然進退維
谷奈何不得已戒行其于原限已違然必待迎旌節而後卜期也不知
榮任之期的于何日謹專人代致下忱伏惟明示西望台星有懷瞻戀
不宣

與李順庵州守

昨特遣謁門下想已達記室矣曹貢士歸再此致候碑文勉從鄉人之
請第不文無能爲重迺仁明始事之辦擔當之勇不敢不志其實也矧

桑梓水利民生休戚所關特詳言其曲折欲使後人知所考無難與爾
已屬曹君致之學中幸垂鑒焉

與李順庵州守

曹貢士歸函碑文于學中不識鄙俚之詞能當于事體否愧揄揚之未
能笑筆力之已拙然于門下擔當直前之意則自信發揮不遺餘力也
如何如入

覲在卽行期想在冬至之初晤教有日謹儆居以俟大駕矣

與歐宜諸大尹

頃歸里中讀
大疏爲一方請命其詞痛切眞有一言一淚者不佞嘗謂民隱壅于
上聞則以撫按所轄者遠往往類題焉能悉其苦楚之狀而有司以例不得

言又往往退縮付之無可奈何則
廟堂何由知而民生安得不困也今門下之露章也其詞曰撫按爲一方
請命而有司爲一縣請命位有大小忠無兩心見之有不心動而扼腕
者非夫也敬服敬服謹專人起居蓋不專爲抒積悃實爲昭陽萬姓賀
有仁君耳學使者將按部計車從當至海陵而不佞方上疏請告抱病
杜門不得伏謁先此代致區區伏惟崇鑒不備

與游振巖州守

惟不腆海邦徼有天幸借仁人君子撫而臨之今且十月矣膠庠諸時
雨之化閭里耀福星之輝凡此士民蓋家蒙恩而戶戴德焉頃審編告
成上下適均貧富各安其業帖然無有譁者側聞康衢之謠謂玆舉也
當事者爲之歷年而不足明府公取諸數月而有餘且是奸弊藪也向

屢澄之而不得淸今一洗之而徹其底如化工賦物幷其情不得遁焉
吏鮮伏奸民有甯宇一何神也蓋眞誠任事如老父母昔人謂不忍欺
者是已仰服何如直指使按部在卽採風辨材當有殊薦以酬循良之
績矣顧不佞更有所獻者循良之政須爲地方講求大利害而徐爲興
除不激不擾乃爲異等敝州包區糧久爲民害前聞已三千餘石近又
不止三千矣蓋十年大造民間推收奸人上下其手從中零星埋沒不
可究詰年復一年積而至此當事者不得已令廒頭均攤里遞代納故
名爲包區此遵何法哉曩傅后川老先生備兵時曾一查之不數日而
得五六百石再需歲時可盡得其要領奈何輒報遷去而五六百石者
旋復如故影射矣可爲扼腕然其淸查之法可尋也專責各里總書先
懸賞罰開自首之門嚴鉤稽之法亦自不難顧力任何如耳然民間又

苦竈戶糧輕而差寡㷀黎父毋丈田後斷自嘉靖二十七年以前爲祖竈田二十八年以後爲新竈田祖田仍舊新田編差其法甚善乃後大造新者詭而爲舊不可辨識以故竈間買去民田不啻十分之三四一槪以竈田影射差徭而民愈病矣及至催徵竈戶不赴比較保家多爲包攬起運錢糧每年完不及十分之一存留錢糧則全逋矣往往取盈于民間是民又代竈完分數而民愈益病矣間遇例蠲免獨竈戶蒙恩而民不沾惠屢年册籍可考而知也一或督責嚴切輒駕詞赴愬鹽法而鹽直指不能不右竈而左其民有司付之無可奈何竟成積習牢不可破此兩事者敝州之大利大害也非大破拘攣之議負彊明敢任之才而又本之忠誠懇惻之心流通貫徹宜未易語此雖然豈伊異人任昔人謂執事事也執事責也門下得無意乎不佞不敢必以此望老父

毋第不可不存此議論以備採擇之萬一耳如何如何時當入覲士民正無計攀留會有報以災傷暨海上故不使與于玉帛之列此當路爲地方至計乃士民得旦夕不離于乳保也則何幸厚焉不佞雅辱洪庇褭在里中過蒙優禮無日不切感戀久闕起居茲聞留覲之報專遣上狀布此懇悃且以志喜北望鄉雲怳若登體仁堂下而爲頌者

敬止集卷二終

敬止集

海陵陳應芳元振甫著
同郡儲　燦文光甫校
周崇儒士眞甫校

目錄

書

目錄畢

士夫公上院道書

節鉞鎮撫江淮某等均戴二天之庇山斗在望瞻謁無由感頌之私日焚香告天願江淮長有福星使家蒙恩而戶戴德世世不朽如周人之得召公則早夜所禱祀而求者也頃河工大議

聖明穆然重本源之思然而運道民生尙亦有兼利焉萬代瞻仰在此一舉近者淮南永折之請守郡者鰓鰓爲地方至計顧高泰二州寶興兩邑事同一體乃高寶興化得蒙浩蕩之恩蕞爾泰州獨抱向隅之泣閭閻萬姓奔走呼號至羣走某等之門而責其不一聞于當路詞甚迫切某等謝不敏義不獲辭謹以公啓上記室其顛末具在里旅呈詞中伏惟留神省覽特賜採納使日月無遺照雨露不偏施百萬生靈免于不均之嘆諒仁人君子所不忍拒輒敢披瀝以聞干冒威嚴某等謹北嚮九頓首而緘之不勝激切悚息跂望之至

復褚愛翁撫臺

往拜雲函之辱方擬專使報謝不謂捧檄時程期則已將違矣趨上豐芑未遑一介之遣此衷日夕耿耿何意汪洋雅量無纖芥督過而歲籥方更復承垂念華緘再臨懇懇地方民瘼下詢借聽求明之盛意卽古大臣風度尋常豈得望焉感服感服惟福星照臨淮海窮簷蔀屋凡幽潛闇曶得耀于光明蓋吏勤其職閭閻奠于衽席非一日矣連睹大疏翩翩然漸達之想士民皇皇恐失所天

主上不遐遺東南豈忍奪其所怙恃而况台鼎需調眷倚尤切肯令得遂賢達之高致哉幸爲蒼生自愛淮南大水滔滔東注高泰興寶田若釜底仰而受其瀰漫之害故此四州縣者未可以二視也所從來矣昨所

司陳情永折獨言高寶興化不及泰州豈以泰州州治尙在高阜而田亦有上下河之分耶不知州治之高一隅耳錢糧五萬五千有奇在上河者僅僅三千餘石其五萬二千盡坐湖隄以内與高寶興化一也今以州治一隅之高阜而掩四境瀦湖之低下以三千零星之上地而掩五萬重大之正賦此百姓所爲日夜腐心而不得其平者也昨士民赴愬承老公祖洞鑒云疏已上不可再疏俟更爲圖斯言傳布不啻朽骨而肉之卽今獻歲發春矣久晴水涸將來必有久陰水漲之患不知後當何狀儻爲地方建議乞老公祖詳察俾泰州仍前得列于高寶興化同類而共議之地方幸甚諒仁人在事小民自無向隅而泣者乃承淸問下及輒敢布其區區伏惟台慈鑒其懇悃而矜其所不逮臨楮不勝瞻仰感祈之至

與劉彬庵州守

歲臘承翰惠遠貽潦草裁謝春日載陽福履綏之惟我樂只君子有焉可不問而知也念閭雲緘再臨讀諸公移具見留心民瘼竈苦逋負民代賠賦不佞有慨于中久矣昨敬止集中曾備悉其狀今賴處分明妥得請于當路報可黎民尙亦蒙休哉可爲一快第文中猶有運司再議一節恐爲偏見者所梗須力持之使久而行可也永折事部議已允三州縣矣而敝州不與終爲覆盆之寃往撫臺曾命候直指公到日士民訴之幸仁者力爲周旋不佞卽綿力亦不敢自愛以負桑梓盡命葉政口傳矣春來善病率爾不次

與郭一陽太守

惟明臺天下鉅品也不腆維揚獲借而儼然辱臨之使戴有福曜其何幸厚焉期月以來德政覃被其霑濡而潤澤之也若嘉禾之得膏雨其起敝而登于理也若痼疾之遇神醫維士與民並受其賜與人之頌蓋十州邑如一口矣明臺何修而得此聲于士民間哉竊觀眞純愷悌可貫金石早夜孶孶無一念不在閭閻也者誠能動物慈可使衆有體有用固宜然爾此豈驩虞之小術簿書之俗吏可同日而道也不佞宇下一人也曩自閭還渴擬摳趨慰仰止之思而往來邗水玉體方靜攝謝客無能望見顔色獨從閭巷得條議讀之高寶比例興化請從永折詞意懇惻一言一淚卽夏禹由溺之思伊尹若推之恥蔑以過矣而敝州小民若猶有不勝其雲霓之望者不佞曉以大義謂明臺豈有意軒輊毋亦被水曲折偶未得親于目擊而額賦捐減尤難並請于一時次第而需之仁如明臺必當不竟遺爾爾頃細民又渡江來言明臺今以河

道復有條議詢其故則小民一一口誦其詞曰伍越潭等處衝决九口一時堵塞不及滔天之水建瓴東注由邵伯鎭高郵寶應至興化鹽城一帶方圓數百里俱成湖海廬舍桑田漂沒殆盡本府親詣踏勘平地水深丈許男婦老幼巢居木處哭聲動天聞之不覺痛心淚下嗟嗟此小民之天數而亦付之無可奈何也條議若此泰州不與焉不佞因復曉之曰若輩不觀議中由邵伯之文乎夫曰由邵伯則踏勘未嘗至泰州矣踏勘未至則泰州之水安從見之所謂方圓數百里泰州當十之三高寶興鹽共十之七以明臺仁心愛民于彼且云痛心且云淚下豈其獨厚十之七而薄視十之三者特見不見之分數耳使並見之則痛心淚下泰州豈宜在高寶興鹽之後耶夫何成心之與有細民聞斯言也至感動泣下乃又言曰昨者之議永折也熟於耳聞今日之議河道

也出於目覩以茲本原之地耳目聞見泰州一不得與上而兩臺又上
而
廟堂將惟本原之地之言是徵是信泰州不終覆盆矣乎夫前此未永折
也猶與高寶興鹽無別也今永折而不及也則迥然區以別矣前此治
湖有公移也猶與高寶興鹽並列也今公移而不及也則災不列于湖
內矣是日月之容光不照而雨露之膏澤不被也日月雨露誠然無心
彼不照不被者一何不幸也與哉爲今日計必得吾使君遍下河之境
盡數日之勞或由高寶登舟從興化至泰州登岸或由泰州登舟從興
化至高寶登岸一一咨諏覽其連界被水之因考其田賦多寡之數庶
日月之明徹于蔀屋雨露之潤均于枯槁子其謂何不佞謝不敏信如
細民之言儻亦有芻蕘可採者乎不得已備述以轉聞于臺下而佐以

小刻夫老公祖之愛民甚矣愛則仁仁則必善求隱瘼愛則虛虛則必
能受盡言輒敢披瀝至此竊謂刻印銷印總歸無我開誠布公古人懿
節今日之事請明臺如細民言親舉玉趾盡境內遍寓目焉儻肯破拘
攣之成議毅然爲請于上以明前者得其概今者得其詳概則未能不
偏詳則始無不被無妨先後異同必使彼此畫一此大公無我之度古
豪傑之盛舉也即不然容細民具詞于兩臺然後因而往勘以復于上
爲言其狀蕞爾泰州猶僵人也今則生之又白骨也今則肉之庶幾哉
不朽之澤世世頌義惟均矣干冒威尊皇懼無已伏惟矜察而貸其愚
韙幸甚

簡將元軒代巡

惟大江以北長淮以南臺下甘棠遺愛存焉今承
簡命復持繡斧而臨察之
聖明重本原之地特畀以舊嘗經理之臣而東人懷袞衣之思于今得再
見威儀之盛蓋觀風問俗今昔雖殊而駕輕車就熟路有不煩諮諏詢
度而具得其肯綮者吏鮮伏奸氏無隱瘼豈不千載一時哉頃聞維揚
之境已奉有車轍馬跡矣不佞棲遲舊京無能隨諸父老率子弟伏謁
驄駟徒東望瞻戀有懷靡及而已謹專人代布積悰其齋沐而請者則
有一焉潛隄內外年苦鴻水高泰二州寶興鹽三縣利害無兩此臺下
所夙知也四方耳食往往言水但知高寶興化不知泰州幸而地方報
災請蠲則前此未聞有爲區別者即四方不知庸何傷頃所司議永折
則迥然區別甚矣百姓皇皇謂自今以往泰州不得與高寶興化同論
水也而反擠而列于江都通州等郡邑之間覆盆含寃何日白之夫水

患曲折不見知于四方豈亦不見察于守土者耶守土者懇懇爲地方
誠亦無心顧未見其形勢曲折耳不佞慨然有感繪圖著論明五州縣
一體之義反覆其詞說分別其門類代父老言詳具剞劂中伏惟留神
省覽焉昨撫臺老公祖諭士民候臺下按部時更爲詳議蓋永折之疏
撫臺先已具題今必待臺下補其缺略不致前後異同此事理之必然
而亦撫臺不得已加惠地方之至意也惟臺下之留意幸察他如改兑
之不均也泰州代賠于興化水利之不治也興起有待于專官此皆大
害大利萬姓所日夜喁喁而望者儻蒙採擇不啻生死而肉骨也世世
不朽干冒威尊臨楮悚息

與曲帶溪海道

曩者過里門辱臺下眷禮優厚重九登高嘉樹傳觴意烝烝如也迄今

改歲心醉無已時十月入南畿欲修咫尺之書爲謝而河上方嚴知旌
旆日駐淸江黃浦之間遠莫修訊然而此心未嘗不汎汎然與河流共
長耳臺下久勞
國事心煩於慮而身任其瘁此大禹由溺之思所以三過其門而不入也
頃聞平成就緒
朝廷將有異等以旌殊庸峻陟可跂而俟矣明德不亦遠乎直指巡行聞
臺下近始歸臨海陵謹致一介之使上候起居竊者永折之議百姓皇
皇尚無底止此不特不均之嘆而已蓋聚族而言曰前乎此也高泰寶
與同有被水之實幸無區別之名今則黜之使不與高寶興化並列而
乃躋之使上與通州江都同科不幸而有被水之實矣又不幸而蒙不
水之名矣寃哉乎其區以別也若不及今自明年復一年終覆盆不白

矣是以如是其急也即如改兌一節當時在上者不明示以攤派之故
在下者竟莫知其攤派之由一生厲階迄今爲梗至容容無所告愬前
已誤矣可再誤耶信斯言也迫切之情無惑乎其皇皇也不佞甚哀憐
之爲繪圖著論以明一體之義詳在剞劂中專用馳獻伏祈留意幸察
廓大公無我之度弘虛懷翕受之誠以塞百萬生靈仰望功德無量世
世不朽今直指公按部千載一時昨撫臺諭士民有候直指公會議之
說矣泰州固台下之畿甸也能無厚望乎水利專官一論不識有當事
理否統惟採納幸甚不佞當入
賀晉謁非遙臨楮徙倚之至

再與劉彬菴州守

前葉政回具書以上尋聞民竈分徵之議格而不行昨見原批有運司
再議之文僕固已知其不可得如意矣甚哉和衷共濟之難也天下事
往往如此亦無足異然不知後當作何處分懸念無已聞直指公按部
士民愬永折事諒門下必已控之直指公此千載一時也然士民非苦
苦必求永折乃其情則甚不得已焉蓋前此高寶興化未奉永折則泰
州雖與同其害而未有顯然區別之者今則形之章奏以泰州不列于
高寶興化之間而躋之通州江都之列不知水之至也能免泰州使不
爲害如通州江都否耶有水之實與高寶興化同其害而不水之名與
通州江都同其利甚矣其不察也夫今不愬將又如往年改兌故事矣
百姓安得晏然而已乎勢窮數極改兌之事方且追怨不已前日已誤
今日豈容再誤何怪乎百姓之日皇皇耶僕聞父老巷議不勝哀憐故
爲著書其詳具在刻中謹以奉覽蓋今日事不在辨折與不折而在辨

水與不水必請本府太守公親詣踏勘遍泰州興化高郵寶應之境無
一處不到而後知五州縣同界一體水不水之故可得而議矣即今久
晴水落而沉田獨多且疆理辨識正在此時此第一義也不然雖百喙
無益爾僕已致書詳言矣惟門下力贊之地方幸甚入
賀在即晤對非遙餘不瑣瑣多贅

再與郭一陽太守

永折之舉老公祖業已建議撫臺業已具題士民豈不知而必欲臺下
再請豈不強之以所難哉昨年泰州亦從改折矣豈又不知臺下之恩
而必欲爲此無厭之求哉蓋改折之恩在江都通州是偶災也永折之
議在高寶興化是常災也此水不水之別也泰州之水常災本與高寶
興化同其實今日之論偶災則與通州江都同其名此名實不得辨百

姓所爲皇皇而不已也今春泰州水落高寶興化亦未嘗不落也高寶
興化伏秋水發泰州亦未嘗不發也其地勢疆界一而無二者也其與
通州江都自是不同此非親勘不可得其曲折親勘有一處不到亦不
可得其顚末此百姓所以披瀝而敢請之臺下也夫上之與下血脈貴
相通也通則下喻上之意上察下之情無壅閼而有貫徹一體之義也
不相通則上厭下之聒下怨上之偏有隔絕而無洞達交疑之道也明
臺條議偶未及于泰州百姓未嘗不信其無成心矣百姓皇皇而請自
其不得已之情明臺虛懷雅度亦豈有不諒其民者哉卽先後異同適
足以見臺下天地父母不偏不倚之公耳若曰業有成議不信泰州之
同于高寶興化也則百姓之情無以自達于上矣僕固諒臺下之必不
爾爾也冒昧至此死罪死罪至水利專官一節似今日對症之藥臺下

若能採納而行之則五州縣並受其福豈惟永折不煩再請卽與化改
兌且可復還舊額平成之利世世將永賴焉其詳具在刻中伏惟留意
省覽入
賀在卽諸俟面布不宣
上楊后翁總河
惟
國家大政凡幾而其最艱鉅者無如治河蓋天人之際難言哉他政專屬
之人惟治河則天人參焉其初也天也而以人挽之其後也人也卒以
人勝天矣然其挽之也與其勝之也又非可役其私知臆見以與天角
也因天之道順地之宜利之而已矣故曰禹之治水也行其所無事也
人之言曰禹之治水也易今之治水也難禹之治水也疏之瀹之決之

排之任其入海而止故曰易也今之治水也上
陵園中漕運下民生缺一不可必兼利而後爲治故曰難也不佞竊不謂
然禹之治水在禹貢一篇矣不曰水而曰貢治水所以任貢也后稷教
民稼穡與禹並時而興國計民生治水焉依兼利而治所從來矣奈何
曰徒任其入海而止耶故知禹之所以兼利則知今之所以兼利矣知
禹之所以爲難則知今之所以爲難矣其挽天運而以人勝之也未可
以古今難易兩言之也禹之治河也主于分禹之治淮也達于河則淮
之從河入海也自禹時已然朱考亭謂孟子排淮泗而注之江爲記者
之誤一時牽于文勢而不暇考其實今人強爲之解終是可笑矣臨川
謂禹時江淮未通揚州入貢由江入海然後達于淮故曰沿于江海達
于淮泗由斯以言則淮之合于河也與其不能注之江也地勢自天而

建誰可違之禹行所無事正謂此類故以今淮南之地勢考之而益信
禹之治水也水之道也吳夫差始開邗溝隋人廣之不過通水於淮設
立閘壩以濟舟楫若今之漕運是已未有可因而導淮強使入于江者
自河淮不靖震驚
陵寢
主上赫然下詔遣侍臣勘議爰
簡命名德鉅公使董振治之台臺胸有全河首事之初議分黃殺其勢以
利淮之出也譬之挈裘而提其領操舟而握其柁雖神禹復生無以易
此而一時衆口藉藉援孟子排淮注江之說必欲徹毀高堰縱淮東下
由是入江入海之議紛然矣信如其說則禹之治淮非歟台臺屹不爲
動持論如金石此非秉神禹之智而運補天之力者誰能洞悉至是乎

不佞每從邸報中讀大疏未嘗不舉手加額爲
國議有人賀頃以淮南水利久苦昏墊而臨隄郡縣道里曲折往往有不
見知于當路者不佞輒爲感懷繪圖著論曲暢其說此雖與治河之議
無涉然而河不治水利不興水利不興貢賦不均此教稼穡平水土任
職貢治溝洫古人所以相待而成也蓋台臺疏詞有曰淮南連歲災傷
非盡天爲之由河不治耳深有味乎其言之矣輒敢以小刻馳獻請教
伏惟留神省覽焉乃若山斗仰止之懷寒暄問訊之語不敢瀆陳明有
專也統希台鑒幸甚

上褚爱翁撫臺

歲臘伏承寵問春初始得裁謝今忽入夏矣瞻依之懷彌切起居之訊
闕然鄙者奏記中有少選專遣之文得無自食其言也乎臺下即不督

過下悰沉鬱何以自宣茲特馳一介上候台禧用抒積悃淮水安瀾明
德遠矣萬家尸祝世世當不朽即今
聖明眷倚且晚間
簡召秉衡自是羣望所屬無庸侈譚乃仁人君子在上萬姓之仰之也若
嘉穀之有膏雨一日在事江淮一日之潤也民生利病孳孳不厭諏詢
而地方隱瘼則何敢避再三之瀆不乘此時直陳于前乎昨永折一事
業已上瀆清嚴數月以來百姓恤恤乎靡有底止此其情非敢隱
國計而病公家也則有故矣蓋百姓之言曰連年苦水十無一稔利害與
高寶興化共之即不蒙蠲恤顧未有驅遠泰州而過爲軒輊者今一旦
擯其受水之實不使與高寶興化並論而且蒙以不水之名直令與通
州江都同科此于名實之間固已不辨矣自茲以往凡遇河伯爲殃將

仍比于高寶興化爲請寬恤乎則永折之議業先區以別之矣將遂比
于通州江都無事瀆請乎則剝膚之災必難比而同之矣失今不一白
明將來無所告愬有委其田而去之請總歸興化版圖已爾信斯言也
迫切至情安得不皇皇也不佞甚哀憐之輒敢繪圖著書以轉聞于臺
下伏惟留神幸察焉今道府難于覆請者大都以成議自限耳不佞竊
謂事有定理議貴適宜如成議而盡宜于事理也可無更議如成議而
于事于理未盡宜也即十易議庸何傷要惟大公無我計安民生而已
今日之計無如請勘必得刺史君親詣下河盡高泰寶興鹽五州縣之
境無一處不寓目爲周覽其形勢辨識其疆界而後被水曲折之故可
得其詳語具在論著中以備採擇夫泰州于興化一體也泰州受累于
興化則若敵國然興化往往不恤其隣災欲使之去已糧則推以與人

集中所以有正改漕兌之說也蠲恤與水利不可同日而語水利誠與
蠲折可無事矣水利不興日蠲折何濟集中所以有農政專官之請也
芻蕘之見顧誠不知何如然仰體臺下虛懷求瘼之至仁輒敢布其腹
心如此惟台慈矜察而貸其狂愚幸甚入
賀之役當在夏仲晉謁臺端宜于此際不遠矣容面布區區臨緘不任徙
倚戀慕之至

與勘河張洛源掌科

惟門下關中間氣宇內俊人典在諫垣侃侃風儀一依于正直忠厚不
佞即未登龍門而御李然已傾雅望而識世有韓荊州矣頃河淮弗順
于軌
陵寢震驚

主上簡于衆得高明往任勘議當斯時也人謂門下秦産也于東南非素
習河與淮未涉歷也羣議嚣呶聚訟之章幾于山積四方傾耳聽門下
何以斷之已而分導之疏幾上具見確論民業不失望矣而最後定志
責成一疏縷縷數千言明淮必當合河入海高堰必當爲淮南固守紛
紛之議始定抑何其慷慨中機宜也斂袵環讀深爲國議有人賀獨觀
昭曠之原夏工心甚苦哉其尤所嘆服者凡門下所以來爲奉
命勘河則安
陵寢當第一義泗人誤傳遠近駭懼見稍不定誰能剖析其妄而略無所
眩惑搖動其間哉門下明目張膽直論極言皆人所不敢出釋
主上之疑闢横議之口斋是以還治河有定論矣擔當負荷異日重器再
爲

朝廷有人賀惟是淮南昏墊漕隄並決州縣患苦往往有不得盡達于當
路者則前日永折之舉是已不佞以桑梓不勝哀憐留都多暇日特爲
繪圖著書以申其説此與治河之議似不相關然而河渠水利兩者實
相表裏善乎河臺之疏有曰淮南頻歲災傷非必盡出于天由河不治
耳誠有味乎其言之也今河治矣而水利不興貢賦不均奈之何其使
斯民向隅而泣也輒敢以末議馳使而獻之左右幸一寓目焉儻有慨
然感懷者乎門下諫官也車轍馬跡所至地方利病凡有見聞得具以
還報
天子諏謀詢度詩人所爲咏皇華也漢長孺奉使河内見饑民能以便宜
發賑活者數萬家矧地方在勘議之内而轉聞非便宜之假門下名賢
當過長孺遠甚儻役墨卿一操牘淮南百萬生靈二天之庇也然而非

所敢望也僕久懷嚮往又天下事非一人家私事敢布腹心伏惟裁察
與楊華端鹽法
惟鹺政大計兩淮于天下爲甲
天子命驄馬使監臨之并漕儲河道吏治民生挈而畀之兼理焉厥任不
稱甚重哉臺下奉
妙簡而來也蓋羣望所歸屬云他可勿論獨民生待命于河道今時利病
最切蓋漕隄頻年屢決高泰寶興鹽五州縣仰而受其沉溺之害于今
三十年矣理窮數極當事者不得已爲永折之議以救之高寶興化業
已奉
題允而泰州雲霓之望非止嘆其不均而已蓋有被水之實而蒙以不水
之名名實之際欲辨之而無從也不佞因爲繪圖著論佐父老岀暢其

義以告于當路仁人君子冀垂憫焉計臺下東巡其道塗必出安豐東
臺之間其時日當于夏杪秋初之候常年河伯爲殃此正其際矣儻命
舟取道興化以及泰州于時展覽圖册按而詢之當盡得其狀有如徼
藉福靈萬一伏秋之水天幸不作然阡陌多沉于沮洳疆界不異于昭
陽論中所謂不水之年猶水也不災之年猶災也益可知其十無一稔
之由矣敢預成書以請伏惟留神採納地方幸甚至如山斗之仰嚮往
之誠積衷有素瞻謁無由有東嚮九頓首而已并乞崇鑒臨緘不任瞻
依延竚之至
簡陳楚石操臺
淮南之有鴻水也自隆慶三年始今且三十年矣決隄沉田無歲不患
苦之夫隄内州縣可指數也乃有不盡知于當路者因而蠲折之請不

均百姓皇皇即有控告不得盡其曲折不佞不勝哀憐爲繪圖著論以代父老之口昨蒙枉重略面陳其概矣書成輒敢呈覽臺下牖清江海鯨鯢遠遁赤子不有甯宇乎然外享清平之福而內迫沉溺之災此一方者或亦臺下所軫念不以越俎而若爲弗聞也伏惟留神省鑒幸甚

簡段縠菴巡江

維揚一郡高泰寶興臺下久所經歷之地也鴻水爲災此四州縣者曾可軒輊乎使概不蒙其蠲恤則已今蠲恤而又過爲軒輊也不平之鳴何能禁之臺下昔父母今王父母矣觀風問俗無煩咨諏當具得其疾苦之狀新刻奉覽其中反覆之詞雖似蕪冗然其憂之也切故其說之也詳閭閻不得已之情伏惟垂意幸察

簡黃同春屯馬

驄車新

簡江北雖未奉有轍跡然照臨所被即幽潛闇曶庶幾燿于光明之下矣維揚高泰寶與均水國也連年河伯爲殃迄無寗止頃者三方業蒙永折之請而一方偶不及也父老奚爲後我之嘆不能自達不佞謹代爲之言特以呈覽地方利病小民疾苦諒觀風者所樂聞也儻蒙採擇當不以職事不相關而秦越之矣如何如何

簡馬步庭倉院

惟廣陵之賦漕糧與鳳陽米兼重昨以地方苦水鳳陽米業蒙前院陳

筠荷老公祖具

題稍從寬恤矣地方久而歌思比于南國甘棠近漕糧永折之議有所軒輊小民病其不均語具在圖刻中謹呈覽異日行郡縣執以問父老當備悉其艱苦之情也觀風者得無有痌瘝之念乎不盡

與陳耐菴侍御

往者讀治河大疏于淮南利害明如燭照其列被水地方未嘗捐泰州不與也蓋閱歷久則其聞見也必眞聞見眞則其稱說也自悉頃永折之議泰州不列毋亦未得于親歷耶百姓皇皇未已不佞爲繪圖著論佐父老控于當路惟門下于奮赤子加意必切專用請教前疏有之矣其詞曰渠非袵席我者乎昔嘗視由已溺矣夫由溺之思袵席之庇豈以今昔有二心也儻蒙採擇淮南隄內一路均受其賜不特寶應一邑戴甘棠而已

再與蔣元軒代巡

前者著書上塵清覽尋鄉人有渡江來者傳聞士民呈詞業已行道府

覆勘矣夫父老之詞不踰數行耳不惟紙上有不盡之情即臺下霽威延見問其疾苦顧片時數語不啻若自其口出也昨付之剞劂擬于萬言書以佐其鳴甚非得已臺下儻不屑越而寓目之乎不知有當採擇否夫業蒙行勘當有定論道府兩公祖爲地方至仁也然不能不疑于先後異同而爲之躊躇也者不佞竊計天下事顚揆之天理人情何如耳如其理與情兩無拂也即永永不變可也如其理與情未盡宜也即十更之可也適以爲廬適以爲公適以見其無我先後異同何病焉或謂一事兩疏

廟堂不相信乎則一在未勘之前前者未詳一在覆勘之後後者始確非比例而請也或謂告非其時姑俟諸異日乎則此一時也既責其太急而不之聽彼一時也又責其後期而不肯從將奚適而可也若曰初失

于議矣因是執有成心而遂終謂泰州不與興化高寶同也以實前言則非不佞所敢聞矣然不佞固諒道府兩君子必不爾爾今日之策必得郡守公親勘又必得盡下河五州縣之境盡勘而後曲折始無壅而不達之處渙然于先後異同之疑而慨然于先後詳略之故則一方幸收于桑榆而三方不偏于雨露斯大道之公已况自臺下爲之地方本其所夙按而真如萬萬與耳食者有間疏補撫臺之所未備又于異同之嫌更渾然其無跡也哉機不易投時難再遘士民是以如是其急也至農政專官之議其利有十漕兌正改之說其害獨偏此理數已極窮則變變則通之時也統惟詳察寬其再三之瀆諒其迫切之情不佞幸甚地方幸甚續有書啓一卷請教并希鑑之臨楮悚仄

與劉豫川郡丞

惟河上之借重也有年矣躬自胼胝蒙被霜露勞苦而功高平成永賴之績爛焉其爲明德不已遠乎殊旌以酬異等尋當有不次之擢矣日者興化永折建議始于歐陽尋又以高寶類議業奉題

允浩蕩之恩三方民歌舞之然不有向隅而泣者乎蓋高泰寶興一體也驅遠泰州列于不水之鄉自今日永折始譬諸魯衛兄弟之國也譬諸秦越仇讎之邦也以魯衛而等于秦越以兄弟而剪爲仇讎利害同而肥瘠兩視之欲其無吝不可得已語具在集中謹獻以備河上淸覽焉不佞又謂漕隄以外得門下治之矣漕隄以內水利農政更得有專治之如門下者則民生兩利之道也由前之說則一州屬望于桑榆由後之說則一路均受其蔭庇惟高明力贊于當路以慰萬姓雲霓之望功德不朽臨楮不任瞻企

與徐躍玉司李

日法星莅郡謁監司于海陵時不佞在里中亟擬摳趨登賀比報竣謁刻已在申賀明則馬首西矣掉臂失此良晤有懷歉然尋經邗水之上値車轍有事淮陰無由望見顏色豈喜御而登龍門固自有數耶門下淸標邃學筮仕而提三尺側聞涖政恪而用法平然猶加意民瘼不厭咨諏蓋蔀屋之下無不仰日月而徹于照臨者曾亦聞年來河伯爲殃之故也乎廣陵爲州邑者十而獨高泰興寶居湖以東賦稅出于水中其利與害實相脣齒頃蠲折之議遍及三方泰州不與也百姓皇皇四走訴哀時直指公未入境霈之至今不啻枯旱之望雨也昨父老陳情而命不佞佐其說謹馳上記室惟仁人君子重哀憐之今郡守公化成心爲太虛直指公聞疾苦若痌瘝必俱從門下問政一言贊助重于九鼎百萬生靈戴若二天謹因獻書之便附八行爲介紹先通姓名于左右若其問起居而抒嚮往則少遲齋捧之役當過里門伏謁且有日矣

茲不贅陳統希崇鑒

與翁周埜大尹

日承枉重衡茅一聆謦欬匆匆遄發攀從者一夕之淹未能也無何趨上豐芑矣亦不即修咫尺之書相問耿耿如何門下雄文粹學筮仕昭陽雖百里非棲鳳之所而一方炯福星之照詎謂不徹有天幸哉側聞口碑推心保赤惟日孳孳斯其精神措注固已非簿書俗吏可同日語已頃得水利圖說環而觀之厚矣哉仁人之用意也閭閻疾苦前有歐疏今有翁圖一時比兩公于召杜良非虛譽安得百子駿布在天下昭陽之民何幸焉泰州隣封也以門下仁心爲賀泰人卽與人何問隣封

乃彩鷁從淩亭閣入泰州境見其沉溺之狀于興化有兩否周環數百
里于興化多寡分數若何竊謂借冠地方宜無如門下日往來其間見
之眞切顧泰州不幸有上河或亦門下所未察輒敢以近所著書奉塵
淸覽試以上下河賦稅一相提而較泰州興化利害可分而兩耶夫高
泰寶興鹽五州縣一體也其在隄以內如人之有五內也五內有一經
受病未有各經不因而病者亦未有調養四經而一經獨捐棄以爲不
須調養者今驅遠泰州不與于水是五內獨遺其一則何以成身而謂
人乎語具在集中惟門下引一體之義贊助當路毋若敵國之有曲防
秦人視越人之肥瘠則幸矣臨楮不勝大願

報里中士大夫

惟先達長者鄉邦耆蔡里人之困于水也與錙折之不均也赴愬當路
情固宜然惟老先生一言不啻重矣若不佞小子何能爲役顧辱明命
以桑梓之誼相勗卽有胸無心忍以綿薄自外高義陪京多暇日特著
爲書藉手以告之當路或萬有一之垂念焉謹具請正蓋當路非有意
爲軒輕毋亦以上河之故掩而未察耳今圖以別之矣論以暢之矣使
上下截然不相混也開當路之疑代小民之口庶幾有轉移之望乎區
區管見如此幷以報命惟我先達長者不吝纇削而教之

報里中上舍及通學諸丈

日在里中諸丈聚族而及不佞之門也以錙折不均責之使言具見公
擧昨父老渡江而來又辱手書諄諄懇懇若不能一日安焉者夫國學
鄉校公論所自出諸丈秉大義爲鄉黨而又以大義責不佞夫不佞生
于斯長于斯將焉避之叨從薦紳之後所不與諸丈同心者有如日頭

敬止集　卷三　十八　海陵叢刻　第九種

聞直指公按部凡厥冠裳亦既有呈矣不佞謹摭拾諸丈之緖論著爲
一書以上專使奉覽且以報命其中論改兌亦甚詳蓋與永折錐兩事
然其關地方利病則一前諸丈言鄙者改兌已誤今再誤是又蹈覆轍
矣不容緩也是以幷論著之惟諸丈所裁訂焉

報里中諸父老

留京去里門雖不遙然長江天塹何可勞衆父老遠涉而來耶昨承羣
然而顧我邸舍也責不肖以桑梓大義不肖甚惶恐愧綿薄何能仰承
諸父老之命然諸父老里中斑白不肯卽安于家而奔走道塗跋涉江
表其愛鄉里甚厚而望不肖最殷也則何敢辭惟不肖之受父書也廪
于庠父老輸之幸而一第也兩有坊父老又爲我助喜而迎之此纖毫
皆
朝廷之恩抑纖毫皆父老之賜也其何敢忘今日之事使隱正賦而損公
家徒狥父老之請上欺
朝廷下要譽于鄉黨朋友義之所不敢出也不幸而頻年重災流離轉徙
迄無寧止其狀乃不得盡知于當路嘆覆盆而泣向隅父老之情亦孔
棘矣使
主上聞之恐亦動念以吾從大夫之後不體
朝廷愛民之意而徒退託以拒父老之請心之所不忍恝也苟可裨于桑
梓曾何愛于髮膚念父老控于當路詞或不能達意而又怵于威嚴口
逡逡不能道詞謹述父老之旨而著之書以代父老宣言今特傳覽夫
以一州百萬生靈當路豈有意棄置之天誘其衷豁然興泰一體之誼
爲拯民而出于陷溺猶反手耳惟父老其安意待命焉毋徒自苦爲也

敬止集　卷三　十九　海陵叢刻　第九種

再與郭一陽太守

前以著書上塵記室書發之二日鄉人有至留都者傳言直指公按部時臺下正臨泰州士民以永折事具告臺下謂此非告災之時也士民何急急乃爾此豈臺下有意拒士民之請哉謂非其時則誠然矣非其時而欲官府再議則誠難矣士民亦豈不諒臺下之心而體其難處之情哉第所謂非其時則似猶謂偶災者言耳是臺下終不信泰州同于高寶興化而列于常災之地方也以愛民懇以如臺下千載一遇而泰州獨不見信于臺下也則豈非泰州萬民之命致然哉夫永折之議原起于興化歐陽尹彼一縣之主專爲一縣則然臺下一郡之主也不可同日語矣但度臺下之意先後異同難于覆請不無費躊躇者不佞終夜思之不若以高泰寶興遇水則改折遇不水則仍舊而後各得其平

無不均之嘆也何也蓋大水之年同災矣高寶興化獨蒙蠲恤之恩泰州將曰彼災則恤也我災則厲也欲無怨焉不可得已不水之年同熟矣高寶興化猶然享蠲折之利泰州將曰彼今熟也尙爾蒙恤我昔災也何乃爲厲欲不追怨焉亦不可得已則何如以高寶興化熟年之蠲折而移爲泰州災年之蠲折也豈不兩平而無恨也哉由斯以言不若概不永折之爲平也此後仍視水與不水之年臨時酌量具題則災有寬政熟無損

國兩利之道無便于此矣此一策也不然者請以泰州近代興化正兌一萬五千改還而相與易焉蓋正兌折也改兌亦折也與化業永折矣何必分正改稍爲泰州甦倒懸之苦亦自公平此一策也又不然者請以一府改兌見存七千石爲泰州易正兌而通融之此自漕司酌派無煩

題請一轉移之間而糧無失額民獲昭蘇無不可者此又一策也以此三者更議儻無先後異同之嫌否乎竊謂同其害者亦當同其利此兩州兩縣不可歧而二也管窺之見如此惟臺下幸熟察之不佞千戶所籍也于州民無相干涉先人遺有薄田強半在上河其在下河者止七頃二十七畝坐秋米十一石四斗有奇年該納銀十一兩四錢有奇三十年來曾無顆粒之入賠過糧銀通計三百五十兩有奇以不佞一人如此則編戶一百五十二里者可知矣以七頃有奇如此則三萬四千餘頃者可知矣以十一石四斗如此則五萬二千三百者又可知矣以不佞叨有祿食納不耕之稅自量此生尙能堪之其他細民惟見流離轉徙日不聊生而已惟是不佞親嘗其甘苦故言之親切而有味耳昔坐中有譚虎者一人怡然一人色變則遺與不遺之殊也不佞固譚虎

而色變者也以此深知細民之痛毒不啻倒懸故因父老之請敢布腹心若曰以此七頃之田而自爲求恤之計則惟
天日共鑒此心不敢欺也若曰避此七頃之嫌而不恤桑梓之急則亦惟
天日共鑒此心不忍恝也放筆無倫狂愚已甚幸台慈曲貸而諒其心焉

昔韓愈有言惟閣下可以聞此言惟愈于閣下可以此言進蓋進言之道視其人何如耳竊觀臺下具大公之度而有咸虛之量好善如不及從善如轉圜不佞仰止有日矣何可當世而失諸侯自不佞之進此言也雖爲泰州一隅然而實非一家私事也自臺下之聞此言也雖止泰州一事然而實係一郡政體也且也非特一家一郡而已天下爲公之道亦若斯矣夫立人達人不佞學而未能萬物一體臺下擴而愈大巽日卿當軸秉衡自無難處之事不佞宇下赤子謂于臺下無一言之益

不可也惟仁人君子遷思回慮是究是圖卽不然亦聽憖賓之若狂愚之罪容日負荊九頓首請謝不宣

通學告兌糧呈

泰州儒學廩增附生員劉嚴張愛鄭浙等

呈爲兌糧坐派不均貽累乞速改正以除積弊以甦民困事竊照揚州一府所屬高郵等十州縣原額秋糧米共計二十一萬八千九百有零每年額設起運正兌米六萬石改兌米三萬七千石本府每遇徵收之時各照州縣之原額分派正改之多寡歷越既久未聞變更如泰州原額秋糧五萬六千三百石以數計之當一府總糧四分之一以兌運言之該派正兌一萬五千之多比之隣境獨爲加重苦于定額不敢告辭先年本府分糧俱照舊例公派或歲凶而爲之量減或歲豐而爲之量加雖有通融之時不致偏累之甚百年奉例輸納見存由票可查近自嘉靖三十年後驟加本州正兌米二萬九千六十一石不知何故派單到州百姓驚駭卽時具告有案在房不意此後連歲倭警地方有事之秋因仍不改歲爲定例迄今一十餘年受盡萬分困楚幾一通查始知爲興化盡行改兌苦泰州盡坐正兌各州縣正兌仍照舊額不爲興化而代賠各州縣改兌因得通減反偕興化以擅利獨厚一縣偏累一州切思一府正兌不過六萬石本州一處獨當其半八州縣共分其半一府改兌不過三萬七千石興化獨得三萬九州縣共得七千其偏重不均之弊不應什百千萬之殊若三十年以前原此額派則亦何辭今不係原額一旦加徵彼八州縣種輕糧之田乃賁緣以減改兌之輕稅泰州同興化之水反額外代彼正兌之重糧有天無日不均之恨何自而平也況連年大水顆粒無收人戶艱難逃移過半私慮本分之糧尚恐輸納不前再加額外之派豈能須臾可活巖等久抱向隅之悲深切呼

天之痛激切陳情萬不獲已伏乞軫念疲敝之極大開蕩平之塗查筭
州縣額例
國初迄于嘉靖之年原無偏重一旦變更萬民貽害懇復原額務使公平
各守成規永無紊亂庶常賦之供人心悅服于無偏而垂死之民性命
稍全于旦夕矣
嘉靖四十年二月　　日
緊州告永折呈
泰州里老細民葉政丁濱等告爲一方極天冤枉匍匐控籲懇乞垂恩
急救百萬生靈事竊照泰州田糧坐派秋米五萬有零盡屬下河在高
寶邵伯湖隄之內地形如釜每遇隄決幷減閘水灌盡行淹沒與興化
一望共成汪洋譬之人身高寶爲入水之喉與泰爲灌水之腹自隆慶

三年以來隄無歲不決閘無歲不減田沉水底民窮刻骨死亡逃竄十
室九空節蒙上司憐憫凡遇捐賑與高寶興化一視同仁節年成案歷
歷可查今年洪水泛溢十分災傷已經委官踏勘申報在卷日望恩恤
如農望歲近蒙
天臺軫念湖內地方將高寶興化議改永折獨遺泰州萬戶聞之驚惶號
泣俱不欲生日月遺照覆盆含冤雨露獨偏向隅抱痛三方何幸一方
何辜若謂州治高阜與興化不同則錢糧出產原坐湖內不在州治若
謂地坐偏僻與高寶有異則錢糧輸納原出田土不在衝繁況一府漕
糧泰州獨居其半比之高寶興化更屬繁苦今反不得與彼三州縣地
方同議永折此萬姓洶洶腐骨痛心極天冤枉死不瞑目若不冒昧陳
情下民迫切上天何知懇乞大開惻隱通查受害地方事同一體暫停
疏議特委府縣廉能官員親詣踏勘是否田坐湖內壤接三方使覆盆
之冤得覩天日同光向隅之悲獲蒙雨露齊潤㪷詞涉虛寸斬甘戮爲
此萬分激切拚死匍匐連名哀哀上告
萬歷二十三年八月　　日
書兩呈詞後
右兩事兩呈俱泰州民瘼最鉅者當時士民呈詞不能盡錄錄此兩者
以互見云夫泰州爲興化代正兌至不均也興化以正兌移泰州盡從
改兌而改兌復從永折幷高寶亦比例焉泰州獨見擯棄至不均之中
又不均也當路念興化厚矣然苦泰州特甚竟不知前時題
奏改兌之疏何以措詞而議之士民至今以不得一見爲恨因竊意漕糧
正兌改兌之派原係漕司臨期調劑或其時在事者專厚興化暫爲挪

移未經題請因泰州不知其故爲可欺遂年年照派不復變耶迨士民
覺之則已官更時改後事者置之不問矣蚩蚩之民則如之何令理數
已極傳曰天道十年則亦周矣人事十年則亦變矣況三十年爲一世
又況今重以永折之議乎士民呈中嘆極天冤枉欲相忘于無言不可
得已縱士民不言當路獨不一念乎何可曰久則難變而置之秦越也
藉令今日士民終不言積而多年其又將曰久則難變矣嗟乎當其時
而言之也則曰業已成矣姑俟後議不聽後其時而言之也則曰前事
久矣何不早議又不聽呼天而天聽則高叫閽而閽路則遠如之何可
也泰州將終于覆盆不睹日月而見青天矣此今日士民之所以皇皇
不佞之所以捐俸而災木以代爲之說也不得已也詩曰知我者謂我
心憂不知我者謂我何求夫不佞誠憂之則何求

跋

右明鄉賢陳太僕蘭臺先生敬止集三卷其書專言淮揚二府屬泰州高郵興化寶應鹽城五州縣當時水害而于泰之蒙患獨深賦稅獨鉅鐲振獨苛皆大聲疾呼以號籲于當路不啻負剝牀之痛繪流民之圖已故爲圖七論十有三附以泰州利病四其餘奏疏公移序文碑文傳尺牘呈詞共若干篇寢饋食息無非是物據其自引謂以圖論續前敬止集而自爲引其端疑奏疏雜文本在先而圖論在後今以圖及自引冠圖論首是以後成者居前尤爲大章明較著者也其附論泰州利病劉大參萬春崇禎泰州志賦役門後亦著論舉四害一曰拋荒正兌如額一曰包區積蠹未除一曰繆場代輸積累一曰點竈避差貽害皆與太僕所說相應合是其弊至萬歷以後迄于明季未有以艾而其中曲折轉變莫詳于是書嗚呼以太僕居鄉仁民愛物實事求是如此豈夫明代紳衿挾聲勢爭意見者所得矯託者哉吾讀高忠憲三時記謂太僕雅有志嚮爲不可及時太僕官福建布政司參政故忠憲稱之爲少參則其學問淵源有自來矣民國十一年端陽節日韓國鈞撰按節中論正改漕兌篇所稱興化政府者指李文定公春芳也春芳于嘉靖年間移派其邑重糧于揚屬各州縣惟如皋縣人姜岱詣巡方使者爭之得免事詳如皋縣志賦役門而揚屬各州縣志反未詳著蓋李氏世有顯宦人猶避忌之歟太僕此書曲折備載與有功桑梓不少

敬止集終

虞山丁祖蔭覆校

泰州鄉土志

馬錫純 編

《泰州鄉土志》二卷，民國馬錫純編，據南京圖書館藏清光緒三十四年（一九〇八）錦章書局石印本影印。

馬錫純，字東侯，一字東皋，號蕁穎，民國泰州人。少負才名，曾任泰縣縣立第一高等小學校長，江蘇省立第四師範教員，參與創立私立淮東時敏中學，任教員。

此爲泰州最早編成的鄉土志。全志悉遵光緒三十一年（一九〇五）京師編書局頒行的《鄉土志例目》排次。首列泰州疆域圖。卷一爲『泰州鄉土地理』。卷前有『地理教授法』，提出要點有三：注重自然地；注重實地觀察；令兒童習繪地圖，博以旨趣，巧爲引導之。正文包括鄉土釋義、地形、空氣、物産、位置、州界、州城、區劃、山川、河流、道路、驛路、田地、漕米、電報、郵政、航路、面廠、汽機之法，泰州職官志。卷二爲『泰州鄉土歷史』。卷前附歷史釋義、歷代統系國號表説、唐虞以來二十四朝統系國號表、大清統系年號一覽表，正文包括編輯大意、歷史原起、泰州建置、泰州沿革、泰州政績録、名宦祠、户口、氏族、風俗、堪輿、佛教、道教、天主教、耶穌教、回教、農業、士業、工業、商業、兵業、兵士。書中内容具體細微，提要鈎玄，通俗易讀。其《風俗》篇指出：『搆造社會，學人之責也。學問有進步，風俗乃可以改良。泰之俗迷信最多，必教育明而後可去。』指出了教育在改良社會風俗中的積極作用。教材還强調對學生要『進以適宜之史談，導之親觀祠宇，瞻拜鄉賢，於直接觀察中，啟其愛情，是鄉土史尤爲切近而有味者也』，突出了鄉土志教育的實踐性問題。

（許衛平）

泰州鄉土志

泰州地理

總理學務處代奏編書局編成鄉土志例目附片

再據編書局監督翰林院候補侍讀學士黄紹箕咨稱查初等小學章程歷史輿地格致三科均就鄉土編課用意至為精善謹遵照定章編成例目擬懇

奏請

飭下各省督撫發交各府廳州縣擇士紳中博學能文者按目考查依例采錄地近則易詳事分則易舉自奉文日始限一年成書由地方官逕將清本郵寄京師編書局一面錄副詳報本省督撫庶免轉折遲延并令各省地方官先將本省通志及府廳州縣志郵寄編書局以資參攷各處鄉土志輯稿送到由局員刪潤劃一呈請學務大臣審定通行各省小學堂授課中畧等因臣等察核各節均為編輯課本力求翔實起見除分咨外謹附片具陳伏乞

聖鑒謹

奏

光緒三十一年四月初六日具奏本日奉

旨知道了欽此

嗟乎賤近而貴遠避難而就易其人情乎彼夫遊歷學界者往往馳域外觀而於鄉里情狀則茫乎不講其韋貝俗累贓贓於鄉里者則又窘於遊歷窮於探討不能出其鄉之情實而别以為憾故今日出版諸書汗牛充棟求其一鄉之紀載則蓋寡寡也吾國人桑梓間絕無一二可紀者乎抑皆亞洲之土中國為大崑崙之東大海之西其山川物產不可縷紀也中國之與國江蘇稱富東海而瀉濡江淮而深衍其山川物產不可縷紀也顧未聞有博雅之士能歷四方宣其興而紀其實者非猶賤近而貴遠也抑亦避難而就易也山川有圖土田有表林麓有官學校有報學生齒有稽歲出入有籍凡外國所事事可日新者國或未之或秘之故歎吾中國其難十倍於他國泰東西之士遊吾國者雖相接日見之物入地若干尺吾國人願憎焉不識鄉土之情狀於手以受他人之腋葡呼可也已泰西之教生徒也始於鄉土學自鄉及邑自邑及省學士大夫未有不識鄉土之情形而可稱通博者故今日鄉土之學最重亦最難自學部頒發鄉土志程式令省府州縣各自編輯於是談鄉土學者乃稍稍出鄙人夙居教育界而平居所講授者又山十山詳以為增補訂正之本不敢蹈數近畏難之語鄉先生苟刻而教之俾其所已至而匡其所未至則鄙人之幸已

光緒三十三年丁未暑假日東庚氏自敘於青洲公屋

泰州鄉土志例言

(一)是編謹遵京師編書局鄉土志例目排次而厤史科增兵士者紀新政也地理科增航路郵政電報者紀交通也增田賦者紀財政也增麺廠者紀商務也

(一)是編本於志書并博采舊聞載籍及新事附益之間出己意參以論議若徒事鋪敍則有該州志在

(一)地理科水陸路程間有里數與州志及方輿紀要不合者从人行道以紀實也

(一)教授此三科均取材於鄉土者欲使兒童得直觀之知識也課餘之暇為旅行的教育導之直接觀察是即天然畫本故編中不全插圖以節勞費

(一)是編專為初等小學之用其高等科學生未及授此課者亦必補習故詳而不冗簡而不畧間以行文之法俾初學作國文讀可也

(一)是編成於丁未暑假兩旬脫稿匆促之間不免謬奪大雅君子於其所未合者而更訂之於其所未及者而補苴之是鄙人之所拭目以俟之者也

東屏氏識

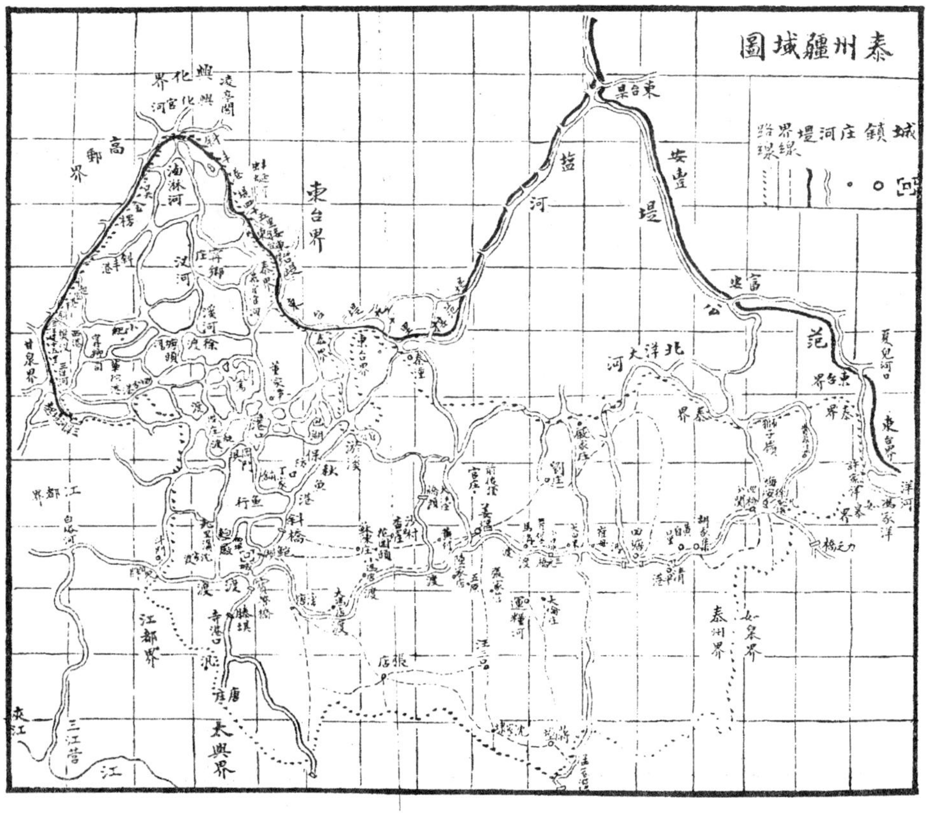

泰州鄉土地理

地理教授法

地理學之動機。起於遠古。然以之并入學校課程中。則自哥美紐氏（生一五九二年卒於一六七一年乃奧國摩拉維亞之改良教育家）始。氏所著之地理教育法。首倡從實物上觀察之說。凡目前所見之山河陵谷土田行潦。及市町村區。皆當隨事指點。使之領解。所謂直觀的地理入門法。此鄉土學精神初立之元祖也。至法國大哲學家盧梭氏主張斯說。其所著之教育論。名愛密爾。謂兒童之住所及屋舍。乃教授地理之起點也。其近旁之河流。及太陽之位置方角。即地理教授方法之所在也。奉盧梭氏之主義者。其統系謂之博愛派。此一派恒就目前之土地。指授兒童。漸而及乎遠方之土地。以實地檢驗。為教育進步之程。此一派之功。殊不可沒也。其要點有三。

（一）注重自然地

（二）注重實地觀察

（三）令兒童習繪地圖博以旨趣巧為引導之（如以黏土模型及細沙發地壘作形勢之類）三者教授之次序。先以本校地圖為主。點。舉亭園校舍教室。以明日月方位。及晝夜四時之淺理。又舉本校四周之河流山谷。及動植物產之配布。交通之梗概。其間有非校外近旁所能指點者。則宜於課餘率學生為郊外之教育。所謂旅行的教授法也。蓋教室內能領解之事。若經實地觀察一番。其得益必更有進。奐雖旅行半帶游戲性質。不能作為詳細課程。然以直接之經驗。摘要而筆記之。是尤課程中之最善本也。

泰州鄉土地理　一

泰州鄉土地理

兩等學堂教員馬錫純編輯

鄉土釋義

脚踏者為地　地面上一小部分　為吾等最愛之中國　中國一小部分　為吾等現居之鄉土

注　吾等鄉土即泰州是

地形

地面之凸者為山陵　若校外之岳墩是也　地面之凹者為川澤　若校外之新河是也

注　岳墩即泰山新河自光孝寺東流入北水關

空氣

地面上有蒙氣　即空氣也　天之青　是為空氣之色　揮扇時　覺有涼風拂面　是為空氣之流行

注　空氣最有益於人善衛生者居室必多開窗牖且朝夕游空曠之地吸受空氣則身體強健少病

物產

泰地素重農業　城內東西兩原　種蔬與麥菽　土質鹹多榆樹　近始栽桑

注　昔泰地濱海土多鹽質少樹木自宋劉善明為海陵太守課人種榆遂獲大利

位置

州境位置　居揚子江之左　偏東北隅　西南距江甯省城四百里　西距揚州府一百二十里（每里一百八十丈）

注　緯線三十二度三十分經線偏京師之東三度三十二分

州界

本州界線　東距如皋境一百二十九里　南距泰興境四十五里　西距江都之斗門三十里　此三面皆高阜之地　沿運河一帶　最稱沃壤

注　陳應芳曰東西南三面故稱高阜者其中唯鹽河一帶足稱膏壤可稻自兩岸入內則高亢無水不可禾再內則仰免而下不三里盡下河矣

續前

泰州鄉土地理　二

州境之北界興化　至淩亭閣七十二里到縣百八里　東北至東臺武庄四十里到縣一百二十里　西北到高郵州一百五十里　此三面均屬下河　形如釜底　易遭水患

注　下河接興化縣而往若高郵若寶應若鹽城東漸於海西瀆於湖千里之內往來者止憑舟楫之勞畧無索挽之路是概謂曰下河稱沃壤以水利興也

續前

揚通之間　如皋屬上河　興化屬下河　未有若泰州東南高而西北下　兼有上下河者　疆域之廣袤　南北相距一百里　東西相距一百五十里

注　泰州故設東西兩壩壩以南為上河壩以北為下河上河自運鹽河而來下河接興化縣而往形勢高下不啻樓之於地下也壩以界之時以防上河水使不下洩耳廣袤里數與州志所載廣一百六十里袤一百十七里微異今從測量數

州城

泰州羅城起自南唐　州志營於後周　更築城　今城是也

歷宋元明六七百年　至乾隆間王鎬始行重修　其門樓四座　東曰海甯　西曰阜通　南曰迎恩　北曰臨淮

注　南唐昇元元年築羅城二十五里周顯德五年詔州刺史荊罕儒為團練使營州治更築城至乾隆三十二年知州王鎬字介巖會稽人詳請重修程盛修記曰計經費九萬八千七百六十三兩有奇其臨淮阜通迎恩海甯諸額仍其舊今量得城周二萬一千五百二十四丈若照方城計算內容八方里五百零五畝八分三方丈二方步十一方尺

城濠

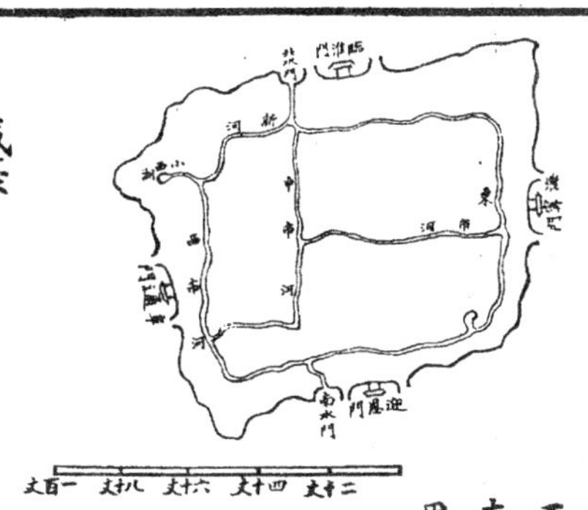

運河自城南西河嘴入　為南城濠　自掣鹽亭入　北注西門外　為西城濠　復北注為西浦　又北抵西壩新橋口　又東抵稅房耳門口　此西北城壕也

注　掣鹽亭在西河嘴稅房在北門外堂子巷口

續前

運河過高橋　北注為東門外濠　又過迎春橋　東遶鮑家壩　西北注北門　為東北城濠

注　宋寶慶丁亥陳垓㳘開東西北外濠濬南濠明初修濬城濠計深一丈一尺廣五十二尺袤二十三百八十丈五尺宋嘉祐元年北兵哭至以濠深不敢向至今河道淤淺宜疏濬也

區劃　四廂　四鄉　〔古蹟祠廟橋梁市鎮學堂附〕

本境區劃　分為四鄉　曰東北鄉　曰永吉鄉　曰蒲津鄉

招賢鄉

東北鄉轄都六里四十五　一都十里　二都七里　三都九里　三十三都九里　三十五都一里　四都九里

永吉鄉轄都四里二十六　十三都八里　十四都三里　十六都八里　三十四都七里

蒲津鄉轄都五里十五　十七都三里　十九都一里　二十都一里　二十二都五里　二十三都五里

招賢鄉轄都四里四十一　五都十里　九都八里　上十都十里　下十都十三里

其城內別為四廂每廂一里有奇共六里

東廂

東廂在海甯門內　沿城為東市河　弔橋西北有劉猛將軍廟　再西曰萬壽宮　曰養濟院已坍廢　曰守備署　曰武廟　偏南有靖海樓　文昌閣　學宮在焉　內設天職小學堂

注　劉猛將軍或曰劉琦或曰劉永忠元人授指揮使荷陞級驅蝗元亡自沉於河

泰州鄉土地理　五

南廂

南廂在迎恩門內　有南薫橋　嘉定橋在其北　偏東有松林庵　儲文懿曾讀書於此　有古柏相傳為六朝時物　迤南曰南山寺　周公塔在其東　迤北曰育嬰堂　再北有義學焉

西廂（兩等三十年張濬建）（中學二十九年侯紹瀛建張濬改良）

西廂在阜通門內　東曰經武橋　又東曰登仙橋　橋右曰斗姥宮　內設明智小學堂（已閉）　泰山在其北下有安定祠中學設焉　有小西湖　水接西市河　又北為演武廳　折而東曰崇儒祠　曰光孝寺　曰儲公祠內設兩等小學堂

北廂

北廂在臨淮門內　有且樂橋焉　南至大甯橋　為商旅菌集市廛鱗比之區　水門之南　有培英女小學　偏東有蘆洲　為馬氏別墅　迤東南曰州署　曰貢院　教育會假設於內　並附貧民學校焉

注　女學光緒三十二年設　教育會三十三年設

東北鄉

東北鄉在州治東北部　三十里至淤溪鎮有淤溪湖焉　四十里至包老湖　俱為魚鹽萃集之地　又沿運鹽河為楊公堤　明御史楊澄建　東北至武汴庄　與東臺交界　北與甯鄉鎮交界

注　包老湖即鮑湖水清而無滓鮑壺氏嘗以此水供滴屑楊公堤自泰至東臺長一百二十里

本區內商賈叢集　為南北通衢　近東壩有大通橋　北曰徐家橋　東壩之東有火星廟　即崇正間州守陳素所遷者　內設自東小學堂　又東曰覺正寺　前明建

注　陳素字濬仙桐鄉人崇正間知泰州舊有火星廟在州治西南經武橋右素以火德不宜居火位遷之北

泰州鄉土地理　六

永吉鄉

永吉鄉在州治東部　六十里到姜堰鎮　泰州營分防汛駐焉　一百二十里到海安鎮　巡檢署在焉　自海安東九里界牌頭　東南至曹家庄　俱與如皋交界　東北至許家洋與東臺交界

續前

姜堰東曰馬溝　北曰官庄　西曰黃村　南曰陸家店　其汛界甚廣　東至如皋界牌　與狼山營交界　西至滕家壩與關箱汛交界　南至蔣垤　與泰興營交界　北至仇湖與東臺汛交界

本區內有東嶽廟　內設同育小學　及半日學堂　南有岱嶽寺　內設公立小學堂　天目山有雙井焉　為王治飛昇之地　其上下兩行　米麥囷集　商務頗興

續前

海安在州東百二十里　南北朝戍守處也　北界貢家集（距東臺境）東南界力發橋　西界胡家集　鎮舊有鳳山書院　今設高等小學堂

本區內有鳳凰橋（在鳳山前）及徐家橋壩　宋齊以來　並為海安縣屬海陵郡　舊有土城周六里　地居如皋泰州之中　東可以控禦狼山通州海門之入　西可以捍衛揚州　因置巡司於此（見方輿紀要）

蒲津鄉

蒲津鄉在州治東南部　東南至蔣垤庄　南至大泗庄（四十五里）　俱與泰興交界　西南至沈家渡雙廟（十八里）與江都交界

本區內有自南及啟南小學堂　由南門行二十里至濟川河　濟川橋跨其上　濟川橋之西南曰寶帶橋　萬善橋在淨因寺門外

自南門外十二里至寺港口又三里至廟灣鎮小鎮　又十里至刁家鋪又七里至口岸鎮大鎮市石首魚者皆至此販運商船出入為總匯之區也　又三里至龍岸口即江口也

招賢鄉

招賢鄉在州治北部　北至凌亭閣七十二里　與興化交界　東北至塔墩五十里　與東臺交界　西北至樊汊八十里　與高郵江都交界　樊汊小紀港口甯鄉宗村諸鎮市　皆商務會萃之地　城北破橋口有范公祠內設儀范小學堂

本區自州北三里至施家灣　魚鹽蝌稻　往來舟舶駢集焉　又北二里至魚行庄有廣濟橋　又直北至甯鄉鎮　巡檢署在焉

趙公橋跨北河　其北有永甯寺即北天滋廟　招賢橋在北山寺西　去州治三里　北山寺即古開化院也　有井曰卓錫泉　唐王屋禪師駐錫於此　卓錫成泉　因名

泰州山阜

泰山

大江以北　維揚自通州狼山而西　故無山　泰之有泰山非石也　其原起自宋建炎四年　岳忠武為通泰鎮撫使兼知泰州　於城西門中　培土為高臺　以望金人軍　後相傳遂名為泰山云

按山為一州之鎮高五丈周圍一百二十丈山與江陰圌山相對圌山出雲泰山未嘗不見見宮偉鏐庭聞州世說

續前

宋寶慶二[illegible]州守陳垓浚山下為湖　為往來泊舟之次　祀胡瑗於山左　明萬厤十年　兵備副使舒大猷於山巔建岳忠武廟　以忠武嘗知泰州　故特祀之

天目山

天目山州東四十五里土山也　上有雙井　相對如目　昔王仙翁嘗隱於此　華陽陶隱居云　地鉢福地　在臨淮東　今天目山即其地　山高二丈三尺　周二百三十步　近則居民占種　掘斷山脈　山與田平矣

注　王仙翁名台東晉時人　宋胡昉天目山記云海陵土泥鹹鹵土薄蘆葦所聚無崇山峻嶺茂林修竹而天目獨沃土厚水甘迥異四隅宜松檜竹柳所以為福地也

鳳山

鳳山一名玉山　在海安鎮　高三丈　周百步　山前溪路環繞　傍山為橋　由橋而入　蒼崖綠樹　境頗幽邃　山巔舊有碧霞宮　鎮之人每望宮而禱　禱輒應　故從而靈之見碧霞宮記

羅浮山

羅浮山在州治西北五里　高一丈　周一里七十八步　在藪澤中　不為洪水所漫

呂城山在州治東三十里　高一丈　周三百八十步　形如城　相傳有呂姓居此　因名

駱駝嶺在州治西南　登仙橋北　平地隆起如駝背　為泰州八景之一　昔置千戶所於其上　今已圮

泰州水道

城內中市河

橫貫州城南北者 謂之中市河 官運河水由南水門入至北水門出 通西浦 明萬厤二十九年 都御史李三才重濬 今已淤塞

注 李三才字道甫號修吾臨潼人

城內玉帶河

東市河自中市河分析 至東水門出 以通外河 後東水門塞 復從東門內沿城新開一河 接通南北 其西市河從南水門入 通新河 皆從北水門出 名玉帶河 今已湮塞

注 按城內市河淤塞已久倘能南北挑濬並玉帶河疏濬之使水勢環繞橫抱則城中形勢可復舊觀

注 宋史紹興十一年二月辛巳知泰州王㬇兼通泰二州制置使東西市河即王㬇所開

城內新河

繞光孝寺東 南接西湖 北出水門者 謂之新河 西原農圃 汲水溉田 兩岸居民 便於挹注 每夏秋之交

泰州鄉土地理 九

雨多潮漲 時通野航 此河開自宋嘉定間 今猶需其利焉

注 新河宋嘉定間李駿所開方洲記曰城西南地千丈蜿蜒委蛇架大寧綏武二橋舟馳車馳居者行者交以為便

西運河

西運河從揚州府東北十五里之茱萸灣來源 自灣而東經州西二十五里斗門鎮（顧祖禹云三十里此從州志） 又東至城南有運河壩 自壩而南為濟川河 又南三十里至泰興縣之廟灣 又二十里至濟川鎮通江 商船多由此入

注 漢吳王濞開邗溝通運至海陵倉以地有茱萸村因名此灣又名灣頭至濟川鎮由口岸卷入江

南運河

泰州上河與江都接壤 淮水自沈家渡入泰州界 過高橋至滕家壩 一支由壩而南入江 是謂西運 一支由壩而東入海 是謂南運

南運過姜堰曲塘百六十里至海安 入如皋界 又東南百一十里至白蒲 入通州界 又東七十里至新寨 入海門界 又東八十里達呂四場 其支派通各鹽場

注 州志云南運河抵通州及各鹽場入於海又南運河在南門外淮水由六閘入至沈家渡入境

北運河

下官運河水道 北注下游有三路 一自樊汊至凌亭閣北入興化境 一自小紀東至滷淋河 南經港口魚行市入韓家橋至板橋 為鹽船到泰過壩所 一由滷淋河東經楊公堤 至武汴庄邊城等處 入東臺境

九里溝

州城西九里 沈家渡東六里 有上九里溝 中九里溝 下九里溝 淮水由六閘入 至沈家渡注於溝 溝有石涵

泰州鄉土地理 十

水自涵洞入者 繞西北隅 溝之兩岸 通入田間水道 農人以水車車水灌田 俗呼為㘭子

注 九里溝石涵洞為西北下游森森庄十三庄公修下河值大旱時惟有孔家涵一線來源不致涸竭故必賴九里溝涵洞接濟

濟川河

注 濟川河有濟川橋今已頹壞俗呼為高橋濟川壩即滕家壩始於順治年間

南門外寶帶橋西南之水 從海子溝（即海貫溝也） 至廟灣 復行二十里入濟川河 即南官河也 此水通口岸 入揚子江 最為上河水利 故兩岸田疇 素稱沃壤

淮水流域

淮流

淮水自孔家涵入州境所經之道

樊汊——小紀——滷淋河（即浦汀河一名海陵溪）

淮水自興化凌亭閣入州境所經之道

泰州官河——董家潭——港口白——魚行

注 小紀在城西四十五里宗家塲在港口北三里港口在城北十八里蔦名郭樂港有前白後白直北過賓綿鎮至凌亭閘距興化境

下河水患

泰州下河　最患西水　從泰境及東臺興化高郵之下游北至鹽城　周圍數百里　惟以漕河迤東一堤為障蔽　近日漕河底高於下河數丈　淮水驟發　從白馬湖　邵伯湖東入漕河　水埶浩大　恐堤潰決　故不得不開壩放水（即車邏昭關二壩）　以鬆水埶　道光六年　開昭關壩　不過三日　淹田禾甚速　下河被水　必須從海口洩去　無如海濱沙灘日長　去海日遠　即啟海口各牐　亦不得暢流　故西水為下河之患最鉅也

東西二壩　鮑壩

東西壩前明時築　設無此二壩　則上河水洩　不足溉田　下河水渰　不能播種　是兩受其害矣　故築二壩以為防備　二壩令已永堵　故鮑家壩最為要緊　設有衝塌　則官運河直衝下河　不獨近壩田禾被渰　而上河之水一洩更無挹注　其患尤大也

（按泰之地埶東南高而西北下東南田畝較下河祇十之二三淮水至不為災歲旱則小溝圳子及各涵洞不足以資灌溉故上河之水惟防其洩北門外東西二壩洪武年建正德間開拓築實商民稱便則明以前東西壩可達下河築實之防其洩也又河渠攷云甯鄉北十餘里有興化所築長隄由興化至高郵百餘里正以防泰州東西二壩衝注之水今此堤全無遺址由東西壩既永堵此堤遂不修久湮沒矣）

楊公堤

楊公堤即運鹽場之旱堰（自泰至東臺一百二十里）　明成化七年　御史楊澄巡視海上　因運鹽河堤　年久傾頹　商鹽阻滯　奏請築河堤一道　興工於十五年二月　凡四月堤成　乾隆十八年王又樸（泰州分司）稟請鹽政普福商捐修築　尋被水圮　二十三年鹽政高恒重修　增築南堤六十餘里　開涵洞以

泰州鄉土地理　十一

廣宣洩　蒔葦柳以禦風浪　設堡房以司巡守　嘉慶間（十年十三年）　淮水大至　衝齧殘缺　頹圮日甚　堤址蕩然矣

（按嘉慶十年後疊被水衝青蒲東尚留遺址餘皆無存縱有田間町疃可資行役而絕流斷港跋涉維艱設遇洪水驟來則一望無涯害更莫測道光十五年分運朱公濬河曾有勸栽楊柳補堤時列行令若仿兼挑之法築堤帶挖河槽則河深堤高不獨商旅稱便而附近田疇均有裨益云）

斜豐港（道光三十年張之杲築）

自樊汊鎮北首起　轉折而東　至凌亭閘止　計十一段　長四十五里　又由樊汊南首起　上接三洋河　計四段　長十五里　岸高一丈二尺　底寬三丈　頂寬一丈　名曰斜豐港　三洋河堤分築口門六處　在斜豐港堤內者四　曰沙子頭　曰楊景埝　曰直汀溝　曰魯汀溝　在三洋河堤內者二　曰南逍遙　曰北逍遙　隨時啟閉　以通舟楫而衛田疇　每届歲修　責令正北東北西北三隅受益田畝　分段挑築　業食佃力　設遇大水　堵閉口門　由正東正西兩隅　按畝捐錢三十六文　抵支經費

（按光緒三十年張牧濬築款二千餘串擇要興修並請查照前畝捐章程酌量變通稟奉批准令正北東北西北正東正西五隅受益各田一律減半每畝捐錢十八文水旱田九文約計有田五六十萬畝共可得錢一萬串除歸還前墊外其餘儘數留存以備各口門改建石閘之用）

治水急務

自黃河南徙　奪淮道　淮始不得安流　蓋黃河挾沙扼淮之吭　日墊日高　淮道日縮　一遇盛漲　唯有潰決奔匯於澤國　此下河受患之遠因也　自黃河南徙　淮水豬於洪澤而不獲洩　自洪澤漲而南潰　奔匯於高寶白馬氾光諸湖　而泰州漕堤始有漲決之虞　此下河受患之近因也　故今日治水急務　必先闢清口濬淮道　疏雲梯關海口

續前

泰州鄉土地理　十二

疏通雲梯關海口　可以暢納　則洪澤之水出清口可以刷黃　斯漕河東堤之車邏昭關諸壩　可無啟放　丁溪白駒等場入海之口　足以宣洩　則下河民田　庶免患矣

（按同治五年清水潭決是年丁氏顯著論請復淮水故道開清口浚淮河又張氏寒謂洪澤湖漲溢於串場高寶江泰圩田之田荒於積水今若復淮而暢清口則高寶江泰漕隄無漲決之患矣）

道路（城廂街道）

南門至北門大街三里　自大甯橋北闤闠鱗次相接登仙橋南稍疏濶

南門外至高橋約二里　市廛稠密　北門外坡子坊市廛尤盛北至趙公橋三里餘

東門至西門大街三里　東門外即迎春橋　西門外即城濠

東西大街　至今有石鋪地　相傳宋元時　人烟稠密　今四隅多墾為田　當由明初徐達常遇春攻拔泰州　兵火之

後　遂不復整密也

驛路（即急遞鋪）

泰州急遞鋪二十六處　舊設鋪司兵五十六名

城東十里鋪　東至軍鋪　又東至黃村鋪　姜堰鎮鋪

馬溝鋪　白米鋪　曲塘鋪　黃自量鋪　吉家墩鋪

海安鎮鋪（每鋪均司兵三名）

城北十里鋪　北至二十里鋪　又北至三十里鋪

四十里鋪　五十里鋪　望城口鋪（以上均司兵一名）

城南十里鋪　南至寺港鋪（以上均司兵二名）

城東北楊家庄鋪　東北至洑溪鋪　又東北至祝家庄鋪

馬家堰鋪　讀書庄鋪（以上均司兵一名）

城西十里鋪　西至二十里鋪（以上均司兵三名）

州前總鋪司兵五名　共五十六名

泰州田賦

田地

管子曰瀆田悉徙　斥埴宜大菽與麥　黑埴宜稻麥　黃唐宜黍秫宜縣澤　此四者泰境兼有之　西北下游　瀆田也　泰東濱海　斥埴也　運河一帶　引水而田　黑埴也　兩岸入內高亢之地　黃唐也　是以五種咸植焉

注　管子地員篇瀆田謂穿溝瀆而溉田悉徙謂其地每年皆須更易也黃唐虛脆也縣澤宜常懸注而澤也謂土既虛脆性散矣常宜雨澤耳

續前

泰州官民竈田地共五千四百七十三頃三十九畝

（內有低窪減則田地七十六頃九十三畝二分八釐）

(一)官民田　計四千一百八十頃五畝七分八釐

(二)民竈田　計三百六十三　頃五十五畝三分七釐

(三)官民地　計七百五十九頃六十二畝七釐

(四)官民竈地　計五十八頃八十一畝二分九釐

(五)陸地　計三十四頃五十六畝七分

(六)低窪減則田　計七十六頃九十三畝二分八釐

漕米

凌儒曰泰州額糧　歲輸六萬七千石　上河糧唯七千餘石　下鄉糧乃五萬餘石　國計民生　下鄉是賴　儻西水不治　釜底之災其憂方大也　今將額總數　開列如左

(一)應徵折色地漕等銀二萬八千四百五十九兩九分

(二)淮倉麥折銀二百九十九兩九錢六分六釐

總數

共該折色地漕麥折等銀二萬八千七百五十九兩五分六釐

（遇閏加銀二百九十兩四錢六分八釐又積穀代徵每銀一兩加錢五十文米一石加錢一百文）

(一)應徵本色米三萬一千九百三十五石七斗五升一合

(二)本色麥改米九百一十八石七斗八升七合八勺

總數

共該米三萬二千八百五十四石五斗三升八合八勺

丁銀

丁稅之法　最易滋弊　是以

國朝雍正六年　將應抽丁稅　攤派於田賦之內　名之曰地丁

意至美　法至良也

(一)官民田　每畝攤征人丁銀九釐九毫五絲四忽一微八

纖九沙一塵

(二)民竈田　每畝攤征人丁銀五釐八毫二絲五忽七纖九

沙

(三)官民地　每畝攤征人丁銀一分八釐二毫三絲二忽五

微五纖二塵

(四)官民竈地　每畝攤征人丁銀八釐六毫六忽三微九纖

(五)陸地　每畝攤征人丁銀八釐九毫一絲二忽六微六纖

四沙九塵

續前

丁銀總數

官民田丁銀　共四千一百六十兩八錢三分五釐

民竈田丁銀　共二百一十一兩七錢七分三釐

官民地丁銀　共一千三百八十四兩九錢八分二釐

官民竈丁銀　共五十兩六錢一分七釐

陸地丁銀　共三十兩八錢七分八釐

按銀以釐計米以合計俱逢五收算此徵收之定例也

附表

方數表		
方	一百方寸為方尺	二十五方尺為方步
數	二十四方步為一分	十分為畝
表	百畝為頃	五百四十畝為方里

天平數表		
天	十微為忽	十忽為絲
平	十絲為毫	十毫為釐
數	十釐為分	十分為錢
表	十錢為兩	十兩為觔

量數表	
六粟為圭	十圭為抄
十抄為撮	十撮為勺
十勺為合	十合為升
十升為斗	十斗為石

電報（創自丹麥國）

光緒二十三年　設電報局於南門外　凡有緊要之信　無論遠隔何地　頃刻可達　視郵政尤為便捷　惟費以字計　一省之内　字費一角　每越一省　遞加三分　需費頗鉅　貧者猶難之

電報之法

法於通都大邑　徧設電報局　各省相距之地　隔數丈則植木桿　置鐵絲於其上　以通電氣　是曰電線　局中各置電機二　一曰發信機　一曰受信機　發信者以手按機而動之　因其動之疾徐　而受信機所聯之筆　自能印成點綫　以代文字

點綫代字式

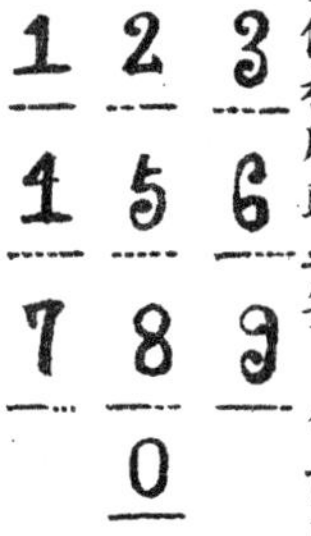

郵政（創自德意志國）

光緒二十九年　設郵政局於北門外坡子街　姜堰海安等處各設分局　自是公文私信　及書籍報紙貨物等　祇需

購票每票二分。黏於封面。投之於局。即轉遞於所欲寄之地。到時不更給資。故公私皆便之。

附表

種類	重量	本局界內	本國	日本	西洋各國
信件 明信片	五錢 單 雙	一分 一分 二分	二分 一分 二分	三分 分半 三分	一角 四分 八分
報紙	二兩	半分	一分	半分	二分
印刷物 書籍類 貿易契	三八(兩) 一二四(磅)	一二四八(分) 角半	二五(分) 一角 角半 三角	三兩七錢五分 二分	二兩 二分
貨樣	三八十二(兩)	一二四(分)	二五(分) 一角	三兩七錢五分 二分	二兩 二分
掛號 雙掛號	每件 每件	五分 一角	五分 一角	七分 一角	一角 二角
包裹	一三六十二二十(磅)	一角 角半 二三五(角)	一角 角半 二三四八(角)	各國價目不同故未列表	
匯兌銀錢 泰不通	每圓	二分	二分		

按郵政所用分量照英權計。凡英一磅合華權十二兩。英一兩合華權七錢五分。

航路　光緒三十年。通州大達小輪始設分局於泰。其航路即沿南運河。由通州西次如皐。次海安。次曲塘。次姜堰。繞城南門。西至仙女廟。商旅便之。惟運河中段淤淺。一經疏濬。方得交通之利益也。

麵廠在九里溝

凡物冷則縮。熱則漲。以壺煮水。水沸化滊。則蓋自開。此漲力之易見者也。英人瓦特少時。見壺中蒸滊。怪之。鎮坐爐旁。以求其故。久之大悟。乃創滊機。其大者一機之力。可抵萬匹之馬。故舉重若輕。而工廠舟車。皆得其用。

滊機之法

滊機之製。其法以大鍋煮水。令發滊以通於滊筒。筒中置棒。上下有小門。能自開闔。下門開。則滊入筒之下部。推棒使上。上門開。則滊入筒之上部。壓棒使下。如斯往復運動。而連於棒端之車輪。亦旋轉不已。麵廠之機亦若是已矣。

泰州職官志序　　東傒氏作

嘗考海陵本漢吳王濞所都之屬縣。枚乘所謂不如海陵之倉。即其地也。其後更屬不常。廢置亦靡定。義熙七年。建海陵郡於晉。武德三年。更名吳陵以縣置州於唐。至南唐始建為泰州。則州郡地名大概可見。顯德四年。周師取泰州。命荊罕儒領州軍。明年世宗臨幸。升團練州。賜鼓角門戟。時則幸汀代罕儒。宋受命。除王仁贍以代幸汀。旋降為軍事州。自宋以來。斯地為淮東名郡。析符命守。遴擇靡輕。一時名將名儒。多副臨遣。若歐陽脩韓琦范仲淹之流風。劉光世岳忠武之英烈。前賢遺愛。其增我泰州麻史之光榮者。更千百載而不朽。嗚呼。尚已。溯自宋元以後。金人蹂躪。張氏竊據。倭寇騷擾。此為干戈用武之地。國家往往設重鎮以鎮撫之。至我朝入主中夏。兵爭起於西北。斯地苟安東南。遂為競爭之所不及。故康熙以來。弛武備裁海防。尚文教。設官分職。視為非繁難之區。咸知吾泰之俗號醕厚。事耕桑。尚儒雅。鮮機巧。恥以浮薄相誇。故蒞斯土者。恒樂其土之肥而民之樸也。而抑知亦繇前後循良化使然乎。近數十年。風俗已偷。富者狃於苟安。貧者習於夸詐。學務商務。未能較有發達者。風化未能提倡於上也。自吾堂張總理熱心學務。改良教育。民智始稍稍開通。令則教育會成立。伊始設學員而謀普及。尤非可以輕忽視之者。況乎申滬一隅。競爭潮湧。通海五屬。社會日新。藐爾偏隅。豈能忍而終古。則官斯地者。所以謀教育。興實業。辦警察。立鄉官。為我國家地方自治之基礎者。固非昔日之官守所可比。故綜前代官秩之陳迹。以為因時改革。往昔有然。庶覽斯志者其亦知所奮興也夫。

鎮防(宋)通泰鎮撫使
(明)巡撫都御史 按景泰時暫遣兼巡撫治淮安嘉靖三十六年以倭警始專設巡撫防海駐泰州萬厯中復舊(詳見府志)
兵備副使 按舊志云嘉靖三十二年倭寇入犯江淮騷動撫按建議題准添設按察使司一員為海防兵備道分巡提督淮揚通泰等處水陸官兵兼理河道署設泰州至康熙年間此缺裁去
有司 州牧
(六朝宋)海陵太守 (南齊)海陵郡 建陵令 按建陵屬海陵在州東北七十里本東海郡屬縣晉義熙中僑置於此屬山陽郡尋屬海陵郡宋齊時為郡治梁仍屬海陵郡隋省尋析置江浦縣於此大業初復省入海陵縣或曰秦漢時東陽縣在州東百里其東有長洲澤又東有扶海州今堙
(陳)海陵令 (隋)海陵太守
(唐)吳州刺史 吳陵令 (南唐)泰州刺史 海陵令
(周)泰州刺史 泰州團練使 海陵令
(宋)泰州團練使 按海陵郡本團練乾德五年始降為軍 知泰州事 海陵縣令(州治漢置明初省)
按宋史紹興三年以淮東衆經兵火權罷縣丞十八年置海陵丞一員

(元)泰州尹 按至元十四年立泰州路總管府二十一年改為州隸揚州路州有州尹有同知判官教授等官
(明)泰州知州 (國朝)泰州知州
州倅
(六朝宋)海陵郡丞 (南唐)泰州軍事判官兼營田鹽監
(宋)團練副使 監海陵鹽監副使 泰州軍事判官(哲宗立為監察御史)
(元)同知 判官 (明)泰州同知
(國朝)泰州州同(裁) 泰州州判 按乾隆三十三年缺裁改設東臺水利縣丞
學官
(宋)教授 (元)教授 (明)學正 教諭 訓導
(國朝)學正 訓導(乾隆三十三年分隸東臺縣學)
簿尉
(唐)海陵主簿 海陵尉 (宋)海陵主簿 海陵尉

(元)知事一員 提控案牘一員(見元史百官志) (明)吏目
(國朝)吏目
雜曹
(六朝宋)海陵國侍郎 海陵王國郎中令 咨議參軍
(南唐)泰州從事 泰州司戶掾
(宋)泰州司理參軍 泰州推官 泰州諮議官
泰州獄掾 監泰州稅務 監泰州西溪鹽場
監海安鹽倉
提舉
按宋諸路提舉常平創置於熙甯三年淮南東路其治在揚州崇甯元年始置提舉措置淮南鹽事通管東西兩路揚州亦其治所也常平自熙甯後置罷不一或兼領於他官提舉鹽事置九年而罷罷十年復置宣和五年兩路始各置提舉官於是泡冲為東路以提舉鹽香茶礬事為名建炎三年移治泰州紹興五年茶鹽與常平並罷并入提點淮南兩路公事 是歲十一月分鹽事復置提舉通兩路為一茶事猶隸提點也明年罷提舉司置東西兩路運轉判官就以提舉精為之兼領提刑常平茶鹽事九年常平復隸提刑而茶鹽專置提舉十三年提舉徐注請於朝詔常平茶鹽并為一司自是定為提舉常平茶鹽公事
淮南轉運判官 知海陵監 (元)無 (明)無

(國朝)糧河通判 按揚州府督糧通判於康熙三十五年改為糧河通判駐泰州後移駐
稅課局大使 雍正五年稅課歸并本府大使缺裁
營衛
(明)指揮僉事 守衛所正千戶 副千戶 鎮撫百戶
(國朝)遊擊 守備 千總 把總 衛所
鹽官
(明)泰州分司運判 十場大使
(國朝)泰州分司運判(署設今東台縣治) 泰壩監掣官

泰州鄉土志

泰州厤史

厤史總論

兒童入學之年。正如未開化之日。一切教育。當準其腦力之所容受。則談話善矣。洎乎稍增智識。而效慕之心生。於是進以適宜之史談。導之親觀祠宇。瞻拜鄉賢。于直接觀察中。啟其愛情是鄉土史尤為切近而有味者也。雖然。講鄉土史與講厤代史則有大別。厤代偉人。其大節有徵於朝野。其遺愛有被於國家而不可以為偽。故取諸國史者。得其實為易。而取諸郡州縣志者。得其實為難。蓋非名實顯見。末由登於國史。而史作於異代其心平。故其事信。若郡州縣志。則並時有司紳士之所為耳。其識之明。未必能辨是非之正。而恩怨執利請託。又雜出於其間則虛構疑似之迹。增飾無徵之言。以欺人冥昧者不少矣。故余於州志所載。自明以前。一以國史為斷。其一二布衣之士。志行

焯焯。流傳於士大夫之口者。亦必其有大影響於社會。而後著於編。蓋審慎於教育之方法。不敢以無徵之言。使童子先入為之主也。至於所漏實多。貽譏博雅。知不免焉。

附厤史釋義

何謂史。古掌文書之人也。何謂厤。厤字从禾。古作秝。兩禾並生之象也禾有一年一番生長之機。史有一年一番紀載之實。編年紀事。兩字相聯有取義焉（黃帝時已有史官。後世因之）

附厤代統系國號表說

一州有一州厤史。猶之一府有一府厤史。一省有一省厤史。一國有一國厤史。凡兒童未習國史者。必先講明厤代統系。然後於某某國號。始可了然。故列表以明之

唐虞以來二十四朝統系國號表

(一)唐虞夏商周（西周 東周）……上古期

(二)秦漢（西漢 東漢）蜀魏吳晉（西晉 東晉）宋齊梁陳隋……中古期

(三)唐後梁後唐後晉後漢後周宋（北宋 南宋）元明……近古期

(四)清……近世期

大清統系年號一覽表

世祖章皇帝	順治	在位十八年
聖祖仁皇帝	康熙	在位六十一年
世宗憲皇帝	雍正	在位十三年
高宗純皇帝	乾隆	在位六十年
仁宗睿皇帝	嘉慶	在位二十五年
宣宗成皇帝	道光	在位三十年
文宗顯皇帝	咸豐	在位十一年
穆宗毅皇帝	同治	在位十三年
今上	光緒	萬萬歲

泰州鄉土厯史教科書

兩等學堂教員馬錫純編輯

編輯大意

一州之中　自古及今　有無限的事情　那能備敘　所編　是記其大事　不記其小事

注　記大事不記小事是史家新眼光否則貽鄒猫產子之譏

厯史原起

夏禹分九州　州境隸揚州之域　其時只有上河一帶　蠻族所居　絕無文字

注　荊揚雍豫徐梁青兗冀為九州禹貢淮海為揚州

續前

春秋之時　泰州為吳地　戰國時為楚地　吳楚會盟　通於上國　於是文明灌輸於泰　史事乃興

注　魯哀公會衛侯宋皇瑗於鄖杜預注鄖發揚也　案鄖即立發橋也當日屬泰境古所傳會盟原當亦指此黃河流域古稱上國

泰州建置

泰州在五代時　為淮南鉅州　其地屬於南唐　昇元元年升海陵縣為泰州　此為建州之始

注　(吳任臣十國春秋南唐烈祖紀昇元元年十一月己未升東都海陵縣為泰州割鹽城泰興如皋興化縣屬焉以海陵制置使褚仁規為刺史先是楊吳乾貞中泰州為海陵制置院故仁規為使

泰州沿革

未置泰州以前　秦屬九江郡　漢始置海陵縣　屬臨淮郡　後漢省　晉太康初復置　屬廣陵郡

注　武帝元狩六年析置臨淮郡領徐縣等二十九今鳳陽府泗州以東揚州府北境皆其地太康晉世祖武皇帝年號

續前

晉割廣陵置海陵郡　宋廢為縣　厥後郡於梁　縣於隋　至唐而始分　曰吳州　曰吳陵縣

注　東晉末始置海陵郡南宋郡廢為縣仍屬廣陵南齊因之梁復以海陵為郡如皋泰興興化高郵皆屬之北齊陳及北周皆因之隋郡廢縣存屬江都郡唐武德三年分海陵為一州一縣曰吳州曰吳陵縣

續前

既置泰州以後　北宋屬淮南東路　南宋置通泰鎮撫使　元初立泰州路總管府　後改州　屬揚州路

注　宋熙寧五年分淮南為兩路泰州隸淮南東路南宋建炎三年入於金尋復四年置通泰鎮撫使為宋金戰地元至元十四年置泰州路後改為州屬揚州路

續前

泰州在明　屬揚州府　國朝因之　為揚州府泰州　後分東北境　置東臺縣　迄今百六十九年　未嘗更改

注　明屬揚州府領如皋縣置東臺場分司　國朝雍正三年如皋屬通州乾隆三年分泰州東北境置東臺縣至今光緒三十三年共一百六十九年

泰州政績錄　興利類

范堤保障

宋天聖初　范仲淹監泰州西溪鹽稅　以捍海堰久圮　白發運副使張綸　疏請於朝　以公知興化縣　得董修築之役

注　天聖仁宗年號仲淹字希文蘇州吳縣人州治北百二十里而遙有鎮曰西溪海陵舊有古堰為唐李承實築范公因海漲冒民田與張綸築堤置牐其始會大雨雪波濤洶湧役夫散走旋濘而死者百餘人於是讙言堤不可成朝廷將罷其役又詔轉運使胡令儀同公度其可否而令儀嘗宰海陵熟知潮患力主公議不可奪未幾公以憂去綸表身自董役踰年堰成民享富其利西溪立三賢祠焉（出張文三賢堂記）

續前

堤成　歷海門通州如皋東臺鹽城諸境　修築一百八十里　為下河保障　厥功甚鉅　更名范公堤　留紀念也

注　如皋東台當日俱泰州境也通州志堤自海門呂四場迄於鹽城之徐瀆遠三十鹽場之西去海遠者百里近者數十里堤之外俱竈戶煎鹽之地淡水出則鹽課消故堤以捍之堤之內系民戶耕種之田潮水入則田租損故隄以防之中間有減水入海之路白駒閘口及牛灣河丸龍岡是也宋史自北海寨東南至蔡莊修築凡一百八十里於運河置閘納潮以通漕

韓琦勸農興學

韓琦知泰州　葺郛廩　治武庫　勸農興學　民愛之如父母　既去　思慕不已　往往畫像事之　蓋賢者於其所至　使其人之不忍忘也如此

注　韓琦字稚圭相州人宋仁宗朝以侍中知泰州公知泰州日嘗夢以手捧天者再其後歷相兩朝已先兆之夢矣五代以來學校久廢琦葺含宇課儒生絃誦比於鄒魯

陳漫翁營造橋梁

陳垓知泰州　鑿城濠　新學院　築樓臺亭館　及庫庾場務坊里橋梁　所營緻者凡六十餘所　工程甚鉅　興一利必謀普及　陳公有焉

王公佐愛民如子

注　垓閩人字漫翁宋寶慶二年知泰州

王臣知泰州　浚關河　寬徭役　歲饑　請蠲租六萬餘石　移預備倉　行保甲連坐之法　泰邑大治

注　王臣字公佐南昌人進士嘉靖六年知泰州

續前

公毅然以化導斯民為己任　聘州人王艮為諸生師　設社學四所　講學之風　由是開焉

注　社學四所曰端本曰慎初曰立誠曰養正政成教行里巷皆絃歌王艮即心齋先生也

方恩承立清節堂

泰之有清節堂　使窮嫠得所者　伊何人創之　是方先生之功也　吾泰大慈善家　公何愧焉

注　方恩承字吏濟漢軍鑲黃旗人嘉慶十八年知泰州倡捐興事窮嫠多所全活

張濬立初等小學

光緒三十年　湖北張先生　來知吾泰　慨然於民智之未開也　遂起而籌國民教育　爰立初等小學　捐廉甚鉅　泰州學務　於此萌芽矣

注　張濬字會叔湖北人初等小學開於光緒三十年九月三十一年冬學務委員沈幼沂來堂考驗調甲班程度較優者可入高等科三十二年春復由張總理東請學務處改定兩等其初開堂布置一切用二千餘金又津貼常年經費每年一千金皆先生廉俸也先生愛學生如子弟先生去學生送之至有泣下者

除害類

富公備寇

富弼任泰州軍事判官　常造舟備寇　鑿海灘以藏舟　且習水戰於其中　至今人呼鄭公灘

注　富鄭公字彥國河南人治平二年任泰州軍事判官公備海寇以戰艦每為海濤所壞故鑿此灘以避之今灘東臺地

鄭公不行官鹽

鄭國俊萬厤中任海防　時議設官鹽局　稽戶給票　民泣訴不便　國俊力爭於當事　議遂寢　州人立石誌焉

注　鄭國俊字養沖解道人萬厤四十年任海防兵備道揭故利煮海私鹺不可勝詰當事者議行官鹽法報溫飽之家為舖戶出資貫引置鹺而市於民比閭稽戶口給票賈之以杜私販民甚不便　按泰州營本前明海防道中軍營康熙元年裁

韋宗孔哀囚紓患

韋宗孔知泰州　前守酷　設板屋以繫囚　慘於囹圄　宗孔至　立毀之　歲饑　漕米無出　宗孔力請改折　民賴以甦

注　韋宗孔字太和黃岡人萬厤四十七年知泰州

李學旻計禽巨盜

李學旻知泰州　泰壤多鹽場　海濱盜藪　有巨豪為之窟　學旻以計禽之　餘解散　境內以安

注　學旻字本仁臨川人天啟四年知泰州在任一年以治盜執法為胥人所搆被劾去官士民號泣舁送者百里

聽訟類

仁規明斷

南唐時　海陵民多爭訟　自褚仁規兼縣事　明察果斷　法不少貸　每縣有大役　賦不給　使吏籍取於民　民無怨者

注　仁規字可則廣陵人南唐昇元元年升海陵為泰州時以仁規為刺史兼海陵縣事所部魚鹽竹葦之地財用所出每有大役常賦不能給使吏視民家所有雖稱取之事訖以次償還罔有逋遺民無怨者

廬山遺冢

宋周敬述知泰州　撫定遺民　辨其罪否聞於朝　得免誅

者二千人 作大冢廬山下 葬暴骨萬餘 州人刻石頌之

注 狄遵成鄭人宋太宗時以秘書丞知泰州後卒於官遂家焉子孫自孟陽而下登科第仕卿監郎曹者甚多泰州無廬山山當在東門外迎春橋北俗名鳳凰山

哀矜勿喜

歐陽觀為泰州判官 嘗夜燭治官書 遇死獄 屢廢而歎 蓋求其生而不得也 卒於任 子修方四歲

注 觀字仲賓廬陵人大中祥符三年調泰州軍事判官時歐陽修四歲當在泰州

續前

公治獄嘗曰 求其生而不得 則死者與我皆無恨也 矧求而有得耶 以其有得 則知不求而死者有恨也 夫常求其生猶失之死 而世常求其死也 觀之言若此 蓋仁人也

注 （見瀧岡阡表）瀧岡在江西吉安府永豐縣阡墓也歐陽修父葬瀧岡表墓表也求其生數語是述其父在泰治獄之言蓋仁人惻惻之言也

趙抃清風

趙抃於仁宗時知海陵縣 嘗以一琴一鶴自隨 其為政因俗設施 要以惠利為本 民有可與與之 獄有可出出之 黃震稱其愷悌 有以也

注 按宋仁宗時州治海陵縣如舊至明初始省入州見方輿紀要 趙抃字閱道西安人景祐初進士至和中參知政事極言王安石新法不可而去卒謚清獻 黃震字東發慈谿人寶祐中進士清介自守獨崇朱氏學震稱抃為政愷悌不嚴而肅雖古循良無以過之

次山聽訟

張次山知泰州 聽訟不以私撓 一日有鵲集階下 若有訴 公命至其巢 乃某攘其雛烹食 即擒杖之 鵲乃退飛

注 次山通州人進士元祐初知泰州居官廉正事簡稱一時循吏

櫟園鎮靜

國初泰州地方初定 告密者多 時周亮工任海防 持以鎮靜 人皆樂業 有黠奴密告官室謀反狀 趣治兵捕

公知其妄 全活甚眾

注 周亮工字元亮號櫟園江西金谿人前明庚辰進士順治三年任海防兵備道康熙元年始裁兵備道

魏錫祚本經術以斷獄

魏錫祚為治 本經術讞獄 不事苛察 寬平和易 去一切武健嚴酷之習 徵糧有法 賦以時集 而民不告勞

注 魏錫祚字長康號蔡黃人康熙五十三年特授泰州徵糧分上下忙蓋自公始也

王同甫明察善斷

泰州俗好訟 動輒構辭相誣陷 謂之搭臺 王頫知其弊 終日坐堂皇決事 兩造感服 訟風由此稍息焉

注 王頫字同甫號菊泉歸安人附生嘉靖二十三年權知泰州事

泰州兵事錄 大旨

自古用兵 必觀地勢 守江南者須先固淮甸 泰州適當淮服之衝 故南宋以後 兵事最劇

注 曾文正公曰論形勢控扼之道守江南者必先固淮甸棄淮則江南不可保昔人如吳師道胡安國楊萬里及趙范葉適輩言之詳矣南宋時泰州為淮南要衝兵事最劇關係全局焉

南宋以前之兵事

孫郎轉鬪

漢興平二年 孫策渡江轉鬪 所向皆靡 攻破劉繇別將於海陵 而軍令整肅 百姓懷之 卒能平定江東 肇開吳業

注 江表傳曰孫策年少雖有位號而士民皆呼孫郎軍士奉令不敢擄略雞犬民間菜茹一無所犯民大悅吳志揚州刺史劉繇當逐孫策嗣吳景策乃說袁術與兵助景等平定江東攻破劉繇別將於海陵句見江表傳

文遠舟師

黃初二年 魏伐吳 文帝遣張遼乘舟與曹休至海陵 舟師臨江 艤艫相望 吳人於焉奪氣矣

注 （魏志張遼字文遠雁門馬邑人也仕魏封晉陽侯孫權復叛帝遣遼乘舟與曹休至海陵臨江權甚憚焉

子通竊據

東海李子通初依長白山賊　尋渡淮　據海陵　有窺江表之志　得眾二萬　自稱將軍　唐武德二年　克江都　遂僭國號

注（方輿紀要）東海李子通先依長白山賊帥左才相　尋渡淮竊據海陵　稱將軍　武德二年陷江都　遂稱帝國號吳　後為杜伏威所滅

敬業舉兵

唐中宗初　武氏臨朝　徐敬業奉辭討罪　帥江淮之師　輓海陵之粟　義旗初舉　軍威壯矣　至海陵　阻於風　死之　論者惜焉

注 武則天名曌　為唐高宗皇后　中宗即位　武氏臨朝稱制　中宗元年　徐敬業討武氏至海陵　阻風　李孝逸擊之　因風縱火　敬業大敗　將走入海　其將王那相斬敬業等以降

令坤襲泰

周韓令坤襲泰州　唐陸孟俊復取之　後被禽　周主乃乘虛入境　軍執大振　南唐鹽利　由是入於周矣

注（五代史）南唐保大十四年　周世宗顯德三年　遣將韓令坤襲泰州　泰州以城降　唐遣將陸孟俊將兵至泰州　周兵退入廣陵　孟俊復泰州　抵廣陵　令坤迎擊　禽孟俊　周主聞泰州空虛　親自南征　復取泰州　軍執大振　南唐納江北郡縣未陷者　而乞泰州鹽利　周主不許

曾班棄城

南宋以後之兵事

南宋建炎三年　金人來犯　守臣曾班與軍民議曰　死守若何　民曰願屈節　保全一城　遂降　金人掠之而去　流賊宋進寇　班遁　城遂為賊有

注 南宋高宗建炎三年　金人自揚州分兵而來　守臣曾班集軍民議曰　金重兵臨城　班義不當去　相與死守若何　眾皆曰願以生靈為念　屈節投拜　保全一城　班遂遣兵馬鈐轄張元弼降　書詣軍前　植降旗於城上　率軍民迎拜　金人入城　置酒高會　居數日　盡擄金帛而去　宋進為韓世忠圍人　至是更名士雄　聚兵三百餘犯泰州　曾班遁去　雄入城縱掠　推錢糧官裴淵為首　班坐貶二秩　按宋進兵只三百餘　班已棄城遁　故岳忠武有泰州不可守之語

岳飛克敵

岳飛為通泰鎮撫使　兼知泰州　以州無險可恃　退保柴墟　與金戰於南壩橋　敗之　及金兵陷城　飛復渡江保江陰軍沙上

注（方輿紀要）泰興縣舊城　注在縣西北　志云　南唐昇元初析海陵南五鄉地置縣　治濟川鎮　在今縣西北四十里　宋乾德三年　徙治柴墟鎮（按即[illegible]）　熙寧中知縣尤袤排眾議築外城　周九里　俗號為龜城　建炎四年　岳飛駐泰州　以州無險可恃　退保柴墟（按以龜城之）　有渡百姓於沙上（按即太平洲舊名沙洲今設縣屬鎮江府地）　是時金人陷揚州　所至殘戮　惟縣有外援　全活甚眾　建炎四年　金人陷泰州　飛復棄泰州　渡江退保江陰軍沙上

張榮告捷

金人據泰州　張榮帥羣盜攻北境　與金大戰縮頭湖　榮擊敗之　來告捷　劉光世以榮知泰州

注 張榮從梁山泊帥羣盜寇泰州北境　金人既得泰州　乃攻張榮於縮頭湖（按即得勝湖　在興化縣東十里　當日屬泰州）　榮與之水戰　大破金人　獻功於劉光世　願聽節制　光世奏以榮知泰州　光世字平叔　鎮海軍節度使

張榮復潰

張榮北伐　至楚州　聞劉錡退　師乃潰　劉澤來奔　金主令親兵從之　泰復陷　尋亮被弒　金軍皆棄城去

注 楚州令淮安　時楚州揚州皆為重鎮　宋紹興三十一年十月　劉錡檄淮東副總管張榮以所部人船盡赴淮陰　榮被檄即發　至楚州則大軍已退　其所統民兵皆驚潰　榮收散僅千人至邵伯埭　決運河水入湖以自保　金人陷揚州　淮東安撫使劉澤棄城奔泰州　金主亮令親兵從之　陷泰州　而亮已被弒於揚州　金軍在泰者復皆棄城去　錡字信叔　東京副留守　節制軍馬

李全東下

宋理宗時　山東盜李全寇揚州　東下泰州　知州宋濟迎降　全以泰州為根據地　與宋兵相持於灣頭

注 紹定三年十二月　李全入泰州　聞趙范趙葵至揚州　曰我計先取揚州渡江　爾曹勸我先取通泰　今二趙入揚州矣　江其可渡耶　既而曰　今惟有徑擣揚州耳　全酡兵守泰州　悉眾出宜陵至灣頭　立砦據運河之衝　後趙范趙葵誅全於新塘　克復泰州

庭芝拒元

宋之亡也　元兵圍揚州三年矣　制置使李庭芝與姜才死守苦戰　至泰州被獲　力竭死之

注 揚州制置使李庭芝守城　糧盡兵民烹子而食　猶日出血戰　後謀航海赴端宗之召　至泰州被獲　元軍戮之揚州　死之日　民皆泣下　端宗即帝昰　初封益王　年十一　死於硇州　元以總管烏馬兒守泰州　後置泰州路總管府

張士誠揭竿起事

白駒場亭民張士誠　揭竿起事　入泰州　及興化　又陷高郵　稱大周　自號誠王

徐達攻泰　自口岸挑河至南門　克之　尋破新城　泰入於明　誠王就禽　大吳亡矣

注　明太祖命徐達常遇春攻泰州舟師至泰興水道不通乃自口岸挑河十五里至州之南門克之吳將嚴再思恭退保新城州北五里宋端平中州守許堪築達因築海安城絕通州之援新城復破自泰州入於明明復出師南克平江士誠遂被禽　士誠有弟三人士義士德士信改平江今蘇州為隆平府徙都之國號大吳所據南抵紹興北踰徐州達於濟甯西距汝潁東至海凡二千餘里

齊雲一炬 齊雲樓在海陵見慶湖遺老集

齊雲樓下烽烟起韻　三百紅妝同日死協　高郵草竊舊鹽徒句　猶為殘元殉疆壘協　一解

注　張士誠兵敗謂妻劉氏曰我敗且死若曹奈何劉曰君勿憂妾必不負君乃積薪齊雲樓下趨群妾侍女自盡縱火焚之遂自縊也

續前

成則為王敗則囚轉韻　寧死羞作歸德侯協　閉口不飲建業水句　瞑目忍看秣陵秋協　二解

注　士誠被執不食見明太祖瞑目踞坐太祖叱曰盍視我曰天日照爾不照我視爾奚為

續前

可恨西風黃菜葉轉韻　天亡項羽何須說協　至今遺老弔戰場句　閶門流水聲嗚咽協　君不見老頭兒短婦腳長轉韻　九四郎死呼張王協　三解

注　士誠弟士信為相專任黃敬夫蔡彥文葉德新僨事吳人為十七字詩云丞相做事業專用黃菜葉一朝西風起乾癟太祖誅三人風其尸於竿乾馬上微行有老媼呼為老頭兒或為燈謎象婦人懷瓜而跣隱語曰懷西婦人好大腳嘲馬后也上大怒曰張士誠已死人呼為張王鼠輩敢爾并屠其里九四士誠行也陳理降封歸德侯今東門外東山寺猶有士誠神像

右南宋以來之兵事

泰州耆舊錄

馬生曰吾讀州志孝友傳始於漢董永謂鬻身葬父天女織縑迹近神鬼且年遠傳譌多所附會故不錄　錄自宋以來

孝感生芝

張熹字道立　居塘灣　家苦貧　自絕葷膳　日營肥甘以供母　赤芝生於庭

注　熹宋元豐間人舍後竹間產芝蔓後凡十四年光潤如塗丹朱叩之鏗然有聲乃築三秀堂

邗溝棄佩

袁智周字道濟　父敬夫　為人虐辱死　智周誓復讐　陰佩刀伺隙　凡六年　後讐為人所殺　乃棄刀邗溝中

注　道濟世為丁溪竈戶元至正二年父為總催劉正二虐死後州尹趙儼聞智周棄佩事上其事旌之

願代父死

崇禎十六年　崔蔚之父被誣陷獄　蔚上書訟寃　願代父死　推官湯來賀憐其孝　暫令抵禁　後事白釋歸

注　蔚父名士科兄斌弟宪皆割股救親時稱三孝子

感物思親

黃宸母臧　曾淅米粉為元宵節饌　母歿　遇元宵必流涕輟食　待兄弟子如所生　每秋成所入　咸分給之

注　宸號芥渠住姜堰鎮

孝感狂賊

蔣一麟　值兵亂　父病不能避　一麟侍父湯藥　兵至麾之不去　以情哀告　兵曰孝子也　相戒勿犯父子獲全

注　一麟字仁趾明季兵亂民皆遠竄其父慎吾病不能行故一麟侍父不去

楓山至性

杜光先髫年　母疾　奉祀不少倦　母歿　卧父足畔者三十年　州牧講約　必列光先行事以為訓

注　光先字海樹號岸修母疾籲天願以身代弱冠為諸生所得館修以奉甘旨州牧柯榮庚朔望講約每以光先為訓康熙庚辰成進士授浙江湯溪縣令縣之山多楓樹更好楓山研究朱程之學

奮刀救父

王孫騂當父死難時　大呼奮刀救父　賊斫其髗死　良久復蘇　旭諸府　得邀旌典

注　孫騂字卓馬其父相呂官睢寧教諭有譖以藥敕創口數日愈乃捧父印趨淮安知府得旌典是年州牧聞其事命其子扶掖入署手摩創痕嘉歎不置書額贈焉

陳綬純孝

陳綬官中書　因父病劇　告歸終養　侍晨昏　廢寢食者逾年　勞積成疾　鄉里稱其純孝

注　綬字儀藻號省齋八歲能文十二歲為諸生旋食餼後由貢生官中書卒年三十六

錢塏尋父

錢塏父有癇疾　他去不知所往　塏年十五　問母何不見父　母告之故　遂潛出覓父　偏歷艱辛　逾三年竟得父

注　塏字位爽十歲父病有癇疾他去後得父於清江浦時父疾已愈遂偕之歸

登雲迎母

李登雲生八月而孤　母改適安慶　登雲數歲　時走其父隴上哭極哀　比長尋母　迎歸養焉

注　李登雲李善樹僕也母見安慶人輒詢其母所在年長渡江得母於無錫

徐生愚孝

徐萬侯母疾　貧不能具醫藥　禱於神　夢神教以服天馬心　徧問藥市無此味　乃悟曰吾身屬馬　必吾心也　遂刳心中肉　烹以進母　母頓愈

注　天馬心或云飛真心丹　東臺志云徐萬侯操舟為業往來與化東臺間乾隆辛丑人尚見之居學宫之左偏袒視其胷如蜂窠四圍墳起詩人吳梅查因作孝子詩三章以美之乾隆二十六年陳相國巡撫江南書聯予之曰曾是以為孝乎其愚不可及也

李琦愛弟

李琦兄亡嫂寡　兩弟俱幼　父欲析其家　琦哭阻之　且誓於神　父歿　析居兩弟　貲日削　琦仍合其家

注　琦字韞輝父病刲股以進父歿合居後十載家漸裕復均其數分之

涵卿友弟

吳應裕年十三　刲臂治母病　又善事繼母　父亡　畜兩弟　所置千金產盡以讓弟　渡江見七尸湮泊　買棺葬之　友人負公欵甚鉅　裕代為完逋　其好義若此

注　應裕字涵卿有揚州友人許某虧鹽課千金亡去妻子縶獄裕代為之償因得釋其後子孫以功名起家

按志載孝子多名　或自割股　或請身代　而以徐萬侯刳心療母　尤為奇事　有性情　無學問　遂失之愚　所謂小孝用力　中孝用勞　大孝不匱者　皆不在此也

劉氏族冢

劉之滂建普濟堂　置下旗庄田　為族人冢地　貧無葬地者悉無所慮　族人德之

注　之滂字竹其康熙辛卯舉人晚年講心性之學

迎養貧親

徐六璽有孀姑　貧而無子　迎養四十年　殯葬從厚　陳芃外大父戴浩如暮年無依　迎養三十年　斂葬亦從厚　觀此則凡薄待貧親者　不亦愧乎

注　六璽字紫章諸生事繼母以孝聞修育嬰堂躬董其役陳芃字繼邵監生居黄草庄

不欺死友

仲國能讀書尚節義　有徽人鬻木於泰　素與國能善　聞其鄉被兵　倉皇歸　持貲若干金　屬曰吾閱人多矣　惟君足信　密寄君所　秋杪當復來

注　國能字振華號健夫先賢仲子六十二世孫其先從宋高宗南渡遂家於泰焉世業農至國能始讀書

續前

後不至　無何有同歸者來　問之　則死於道矣　乃持金廉得其子還之　封識宛然　其家欲以半酬　笑曰分其半何如據其全乎　吾不忍欺死友也

注　仲氏子孫後皆以文章世其家

性命之交

王聯與甘泉沈鳴謙　為性命交　乾隆庚子　同試於省　八月初沈病劇　王不應試　送沈歸　沈不能興　以身翼之　既死於途　復為之殯　時人以為義

託其妻子 注 原謀出廣陵詩事與州志異聯字鷺亭原生鳴謙字得中與范秋帆稱湖十二詩人

高垂藻與某友善 友衰邁 將白金三千兩 見藻泣而言曰妻弱子幼 君所知也 此金留君所 他日使妻子勿凍餒足矣 友殁 其子長成 乃召而還之金 注 垂藻號絢堂候選縣丞父病衣不解帶者數月事長姊如母兄弟間友愛更篤知交通貧不能償者悉焚其券

陳芜買婢

陳芜買一婢 女別母哀甚 芜問故 泣曰 父繫獄 賣身以贖耳 芜惻然 歸女不取其值 夜過獎汊 遇羣盗 盗詢姓氏 曰此長者不可害也 注 陳芜字繼鄗監生居黃單生

迎養貧師

吴銓輕財好義 子湘體父志 其師貧老 迎養焉 湘子邦柱事母孝 其姊早亡 遺子女一 家中落 邦柱因給甥以家産 母大慰 注 銓字公衡創建育嬰堂湘字岳生邦柱字石臣

馬生曰嗚虖吾泰士氣不揚久矣雖然自本朝三百年來安在無一義士哉作布衣傳

繆欽上疏 義士

明泰州代鳳陽輸米 援以為常 百姓苦之 值歲饑 上官追呼鳳米 有繆欽者 以布衣上疏 陳鳳米之害 兼請蠲賑 注 鳳陽倉米舊額高郵一千六百一十三石零泰州二千二百八十四石零興化六千一百七十石零寶應二千六百一十石零嘉靖二十七年蘇州凶歉又將彼地應解鳳米二萬八千餘石飛派高寶興泰四州縣見繆欽指停加派米疏

續前

疏下部議 時州人徐燿為給事中 力言於部 具如所言覆奏允行 鳳米全與豁免 欽以韋布抗疏 為邑請命蓋豪傑士也

冒死籲天 注 時泰州飛派鳳米萬石自崇禎十一年欽上疏允行豁免而高寶諸邑所代者亦得援此例次第蠲除並遣官分賑皆欽之力也 欽字文珍所徐燿父見住海安字莘莊歷都給事僉都御史

康熙二十三年 水災 徵賦不給 恭逢仁廟南巡童希聖赴江甯行在 伏地上疏 侍衛鞭之詔止勿鞭 取疏親閱 七邑水災自有區處 爾等回去命部傳諭泰州百姓

續前

希聖隨復入都 繪圖以進 得奉恩旨將災糧盡作版荒田地 至二十九年方報涸開徵前後共免銀米五年 唯希聖冒死陳奏 鄉人賴之 注 希聖字仰之康熙二十三年水災七邑桃源宿遷山陽高寶興泰也

以上事業

經學源流

有漢尚經術 至三國兩晉五季 學日雜 道日晦矣 天生安定先生於吾泰 開有宋斯文之始也 注 漢武帝崇尚經術立五經博士三國魏蜀吳東晉西晉為兩晉後梁後唐後晉後漢後周為五季胡瑗字翼之謚文昭居如皋之安定鄉學者稱安定先生如皋當日屬泰州故先生為泰人有宋斯文朱程之學也先生於皇祐中居太學程伊川受業

蘇湖講學

隋唐以來 仕進尚文詞 遺經業 先生教授蘇湖 立經義治事二齋 學徒數千人 慶厤中 仁宗興太學 詔下湖州取其法著為令 蓋大教育家也 注 先生倡明體達用之學如治兵民政水利術各有專門講舍先生形式整齊學生衣白而喜潔容止相類人過之雖不識皆知為安定弟子也范仲淹時為蘇州教授滕宗諒亦聘為教授 宗諒時知湖州

更定雅樂

景祐初 詔更雅樂 先生以白衣對崇政殿 與阮逸同校

鐘律　旋罷之　後作皇祐新樂圖記　布之天下　蓋大音樂家也　注　景祐初詔求知音者范仲淹爲瑗與鎮東軍節度推官阮逸同校

胡學宗派表

北宋胡瑗
（濂溪周茂叔高弟）
伊川程頤正叔
南宋龜山楊時中立
豫章羅從彥仲素
延平李侗愿仲（福建沙縣名）
晦庵朱熹元晦　婺源人明道程顥伯淳弟
南宋武陵胡安國康侯
子致堂胡寅字明仲
子五峯胡宏字仁仲
南軒張栻敬夫（魏公浚之子也所著有易論語孟子說等書）
致堂五峯均龜山高弟
周敦頤出於濂溪二程居洛張載居關中朱熹學於閩故世稱濂洛關閩云

王學真傳

王艮住安豐塲　安豐濱海　故其人有海國思想焉　初謁陽明　議論平等　居賓位　及稍有折服　即降居弟子位如此者再　乃大悅服　執弟子禮　其精神之活潑不羈類如此　注　王艮初名銀王守仁爲更名字汝止號心齋謁守仁江西執木簡署曰海濱生名其冠曰有虞氏之冠服曰老萊子之服路上坐與守仁語良知及堯舜君民事抗辯不爲屈居數日有省乃執弟子禮

續前

先生學術獨衍唯心一派　即日用淺語　發明良知　言多獨解　不循傳註　此與泰西笛卡兒疑中求信　不依傍古人相似　故王學益以昌明　注　艮傳云艮言多獨解不循傳註因百姓日用以發明良知之旨其言曰心有所向便是欲有所見便是妄笛卡兒英人其學術曰懷疑派

王學宗派表

王陽明—王心齋
泰州唐珊（字可珍）
越中王畿
仲子王襞—泰州程洋、泰州李祐
泰州林春（字子仁）—泰州劉清（號西邦）
貴溪徐樾—永新顏均—南城羅汝芳（字惟德）—歸善楊起元、合肥蔡悉崍、合肥周汝登
　　　　　　　　　—永豐梁汝元
泰州戴恩（字反泉）

名儒著述（通儒）

泰州當康熙時　通經著述之才　惟陳曙峯太史　太史通筭術　撰書滿家　並采入四庫全書　與宣城梅氏齊名　蓋本朝大筭學家也　注　陳厚耀字泗源號曙峯康熙四十五年進士　廣陵詩事云太史通筭術撰春秋長麻以補杜征南預之闕佚而正其譌舛又有春秋氏族譜一卷　春秋戰國異詞五十四卷通表二卷摭遺二卷並采入四庫全書余嘗見其家乘所載尚有禮記分類訂正孔子家語十七史正譌等編惜其嗣已絕不可得見矣有筭學書三十帙今存泰州宮樂侯舟家　梅文鼎字定九安徽宣城人孫瑴成筭學名家與曙峯同修書於蒙養齋先生與梅氏闡明筭理有明三百年來所不能知者一旦復顯於世蓋通儒也

續前

中國古時皆言地方　地圜之說　始見周髀筭經　然信者蓋寡　獨泗源先生篤信西哲繞地一周之說　發明其理地如球形　於是始見　見阮元疇人傳　注　仁廟問地圜出何書對以周髀筭經曾言之問何以見其圜也對曰職方外紀西人言繞地過一周四匝皆生齒所居故知其爲圜且東西測景有時差南北測星有地差皆與圜形相合故益知其爲圜也

以上學問

呂岱清忠（名臣）

海陵人呂岱　仕吳　初取長沙三郡　繼由合浦渡海　襲入交州　進討九真　百蠻向化　岱出身萬里　爲國勤事而妻子饑乏　蓋清身奉公　談者美之　見三國志吳志本傳　注　岱字定公建安二十年督孫茂等十將從取長沙三郡延康元年代步騭爲交州刺史岱既定交州進討九真斬獲以萬數又遣從事南宣國化暨徼外扶南林邑堂明諸王各遣使奉貢權嘉其功進拜征南將軍初在交州歷年不餉家妻子饑乏權聞之歎息時人以比陸遜

周穜抗直

周穜當元祐初　權起居舍人　會咸陽民獻玉璽　朝議改元　穜言所獲秦璽耳　以之改元　甚無謂　又蔡京誘蕃商詐爲某國王入貢　穜辨其僞　其不懼權貴如此　注　穜字仁熟元祐初蘇軾舉爲鄆州教授久之權著作郎兼崇政殿說書陳瑩中薦於上權起居舍人崇寧時有黃瑀者以南蠻洞主歸義京擬禮驗從使兵部賞典誘蕃商入牂牁詐爲其國主進貢穜核其僞蔡京從以是忤政府坐貶

周沂上疏

明洪武初　泰邑饑　朝命賑而有司不行　周沂為民請命　抵金陵叩閽　上遂逮有司置重典　賜深衣大帽　書股肱二字與之　後以抗直坐謫　士論惜之

注　沂字魯公諸生時民欲叩閽訴冤而無其人沂方弱冠毅然請往抵金陵值上微行以流民狀行歌於市上詢得其概命具疏入即逮所司置重典　沂後官九江知府以抗直忤當道謫戍邊北

文懿風節

儲巏九歲能屬文　母卒　旦哭冢側　夜讀書不輟　公立朝滈行清修　介然自守　逆瑾用事　數凌辱大臣　獨敬巏稱為先生見明史本傳

注　巏字靜夫成化癸卯甲辰鄉會試皆第一授南京考工主事孝宗朝進郎中吏部尚書州志雜志類云官少司農時逆瑾用事偶公識瑾奉卮酒致殷勤公卒爵有頃中風仆地遺溺舁歸歸數年起南京吏部侍郎

續前

公喜詩文　好推引知名士　避遠非類　不惡而嚴　卒於官　年五十有七與昌黎同壽　臨卒　友人往問後事　不能言　猶舉筆作國恩未報、親養未終八字　謚文懿

注　本傳云進士顧璘嘗詣尚書邵寶寶語曰子立身當以柴墟為法　柴墟者公別號也

循吏風規

儲洵官兵部郎中　左遷知沔陽　歲饑　積逋賦　所司督責　洵下令悉停止　民賴以安　沔田多水患　請修築河防　言甚剴切

注　沔陽志良牧傳稱洵河防一疏萬世之利惜未之行耳卒門人私謚文貞子　洵字平甫正德六年進士致仕歸闢雉山圃日讀書其中博采建文諸臣編輯革除錄補本志

盡心桑梓

凌儒官御史　罷職　留心桑梓　泰糧六萬有奇　四萬屬下河　田盡傍高寶長堤　堤一傾　則田盡沒　儒力請開丁溪白駒二港　洩水入海　民言其利

注　凌儒字真卿號海樓嘉靖癸丑進士初為永豐令多惠政擢御史疏請重墨貪之罰革虛冒之兵搜遺逸之士因薦洪先陸樹聲吳嶽吳悌帝惡其市恩遂罷職事具明史楊思忠傳

泰州鄉土厤史　十九

東崖家法

王襞九歲　隨父謁王守仁　時士大夫會者千人　守仁命童子歌　多囁嚅不能應　襞意氣和易　歌聲若出金石　守仁曰吾越中無此兒也　奇而授之學　學成歸　非義雖千金不盼也　喪祭必遵古禮　建先祠置祭田　月朔　率子弟肅衣冠致奠　考其一月中所為　竟日乃罷　學者稱東崖先生

注　襞字宗順號東崖艮次子僉都御史凌儒疏薦於朝辭不赴著有語錄年譜及天響草

樵者聽經

朱逸艮同里樵夫也　易麥糈　擇精者供母　糗其糲秕　一日過艮間　行吟曰　離山十里　薪在家裏　離山一里　薪在山裏　艮謂其徒曰　小子聽之　人病不求耳　逸因往竊聽講論　聽訖樵去以為常　艮弟子宗姓者謂逸曰窶子雅志甚苦　願奉數十金為子生理　免樵作勞　逸曰子非愛我　力卻之

泰州鄉土厤史　二十

著作表

馬生曰吾泰自宋以來作者數十百家不可備載謹選其精要者列表如左

經類著作

宋　胡瑗易傳十卷　尚書全解二十八卷　論語說　中庸傳一卷　洪範解一卷　周秩易說十卷

明　石光霽春秋鉤元四卷　王艮琉傳合編二卷　格物要旨　劉國柱易宗二卷

清　俞楷五經源流　陳厚燿禮記分類　通表二卷　左傳分類　拾遺二卷　春秋戰國異詞五十四卷

史類著作

宋　安定先生門人輯安定言行記　壬寅吳陵志十卷

明　張毅青陽志節餘錄　儲巏皇明政要二十卷　文懿奏疏

清　宮偉鏐南陽舊德錄　世說六卷　東山外紀　續庭聞州世說一卷　庭聞州　宮夢仁二十一史名臣言行錄

（王先生笠泉曰）國史經籍志吳陵志十卷萬鍾撰書錄解題吳陵志十卷淳熙壬寅所修州志誤壬寅為王寅不可仍其誤

子集類著作

宋　胡瑗賓聖集　王俊乂兗明文集　周麟之海陵集三十二卷外集一卷

明　儲巏柴墟集十五卷　陳應芳敬止集守愚集　王艮語錄二卷　王襞東崖集三卷

清　吳嘉紀陋軒詩六卷　張符驤依歸草　天傭子集　韓敏來陵異同辨

除右表外其餘詩文集無慮數十百家獨子部寥寥

張公殉國（忠節）

明之亡也　福王立於南京　順治二年　大兵南下　揚州被圍　其有與史可法分城固守　國亡與亡者　則吾泰人明兵部張伯鯨也

乾隆四十年

賜謚忠節入祀郡城忠義祠事具明史

注　張伯鯨字繩海萬厤丙辰進士厤官至兵部左侍郎城破自經死妻韓氏冢婦郝氏同及於難子稚度善詩文以諸生老

王公罵賊（忠烈）

王相呂任睢甯教諭　叛弁海時行亂　攻睢甯城　相呂督兵拒守　燃巨礮擊賊　城陷　為賊所執　罵不絕口　賊斫之　握印而死

注　相呂字望之治春秋順治三年舉於鄉任教諭時以文行教士士多懷之子孫騂亦被賊斫既絕復甦事具李頫懷印奔淮安愬於知府李廷梅事聞贈國子監助教　賜祭一壇祀睢甯名宦

名宦祠　忠孝節義附

〔漢〕董公祠　董永

〔宋〕宋三先生祠　海安鳳山麓　張綸　胡令儀　范仲淹

三忠祠　李庭芝　姜才　孫虎臣

三趙公祠　趙善湘　趙范　趙葵

文信國祠　海安學宮舊址

范文正公祠　北門外今設小學堂

王公祠　祀學正王傳明

思賢祠　儒學內

〔明〕孝子祠　海安東門內　祀明李祐

愍義祠　州治南　祀劉虛白公劉文波公李如江公李印江公邱鳳卿公方乾齋公

〔清〕忠烈祠　海安祀王相呂

蔡孝女祠　祀蔡蕙　在昇仙橋西

鄉賢祠表

〔宋〕胡瑗

〔明〕王艮　儲巏　俞應龍　陳應芳　宮永建　李存文　劉希周　沈良才　田毓芝

〔清〕吳廷彥　陸舜　王礪品　朱志囂　繆嶔　王世豊

儲洵儲堪附艾懿祠俞釬附俞應龍祠田顯吉田敬錫附田公祠沈塽隆附沈公祠繆公祠有二一在北門外娄家橋　祀繆嶔一在旗杆巷祀繆學爵繆沅

人類

本境人類　俱屬漢族　畧分紳戶民戶糧戶鋪戶匠戶衛戶而已　其回族人之流寓於泰者　皆旗漢人之子孫　不盡阿剌伯種　善居積多販食品　其累世居此者　多占籍焉

注　本州境北門外凡雞鴨店及古玩店多回教人所開其客戶外戶有田地宅基者二十年聽於所在報名即編為戶　按回教系突厥種亦有旗漢人入教者

戶口

本境戶口　在道光元年　造入盛世滋生冊內者　共有一百一十三萬九千二百五十一丁　玆據光緒三十二年分冊報民衛人丁　共一百二十五萬三千七百九十名口內（男丁）八十一萬七千一百二名（婦女）四十三萬六千六百八十八名

滋生故絕人口向系約畧開列並無確數　按丁口滋生今昔迥別人日加多而地不加闢也農工商日守其故而業不加進也故近年以來田不敷種粟不敷食患貧亦患滿實業之興其可緩乎

民族

王　系出姬姓　周靈王太子晉之後　秦將王離子元居瑯琊郡　元弟威居太原郡　又田齊後　及魏信陵君子孫俱改王氏　惟二郡最著　吾泰王氏　其子姓繁庶者推樂學堂　世居東瀛　本竈戶　明正德間　王艮以理學起家　子孫多居姜堰及安豐場　至今傳十七代

仲　先賢仲子之後　其先從宋高宗南渡　至子宣公自蘇遷泰焉　至今傳　代

儲　河東郡　齊儲子之後　儲氏舊毘陵士族　宋元間分徙泰州　世藝農　明成化間　儲巏始以科第起家　至今傳十七代

宮　魯孟僖子之子韜　食邑南宮　以邑為氏　泰州宮氏

其祖籍天津府靜海縣　至明遷泰　崇正間　宮偉鏐成進士　其子夢仁以功名顯　至今傳十代

陳　舜後封陳　以國為氏　道新公自江西吉水遷泰　明太僕寺少卿應芳崇祀鄉賢　至今傳十八代

繆　蘭陵郡　系出嬴氏　秦繆公之後　以謚為氏　明崇禎十一年　繆嶽以布衣上疏　其孫肇祺曾孫沅以貴顯　至今傳二十代

俞　河間郡　黃帝臣俞伯名跗　注素問　周有俞伯牙　泰州俞氏　至明俞應龍　國朝推官俞釬　皆崇祀鄉　至今傳十代

此外大姓尚多俟調查得實即使補入非敢去取蓋其慎也

風俗

構造社會　學人之責也　學問有進步　風俗乃可以改良

泰州鄉土厤史　二十三

泰之俗迷信最多　必教育明而後可去　茲舉其大者為一一辨之如左

〔一〕偶像　〔二〕婚嫁　〔三〕齋薦
〔四〕紙錁　〔五〕堪輿　〔六〕巫

偶像

飛軒傑閣中有偶像焉　士民雲集　膜拜者屨相錯　雖仕宦之家　輦金拖舍不少惜　以偶像之能禍福人也　夫土木之偶造之自人　而謂其操禍福權　不亦傎乎

注　泰人俗信鬼雖荒村必有祠廟其在城邑者尤尊崇每值神誕日必肅衣冠進香雖紳士亦然蓋習俗然也

婚嫁

婚禮為人倫之始　以禮重不以賄重也　今則娶婦必問資裝之厚薄　嫁女必爭聘財之豐嗇　且置酒高會　澆弛無行之徒　沉湎喧呶　甚至媟嬻之詞　相軋以為笑樂　此皆俗尚之偷　有力者宜急為改良也

注　古禮婚禮不用樂幽陰之義也婚禮不賀人之序也

齋薦

泰俗喪親　自含殮外　即周釋道　香燈鐃鈸　號呌躃踴雜還於本坊土地祠　名曰上廟　遇七作佛事　開方破獄回煞日　空室徙避　亦有迎而禳祓者　凡此皆非禮辱親傷財猶末也

紙錁

古者葬親必瘞錢　後周始以紙錁代之　所以弭盜墓之患也　遷流至今　凡喪祭忌日皆用之　歲靡紙鉑費　不知幾千萬　而本境此風尤盛焉

注　後周柴世宗始作紙錁名曰泉台通寶

續上

夫鑿紙為錢而焚之　生化合物　泥金錫於紙而焚之　亦

泰州鄉土厤史　二十四

生化合物　其落於地上者為灰燼　其散於空中者為氣體　灰燼不能奉鬼神　則可以奉鬼神者　意在飛去之氣體矣

續上

然燒紙錁生此氣體　燒他物亦生此氣體　同一氣體也　燒他物所生之氣體　不可以奉鬼神　而謂燒紙錁所生之氣體　獨可以奉鬼神　於理通乎　則紙錁萬不能代錢也明矣

堪輿（俗謂陰陽）

泰俗造宅與營葬　必延堪輿以相地　堪輿持羅盤奠諸地指曰　某水朝某宇吉　某煞臨某宇凶　一若方位為神煞所主而能吉凶之也　且謂人有生死亦神煞主之　家有興亡　亦神煞主之　噫其惑也

巫 俗謂僮子

泰俗信巫　每當秋熱鬱蒸　畜疫流行　家家延巫逐疫　舉國若狂　甚至大人患癲　用巫打䟫　小兒受驚　用巫叫魂　夫曰疫曰癲曰驚　皆病也　不以醫治而以巫治　是又惑之甚者也

泰州宗教録

佛教

佛教起於印度　其教主曰釋迦　假天堂地獄以惑人　自東漢傳入中國　至梁為全盛時代　今則日漸衰微矣　奉其教者曰和尚　别派曰尼　本境有廟八百餘所 僧徒人數未詳

道教

道教託名老子 周李耳字聃　實則創自西漢張道陵　即今所稱張天師也 住江西龍虎山　借禁咒符籙以欺人　奉其教者曰道士　本境有觀若干所 實數俟考

天主教

天主教創自耶穌　今謂舊教　權掌於羅馬教皇　傳其教者曰司鐸　光緒十七年　始建堂於州治南烏巷内　今其教堂如故　信徒若干人

注　耶穌父曰約色弗母曰馬利亞漢哀帝五年生耶穌於猶太國之伯利恒邑耶穌受業約翰

耶穌教

耶穌教創自路德 日耳曼人　今謂新教 一名復原教　路德創救世復原之説　主上下平等　與天主教差異　其中大小各會　名目甚多　本境州治東　近設耶穌教堂　亦其會中人也　信徒若干人

注　耶穌生於猶太其教之盛行則起於羅馬自教皇握權之後諸國王侯聽其頤指有不從者則國輒被兵主即被廢數百年無敢違其教稱曰天主教明初日耳曼人路德者謂天主教解耶穌之書多謬悞以刑戕强人入教非耶穌本旨於是重譯其書别立教規稱耶穌為救世主名其教為耶穌教諸國翕然從之行於英美德法瑞典挪威荷蘭非洲等處

回教

回教興於阿剌伯　其教主曰謨罕默德　唐初以兵力行教　今其教中人猶散處五洲各國 教内有旗漢人　居本境者皆其子孫也　州治南有回教堂一所 在明允巷東

注　突厥之教不喜求新自名其教中之經卷曰富爾干尼譯之乃果然二字之義也其國中治民之律采於果然風俗所尚亦備載於果然

泰州實業録

農業

泰地宜農圃　操是業者居多數　惜未能講新法耳　必設農務學堂　並附蠶桑傳習所　凡耕地種植　酌土宜　悉參以新理新法　則利源可擴也

士業

科舉時代　士子應試者每千人 其博學而能文章者不及百之三四　今當新舊過渡時代　方期教育普及　尤宜注重普通之學　造就多數之國民　皆曉然於公益之義務　則地方始可言自治也

工業

泰人操工業者　若金石木土竹瓦等　較營農業者　不及十之三四　而瓦木兩工　居大半焉　至紡紗織布諸工　尚未能發達　非設工藝學堂　振興百工　工業之興　未易期也

商業

泰邑本出産之地　鄉人居積土産　名曰陸陳行　其在城邑者　若絲麻南貨衣履食品各鋪　其資本均不甚鉅　既

未敢合為公司　又不能販運而走四方　其所狃也
令開商務分會以董勸之入會者若干人

兵業

泰州營額設馬戰兵十九名　步戰兵七十名　守兵二百七十四名　共三百六十三名　坐戰馬三十九匹　今則兵多空額　殆舊營之弊也

兵士

光緒三十一年冬　江南創辦徵兵　委員設分局於泰　泰人應徵為兵士者　前後凡百餘人　在省營當常備軍　三年期　給照回籍　退為續備軍　又三年列為後備軍　四年出伍　不與徵調　今所謂國民軍者　此其選也

光緒三十四年九月初版
定價每本大洋壹角

編輯者　泰州馬錫純東侯
總發行所　泰州教育會　勸學所
經售處　泰州公利昌　大同圖書館
刷印所　上海錦章書局

泰縣鄉土志

佚名編

《泰縣鄉土志》十二章，據南京博物院圖書館藏一九二八年油印本影印。

内頁書名爲《泰縣鄉土史地合編》。不著撰人姓名。全書以章節編目。第一章總論：第一節鄉土史地與村制之關係，第二節鄉土史地與鄉村生活。第二章沿革：第一節本縣沿革史概略，第二節本縣歷代史事摘要。第三章疆域。第四章形勢：第一節土地形勢歷史考證，第二節本縣現在行政、公安、教育、各區劃分之大概，第三節理想中自治區之劃分。第四章：第二節原野、河渠之位置及形勢，第三節險要市鎮水陸形勢。第五章交通：第一節吾縣交通之今昔觀，第二節現在建設局關於交通上之新計劃。第六章古蹟：第一節城區之古蹟，第二節市鎮之古蹟，第三節對於保存古蹟之意見。第七章人物：第一節本篇選擇人物之目標，第二節忠烈，第三節仕宦，第四節孝篤，第五節儒逸，第六節文藝。第八章教育：第一節書院、義學創辦之考證，第二節教育機關變遷之考證，第三節本縣學校制度變遷之大概，第四節現在教育經費狀况及教育局未来之計劃。第九章謡諺：第一節搜集謡諺之意旨，第二節童謡，第三節俗諺，第四節農歌。第十章黨政機關：第一節十數年來政治機關變遷之概况，第二節警政之變遷及現狀，第三節慈善機關一覽表，第四節農商會之舊日組織。第十一章風俗：第一節婚喪禮節之現狀，第二節一年時節民俗之舉動，第三節風俗上應行改革之點。第十二章農産：第一節各區之蔬藝類，第二節各區之家畜類，第三節農民之特性及將來農業上應行改進之事項（附全縣水陸道路簡圖）。書中于原第四章《形勢》後又插入第四章二、三兩節，與全篇體例不協，蓋史地内容合編成書間，未及統一編排，姑以附録。志中以近代志觀編撰，不僅志體篇目結構順應時代潮流，而且内容記述涉及面亦較廣闊，可補民國縣志之不及。

（許衛平）

泰縣鄉土史地合編

第一章　總論

第一節　鄉土史地與村制之關係

時代文化遷變之跡象以及地勢界域更改之考證欲得其梗概必須於史地兩方面審察之昔時專重國史率為一家之朝報稗官野史私家軼事都少採擇周官職方氏掌天下之圖以掌天下之地扶風班氏因之有地理志他若西京東觀襄陽諸記體制燦具稽舊存遺識往鑑來後代郡邑志書實昉於茲史地兩者互為考證一為時間之經過一為空間之布置據事證史據史證地其為體制則一也縣志叙而鄉土誌詳補遺塞缺叙事尤審革變以後標榜地方自治劃區分野守土圖治闡於鄉土史地更視為重要蓋社會事業首重建設如道路橋梁之修築河渠川港之濬鑿農工商業之振興以及古蹟之保存風習之改善在在與史地有密切之關係現時各縣對於鄉土史地多確實調查編製課本以為學校課程良以人生社會無時能脫離時間空間之支配無由尋途徑以求生活者今日時間空間所呈之種種情況舉為已前時間空間遞嬗而來其考證即在乎史地茲值軍事底定全國統一訓政從此開始訓政之基礎建設在乎地方自治而村制實屬當務之急我國村制早實行於山西頗有著效去年江南軍事甫定松江亦擬實現本年以江北未靖事未果行近日江蘇村制育才館已著先聲吾縣亦已舉辦將來分村而治重新建設殷因夏禮杞不足徵村政改進之外於當地風俗物產及民眾生活諸大端尤當從事考查若牆面不知鄉土史地之大概必無所依據南轅北轍乖謬不免矣本縣介江淮之交人文薈蔚地域遼闊鄉土史地採擇繁蕪僅撮其崖略俾識途徑若史事詳稽所深望焉

第二節　鄉土史地與鄉村生活

人不能脫離環境而生活。前已言之。鄉村之生活狀況。均環境之現象也。其內容非常複雜。而其發展。則由個人生活發展積累而成。所以個人生活。不能超出於社會之上。而社會生活若是離開個人生活必無從顯現。其內容既如是之重要則呈現之形式與歷程亦必不同。比如社會生活。因客觀物質環境的懸殊而各異。同時亦常因主觀的生物要素而不同。其關係於史地之要素者且分論之。人生之環境。是已有之現象。背後有極長久之歷史。在無限年代中。有無數竭其精力與智慧。相競爭。相輔助。相團結。作種種之活動。始造成今日之社會。我人現在所享用。所保存。所信奉者無不是前人之傳留。如耕種之方法現代雖然有所改革但是大部分根本方法仍係祖先的遺法。我人衣服之形式。現在雖然變化頻繁。但是剪裁的基礎。依然二三百年以前之格式。我人的理想可謂變化急激。但是仍舊不能脫離歷史的影響。總之我人永遠在祖先庇蔭下求活。所承受的大別為數類。一類是民族的理想。社會的精神。各種社會未必有顯明的精神或理想。但是一個社會在長久年代演化之中。常漸漸演出他所顯著之特點。此種特點。使他與其他社會相異。例如敬老與尊儒的觀念。特在中國為最顯著。愛自由。與重個人於國家。在古代雅典為最顯著。一類是風俗。人的日常生活。如飲食起居服飾遊戲諸事。均有一定格式與方法。風俗雖然不斷的變化但是有難改之現象。例如纏足蓄髮在北方鄉壤依然通行。蓋風俗是社會的習慣。其勢力之大。心理上公眾行為之標準。雖不能與法律相同。而一般人似乎必遵守的。假是社會將風俗制定成為人人所必須做行者便是制度之有名立法者。如巴比倫之漢姆拉比即是之馬奴。猶太之摩西。希臘之梭倫。與賴克格司。均是採用風俗以制定制度。其風俗如禮儀。其效力與法律亦同為維持社會秩序。其他如思想之潛行力亦最大。為累代的結晶物。我人心理率多為其傳說的神話。故事。歌謠。格言所聽的言論。與所讀的書籍所支配。我們思想的習慣。有許多是個人不循常軌而獨自創造。是則。風俗制度。禮儀。思想。與社會精神。可統稱為社會成訓。均係社會之歷史產物。而具有延續性。社會所以有長久固定的性質的條件有此成訓，而為人類所必不可少。假使人類無此成訓，每代新起之人缺乏固有之規制與標準，便與一般動物無異，每代須重新起首，不能享用累代祖先的經驗與成績，人類生活因此亦就落在水平線上，絕不能經過歷史上所有的進化。從此看來，人類歷史上所傳留的產業，是我們極寶貴的財產，社會之延續與進步，秩序與安寧，都依靠他。但是社會演化，常依賴自然的或偶然的情形，使成訓適合於現在的社會生活，是亟當注意的。至於社會成訓之改革，在在須多方面進行，由多少人提倡。其中最重要之方法，就是教育。因為教育的職能，在一個意義上，供給學子有一種新的環境，不是使學者盲目的順從社會成訓之權威。至社會改良上奏偉大的成績。至若鄉村生活與地理要素，亦有很大關係。蓋地理要素是鄉村生活中最主要的基礎。因為鄉村生活所有各種特殊的形式與歷程的原故，是直接受地理環境的影響。看原始各民族的發祥地，多是土地肥饒易於得食的地方。故知地理環境對於鄉村生活非常重要。其要點有二：(一)氣候 對於人類生活影響甚大，因為氣候能決定植物的收穫和動物

二

畜養之茂延。熱帶物產豐富，人類於豐衣之餘，所以有社會的組織，如古代文明國埃及、印度等多在熱帶，就是此理。反之如西北兩極，氣候嚴寒，人類於衣食之餘，奮力於社會，所以社會生活也就衰落不堪。至於氣候對於鄉村生活的本質及形式方面，其間的關係很大。地中海一帶，氣候溫和，故其民性優柔；而北歐氣候嚴寒，故其民性堅強。所以歐洲民族，因氣候的不齊，而鄉村生活亦本質大異。所以適當最適宜於人類進步的標準氣候，以每年平均華氏表五十度左右為宜。(二)地勢 對社會生活的關係尤為密切。地居高原沙漠者，多取保守的精神，一切習慣言語服飾用具，都容易保守原始狀態。且山嶺險峻，及氣候嚴寒，居民接觸的時間很少，所以社會生活發展極難。而海洋生活則人與人互相接觸之機會頗多，可以移動人類的情感，潮汐的進退，又易啟人類求智的興趣。所以海洋的文化，要較山谷進化得多。好奇心和發明心極富，但是富於冒險的，大都是居濱海取大欲點。大概社會生活最適宜的地方，是在高不過九千組織一千尺，至一千尺以上，在五千尺以上的地方，人民極少，鄉村生活難以

發展，而且高低的地面，也不宜於人類的健康。此外鄉村生活的文明與否，又可以其面積的總數，和岸線的比較，以為衡。而土地肥瘠，之於社會生活，有密切關係。鄉治因為在肥美的地域內，人數可以得多量的食品，而且人口繁多，社會生活非常發達，同時更有餘力從事於文化的增進。不能如此者，不過少數居民，都有一種特殊的狀態，就是因為在刻苦艱難環境中，常有一種於宗教經驗之外，求得一種安慰。固之宗教觀念就深切，乃便是世界所以有三大宗教所以同源於歐里亞及阿伯河漢間的緣故。我們於此可以想見沙漠中生活的孤寂。美國學者泊斯對於鄉村生活地理要素之重要：(一)地理的原素，可以決定人口的密度；(二)地理的環境影響於人民的經濟的職業，供給與需要受其支配；(三)地理的環境影響於民族的進步與退化；(四)地理的環境影響於政治組織；(五)地理的環境亦影響於居鄉村的習慣；(六)倫理的概念，因地理環境而各異；(七)宗教與神話，亦因以不同；(八)居民性格與心理，也不相同。總之，通鄉人類的母親，我人的生活是與地理的要素，有重要的關係。現在講鄉土史地，其目的希望大家能明瞭鄉村生活關於史地的要素，須加以注意，使鄉村事業，有所進行，不致隔閡。事實俱依據過往之鄉土史地而加以考慮耳。

第十一課　鄉土史地

第十五章　沿革

第一節　本縣沿革史概要

本縣沿革史之可考者，宰載在縣志者，修輯於清光宣間，州牧王有慶、李因培、陳道垣諸人，至今垂百年，詳稽博考，搜羅無遺，今乃概要言之。本縣於周春秋時，吳地，後屬越，戰國時屬楚，秦屬九江郡，漢置海陵縣，屬臨淮郡，後漢屬廣陵郡，三國時廢。晉太康元年復立，安帝時分廣陵置海陵郡，治海陵縣。宋因之，齊建海陵郡，領建陵、海陵、寧海等縣，隸屬廣陵郡（南齊因之，廣陵郡海陵治海陵，後以海陵爲海陵）。隋開皇初郡廢，以縣隸揚州，省建陵縣，尋析置江浦縣，大業初復省入海陵，屬江都郡。唐武德三年置吳州，尋廢。州廢，縣復曰海陵，屬邗州。景龍二年，析海陵置海安縣，開元十年復省入，有鹽官。先是海陵郡之臨江如皋並入海陵。五代楊吳置海陵制置院，析海陵置興化縣。南

江都府入南唐昇元元年升為泰州，劃興化、鹽城、如皋、海陵為縣屬之。又以海陵東境置靜海制置院，因為團練。顯德五年，靜海[illegible]置靜海軍。宋為泰州[illegible]太平興國[illegible]年以鹽城還屬楚州。熙寧五年，分[illegible]為兩路。泰州隸淮南東路，領縣四：海陵、興化、泰興、如皋。建炎[illegible]入於金。紹興[illegible]年置通泰鎮撫使。紹興十年移置泰興沙上。時泰興縣[illegible]海陵[illegible]縣。十二年泰興復隸揚州。乾道四年，興化復隸[illegible]自是泰州領[illegible]二縣。元至元十四年立泰州路總管府，二十一年改為州，隸[illegible]。明[illegible]入州，領如皋一縣，屬揚州府。清因之[illegible]揚州府[illegible]雍正元年置[illegible]東臺鎮，東轄下河水利。三年以[illegible]州。乾隆三十三年析[illegible]分泰州之東北境置東臺縣。民國[illegible]改[illegible]為縣，然其大田[illegible]

張士誠見所據地二千餘里，帶甲五十餘萬，由[illegible]

飛振出江淮間[illegible]流寇王[illegible]張[illegible]八[illegible]東州　李全楚州流寇　三[illegible]　[illegible]　揚州守

第二節　本縣歷代史事摘要

岳飛[illegible]通泰州鎮撫使

已而通泰鎮撫使岳飛在泰州持法嚴，眾不敢犯。前軍統制官傅慶，衛州窯戶也。有勇力，飛愛之。慶恃其才，視飛若平交，[illegible]無忤。及飛為鎮撫使，待之頗異，慶不[illegible]。會劉光世遣王德來求慶，飛令慶以兵會。慶與德語[illegible]劉[illegible]統領官王憲聞之，以告飛。[illegible]飛令諸將[illegible]射[illegible]，慶[illegible]。既而飛取上所賜戰袍金帶，遺統制官王貴[illegible]，慶[illegible]請[illegible]賞有功者。飛[illegible]在清水亭有功。飛大怒[illegible]不[illegible]慶[illegible]亦為[illegible]斬之。

金人陷泰州

金[illegible]有[illegible]等[illegible]不遣[illegible]以[illegible]泰[illegible]等共謀[illegible]組軍取海陵。[illegible]組軍[illegible]全[illegible]泰州[illegible]不往，取之[illegible]軍[illegible]許之。[illegible]者[illegible]泰州守[illegible]通判王[illegible]以[illegible]為名[illegible]州[illegible]兵[illegible]趙[illegible]金人侵淮[illegible]水[illegible]

〔明代史事摘要〕　第二項

[illegible]其[illegible]水[illegible]兵二千人泰州，以兵[illegible]其中[illegible]以[illegible]知州[illegible]以[illegible]木[illegible]兵馬都[illegible]南轉運副使[illegible]楊[illegible]文以兵[illegible]統領[illegible]泰州[illegible]城[illegible]王[illegible]河[illegible]敵[illegible]城下[illegible]

[illegible]兵城[illegible]於[illegible]矣。

[illegible]全破泰州

李全塞泰州城[illegible]守者[illegible]城而[illegible]之。全得[illegible]泰州守[illegible]全[illegible]楊州[illegible]全[illegible]尉[illegible]錢二百[illegible]人[illegible]全[illegible]濟[illegible]所獻錢全[illegible]獻者[illegible]私[illegible]若泰州[illegible]

[illegible]汝獻[illegible]乃全[illegible]入[illegible]平揚州[illegible]

金歐光叙揚州以渡江分兵犯通泰以遵海其下皆日通泰鹽場宋亮莫若先取高家
此見王宗休續鑑宋紀 莫
敵。勢既而亮令惟有徐𤪵揚州耳。甲子全配兵守泰州。悉出宜陵。丙寅至灣
頭。立砦於運河之衝。宋史叛臣傳下 時正月望。城中揚州放燈張樂。帥不知。全見之。亦往
海陵。載妓女張燈平山堂。矯情自肆。閏揚州不知。若湖趙善湘以帛路布上帝宗尚嘉
太后舉手加額。因明堂以下唱諭云全未死。且有覺遊英 口保全不叛
大理等助攻之。及泰州凱奏。繼以浮言怡宗。上矣從龍官至武功郎建康府
統制。綏定兵難。為先鋒援不至。被擒。使至泰州城不克。降。終不屈。死之。廟祀揚
泰二州。賜額褒忠。宋史忠義傳七 全三窺泰州。官屬有九人。餘留泰 福教授高夢
月不得語贈三官。宋史叛臣傳下 紹定四年春正月壬寅。趙范趙葵等誅李全於新塘。
見宋史不備錄。

文天祥至泰州

兵部架閣杜滸從京口以計賂守夜劉千戶得脫。天祥 僧淮海 此見宋史忠義文信公傳
軍中詭稱為伯 天祥與其客杜滸十二人徑亡入真州。苗再成出迎。時天祥亦右丞相如
敵所拘留。 揚有脫歸

歷代史事摘要 第廿一頁

兵。言密遣一丞相入真州說降矣。庭芝信之。使再成亟殺之。再成不忍。紿天祥
出城。以制司文示之。閉之門外。復遣二路分覘天祥。果說降者即殺之。二路分見其
忠義。亦不忍殺。以兵二十人導之揚。四鼓抵城下。聞候門者談制司下令備文丞相
甚急。眾相顧吐舌。乃東入海。遇兵。伏環堵中得免。然餓莫能起。從樵者乞
得餘糝羹。行入板橋。兵又至。眾走伏叢篠中。兵入索之。執杜滸金應而去。虞
候張慶矢中目。身被二創。天祥偶不見獲。滸應解所懷金與卒。獲免。募二
樵者以簣荷天祥至高郵。高郵錄宋史 天祥本傳 自高郵至稽家庄。方有一周姓人家以木為
柴。繞制官稽從其子德潤。其孫昌其館客莆田人林希驥。字千里。林孔時學
顧吾皆鋭意於事功者。楷嗣醒甚。且至今。草杈灣頭馬出到城子河。與
其之相遇。公真福人也。為之咨嗟歎不已。顧學同陸潤送至泰州。前殿不備錄 見文信公自記
自泰州泛海。母以旁徑中每遇北騎。時朱某方受北命守如皋。天祥懼不得
免。賴有張阿松者。知天祥非凡人。留宿五日。聞有兵至。阿松遣子三人戴以苧斗
笠。衛送至通州。泛海。

張士誠陷泰州

士誠小字九四。白駒場亭人。有弟三人。士義、士德、士信。兄弟並操舟運鹽為業。
緣私作奸利。頗輕財好施。得群輩心。常鬻鹽諸富家。多陵侮之。而弓手
邱義尤窘辱甚。士誠忿。即帥諸弟及壯士李伯昇等十八人殺義。并
滅諸富家。縱火焚其居。入旁近場。招少年起兵。鹽丁方苦重役。遂共推為
主。陷泰州。 高郵守李齊諭降。復叛。殺行省參政趙璉。并陷興化。結寨德勝湖。有眾萬人。
州。明史本傳 泰州人家富好施。多結游俠。將為不軌。高郵知府
李齊收捕於獄。李華甫與張四素感亮柔。因謀聚眾劫獄。
以蒐案解發揚州。後招安華甫為泰州判。四為千夫長。至正十三年五月。士
誠又與華甫同謀起事。未幾。士誠忌黨與十八人共殺華甫。並并其眾。
李齊知高郵府。十三年。張士誠為亂。破泰州。河南行省遣齊往招降。被拘。
久之。賊以內自相殺。始縱齊歸。泰州不知賊徒尚眾。聚士誠復叛。殺參知
政事趙璉。招官庫民。賊走入得勝湖。織陷興化。 元史李齊傳 兼李齊傳 趙璉傳 見元史忠義傳 不具錄

歷代史事摘要 第廿二頁

字伯器。累遷淮南行省參知政事。移鎮真州。會張士誠為亂。陷泰州。從行
省遣兵討之。不克。命璉移鎮高郵。知府李齊往招諭之。士誠因請降。行省授
以民職。且乞從征。詔移璉鎮泰州。璉乃趣士誠治戈船。趨濠泗。士
誠疑懼不肯發。又覘知璉無備。遂復反。夜縱火登城。璉力疾執佩刀上馬。與賊鬥。市
巷賊因璉。遂執之。其眾曰。璉詰之曰。汝輩罪在不赦。今既宥不誅。又錫以名爵。
朝廷何負於汝。乃既降復反耶。汝曹無信。逆天滅不旋踵。我執政大臣。豈為
汝賊輩屈。即馳騎奮擊賊。賊以槊標璉。墮地。欲舁登其舟。璉瞋
目大罵。遂死之。其僕小楊兒以身蔽璉。亦俱死。及亂定。州民收其屍。歸葬於
真州。事聞。贈錢三百緡。官其子鍰。同上 宋璉頫〔傳〕 (元史)忠義傳 納速剌丁 辟揚淮
東宣慰司。泰州賊大起。鎮南王府宣慰司請參議軍事。納速剌丁建議
築四城。立外寨。捷提宗第河。募兵與賊抗。行省檄其提戰艦海舟守上流
捍以固江面。賊不得渡江。多納速剌丁之功。因留守真湖江口。泰州李二起。
行省移之捍高郵。得勝湖賊船七十餘乘風而來。即前擊之。焚其二十餘

艘。賊潰去。李二夫據遊海。其黨張士誠殺李二復為亂。戰參政趙璉入援興化。

明兵取泰州

太祖稱吳王。以達為左相國。帥遇春等徇淮東。克泰州。復克高郵。（明史徐達傳取高郵在二十六年）

二十六年　太祖親征武昌。師還。即命徐達等規取淮東。克泰州。通州。被高郵。淮

亩

安志宋淮北地（明史張士誠傳）冬十月。遣左相國徐達、平章常遇春。率兵取淮東。泰

州。先張士誠入泰州。據其城。乃修築新城。設義兵元帥府及州治於此。既而士誠將

夏思恭等拒守。并其舊州城而守之。明徐達兵至泰興。水道不通。乃自大江

口挑河十五里。直抵州之南門。思恭等退保新城。達因築海安城以絕通州之

援。遂克之。（雍正府志封達　案雍正府志作至正十五年　其誤）太祖既定集慶路。命遇春同徐達取泰

州。敵退保新城。明兵入據舊城。相持未下。遇春屯海安鎮。以絕敵援兵之路。遂破

泰州。俘其將嚴思恭等。（府志事略引嘉靖志　案明師徇淮東在至正二十五年五月　取泰州在二十六年　嘉靖志誤　二十五年閏月）

（當國十月）東二十七年九月。明師克平江。士誠至金陵自縊死。年四十七。自起至亡。凡十四年。

與明史不備錄。

倭擾江北

三十八年四月。倭數百艘寇海門。遂詔諸將曰。賊侵犯之路有二。由泰州過天

長。風陵浸。驚起由黃橋直瓜儀。以搖南都。運道梗矣。若從富安。（東台場海安州）

沿海東至廟灣（今屬鹽城）（泰東南今屬東台）則絕地也。乃命副使劉景韶。遊擊邱陞扼

如皋而東。駐泰州。當其衝。連戰皆捷。通政唐順之、副總兵劉顯來援。賊

大敗。走。以餘眾保廟灣。據險不出。攻之月餘。不克。遂令景韶塞斷其木

廠。焚其舟。賊乘夜雨潛遁。官軍躡其巢。追大奔至蝦子港江。

泰倭悉平。

明嘉靖三十四年至四十三年以數年中倭入屢擾海邊之地當時盛推先之為大猷
韋兵平之

第四章　形勢

第一節　土地形勢歷史考證

泰縣介江淮之間。與江都縣同為下河屏障。自古為江北重地。前漢置海陵縣。南宋升為泰州。領域之大。有興化。鹽城。泰興。如皋。並海陵。五縣屬之。歷代割削。以成今日之形勢。考其界域。東毗如皋。南連泰興。西鄰江都。西北接高郵、興化。北界東台。境內運河有西南北三支。西運河自江都灣頭鎮而東。經縣西二十五里之斗門鋪。入縣境。舊名吳王溝。即漢吳王濞開以通運者。後習稱為運鹽河。南運河自縣城南折而東。經姜堰海安以達南通。原為鹽務通運之路道。北運河在縣城北。通東台。舊亦為運鹽之河。現在西運、南運、相接。統為通揚內河航線。濟川河自縣北魚行。直抵興化高郵寶應（入渭汀河為興化陵漢）西下注於諫圩蕩。興化境內清水潭（高郵境內）北流。後分注於鮑老湖溪湖。川港支流。縱橫繡錯。其最著者。有東官河。茅山河。西官河。山洋河。袁家港。斜豐港。斜田三港等。高郵泰縣交界之河。以洩運河水量之漲。縣城之南。有南官

河。經宋帶橋以達口岸。於有官溝。流頗淤淺。北有大河運黃村河。以達溱潼。東為白米之南。有橋河。達泰興境之黃橋。海安之東。有串場大河。經如皋以入東台北。有西大河至富安與串場河合入東台南部。雅周庄蔣垛、張庄一帶。河流鉄小。地多平野。統觀全縣地勢。西北多水泊。故地低窪。南部多原野。故地高峻。中部運鹽河一帶。地勢平坦。巨大市鎮。均位於兩岸。北部樊汊寧鄉小紀等處。為縣北屏障。河大澤雈苻不靖。駐兵守焉。東南海安。接壤如皋。近於江海。為縣東翼。與通如有事。海安當其衝。形勢上甚為重要。再考證其歷史。以明縣界畫分之狀況。泰縣至南唐。為地域廣闊。迨後屢經縮小。以成今局。東界之如皋。係清雍正三年割出。（案清雍正三年以如皋屬通州）西界之江都。及西北界之高郵。係漢廣陵郡。昔始漢屬廣陵郡。西北界之興化。係宋淳熙四年割出。（案興化宋屬高郵軍以興化隸高郵）北界之東台。係清乾隆三十三年割出。（案史清乾隆三十三年分州之東北境置東台）南界之泰興。係宋建炎十二年割出。（案宋史建炎二年以泰興隸揚州）從此可知南唐時之泰州境界。南止於長江。東止於海。北止於阜寧。西止於江都。周圍廣闊。如一郡邑。

宋元明三代。總為兵事要地。岳飛、文天祥、常遇春等。皆親臨泰邑。今者形勢雖變。仍為江北重地。去年我國民革命軍甫至金陵。江北各縣。尚未醒覺。我縣即先響應。寧遭糜爛。亦所不恤。終襄大舉。卒成統一之局。我泰縣人民之革命之精神。在歷史上永存不朽。而地理上之形勢。亦頗重要也。

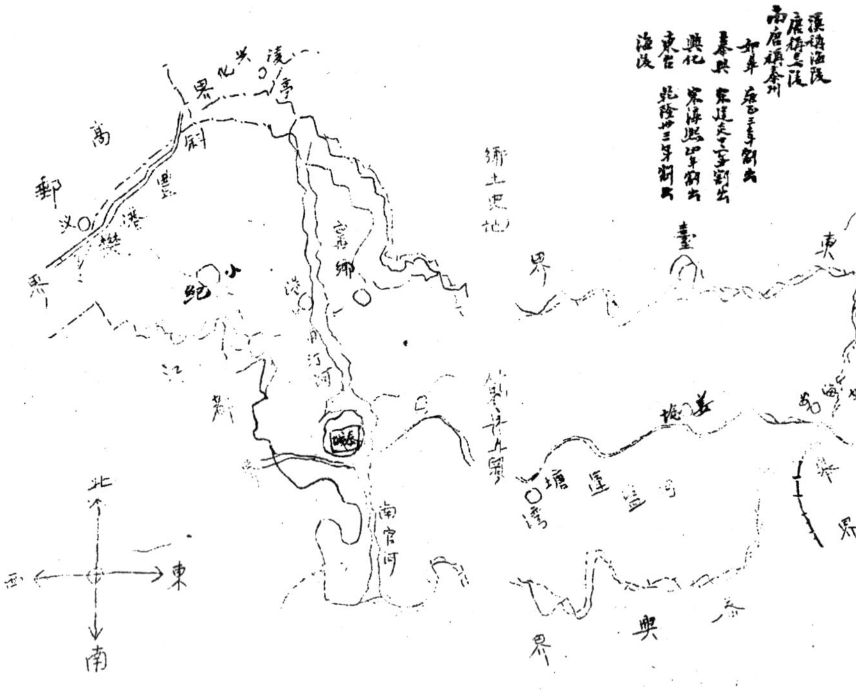

第三章 疆域

第一節 現在之疆域暨與鄰縣交通之情形

現在之疆域。乃清乾隆三十三年。將東台分割另置一縣後之情況也。東界如皋。東南及南部。均界泰興。西南界江都。西北界高郵、興化。北界東台。衡其與鄰縣接壤地域之大小。首東台。次泰興。再次江都。再次高郵。而興化僅淺界海陵溪一段而已。其中畫分縣界。大概以自治區域為準。其以天然物為界者。僅北部與東台之運鹽河、官河、新河等處。西北部與高郵之斜曲之港之北段。與南段東部之與如皋交界。有南大河一段。東界以海安市為最重要。有小汽船及汽車以達如通。復有小汽船由下壩以達東台。陸路之大者有三。通角斜、栟茶等地。西貴家集、九里廟、達富安、安豐、梁垛、東台等地。南界以蔣垛鎮為最重。由蔣垛可達泰興之黃橋、季家市、曲霞。南官河通泰興之口岸。南官河前通江水。久經堵塞。民國元年泰縣縣令張漢卿。復行開通。現在小宝帶桥下。可行如織。設局徵捐。行者無紆道江都三江營之苦矣。西界以縣城為最重要。由運鹽河經界溝以達江都。陸路則經沈家斗門。亦達江都。民國五年縣人轉集股築泰汽車路。由泰城向南行達江都之嘶馬。以通鎮江。至今未由泰興築。西北界以樊汊為最重要。樊汊當斜曲之港山洋河交會之處。中分高泰兩縣境界。與興化高郵之小汽船。達於此。西南均有陸路達江都境。泰南達小紀、觀邊界與鄰縣之郵交通重地。因海安、樊汊為最要。境內汽船路線共五百餘里。近未建設文撥。與築縣路。開行汽車路線之長約六百七十餘里。交通商業日形擴張。狀況當加優善。而鄰縣交通。應得相助相湖之益。五縣文化之發達。首在鄰縣之薰陶。我縣東部近於通如。故頗有通如習俗。西部近於江都。故頗有江都習俗。通如江都。江北文化先進之縣。我縣處乎其間。自視甚慚。年來氣象漸更。當亦可燦之效也。

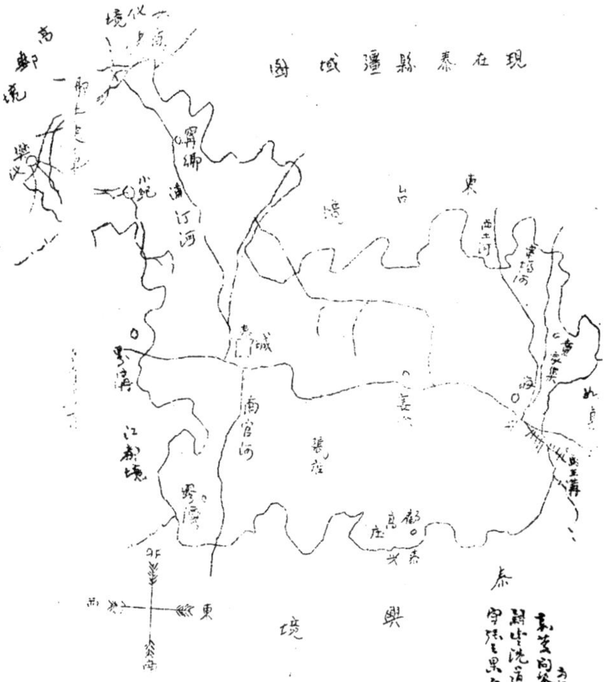

第二節　本縣現在自治行政公安教育各區劃分之大概

我縣自治區前分四十六市鄉，今之市公所及鄉公所，以治理本鄉之治[illegible]，[illegible]劃分之：在城之東部者，有姜堰市、[illegible]、謝王[illegible]、[illegible]庄鄉、張[illegible]鄉、西石羊鄉、曹家庄鄉、倪家西鄉、白米鄉、梁[illegible]庄鄉、孫家庵鄉、姜庄鄉、橋頭[illegible]。在城之南部者，有[illegible]、大[illegible]庄鄉、[illegible]鄉、殷家庄鄉、西庄鄉、[illegible]。在城之西部者，有沈家[illegible]鄉、[illegible]鄉、[illegible]。在城之北部者，有[illegible]。在城之東南者，有[illegible]鄉、[illegible]、東[illegible]鄉、[illegible]鄉、[illegible]。在城之東北者，有[illegible]鄉、[illegible]。[illegible]鄉，會城市共四十六市鄉，當時[illegible]劃分[illegible]。[illegible]城區[illegible]，[illegible]。而學區分劃，[illegible]城區，[illegible]城西[illegible]，城東[illegible]為第一學區，北[illegible]為第二學區，城西[illegible]為第三學區，[illegible]南北[illegible]為第四學區，[illegible]為第五學區，[illegible]為第六學區。

[illegible]八市鄉分列之，如城市、新[illegible]庄、張家院鄉、西石羊鄉、曹家庄鄉、倪家西鄉[illegible]。[illegible]鄉、[illegible]庄、孫家庵鄉、橋頭鄉[illegible]。[illegible]。[illegible]。[illegible]鄉、白米鄉、梁[illegible]庄鄉、大[illegible]庄鄉、姜庄鄉[illegible]。[illegible]。第六學區[illegible]，今學區界[illegible]。[illegible]第三區[illegible]，第四區[illegible]，第五區[illegible]，第六區[illegible]，第七區[illegible]，第八區[illegible]，第九區[illegible]，第十區[illegible]，第十一區[illegible]，第十二區[illegible]，第十三區[illegible]。[illegible]均按行政區域，公安局[illegible]行政局則[illegible]縣行政局、公安局則[illegible]縣公安局[illegible]。[illegible]區內事務。此係近日縣行政、公安、教育局劃分區域之大概也。

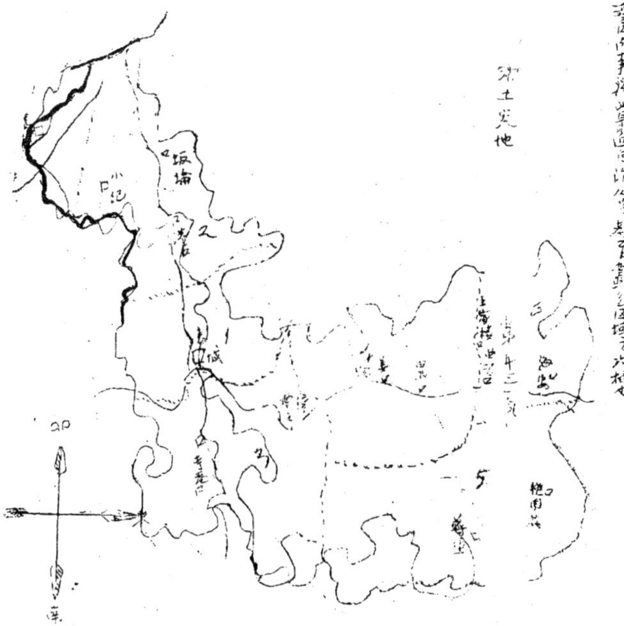

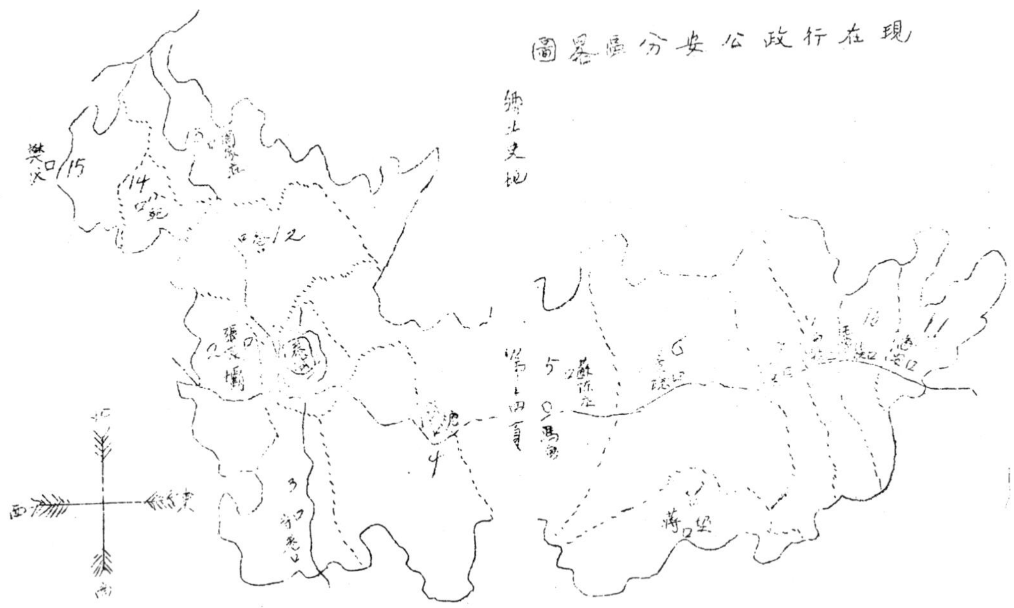

第三節　理想中自治區之劃分

我國自民國元年實行地方自治，分市鄉兩級之組織，市鄉之所統計共四十八處，地點前已列舉之，當時各市鄉成立之情形，大都為地方辦理自治人士之假定之自行團結，未經公家縝密之規畫，以至區域面積大小各多少不相稱，或且有犬牙相錯，延剛以誤，此繫也。且區域形勢勝離，鎖碎不齊，殊非治理監督之所宜。故縣議會嘗經提議修正，本和省議員方面有主張之，劃全縣分為十區，或主張分為十三區者，均以為畫分未成事實也。數目亦嫌太少，社會事業不能充分發展。因目前公安區則分為十五區，其間境域之大小區分之遠近頗不一律，如西只塘灣兩區，謝王河海安兩區，白米曲塘兩區，安居姜堰鄰近及之，如姜堰一市六鄉，北近泰縣，泰縣公安地點往離又太寫遠，有鞭長莫及之憾，而公安經費每區之貧富大甚懸殊，海安一區每月費近千餘元，外而域倫口岸等區月費僅三四十元，經費不能平均，則地方事業亦不得平衡發展，其影響於地方之公安至為本年寧生先生在縣參會議提議，進而廢除公安局，改設警察總局，四分局每月需一萬二千六百元，暫時由公家總籌，地方自籌，有不能備全者，有欲發展者補充之。推之公安區域劃分者，區公所通而更變，在國府內政部及省府對於縣地方自治以前治施行村治，縣劃全縣自治區村之定為村制等論，先生建議西部組織一縣村所權

鄉土史地

委員會討論分區事宜，敦聘專門人才，與有自治經驗之碩彥，根據於合理之事實而為整個的劃分。其劃分之目標有三：（一）以人口之多寡為標準；（二）依地域面積之廣狹為標準；（三）以天然上之習慣及當地民情為準。劃分為二十區或三十區，如吳利生之十二州，似取方法，或先徵求民眾意見，確定後再呈部核准。面積六千二百八十方里，若分二十區計，平均每區面積約三百一十方里，如果或分十八市鄉，遼闊散漫之區，又如其十五區之弊，使區內之生產力共同發達，文化事業自易推廣，非以當代民所及。是以事前尚希地方熱心者與我共同討論之，尤深望焉。

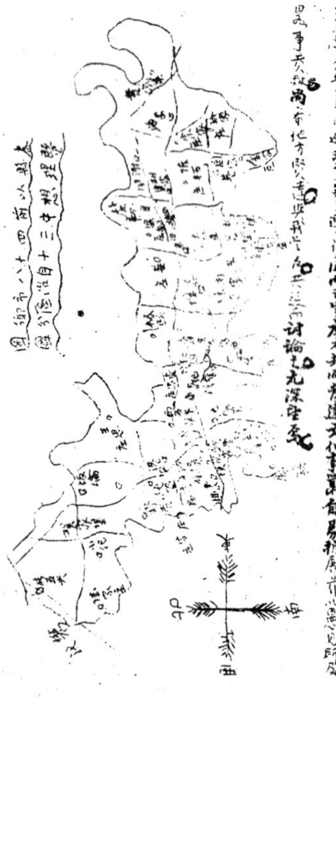

第四十

第二節　原野河渠之位置及形勢

我泰南部與泰興接壤之處，地多高阜，平原至川澤之盛，西北兩隅，河流錯綜，水田草蕩，間雜其中。運河在其中分

之區。漢吳王濞開邗溝通運鹽河，唐宋以後，海運鹽場，改築捍海堰，自西而東，為串場河之要道，水利所係，至為重大

達泰州揚州，今則此地運鹽之道多歸他處，而運河水利，仍為鄉民所賴，自泰州達海安，至東北有串場河，南岸口岸，河流所經

溉上河之水，以大江為源，達境內，海安之東北有串場河，為貴公集接乃泰東之境，為鹽場所經，河身漸次淤淺，舟楫往來不便

一帶，歲久淤淺，其北至東台之河，自泰東而北，自中堤西北，均會於泰東，而達東台，其南之鹽運揚泰諸港

見其中，其泰縣之北，以達大江，在龍王廟，分水之時，河面漲，達於十年前，今有溝渠之河，以便農事

為其西南之里下河，下注水田，自溱潼至運河，則上河必有乾涸之虞，清季之清河，南通泰興，以東泰諸港

北部之河，東至海安，民舟可通其泰東諸河，北達興化，河面甚寬，其東南有黃橋河，通如皋

泰東諸港，舟楫往來，淤塞已久，排泄為難，其南有新河，南達泰興，黃橋河會，其分流所經，由海安以達

在之北，其北下河，則大河通達，自泰縣東台，以達興化，以往來，泰東之港，均由泰縣達東台

為泰州達興化之南，東有蘆橋河，經姜堰，西南達泰縣，由南有濟川河，達江，里下河之港，東有姜堰

薑堰　鄉土史地　第十二頁

以鎮而得名，南有東西大河，東通海安，西通泰城，為泰東北河流要衝之地，中部有串山，河通東台

頭，俗呼閘河，北流達寧鄉，凌亭入興化，東至東臺河，經姚家沱、循北運鹽河以達，東北至西溪、北通興化

再北為東台之安豐，而北為泰縣東北之境，泰東北為鹽場舊名，梁垛在其前，由此而東，則東台在其北

四十里，周四十里，水清，魚蝦繁殖，於水會而不雜，經口之西，南有金銀二港，其仁和之溪，兩相近，北有泰東

湖之區，居民以捕魚為生，泰東之大河，流經海安以南，南北舟航，流通港灣數十里，皆有港汊之泉，北有新河，東

至，舊田十頃，泰縣城內，今設水處，海安鎮，東西南北，有水閘，北東有南城，其北往來

東北有斜豐之港，其南有串場河之舊港，其東至北流口入，經鳳凰，為泰縣南之港

宋時設閘，以遏海潮，水有汊口，今有南北港之運鹽河，所及者，為大

者為千丈峰之運河，市河自南水門入，至北水門出，以達運河，明萬曆二十九年，都御史奉旨重濬市河

內環城一週，東西市河與之通，其東市河自中市河分，歷東水門出，以通外河，迤水門東，復自東門新開一

河接通南北，其西市河自西水門入，通北水門，俱從北水門出，二十代之後，已淤塞，固不能通舟楫，蓋城內居民

取給於此矣。

泰城形勢圖

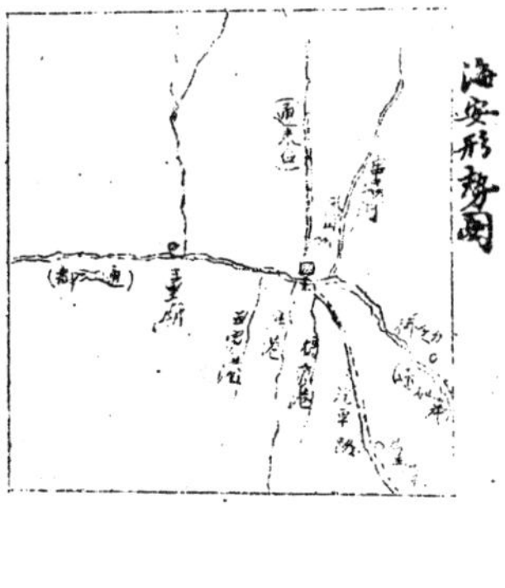
海安形勢圖

第三節　險要市鎮水陸形勢　南官河

全縣險要之區，首以縣城為最，城周十二里，南運河貫其東西，濟川河由南帶橋南，以達口岸，通江河

南北港汊，達於興化，西達江都縣百里，南達泰興縣七十里，東達如皋縣一百六十里，北至興化縣一百零五里

水陸交利，舟車均便，商店分布，廣集於此，門外坡子街對於衙，最繁盛，城東覺正寺，鳳凰墩塔，東部

壘，可以扼守北部之邊，公於南部之泰，為揚州要道，西南有口岸，江都之境，而泰縣與泰東由南有事，如

皋一危，而泰縣亦因昔在此設營壘守此土，明初徐達營壘，安豐據此以抗張士誠，其後淤塞

茶，不讀縣之東部最險要者，厥為海安，明初徐達駐師海安，築城壘以拏張士誠，相傳鎮北

之鳳凰山，即當時所築，今南有立發河，東北有串場河，而有通泰東之河，南有白蒲，陸路四達，有泰東

為王濬，控如皋之地勢，險要者，縣東屏蔽，明以後，接通如皋，此地扼於海，出海之路

逆當泰東要衝，舊有兵營，其可謂海安，為縣北之屏障，北岸淮河，河斜串場港諸水，均匯歸

於此，泰縣北之泰城要地，往來既鎮，取道於此，為北部之咽喉，為郡天河座形勢之地，鄰近

泰縣之川港口，通屯便利，去年為下之兵陳曾住為其屯駐，泰縣古鎮諸市，有陸路通

顧高莊，以達泰興，北有大河，達溱潼，能騎兵駐守，北有肆口，為鹽民生息，為全縣屏蔽者

鄉土史地　第十七頁

縣境設防，於此以海安為最，為泰城之屏，南通於十，經航殲滅，地處泰邑境，南與大邱陵

同以扼守，通如皋泰為險要，則泰不能不以朝而長江，今者形勢改金城湯池，兵戈之革均不

可恃，現方議拆縣城以便交通，附郭之川港濬，陸路川道，環行不息，新港絕

塞，無險可保，形勢一變，文化大啟矣。

第五章 交通

第一節 吾縣交通之今昔觀

文化之[illegible]，物之運輸，必有賴於交通。交通所賴者為水陸兩路。吾縣北部河流交錯，向利駛帆船，以資轉運。南部原野平衍，向行人力車。中部水陸兩便，舟車均可通行。貨客往來，有封帶船以載運之。但稽延時日，消費金錢，不便孰甚。自清光緒末年，南通內河大達公司成立小汽船，行駛通揚鹽運河，而橫穿縣境，經海安、曲塘、姜堰、縣城。越三四年，大達公司小汽船復行駛城北，由東草河之施家灣東北行，入東台縣城。十年前姜堰下壩大達公司汽船，下駛至溱潼，入東台。而樊汊亦有大達公司小汽船，下行至興化、高郵。海安中堡復有大達公司小汽船，下行至安豐，渠埋東台。而五年前縣城之北，復有大源公司小汽船，行經周家莊、凌亭，以至興化。此外帮船計線有八：一由海安達姜堰；一由姜堰達泰城；一由泰城達樊汊；一由泰城達[illegible]；一由姜堰達溱潼；一由海安達東台；一由泰城東經姜堰以達海安；一由泰城西達揚州；一由泰城南經寺巷口達[illegible]；一由[illegible]達東台；一由海安達如皋；一由姜堰達黃橋；一由[illegible]經樊汊達揚州。其他支線，大抵不勝屈。由昔之車推行，泰城於十數年前即已開行。而姜堰、海安、樊汊等地，均先後開行。

[illegible]則行於市鎮內，獨輪則行於鄉村間。海安東檻橋河南，有南通來之汽車。而海安復有黃包車[illegible]。如揚之[illegible]、西場等地，北通富安、安豐之東台等地。今且擬設腳踏車站，與如皋[illegible]接。而建設長李子冊，復以省款五分建設畝捐，預備興築縣道。果爾，則縣內交通，日形便利，不數小時，可以環行全縣一週矣。

第十八頁

二節 現在建設局關於交通上之新計劃

現在交通事宜，日臻完備。而興築縣路，尤刻不容緩。現建設局長李子冊，用省府五分建設畝捐，並募集縣路公債，共若干萬，為興築縣路之用。前已組織縣路委員會，並呈請建設廳核示辦理。事若實行，吾縣將來之交通，必[illegible]。[illegible]縣北部多溝洫，地勢低窪，不便築路。[illegible]國稅重於南部。[illegible]之過當，困之不均。以[illegible]。所[illegible]貢獻者，即希望南部築縣路，北部濬河，庶幾於事實上有所裨補也。若將建設局所擬築泰如公路之線表，採擇節下，以備參閱，亦研究計劃者所當探討者也。

第六章 古蹟

第一節 城邑之古蹟

縣城

新城 方輿紀要云：在州北五里。宋端平中，州守許堪別築堡城於湖蕩沮洳中，周二百丈。德祐二年，元阿木遣兵攻新城，留屯以逼泰州。元末，張士誠入泰州，據新城，改義兵元帥府，後州治於此。明初，徐達克之。城今圮。

泰山 在城內西南隅，宋紹興十年，開東西市河，壘土而成，高五丈，周百二十餘丈，因州為名。寶慶二年，州守陳垓浚山下湖，砌為往來泊舟之次，祀胡瑗於山左。明正統九年，州守王思旻建泰山嶽廟，閣千戶孟華建玉女祠於山之陽。萬曆十年，兵備副使舒大猷於山巔建岳忠武廟，以飛嘗知泰州故也。

駱駝峯 在州治西南登仙橋東北，平地隆起，如駱駝形。明置千戶於其上，即今衛所署。

羅漢山 在州治西北五里，高一丈，周一里七十九步。在戴澤市，不為洪水所湯，遂里[illegible]羅漢故名。

鄉土史地 第十九頁

譙樓 在州治南，舊傳楊行密子孫所居。一云刺史褚[illegible]為團練使，周世宗賜以鼓角門戟，遂建鼓角樓於上。寶慶中，州守萬鍾重建。見方輿勝覽。宋韓之吉有譙樓記。

景範樓 在迎恩門內，宋范仲淹舊行衙也。見江南通志。

起雲樓 在泰山上。名勝志云：宋州守陳垓取杜詩「西嶽雲峯」之句，建起雲樓，高四丈，俯瞰方洲，遠睇金焦，為淮南巨觀。宋樂景陽有記。

望海樓 在城東南隅，創於宋，毀於元兵火之後。明嘉靖間，知州鮑龍重建。有重建望海樓記。

鐘樓 州治西南。明洪武四年，知州史遇建。今鐘樓巷有鐘在焉。

鼓樓 州治東南。洪武初，知州張遇林建。

清風閣 在舊治內。輿地紀勝云：五代時，疊石為山，高三丈五尺，翼以兩徑，中為滑石峻臺，上有閣，名清風。宋方輿勝覽作清風堂，又名清風樓，州人名之山亭。宋曾致堯、王安石俱有詩。

芙蓉閣 在舊治內，踞花洲上。宋曾致堯有詩。

蓬萊閣、在舊運司治內。對瀛臺。前臨澄池。池中起山。即香雪亭。後廢。復建
頤樂亭。又改草亭。額曰為東谿。改後樂亭。
瀉香亭、在舊治梅花洲之後。其額乃宋茂陵御書。舊有小亭。刻秦觀古梅詩壁間。
紹定元年。州守陳垓撤舊亭。鑴御書其上。刻秦觀、蘇軾、蘇轍、參寥詩於右。案。陳垓於
寶慶六年知泰州。府志據江南通志作紹興。初誤。嘉定宋郡志云。州宅西偏浮香亭。相
傳為秦觀詠梅遺跡。案東坡集有泰太虛梅花詩。不言在海陵。而淮海集題云。和黃
法曹憶建溪梅花首句云。海陵參軍不枯槁云云。是黃法曹在海陵所詠。然梅花則
憶建溪者。仍與海陵無涉。此論甚是。今江南通志並云亭有古梅。可知其附會矣。
同樂亭、在州治西。陳垓建。臨河為橋。雜時花美竹。亭。稻田遂游人往來取醉翁亭記中
句為名云。
歸鶴亭、在州治東董。習林昇真觀內。徐神翁瘞劍處也。陳垓建。前有軒為歲月勸
耕所。陳垓有詩。
香影亭、在舊運司治內。宋紹聖間。茶鹽使徐正卿疊石為山。構亭曰香影。
鄉土史地 第廿頁
文會堂、在舊治內。宋天聖間。滕宗諒為郡從事。與范仲淹、富弼、胡瑗、周孟陽唱和
其中。仲淹有詩。
三致堂、在舊治內。宋紹聖間。曾肇以祖致堯守泰。父易占令如皋。并己三世守官海
門。故名。刻致堯山亭大滌堂北牖吳詠亭。
春雨堂、在城西小西湖東。宦偉鏐築。取州志八景泰阜晴雲。西湖春雨意。為
名。其子蔭仁歸田後。復加修葺。擅林亭池館之勝。清初諸名流多觴詠於此。今則蕪
草荒煙。僅存廢址而已。
夏侯宅、舊志云。唐光啟末。宅生百合。花大於常品數倍。因發其下。得甓至十三重。若
金人形。其年七考先出。[illegible]。甸環一夫。
梁真人宅、名勝志云。真人名子長。州人也。其故宅在子城東南。宋祥符中。改為天慶觀。
案。子長宅。舊志云。在梁真觀。當屬西南。名勝志東字疑係西字之誤。
雪林、州治東董。宋宣和中。教葉侯種菊於此。寶慶間。州守陳垓修亭觀。為勝遊
之所。後廢。

西溪湖、在州治西泰山下。宋陳垓重浚。周一百八十丈。為長堤。即山之西為霖雨亭。循亭下堤
南。瀦圃十五畝。西入湖中。為方嶼。嶼有堂。祀十仙。兩廡為房。以棲黃冠。中為通廊。跨沼四橋。扁
曰小西湖。後廢。惟湖僅存。
卓錫泉、在州治北三里開化院中。唐寶歷間。王屋禪師自蜀來住錫於此。臨化曰。蜀
水飲。令從以錫杖卓泉開中。泉水遂溢云。此泉與郡之蜀岡通。一統志謂即今星
井之西。
太子港、在州治登仙橋西南。集于河之西。梁大同中。王泊上書。昭明太子與郡陵王
綸。由此港往天目山致禮。港久湮。宋嘉泰四年。州守陳茂英按故跡鑿之。後復壅塞。
郭太子陂、在州治西北隅。廣袤數頃。深不可測。南唐刺史郭載鑿以衛城。
太保其檢校官也。世傳嘗有龍自仇湖來居此潭。禱雨輒應。立廟祀之。
藕花洲、在州治內。舊為水村。芳茨十畝。環水植蓮。宋紹興十年。州守王暎建。嘉泰
三年。陳茂英撤而新之。為屋三楹。跨小橋以渡。案。宋時州治。在今州治西南。清康
熙間。知州武柱國。葺亭於州宅西偏。表曰浮香。而宅東荷池。亦假名藕花洲。嘉慶知
州方恩承構亭其東。權州事王覲移建於南。名曰藕花廬。旋廢。
鄉土宋拌
小隱西、在舊運司治內。宋嘉定間。茶鹽使徐正卿。疊石為山。號曰香影。中為曲水。疏
以修竹。與客觴詠其間。有小隱曲水之勝。故名。
南山寺塔、在寺東側。有古碑。三尺。疑宋周孟陽家所建。明正統四年。
知州黃性開鳳池於樵園門外。入池。形如筆。豆因名鳳池筆頭塔。之後圯。不知何時。
嘉靖初。遺址尚存。未幾傾圮。掘地取磚於方孔。得金佛。當沒入官。後湮為平
地。遂失其處。萬曆四十八年。知州李宗孔命僧官。尋覓塔基。掘地三尺。得故地。重建
基。尚俱如舊。
七星井、一在州治東董。東禪寺前。曰廣濟井。又曰漢井。一在西門內。亦在東門內。仙源萬
壽宮側。曰丹井。傳為真人煉丹所。一在西市河側天妃廟前。曰斛罡井。一在北歌舞巷內。
一在北山寺內。即卓錫泉。一在州治北五里。祐聖觀中。五井。布列如斗形。
蘭蘆河、在州治西南衆樂橋。其園如一百十畝。宋太常博士王綸家其上。海陵人謂
其子伯起為胡蘆河王先生。伯起。胡瑗壻也。

西園、在州治西。一名方洲。宋嘉定十年州守李駿建。因名李公園。凡有數堂亭十五，曰水雲鄉，曰醒翁堂，曰小有洞天，曰六宜，曰知魚，曰盟鷗，曰必來遊，曰春佳趣，曰飯庵，曰七聚，曰蔭爵林。嘉定間初創也。曰青龍蕃，曰純節，曰釣臺，曰方洲外圃。圃湖四亭，乃宝慶三年州守陳垓增葺。李駿有方洲記。

妙嚴庵、明王翰故宅。見宫傳序，庭闈推世說。

內圃、在州治西，衣木橋南。閑田叟建。舊有一池，對念佛庵。清嘉慶間濬市河時填塞。今史志兩稱為家園。

半園、在泰山行宫後。清田毓瑞建。市河貫其中。舊西有土山，俯瞰城北，前臨廣地。乾隆間地，沈德潛有田氏半園題壁詩。

伏龍橋、在三官殿西。舊志云，相傳宋太祖從周世宗兵至泰州，避難橋下，後太祖受禪，崇之。

迎恩橋、舊係板橋。後圮。明萬曆二十年，知州李存信改建板橋，名南薰橋。嘉慶二十一年，知州方恩承重修。仍稱曰南薰。

鄉土史地　第十三頁

嘉定橋、在街中。宋紹興十年州守王煥開東西市河建。嘉定七年修，以年號名。明洪武三年，知州張國林重修。舊名日中橋。今呼為八字橋。

金蘭橋、舊志云，跨太子港。舊傳昭明太子於此[illegible]，因為樂真人立觀，以易斷金相蘭之義名之。或謂即伏龍橋。

宝帶橋、在濟川橋之西南。明萬曆年諸生李所偈捐建。旁有小宝帶橋。

趙公橋、跨北河，接新城殿永寧寺。本名鳳尾橋。形家言南门高橋為鳳首，東门外有鳳凰墩，為鳳嘴，此為鳳尾。乾隆十八年知州趙天爵捐廉倡建，州人便之，故名。

光孝寺、在州治西。晉義熙中僧覚禪建。宋崇寧二年賜崇寧萬壽寺額。政和元年，改天寧萬壽寺。紹興四年燬。紹興八年，以徽宗建道場，改名萬壽報恩光孝禪寺。燬於元。[illegible]建。明[illegible]年，僧方誌重建。清初僧性慧又增建之。

西[illegible]寺、在州治西南，經武橋西。舊名雲報國禪寺。本名報國庵。僧方誌從天[illegible]末改建為寺。

覺正寺、在北门外東壩之東。舊名覚口。前明萬曆二十二年，僧祖敏募建。

松林禪寺、在州治西南。一名松林庵。中有古松一株，相傳數百年物，故名。揚州府教授李保泰有記。

女冠子廟、在招賢橋西。相傳州北陳家莊第三女，生七歲不言，日仰空中，若有晤對者。稍長言禍福如券。張士誠亂，女謂某曰當來借糧，須築壘禦之。仍畫拒守之策。及期兵果至，鑿地脈，欲破其術。有二白鳳從地出南翔。其一止招賢鄉河側入土，年中復不見。其卑即峭若丹壁。後數年女仙去，鄉人即其地立廟祀之。

岳武穆祠、在泰山墩，有武穆父子遺像二幀，寺僧守藏以時供奉。

范文正公祠、在州治西南鹽場便民倉西。祀宋范仲淹。

胡安定先生祠、祀宋胡瑗。舊在鐘樓巷。明嘉靖間移建泰山書院。隆慶間御史王友賢重建。一在泰山門，知州王臣建，巡鹽御史徐九皋重建，今廢。一在海安鳳山，林德明時里人李詰建。

崇儒祠、在天寧坊西橋之西。祀明王艮並祀艮族弟深州學正王棟、艮子王襞。明萬曆五年督學耿定向奏建。

鄉土史地　第十二頁

儲公祠、在天寧坊西橋之西。祀明吏部左侍郎謚文懿儲巏。福建按察司僉事儲洵。清龍游縣知縣儲堪。

陳公祠、在天寧坊市巷。祀明太僕寺少卿陳應芳。天啓年建於天寧橋河南。清嘉慶九年，其裔孫移建今所。

思賢堂、在儒學內。宋時建，初為五賢堂，祀韓琦、歐陽修、劉敞、呂公著、蘇軾。後增祀陳瓘、任伯雨為七賢堂。繼又增祀王禹偁、杜衍、包拯、唐介、呂頤浩，易為景賢堂。[illegible]端平中，又增祀宋庠、鄒浩、李衡、崔與之。名曰思賢堂。

名賢祠、舊志云，即在景賢堂內。明嘉靖初建。祀宋富弼、范仲淹、胡瑗、王揚英、徐積、趙抃、孔道輔、曾肇、胡令儀、岳飛、文天祥。

第二節　市鎮之古蹟

海安

海安鎮、在州東百二十里。南北朝戍守處。明常遇春築。後圮。嘉靖間倭警，巡撫唐順之、海道劉景韶重建土城，周六里許。闢其三門曰鎮寧、泰寧、永寧、永安，曰後化。

夾巖山房、在海安鎮，陸舜兄弟讀書處，有三鳳堂、渡虹堂。
鷗鳥塘、在海安鎮東門外，俗名李家池。中有甘泉，汲之不涸。
芙蓉塘、在海安鎮西北。沿塘植芙蓉，陸舜有詩。
白鷺塘、在海安鎮東北，俗名張家池。有洲，有亭。亭廢。合鷗鳥、芙蓉，海安所以有三塘。
古學宮、在海安東門內。前有泮池，今廢。改祀宋文天祥，今為祖師觀。
西花園、在海安西門外四里許。明時里人程贊、程通築園，多古木。桂尤盛。贊、通兄弟善畫，恒棲息其中，今歸徐氏。
鳳山、一名玉山。在海安鎮。高三丈，周百步。山前溪路環繞，傍山為橋，最有異方，有鳳形鳥，故名。山巔為安定祠，上有泰山行宮。
鳳山書院、創自前明，舊為一鎮會文之地。群賢畢至。其就名人之會，今猶名鳳山書院之額。
明道書院、在西門內。舊為芙蓉塘義學，乾隆四十年，監生程旭捐田創建。
百子橋、在東門外，明李祐建。凡鄉人婚娶，彩輿必由其上，以為吉。

鄉土史地　第廿四頁

花姥橋、即古花娘橋。舊為煙花叢雜之區，群妓造之以通游客。有土人耕得舊碑並珠翠等物。明李祐修，康熙丙午里人陸修重修。
祇樹禪林、一名西寺。在西鋪後街，初祀觀音，嘉靖七年改祀范公祠。清因其基而[illegible]之，僧茗水增修。
宋三先生祠、亦名三賢祠，在鳳山巔。祀宋張綸、胡令儀、范仲淹。舊在西寺旁地，里人徐保源、徐進階等移建。府志云：祀范仲淹、胡瑗、文天祥，有碑記可考。
范文正公祠、在西寺。嘉靖七年撤觀音殿祀之。明鄉民向改揚香西樹等建，今廢。
文信國公祠、即學宮舊址。明天順改祀，州牧王臣建，州牧趙祖朝修，州牧吳道立續修。副使為祖師觀。
胡安定公祠、在鳳山巔。嘉靖辛亥楊魁等建。萬曆乙未徐鎧、陳之章、鎔等重修。旋毀於火。後有李漢梅、枝陳夢兆等續修。
鄉賢徐公祠、一名自怡庵。在西鋪後街。祀明左副都御史徐曜。
新豐廟、在貴家集，即青龍之道開。基址現存。宣綸改為清淨庵。

錦繡街、在花花橋側。今成義塚。其址不存。
桃塢、即南城河。河畔數里桃花。昔堪游賞。惜乎榮枯無常。嘉慶初少府宋積補植之。更勝於昔。今又淨盡矣。
雙虹堂、張幼學、陸舜先後皆以此名之。
柳城園、在鎮東河南。陸[illegible]、陸舜、陸澍兄弟讀書處。
環翠園、陳夢兆別墅。
萬竹軒、陳夢兆以自題詩。
依柳堂、張世奇別墅。
護梅草堂、薛方平別墅。
釀澤堂、張衍驤文社。
鏡虹水閣、在中橋橋河南。前後臨水。左右有橋。取兩水雙橋之義故名。為鄉先輩陳鑾讀書處。
鷗白草堂、許平武別墅。

鄉土史地　第二十五頁

姜堰

杜來閣、在姜堰鎮，為黃九河之居。閣西有秋佳館，清杜濬有記。
廣女臺、在姜堰鎮北，天目山之西。
天目山　在州治東四十五里。高二丈三尺。周二百十步。王仙翁嘗隱是山，有二井。
西石橋、在姜堰鎮。里人黃君照建。於二莊間，數十莊行人便之。
洗馬池、相傳為唐薛仁貴征東時在此洗馬。
走馬巖、在顧高莊鄉，為昔張士誠當年飲馬之處，有長堤，一大池，現成村。
運糧河、在顧高莊。為張士誠運糧之用，現亦淤塞成村。

曲塘

唐王井、在曲塘南寺河邊。相傳唐初征高麗時，屯兵掘井於此。今淪在河中，乾時始見。

張家墩

雨聲寺、在孫家廟。唐貞元年建。清雍正時僧人開法於此。
雙廟、在沈家渡之西。相傳為二神像，隨二木座中浮流於此，因建廟。

梅典市

勝因寺、趙宋嘉祐三年建。寺中銀杏二株，大可十圍。西石羊莊、古有石羊存在，故名其莊。

白米

陆山、在白米南。高約丈許，廣約十畝。傳唐時壘土而成。一人（?）

一人池、深二丈許。古為一人所掘鑿而成。

溱口

神泉、相傳在鰍魚港內。昔有葉泉氏取水添滷，販運東臺。每擔值數百文。

坂埝

神童墩、在坂埝西北浦汀河中部。相傳明將戚繼光禦倭，必大駐兵於此，以防倭寇。

儀鳳寺、坂埝西。有儀鳳寺。相傳明時鳳凰來儀，風水第一。劉基特建此寺，敬之至情。陸續（?）迨登極，因避溥儀之諱，改為移風寺。

附海陵八景

鄉土史地　第廿六頁

一、泰堂明月　在今縣政府內

二、駝嶺清風　在城內

三、鳳池筆穎　在城內

四、貢院奎光　在城內

五、范堤煙柳　在東臺

六、董井寒泉　在東臺西溪。即天女織絲井也。

七、西湖春雨　在城內

八、天目晴嵐　在姜堰

第三節　對於保存古蹟之意見

古蹟乃文化之遺蹤，古蹟聚合之地，即文化發源之區。如雅典、埃及、希臘、猶太、以及支那、印度等國，在世界上開化最早，而其國之古蹟亦最多。古蹟之傳播，固可與史地、文學家之考證，而於時代物質進化上，關係之重。反之野蠻之國，新開之域，古蹟絕少。我國由漢唐而降，為淮海要衝，屢經兵燹，數被摧毀。而文人騷客，如蘇東坡、秦少游等，名宦巨卿，如

范仲淹、歐陽觀、韓琦、趙抃等，忠臣義士，如岳鵬舉、文文山等，俠義英傑，如張士誠、徐[illegible]等，鄉賢先正，如胡瑗、王艮、徐曜、陸舜、儲瓘等，或宦游所及，或攻戰所及，或避很（?）所及，或生長於斯，其一吟一詠，一觴一集，一涉足，時過境遷，均為陳跡。況又構亭榭，立碑碣，築廟宇，建壘，以紀念之。百世後見其物而思其人，想其事功，使人振奮，[illegible]童樵[illegible]。可知其遺跡田父野老，猶樂稱道，是則古蹟之當保存，固不僅在存遺識舊，實為文化之最善法也。吾[illegible]古蹟之不多見，所可得而稽者，祇十百年之物而已。鼎湯盤，或有所藏，而光孝塔，已漸敗壞。南朝之寺宇，東周之學校，互為消長，思一放，節義不著，縣內古蹟，行將式微，而惜之者，又不惜一手摧毀。三八景，古景兩壇[illegible]已如何泰山、鳳山、天目山，亦多圯坍。所謂起雲樓、喜雨樓、其芙蓉閣、蓬萊閣、留春亭、積[illegible]宜[illegible]等，亦不識其遺址矣。[illegible]藕花洲旁，浮香亭畔，新景仰東坡、少游諸公，一讀其遺[illegible]梵宗神祠，我思古人，惟憑遺跡。若[illegible]所繫焉，故保存之不可緩也。保存之法，厥為修勒碑誌，一可以保留其觀瞻，一可以永記其事跡，於文字之間，即或銅駝荊棘，梵宮禾黍之時，有之史可以參考，庶事蹟亦不致淪滅，而足為後人道也。吾識短智淺，所考古蹟[illegible]

鄉土史地　第二十七頁

手世道文化及風俗勝概者，均行不錄。待對於發揚民族固有之特色，必為注意。蓋別有存焉。

第七章　人物

第一節　本篇選擇人物之目標

吾縣為人文薈蔚之區，嘉言懿行，存諸載史不能盡。縣志所載，都十類，曰儒林，曰忠節，曰孝友，曰仕績，曰文苑，曰篤行，曰隱逸，曰藝術，曰流寓，曰釋道，附名宦、列女兩類，另列一門。乃時移勢易，教化既殊，宗尚亦異。取其關於政教及其德行可為鄉里矜式，事業可為鄉里模範者，備錄其他，與村制究無若何之關係者，舍之。而將名宦門取入人內，以為佐理鄉事者有所楷則而趨於正軌焉。另加入忠烈一門，以冠其首。其能忠於國家，或具有革命精神者，盡行錄入。元末之張士誠，能揭竿起隴畝，以關擁王平江，與朱元璋相爭，然其旨救蒙元為漢族雪淪亡之恥。明顧有革命之毅力，清初文字之獄大興，吾縣孝廉徐賡稚著維止堂集，以譏刺滿清，卒被戮。吏觀其詩句多矯，不付臣服之意，固亦為革命之先烈。以前之史對此兩公則在事蹟內錄為叛逆，則淹沒無聞，誠為浩歎。吾邑民氣向稱激昂，代代英烈，屈指可數。近時如

陳烈士元鑑。王烈士慎吾。袁烈士康侯。皆義憤鬱勃，振躍于書牒。以上諸人，更合以林光、張伯鯨
兩人，均有革命精神。所忠於家國者，其他自相殘殺。前以為忠者，近均劃去。其仕績名宦，則
合為一類，統曰仕宦。儒林隱逸，又為一類，統曰儒逸。孝友篤行，又合為一。以孝友者必能篤行，
統曰孝篤。文苑藝術，又為一類，以兩者性質相同，門類亦必合一，統曰藝文。忠節則變為忠
烈。將流寓釋道全棄之。共成五類，曰忠烈，曰仕宦，曰孝篤，曰儒逸，曰藝文。每類各取若
干人，以為表率，俾學生觀念全般，亦可以知所從矣。

第二節　忠烈

于光，字德剛，泰州人。初為蘭州指揮使。洪武二年，擴廓帖木兒兵至蘭州，光力戰死之。明
年春，太祖命分道北征，大破擴廓兵，詔贈光昭毅將軍，以其子秀真襲職。府志拔
張伯鯨，字繩海。萬曆丙辰進士。歷知會稽、歸安、鄞三縣。天啓中，調盧氏。崇禎二年，遷戶
部主事。出督延寧二鎮軍儲。（雍正州志字補甫，川作滿川）而抵寧夏，十二月里不產五穀，負粟之
內地，賀蘭山東，沿黃河漢唐渠東，抵花馬池，素沃野，荒蕪甚。伯鯨疏陳其狀，為通商
開糴，救粟，又倣邊商中鹽之意，立官市，而誘以招之，軍民稱便。盜起延綏，伯鯨參巡撫

鄉土史地　第廿八頁

俘獲渠魁不治。擢兵備僉事，轄榆林中路。……斬一座城全翅鵬等，敗奔延
於長樂堡。延撫陳奇瑜上其功，進右參政。七年春，奇瑜遷總督，遂擢伯鯨右僉都御史，代
督總兵王承恩等，分道擊賊。……及奎冠荼川，過集伯鯨延綏，久視民若子。以
檢遺論田能氏大名至，論功赴闕。……
郎，專淑訓駐池州，專理兵食。明年，淑訓……文燦事敗，嗣
昌出督師，移伯鯨……陽文燦之敗，……勤御不至者十餘萬。伯鯨生腔秩。十五年，召為
兵部左侍郎。明年，……命伯鯨攝部事。……萬歲山，作中官扶出，逆之……
年。京城陷，潛服遁還。……南京，伯鯨家居不出。

張士誠

張士誠，弟士德、士信，泰州白駒場人。泰州地濱海，上鹽場三十有六，隸兩淮運鹽使司。士誠與弟
士義、士德、士信並駕運鹽綱船，兼業私販。初無異於人。先是中書省右丞相脫脫在任，大興
疊河工、黃河之役。至正十一年，遣工部尚書賈魯役民夫十五萬、軍二萬決河，改道，民不勝其苦。南
韓山童首事作亂，時杜遵道、芝麻李、徐壽輝、陳友諒、方國珍、江崇三等所在嘯聚。

數省。初，王克柔者，亦泰州人，家富好施，多結游俠，將為不軌。高郵知府李齊收捕於獄。李華甫
與張四素感克柔恩，謀殺劫獄，齊以克柔解發揚州，後招安華甫為泰州判官，四為千
夫長。十三年五月，士誠又與華甫同謀起事，未幾士誠黨與十有八人共殺華甫，遂併其眾，焚掠村
落，驅民為盜，陷通泰高郵，自稱誠王，改元天祐，設官分職，把截要衝，南北梗塞。立淮南行中書
省於揚州，以杭其勢。既而亦招安之，立義兵元帥府，以官其党，狙詐百出，卒不就降，殺行府參
齊。十五年五月，攻破揚州，殺淮南行省參政趙璉，士義被獲伏誅。既而退還高郵。至九月二十六日，又
攻破揚州。及湖廣行省左丞阿魯恢引苗軍來，十月初一日復退。丞相脫脫親總大軍以擒之，衆
號百萬，旌旗輜重，首尾千里，以高郵刻日可平。然脫脫與弟御史大夫也先帖木兒專權
日久，及出師，遂有議其後者。詔脫脫安置淮安路，也先帖木兒安置寧夏路，別遣相臣統
統其兵。詔未下時，部將董摶霄每勸脫脫言：天兵南下，勢如破竹，今老師費財，何面目歸
天子？不若先攻其易。脫脫從其言，分兵破天長、六合，賊皆潰散，所殺者悉良民。及攻高郵，
隳其外城，城中震恐，自分亡在旦夕。忽詔解其權，勇氣百倍，出城拒敵，諸衛鐵甲軍拒不
平者，盡皆散去，或相聚山林為盜。高郵不可得而復矣。江陰復……相……宗三、朱英八

鄉土史地　第三十頁

黨戕殺宗三，將入城殺英，英乘間挈家逸去，過江求救於士誠，仍質妻子借兵復讎。士誠
初亦疑惑弗聽。英遂陳江南土地之廣，錢糧之多，子女玉帛之富，以動其中。於時先遣士德
率高郵家屬子攜舟渡鎮山。十六年二月朔，攻陷常熟州。江南自兵興以來，宋軍久無……
郡縣蕩罷，飢饉，鄉村荒大，父母妻子投充壯丁。士不習兵，而驅之死地，以故爲人
瓦解，卒無成功。時吳江境上，止有元帥王與敬官軍一戰而敗，死者過半，殘軍千餘欲之入
城，城中閉門不納，退屯嘉興，……松江。士誠……二百千人衆驅而前，直造北門，乃不發矢，劍不
接刃，明旦緣城而上，遂據有平江路，實三月壬子朔也。既而崑山、嘉定、崇明州人相繼來降。
淮揚蘇昌皆以此先避亂居吳門，士德用為參謀，稱白蘇學士。毀承天寺佛像為王
府，易平江路為隆平郡。立省院六部百司，凡有寺觀庵院，豪門巨室，將士爭奪，分占而居，
乃無虛者。幾月，進攻嘉興，……與……秋江板以城降。常州豪俠黃貴甫開道
歸款，許為內應，不戰而城破，易為毘陵郡。分兵入湖州，一鼓而得，易為吳興郡。隆平太守周仁
家本鍛工，稍習吏事，性資深刻，與士德同心僇力，聚歛細故。三月癸巳，士誠自來高郵，服
御器用，悉皆僭乘輿。改至正十六年為天祐三年，國號大周，歷日開時，設學士員，開宏文館，崇儒

陽術人李行素為丞相弟士德為平章提調吞兵馬蔣輝為右丞居內總理庶務潘元明為左丞鎮吳興史文炳為樞密院同知鎮松江郡州縣正官郡稱太守州稱通守縣仍曰尹郡同知郡府丞參事曰從事餘則損益而已南面稱孤歲時饋贈有參政楊完者統領苗獠猺獞名曰客利早守衛甚堅屢攻不克秋月文炳大舉兵臨其東門為所殲文炳僅以身免士德又與其敵提兵入杭州軍氣甚盛杭州大掠欽錄不敵丞相退兵蕭山士德軍據剎虜掠羅木營萬之普賢奴乃慶元路萬戶全騎兒之子年未逾冠智勇過人率兵先出兵之者都領苗軍繼進民亦挺身為戰士德大潰收拾殘兵十喪八九及沃海鹽又為平湖鍾氏所擾後得馬道驍勇擒獲苗軍無算西南援境賴此無虞不然杭將非士誠有矣崑山太倉為方國珍海軍攻擊從丁氏往來說合結為婚姻崑山之民幸逃蘇息湖之長興武康與廣德相界元鎮軍出沒之地雖互為勝負然亦不勝其苦所踐三州皆郡郭敵可畏者特某慶一軍最盛陸路則無錫宜興長興水路則人月士馬雷長耀舳艫相銜自以長興陷常州又偽士誠戰敗被擒俘至集慶俾其作書勸士誠歸附士德以身殉之終無降意士誠勢窮力迫厭兵欲一相招安使者往返迄莫能就仁親諳江浙省堂與陳自願休兵息民之意議始定時十六年秋也朝廷怨赦其罪以授士誠太尉開封平江士誠以所授爵有差五江淮各省江浙分樞密院平江以役其官屬

鄉土史地　　第三十頁

徐賡雅

徐賡雅清雍正末葉泰縣人也少有大志不羈落多奇才一於詩文嗟之初由庠生入考舉廉會試時以作臣事君以忠題偶觸忌諱磨勘停科十科念懟伊用歸富安構一柱樓以居賦詩寄慨多中林禾黍之悲作維止堂集詞新巧脫藝剎有種族觀念時洩怨悱滿奴之語其詠風云毀我衣冠皆汝輩隨其巢穴在明朝詠紫牡丹云奪朱非正色異種族竟稱王其飲酒云舉杯方見明天子且把壺兒擱半邊晒書云清風不識字胡乃亂翻書語意譏刺前擬國卓某可殺也謝世後經西席蔡某告發官不受理後蔡歲試交卷附以狀詞面呈學院時學憲諸城劉墉始猶不受蔡作念語乃受之出奏公交部議至戮尸體夷三族家產封禁入公改富安姓易地至今亦不知在何處嗚呼專制之世士之立言亦難矣哉苟觸忌諱嘗大誅戮揚雄高啟之獄圖為同族相戮況異種乎當滿人之入主中華歷康熙雍正乾隆三朝所制文論未經士林數百年中臣子民始未有敢侮辱者何當吾縣竟有斯人有賴自立不假於大吳之杖而以文字洩其憤仗大義於後世雖遭戮千古英靈振耀人宇歷之莫不垂淚稱道嗚呼徐先生實革命之先哲實獨為吾縣光亦且為學國志士所欣慕感情而縣志不載豈非不顯至可恨也

（附註）徐先哲生平事跡縣志不載茲從調查所得拉雜成篇藉當考証耳

陳元鑑

陳元鑑字望之泰縣海安人少英俊於清光緒三十二年正月應徵江南陸軍第九鎮砲標二營中隊正目。與熊成基過於行五同盡力宣傳革命竟由熊之力任安徽砲營排長關懷國事每仗大義光緒三十四年蘇湖兩省會操於安慶時清帝殁太后方攝政熊陳等舉兵攻巡撫衙署欲乘機顛覆清室。乃內部力弱外界無援一戰事敗亡走太湖縣被擒就刑清亡家人迎烈士骨歸葬於岳墩東小西湖之濱汪君汝為之傳以垂於後世烈士死時年纔廿八其剛毅之操誠不可多覯也。

王慎吾

鄉土史地　　第三十一頁

王烈士思源字慎吾江蘇泰縣人於有清末季組個人自治會定規條以自繩又組天足會禁烟會謀婦女及廢民之解放光緒三十年任州視學州牧貴權殘私之競成學堂烈士以戰權爭被斥返旋得直黃去學存富由辦天賦兩等小學歷八年生徒受烈士化多具民族精神烈士尤深傳國民外交之價值於日人積奪安奉路業曾痛哭演講民眾不察多以瘋癲目之厥後於九五卅案作更組愛國聯合會愛國共進會及外交後援會喚醒民眾為外交後盾又鑑於泰縣天演論太久條理乃組平民教育杜課生徒以科學及政治常識凡兩屆畢業烈士尤深信三民主義十六年春任縣黨部宣傳工作於市民大會為孫逆密探注視同年四月六日孫逆攻陷縣城烈士不去卒被獲以八日晨七時就義於西門城外當就義時曾自謂我為民而死死無餘憾不絕於口伏屍八日始克成殮嗚呼慘矣

表康侯

先生諱祖成字康侯別署退僧泰縣人生而聰明少有大志好讀書能文章弱冠游金陵賦明故宮懷古一百韻江陰繆筱珊亟稱之一時名重江南分省蘇省通志壯歲置身新聞界與東海許孝子久香陝西于右任同主上海神州日報事因讚武昌與黃上將克強論天下大勢隻身往來江南北行炮火中但然自若時北伐軍第二軍軍長徐上將寶山駐節揚州雅重

先生延為參軍僑蘇長城會太夫人遘困病遂辭組歸旋之京師主民蘇華西家報事務與倫
以茂搜羅貝儀徵劉光漢復薦先生授經北京高等師範遂與章太炎訂修史之約民國二年
服官東海有感已愛民之典言施以忻大吏罷官歸里與邑人校之先生仲駿馬先生東皋創辦
淮東中學先生經營擘畫規模粗具俟應故人李明揚之招游粵東君徐蘭舟之任林太原
復去為東海省立第十中學校訓育主任是年寒假歸以親老遂不復出商淮東大學議教
風潮校先生去職先生復來主校去年北伐軍興九江之役聯軍敗退先生兩致書諷之今年泰孫
軍潰走江北焚掠泰縣以七百年不見兵革之民為此亦飽受塗炭而先生遂被害於里時年四
十有九

第三節　仕宦

王褒字時遜景泰三年舉人歷知三縣皆有奇績改知四川洪雅縣縣初建城垣公廨俱草創褒
隨方規辦興民間公稅鎮國出巳俸犒賞米糊工役民不告勞暇則循行阡陌田稅均平數年户
口增五千餘致仕歸邑人建遺愛樓塑生像事之
凌儒字真卿號海樓嘉靖癸丑進士初為永豐令多惠政擢御史疏請重貪墨之罰革

鄉土史地　第三十六課

屯胄之兵搜遺逸之士因薦洪先陸樹聲吳山徽吳悌帝惡其市恩遂罷職事具明史楊思忠傳
儲家居後尤有功桑梓泰糧六萬有奇四萬屬下河下河地勢卑下田盡傍高寶長堤
堤一傾則田盡沒民或逃亡儲力請當道議開丁溪白駒二港洩水入海相度疏濬不避風
雨民受其利卒年八十著有舊業堂集
陳應芳字元振號蘭臺萬曆二年進士浙江龍泉松陽令民為立碑建祠設生像入名宦
遷禮部主事教習駙馬都尉以壽陽公主婚禮愆時發左右欺蔽狀且言公主當協遵婦道
不宜使男下女姑拜婦上嘉納之典山西試所拔如傅新德韓爌趙用光皆表表者出為寧
昌府丞遷僉事督學浙江擢南京漕儲參議兵備籍為正需遷南大理丞尋晉太
天師古法祖勤民疏遷太僕少卿條馬政八議皆報可乞歸後力爭以正改定與風揚代糧
二事詳見所著敬止集中又有守愚錄宋日錄固諸錄天啟四年祀鄉賢
徐鑨字夢莪崇禎元年進士知福建隆溪縣剿海寇劉香老有功歷都給事僉都
御史時泰州飛派屬米萬石民苦之鑨持疏豁免卒贈副都御史
繆綸字介茲康熙二十四年武進士任浙江掌印都司首除漕弊疏方上奇軍民畏服浙

省地狹人稠棉多暴露請旗將備置窩棚撫理創建義學勸課子弟致仕歸卒年八十一
宮懋言字晝升號瀞庵康熙四十二年進士知山西臨汾縣爵免逋負案無積牘一日建治士
廳見堂前一大木詢吏所自吏答以購自木商責日價未給何自來也還其木於商自是胥吏肅
然平陽之四州縣有控府者必曰求如臨汾令乃擢後擢江西吉安府通判署袁州府卒於
官刻有拙翁樓詩集
仲鶴慶字品崇號松嵐又號六十五世孫同治永樂時自蘇遷泰鶴慶登乾隆十九年成
進士需次家居時多水患莊地挫有泰幕客某以洪湖大漲欲決堤泰之北鄉田為水宅鶴慶
與議謂高宝與泰形如釜底而與為甚泰未受水而興先之若既受水而高宝隨之萬不能獨
棄泰田也且洪湖水下四邑之生靈盡皆淪胥歸事遂寢比謁選授四川大邑縣令正疆域以息
水訟表地界以靖山爭創建書院延師課士兩權邛州事民愛戴之三十六年緬匪犯邊鶴慶以
馬政赴雲南猶修湘滄道監牛角閣運糧以攝蓬溪縣被議鶴慶性剛直為某所搆
禍幾不測後以書保攝川督事乃得雪初鶴慶罷蓬溪後任大邑及被士民送之遠竟
乃已居蜀三載始歸主講鎮江寶晉書院文正南康白鹿如皋雉水各書院著有迨暇集

鄉土史地　第三十七課

古文二卷詩六卷工寫竹州菊竹得者以為寶年六十三卒
王世豐字沂中號筠舫嘉慶二十三年恩科副榜二十四年舉人官松江府金山縣訓導明季
金山兵禍尤烈世豐舉末經表章者建祠以祀又別祀際泰焦袁熹嚴則與諸生講學多
士感焉居家見義必為修試院立義塾及遺愛祠節孝祠皆倡其事生平誠以接物私
與人孝先世志自設廣粥以待饑道光辛卯歲大祲賴以全活者千餘人又設青箱塾會課
畀以膏獎資嘉惠後學成就甚眾著有兩廡先賢考略及毛詩集解若干卷道光
十九年入祀鄉賢子廣業另有傳（續府志參家傳）高垂慶字懋庵善書工詩畫宦安徽滁州壽州
知州補廣德州均以賢能著道光十七年再官壽州值歲饑力籌賑卹境無流亡壽民德
之（續府志）
錢桂森字犀少英敏擅詞賦魏觀察茂林見而器之妻以女孫年鄉試大守
某贈以五經無復偏錄游庠道光二十八年舉於鄉明年成進士入翰林文章雅容典貴
得承平臺閣體累遷內閣學士兼禮部侍郎衙典試貴州湖南廣州浙江督學安徽
遷官名流多出其門海內奉為文章宗匠晚年引疾歸里以詩酒自娛而於地方大事必

斷斷力爭軍門某維舟購穀逾數艘驟貴鄉民阻之兵弁槍斃其二即以聚衆搶劫白諸大府
將勦治其事民情洶懼桂森慨然致書上游反覆數千言全活甚衆州舊設有壩署州人
稱以資生者某奠當事者議欲改道以節縻費州人乞桂森據情電達大府事遂寢歷主
江寧鍾山書院揚州安定書院泰州胡公書院講席年七十三重游泮水著有一松軒詩集若
干卷弟桂楨咸豐辛酉舉人官河南知縣子錫恒字子久幼穎異從上元許宗衡學十六年十
七以疾卒著有論史之略一卷[illegible]光祿寺署正從子鈞光緒十五年進士
官工部主事 光緒志稿

胡令儀陳留人淳化中道閣以大理評事令海陵法無假借吏民憚之天聖中任發運使先
是范仲淹請築捍海堰興役尋以雨雪驚濤洶湧役夫有旋濘而死者議言於不
可成朝廷以令儀曾令海陵命為淮南轉運使按役之可否令儀力主仲淹議不日竣於是
成民至今利之州人祀於張范祠增祀令儀為三賢祠

曾致堯南豐人咸平中知泰州有亭亭六詠詩以子易占知如皋紹聖中孫肇以典是郡
因立三至堂六詠亭焉 舊志參名勝志府志

鄉土史地 第卅四頁

歐陽觀字仲賓廬陵人由綿州軍事推官於大中祥符三年調泰州軍事判官廉而好施
子卒於任正身懷道不及其施子修官參知政事追贈崇國公 歐陽志參歐陽文忠公集
張綸字公信（舊志作昌言依府志）汝陰人天禧中除江淮制置發運副使（舊志作發運使）時鹽課大虧奏除
通泰楚三州鹽戶積負助其器用鹽入優與之直由是歲增課數十萬擔築漕河堤二百里於
高郵北旁錮鉅石為十礎以洩橫流及范仲淹議修捍海堤論者難之綸表三請願身
自臨役命兼權知泰州卒成堰復逋戶二千六百州民德之為立生祠 宋史

滕宗諒字子京河南人與范仲淹同登進士第天聖中為泰州從事時仲淹為鹽官同護海
捍之夜遇大風至即夕潮上兵民驚逸吏蒼惶不能止宗諒神色不變緩說利害衆乃
定遂文會堂招延賓友富弼胡瑗周孟陽皆以文行為宗諒所厚

韓琦字稚圭安陽人仁宗朝以侍中知泰州設條教葺學廉治武庫勸農興蠶子民愛
如父母琦所至惠愛及人既去思之慕不已繪像事之 舊志參忠獻韓魏王家傳

趙抃字閱道西安人進士及第仁宗時知海陵縣抃長厚清修人不見其喜慍所至崇學
校禮鄉儒民有可哭之獄有可出之因俗設施要以惠利為本黃庭堅言其為政愷悌
不嚴而肅雖古循良無以過之至和中參知政事極言新法不可而去卒諡清獻 東都事略

劉攽字貢父饒州人熙寧中判尚書考功與王安石書論新法不便安石怒斥通判泰州為
政寬平人甚感頌 舊志參宋史

岳飛字鵬舉湯陰人建炎四年為通泰鎮撫使兼知泰州飛辭乞淮南東路一重難任督
金兵楚急詔張俊援之俊避飛行而命劉光世出兵援飛飛至三敗金兵於承州三戰三捷殺
高太保俘酋長七十餘人光世等不敢前飛師孤力寡楚州遂陷詔飛還守通泰有旨可守
則守如不可守但於沙洲保護百姓伺便掩擊飛以泰無險可恃退保柴墟戰於南霸橋金
大敗渡百姓於沙上飛以精騎二百殿金兵不敢近今柴墟鎮有吳達子墳地名或云飛殲金兵處
也泰州人建祠祀泰山之巔

（明）張昺林慶州人洪武三年知泰州撫綏四境興俗更化創治衙署以學校農桑為首務境
內橋梁坊巷無不修復未久去官士民懷之不忘

李遂字邦良豐城人進士歷遷右僉都御史嘉靖三十六年倭擾江北特命遂巡撫淮揚等府
三十八年倭寇百艘寇揚境遂命副使劉景韶等拒如皋而身馳泰州當其衝連戰皆捷
賊大敗走據廟灣遂令景韶塞其木火焚其舟賊乘雨夜遁官軍追之殲焉江北倭
平累遷兵部侍郎卒贈太子太保諡襄敏

鄉土史地 第卅五頁

唐順之字應德武進人會試第一歷遷右通政視師南畿時倭犯江北急順之與巡撫李遂大破
之姚家蕩復薄之廟灣三沙賊復屢挫之躍馬布陣盛暑居海舟兩月遂得疾會
李遂改官南京即擢順之右僉都御史巡撫鳳陽等處適淮揚大饑條上海防善後九事
疾已甚猶泛海上核戍旅考察政績事畢卒於泰州之姜堰鎮淮揚建祠祀之 本傳參萬曆府志

喬松年字鶴儕山西徐溝人道光十五年進士改部曹累遷兩淮都轉鹽運使時郡城未
復駐節泰州丁壩內有分局制掣驗通鹽松年撤之又委員駐在泰州南門掣驗
商民稱便公暇與邑中諸名流唱和修廟校多又以時課諸生厚給膏火多士感焉創立
鹽宗廟奉祠沙民勝高管惡以為報本之祀廟後闢地數畝多植花木名之曰小香雪
為城西名勝地同治元年大兵克復金陵伏莽尚多軍餉常虞不繼松年督辦江南北糧
臺兼籌撥軍糈皆裕如 穆宗嘉其勞擢布政使尋授安徽以病後移陝西內用倉場侍
郎著有蘿藦亭札記四卷卒諡勤恪

張之杲字東甫浙江錢塘人附貢生道光二十三年任泰州廉明有政聲州西北鄉舊有斜豐港堤歲久不修屢遭水患之杲請于大吏加意培築並濬蚌蜒河以分水勢兩岸後增水不浸不為災（試院年久失修捐廉葺理并置號板）二十八年歲大歉之杲請帑賑濟又捐廉助賑親往各鄉逐戶清查災黎全活甚衆咸豐三年粵匪陷府城州之奸民掠於鄉之杲擒渠魁正法擒於以安他如保鹽務裕餉源糾集鄉團聯絡聲氣攖城固守督獲匪徒善政不一而足擢以勞故卒於官祀名宦

第四節　孝篤

〔漢〕董永（千溪場人 雍正府志作海陵西溪鎮人）即世傳賣身葬父者今丁溪場永與父墓並存西溪鎮有天女繅絲井

張熹字立道宣和中居泰之唐灣事母至孝家苦貧自飴藿膳而日營甘肥以奉母未至生於門閾七年又產金芝於門閾前後凡十四本光潤如漆芝卅本可之鏗然有聲乃築三芝堂尚書劉跂濟為之記侍郎蔣燦知筠州毛敦書皆以詩頌其孝感

李祐字守業號成宇住海安鎮性至孝少為吏以親老不仕父遘病疾割左乳肉以愈之萬曆二十四年事也越[illegible]餘載母病復割臂以救三舉鄉飲賓不赴建心齋祠置義田義學修橋梁歲饑賑粥卒年五十三弟祉字振宇廩貢生考授礼部司務乞養歸與祐並以孝行稱祐祀孝子祠

鄉土史地　第二十六頁

〔清〕王日強字坤明順治八年其母染疫於佛氏家日強禱於關帝廟剖左脇截肝寸許自作神座前遠近聞而觀者數千人其姊奔救昇歸取肝和藥進母之疾自瘥五晝夜始甦月餘創乃復母性不喜雪殁後既葬值大雪日強幫帚趨墓所埽之僵凍幾死妻子掖之歸翼日雪益甚仰天號泣不止鄉里呼為癡孝子（府志 舊州志不載）

杜光先字海樹號岸修髫年母疾篤天願以身代侍奉不少倦一夕母夢神授以藥遂瘳弱冠為諸生所作館修奉甘旨外弟妹婚嫁皆力任之母殁臥父足畔者三十年州牧杭榮庚朔望請約必列光行事以為訓康熙庚辰成進士授浙江湯溪縣令縣之山多楓樹更號楓山清正愛民屢有嘉禾之瑞湯人即九峯書院建生祠祀之戊子分校浙闈所得多知名士告歸從研究朱程之學將終語其子曰我此時自檢從無不可告人之事遂端坐而逝著有詩文集（舊志參府志 采舊志 入宦績府志入文苑）

徐萬侯母疾貧不能具醫藥禱於神夢神教以服天馬心乃可萬侯急走藥肆徧問無此味乃悟曰吾屬馬吾心也遂割心前肉於牢絕聞神云此孝子不宜死恍惚如夢人物異之雲務中忽醒創已合而肉在手竟以進母母頓愈

盧彬字商玢事親孝母卒既葬廬墓側家居惟付兩弟朝夕饋食手足胼[illegible]四書古註經義冊貴燦然卒年六十有五

張鳳翔字[illegible]孝養[illegible]五十年弟鳳翰殁貧無以殮殯[illegible]有論語直解今歸[illegible]古近文體古近詩體凌雲詩抄若干卷（采訪錄）

〔宋〕陳護字元浩六世同居[illegible]政和中詔旌其門賜事夾樹正門樹烏頭二柱表以綽楔左右建臺高一丈二尺建炎中兵燹不存節婦向氏於紹興六年以金贖產陳宥司寄修遂壯州郡賞其義復標建門閭（舊志）

〔明〕儲宏字仲文（府志作儲仲文）悖行孝弟讀書通大義嘗守鹽倉陽戴布數車值[illegible]圍城兩書決旬饑凍道相屬宏出粟於門外探布散給衆商止之曰商以求利若之何並其本棄之宏

鄉土史地　[illegible]

曰此何時尚問利耶中歲家復旨以聞賜於門恰遺金十數兩默置原處候擒閣及晡有哭而攜婦哭來問之云某天婦解成某地資不給截一子賣而得金今晨過此失去將欲道路尖行其封識並金裁何語悉符出歸之且察其有飢色予之粥遣之其人曰吾無以報德達人語吾使居聞於人而已後宏以壽終曾孫[illegible]侍郎自有傳（舊志參 名小萬）

陸九棟居三塘里性孝友撫二弟為之娶婦置產給之處鄉黨多所周卹一夕有宿土穴牆入贈之金勸以改行[illegible]其姓名以子故貴封如其官（舊志）

程悌字進之號小鄰住[illegible]孝友[illegible]篤厚屢捐米賑饑有賊入悌室悌覺之贈以金勸令為善遣之去又常於道中[illegible]金坐待失金者至如數以還之遂感（采訪錄 做天十場志）

朱字燦字望盧號漁[illegible]貢生積學力行凡濂洛關閩之書無不研究康熙庚戌河堤潰決田禾盡沒丙辰大荒己未復旱蝗饑民載道志熹捐貲賑濟數為宗中倡設局賑卹全活甚衆又建育嬰堂於安家橋置義冢於北家莊修復大通橋重建豐樂寺始終樂善不倦祀鄉賢（舊志參續志稿）

王茂公字日長住海安鎮事父以孝聞每有餘貲即施衣推濟貧者臨殁以所置腊產屬其

子自歲收不得私用恙以為贍族之費若遇凶年即以入官助賑嘉慶十年水災其曾孫鶴齡
等捐銀五千兩即遺產所在田也藩司康基田旌以扁額並為文勸石獎之知州王勘有茂
公賑饑文鶴齡號仙巢與西寺僧若冰建立延生堂以養孤寡老疾有王善人之稱 續志稿參采訪
韓大鵬住海安鎮嘉慶乙丑水災大鵬赴城倡捐煮賑復於本鎮施米及棺木修葺鳳山
書院與六里港石橋丙寅水涸同李祖遐等濬治海安下壩新舊官河以通水道臨歿命其子
免召佃逋租百八十餘石不給其鐵契府伊先後扁獎之 續志稿
李克獻字靖颺居塘河村去塘河三里舊名周公舖荏苒出沒視為畏途克獻偕姪琪
安田產建屋多間修道路造橋梁徙家於此久之居民成市舟車往來行旅便之 續志參采訪
梅觀成字雲峯住海安鎮性峭直垂髫時有朝貴鳴騶過市觀成神色自若無歆羡
意父殁家貧讀書既長通百家學久困州舉課徒自給有譚生者棄儒而賈觀成盛怒
責之譚請卒業遂以今七里中諸生宗師樂其教而畏其嚴講論不稱義利是非之聞
者灑然年六十卒子英字節齋少孤謹承世家學後治詳贍經學觀成者往往事焉為人和易 徐
善言笑與觀成相友人擬諸趙氏之林庭 與采訪通甫稿

第卅八頁

李祖遐字林表號霽堂住海安鎮少孤事嫡母孝為族人殮者十五人祀其無後
者千九人且歲修其墓鎮之新河久涸偕捐濬治並設恤嫠所歲甚助賑施棺置救火具商
苦徵落地稅請之官勒石永禁修磚橋及堤閘甚眾其子裘並承先志
孫績字梓卿振興水利有祖風凡涸官河串場河老東河焦港楊港諸港田水港
秀才港八處重建鳳山書院橋里中善舉皆捐資倡辦其督修街道大闡甚多尤為
鄉人所稱常佐升徒嚴善保縣賑災東院北災甚飢民感泣實惠施與從子保之創
因利局令子保嶽辦水龍局皆克繼其志人謂李氏有隱德故能世濟其美云 舊志參王世豐李
林表傳及采訪錄

第五節　儒逸

宋胡瑗字翼之 宋史云泰州海陵人歐陽修墓表云上世陵州人後為泰州如皋人 少時偕孫明復石守道從學泰山攻苦食淡
終夜不寢一坐十年不歸得家問有平安二字即投澗中不復展讀四方學徒從游甚衆景祐初更定雅
樂詔求知音者范仲淹薦瑗白衣對崇政殿與鎮東軍節度推官阮逸同校鐘律分造
鐘磬各一虡以一黍之廣為分以制尺律徑三分四釐六毫四絲圍十分三釐九毫三絲又

屬仕宦類

馬尚建炎三年通判泰州修城壁廣濠池時巨寇王淋嘯聚境上持闕印勸帖欲入泰州
事尚察其偽不納淋合兵圍城尚晝夜巡徼募敢死士千人開城出戰殺獲甚衆凡四十二日
相繼薄城者五六終不能犯紹興元年進知泰州招徠軍民並懇開鹽場境內以饒
呂祖謙字伯恭好問孫推揚志云任泰州獄掾其事不傳惟呂東萊文集載泰州志中
張子正淳熙元年 府志作乾道元年 知泰州州東捍海堰自范仲淹修治後復圮於潮汐子正守郡益
加版築不計工費惟堅實官帑不足除以家財益之
趙逢知泰州自紹興辛巳金兵攻毀城垣至開禧丙寅凡四十有七年逢始加修築焉
李駿嘉定間知泰州建方洲經武館迷仙庫寶帶倉修城郭並司房廊宇請增戍兵千
人開新河自南城至北城創經武嘉定天寧三橋
陳垓字漫翁閩人寶寧二年知泰州兼權淮東提舉建泰堂鑿全東西北外濠並浚南濠
置節制司營房馬廄七百間紹定元年更建貢院於學院諸樓坊亭廨庫處場務
坊里橋梁所營辦者凡六十餘所州人享其利焉嘉熙淳祐再任凡四次見舊志 以上仕宦

鄉土史·地　第五十九葉

以大泰縣人小泰實命丁度等以為非古制罷之授瑗試秘書省校書郎康定初元昊
寇邊范仲淹經略陝西辟丹州推官建議更陳法開廢地為營田募土人為兵給錢
使自市弓馬漸以代東兵之不任戰者雖軍校番留亭長廝役見輒訪以事兼和武人以儒
懦少之後乃稱服以移密州觀察推官丁父憂舉其族之亡於遠者九喪歸葬服除以
保寧軍節度推官教授湖州瑗教人有法科條纖悉備具以身先之雖盛暑必公服坐堂
上嚴師弟子之禮視諸生如其子弟諸生亦信愛如其父兄從之游者常數百人時尚詞
賦瑗立經義治事二齋倡明體適用之學如治兵治民水利算數之類者各以類羣居講習
學者善治水農興水利果有功慶曆中興太學下湖州取其法著為令力為諸王宮教授
辭疾不行為太子中舍以殿中丞致仕皇祐中更鑄太常鐘磬驛召瑗與近臣太常官
議於秘閣按周禮以正鐘律用上黨黍累為九等累其中者為尺大定而律成驗之比
舊下一律遂興作樂事又令作皇祐新樂圖記布之天下除大理評事兼太常主簿歲
餘為光祿寺丞國子監直講居太學其後益眾太學至不能容乃取旁官舍為學禮部所得士瑗弟子十
常居四五隨材高下喜自修飭衣服容止往往相類人遇之雖不識皆知其瑗弟子也

遷大理寺丞賜緋衣銀魚嘉祐初遷太子中允充天章閣侍講仍居太學既而疾不能朝以太
常博士致仕歸諸生與朝士祖餞東門外車輿至不得前誠其子節度推官致康養良於杭州卒年
六十有七詔賻其家明嘉靖中從祀孔子廟廷追謚文昭著有易傳周易口義易繫辭說卦尚
書會解洪範解春秋要義春秋口義論語說中庸傳吉凶書儀樂府奏議樂圖武學規矩
資聖集言行錄百餘卷 宋史參歐陽修墓表及舊志
查許國字延錫以奉職郎贊郵幕僑寓荆南開門教授經其指畫訓化者往往登科第忽一日令
其浴顧門弟子取筆幅未疾書曰七十三年聖師之壽許國何人敢繼其後唯是平生恪遵善誘
故從門人啟學子是年□朔端坐瞑目家人環泣許國厲聲令去留燈與務侍弟子前曰先生將逝矣此時有何
景象顧怖畏否即舒兩手曰此心閒而無事復筆詩一絕及戒毋得用僧與火寓錢命弟子誦孝經
揮筆拱手而終許國素工書此數紙尤遒勁弟子饒之石孫籥廷對中甲乾道中攝貳夏
卿出與大藩 舊志
儲巏字靜夫九歲能屬文成化癸卯甲辰鄉會試皆第一授南京考功主事孝宗嗣位疏薦前直
諫臣謫者王事張吉王純中書舍人丁璣進士李文祥等皆錄用久之進郎中吏部尚書耿裕知其

鄉土史地　第四十頁

賢調北部攷注藏否一出至公嘗覈實一官裕欲改其評巏正色曰公所執彷異王介甫矣十僚咸
在側裕大慚徐曰非我莫能容也擢太僕少卿請命吏官記注言動如古左右史時不能用遷本寺卿
武宗立寒上有言條繫自逆五事又陳病民者四事多議行科道官龐泮等言事下獄巏論
救之正德二年改左僉都御史總督南京糧儲召為戶部右侍郎尋轉左督倉場所至宿弊
盡釐劉瑾用事數凌侮大臣獨敬巏稱為先生巏憤其所行五年春引疾求去詔許乘傳
有司供疾瘳以聞其秋瑾敗以故官召辭不赴後起南京戶部左侍郎就改吏部卒於官年五十有七
賜祭葬如例巏體貌清羸若不勝衣而行清修介然自守工詩文好推引知名士辭遠非類不
與而嚴進士顧璘嘗謁尚書邵寶言語曰子立身當以柴墟為法柴墟者巏別號也臨卒戒人
往問汝事不能言猶舉筆作國恩未報親養未終八字嘉靖初賜謚文懿著有柴墟文集桐野集
及奏疏若干卷 明史參舊府州志
王艮初名銀王守仁為更名字汝止號心齋住安豐場七歲從塾師受大學章句貧不能竟
學弱冠父使治商往來齊魯間已又學醫商然皆弗竟嘗過闕里謁孔廟及諸大儒從祀
太息曰是聖人者可學而至也歸取孝經大學論語日誦讀置書袖中逢人質難有所得必

見之行父當冬晨起以冷水盥艮哭曰為人子令父至此得為人乎代父役入定省惟謹
一夕因夢頓悟心地洞徹窮而識諸壁曰正德六年間居仁三月半居仁其堂也武宗南巡內官以上
命捕鷹過海上所至騷動艮道之論以理義璫瞿然起散鷹以請上旋罷毋馳驛以安天下
內官感悟吉安人講論通德有吉闍良古□□欲王中丞一語艮乃謁守仁江西執木簡累
曰海濱生易其裝曰有虞氏之冠□□□□□路上坐與守仁語良知及堯舜君民事
業抗辯久久服起為弟子稱謙□□□□□歸情抗節矯諸外先生之學精深極微得諸心者也
乃執弟子禮守仁□曰□□□□□□□□禾嘗動心吟為此生心動矣艮乃益自任從守仁歸
里歎曰吾師倡明絕學□□□□□□業□□小車北上所過稱要人士以師說化道人聚觀者千
百顧艮言多出獨解不稱傳□□平服忝古制衣皆駭異之抵京師同門生遂其車遣使返
守仁聞之不悅艮往謁拒不見長跪謝過乃已自是益歛圭角執私埋復游吳越間同百姓日用
以發明良知之吉亦先正身修而天下平其言曰心有所向便是欲有所見便是妄既無所向又無
所見便是無極而太極又曰良知為吾□知□見□知其能其鳶飛魚躍同活潑則知性矣語
持幫太嚴者曰是不以養心者害心有向於難做者呼之飄至而起曰此心原在更何求乎即

鄉土史地　第四十一頁

事是無心兼即心是之事更無事矣王氏弟子偏天下率多爵位有氣勢艮以布衣抗其
間聲名反出諸弟子上然艮往往駕師說上之持論益高遠出入於二氏自鄒守益薛侃名禾以稱歉
陽法威重之從游者日眾鄒守益釋以□謂門人曰以師而學之不誠矣往教之不至矣必勸之使
勸之者述皆不及也樵汾所謂丘吳旅俱□□不報守仁卒於官艮迎喪桐廬經其家艮
年五十餘即家講學遠近畢至及病謂門人曰吾將逝乎顧仲子襞曰汝知學吾何憂卒
卒年五十有八門人為治喪私諡文貞四方會葬者數百人初祀鄉賢後建專祠於吳陵書
院有司以春秋致祭焉所著語錄及樂學歌孝弟箴求仁方格物要旨明哲保身論仁以
為己任賦海內傳之艮傳泰州林春奇溪徐樾樾傳永新顏鈞傳南城羅汝芳永豐梁
汝元汝芳傳歸善楊起元合肥蔡悉嵊周汝登汝登為泰州分司判官 參明史宗賴州志新舊府志東台縣志
王襞一作衣字宗順號東崖艮次子九歲隨父謁王守仁大夫會者千人守仁命童子歌多
嗫嚅不能應襞音氣恬易歌聲若出金石守仁曰吾越中無此兒也命而授之學歷十年
歸聚邑復之越師王畿錢德洪留者八年父歿襞望日隆四方聘以主教者甚多襞不煩繩
削動應矩矱非其義千金至前不一盼也喪祭必遵古禮建先祠置祭田朔望率子弟衙

朱逵民同里樵夫也易麥精擇精者供母粗其糲秕以自給邑民閤行吟曰離山十里許在宗
裏離山一里許在山裏民謂其徒曰小子能之人亦不求耳遂用負擔之暇聽講論於樵雲
以為常民弟子宗姓者顧謂逵曰從子雖志甚堅願奉數十金為子生理免樵作苦且得
日夕相從商切幸甚逵曰子非愛我乃卻之 雍正府志采名山藏
陸舜字元升號吳州康熙甲辰進士官刑曹多所全活有以枉論死者獄已定舜力陳其
事當從輕比兩司疑反復按驗果得末減視學浙江端士習正文體所拔多寒畯知名之
士每試士必自制一藝為諸生式於是浙文風為之一振會閩中廷逼與浙脣齒浙督與舜援
剿以過慮兵事屬舜舜從行伍訓練指揮剋期並進浙人歎服謂神於文者復神於兵
也旋以疾乞休家居二十載康熙十八年薦舉博學宏詞不就崇祀鄉賢著有雙虹堂集
制藝文集當場文集吳州文集行埣樓集 府州志
張符驤字良御號海房博極羣書二十補縣學生即屏時藝專心程朱其學探源太極
論性理往復辯難多前儒所未發康熙丁亥南巡召試獻竹西張文正公第其詩一等入國子監
辛丑成進士官庶常三年逝告歸編輯宗譜獎勵後學遊其門者益衆少時焚券二萬通

鄉土史地　　　　第四十二頁

籍從儉約如故不私謁當事然於捐賑修河修學諸有益鄉里之事必力贊成之并設黃山閣
宴運於蜀崗為其子續娶以延宗祀為文以歸震川表章節烈有傳記於是非二字不肯
含糊著有自長吟詩集依歸草文集西廬存集海房文集順時錄天傭子集 府州志
田寶臣字少泉諸生解經說有心得尤精小學詩派出眉山加以精鍊李侍郎聯琇督學
江蘇見其文歎曰此江南第一人也乃以茂才府之襄校後過里門以咸豐八年十月卒於京年
六十有七寶臣治許氏說文書通訓儒之說於文字偏旁音讀辨析尤為精細字形以求字音
即字音以通字義凡一字歧為二義二字偽為一義者俱詳考其所由致以訂古籍文字之偽定其
宗室朱謀㙔駢雅二十篇徵引賅博從龍蔵魏茂林詩取之張氏借月山房琴本兼博引
羣書作為訓纂成書十六卷以為寶臣訂正謂欲通復古書必以駢雅
為權輿乃即茂林所未詳者析以考訂詮義數十條為出魏書於參校駢雅之後取字義
之有疑者詳晰其說成書八卷名曰小學駢文以其書繫於駢雅而駢雅即隸小學十數家
侍郎見之謂其書以說文為主以爾雅方言毛氏鄭氏為根柢而浹洽於孔賈鄭諸注疏及莊
荀淮南秦漢大戴禮史記三家注書顏注范書李注廣雅釋名水經注玉篇顏氏家訓文選

一切經音義下逮二徐說文集均類編以及本朝諸儒俱採擇其說欲通其原始故參互之
尋其多歧通之真是以發引伸之說盡復自題詩以志感寶臣更有手批唐賦唐試律庚辰集
戴溪集士林傳鈔惜無刊本 墓表 家傳
宋王伯起字興公海陵人父綸為太常博士伯起當以恩得官讓其弟舉進士不中歎曰士不自重
其千百人旅行於廡下獻小藝規合有司者恥也與其冒恥而得祿寧貧賤而肆志焉於是閉
門靜處踰年鄉人多不識面善詩歌名著東南郡以伯起薦諸朝不起仁宗英宗兩賜粟
帛如晉王觀記其墓曰先生不有其道而道信於朋友不有其名而名聞於朝廷與夫懷印
曳綬乘肥衣輕自以為得意而死之日民無稱焉者異矣
卞大亨字嘉甫泰州人由鄉舉入太學有聲靖康中攜二子走行在寓湘范宗尹以遺
逸薦調懷寧縣簿紹興中隱居故里以錢塘村于松蔭萬松行吟其間自號松隱居士好讀
左氏傳及史記杜少陵詩素習養生道引術醫藥占卜尤極其妙解不推食賑恤飢寒手
製衣藥餌惠利甚溥子周字子京亦有聲太學號小卞子紹興二十年第授揚州府倅著
有松隱集二十卷尚書類數一百卷信方一百卷 傳

鄉土史地　　　　第四十三頁

望好問字爾裕家淮南史茂家嗜學淵性敏文史於書無所不窺咸平中由選舉倅涉陰陽卜筮
之書解青烏術占數尤驗或勸之試不應年五十生足不至城市府里中稱為次山翁云
黃雲字仙裳號舊樵世居姜堰早孤母郁至孝幼受知於州牧 舊志府志俱作太守誤 陳素素被
杜濬家雲不避險難與之同游汝寧諸公周旋人以為難康熙癸亥與修省志晚年愈貧其廢辟
聘且益肆力於詩歌東南稱風雅者必宗焉時兩淮綱鹽人時兩淮鹽舶稱侍客最後不儒不黑自
號樵青年八十而終著有樵青集桐引樓集悠然集 [illegible] 陽生來並入詩 府志參舊志
林今依府志改入隱逸 舊志入儒
吳嘉紀字賓賢號野人家安豐場 [illegible] 時習舉子業
操觚立就無何輒棄去曰吾自有所學 [illegible] 二十年絕
口不譚仕進蓬門荒徑樂以忘飢 [illegible] 嚴瀨苦之詞所撰今樂府尤悽怨幽冥
皆搴通陳迹自為一家近代嚴搜 [illegible] 內鐘公名 [illegible] 與之周亮
工王士正官揚郡馳使三百里強致之 [illegible] 刻其詩以行同時諸詩家如孫豹人汪舟吉兆章亦爭相
推重性篤孝友重氣誼機 [illegible] 里門時以 [illegible] 其兄自食不能給二驢怙然安之

歙人程琳死揚州東關外以忍擲當世收施紀為經理其喪葬年六十八卒著有陋軒詩六
卷時東淘有戴勝徵者字岳子愛游歷嶽以舟載其石歸因號石樑與嘉紀同歌嘯於寒
蘆野水間其詩清冷古淡甚於嘉紀著有石樑詩鈔二卷

第六節　文藝

宋潘汝一字古玉博貫經史工為文靖康初欽宗南幸童貫等勸渡揚子江至江都上書
乞回鑾慰天下建炎間許容攝州事降金汝一不食者數日所親强之乃起金將遣入通意且
曰不獨免死孤城將北僣濟上富且貴焉汝一罵曰吾生於宋死於宋闔門為忠孝鬼含笑入地
矣容欲作賀偽齊表召之不往金又命容擇文士草檄容迫遣之汝一以死拒金人取城中圖書
或求其所著文以獻汝一指腹曰此豈可充雞林庭幣耶鄉人高之紹興中以進士久次得官吏歷
州縣著有摩玉府鳳池集共二十卷
華湘字楚源淹貫史緯精數學正德十二年進士授工部郎用御史米節薦歷光祿司少卿
管欽天監事鄭曉吾學編載其疏昇以事謫守蒲州稍遷廣西思恩府丞致仕家居不治垣
屋酒飽嘉靖初大星麗四周索詔欽天監同主仍占答言主有大臣被誣獄尚任事無以答湘曰

鄉土史地　第一四十四頁

五行於禮屬火當因議禮已果驗一日本兵至邸中湘出迎適撓頁墜地謂本兵必有同己見解矣
本兵錯愕不之信謂所問劉六劉七之變果以此劾役於江治郡時因越獄布其決去西無一得
脫者家居行途中見表魏方六七齡自蒙館挹書歸識其不凡即下輿抱至以女許字焉著
有石府之微幽堂宝興皇極之機洞林秘籍靈樞秘要等書
朱成愬字惟一幼孤且貧事母至孝長應童子試不售輒棄去聞明理學慕心齋王氏因號
知齋遊於四方從學日眾東林前輩爭聘以為上客晚年遯跡荒村易簀日猶講學不倦著
有就正臆記十卷配祀心齋祠
國朝鄧漢儀字孝威號舊山博洽通敏尤工於詩與太倉吳偉業主盟風雅者數十年康
熙十八年舉博學宏詞以年老授中書舍人與修揚州府志江南通志皆以其言為論定詩
主清和嘗云孤桐氏王自有天律清也朱絃疏越一唱三嘆和也今之為詩者望車塵乞冷炙
有求心焉其詩以俗氣為之如膺女貴高不復能唱渭城也競錐刀歸竿牘有爭心焉其詩
以冷氣應之猶心在捕蟬殺氣著於絃上也故詩必無流僻無焦殺溪溪乎其音溫乎其
德庶幾詩人之清和可以語溫柔敦厚之教歟卒年七十有三著有編年詩各體文若干

卷詩餘一卷又輯近代人之詩為詩觀四集中有應禁之人奉旨抽燬行世
宮偉鏐字紫陽明崇正十六年進士官翰林院檢討國朝兩以薦舉起用授終養例乞歸
於小西湖遺址築春雨草堂閉門著書康熙十二年州志係其手訂著有春雨草堂集五十
卷以子夢仁貴贈如其官
陸舜字元升號吳州康熙三年進士官刑曹多所全活有以枉論死者獄已定舜力陳其事當
從輕比兩司寇反覆按驗果得末減視學浙江端士習正文體所拔多寒畯知名之士每試士
必自制一藝為諸生式兩浙文風為之一振會閩中寇逼與浙屬處浙督與師檄勤以溫處等
屬舜董行伍訓練指麾刻期並進浙人歎服謂神於文者復神於兵也旋以疾歸家居二十載
十八年舉博學鴻辭不就著有雙虹堂集
俞梅字師嚴一字太羹十歲能文且成十藝年十二為郡諸生康熙四十二年進士改庶吉士旋丁
內艱歸在西南巡召見其父中書灏溫綸嘉獎御書耆年貽穀扁賜之又特命梅充維
揚詩局總纂修官升編修分校康熙字典一統志分韻唐詩政治典訓諸書五十二年典試山西
不避嫌怨從棘闈飛章奏減官卷正額三名取額外五經民卷補之晉闈稱得士李紱

鄉土史地　第四十五頁

嘉淦皆出其門故人子雲間張忠震困長安甫十餘歲梅育而教之及冠為娶婦歸里後
成進士吳中李生鱗軻與張等亦招致與張同學後官翰林如皋李鄭某官部曹時託轉
貸千金未幾鄭物故梅臨其喪出金顆券焚之卒年五十著有片雲詩集治河方畧孔子家
語訂正歷朝詩雅西陸詩選藏於家子壽能世其業
陳厚耀字泗源康熙四十五年進士安溪李光地薦厚耀通律法引見上命試以算法繪三角
形令求中線及向弦背尺寸厚耀具劄進稱旨旋請省親歸四十七年特命來京明年五月駕
幸熱河厚耀扈行至密雲命寫算法進呈少頃出御書筆算問知此法否厚耀對
曰皇上此法精妙極為簡便臣法臆揆不可用上論云朕將教汝汝其細心貫想以待朕問次日又問
曰汝能測北極出地高下否對曰若將儀器測景長短用檢八綫表可得高度此在春秋二分所
測則然若餘節氣又有水蒙之異然亦不準何也臣聞地上有騰氣之差以人目視之有升卑
為高映小為大之異故以渾儀測之多不合但在天度數則不差也又問地周三百六十度依
周尺每度二百五十里今尺二百里地周幾何地徑幾何對曰依周尺地周九萬里今尺七萬二千里以
圜三徑一推之地徑二萬四千里以密率推之當得地徑二萬二千九百一十八里有奇上又問地

圜出何書對以周髀算經曾言三角何以見其圜外[illegible]職方外紀西人言繞地過一周四面皆生
齒所居故知其為圜且東西測景有時差南北測星有地差皆與圜形相合故益知其為圜時
厚耀以母老不忍離就教職得蘇州未踰年召入南書房命與梅瑴成並修書於蒙養齋
賜算法原本算法纂要同文算指嘉量算指幾何原本周易折中字典西洋儀器金扇松花
石硯及瓜果等竟什甚多書成特授翰林院編修五十三年丁內艱賜帑銀命江南織造經
紀其喪服除晉國子監司業再擢左諭德兼翰林院修撰五十八年充會試同考官明年
引疾以原官致仕所著有孔子家語注左傳分類禮記分類春秋戰國異辭十七史正偽度天
文算法諸書又春秋長術十卷乃本唐分類中門為補杜長術而作其凡有四一日律證備引
漢晉隋唐宋元諸史志及宋戴埴律書諸說以證推步之異又引春秋屬辭杜預論日
月差謬一條為注疏所無大衍律議春秋律考一條亦唐志所未錄尤足以資考證二日古
術古以十九年為一章一章十二首推合周律正月朔旦冬至前列算法後以春秋十二公紀年橫列
為四章縱列十二公積而成表以求律元三百律編年春秋二百四十二年一一推其朔閏及月之大小
而以經傳干支為證佐皆述杜預之說而考辨之四日律存以古術推隱公元年正月庚戌朔杜

鄉土史地　　第四十六頁

預長術則為辛巳朔乃古術所推之上年十二月朔謂元年之前失一閏以經傳干支排次知之厚
耀則謂如預之說元年至七年中書日者雖多不失而與二年八月之庚辰三年十二月之庚戌四年
二月之戊申又不能合且隱公三年二月己巳朔日食亦皆失之上推隱公元年以前非失一閏乃
多一閏因退一月就之定隱公元年正月為庚辰朔較長術實退兩月推至僖公五年止以下朔閏
二與杜術相符故不復續載焉卒年七十二子傳華[illegible]（見[illegible]志參宛文時人傳）
康發祥字瑞伯一字伯山歲貢生工詩古文詞[illegible]出君山[illegible]錄論詩不拘一格其覆喬
松年都轉書云辟古之天馬之脫羈[illegible]似羚羊之挂角[illegible]之詩固宜君[illegible]邊幅北地
竟陵之作又多瀉流弊心竊心佛否有淵源株守一隅未敢附和唯學力深厚者自有漸得
松年心折時貽吳棠謂海陵固多隱者前有陋軒後有伯山二百年來風流未沫非虛譽也
著有三國志補義伯山詩話詩鈔雜文小海山房詠史詩若干卷卒年七十六
夏荃字文若號退庵廩貢生有異才與伯兄蘭仲兄蓉齊名生平覃精典籍考訂精
審尤好古碑版文字斷垣殘礎羅掘殆遍歷官豐縣桃源縣訓導歸里從事纂述有
海陵文徵詩徵陋軒詩續退庵筆記梓里舊聞皆網羅散佚有功桑梓之作著有亦好

集晉執唐石齋詩存文存退庵錢譜若干卷子嘉誤字子獻歲貢生能世其學為文淵博絕塵
律賦尤工季學使聯琇極器賞之著有春星草堂集
王桐原名桂字子寶咸豐六年順天舉人十年恩科進士改庶常散館授戶部主事充秋審處幫
辦官京師暇日與都人士結社角紫亭以詩文相酬倡其橋衣二十首與茶園題壁諸作大膾炙人口王
書法初宗北海後仿松雪以外艱歸歷主海門師山院本州胡公書院講席年五十八卒著有知
悔齋文集紫藤吟館詩集雜文桂軒四六文鈔若干卷子培杖培蓮另有傳（參光緒志豪友行狀）
黃鼎字秀升同治十二年舉人光緒二年進士選宗常授編修不事干謁鍵戶讀書書法顏
唐人秘奧入會手寫之某年典試陝西[illegible]山徑多[illegible]君年衣下車徒步行見副使趙驛從過避
之若弗及人服其謙[illegible]次年病殁[illegible]之[illegible]皆[illegible]絕焉[illegible]云
高[illegible]字星仲號[illegible]工詩古文辭旁究心天文
輿[illegible]術旁及金石[illegible]小學[illegible]經術於毛詩致
力尤邃性伉直無稜[illegible]著有二南釋
義毛詩集解尚友錄正略[illegible]若干卷輯有泰州方言

鄉土史地　　第四十七頁

泰海[illegible]錄一卷

藝術

陳仲清有膂力健捷矛善射能取飛雁白駒張士誠聘之以老辭之至今時擢用亦不赴賜
以五品冠帶
周楨字蒼崖住海安鎮善青綠山水花卉蘭竹[illegible]及[illegible]從師事之號柏堂
工山水花卉然弟峯號石丈工寫梅
朱鶴年字野雲幼工書畫[illegible]無以食遂徒
步北上入都以南畫受書理益精名噪一時[illegible]海內[illegible]題詠殆遍鶴年外和內介喜行善
事捏施寒素曾救人於死脅與[illegible]鮮人[illegible]鶴年畫尤重其人品有懸鶴年像而拜之者
繆組字石生一字水子嵐[illegible]棠溪以邑
莘得名畫秋菘亦氣[illegible]拂拂縱十指出
柳敬亭本名逢春本姓曹住曹家莊年十五獷悍無賴[illegible]冊
妄以意抵掌於盱眙市久之[illegible]過江指柳為姓[illegible]長者[illegible]結目視其技[illegible]
聞儒者莫後生教以[illegible]定詞[illegible]音辨[illegible]使聞者[illegible]進而[illegible]
不能下又進而目之所視手之所倚足之所跂言未發而哀樂具乎其前熟者[illegible]見怖
然莫有去也會寧南侯左良玉興[illegible]不協宏域[illegible]乃進之良玉良玉

知其辨欲觀其能悵下用長刀遮客引就席皆震懾失次遂索酒詼諧嘲笑傍若無人左大
驚恨相見晚居數日左決吟不樂熱視吉指求何今日得毋以家乎入從而杜將軍不怡治之于左右
然曰非居侯命杜將軍不敢專請騎馳入杜軍斬數人乃定時幕府多儒生為文檄不中款會柳
故不知書曰畫便宜輒合左癖於之于位不知姓名柳曰不聞天子賜姓事乎左大喜立具奏左有愛
將陳秀犯罪必殺柳請觀奇物玩好左以所畫已像一幅配賊圖又指其一曰良玉天下健兒功成從
將入山圖內有乃負瓢笠者秀也柳佯不解左語之且告以罪柳曰若負某當死顧君侯以親信即入山
且令自從殺之此圖為不全左領之左與阮大鋮隙柳往說至南都朝貴皆傾動柳自安舊郎
起居故人無所改聞板磯築城頗是曰此示西備疑必起矣果如其慮初左擁以鎮衛又令寫武昌
縣俱不受左復朝士欲官之非其意也所獲千金散盡貧困意氣自如向在盱眙市上夜寒
藉束薫臥廡履蹈決行雪中今雖落魄尚足為生有吾技在何憂贅肖乃復往来吳中（兩）
嘗為人說寧南時事其技益進

國朝張崟字石楼幼嗜學子書尤善繪事北遊京師得崟片紙者寶若珠璧去西征新疆馬時
官需次時有謁選者持里中故交書求代保結同人疑之崟獨曰故人數千里相託豈有逆我哉
遂從其請果以此事詿誤落職崟欲絕不置意河督重其才奏留之者十餘載及朝賢薦
用而崟已歿人多以重金購其書畫焉

李顯字箕山能詩工篆籀尤擅山水在北苑太癡間嘗遊上谷雲中見峯巒奇峭畫益
進諸賞鑒家爭寶之

顧堅字介石祖清父言皆工畫堅承家學人物山水無不精妙同時以畫著者有黃石字穎
玉工詩擅蘭竹姜浤字若泉工山水花鳥儲雲晨字曉嵐工山水又有胡英字鐵仙一
號跛道人善寫墨菊芥子園徵其畫入畫譜趙九鼎字蘭隱工畫蘭昭文蔣寶
齡稱其深得板橋筆妙（揚州畫苑錄及墨林今話並采訪）

徐震甲字東園少工畫中年所詣益進筆意雅近十三峯盡能捏空而不滯者咸豐中粵
賊猖獗大江南北郡縣淪陷文人墨客遠宦名流多避亂僑泰耳震甲名皆慕與之交
酒過從殆無虛日卒年六十九（畫苑錄參采訪）

徐樾字桂堂邑之海安鎮人善畫精草蟲花卉筆法工緻著色妍秀絡緯蛺蝶尤栩栩欲活
閉戶種花不交俗客足不履城市者三十年其高致如此海安又有陳惟馨者字桂香亦善

鄉土史地

花卉翎毛尤工寫真神韻妙肖顧性孤介富翁某嘗以巨金乞其畫力御之或知己或貧士為覩求畫者輒
揮毫無吝色終年作客歲暮始一歸或竟有時不歸云

劉振疆字石居居姜堰少習騎射游庠後雅工吟詠尤留心金石文字自三代迄秦漢而下鐘
鼎尊彝碑文石刻之屬靡不悉心搜考久之技擅雕鐫篆文不乖古意刀法更極遒媚若
夫遇有佳石美玉精牙文竹往往刻為瑞虎蟲魚印紐象形微妙然此不過其餘事也生平所
惜多散失惟陰騭文圖印聚成石匣好事者或摹作屏幅珍如拱璧淮揚道某公慕之贈以石
章文曰鐵筆江南第一枚至今傳為佳話

第八章　教育

第一節　書院義學創辦之考證

胡公書院在泰山前宋寶慶二年守陳垓於泰山左建堂一楹祀胡瑗扁曰安定書院明正統間同知
王恩旻改建泰山祠正德間千戶王華改建玉女祠嘉靖初御史雷應龍撤祠更置書院祠
范仲淹胡瑗堂二曰經義曰治事建亭一曰汲渠十七年巡按御史楊瞻檄知州朱澄移祀
仲淹名宦祠專祀瑗仍曰安定書院祠曰安定胡先生祠改汲渠亭曰觀海亭（有碑見存）後祠圮
里人改祀碧霞元君隆慶元年督學耿定向撤之君祀仍為講堂三年御史王友賢復專祀
瑗扁曰崇節止萬曆六年兵備副使熊尚文置學田畝為月課茶餅之費（有碑見存）三十三年兵備副
使張鳴鶚捐金修葺以並祀胡瑗岳飛名曰泰山書院清康熙五十七年知州魏錫祚州人杜光
先朱兆乾高穀纓等捐貲重修（魏錫祚記）乾隆五年知州汪某始更今名嘉慶二年院長蒲彬
請於兩淮鹽運使曾燠倡捐集貲數千金大修始於園牆增移建胡安定先生祠於講堂
北（舊有祠三楹在講堂之西）增東西齋舍建六亭凡敝未完[illegible]庚[illegible]樹花木規置一新道光元年
知州趙銳及紳士捐貲千金重修[illegible]於敝小重其事

明道書院　在海安鎮舊為義學[illegible]四十五年監生程[illegible]捐貲創建四十五年附貢生程茂南州
直祥改為書院名曰明道嘉慶八年程熙瑞重建講堂有司勒石記之十七年監生韓大鵬捐置
田畝以資膏火

創自前明儲為府尹會文之地歷設學集造就多人至今猶懸鳳山書院之額

勵材堂在姜堰鎮專為本鎮諸生童鄉試春闈府試川資暨童生月課而設自道光十六年
張弼欽偈捐田畝相繼捐送者凡數起歷由本鎮紳士董理其事初限于經費每屆月課祇設

鄉土史地

茶水田堂供給概不給獎且不常開課光緒十六年董事廣東補用鹽大使王貽燕更訂規則歲課六次以撙節之費留為加獎之資時經費尤形支絀十八年姜泰釐捐委員陳經麐董事歲貢張敘等稟蒙釐捐委員恩芳先後捐助每年始課八次大率視經費之優絀為等差係卷由堂董延師校閱先年知州王聘户部主事錢錫寀為山長捐廉送修洋一百廿元次年錫寀入都停止

四門義學一在文利坊一在便民坊一在南鋪坊一在安定橋坊泰州向無義學嘉慶四年職員大彬請仿揚郡例每門設一義學即育嬰堂舊址及普濟堂閒屋宇建東西兩學（每學額定三十人並於五年春開學 有文利坊先民巡振某捐置几案及送學徒衣履）六年貢安家橋民房建北義學二十三年買南鋪民房建南義學（先南義學未建時暫借指南庵屋宇並於六年春開學）四學俱依揚州十二門義學規條每歲經費共需四百七十餘兩大彬首捐銀一千兩鹺商捐銀一千兩（照案撥充三年捐足存典生息）運庫注充雜款項下每年撥助銀二百四十兩嘉慶六年起由州具文按（謝陳氏捐置田畝夏收大麦五担秋收稻二十一石 林有仁捐錢一百五十千 並嘉慶五年事見州按）凡出入俱尤氏季支領董其事

欽薌義塾 在州治東南戚家埜同治七年文生朱學章等秋游慶智原創設呈局捐產

鄉土史地 第五十頁

增設習啟蒙嗣更名欽薌學行月課請學官主之尚齋州給獎副貢生王國楨廩生郎汝霖等監課並附設施材施藥諸義舉

文會堂義學 在州治西北樊汊鎮泰州界崇設慶餘堂內光緒六年董事葉錦美等稟設

第二節 教育機關變遷之考證

清光緒二十四年（戊戌）康譚等入京提倡新學校廢除科舉後各省漸次設立學校於光緒二十八年吾縣創辦泰州中學至三十二年六月學部奏定章程須行各省府州縣廳編設教育會泰州自奉文後應紳士及旅寧學生等稟請設立分會迨未果行三十三年將學日本畢業生韓頫等稟請重行組織借設陸宮會所議定規則二十八條公舉劉詩曾為正會長王貽年為副會長三十三年六月由教育會選舉勸學所總董兼視學員稟請提學使立案劃分學區以專責成州治城內外分十五區州治東境分為東十二區州治南境分二區州治西境淡渡為西區州治北境分四區勸學員分區勸學以期教育普及經費由串票捐項下每張提撥五文歸所為勸學資用二十三年九月州視學王慎吾王雯青夏識之繼之稟請立宣講所附設教育會內遵照定期由各會員會同講述分担宣講由所於現分各區內逐漸推廣於普及教育大有裨益民國初元縣內教育屬於縣署內之學務科旋改為第三科於是之規劃校長之任命皆其主持設學士一人視察全縣各學校並依照各市鄉區各設學務專員一人旋改稱委員皆從各區學務之進行其經費則由主計課支發而縣議會有審核准駁之權議會取消後各市鄉區亦因之停頓迨合併為六學區區設教育款產經理處成立經收學田租等官田租縣附稅則由縣署酌撥六成分給二十鄉六支配而由款產經理處司發放之權民國六年勸學所成立設勸學員四人曲學務委員兼任發放經費雖仍其款產經理處行使而所長於校長之任用可以呈薦於縣署者始參與行政之權民國十二年勸學所改組為教育局復組織董事會會員七人以監視教育局長於決策及解決行政上各種問題從此教育局對於教育行政始成獨立機會校長由局長聘之過先備文呈薦而已此外視學仍舊勵學務委員一變為教育委員教育附稅由徐友莘局長請于龍志澤縣長與獨劃分而教育經費從此獨立黨國成功局務擴張教育行政完全由教育局主持王栗雲局長因普教敵情成功經費擴大於各學區添設之前期小學三十處復於原有前期小學內擴充為完全小學共九處所增捐共十數萬王附稅一項雖由縣署帶徵而縣政府欲挪移縮減絕對不可十六年六月教育局改組

鄉土史地 第五十一頁

後易視學為督學教委則仍其舊另外設組織教育行政委員會關於行政事項必經各會員議決通過既又組織教育協會猶未正式成立將來縣政改組教育局或隸於縣政府內為四局之一現在訓政伊始教育事業愈形緊切而教育局之規模當更擴大也

第三節 本縣學校制度變遷之大概

前清光緒二十八年冬知州侯紹瀛創辦泰州學堂就舊有之胡公書院為堂址繼續創辦者有儲公祠高初兩等官立小學堂及天職受知景范白東白西白南等及安定堀之同人公義同仁及白米之尚義崇實曲塘之廣武海安之晨山中西區謝王河之韓成等當時小學稱為高等小學堂及初等小學堂在稱初等小學堂之前復有稱為蒙養小學堂者民國初元以學堂之名改稱學校高等學校修業期前為四年後改為三年以單獨創辦以等學校修業期為四年亦單獨創辦民國四五年間將初等小學校改稱國民學校為義務教育公家不收學費全為公民之訓練其時縣立高等小學校辦有五處第一二兩校在縣城第三校在姜堰第四校在海安第五校在小紀而各市鄉款項創辦之國民小學亦有依成立之先後而編為次第者如城市及海安市則均分為七處民國十年後更改學制高小學修業期為四二制即前四年為前期小學

後三年為後期小學。前期可以單獨辦理，後期必須合入前期辦理，稱為完全小學。此時復分劃各區學校數目，以創辦年代之多寡，定為次序。現在修學年限未改，而學校之名稱又變為以地名相稱，無須一二三稱矣。現在全縣完全小學數共二十七處，初級小學數共一百零五處。各區數目之分配：第一區二十六校，第二區二十三校，第三區十八校，第四區二十二校，第五區二十三校，第六區二十二校。今春中央大學令縣辦實驗小學及中心小學，吾縣六月內改糊司衙門為實驗小學，一地方中心小學，因經費支絀，暫從緩辦。同時並撤辦通俗教育館一處，並原有圖書館、公共體育場亦從而整頓，不與焉。某中等學校之創辦，則始於清光緒三十二年，知州張濬稟請將舊有之高等小學改升為中學。後五年停辦。民國元年徐友華就其地址創縣立師範講習所，先後計辦甲乙兩種，閱四年停辦。五年袁康侯等復就其地創辦淮東中學，後請省款補助，改稱江蘇省立第一代用中學，每年由省款資助四千元。西年省立第一代用中學推廣，設女子中學於儲公祠。時教育局長徐友萍創辦縣立師範，於十五年設初級中學。同年將儲公祠之女中亦收歸縣辦。十六年六月第一代用中學停辦，縣師內添設文職業中學部。十七年八月女子職業中學由縣中分出，創辦於小書院內。而縣中內因前期師範畢業，復添招後期師範科一級。總觀學校之沿革變遷，可以於教育之興廢也。

第四節　現在教育經費狀況及教育局未來之計劃

教育之發展，賴乎人才與經費，二者不可缺一。吾縣教育經費內所依賴者，為忙漕契稅帶征、學田內之書院田租及學宮田租、租息、基金典息、鹽壁償捐及各項雜捐。至徐友華局長，添增倉岸鹽斤加價。每年將及萬元，直至十七年。全縣教育經費祇七萬元以上。今年六月畝捐成功，每忙銀壹兩帶征元，每漕米一担亦帶征二元。忙漕每頁征收九十一折計算，共增十一萬零一百五十元一角。以每區經費亦增。本年度新預算，刪經中央大學核准，動用新增畝捐百分之三十，故每一學級經費較上年度經費增百分之三十，計四百元。各區小學共增三萬餘元，每區約數十元，多少不等，全視學級多少為斷。現在各學區高級初級所有之縣款區款總數，可列表於下。

第一學區	一三九六〇、〇二六元
第二學區	五九〇六、〇二六元
第三學區	四三三六、二四一元
第四學區	八〇四〇、五九四元
第五學區	四八六〇、三〇六元
第六學區	一二四五三、三〇六元

現在王粟雲局長，銳意革新。關於教育局未來計劃，更分述之：(甲)行政方面：(一)教委之核視察。(二)增設專科指導員。(三)督促全境教育機關實行經濟公開。(四)獎勵科學熱心辦學。(五)嚴懲破壞教育分子，取締不良私塾。(乙)學校教育方面：(一)分年推廣義務教育。(二)預備師資，並嚴格整頓現有師資。(三)推行教學做合一方法。(四)試辦中心小學。(丙)擴充教育方面：(一)分年添設創辦民眾學校，積備民眾教育師資。(二)創辦巡迴文庫，並添設民眾圖書室。(三)增加體育場設備，並求其普及。(四)充實通俗教育館之內容，同時為推廣之計劃。以上數項，如能一一實現，吾縣教育必驟形進步，而百萬民眾且感恩不淺也。

第九章　謠諺

第一節　搜集謠諺之意旨

昔揚子雲作方言，為千古不刊之論。嗣後世說新語，亦往往採擇民間謠諺，以資考證者，固非為齊諧誌怪，鄭聲亂樂。蓋民間風俗之變遷，生活之苦樂，均可於一二童謠俗諺中覘之，且可悉其詳者也。要考我國最初之文學，散在四方，其謠諺等，孔子首先裒集，刪定為三百十一篇，於此始開集類選鈔之文。而私家述作，從而代興。今者文字言語，相隔懸遠，中原標音，雜柔淺亂。所謂謠諺，不經學者採擇，民間真象，無可得知，誠可浩歎。前北京大學有鑑於茲，曾採有采訪謠諺之舉。而南京、上海、無錫、常州等地，亦先後有搜集之者。史襄哉復編成中華諺海，卓然有三百篇之遺意。吾縣向稱文物萃蔚之區，民間謠諺當多，亦不乏有精采處。爬羅剔抉，向少搜集。現在提倡平民文學，關於民間謠諺故事，豈能漠不搜求。故在編輯鄉土史地之中，加入謠諺一項。不但可以廣見聞，鑑前事，亦且可以識時代之變遷，風俗之隆替。而於吾村制前途，有莫大助力。茲所採者，一為童謠，二為俗諺，三為農歌，共分三節，合為一體。將來更事搜集，逐漸增加，彙為泰縣謠諺專書，散諸全縣，用為小學課本之採擇，未為不可也。

第二節　童謠

白鴿鴿，跳上舖，懷裏個，腳裏個，擠夾夾，好朦朧，打瞌睡，姑娘一喫肚裏揣花朵，相公一喫肚裏填和。　喬文。

○騎花馬，上南京，南京轉，好吃些，帶個奶。○跎跎樂樂，草鞋著著。

奶嘗嘗心，奶奶一喫肚子腰不疼，孩子一喫肚裏想，扶兵兒，拉馬兒，馬兒不喫回頭草，不搖江

山貨大不了，分個你，分個他，不要吵鬧兩老
兒知道了。
○章磨郎，糊磨郎，送你人上學堂，一包
果子一包糖，送了先生與師娘，早上喫的白
水肉，晚上喫的炒肝腸。
○王二麻子上海安，願到外國裏去了。
○一祖砌個龍王廟。
○正月半，炸麻火，捨到奶子頭兒稱了一斤半。
○攏龍攏龍棒棒（手勢）攏到楊家莊，楊家莊上楊宗
莊上失了火，大的小的跟了我。
○堂子失了火。
○早上起來不能忙，一頭還見湘子郎，湘子郎來
湘子郎，高歌一曲鳳求凰。

鄉土史地

天，天真到此更外明，明白學理都要勤，大家
上學切莫停。
近黨軍，近黨軍，趕走聯軍捉匪八，三民主
義齊實現，國民北伐早完成，犯馬子兒犯馬過
兒，馬兒不回頭，不滅日本誓不了。
○革命革命，人人革命，中山精神全國響應。
○將軍頭上長青草，二人站在石頭上。
○隨煬皇帝下揚州，六文把儂衣看萬里仁
山裡去。
○現在人說不好，不是賭錢就是嫖，無事
燃燒香火你有時福大祿靠危。
○什的稿子。
○喜鵲鵲，尾巴長，娶了媳娘不要娘。

○唐玉廣，吃不完兒不過過。
○米大爹，祀祖，請請
○正月正家家門口掛紅燈，二月二家家撐船帶丈夫，
三月三薺菜花兒賽牡丹，四月四大麥芒兒好挑刺，
五月五洋糖粽子過端午，六月六家家帶女兒晏伏，七
月七買個西瓜橋上吃，八月八殺隻雄雞殺隻鴨，九月九
香櫞佛手共石榴，十月朝東嶽腳兒往前跑，十一
月長夫下山去打鐵，十二月二天竹和上臘梅兒。
○荷爺石到廣府，孫傳芳快快讓。
○和尚和尚快活不帶，要你廟宇，設立學堂。
○涼月子亮堂堂，上學去學堂恭敬周公周
公子，幾十幾個，撒嗚了，幾十龍龍，龍龍術，學
順便，順便撲，學宗教，宗教乘風破浪，很溜

第五十六頁

○小保保勿造謠，造謠造勿好，我來敲你一顆爆。
○天上星，顆顆稀，莫笑窮人穿破衣，十個指甲有
長短，荷花出水有高低，日頭平大道通龍有
上天時。
○張宗昌向北壞，孫傳芳逃處藏，蔣介石總得
真是好計策。
○沙螺殼，沙螺殼，你喫肉，我喫殼。
○跎跎跎到外婆橋，外婆叫我好保保，果子
糖一包，果餅兒果然有糕，你要吃自動手，吃不
完摸帶走。
○新娘子滿頭花，看見媽兒叫姐姐，姐姐叫你不要哭，
快快起來打扮出嫁了。
○大麥稭，小麥稭，送我寶寶上長街，大麥黃，小麥

黃，送我寶寶上學堂。
○噯呦噯呦號，挑起擔子上黃橋，賣了麥子買麥
買糖果，孩兒喫得哈哈笑。
○天皇皇地皇皇，我家有個夜啼郎。
○快點兒跑，上太橋，快的溜上泰州。
○大姐點燈照，二姐拿棒打，三姐嚇一跳。
○泰州的燈籠沒得影子。
○腳踏綢絲車，細兒望上爬，手拿衛身棒，長
中國頭頂，文明大禮帽，手長衣袖短，洋襪
共和帶律身穿的價。
○太陽出一點紅，哥騎馬，我騎龍，哥騎馬
上山去，我騎蛟龍跨海東。
楊柳兒青楊柳兒在街上，媽媽好打牌，有錢沒

鄉土史地

鬼洋鬼都除盡，中華民國得太平。
小紀街上心不心，有雨變成風。
○天不怕，地不怕，除掉皇帝我老太。
○水旱の兵，伊也不寧了。
○火螢蟲亮，紅紅兒，滿天空飛出西飛
到東，拿扇子去撲蟲，放在個葫蘆中好像
新燈籠。
○麻妹妹，起來西能，婆家送了衣，送的什麼衣，送
的通草花，不要他，要點胭脂花粉揉揉。
○革命取消遜逆軍，南北統一享太平，三民主義
一真實現，土豪劣紳不安寧。
○矮大娘，矮大娘，說起矮真非常，叫他下田割韭
菜，他同韭菜一樣長，叫他下田摘茄包，他睡在茄

錢生下來，高興的錢買花戴，輸了錢望下摔
○打倒孫傳芳，嚇殺張宗昌。
○肉鍋鍋，跳上鋪，吃紅蛋，養小鵝。
○小孩兒不要稱莫睡遲，要起早，守本分
不要好，孝父母，敬兄嫂。上書房，要學好，
不去頑，不要吵。
○娘十三，爺十五，哥十六，外公娶外婆，我
在轎前放起火。
章世郎，拉世郎，送寶寶上學，學堂滿架
傘桿，傘桿尖，尖上天，天又高，好打刀，刀又快，
好切菜，菜又嫩，好上燈，燈又亮，滅和尚，和尚
沒魂，去打東洋城，洋城盡是數，家來殺洋

第五十七頁

一兒稀下當兵，出門雞來打架，他同田雞打一場
不出嬸，寶來探勸，險些打殺矮大娘。
○大麥稍，小麥稍，火螢點兒上揚街，大麥黃，
小麥黃，小寶兒上書房，
○黃狗黃狗來看家，我同媒人去說話，說的什麼
話，說的女兒把婆家，女兒今年年十八，不會擀麵
做飩飩，擀起麵來不成形，下到鍋裏一大片，盛
到碗裏一朵綠，公一碗，婆一碗，我和小叔合一碗。
○豌豆花，蠶豆花，小妹妹把人家，媽媽哭的心肝兒
爹爹哭的一枝花，哥哥哭的親妹妹，嫂嫂哭的大不賢
嫂嫂不必嫌，能在家中過幾年，燈籠火把衣
轎子，花炮竹一路鞭，鑼鑼搶到河邊，
○正月梅花帶雪開，二月杏花月來，三月桃花紅

似大四月薔薇滿架開，五月梔子白如霜，六月荷花滿池塘，七月菱花浮水面，八月桂花滿園香，九月菊花家家黃，十月芙蓉賽牡丹。

○江山不派你登。

○手拿衛生棒，身穿藍西裝，當的副團長，三月不開餉，一到南方就要搶，遇到黨軍就擒。

○公雞不叫母雞叫，海安街上出徐曜。

○一個仔皮匠沒有好鞋樣，三個臭皮匠合成諸葛亮。

｢火螢蟲，夜裏紅，爹爹挑水奶奶洗，捉青蟲，養個兒子做郎中，娶個媳婦撥牙蟲，八隻手兒不放過，｢一天到夜還是窮。

○東門搖到西門，腰裏沒有半文，

○城門城門有多高，三丈六尺高，騎白馬，無關

頭想光完戴箬筒。

○和尚頭，禿禿光，不敲鐘，不燒香。

○有錢的穿綢，沒錢的剃頭。

○天不怕，地不怕，除掉皇帝我老大。

○麻雀兒沿路啄，一直啄到糯稻窩，今年糯稻收得多了，賣錢娶老婆，娶個老婆真真狼，怪哥哥不買粉，買了粉不會搽，怪哥哥不買麻，買了麻不會績，怪丟了不留鐵，買了鐵不會打，怪哥哥不買馬，買了馬不會騎，怪哥哥不買犁，買了犁不會耕，怪哥哥不發運。

○泰州衙門朝南開，有理無錢莫進來。○（可見當時之專制）

刀、借你城門過一朝。

正月八，二月八，鄉下媽媽敬菩薩，臉不洗，香粉搨，頭不梳，鮮花插，大紅鞋子綠葉掖，走一走，歪一歪，肉饅頭，味裏帶。

○英台女懶梳粧，杭州城裏上學堂，有個仁兄梁山伯，同學三年在書房，一天先生放了學，兩家就拱手家郎，回心想了，梁山伯好糊塗，糊塗糊粧。

○革命革命捧捧，革到楊家莊上，楊家莊上失火，大的小的都像我。

○不愛家不愛財，只要大辮搭香鞋（踩佯膀皮背可笑）

○爹爹爹奶奶孫

○新娘娘進房，媒人拋過牆。

○龍生龍，鳳生鳳，老鼠養個兒子會打洞。

○你家大門有多高，三丈六尺高，借我黃鶯走一遭。

○前人種樹後人當，一人打扇二人涼。

○駕牛犁，放馬吃，馬兒不喫回頭草，帶馬江上望北跪，有錢弄的穿穿，無錢弄的吃吃，穿金光，吃銀光，弄到寒了光大光。

第三節　俗諺

○上吊搽粉死要臉。

○好兒不吃分家飯，好女不穿嫁時衣。

○朱洪武掃地登原位，周洽卿做官後廢到任？

○黃鼠狼想喫天鵝肉。

○三姑娘夫婿裏外藍（以藍難音同）

○狗嘴長不出象牙來。

○見到毛就是鴨。

○望見雁，就作碗菜。

○麻雀兒落在煙囪裏，有命沒毛。

○得過且過，得過且過，天下苦人，有人高卧，

○吃得苦中苦，方為人上人。

○前人栽樹，後人乘涼。

○討飯三年官不做，當家半日狗也嫌。

○鄉裏不敲兒鄉裏打。○咬口生薑喝口醋。

○做大和尚撞天鐘，且從今世修來世，好肉糠

○雞跳米籮，針共對麥刺，有得忙，有得當。

○跟好人學好人，跟叫化子學流民。

○人敢你惱個死做。

○千日打柴一日燒。

○早上裝台懶梳裝，東方日出披衣裳，正二三月挑野菜，四五六月插黃秧，秋七八月將稻割，九十月到補衣裳，三歲孩兒呱呱叫，那有心腸巧梳粧。

○懶小揚工，揚到江東，走盡天下，懶惰不容妻。

有飯吃，還是做工。

○叔雞郎，叔雞郎，聲聲喊叫懶婆娘，日頭不住連聲叫，麥早麥早趁吃場。

○有局氣，沒運氣。

○一兩黃金四兩福，三分銀子六分光。

○只許州官放火，不許百姓點燈。

○泥生的兒角，樹生的生菌。

○你走你的陽關路，我走我的獨木橋。

○腹裏挾死老鼠，假充打獵。

○伸手不見掌，聽得家抓癢。

敗子回頭就是家。

○家有賢妻，夫不遭關事。

○母行千里兒不愁，兒行千里母擔憂。

○在家千日好，出門時時難。

○要得窮，睡到日頭紅。

○又要馬兒走得好，又要馬兒不喫草。

○喫不窮，穿不窮，打算不到一世窮。

○多好做活，人少好喫東西。

○早早開門早早睡，免得旁人說是非。

○人家不誇自己誇，要誇媳婦賽仙花。

○兒不嫌娘醜，狗不嫌家貧。

○各人自掃門前雪，莫管他人瓦上霜。

○江西人修碗，自顧自。

○瞎子望兒，全是家裏人。

○啞吧吃黃連，有苦說不出。

○一個和尚挑水吃，兩個和尚抬水吃，三個和尚沒水吃。

○好狗不咬雞，好漢不嫖妻。

○少年夫妻老來伴，一眼望不見淌冷汗。

○事到當頭難。

○常將有日思無日，莫到無時看人面。

○不是一家人，不進一家門。

○離家三步遠，另有家風。

○窮在街前無人問，富在深山有遠親。

○天黃黃，地黃黃，我家養個夜哭郎，過路君子念一遍，一直睡到大天亮。

○飽漢不知餓漢飢。
○爬得高，跌得低。
○發財有來搶，著忙人受傷。
○話不說不明，鼓不打不響。
○拿箬子去包糉子。
○跛和尚說法，能說不能行。
○秀才遇到兵，有理說不清。
○一家飽暖千家怨。
○家有黃金外有秤，旁邊鄰居有天秤。
○孝順父母大似天。
○前鍋門，富水缸，踏踏婆娘生病娘。
○早起三光，晏起三荒。
○有錢千里香，不必穿衣裳，無錢鬼不問。○稻柱腳子過近春橋在數在撇在難逃。

鄉土史地

○叫化子吃死蟹。
○巴掌心裏長白毛。
○癩子爹，癩子媽，癩子姊姊嫁人家，大個癩子拿○穿是風風，吃是兩浪用，賭是兩碰，嫖是
蟒龍，兩個癩子拿火把，白個癩子尋龍燈，兩空。
有個癩子蔣頭吹喇叭。
○亮月子亮堂堂，金閣樓，銀書房，書房
裡望，兩個小姑娘，一個會念文章。
○狗子會耕田，黃牛不值錢。
○鼻子西衣頭，養蟲子。
○初學三年天下能走，再學三年，寸步難行。
○看人家賺好錢，自不賺來祖不饒。
○荷花池裏打架，沒有我的藕。
○我是揚州馬家的，帶點馬屎你吃吃。

空走亂墳場。
○嘴角是沒底的，一晚吃一隻鵝。
○天上雷轟轟，草打扒底公。
○張家長，李家短，人家事情我不管。
○三年薄粥買條牛，三年燒飯吃個樓不
多十丁許多。
○泰州幫子鎮江醋，海安釘鉋如暴鍬。
○姜堰茶葉黃橋燒，泰州麻油乾拌麵。
○老虎頭上撲蒼蠅。
○要得功夫深，鐵杵磨成針。
○朝朝防火，夜夜防賊。
○許家媽媽要雨水，潑天潑地。

第五十八頁

○不把鞭，對鞭子。
○花不香不如草，人不學不如鳥。
○草子有根，是話有音。
吃得好，穿得好，澤井借務不得一毛吃得醒，
穿得醜，自你田產能守早起三
○早起三光，晏起三荒，早月在天，精神清爽。
日高三丈，心裡着慌。
○數數數，不夠賭，賣田拼地，祖宗吃苦。
○三個窮皮匠，賽個諸葛亮。
○蝦蟆擂擂。
○有客要煮飯，無客要煮粥，天天餓天天看都

○品要端，性要好，一生一世用不了。
○要得好，祖宗好，要得飽，隔宿飽。
起了五更，失去五升。
省呀省，缺兜等。
東海釣魚西海拋。
家裏飽斷頸子，門外推斷膀子。
○人不在大小，馬不在高低。
○人生百年總是死，樹生千年也是枯，爭名爭
利為什麼。
○鄉裏老兒，兔頭磨。
○肚裏衣圍穰草，空心大老哥。
○人心越過越刁，滿面春風袖裏刀，處世全無
真面目，居鄉盡賣假胡椒。

鄉土史地

○一物有一降，蜈蚣怕蚰蜒。
○巷裏摘木頭，直來直去。
○好六叔，好六舅，借給我六斗六升好菉豆，到
了秋天打了豆，再還六叔六舅六斗六升好菉豆。
○郭雀兒登基，快樂不長。
○細寶寶穿花鞋，踏東踏西踏來問你
寶寶你的什的飯，豆豆飯，什的豆，紅白豆，
什的紅，棗兒紅，什的棗，沙棗，什的沙，
羅絲紗，什的羅，海羅，什的海，東東海，什
的東，海東，什的海，八隻腳兒大螃蟹。
○花巴掌，打到正月正，家家門口掛紅燈，花巴
掌，打到二月二，家家稱肉女兒，花巴掌打
到三月三，薺菜花開賽牡丹，花巴掌，打

可富翁個，柴不夠，兒子偏，孫子老闆，賭吃嫖
搖我的會，家先不肯提時髦。
○為人容易做人難，滿口含冰莫說寒，怎樣來
時怎樣去，半年辛苦半年閒，過他說嘴
都元帥，統是空心大老官，休道之情無限好，
到頭依舊沒相干。
○虎豹不可騎，人心隔肚皮，休將心腹事，說與旁
人知。
○畫龍畫虎難畫骨，知人知面不知心。
○身道逍遙自在，萬事由天，付甚外去不相大声
明而種菜，去不掘而生在而推介，但求什夫
少錢糧，不少利債，弟也敬，兄也愛，闔家大小
同發奇喜。

第五十九頁

到四月四，大麥芒兒好桃李，花巴掌，打到五
月五，兩衣個粽子送父母，花巴掌，打到六月六，貓
兒往河裏洗浴，花巴掌，打到七月七，牛郎織女
著臉文席，花巴掌，打到八月八，七天使榮月
菩薩，花巴掌，打到九月九，九個仙家同喝酒，
花巴掌打到十月朝，早起砍草晚上繞。
○麻雀兒生鵝蛋。
○人窮志短，馬瘦毛長。
○跌跤自爬起，傍人總是空。
○老蚌自裂夫口種田。
○在家千日好，出門一時難。
○麻雀兒提個時熱場。
○細豬兒有個肚臍子。

不聽老人言，吃苦在眼前。
○一陣風雲一陣雨，半年辛苦半年閒。
○浮到千個，絕萬個。
○買不盡便宜，吃不盡的虧。
○這聽樓梯響，不聽人下來。
○好娘好爺生好子，財□□□□。
○一代做官，三代打勤磚。
○螢火蟲，夜夜紅，爹挑水，娘來蹉，兜兜行。
走路勿生腳，出外低才點，老娘在家做斗篷。
○寧吃好嫖，只是命窮。
○睡覺早，起要早，早睡早起身體好。
○出頭椽子先爛，好門公雞先禿毛。
○前倉倉滿，不借搞很田，月勤大鋤，背是

鄉土史地

荒年。（八哥，八哥，天上星名，即指該星出現之狀）
前即指該星出現之狀）
○□□□秋日仕雲裏拱，來年無蝦要絕種。
○□□無雨望十三，十三無雨一冬乾。
○□遠遍扇打，只為嘴傷人。
○一狠二狠，良心為準。
○□屋簷前水滴，不差分。
○常在江邊走，難免不失足。
○娘誇女兒不為誇，婆誇媳婦一枝花。
○笑不死的孩兒，而不死的狗兒。
○男食如虎，女食如貓。
○傘無千日好，花無百日紅。
望平三十一事。

第六十頁

○教我唱小，我不難，此不到描龍繡牡丹，牡丹繡在
□□上，看□□嬌繡花難，看花好龍，戲水，繡
□□狐如□燈小，栽秧要栽魚戲水，插草要插
□□
□□□□□栽秧，婦叱牛，牛齊□，草□劉□中
□□□□一片滿天紅，龍車踏起鑼鼓響。
○日落西山黃一黃，黃烏做窠黃樹上，鳥兒無食
歸巢，姐兒無郎怎進房。
○做天難做四月天，蠶要溫和麥要寒，賣菜哥哥
要下雨，採桑娘子要晴乾。
○西門倒風大天黃，我們家去採秧。
○太陽出來黃一黃，東邊來一個大娘，問他兒子有多

鄉土史地

第四節 農歌

○酒肉朋友朝朝有，患難之中半個無。
○巧媳難炊無米粥，老娘不會討油燈。
○廣興老要穿花，才有個大棉。
○坐等船頭穩，不怕浪來顛。
○真心不怕火來燒。
○天有百樣，人只一樣。
○鄉裏人，街頭一唧。
○鄉裏人挑糞，擔子前後斜。
○打破砂鍋問到底。
○上台容易下台難。
○打一棒，跳一步。
○粗遲不拉錯。

埋他的男子六寸長。
○上了車來鬧烘烘，龍車相會眾賓朋，我家無
錢沽美酒，清水香茶奉一盅，吃了茶去盅子
萬莫笑我頑童。
○金鑼一往我閒聲，文領知府馮大人，說起這個馮知
府，萬貫家財無比論。
○先生不來我就來，不唱小號唱了些，唱了小號
由自可，冷落龍車水不來。
項離一曉打起洋號，踏的向水收的好稻。
○早上起來露水多，吃了中飯好熱熱，吃了晚茶
搶了做，吃了夜飯細鬼多。
○日出東方黃一黃，編的姐兒下田忙，花鞋脫在
田岸上，褲子一捲去栽秧。

鄉土史地

○號子要打難開，無湯要喝細雞指，米飯好吃
難栽，巴巴好磨難秧。
○哎呀哎哈，哈哈踏盡水郭又山村，哎呀哎，旁人
不及我農人。
○早上來吠我作慌，路旁節首快如綱，慌忙忙朝
前走，趕快車水救黃秧。
○一二三四五，鹹菜煎豆腐，娘子閒中愁，郎兒場
上苦。
○太陽出來一點紅，薛仁貴打馬去征東，侏的唐
朝一舉立大功。
○腰上開花炸葉葉，娘養女兒一樣窩，穿紅穿綠隨
夫去，把娘親丟在冷房中。
○八月桂花香，家收好稻糧，九月菊花黃，公公頌流客。

第六十一頁

○早上來露水多，家田內好秧科，男子忙，來車水女
子忙忙把草除。
○早起來田家勝勝，只見龍車不見人，推去處顯
開露，看見龍車□個人。
○先生不來我作慌，我替先生背書箱，書箱背
到龍車上，拆開書箱看文章。
○踏車忙，家家新秧，布穀催人聲徹夜，扶犁牛鞭
擠影成行，莫戀黑甜鄉。
○雞窩重新在家裏，新在山裏。
○種稻，用力挑，要飯飽，莫怕勞。
○早上來，露水多，我送情哥，哥抱路，腳下花鞋
濕了，怎樣家去見公婆，公婆面前說了謊，就說
下田看秧科，車稻田內秧水，晚稻田內共科多少，早
稻怕東，麥怕西，插秧就怕海風吹。

○許多空一殼子，一樣田裏雀兒多，公婆一樣先
呼呼，好個當家的賢媳婦。
○栽秧樂，栽秧樂，秧田樓得曲度，秧子換就
下田頭行，後得尾行惡，晚上將工洗，腳說說，
吃便飯，魚肉酒飯擺上桌，歸家吃得醉醺醺。
模著門框當林腳。
○嗅嗅啊啊，日出東方亮，董董，姐兒想才郎，夫夫
思念你，幾時得成雙。
○東邊發亮顯星上，將星從頭數到□。
○五忙時家中坐，流冬臘月要受餓。
○□沒有和雲，和三下雨天不晴，初□要還要待晴。
直到逢大秋光明。

○上得車來不完慌，一言一語說文章，莫把金鑼當和
鵲，莫把烏鴉當鳳凰。
○金鑼一住我作驚，錢榜過兒呂洞賓，去下拐杖上
作揖，多年不會先生。
○㗎㗎號，：：挑起担子上黃橋，賣了麥子買糖
果，孩兒喚得哈哈笑。
○清明卦，麥叶叶。

○黃裕國養了個兒子直上桃，一肩頂掉三斗寒，八百賣
掉田地再賣屋。
○腿十一挺，亂打齊號，踏點兒系天水，我點兒稀稻
未人客用炒米泡，泡，粽子繞繞。
挑野菜，挑家菜，挑斗個東西望穿帶。
○一年四季多耕春秋，勤勞兩熟只到收，世間那有此長
久樂，別說世間無我愁。

第十章　黨政機關

第一節　十數年來政治機關變遷之概觀

本縣縣黨部。於民國元年初有萌芽，去年六月成立。努力工作。各市鄉曾創辦區分部，共若干。今年四月縣黨部重行整頓。內部約分總務，組織，宣傳，婦女等部。設常務委員監察委員各一人。目前在泰城及姜海三地舉行黨員總登記。計全縣登記者約三百餘名。至詳情，待黨部編專載。吾縣於民國元年。由州改縣。政治方面。煥然一新。對於長官初稱為民政長。掌民刑兩政。政府內分六課。一曰總務課，二曰主計課，三曰學務課，四曰勸業課，五曰警務課，六曰典獄課。不一年司法獨立。設審判廳。典獄之併入縣署。另設審檢員。既又變為承審員。於民政長則改稱縣知事。職掌政事。其民政長署內部組織則歸併為三科。曰第一科。管理總務。曰第二科。管理財政。曰第三科。管理實業教育等事。民國三年。復於海安設縣佐一員。助理縣事。對於縣之長官。於十年前革從改稱縣長。內亦分為三科。一曰總務科，二曰民治科，三曰財政科。對於縣署則改稱為縣政府。總理建國方略。以縣為自治之單位。縣之組織之備。即立國之基礎。可以鞏固。將來縣政改組後。或由三科而擴充為四科。或由四局擴充為六局。即財政，建設，公安，教育，衛生，土地，亦未可知。至各市鄉。在民國初元實行地方自治。吾縣有四十八市鄉之多。各設市政公所。及鄉政公所。處理地方政務。統以公益員。而對於其集會之地則名曰公所。凡地方上要務。均受其監督。去年行政局成立。於各市鄉劃縣。並區十五處。設十五處市鄉行政局。局內組織暫分三股。曰總務由建設股。曰教育股。以下設文書事務員若干人。助理局內事務。將來可將行政局更改為區之說。區以下設村長若干。同負治理地方之責。舍訓練所諸學員。蓋皆有相當之責任也。

鄉土史地　　第六十二頁

第二節　警政之變遷及現狀

民國元年泰縣警察機關。統稱某某區巡警局。其區長一席。由泰縣民政長遴員委充。民國二年警察事務所成立。所有警察事務長。由自治公所[illegible]專任。[illegible]警察仍稱[illegible]事務長[illegible]時除縣城外各分區先後成立者計有[illegible]民國四年[illegible]事務所改為警察所。[illegible]所長代所長。設警佐八人。第三人佐理[illegible]各[illegible]事[illegible]綜理其事。當時除縣城外分設分所[illegible]警察所[illegible]第[illegible]
警佐均在我併[illegible]改為[illegible]設分駐所。兩處各置警佐一人[illegible]
縣警察[illegible]民國[illegible]年由民[illegible]泰[illegible]
公安局[illegible]公安局[illegible]
仍稱[illegible]縣[illegible]局長一人綜理[illegible]行政[illegible]
一人[illegible]局長[illegible]局長又一等[illegible]
局長又[illegible]
局長又一等局[illegible]
共有長警[illegible]五十八名[illegible]
年[illegible]五十三元[illegible]

鄉土史地　　第六十三頁

[illegible]其[illegible]
[illegible]
[illegible]公安[illegible]
[illegible]地方[illegible]
[illegible]公安局[illegible]
[illegible]
目。[illegible]

第三節　[illegible]機關[illegible]

名稱	地址	經費數目及來源	創辦年月	地址狀況	創辦人	備考
養濟院	縣政府[illegible]	[illegible]十一担	[illegible]	[illegible]		
育嬰堂	縣政府東[illegible]	[illegible]	[illegible]	[illegible]	[illegible]	
堂	[illegible]	[illegible]	十年	[illegible]	[illegible]等	

普濟堂	縣北門外西倉大街社稷壇東	荒熟田二千一百八十九畝二分八厘一毫	清雍正十二年		刘之芳 繆寔 李丑芳 徐漢等
清節堂	縣政府西南進德坊	高低田共七百四十三畝二分五釐	清嘉慶二十三年		金源 仲振猷 宫庭等
同仁堂	縣城内拱北坊歌舞巷	共田四百零七畝三分五厘	咸豐六年		楊世耀等
泰城藥廠	縣政府西公廨馬神廟	歷任官補助			
壩署保嬰局		撥行提助	光緒二十三年		
王鄉賢祠		祠產輪值提賑			
普濟堂		遺孩局經費			
公善堂		由京江義渡拆田補助			丹徒人吳毓鼓等
斗姥宫		由創辦者各捐田房有田卅一畝半			孫傳伴 仲瑚瑄等
南斗宫（三善堂）					蔡裕依 □□等
北斗宫（勉善堂）					王敬刚 蔣鏞 張谷堂等
東斗宫（樂善堂）					王之鏞 夏鈞等
西斗宫（共善堂）					李毓彬 吳安瀛等
小教場關帝廟					孟子剛 任包組等
天后宫（求賢堂）					李培寬 葛文彬等
旃檀庵（寶善堂）					李毓彬 徐煥章等
北山寺盧氏藥廠					盧廷柏 盧振垣 楊廷楝等
奥海頭張氏藥廠		莊田二百數十畝			張裕堂 張錫□等
泰城水龍公所惜堂	北門外華家橋蔣宅				蔣杰等
長安堂	太和坊				里人
公善堂	南一鋪水月庵				里人
百忍堂	南一鋪張宅				張姓

鄉土史地 第六十四頁

永寧堂	寧鄉白衣庵				里人
永安堂	南一鋪土地廟				里人
義安堂	破橋土地祠				里人
保安堂	泰壩保嬰局				鹽務公置
永安堂	西浦口要公廟				里人
同安堂	孫家橋河西				呉閬 徐兆元等
泰壩保嬰局	北門外便益坊	共田二百五十六畝	光緒元年		繆錕等
殘廢收容所	北門外大東橋東		民國三年		吳毓藍 盧永吉 袁祖輝等
保嬰自乳會	北門外大東橋東殘廢收容所內		民國九年		葛洪熙 吳毓藍 張西等
泰城貧利局	西虹橋南首		民國五年		鄭輔東 李保元等
龍局保嬰堂（分設）	保嬰局內		光緒七年		商捐
泰運鹽公所施材局	周氏宗祠		光緒九年		周氏
姜堰鎮施材局	在正西隅		光緒乙未		里人
姜堰鎮保嬰局	在正東隅	四百二畝七分	光緒初年		嚴作霖 王宗賢等
姜堰鎮藥廠	姜堰鎮湖東		同治五年		李馨 冷毓芬等
白米恤孤堂	在正東隅		道光六年		朱直 朱瑋等
溱潼鎮施材局	在西北隅（慶餘堂）		同治十年		葉蔚 吳等
溱潼鎮恤嫠局	在西北隅	一百七十四畝	光緒十三年		黄春恒 黄緒美等
溱潼鎮惜字紙局	在西北隅（保善堂）	四十畝	光緒元年		陳總等
海安恤嫠局	邑廟南巷內		嘉慶年間		李祖鎔 徐進階等
邑廟北局	邑南北巷內		光緒年間		夏鳴鳳 刘蔚等
育嬰堂	海安鎮育嬰巷	四百九十三畝五分	光緒廿年		夏鳴鳳等
水龍局	（五處）……城隍廟土地祠……普利庵內		道光戊戌年		李備王璧 刘良□等 / 李湘等
施材局	海安東街		光緒二十八年		李繡 双葆元

鄉土史地 第六十五頁

異姓祠	海安祖櫚寺二殿。		光緒年間	李緝等	
暫棲所	海安衛撫東門豐庵		光緒年間	李緝等	
延生堂	海安鎮祇樹寺		道光年間	傅若冰等	
牛痘局	海安鎮邑廟內		光緒二十六年	吉林 李葆煜等	
賑粥廠	海安鎮邑廟		咸豐之初年	李綺等	
施材局	在大酒沙家橋	田三十六畝	光緒六年	田雨之	
貧兒院	附設普濟堂內		民國七年	吳鐵齡 李鍼樹等	
海安同仁公所	棋杆巷北		宣統三年	周介齊 吳厚庭等	[illegible]
姜堰孤兒律壇	姜堰		民國八年	姚[illegible] 丁蔵等	
王氏進業救濟	謝王河		光緒三十年	王[illegible]等	
海安保嬰會			光緒末年五區 民三年改進	[illegible]等	改併入七區
公角三營廠	泰城東門大街		民國三年	徐[illegible]	
海安貧民工藝廠	中壩後		民國十年	韓國鈞等	

鄉土史地　第六十六頁

吾縣慈善機關向無劃一的系統，亦沒進步研究無若何根本之組織辦法。慈善家雖能踴躍解囊，而內部規條不能成一整個的組織。今春曾[illegible]請[illegible]先生[illegible]組織救濟院，將縣城各慈善款項統歸統轄規模，較此截然[illegible]者。[illegible]貧民流[illegible]均宜極積設法，扶持之保育之，教化之，成為優良之分子。以仁者之心，至有因於政教者也。上列之表內的關係，僅能以概括之，予以注明。太所企盼。

第四節　農商會之舊日組織

農會發起於北平舊直隸保定府，光緒三十二年由農工商部奏定章程。是年十月吾縣奉部[illegible]，附入商會辦理，後由紳陳鍾駿等另行組織，分出辦理，未能成立。續由塘灣李[illegible]本等[illegible]，呈請商務總會轉行進部批准立案，會所即設於塘灣。海安農會於宣統二年由紳士李保煌等稟部批准設立。泰商會之辦理，則始於清光緒二十九年，商部[時未設有農商部]請立商會，擬定[illegible]設商會，從[illegible]行省府州縣，凡總[illegible]附設，凡商會設立者，省會者名商務總會，設立府廳州縣者名[illegible]商會，分會[illegible]經費，每年[illegible]選運任理事，以示無定員額，隸屬於本府廳州縣[illegible]商務，[illegible]。本會分會由部分別頒發關防圖記，式樣用[illegible]。吾縣當時設立城區、海安、姜堰三商會，先後成立。城區商會於光緒三十二年[illegible]。海安商會光緒三十三年由商人夏鳴鳳、陳志[illegible]等發起，公舉職商劉[illegible]為總理。姜堰商會亦於光緒三十三年，由[illegible]福基等發起，公舉邑紳[illegible]福保為總理。中國內地已有三商會，自命[illegible]日立商會，後凡市鎮鄉村各商家均須註冊，年納註冊費若干。商會則負保護商民之責，凡商人報告關於商事之事，得由會代為清理。有屈抑不平之事，得由會代拆地方官為之清理。十數年來未變，去年地方改組，[illegible]為農民協會、商民協會，以至[illegible]，則農會取消，而商會復存。內部組織則大異從前，分為[illegible]委員[illegible]。[illegible]等。至工會方面，當時亦組織各種職業工會。將來合作社成立，恐又有番更變也。

第十二章　風俗

第一節　婚喪禮節之現狀

吾縣婚喪禮節，向守古制，近年以來，漸受外縣之影響，風氣漸開，[illegible]鄉村[illegible]戶，全未有許改革。就現狀略述之：除[illegible]之三書六禮外，其[illegible]往來之風化。近婚禮之[illegible]，[illegible]請[illegible]介紹，由[illegible]親寫庚帖，合之，而至納綵、傚聘，及至迎娶時，有所謂[illegible]，開面、鋪房等手續。[illegible]婚[illegible]有所謂[illegible]等禮。其他無意識之舊禮，均不足記述。喪禮之次第，大率家有老殁者，先行報喪，計告入殮，而後擇日做齋。每逢七日謂之七，至七七止，回[illegible]終七，大當有度，均家奠，宴請公佛，[illegible]常，其他種種迷信不經之舉動，皆為文明者所不齒。至若嫁女擇田產，娶媳命[illegible]，以[illegible]利相[illegible]，其禍害有不堪言者。往往[illegible]女子，而嫁於極愚笨之男，或俊俏之男子，而娶[illegible]。[illegible]此[illegible]社會上之惡現象。有違端於此者，不要[illegible]禮之夫，全在[illegible]。[illegible]五月[illegible]等，[illegible]之中，[illegible]可[illegible]，以大雅其[illegible]成[illegible]。

鄉土史地　第六十八頁

第二節　一年時節民俗之舉動

節名	日期	人民表現	社會之情形
元宵	正月十五	上燈，觀三橋	[illegible]
清明	無定期	掃墓，祭祖墳，踏青	[illegible]
端午	五月初五	飲雄黃酒，吃粽子，懸符	[illegible]

中秋	[illegible]	賞月吃餅	是夕多以休月餅及瓜果於庭中，拜月會飲。海安人於是夕喜買各種花爆，放於天空以為樂，花爆之名如飛過江、九條龍、滿天星、流星趕月等。泰縣人亦於是日有竊取牛犢或芋田中蔬菜者，謂之送秋。或明由迷信作祟者。泰城中秋更扎燈以火，延之以近月神。
重陽	九月九日	登高吃糕	是日古有登高之舉。現市中作糖糕，插彩旗以售。海安人民於是日有聯翩登鳳山之舉。亦吃糕或作粘餅代替。市鎮中有於是日開菊花大會者。
冬至	無定期	祀祖、宴	冬至前一日曰小冬。祀神祀先，是日曰大冬，親朋相慶，一如元旦。今不盛行，但舉行祭禮者尚多。俗有大冬大是年之語，資少數人家於是日儀如過年。大冬吃團子，亦有吃麵者。
除夕	十二月卅日	祀先、迎灶神、進去祀、進家祖	是日祀神祭先，放爆竹，吃年飯，迎灶神，合家歡樂，飲酒，守歲，燃燈，打牌，以待。家家於元旦之新春預兆吉祥。夜間進香有達旦者。農人有燒田角之舉。

第三節 風俗上應行改革之要點

風俗之優劣，關係於民族之盛衰。風俗果善，則人民亦必樂於生活無擾，盡職之勤勉。風俗不善，則社會秩序騷亂紊亂。是以曾侯生云原俗不偏論之素許。吾縣風俗向稱醇厚，不同一般，苦於力稀，純係大有與至逐漸而行。

民俗大維，讀書者多，加以土厚物阜，甚為富庶，衣食豐裕，禮義日興。特於是日神教之規，人民甚尊禮佛拜懺。其他喜慶之習，猶足之風，猶未盡除。鄉村居民，深信巫祝，其病後不就醫，而祈禱於神，為害匪淺。婚姻論財，嫁女競以陳設奢華為榮，皆為陋習之最。近時早婚男女十六七歲即行婚嫁，大為有害，而縣民對於禁令，視若具文，言不改者。嗜賭所費多至數十元者，全敗家產，莫此為甚。鄉村小民，如打牌、賽寶之流，在清末最甚。民國以來，政府嚴禁，此風稍息，但舊日茶飯酒家為賭窟，常引誘良民，同業均有十數，為未來社會之風俗。雖漸改善，而面對於迷信終不能破除。自開善社、弘揚延後，又有所謂善會者，率為所謂拜土之事。總計全縣人民金錢之消耗於迷信之途者，不下百十數萬元，而荒時失事，所損不已。吾無於村制實施後，組織宣講團切實申述，調查之，庶可挽救於萬一也。

第十二章 農產

第一節 各區之種植

穀類

泰縣田地自清初將東台劃分後，實存官民灶田地五千四百七十三頃三十九畝九分八釐。最近新闢草田為數甚不少。統全縣之農區約分三部：第一下河水澤區，第二南界原野區，第三運河一帶沃壤區。三區之中，第一區產稻特甚。其種類大別之秔、秈、糯。秔有泰州紅、馬尾赤、鶴腳、烏不知、過山亭節、救公饑、六十日早、觀音秈、秋白、小香、晚香、寒早、早秈、斑秈、湖秈、青芒、赤芒、無芒、紫紅芒、烏芒、深水紅、下馬看、鰣魚秈、香粳、鯽魚早、秋前五（早五日）、芒裏黃、細子秈、洲秈、金秈等。秫稻為蘆秫、羊脂糯、燕口糯、羊須糯、虎皮糯、秋紅糯、紅糯、香子糯、爪枝糯、堆金糯、烏金糯等。第一區多不種麥菽。海安縣產稻特區。第二區多產麥，其類為大麥、小麥、淮麥、蕎麥、大豆、黃豆、黑豆、菉豆、豇豆、刀豆、龍爪豆、扁豆等，其他亦盛產芝麻（有白黑二種）、落花生、薏苡仁、玉蜀黍、芋頭等。對於秫秫，產者很鮮。第三區所產大率兼有一二兩區之物，沃壤百里，穩麥之產均盛，為吾縣膏腴之區。至若蔬類，如白菜、青菜、芥菜、蒜菜、生菜、菠菜、莧菜、芹菜、波稜、萵苣（甜菜）、芸薹、香蒿、茼蒿、豇豆、菜豆、蕃茄、蓮藕、荷、薯、蘿蔔（紅白紫三種）、芫荽、香芋、甘露子、薺菜、芋、茭白、蔥、韭、薤、蒜、胡荽、山芋、玉米、絲瓜、西瓜、南瓜、北瓜、甜瓜、香瓜、苦瓜、王瓜、壺盧（葫蘆）、瓠子、茄、茅等，各區皆有，而尤以南區所產為盛。至若果木類，以第三區為多。姜堰南部多桃園，每年春季所產時桃，運銷下游及東台一帶，獲利頗厚。顧高莊、蔣垛等地產落花生，運銷北部，為數亦多。城北港口一區內農民精於園藝，將所有田畝臨河之處，架平棚為廣場，瓜菜所產以菜為大宗，其他西瓜、蘆菜，硬大味甘，縣人謂之港口瓜，其銷地分南北兩路，全

縣農民大率以蔬菜為主，故吾縣之栽圃區也。木類則南中兩部多桑、榆、槐、楝，北部則多水柳。其他樹木亦間有之，故北部各村鎮，遇有會集時，南部人多運桑、榆木料至該處售賣。吾縣廟宇祠觀，喜栽桐柏樟檜，而墓道壟隴，則喜栽桐栢榆楮。低濕之地，則喜栽槐柳梧桐。家庭住宅則喜栽桑榆。海安一帶居民，不喜栽柏於住宅之周。南部人家居宅左右，喜栽竹成林，亦壯觀也。姜堰一帶運鹽河北岸圃田連阡，吾縣農民恃此為生，所產蔬菜盡銷售於城鄉近市鎮。此外又有特產為港口樊汊之葵，每值秋收，所產為數甚鉅。至若草類，生長之地大都在北部，如蘆葦、茭草、蒲等，所銷集中部為燃料，至若稻草、麥稭、棉秸等亦皆為主要燃料。他若花卉類，亦為觀賞品。藥類之茯苓、香附、杏仁、車前子、金銀花等，較之他處所產為優。食品中為搾之麻油，與用糯類之粉製，用於各地。其他如枸杞、茶等，亦均有名產也。

第二節 各區之家畜類

家畜之生產與土地之情形亦頗有關。北部水澤之地，牲畜少而雞鴨多。南部原野，雞鴨少而牲畜多。中部則兼而有之。北部農民所用耕牛為水牛，能在深淖中耕耘，深浸及腹。南部農民所用耕牛為黃牛，祇能在陸地耘耕。中部所用之牛，十之七八為水牛，十之二三為黃牛。北部之牛多賣諸東

自織之兩南部之牛多自鄰縣如皋、泰興販來，亦有由自家生產而互易者。鄉間關於牛之交易特設牛行，如牲行然。每年在春三月、秋八月為買賣耕牛之期。每頭之價，水牛有貴至一百四五十元者，黃牛有貴至五六十七元者。其他輔助農作者有馬、驢兩種，亦為南中兩部農民所用，北部用之者亦少。每年栽秧時農人用驢馬打水，平時則用之於磨坊、糠坊、糟坊等處。農家除畜養耕牛而外，並喜畜牛、豕、雞、鴨等，為農家副生產。我縣畜豕者多，縣內豬行林立，每年運往外埠者，總數百萬。至其畜養方法，均分三種：一、海安一帶以圈養之，城區則有放養者，南部則棚編。最可厭者，北部農民竟放於圃，以致草牧其內，分之麻葉根藉草上，自始至終，不特耗易，可謂污穢之極。雞類全縣均有，尤以運鹽河兩岸最多。樊汊之雞有高至二三尺者。南部有所謂蘆花雞，亦甚高大，每年售賣於滬者數至鉅。鵝鴨類以北部四鄉之地出產最多，到處均有鴨場，統其數不下數百萬頭。其他南部接泰興、靖江之地，有喜放鷹捕兔、鶉雉、畜鴿者。日常居家畜畜貓、犬亦為特俗。北部魚類甚多，如鯉、鯽、鱧（俗名烏魚）、鯿、鰻、蟶（有毛嘴竹嘍兩種）、蟹等亦產之。姜曲海一帶有畜養魚苗者，每年春秋兩季至江岸買魚子，四殖於小池中，二四十日即成形，漸大至寸許，可辨別名稱，然後運售方便處，亦頗能獲利。在春季分秧後，農人以曲竹龍藏米自田岸旁，浸水內以取鱔魚。普通取鱔之法有魚船、五兵船、擺網船，或以網取，或以鉤取。有用一種攀繒及斷簾者，甚有放鸕鶿者。桑蠶業，在農民多出於北部，至若蟲類有蜂、蟻、蜻蜓等。畜蠶僅南部為最盛，北部少桑樹，故亦少畜蠶者。蟋蟀本無甚重要者之小蟲，而吾縣人士多喜養之，立場買鬥，視為賭博。好事者復編輯蟋蟀經，斯為謬極，不值大雅一笑也。

鄉土史地　　第七十一頁

第三節　農民之特性及將來農業上應行改進之事項

縣內農民，勤苦耐勞，視為恆常。北部農民於分秧之時，日夜不息，操作於水田中，泥沒兩脛；及至收穫時，立烈日中，割刈、挑運，身陷於泥水中，形容黧黑，穿褲袴工作田間。婦女亦嫻於農事，與男子無別，且善撐船，不亞於男。南部產棉，男耕女耘，亦甚辛勞，並善推車。中部農室婦女工主紡，餘之暇在初秋，尚有能相率至北部割稻，有時且至鄰縣工作，自食其他。特性農民喜儲蓄，亦消用衣布食粟，視以為常。南部有專食麥者，短衣束帶者亦屨，有終歲赤足者，純謹敦厚之風，至今猶未衰也。特少數缺點：混迹鄉間，喜上茶館，吃紙煙，看紙牌，甚有專事敵詐，不務本業者，亟宜設法消弭，以除禍根，實為要圖。至論農業之改進，亦略有管見，可分述之。

一、種植方面　種植方法，至今猶存舊習。近年農民取水，有用機器者，每日可灌溉數十畝至百畝。北部農民除用原有之風車外，近來多改用洋龍，藉風力以取水。至若耕耘方面，亦宜急行改革。而北部水田僅為一熟，殊少麥菽，將來田身能高，能在高處漸闢為麥田，或栽種蔬菜。河岸溝畔，宜多植楊柳，以保存堤岸，且增植樹木於兩堤，其量雖少，均有關係。南部宜挖深溝澮，庶不致因逐漸淤塞，以致飲料不暢。而農人之食栽秧科及桐、藝、棧、菽，亦均宜研究也。

二、生業方面　南部土地平衍，易生桑樹，能廣設桑園，預備蠶絲，獲利亦必甚厚。北部水道四達，水易流通，宜多設鴨場，以提倡農家畜鴨。又北部婦女多不事縫紉，衣服不能自做，往見從口坂埝各鎮市鎮，所有外地裁衣工甚多。而姜堰一帶婦女不善農作，僅能縫衣調飯，將來兩種缺點均宜補救。又農民以工藝，如海安一帶結伴綠網者，北下河一帶有結蒲衣、竹蓆及編蓆、結魚網、打草鞋等，亦均宜提倡。

三、風俗方面　農民最為迷信，一事發生即求神求籤，醫卜、祈禱最為澈底，而崇拜偶像尤為特性之一。紅白事則虔延僧侶、道士誦經拜懺，以為可以超度先亡，然此耗費更為可惜。無以今日農事所用之款，而之至千元，以昌暴露，[illegible]血食錢，若干年之積蓄，一旦費用之於此，惟此俗至今未改。又婚喪禮之節過於宗舊，雖經多數人提倡，而未能改革，至今未能普遍。至女子裹足之事，大為應行之急務也。

四、組織方面　農民之感團結，久視為要務。以前農會之組織，未能係有清晰，對於農業的教訓、農業的知識及種子之如何改良，土壤之如何化驗，均未有切實之提醒，昭示大眾，使民眾有所瞭解。不過在此幾村落之間，[illegible]保障之需要。太為[illegible]要，將來農民團之組織，在形式上的結合，當在精神上的融和。其事務之要點，在研究農業知識，改進農民，以謀方便。此外並能謀互保障，使農民成一個的農民協會，故村別實現，首要者在開闢於村，做成一個農村之團的制度。如此則他項事業俾易於發展，而成大眾協諧共進也。

（完）

鄉土史地　　第七十二頁

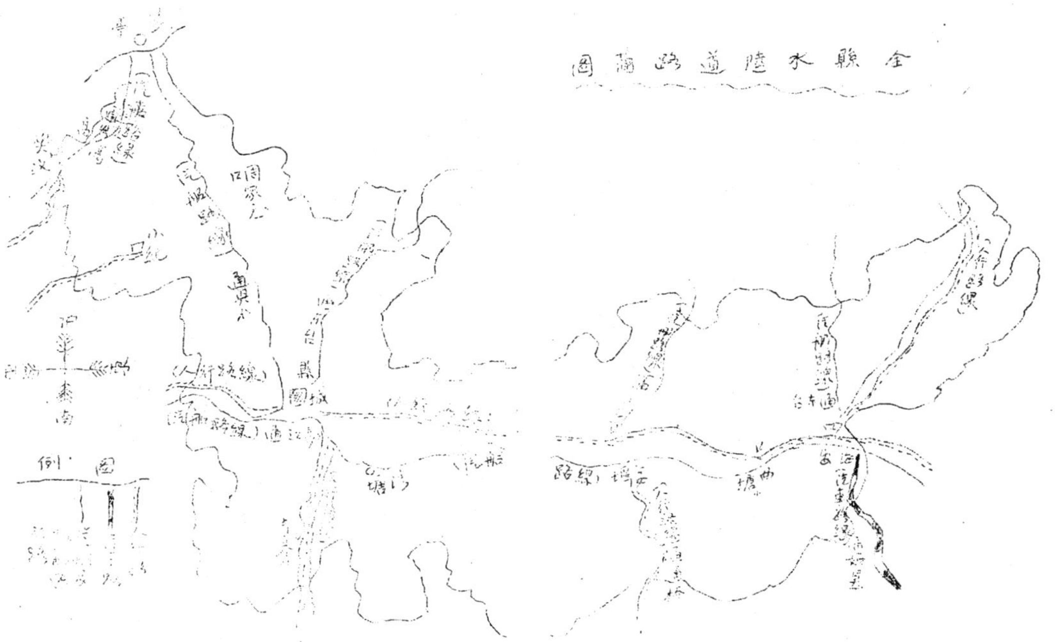

鄉土史地調查表第二號 填表者 組 十七年八月十五日

所居之村名（自治區）	
屬於何區	
區內著名之市鎮村莊有幾列舉其名稱及位置	
區內市政局公安局所在地點及其內部設備之大略	
所居自治區四邊界止	

鄉土史地調查表第二號 填表者 組 十七年八月十五日

所居之村名	
村內是否多水道或多陸地	
河港之名稱及其位置方向	
陸地之名稱及其位置方向	
區內之險要地名及其地勢并有何古蹟	

一

擬築泰縣公路路線表

類別	路名	起訖地點	經過村鎮	長度	興築期	工程狀況	約計工費	備註
幹路	一 泰海段	縣城東北覺正寺至海安常樾橋	蘇陳庄 姜堰 [illegible] 曲塘 白米 胡家集	[illegible] 共計九十六里	十七年度第一期	[illegible]	九萬六千元	本段泰[illegible]
	泰界段	覺正寺至江都縣境界溝	南門西倉	十八里	十八年度第二期	此路須築環城馬路	二萬八千元	
	二 泰蔣路	南門至蔣垛	塘灣 [illegible] 高庄	七十里	十七年度第一期	工程報告每里約需八百元	五萬六千元	[illegible]
	三 泰寺路	覺正寺至寺巷口	東門灣	十八里	十七年度第一期	此路有通揚運河江大橋一座	一萬八千元	招商承辦
支路	四 姜顧路	姜堰至顧高庄	黃沙溝 蘆庄	三十里	十八年度第二期	[illegible]每里約八百元	二萬四千元	[illegible]
	五 海黃路	海安至黃家集	黃家巷	二十里	同上	[illegible]	一萬六千元	
	六 樊曲路	樊川至曲塘	沙子溝 [illegible]	四十里	同上	[illegible]	三萬二千元	
	七 泰顧路	南門至顧垛	九里溝	十八里	十九年度第三期	[illegible]大橋一座	一萬[illegible]元	
	八 [illegible]	[illegible]蘇陳庄至大泗庄	馮店 塘灣	二十八里	同上	路寬六公尺[illegible]每里約需八百元	二萬[illegible]元	
	九 吳蔣路	吳家庄至蔣垛	顧家庄 錢家橋 白米 大倫庄 運糧河	五十里	同上	同上	四萬元	
	十 曲蔣路	曲塘至蔣垛	袍周庄 [illegible]家溝	四十里	同上	[illegible]	[illegible]	
	十一 曲莫路	曲塘至莫家庄	胡家集 郭庄	二十里	二十年度第四期	[illegible]	二萬元	
	十二 姜莫路	姜堰至莫家庄	姜庄	二十八里	同上	同上	二萬[illegible]元	
	十三 海莫路	海安至莫家庄	王家橋 王家庄	三十六里	同上	同上	二萬六千元	
	十四 泰樊路	泰縣北門至樊川	小紀	六十里	同上	[illegible]	十二萬元	
	十五 蘇周路	蘇陳庄至老閘	[illegible]倉場坂 周家庄	七十里	二十二年度第五期	同上	[illegible]	
	十六 [illegible]紀路	坂倫至小紀	吳家堡	三十里	同上	同上	[illegible]	

共計 幹路 一百五十二里 支路 四百二十里

十七年度第一期築路 一百八十四里 [illegible]
十八年度 二 一百四十八里 [illegible]
十九年度 三 [illegible]
二十年度 四 [illegible]
二十二年度 五 一百里 [illegible]
計共[illegible]
[illegible]

全縣行政公安兩局設立地點表

區別	地名	行政局所在地點	公安局所在地點	備注
一	城	區城內歌舞巷同仁堂舊址	西公廨中山公園之東側	
二	張家壩	西倉雨龍寺	張家壩彌勒庵旁	
三	寺巷口	小王莊盈昌寺	寺巷口橋西	
四	塘灣	塘灣南街	塘灣河北	
五	[illegible]興市	蘇陳莊大聖寺	大聖寺後地藏寺	
六	姜堰	姜埝東後街東嶽廟	姜堰南街南嶽廟內	
七	曲塘	曲塘後街顧姓宅內	曲塘東首都天廟	
八	蔣垛	蔣垛[illegible]廟	[illegible]北廟	
九	白米	白米河南華嚴寺	白米[illegible]廟	
十	謝王河	同化庵鎮成小學	王家樓	
十一	海安	邑廟東徐家大門內	中壩東公所舊址	
十二	港口	港口市河東宋宅	港口河西觀音廟	
[illegible]	坂倫	吳家堡[illegible]樓房內	周家莊東街	現將遷往周家庄
[illegible]	小紀	小紀北街真武廟	小紀[illegible]三元宮	
十五	樊川	樊川[illegible]東街北頭同	樊川東街北首都天廟	

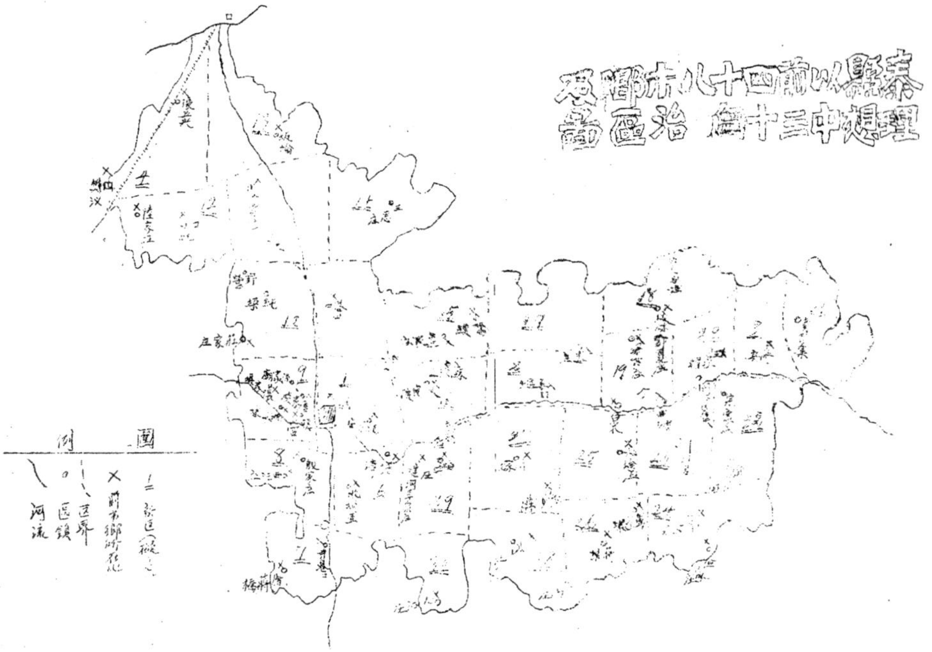
泰縣以前四十八市鄉及
理想中三十
治區圖
圖例
新區編號
×前市鄉所在地
區界
○區鎮
河流

泰縣鄉土教材

束榮松 編

《泰縣鄉土教材》不分卷，民國束榮松撰，丁作彬等校訂，據南京圖書館藏一九四七年鉛印本影印。

束榮松，字秀東。民國泰州人。

本書係遵照江蘇省教育廳頒佈的小學鄉土教材目標編輯而成，以引起兒童愛護鄉土觀念、發揚民族精神爲主旨。全書分甲乙丙丁四編。（甲）本縣的史地概況，介紹本縣的歷史沿革、疆域、歷代史事、名勝古蹟、水患和堤防等。（乙）本縣的民族英雄史蹟，介紹岳飛、戚繼光、清代詩人徐賡雅等人的事迹，還介紹了抗戰中犧牲的將士的事迹。（丙）本縣的政治和文化，介紹本縣的人口、政治、財政、教育、文化等情況。（丁）本縣的經濟與社會，介紹本縣的工農業、商業、金融等情況，還收集了童謡、農歌、俗諺等。本書係供小學中高年級、改良私塾及初中學生閱讀之用，其叙述文字力求淺顯，並適當加有注釋。

（江慶柏）

束秀東編

泰縣鄉土教材

韓國鈞題

編輯大意

一、本書遵照　江蘇省教育廳頒布小學鄉土教材目標，編輯而成。

二、本書以引起兒童愛護鄉土觀念發揚民族精神爲主旨。

三、本書所搜羅的材料，如地勢、沿革、山川、河流、水利、交通政治、建設、教育、文化、科學、藝術、民族英雄、經濟、物產、風俗、習慣、及名勝古蹟等項。均儘量搜集。以供參攷。

四、本書敍述文字，力求淺顯，其有需加註釋者，附註於後以免翻閱之勞。

五、本書全册四十八課，可供小學中高年級改良私塾及初中學生閱讀之用。

六、本書草創伊始，罣漏在所不免，尙希　大雅指正爲幸。

泰縣鄉土教材目次

甲、本縣的史地概況

乙、本縣的民族英雄史蹟

丙、本縣的政治和文化

丁、本縣的經濟與社會

泰縣鄉鎮區分圖
比例 十五萬分之一
民國三十五年五月
泰縣縣政府建設科製印

泰縣鄉土教材

東秀東編

甲、本縣的史地概況

第一課　可愛的鄉土

我們的家鄉——泰縣——，面積廣大，人口繁殷，土地肥沃，出產豐富，是蘇北比較重要的縣份。東面距離黃海百餘公里，（本縣城內舊有望海樓），南面距離長江僅十八公里，扼通揚運河的中點，爲裏下河各縣之門戶，形勢十分重要。

全縣的地形，略如菱形，東西較長，南北較狹，縣城的位置，偏在西首。（註一）全縣的地勢，東南較高，故多原野。西北較低，故多水澤。

本縣地屬平原，河流交錯，加以氣候温和，雨量充足，故農產水產，俱頗豐饒，號稱「魚米之鄉」，且讀書空氣濃厚，歷代人文輩出，民情樸實，風俗淳美，眞所謂「地靈人傑」，我們生於斯，息於斯，應該具有愛鄉的觀念。

〔註一〕縣城位置在東經一一九度五五分，北緯三二度二九分

第二課　歷史上的沿革

本縣在春秋時屬吳，後屬越，戰國時屬楚，西漢時始置海陵縣，屬臨淮郡，東漢時廢，晉太康初復置，屬廣陵郡，晉義熙七年升縣爲海陵郡，唐代駱賓王討武氏檄文，內有『海陵紅粟，倉儲之積靡窮，』句，海陵卽指本縣而言。

唐武德三年，改稱吳陵，置吳州，七年州廢，復稱海陵縣，隸屬揚州。迄五代南唐，升海陵縣爲泰州，轄海陵，興化，鹽城，泰興，如皋五縣。〔註一〕宋代泰州屬淮南東路，轄縣逐漸減少，（註一）元代隸揚州路（註二）明代屬揚州府（註三），清代因之。乾隆三十三年，析泰州東北境，置東台縣，所以本縣和東台縣在史地關係上，尤爲密切。民國時改州爲縣，屬第五行政督察區管轄。

〔註一〕泰州在宋初轄泰興，興化，如皋，海陵四縣．至宋紹興十二年，泰興改隸揚州，淳熙四年，興化改隸高郵，僅轄如皋，海陵二縣。

〔註二〕元代至元十四年，置泰州路，二十一年復爲州，隸揚州路。

〔註三〕明代洪武初年，仍爲泰州，省海陵縣，屬揚州府。

第三課　本縣的疆域

本縣的疆域，東界如皋，東北界東台，北界興化，西北界高郵，西界江都，南界泰興，計與六縣接壤，犬牙相錯，交通便利。

本縣東西最長距離，爲二百十八華里，南北最長距離，爲一百二十華里。全縣面積，合計二十一萬一千六百二十五方公里，（註一）

全縣可耕之土地，約爲三百三十九萬六千餘畝。

本縣的形勢，襟江帶海，扼通揚公路之咽喉，爲鹽東興各縣出口之要衝，自昔視爲淮南軍事重地，岳飛、文天祥、常遇春、戚繼光等，皆曾親臨泰邑。

本縣的重鎭，東有海安、曲塘、白米、姜堰等處，南有蔣垛、張甸、寺巷口等處，北有港口、周家莊、樊汊、小紀等處、均係水陸樞紐，商業繁盛，爲軍事政治上之重要據點。

〔註一〕據申報館出版之中華民國新地圖載：本縣面積爲二一一六，二五方公里。

第四課　行政區城的變更

本縣行政區城的劃分，計有三次的變更。第一次爲淸末民初，籌辦地方自治，全縣劃分爲四十八個市鄉。

（至民國十八年，推行地方自治，全縣共分爲十五區，（註一）每區設行政局，及區公安局，負各該區自治及警察事宜。

迄民國二十三年，爲節省行政經費及集中行政力量起見，改劃爲十區，各區區治所在地如下；

第一區—城區，第二區，—寺巷口，第三區—蘇陳莊，第區四—姜堰，第五區—蔣垛，第六區—白米，第七區—曲塘，第八區—海安，第九區周家莊，第十區—小紀共分二百七十二鄉鎮。（後併爲二百六十八鄉鎮，）現在實行新縣制，鄉鎮數尚需合併。至於教育行政區城，全縣共分爲四學區，（註二）

（註一）十五區爲一、城區，二、寺巷口，三、塘灣，四、梅興，五、姜堰，六、蒲津，七、蔣垛，八、白米，九、曲塘，十、謝王河，十一、海安，十二、港口，十三、坂埨，十四、小紀，十五、樊汊，

（註二）四學區爲合一，九，十，區爲第一學區，合二，三，四區爲第二學區，合五，六區爲第三學區，合七，八區爲第四學區，

第五課　歷代史事撮要

一、岳飛克敵—宋建炎四年，岳飛爲涌泰鎮撫使，兼知泰州，以

州無險可恃，退保柴墟，（今刁家鋪），與金戰於南壩橋，敗之。

二、庭芝拒元—元兵南下侵宋，揚州制置使李庭芝與其部將姜才，死守苦戰，至泰州被俘，在揚被害。

三、文天祥至泰州—天祥由京口逸至眞州，（今儀徵縣）輾轉至泰，有「驚傳趨馬在塘灣」詩句，旋由海安至通州，渡海而南。

四、張士誠陷泰州—白駒場亭民張士誠，揭竿起義，陷泰州，興化及高郵，稱大周，自號誠王，旋爲明將徐達，常遇春所敗，士誠在平江（今蘇州）被擒。

五、戚繼光平倭寇—明代嘉靖時，倭寇侵犯江北，屢犯泰州，幸有戚繼光、李遂、唐順之、劉景韶等，屢出奇計，奮勇殺敵，江北倭寇悉平。

六、繆景先抗清卹—海安東拼茶場人繆景先，當清兵南下時，繆在海安鳳山設忠義堂，以蕩寇抗清爲號召，後以兵寡援絕，終於殉

難。

以上各節史事，略舉大者而言，以後當詳爲敘述，俾明寸土寸地，皆爲先烈熱血所據守造成。

第六課　山坵氣候和雨量

本縣地屬平原，境內無崇山峻嶺，比較著名的山坵，祇有城內的泰山，（註一）姜堰的天目山，（註二）以及海安的鳳山，（註三）風景均頗佳勝。

本縣的氣候，很是調和，通常夏季最高溫度，至華氏表九十六度左右；冬季最低溫度，至華氏表二十五度左右，在普通情況下，無奇寒酷暑之虞。

本縣全年雨量，平均爲七七一，六公厘，（註四）

土壤分斥埴土，黑埴土黃唐土三種，（註五）宜於種植稻，麥，豆等農作物。

（註一）泰山在泰城西門內，宋時疊土而成，以岳飛嘗駐兵於此，故又名岳墩。

（註二）天目山在姜堰鎮北，相傳王仙翁嘗隱於此，山有二井相對，故稱天目山，

（註三）鳳山在海安鎮形如鳳鳥，故名，山麓有胡安定公祠。

（註四）據民國二十三年泰縣縣政公報統計，

（註五）斥埴土宜種豆與麥，黑埴土宜種稻與麥，黃唐土宜種黍與秫

第七課　本縣的河流

本縣之主要河流爲運鹽河，其南行有支流一，北行有支流三，茲分別述之。

一、運鹽河—一名上官河，爲本縣主要幹流，水自江都入境，由斗門鎭（今屬張斗鄉）東行，至城南買城爲市河，經泰壩又東行計一百二十里，至海安鎭，入如皋縣境。

二、濟川河—一名南官河，水由泰壩南行，計三十里，至口岸鎮，達於大江，商船由此出入。

三、下運鹽河—一名下官河，水由城北向東北流，計二十里至淤

溪，又東北行二十里，至溱潼鎮。入東台縣境。

四、浦汀河—一名海陵溪，水由城北向北流，計十八里至港口，又北行過周家莊，入興化縣境。

五、樊泰官河—水由城北向西北流，經小紀鎮，至樊汊，入高郵縣境。

六、此外姜堰之西有黃村河，姜堰之北有下壩大河，海安之北有西大河及串場河，均北流入東台境。姜堰之南有新河，白米之南有黃橋河，曲塘之南有清平港，海安之南有焦港，均南流入泰興縣境。

第八課　本縣的交通

文化的傳播，商旅的往來，以及貨物的運輸，均有賴於交通，交通的途徑，可分陸路及水路兩項，茲將本縣交通情形，略述於下：

(一)陸路—現有公路線四條：

一、揚泰公路—由揚州至泰城，計七十二里。

二、泰海公路—由泰城至海安，計九十六里。

三、口泰公路—由口岸至泰城，計三十六里。

四、東海公路—由海安至東台，計八十一里。

此外計劃興築者，計有泰蔣路，由泰城至蔣垛，計七十里，姜黃路，由姜堰至黃橋，計六十里，姜刁路，由姜堰至刁家鋪，計六十餘里，曲蔣路，由曲塘至蔣垛，計四十里。

(二)水路—通行汽輪者計有航線四條：

一、鎮泰班—由鎮江至泰城，計一百八十里。

二、泰海班—由泰城至海安，計一百二十里。

三、泰東班—由泰城至東台，計一百二十里。

四、興泰班—由泰城至興化，計一百五十里。

此外各河道，均有篙船或快船行駛，難以悉記。

第九課　本縣的名勝古蹟

本縣的名勝古蹟，過去有海陵八景之稱，為一，泰堂明月(在今縣政府內)，二，駝嶺清風，三，鳳池筆穎，四，貢院奎光，五，西湖春雨，(以上均在城內)，六，天目晴嵐(在姜堰)，七，范堤烟柳，八，董井寒泉，(以上二處在東台)，現擇其可考者，列舉如左：

一、泰山—在城內西南隅，宋紹興十年開東西市河壘土而成，高五丈，周百二十餘丈，明萬歷間，兵備副使舒大猷，於山巔建岳忠武廟。

二，小西湖—在泰山下，宋陳垓重浚。湖光山色，相映成趣。

三，松林庵—在城內西南，中有古松一株，相傳為六朝遺物。

四，光孝寺—在城內西首，清初僧性濂增建，內有藏經樓，搜藏經籍一千八百卷。另有石建戒壇一座。

五，望海樓—在城內東南隅，明徐嵩有重建望海樓記。

六，南山寺塔—在南山寺東側，旁有鳳池，塔影入池，形如筆立，因名鳳池筆穎。

泰山之巔

七，蓮花池—在東門外，為南宋李庭芝投池處。

松林庵之六朝松

八，景范樓—在迎恩門內，紀念宋范仲淹先生。

九，天目山—在姜堰北首，山有二井，相對如目，傳王仙翁嘗隱於此。

十，鳳山—在海安鎮，形如鳳鳥，山麓有胡安定祠。

十一，明道書院—在海安西門內，清監生程旭捐田創建。

十二，神童關—在坂埨西南，浦汀河中部，相傳戚繼光部下侯必大駐兵於此，以防倭寇。

第十課　値得紀念的祠宇

本縣境內，寺祠甚多，其較有紀念價値者，則爲忠烈祠和鄉賢祠兩項。

（一）忠烈祠

一、岳武穆祠—在泰山上，內有岳飛父子遺像二幀，主僧守藏，每歲二月十五日懸掛於外，邑人爭瞻拜之。

二、三忠祠—在東門外蓮花池旁，一名紅廟，敬祀南宋末年抗元殉難之民族英雄，李庭芝，姜才及孫虎臣三人（事蹟詳見泰州志）。

三、文信國祠—在海安學宮舊址，祀文天祥。

四、忠烈祠—在海安鎮，祀王相呂。

（二）鄉賢祠

一、胡安定祠—一在泰山麓胡公書院內，一在海安鳳山麓。

二、范文正公祠—在城內西南便民倉西首，祀范仲淹。

三、名賢祠—在儒學內，祀富弼、范仲淹、胡瑗、岳飛、文天祥等十餘人。

四、崇儒祠—在城內西首，祀王艮、王襞等。

五、蔡孝女祠—在城內昇仙橋西，祀孝女蔡蕙。

六、孝子祠—在海安鎮，祀明代孝子李祐。

第十一課　水患和堤防

本縣西北鄉，第九第十兩區，地勢較低，每遇霪雨連綿之際，或運堤潰決之時，常遭水患。

民國二十年秋，秋雨兼旬，秋風肆虐，運堤決口，大水爲災，興化、高郵、寶應、東台及本縣西北鄉一帶，俱成澤國，田禾淹沒，屋宇傾圮，人畜漂流，頓成人間地獄。幸賴耆紳韓紫石先生奔走呼籲，一面實施救濟，一面搶修堤防，賴以轉危爲安，但民間之損失難以數計。

本縣西北邊境，沿高郵、興化邊界，舊有斜豐港堤，全長四十五里，和東台蚌蜒堤相接，係清代知州張子杲所興修，以遏運河水漲之患，民國二十一年，又增修一次，設石閘三處，司啟閉宣洩，年來每逢春季，必加工興修，以防倒塌之虞。

（乙）本縣的民族英雄史蹟

第十二課　民族英雄史蹟概述

本縣為淮南重地，展閱州志，歷代民族英雄史蹟，史不絕書，其忠義奮發之熱忱，以及慷慨捐軀之事實，眞足以廉頑立懦，可泣可歌。茲擇其著者，略述於下：

一、宋代—南宋建炎四年，金兵來犯，時岳飛為通泰鎮撫使，在南壩橋樹立戰功。其後有孫虎臣死守泰城，文天祥路過泰州，李庭芝姜才拒元，被俘遇害，其忠肝義胆，可佩可欽。

二、元代—元末泰州白駒場民張士誠，揭竿起義，時大江南北，風起雲從，地方千里，後雖為明所滅，然亦為民族史上光輝之一頁。

三、明代—明嘉靖中，倭寇侵擾江北，幸有戚繼光等名將，屢出奇計，蕩平倭寇，民衆始能安枕。

四、清代拚茶場人繆景先，在海安立忠義堂後，以蕩寇抗清為號

召，後以兵寡殉難。富安場人徐賡雅，在故里建一柱樓，寄懷吟咏，語多諷刺，卒被戮尸之禍，今讀其遺詩，猶可想見其磊落之襟懷。

五、民國—民初有革命烈士陳元鑑，民國十六年有袁康侯王愼吾二烈士，民國二十七年有空軍殉難將士韓師愈，民國三十二年有抗戰殉難將士李其實等，以上各先烈，均係殺身成仁，為國捐軀，尤宜景仰，後將詳為敍述。

第十三課　岳飛的抗金(宋)

岳飛字鵬舉，河南湯陰縣人，家貧力学，嘗從周侗學射，技藝超羣，二十歲時從軍入伍，屢立戰功。南宋高宗建炎四年，飛任通泰鎮撫使，兼知泰州，時金兵自揚州分兵來犯，飛於西門內築土為墩，以望金兵。後因泰州無險可恃，退保柴墟，(即今之刁家舖傳有舊城可恃)，與金兵戰於南壩橋，大敗之，及金兵陷城，飛復渡江，保江陰軍沙上。

岳武穆遺像

岳飛治軍特精，賞罰嚴明，金兵云：「撼山易，撼岳家軍難」，足見其軍隊之精銳。尤以在朱仙鎮一役，大破金兵，本可趁機收復中原，不幸為奸臣秦檜所害，莫須有三字埋冤，致未能實現其「還我河山」「直搗黃龍」之壯志。

明萬歷十年，泰州兵備副使舒大猷，於泰山巔建岳忠武廟。廟中藏有岳飛父子遺像，每年二月望日，寺僧懸掛於外，供人瞻仰。

第十四課　宋末的民族英雄(宋)

在南宋末年，有幾位民族英雄，在本縣境內遺留光輝的史蹟。

一、文天祥—南宋恭宗德祐二年，天祥由京口元軍中逃至眞州)

今儀徵縣)，復由揚州高郵輾轉逃至泰州，有「驚傳趕馬在塘灣」詩句，過海安如皋至通州，泛海而南，圖恢復中原，宋亡為元兵所逮，不屈被害，迄今展讀其遺著「正氣歌」，猶想見其叱吒風雲之志。

二、孫虎臣—南宋恭宗德祐元年，元兵大舉攻泰州，虎臣堅守泰城，城破，自刎而死。

三、李庭芝姜才—南宋末年，李庭芝、姜才同守揚州，宋亡，，謝太后有詔諭降，庭芝登城曰：「奉詔守城，未聞有詔諭降也」，并斬阿朮使者。後奉益王召，與姜才將兵七千人東至泰州，元兵追至，守城將及庭芝部下奸細開城降，庭芝聞變投蓮花池，水淺不得死，時姜才臥病，同被執至揚遇害，死之日，揚之民皆泣下。今泰城東門外有三忠祠，即祀李庭芝、姜才、孫虎臣三人。

第十五課　張士誠的起義(元)

在元朝末年，因爲政治腐敗，民不聊生，各鹽民衆紛紛起義。泰州白駒塲民張士誠，（白駒時屬泰州），操舟運鹽爲業，輕財好施，深得人心、因感虐政，遂亦舉兵起義，攻陷泰州揚州，殺參知政事趙璉，又陷興化高郵，稱大周，自號誠王。踰年，因淮東飢饉，乃由通州渡江至常熟，攻陷平江，（今蘇州）改爲隆平府，立六部百司。當時士誠所據之地，南抵紹興，北踰徐州，東至海濱，西接安徽，地方二千餘里，帶甲數十萬，聲勢烜赫，後以兵驕將佚，遂爲明將徐達、常遇春所滅。泰城北端，舊有新城，卽士誠所增築，今已傾圮，僅東門外東山寺，猶有士誠遺像。

第十六課　戚繼光的剿倭（明）

明朝嘉靖年間，沿海一帶，倭寇常來侵擾、本縣鄰近海邊，亦屢遭塗炭，明廷命唐順之（註一）與戚繼光督剿，順之至泰州，繼光亦引兵來會，順之主速戰，繼光故主緩戰，一日晚間，繼光忽以奇兵

襲入倭寇營，寇無備，自相驚擾，大敗而退，（以上事實見易君左著；中華民族英雄故事集），戚繼光練兵甚精，屢敗倭寇，戚家軍名聞海內。

此外剿倭名將，尙有李遂及劉景韶等（註二），嘉靖三十八年四月，倭寇數百艘犯海門，李遂乃命劉景韶邱陞等扼如皋，而身馳泰州，當其衝，連戰皆捷，大敗倭寇於廟灣，追至蝦子港，江北倭悉平。劉景韶佐李遂治兵，臨陣非常奮勇，曾大敗倭寇於劉莊塲，斬獲甚多，

（註一）唐順之，字應德，武進人明代嘉靖年間，爲淮陽通政，協剿倭寇，卒於泰州姜堰鎭。

（註二）李遂字邦良，豐城人，明嘉靖三十六年，任淮揚巡撫。劉景韶字子城，崇陽人，嘉靖中任海防兵備道，

第十七課　繆景先的忠義

當明末清初，清兵入關南下，將臨泰州，海安東拼茶塲人（拼茶舊屬泰州今屬東台），繆景先，爲圖保衛鄉土起見，在海安鳳山立忠義堂，以「蕩寇抗清」爲號召，團集鄉勇，曉以大義，一時從義者甚多，與揚州史可法互爲聲援，有匡復中原之志。

後清兵來攻，景先拒戰，身先士卒，不幸中清兵伏弩而死。壯志未酬，遽以身殉，時人無不痛惜之。今海安西首有繆壯士鄉，卽爲紀念繆君而改稱者。

第十八課　民族詩人徐賡雅（清）

徐賡雅係東台富安塲人（當時屬泰州），生於清雍正末葉時代，少有大志，磊落多奇才，應試未售，歸里建一柱樓，賦詩寄慨，多禾黍之悲，富有民族觀念，時露排清之語，例如

一、咏鼠云：「毀我衣冠皆汝輩，墮其巢穴在明朝」。

二、紫牡丹云：「奪朱非正色，異種竟稱王」。

三、飲酒云：「舉杯忽見明天子，且把壺兒擱半邊」。

四，晒書云：「清風不識字，胡乃亂翻書」。

語意譏刺，節操卓然可敬、逝世後經西席蔡某告發，官初不受理，後始奏聞，交部議戮尸體，夷三族，家產封禁入官，亦云慘矣。然其民族精神之偉大，則固歷千古而不朽也。

第十九課　革命烈士陳元鑑（清）

烈士陳元鑑，字望之，泰縣海安人，於清光緒三十三年正月，應新兵徵募，入江南陸軍第九鎭炮標二營，與熊成基遇於行伍間，共謀革命。旋因熊之力，任安徽炮兵營排長，關懷國事，每仗義直言，光緒三十四年，蘇皖兩省會操於安慶，時淸帝歿，慈禧太后方攝政，熊陳等乃密謀舉兵，團結同志攻安徽巡撫衙署，欲乘機傾覆清室，終以兵力單薄，外無奥援，致招失敗，元鑑亡走太湖縣，被擒就義，死時年才十八。其家人迎烈士骨，歸葬於泰山小西湖畔，汪

虛汝爲之傳，立碑於墓，烈士英魂、遂與湖山共千古。

第二十課　袁王二烈士（民國）

王烈士思源，字愼吾，泰縣人，於清末組自治會，天足會，及禁烟會，提倡新政，改良民衆生活。又創辦私立天職小學，凡八年，造就生徒甚多。辛亥年革命軍起義，王君在泰組織民團，響應革命。後于五九紀念及五卅慘案，更組愛國聯合會。喚醒民衆。

袁烈士祖成，字康侯，泰縣人，生而穎異，少有大志，好讀書，能文章，弱冠遊金陵，賦明故宮懷古一百韻，江陰繆筱珊亟稱之，一時名重江南，分纂「蘇省通志」，壯歲置身新聞界，與陝西于右任先生同主上海神州日報事。鼓吹革命。民國二年，服官東海，有潔己愛民之譽。旋歸里，與邑人杭仲胲馬東皋等，創辦私立淮東中學，慘淡經營，規模粗具。

民國十六年春，北伐軍抵蘇，王烈士任縣黨部宣傳工作，於民衆

大會時演講革命，爲孫逆傳芳之密探注視。袁烈士則致書於孫逆兩次勸其歸順，同年四月六日，孫逆攻陷縣城，袁王二烈士遂相繼被害，均從容就義。現公園內有袁王二烈士紀念碑，供人憑弔。

第二十一課　空軍將士韓師愈

韓烈士師愈，本邑教界先進韓亮侯先生之次子，聰穎好學，畢業於省代用中學後，曾從事黨務工作，宣揚三民主義，繼考入國立暨南大學敎育系肄業，每試輒名列前矛，卒業後與同班學友組織赴日考察團，目擊日本航空事業之發達，慨然有動於中，返國後，即考入航空學校，在第六期中班飛行科學習，民國二十五年十二月西安事變，　委座蒙難，韓君奉命飛陝偵察，成績優良，畢業後留校担任飛行教官。

蘆溝橋事變發生，航校員生均編入空軍服務，韓君担任沿海警戒任務，旋奉調保衞首都，飛滬轟炸敵海軍出雲旗艦先後建立戰功十

一次之多，擢升爲小隊長。嗣以黃河一帶告急，韓君奉調赴洛陽，率領空軍轟炸黃河北岸敵軍，阻止南侵，任務完畢後，飛至彰德上空，遭遇敵機五架，發生遭遇戰，終以寡不敵衆，油箱中彈起火，烈士遂以身殉，時年僅二十有八，同殉者有機槍手丁家賢，時二十六年十月二十六日也，今城內武廟改爲忠烈祠，韓烈士靈位敬祀于內，以慰忠魂。

第二十二課　抗戰犧牲的將士

自蘆溝橋事變發生後，抗戰烽火，遍及大江南北，本縣在抗戰初期，以軍民一致防守，幸未淪陷，江南各地難民紛紛至本縣避難。但於民國二十八年，曾遭日機轟炸四次，民衆慘死者甚多。民國三十年春，駐軍李長江部易幟，本縣始屬淪陷區。惟抗戰部隊如長江下游挺進軍總司令李明揚將軍，及蘇北挺進軍副總司令陳泰運將軍，仍率領所部健兒，轉戰於泰東與三角地區，屢立戰功，殲敵甚多

，爲蘇北抗戰史上光榮之一頁。

爲抗戰而犧牲之將士，有李其實、吳國祥等，李其實字睿準，廣西桂林人，黃浦軍校第一期畢業，時任蘇北遊擊指揮部第二縱隊司令，三十二年元旦，日軍由姜堰曲塘一帶，大舉向沙港青墩進犯，李司令率部迎戰，遭遇於俞九舍（在張尤莊鄉），激戰終日，卒以彈盡援絕被俘，後乘隙投河死，其夫人張化，亦自沈於河以殉。今張尤莊鄉有抗戰殉難將士墓，祀李烈士等將士。

吳烈士國祥，湖南湘陰人，時任長江下游挺進軍支隊長，於三十四年四月七日，率隊防守溱潼河北地區，在途中遭匪軍襲擊，中彈身死，眞所謂「出師未捷身先死，長使英雄淚滿襟」。

丙，本縣的政治和文化

第二十三課　本縣的人口和職業

本縣的人口，約一百二十萬人左右。據民國二十四年縣政府調查

統計，全縣計二百七十二鄉鎮，二千一百九十九保，二萬三千四百二十七甲 二十四萬三千九白二十四戶，一百十八萬五千六百二十人。內中男性佔六十一萬八千六百六十五名，女性佔五十六萬六千九百五十五名。

民國二十六年秋，蘆溝橋事變發生，本縣步入抗戰期間，居民流離轉徒，戶口變動很大，據二十九年縣政府統計，爲二千三百五十一保，一百二十萬五千七百二十一人。

本縣人民的職業，以從事農業者爲最多，約佔百分之七十，工約佔百分之十，商約佔百分之七、學約佔百分之三，其他自由職業及無職業者，約佔百分之十。我們應該提倡職業教育 生產教育，做到人人有業人人樂業的地步。

第二十四課 本縣的政治

本縣的政治，正在推行地方自治期中，向民主政治的途徑邁進。

縣行政機關，有縣政府，所設科局，屢有變遷（註一）依照新縣制，得設民政、財政、教育、建設、軍事、地政、社會七科，另有警察局，各區分設區公所（將來改併爲區署），及鄉鎮公所，辦理各級自治事宜。現任縣長丁作彬君，勤政愛民，很仁到民衆的愛戴。

本縣的司法機關，有地方法院，成立於民國二十六年三月一日，淪陷期間，一度停頓，現已恢復，受理民刑訴訟事宜，解決糾紛，保障民權。現任法院院長爲趙永魁君，檢察官爲柴燚君均頗公正嚴明。

本縣的民意機關，有臨時參議會，於民國三十五年五月組織成立，議長爲嵇法先生，年高德劭，持論公正，參議員二十餘人，代表全縣民衆，監督縣行政設施，幷建議本縣應興應革事宜，爲實施民主政治之嚆矢。

〔註一〕民國十六年本縣縣政府下設財政，建設，教育，公安四局，至二十年水災後·改設民治，財政，建設，禁煙四科，另設教育，警察兩局。

第二十五課 黨務和團務

本縣的黨務，在民國十六年春季以前，爲祕密活動時代，是年爲黨犧牲者，有王愼吾袁康候二烈士。

十六年夏間，本縣縣黨部正式成立，領導民衆革命工作，組織及人選方面，初屢有變遷，（註一）現在改爲書記長制，書記長爲顧伯奮君，主持本縣黨務，已有十年以上，現有區分部二十餘處，黨員七百餘人，從事組織民衆，宣揚主義，不遺餘力，成績斐然。

民國三十四年十一月，三民主義青年團泰縣分團部正式成立，省派東榮松君爲主任，嵇學詩爲書記，現有區隊部十六處，團員一千餘人從事組訓青年，爲國家效力，爲主義盡忠，團務日趨進展。爲團犧牲者，有錢存久同志等，（註二）英名永在人間。

本縣民衆團體，有縣商會及姜堰海安兩商會，縣農會，縣工會，

縣教育會，縣婦女協會，律師公會，醫師公會，及新聞記者公會等，均在黨政領導下，努力本位工作。

（註一）縣黨部組織的沿革，1.臨時執行委員會，2.特派員制，3.特別委員會，（以上均在十六年）4.指導委員會，（十七年）5,執監委員會（十七年底至二十一年）6.整理委員會（二十二年）7.書記長制（二十七年）迄今）

（註二）錢存久，任泰縣青年團第六區隊附，於民國三十五八月，匪軍進攻白米時殉難，

第二十六課 本縣的財政

本縣的財政收入，向以田賦縣稅爲大宗（註一），以前徵收田賦的方法，是分忙銀和漕米兩項．按田地的等則（分三等九則），徵收賦額，初以銀兩折算，民國二十四年，將銀兩改爲法幣計算，抗戰期中，復依法幣征收實物。縣財政收入，除田賦縣稅外（土地清丈後，即改爲土地稅，縣得百分之五十，省得百分之二十，中央得百三十。）次爲營業稅，（省縣各得百分之五十）再次爲契稅，

遺產稅（中央撥助縣方百分之三十）房捐，屠宰稅，營業牌照稅，使用牌照稅，筵席捐及娛樂捐等，此外尚有地方事業收入等項。

本縣的財政支出，分地方行政費（包括鄉鎮自治費）、（註二）財務費，教育文化費，建設費，衛生費，保安費，救濟費，補助費及預備費等，按照省方規定百分比，編造預算，先經縣參會審核通過，次呈省方核定。

此外省方爲倡行會計獨立制度，由財廳委派縣會計主任一人，辦理縣經費預算，收支，保管及報銷事宜。

〔註一〕田賦稅：本縣額田二百五十萬畝，銀米兩項合計，依二十四年度縣府預算，計爲八三六，九九五元（內有省稅一二四，五六八元，省專款六九，三八九元）。三十五年征收實物，每元折合籼稻一斗九升六合。

〔註二〕按照國民政府三十五年七月公佈：「財政收支系統法」第四十二條規定：「鄉鎮區之支出，應占縣預算百分之五十至百分之七十」。

第二十七課　本縣的教育

本縣的教育事業，發軔於清末民初，光緒二十八年，知州侯紹瀛創辦泰州學堂於胡公書院，另設高等小學堂（高級修業三年初級四年）及初等小學堂（修業四年）十餘所。民國初年，共設高等小學五處（註一），初等小學改稱國民學校。民國十八年王萬鍾君任教育局長，增收畝捐，擴充教費，增設完全小學及初級小學共百餘所。於本縣教育，貢獻頗大。抗戰期前，本縣教育日趨發展，抗戰期中，損失重大，現正謀逐漸恢復，玆分別述之。

一、中等教育——抗戰期前，計有縣立初級中學（曾附設高中師範科），縣立初級商業學校，縣立女子初級職業學校，私立時敏中學各一所。抗戰期中，中等學校，一度特殊發展，計有十二校之多（註二），嗣後相率遷徙或停頓。抗戰勝利後，計有部校一所，省校二所，縣中一所，私中三所（註二），但省立如師及省立鹽中係暫設本縣境內，故本縣各界爭請教廳設立省立泰州中學，尤以教界先進蘇后青先生最爲熱心，奔走呼籲，文電交馳，良堪欽佩。現已邀准設立。

二、初等教育——據二十八年度統計，有公私立完全小學四十二所，初級小學一百六十一所，另有義務學級五十餘級。私塾四千餘所。抗戰期中，爲敵僞摧毀殆盡。現正謀逐漸恢復，已有一百餘校，并改稱爲鄉鎮中心國民學校，及保國民學校分期積極擴展。全縣學齡兒童，約二十餘萬名，已入國民學校及私塾者，不足五分之一。

三、社會教育——在抗戰期前，有縣立民衆教育館及農民教育館共六所，圖書館，體育場、公園各一所，中心民校十所。抗戰期中，大率停頓。現圖書館，體育場已相繼恢復，并籌設民衆識字班若干處。

〔註一〕民初縣立高等小學、共有五處，第一第二小學在縣城，第三小學在姜堰，第四小學在海安，第五小學在小紀。

〔註二〕民國二十八九年，境內中等學校，計有十二校，1. 省立第一臨師，2. 省立第四臨中，3. 省立揚州中學，4. 縣中，5. 私立時敏中學，6. 私立新蘇中學，7. 私立鄉賢祠初中，8. 私立爼成初中，9. 私立邗江初中，10 私立榮漢初中，11 私立成達中學，12 省職中，後又有私立培梓中學及私立姜堰中學兩校。

第二十八課　本縣的建設

民國十八年，本縣建設局長李楷（字子丹），擬用蘇省五分建設畝捐（築路專款）一部份，并募集築路公債若干萬，爲興築本縣公路之用，依其計劃，共築縣路十六條惜未克完成。自民國二十年水災以後，因縣財政拮据，建設事業，未能發展。

由民國二十二年迄二十八年，在張𬊤（字維明）縣長任內，已進行之建設工作，如興築泰海公路，口泰公路，揚泰公路之一段，修建斜豐港堤岸，籌濬海安蕉港以及建造中山塔等，尚有相當成績。

民國三十年迄三十四年八月，本縣爲敵僞盤踞，破壞有餘，遑論建設，如孔廟之被拆除，縣中校舍全毀，良可痛心。

現值建國期中，本縣正圖建設，不幸四郊多故，匪氛昌熾，以致建設大計，不克進行，殊可抱憾。將來鄉區收復以後，如南鄉之增築公路，北鄉之疏濬河道，以及建築工廠等，百端待舉，估計需用建設人才，一定很多。

〔註一〕泰海路、泰界路、泰蔣路、泰寺路、姜顧路、海賁路、樊閣路、泰顏路、蘇泗路、莫蔣路、曲蔣路、曲莫路、姜海路、泰樊路、蘇閣路、坂紀路。

第二十九課　警察和自衛

本縣警察機關，在民國初年，縣設警察所，各區設立分所，計十餘處。民國十六年，一度改稱公安局。至民國二十年，又改稱警察局，於姜堰、曲塘、蔣垛、海安四處，設立分局，餘各區設分駐所，全縣警察員額四百餘人。另有保安大隊部，實行防剿任務。戰事發生後，一面調整警保組織，合併為水陸保安警察大隊部，一面提倡民衆自衛，成立縣區常備隊，至民國三十年春，縣境淪陷

後，沐猴而冠，面目全非。

抗戰勝利後，本縣恢復警察局，現任局長黃澄，勇於任事，於姜曲海等處，恢復分局或分駐所，維持地方秩序。另保安大隊亦已成立，各區紛紛設立自衛隊，保障公衆安甯。

此外有關于軍事訓練者，則為徵兵制度，凡屬壯丁，均須受國民軍訓的教練，盡國民兵役的義務。

第三十課　本縣的文化

本縣過去因為地理環境之優越，以及讀書空氣之濃厚，所以文化方面，呈特殊之發展。自唐宋以來，本縣的儒者，對于經史之學以及文學，俱有相當貢獻，此外發揚藝術，研究科學者，亦不乏人，茲列舉于下。

一、唐代—張懷瓘，長於文字學，著有文字論諸篇。（註一）

二、宋代—大儒胡瑗，號安定先生，為經學大師，海內知名。

周麟之、潘汝一、均博貫經史，工於詩文。（註二）

三、明代—王艮、號心齋，王襞號東崖，師承陽明之學，昌明良知之旨。儲巏。陳應芳，均擅長文學。（註三）柳敬亭以說書鳴于世。

四、清代—宮偉鏐、鄧漢儀，均長於詩文，宮夢仁精于史學，陳厚耀擅長算學曆法，張鈫工於繪畫。（註四）

五、民國—馬東侯、袁康侯擅長文史，韓紫石精于書法，凌直支工于繪事，研究科學者尤指不勝屈。

〔註一〕張懷瓘著書斷序及文字論諸篇。

〔註二〕胡瑗著易傳十卷，尚書全解二十八卷，論語說中庸傳一卷，周麟之著海陵集三十二卷，潘汝一著翠玉府鳳池集二十卷。

〔註三〕王艮著心齋全集八卷，語錄二卷，心齋疏傳合編二卷，王襞著東崖遺著三卷。儲巏著柴墟集十五卷。陳應芳著敬止集守愚集。

〔註四〕宮偉鏐著南宮舊德錄，采山外紀，庭聞州世說六卷。鄧漢儀著編年詩，各體文，過嶺集。宮夢仁著二十一史名臣言行錄，陳厚耀著有天文算法諸書，幷力倡地圓之說。

〔註五〕馬東侯著有泰州鄉土志二卷，韓紫石著有海陵叢刊若干卷。

第三十一課　胡安定先生

宋代大儒胡瑗，子翼之居如皋安定鄉（時如皋屬泰州），學者稱安定先生。少時至泰山（在山東境內）讀書，攻苦食淡，幾二十年，每得家書，有平安二字，卽投澗中，不復展讀，其專心求學之精神，殊可欽佩。宋景祐年間，更訂雅樂，詔求知音者，范仲淹荐瑗，以白衣對崇政殿，與阮逸同校樂律，分造鐘磬，後在蘇州湖州兩地講學，敎人有法，視諸生如其子弟，實行人格感化。時尙詞賦，無裨實用，瑗立「經義」「治事」二齋，提倡明體實用之學，如治兵治民，水利，算法等類，各設專齋，研究實學。宋仁宗慶曆年間，興太學，詔下湖州，取其法，著為令，足見安

定先生教法和實學之優良。時禮部所得士，瑗弟子十常居四五，隨材高下，喜自修飾，衣服容止，往往相類，人遇之雖不識，皆知其為瑗弟子。

今本縣泰山南麓，有胡公書院，乃宋代州守陳垓所建，敬祀先生。

第三十二課　王心齋先生

明代大儒王艮，字汝止，號心齋，住東台安豐場（時東台屬泰州），貧不能竟學，弱冠治商，往來齊魯間，嘗過闕里，謁孔廟，及諸從祀大儒，太息曰：「是聖人者，可學而至也，」歸里後，取孝經、大學、論語諸書，每日誦讀，置書袖中，逢人質疑，有所得，必見之行，侍父至孝，對國則忠。

艮至江西謁王陽明先生，執木簡署曰海濱生，名其冠曰有虞氏之冠，名其服曰老萊子之服，踞上座，與陽明先生語良知及堯舜君民

事業，抗辯不為屈，居數日，忽有省悟曰：「吾人之學，飾情抗節矯諸外，先生之學，精深極微得諸心者也」。乃執弟子禮。陽明先生為之動容，盡授之學。

艮歸里後，到處講說，昌明王學，因百姓日用之事物，以發明良知之旨，及于身修家齊，國治天下平之哲學。陽明先生弟子遍天下，率多爵位，艮以布衣抗其間，而聲名反出諸弟子上。

艮次子王襞，字宗順，號東崖，亦曾從陽明先生學，得王學真傳，四方聘以主教者甚多。

第三十三課　文學與史學

本縣過去時代，精研文學與史學者，指不勝屈。如宋代周麟之擅長文學，著有海陵集三十二卷。潘汝一博貫經史，工於為文，并以氣節著稱，鄉人高之，著有羣玉府鳳池集二十卷。

明代儲巏，字靜夫，九歲能文，勤讀不輟，後參加鄉試會試皆第

一，授南京考工主事，善直諫，工詩文，著有柴墟集等書。

清代鄧漢儀，字孝威，博洽通敏，尤工於詩，與太倉吳偉業齊名，舉博學鴻詞，協修揚州府志及江南通志。宮偉鏐著有春雨草堂集五十卷，其子夢仁，擅長文史，著有二十一史名臣言行錄等書。

民初袁祖成才識過人，有過金陵懷古一百韻，江陰繆筱珊譽為江東才子。馬錫純著有泰縣鄉土志二卷，韓繁老著有海陵叢刊若干卷。時人如夏紹侯李茂林等，均以擅長文學馳名。

第三十四課　藝術與科學

藝術之種類甚多，如繪畫、書法、雕刻、戲劇等項，本縣特出之人才頗衆。

一、繪畫—明代程贊，字易二，工山水，運筆高渾，名軼吳陵畫譜中。清代張鉽，字石樓，善緗事，遊京師，得鉽片紙者，寶若珠璧。此外王汶工寫真，宋之極工人物，徐釆工花卉，唐志尹工翎毛

，名均載在縣志。

二、書法—清代程儀工書法，陸祖禕工草書，張髯工行書，王宗炎工小篆，王貽牟工行草，均為書法名家。

三、雕刻—沈筱莊胡養源等，均善雕刻金石。

四、戲劇—梅蘭芳係本縣孔莊鄉梅家莊人，擅長京劇，馳譽全國。

其他如柳敬亭之評話，黃龍士之弈藝，均著聞於時。（註一）

五、科學——本縣已往研究科學者，亦不乏人，如明代華湘，精數學，著有石府元機等書。清代陳厚耀著有天文算法等書，俞塏留心經濟之學，乾隆南巡時，上治河方略并圖說二十六卷。民國以還，本縣研究社會科學者，如夏勤及王恭謀之研究法學。王萬鍾謝彬等研究教育，研究自然科學者，如葉志研究數學，仇儉研究機械工程，黃宏研究電機工程，沙學俊研究地理，劉雲浦研究化學，徐鍾

霖研究航空工程等，均有論著，散見雜誌報章。

〔註一〕明代柳敬亭，名逢春，本姓曹，少時亡命於外，過江指柳爲姓，遊金陵遇儒者莫後光，教以說書之技，使聞者口呆目瞪，毛髮盡悚，舌橋然不能下。清代黃龍士，姜堰人，工弈，以國手稱。

〔註二〕葉志宇靜遠，留德研究數學，曾任北京大學講師。仇儉宇崇甫留英研究機械工程，曾任京滬鐵路機車管理處長。黃宏宇萬柟，留英研究電機工程，曾任中央大學助教。沙學浚留德研究地理，曾任中山大學中央大學教授。劉雲浦留美研究化學，曾任北京大學教授。徐鍾霖留美研究航空工程。

丁、本縣的經濟及社會

第三十五課　本縣的經濟

本縣的經濟狀況，大體以農業盛衰爲轉移，農田豐收，糧市暢旺，則社會經濟趨于繁榮，如遇荒年災害，或雖在豐年而糧價低落，則社會經濟趨於枯窘。

本縣的工業，多數爲小手工業，如瓦工、木工、竹工、銅錫匠等

，至紡紗、織布、磨麵機米等機器工業，尙未臻發達。

本縣的商業，集中在城區及鎭市，如城北及姜、曲、海等處，商鋪林立，輸出物多爲農產品，輸入物多爲日用品以及消耗品。（註一）

本縣經濟最大的危機，在以低價之農產品，去交換高價之工業品以及奢侈品消耗品，漏巵很大，其次爲高利貸，亦爲商業之致命傷。所以欲圖改善本縣經濟，在積極方面，須注意農業生產之改良，以及輕工業之提倡。在消極方面，須限制奢侈品及消耗品之浪費，以及高利貸之禁止。羣策羣力，向國民經濟建設之道途邁進。

〔註一〕本縣輸出品爲米、麥、雜糧、豆、豆餅、豆油、菜油、蒂薺、蘿蔔、落花生、雞鴨、雞蛋、豬、魚、蝦、蟹、菜蔬等，輸入品爲綢緞、布、西、洋廣雜貨、海產品、五金、煤油、柴油、洋燭、肥皂、火柴、香煙、化裝用品等。

第三十六課　農業及農村副業

本縣農業區域，按照地理形勢，約可分爲三區，一爲西北鄉之水

澤區，二爲南鄉之原野區，三爲運河沿岸之沃壤區。各區所出之農產品，按照泰州志物產編，分爲八類．一、穀類——如秈稻，糯稻產大麥，小麥，蕎麥，黍，高粱，大豆，豌豆，蠶豆等。

二、蔬類—如白菜，青菜，芥菜，莧菜，芹菜，菠菜，蘿蔔蕃薯，芋艿等。

三、瓜類——如黃瓜，冬瓜，西瓜，南瓜，香瓜，茄子等。

四、木類——如松，柏，桑，槐，柳，榆等。

五、果類——如桃，李，梨，橙，柿，菱，藕等

六、竹類——如苦竹，紫竹，水竹等。

七、草類——如蘆，荻，茅，葦，蒲等。

八、藥類——如半夏，杏仁，薄荷，紅花，紫蘇，金銀花等。

產量俱很豐富（註一），惟關于選種施肥之技術，以及製造運輸之方法，都偏於守舊，尙待用科學方法，研究改良。

本縣之農村副業，東南鄉農家，多飼雞畜豬。西北鄉農家，多飼鴨養魚，每年運銷上海，爲數甚夥，農家恃此戔戔收入，換取日常用品。

（註一）據江蘇省鑑農業篇載：本縣農產品計：秈稻七八一〇〇〇畝，年產量一二五〇一〇〇石，糯稻六二〇〇〇畝，年產量九〇〇〇〇石，大麥四九三〇〇〇畝，年產量二〇〇〇〇〇石，小麥一〇二八〇〇〇畝，年產量五五〇〇〇〇石，高粱一六四〇〇〇畝，[illegible]產量[illegible]〇〇〇石，大豆年產量七〇〇〇〇〇石，蠶豆年產量一八七〇〇〇[illegible]，棉花年產量九七五八〇石，

第三十七課　工業和製造品

本縣機器工業，不甚發達，全縣較大之工廠，祇有九里溝之泰州麵粉廠及城南之華泰紗廠，規模尙可（註一），姜堰原有大中紗廠，大生麵粉廠，美記麵粉廠數處，惜於三十五年春間，匪軍佔據姜堰時，將各該廠機器拆走，損失不貲。此外城區及較大之鎭市，有電

燈廠，榨油廠，碾米廠，染織廠若干所，輕工業正在萌芽時代，所望本縣金融界投資設立工廠，提倡國貨，最爲切要。

本縣手工業，如油坊，槽坊，鐵匠，銅錫匠，篾匠等，尙稱發達，製成品如米，麵粉，酒，豆油，菜油，麻油，醬，醋，鐵製農具，銅錫器，莞席，苧麻，麻繩，魚網，靛藍，蒲包，蔑籮，箕帚，燈籠等，種類頗爲不少，惜製造方法，大率墨守成規，亟待研究改良。

（註一）泰州麵粉廠原名泰來麵粉廠，抗戰勝利後由省田粮處派員主持，內部機器馬力三百五十匹，係柴油引擎，每日可出麵三千二百袋。華泰紗廠係私人股份有限公司，機器馬力爲七十五匹，計一百二十錠，每天可出紗六十包。

第三十八課　商業和金融

本縣之商業區域，集中於城鎭，如城區、姜堰、曲塘、海安、港口、小紀、樊汊等處，商店林立，市廛繁盛。商業輸出貨物，多爲

農產品及小工藝品，輸入貨物多爲工業品、奢侈品及消耗品，每年入超頗巨。

各業方面，大都有同業公會之組織，如米糧業公會，綢布業公會，南貨業公會，藥貨業公會，醬業公會等，以謀各同業間之福利。

本縣金融機關，在抗戰期前，全縣有銀行分行八所，（註一）抗戰期中，均已停頓。現已復業者有中國銀行分行江蘇省農民銀行分行，江蘇省銀行分行，新設者有中國農民銀行分行，及縣銀行等，對于金融之流通，市面之繁榮，影響頗大。

此外縣政府設有合作指導室，提倡合作事業（註二），爲商業上一大改良運動，合作金庫，亦在籌設中。

〔註一〕抗戰期前，泰城有中國銀行分行，中國實業銀行分行，交通銀行分行，江蘇省農民銀分行行，江蘇銀行分行，上海銀行分行。姜堰有中國銀行分行，交通銀行分行。

〔註二〕合作社——分普通合作社，即鄉鎭合作社，專營合作社，分某種物品之生產，運輸，供給，或某一機關員工之消費等項合作事業。

第三十九　漁業和水產

本縣西北鄉一帶，地勢低窪，水澤衆多，號稱魚米之鄉，下河沿岸農戶人家，往往以木榕樹枝稻草等物，擱置河邊，號爲魚塢，每年取魚甚多，爲農村副產之一。此外有專門從事捕魚者，多爲船戶，號曰漁船，沿河撒網，或以魚斷，捕魚以後，入市出售。

本縣之水產，約可分爲三類，（一）魚類——有鰱魚，鯉魚，烏魚，鯿魚，鯽魚，黃魚，鯿魚，鱔魚等。此外本縣運鹽河及函官河內，有一種銀魚，晒乾運銷江南，爲味中珍品。（二）蝦類——有草蝦，細蝦等，（三）介類——有蚌，螺，車螯，蟹等，味均頗鮮美。

漁業方面，向少組織，近來有漁會之組織，謀漁人之福利，各漁戶均頗表興奮。

第四十課　本縣的風俗習慣

本縣的風俗習慣，素稱醇美，關于婚、喪、祭、葬之禮節，以及歲時之習慣，茲分述於後。

一、婚禮——定婚時有納采緞節等禮節，結婚時多用彩輿鼓樂，有所謂催粧，上頭，合卺，坐富貴，回門，會親等禮節，現在提倡新式結婚，儀式較爲簡單。

二、喪禮——有送訃，成服，門狀，設弔，發引，路祭等禮節，另有所謂上廟，做佛事，避煞，焚錫箔等舉動，跡近迷信，現在倡行追悼會，儀式簡單而隆重。

三祭禮——分初喪，六虞，週年，冥壽等期，按時祭弔。

四、葬禮——葬無定期，于七期內入葬最妥，普通有延至數年或十

餘年入葬者，可謂愚孝，葬時多請堪輿相地，亦屬迷信之風。

五、歲時—分元旦，上燈，元宵，落燈，清明，端午，中元日，中秋，重陽，十月朝，小冬，大冬，臘月二十四日，除夕等期，按時舉行慶祝或祭祀禮節，現已趨向簡單。

本縣一般民衆之生活習慣，優點爲崇向儉樸，注重勤勞，尊敬儒雅，遵守信義，（註一），缺點爲偏于保守，不肯進取，士風文弱，民多苟安，現在提倡新生活運動，民風當可改進。

（註一）牧守題名記云：「海陵爲淮東名郡，俗號醇厚，事耕稼，尙儒雅，恥以浮薄相誇。崇禎州志云：「海陵幽邃，地肥美，民惟事耕漁，性多樸野，泰俗民樸而鮮儇巧，士重信義，斥浮薄」。

第四十一課　衛生和慈善事業

本縣衛生事業，有縣立衛生院及分診所數處，辦理治療，檢驗，種痘，及注射防疫針等事項，現正籌設公立醫院，充實設備。泰城

有福音醫院一所，爲基督教會所設，規模較大。此外私人創設之醫院，亦有數所。至中醫方面，醫師甚多，現有國醫公會之組織。新縣制中有衛生科之設置，衛生事業漸見注重。

至于慈善事業方面，有縣立救濟院，辦理養老，育嬰，恤貧，救濟婦女，收容殘廢等事項，內部逐漸擴展。此外各區主辦者，有保嬰局，恤嫠局，因利局，施診所，義水會，小本貸款所，孤兒教養所，粥廠，及平民工廠等，種類甚多，俱爲熱心慈善人士所倡設。

本縣慈善團體，有世界紅十字會分會，以博愛恤兵爲宗旨，姜堰設有分會。有世界紅萬字會分會，以救濟災患爲宗旨，曲塘設有分會。

抗戰勝利後，本縣設有江蘇省救濟協會泰縣分會，王頌侯及吳雲山兩君担任正副主任委員，辦理救濟流亡難胞事宜，成績斐然。

第四十二課　宗教的傳佈

本縣境內，一般民衆所信仰之宗教，有下列數種，

一、佛教—按佛教創始于印度釋迦牟尼，以慈悲救苦爲宗旨，在漢代傳入中國，至梁爲全盛時代，今則日漸衰微，本縣居民，信佛教者居多，境內廟宇林立，約有八百餘所，僧尼甚衆，尤以江浙兩省各大叢林寺宇，其住持往往爲本縣籍。有佛學研究會，佛教居士林，佛教會分會等組織，研究佛學，并利用廟產，兼辦慈善事業。

二、道教—創自漢代張道陵，託始于老子李耳，其主持人曰張天師，借禁咒符籙以傳道，奉其教者曰道士，境內有道觀若干所。

三、基督教—創始于猶太人耶穌，後分新舊兩派，舊派名天主教，傳其教者曰司鐸，清光緒十七年，其教徒於本城烏巷內建天主教堂，新派創自德人馬丁路德，其教徒于本城建有福音堂兩所，并創設福音醫院，明德中學，美德小學各一所，甚得居民信仰。

四、回教創始于阿剌伯人摩哈默德，信徒散處各地，今城南有回

教堂一所。

第四十三課　人物小誌—（名宦政績）

本縣之民族英雄事蹟，以及文化界之名賢俊逸，前已詳載，茲將志書中之名宦政績，略舉數人，以作前鑑。

一、范仲淹築捍海堰—宋范仲淹監泰州西溪鹽稅，以捍海堰久圮，與張綸共請築堤，防禦海潮侵入，修築一百八十餘里，爲下河各縣保障，厥功甚巨，今名范公堤，以示紀念。

二、韓琦勸農興學——宋韓琦知泰州，勸農興學，使農夫勤於耕稼，儒生弦誦不絕，民愛之如父母，往往畫像敬之。

三、趙抃琴鶴自隨——宋仁宗時，趙抃知海陵縣，嘗以一琴一鶴自隨，其爲政因俗設施，以惠民爲本，民有可與者則與之，獄有可出者則出之，時人譽爲良吏。

四、王公佐愛民如子—明代王公佐知泰州，廉已愛民，偶值歲饑

，請減租六萬餘石，幷聘王艮爲諸生之師，昌明儒學，當時泰邑大治。

五、王同甫明察善斷—泰俗好訟，動輒構詞相陷，明代王同甫知泰州，力矯其弊，終日坐堂決事，兩造感服，訟風由此稍息。

六、張滄立初等小學—清光緒三十年，張滄知泰州，捐廉數千金，創辦初等小學，泰州學務，於此萌芽，及張公離泰時，學生送之，至有泣下者。

第四十四課　人物小誌—（孝友佳行）

一、孝感生芝—宋代張熹字道立，居塘灣，家苦貧，自絕葷腥，日營肥甘以供其母，有赤芝生於院中，相傳以爲孝感所致。

二、邗溝棄佩—元代袁智周，字道濟，其父爲人虐辱而死，智周立志復仇，佩刀伺隙，凡六年，後其仇家爲人所殺，乃棄刀邗溝中，州尹上其事旌之。

三、願代父死—明代崔蔚，其父被誣陷獄，蔚上書鳴寃，願代父死推官憐其孝，暫令抵禁，後事白，被釋歸。

四、楓山至性—清代杜光先，生性至孝，母疾，侍奉湯藥不少倦，母歿，哀毀骨立，臥父足畔者二十年，州牧講約，必以光先之孝行爲訓，

五、李琦愛弟—李琦兄亡嫂寡，兩弟俱幼，父欲析其家，琦哭阻之，父歿，析居兩弟，貲日削，琦仍合其家，友愛如初。

六、不欺死友—仲國能業農，好讀書，尙義俠，有徽人鬻木於泰，與國能友善，及歸里，持貲若干金，寄存國能處，後徽人卒於道中，國能持金還其子，封識宛然，其家欲以半酬之，國能笑曰：「分其半何如據其全乎？吾不忍欺死友也」，

第四十五課　童謠

一、太陽一出一點紅，哥哥騎馬我騎龍，哥哥騎馬上山去，我騎蛟龍上海東，（騎竹枝歌謠）。

二、白鴿鴿，跳上鋪，懷裏個，脚裏個，擠擠夾夾好暖和，（遊戲歌謠）。

三、楊柳兒青，楊柳兒歪，街上媽媽好打牌，有錢沒錢坐下來，贏到錢，買花戴，輸了錢，望下埋，（諷賭博歌謠）。

四、小孩兒，不要鬧，莫睡遲，要起早，穿衣服，不要好，孝父母，敬兄嫂，上書房，要學好，不去頑，不要吵。（自勉歌謠）。

五、火螢虫，亮亮紅，到晚來，滿天空，飛到西來飛到東，拿扇子，去撲虫，放在一個葫蘆中，好像新燈籠，（捉螢火虫歌謠），

六、正月梅花帶雪開，二月茶花等月來，三月桃花紅似火，四月薔薇滿架堆，五月梔子白如霜，六月荷花滿池塘，七月菱花浮水面，八月桂花滿園香，九月菊花朶朶黃，十月芙蓉賽海棠，十一月裏蘆花白，十二月裏臘梅芳，（十二月百花歌）。

第四十六課　俗諺

一、吃得苦中苦，方爲人上人。（耐苦）

二、好男不吃分來飯，好女不穿嫁時衣。（自立）

三、在家千日好，出門時時難。（旅途困苦）

四、要得窮，睡到日頭紅。（勉早起）

五、既要馬兒走得好，又要馬兒不吃草。（奢望）

六、穿不窮，喫不窮，計算不到一世窮。（預算）

七、只許州官放火，不許百姓點燈。（壓迫）

八、鼓不打不響，話不說不明。（催發表意見）

九、窮立街頭無人問，富到深山有遠親。（人情冷暖）

十、常將有日思無日，莫到無時看人面。（勸節儉）

十一、酒肉朋友朝朝有，患難之中半個無。（世態炎涼）

十二、蘇州剪子鎮江刀，海安釘鈀如皋鍫。（工藝品）

十三、要嚶茶葉黃橋烟，泰州蔴油乾折麵。（特製品）

十四、早上裝台懶梳裝，東方日出披衣裳，正二三月桃野菜，四五六月插黃秧，秋七八月將稻割，九十月到補衣裳，十一月要修屋宇，十二月要過年忙。（十二個月農婦歌）

第四十七課　農歌

一、太陽一出滿天紅，龍車踏起鑼鼓轟（車水歌），

二、四月南風大麥黃，我們家家去栽秧（插秧歌），

三、日出東方，取水栽秧，婦叱牛，子牽羊，一齊走到田中忙，（農家忙歌）

四、做天難做四月天，蠶要溫和麥要寒，賣菜哥哥要下雨，採桑娘子要晴乾，（農家希望氣候歌），

五、日出東方黃一黃，鄉裏姐兒下田忙，花鞋脫在田岸上，裤子一捲去栽秧。（農村女子下田歌），

六、早上起來我作慌，路旁茆草快如鋼，慌慌忙忙朝前走，趕快車水救黃秧（車水歌），

七、早起下田霧騰騰，只見龍車不見人，推去雲頭消開霧，看見龍車四個人（車水歌），

八、早上來，露水多，我挨情哥哥把路，脚下花鞋跑濕了，怎樣家去見公婆？公婆面前談了謊，就說下田看秧科，早稻田內差車水，晚稻田內夾科多，黃豆許多空殼子，芝蔴田裏雀兒多，公婆一聽笑哈哈，好個當家的賢媳婦。（農村女子情歌）

第四十八課　本縣的將來

本縣環境優美，物產豐富，戶口繁殷，民風樸實，是蘇北重要的縣份，現在幸賴軍政當局之領導，以及忠勇健兒之保衛，四鄉匪患，漸次清除，整個建設，正在開始，茲列舉理想數端如下，

一、在政治方面——如清查戶口，編組保甲，估定地價，興築公

路，提倡實業，辦理救濟，改良衛生，禁絕烟毒，等項工作，積極進行，使社會安定，民生富裕。

二、在教育方面——如寬籌教費，訓練師資，設立鄉鎮中心國民學校，及保國民學校，實施國民教育，使全縣失學兒童及文盲減少，文化水準提高。

三、在經濟方面—如發展農村經濟，改進農村生活，開墾荒地，創立工廠，舉辦各種合作社，實行國民經濟建設。

倘使上列諸端，皆能達到，則可成一模範縣份，希望全縣　父老兄弟姊妹等，共同努力，以求實現。

韓國鈞遺像

姜堰鄉土志

錢錫萬 編

《姜堰鄉土志》，錢錫萬編，據揚州圖書館藏一九一六年姜堰文明書社石印本影印。

錢錫萬，籍貫生平不詳。

姜堰，民國間係泰州隸鎮，今姜堰区人民政府所在地。按照規定，民國初年初小四年級每星期得授鄉土志一小時。鄉土志對於本地之區域、市廛、山川、交通、風俗、古蹟、方言、名勝等，纖悉俱載，可以啟發兒童之地理觀念。《姜堰鄉土志》主要反映姜堰近代各方面的情況。全編凡七章，統隸三十課。第一章姜堰總論：一總綱，二、三名稱，四至六形勢，七至九市廛，十、十一區域。第二章交通：十二陸路，十三至十五航路。第三章山川：十六、十七天目山，十八官溝，十九黄村。第四章風土物產：二十土質，二十一物產，二十二風俗。第五章地方自治：二十三教育，二十四農工商。第六章姜堰勝概：二十五古蹟，二十六名勝，二十七祠宇。第七章地方行政：二十八關捐，二十九軍警，三十郵政、電報。資料主要依據民國泰縣志稿，亦有采自碑石之文、私家志乘及調查所得者。古蹟、祠宇、市廛等目之記述，爲州（縣）志所不備。

（許衛平）

姜堰鄉土志

錢錫萬編

文明書莊印行

倚莊劉屺題耑

例言

照章初小四年級每星期得授鄉土志一小時以啓兒童地理之觀念

鄉土志對於本地之區域市廛山川物産交通風俗古蹟人物方言名勝纖悉俱載是編獨於人物方言從缺者特就地理上之關係詳之耳

是編依據縣志間亦採諸石文家乘暨足蹟檢查所得

是編三十課按每四星期當復習一次適符第四年全年之用余昔從事國學研究蒙以我半日教授曾外此編但攝材料不能適合程度至民國二年得入泰縣乙種師範講習一年餘始覺昨非卒業後復受本市第一國民學校沈棨基君聘主任此科教授整理舊箋於乙卯秋季始業重訂此冊迄今著假告竣人物方言關係歷史姜堰之人文輩出軼事頗多夙昔考求未能獲竣俟修結後再行續出鄉土歷史

中華民國五年歲次丙辰陽歷七月一日伯永氏

錢錫萬誌

姜堰鄉土志

一

姜堰鄉土志

第一章 姜堰總論

第一課 總綱

姜堰者吾人桑梓之鄉也在泰縣中為一部分地方自治成立姜堰劃為市區水路去城六十里陸路去城三十六里地廣人稠百貨雲集大江以北稱繁盛之區焉

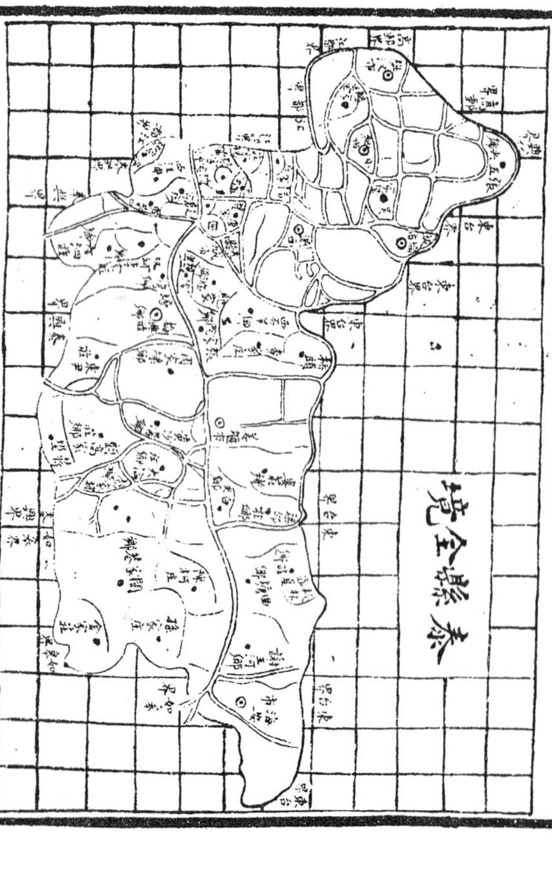

第二課 名稱

姜堰市者姜堰鎮之改稱也古名三水以江淮湖水皆會集於此故名之其水由西來至灣子口一向東一向北相觸回旋為羅紋而成塘故古又名羅塘

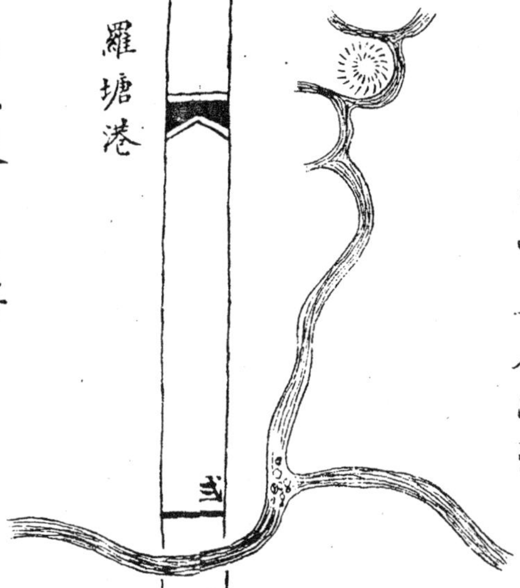

第三課　名稱

姜堰舊有馬驛當宋陳垓知泰州時剏馬驛舖西通江都東通南通自城東十里舖邐東經葛壇流汗口而至姜堰再東而達通如清初仍其舊名為姜堰舖後驛廢而更名姜堰鎮

第四課　形勢

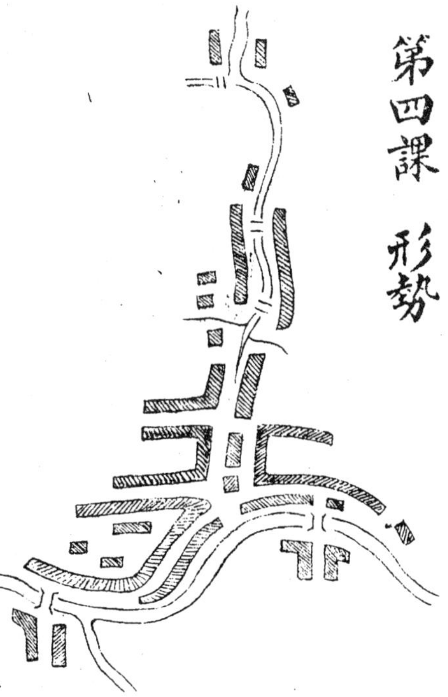

姜堰市面環抱鹽河在前清以上灣子口向北之水直貫下河河上設閘數處以時起閉便蓄洩也究不利下游田禾遂堵上壩建龍王廟於其上示永塞之意焉

第五課　形勢

姜堰市面前高後下前踞堰上故高但堰之建築不知何代綿亘數十里東接如皋境西達泰城自河身漸高水患悉泯凡與

土木取資於此而堰之故迹存者無幾矣

第六課　形勢

姜堰鹽河南岸古為村落其在西橋河南曰彭家垻東橋河南曰太平莊均無市面即兩橋北岸亦不成街道至清嘉道以後商務日漸繁盛市面擴張聯絡一致矣

第七課　市廛

鹽河北岸市面形成三角有正街四副街

三在泰縣正東隅以營造尺計算距城四十五里本市面積縱長五里許橫長四里有奇街道近年鳩築改用麻石平坦易行鮮有凹凸

第八課　市廛

姜之街道東西北三面俱成直線惟南街依據鹽河屈曲而西市中繁盛之區分上下兩壩下壩行戶為多上壩舖家林立而

市廛之壯觀者則又以壩口而東為最焉

第九課　市廛

街道之旁有大小巷焉通瀫正副街道入市者無迂道之虞巷內多屬居戶鮮有廛宅而其著名者東街之山巷馬家巷北方之滎泰巷西北之香店巷奄有街道貿易者之所居也

第十課　區域

姜之市區東界白米東南黃沙溝鄉西南周家埭鄉西界張家院及蘇陳莊鄉西北

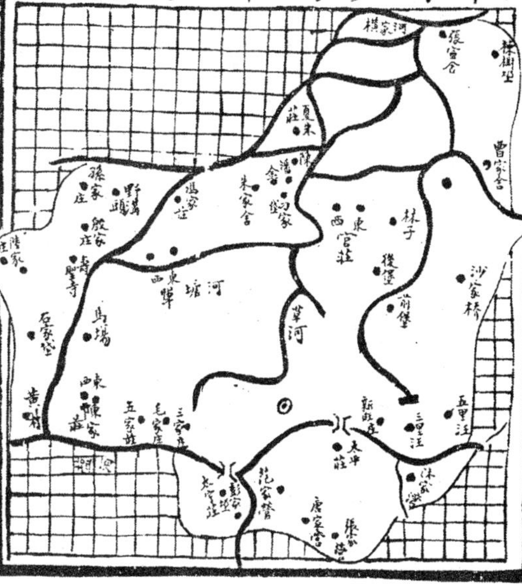

六

橋頭及查家莊鄉東北婁莊鄉區惟正北與東臺青蒲鄉接壤形成秋葉縱約二十五里橫約二十三里許

第十一課　區域

由東橋而南至張家營五里由下壩而北至河家橫十五里由東橋而東至五里汪五里由西街頭至陸家莊十三里所異者新橋西岸轉灣處為東臺屬地域內水陸

交通但夏朱莊北必藉舟楫

第二章　交通

第十二課　陸路

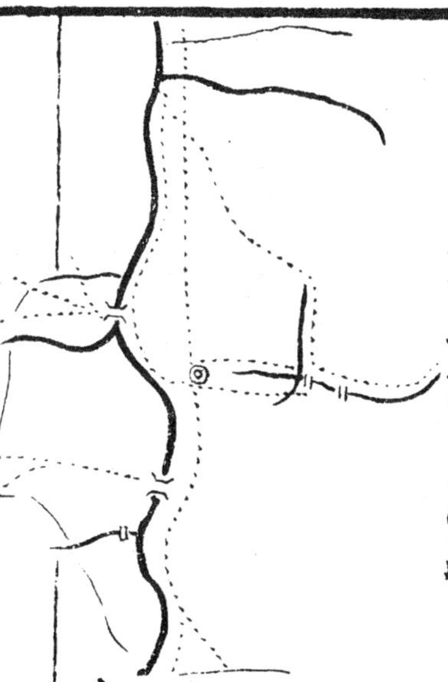

吾姜陸路南達江口百二十里西南達泰興九十里東達如皋百

七

二十里西達泰城四十五里南路由東西板橋而南東路由鎮東官路而東西路由鎮西上下官路而西至於西北方面則均屬航路矣

第十三課　航路

西北交通必藉航路其

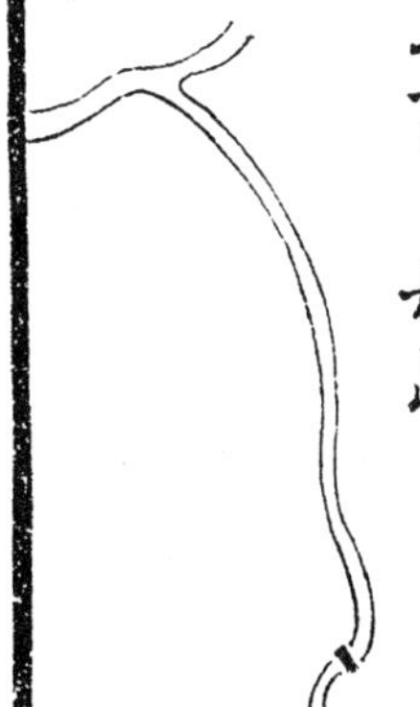

在未堵壩以前舊由灣子口北九十里逕達東臺西北百二十里逕達興化自壩口塞而航路兩

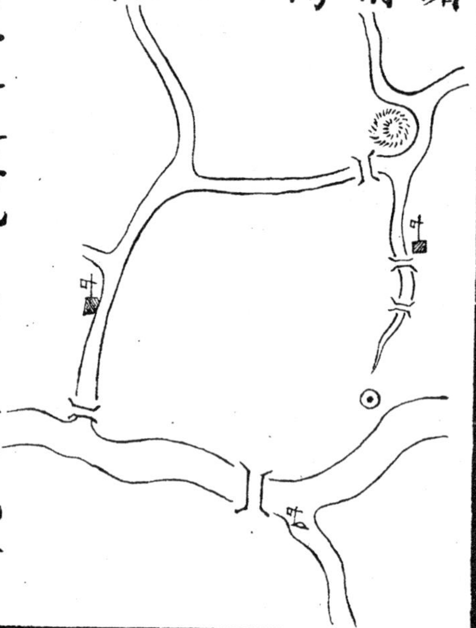

截北路必由鐔子口買棹該處民船會集輪船未興不若上河之便利也

第十四課　航路

其在上河由鹽河東西一貫西達大江東通東海有民船往來有輪船行駛輪船分早晚班期向東者早五句鐘開往南通向西者晚八句鐘開往揚州其名大達其碼頭南街圈門外之河岸

大達輪船由姜至各埠價格表

	地名	價目
東	白米	〇、六
	曲塘	一、六
	胡家集	一、八
	海安	二、四
	力乏橋	三、〇
	柴灣	四、二
	如皋	四、八
	東城	六、〇
	丁堰	六、八
	林梓	七、二
	白蒲	八、四
	三十里	九、六
	唐閘	一〇、三
	南通	一〇、八
西	塘灣	一、四
	泰城	二、四
	界溝	三、四
	宜陵	四、四
	仙女廟	五、四
	邵伯	六、四
	揚州	七、四

右表係客艙價
烟篷照數八折
官艙照碼加倍

第十五課　航路

舊有帮船逐日往來風雨不間向西有泰州塘灣等帮向東有白米曲塘海安等帮向北有東臺溱潼等帮及興化信船價格均按里價值今時新工伙食日漸高昂搭客價值漲倍矣

由姜至各埠帮船價格表

類別	里數	所在地	價目

第三章　山川

泰州帮	六〇	西板橋	一〇〇
塘灣帮	四五	西板橋	八〇(日)一二〇(夜)
白米帮	一八	山巷口	三〇
曲塘帮	三〇	山巷口	六〇
溱潼帮	三〇	鐳子口	七〇
東臺帮	九〇	鐳子口	二四〇
海安帮	六〇	東板橋	一二〇
興化信船	一三〇	鐳子口	四〇〇

第十六課　天目山

市區以内有土山馬距鎮北鐳子口二里許形如伏鉢高二丈三尺周二百三

十步山有二井排列於前其水清洌相對如目故名天目今井廢

山上原田山下環水西北交通之航路取道於此

第十七課　天目山二

海陵有五陵地一曰駱駝嶺一曰羅浮一曰呂城一曰天目一曰鳳山山脈自蜀崗東來橫亘如帶惜乎居民占種鑿斷山脈山與田平矣然天目之名勝五陵中之福地八景中之佳境也

第十八課　官溝

區内之水上下兩河而外南有官溝上受八圩港之水經黃橋湯迤邐而北繞顧高

家莊鄉及黃沙溝鄉境逕達太宇莊前再折而東而北達西橋口之運河此為通江之捷徑（百一十八里）但淤淺不便運輸

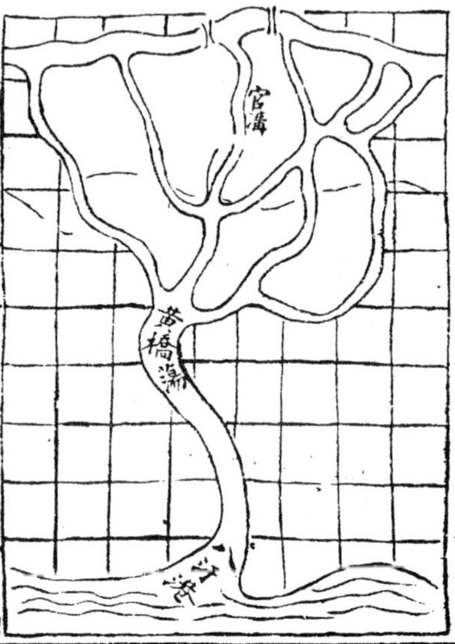

十二

第十九課 黃村

距鎮十里有黃村涵子一所其上有閘名曰通濟宣洩上河之水今閘圮涵廢其水曲折北流入溱潼湖其間自野溝頭分支東向經單塘河達鎮後山橋合下壩之水遶天目山後逶迤而北上下河之貫通悉由於此（圖仝十三課）

第四章 風土出產

第二十課 土質

區內之土類別為三有斥埴有黑埴有黃唐斥埴之土宜豆與麥黑埴之土宜稻與麥黃唐之土宜黍與秫在昔本區濱海土多鹼質鹼質之土無森林叢木近數百年去海遠瀆田多壅力厚而土質漸變矣

第二十一課 物產

本區物產五穀俱備其在北區及鹽河兩岸產稻麥高塍之田產菽麥黍秫鎮之東西兩原產蔬菜天目山左產出銀魚炕坊炕出雞鴨宋劉善明課種榆樹區內多製榆麩近又提倡樹桑為育蠶計則繭絲又產出矣

十三

第二十二課 風俗

姜之土人迷信巫鬼以土木塑像為神一年之內香會節場三浴佛會場一元宵中

秋之夕
跑三橋
攀二橋
瓶曰送
橋瓶夏
秋之交
招男巫
唱小說做太平會七月三十日製河燈碗

燈招僧侶諷瑜伽經謂之利孤

第五章　地方自治

第二十三課　教育

學校教育清之末葉分別為鑒羅公義半日巽蒙女學下行同育公立同化各學堂悉因經濟不充而停閉所沿襲者惟同育及本校民國成立以後添設縣立高等一市立除本校三私立除同育二區內開化

較育進步矣

姜市學校教育表

名稱	所在地	創辦年月／創辦人	校長	沿革
勵材堂	文昌宮	清道光		停辦
同化兩等	岱獄寺	光緒卅年		迁白衣庵改市立第一
市立第一	白衣庵	宣統元年	沈榮基	同化改
公義半日	淨業寺	光緒卅年	曹炳文	停辦
巽蒙女學	草河吳宅	仝上　吳質菴		停辦
鑒羅	觀音閣	仝上　王光祖		停辦
同育	同善堂	仝上　下行全体	吳祖森	
市立第二	後仲莊	民國三年	錢柏齡	
市立第三	夏朱莊	仝上	淩其甲	
市立第四	三學菴	民國四年	余崑	
私立日新	西宮莊	民國二年　淩文蔚		
私立孫殷野	孫家莊	民國二年　劉武德		
縣立高等第三	岱嶽寺	民國二年	丁牧	同化迁讓

第二十四課　農　工　商

我姜蕞爾之地業農者十之七業工者十之一業商者十之二拘守舊制少新知識近雖設有市農會一所商會一所而農商如故也能改良者其在織染一項泰綸貿民工廠竟設工徒傳習所以課工人庶幾

工業有進步乎

姜堰農工商改良社會表

類別	所在地	創辦人年月	職員姓名
市農會	淨土庵	民國三年 曹文鎔	會長曹炳文 經理曹學曾
商會	東嶽廟西山	清宣統年 丁福佑	總理沈沅 坐辦曹文鎔
泰綸公司	香居巷	民國三年 林幼益	經理李慎維
工徒傳習所	淨業寺	仝上	仝上

第六章　姜堰勝蹟

第二十五課　古蹟

晉王仙翁藏靈寶符杖履水戩隱形帽於

天目山左井天臺女道王妙行投金龍玉璧於右井宋開丹井今存一欄矣山左有鹿女臺相傳老莊東嶽廟是陳垓知泰造橋梁六十餘所近年濬河獲一石石文泰橋第六十一座竊疑西橋造於陳君

開丹井　宋蔣之奇開右井得金龍一玉璧二鹿角一

第二十六課　名勝

姜之名勝志書紀載無幾地鉢福地天目

晴嵐皆指鎮北天目言也黃九河之杜來閣及秋佳館唐志尹之萬竹園年湮代遠地址無稽他若景山園及且園先後圮廢惟現存者南街之紫藤花架古莊之劉園及本校西偏之尼姑塔尚可遊目也

杜來閣　九河閣成適杜茶村來因名

第二十七課　祠宇

姜之姓氏子孫繁衍者悉立祠以追遠如

泥牛渡江之異我祖辛三公之事迹也崇祀鄉賢者王公一庵之盛德也他如黃公安三劉公福春丁公緝三丁公天水郁公念三陳公仲明均系由蘇遷泰為姜之世冑代有聞人故皆立祠於茲土

在姜之祠宇表

類別	所在地	建築年月
錢公祠	東街（虞鄉場）	清乾隆壬午年十二月
王公祠	山巷北首	明萬曆乙亥年 清嘉慶甲戌重修
黃公祠	城隍廟西山	清嘉慶十三年
劉公祠	豬行南	

丁公祠	丁家巷東街頭	清道光己酉年
郁公祠	紫藤花架北	清道光甲辰年
陳公祠	南街圈門外	清咸豐十二年

第七章 地方行政

第二十八課 關捐

溯自立關徵稅設捐抽釐雙方並進本屬苛政我姜之有此兩項也原始於清之中葉既而因官溝通江添設巡船土貨竟無漏網姜人士力爭之而郁某受賄不能豁免迄今比較特重漏規頗多歲出約三十萬金共和立憲其將有所裁汰歟

比較 揚關姜堰三萬二千 姜泰捐十七萬零

第二十九課 軍警

前清官制設姜堰汛官一員管轄地東至如皋界牌西至滕壩南至蔣垛北至仇湖目今把總取消改編警察顏曰泰縣第五區警察分所管轄地之輻員隘於舊制而

兵士則遠過之更有錢典特設之商業保衛團二十餘人上著者其安堵乎

姜堰汛署 地址葛堤營兵二十四名餉由藩署發給

警察分所 地址南街玄真觀兵士一百二十餘人管轄地姜堰市周家埭鄉東尹莊鄉大埨莊鄉顧高莊鄉黃沙溝鄉橋頭鄉

警察分所經費 下行任一千千文所不足者另籌特捐與教育平均兩鄉區不與富戶不與罰款不與焉

第三十課 郵政 電報

姜堰者乃江北陸陳之一大市場也商務發展固係運輸之便利尤賴信息之靈通我姜向由民局傳遞路遠需時且信力重近十年中立郵政局其價較廉近又設立電報地雖千里朝發夕至以致各埠商號購麥公司雲集於茲土矣

中華民國六年三月出版　定價大洋二角對折壹角

編者　錢錫萬

閱者　伍崇宜

張國藩

沈榮基

錢錫億

總發行者　姜堰東大街文明書社

刷印者　文明書社

姜堰市鄉土志

沈榮基 編

《姜堰市鄉土志》一卷，民國沈榮基編，據南京圖書館藏一九一九年石印本影印。

沈榮基，字問渠，民國泰縣人。曾任泰縣姜堰市立第一校校長，後任泰縣第三高等小學補習科主任。

作者在校爲學生講授鄉土志。後將講義整理成書稿，經江蘇省檢定小學教員會審定，予以出版。書分三十八課，内容包括：原起、隸屬、區域、形勢、沿革、山川、溝渠、橋樑、道路、郵電、商務、工廠、學制、農業、防衛、物産、風俗、人物、古蹟（所記有鹿女臺、歸裁草堂、杜來閣、秋嘉館、萬竹園、岱嶽寺、净業寺等）、逸事（衣冠墓、倭子墳、節農墓、義犬殉葬、神牛渡江）等，記載了當地自然經濟、地理物産和風土人情。作者不單純介紹泰州的各方面情況，而且還常藉以向學生灌輸一種新的時代意識。例如工廠一課，作者在指出本地工業的不發達情況後，説：『誠能如林嘉煒氏（福建人）所創之泰綸工廠（在香店巷），逐漸推廣，多設處所，凡仰給於舶來品者，均能仿造，則國貨尊，工業自益發展，庸非吾姜之幸福乎？』又如農業一課，作者説：『耕耘之法，多沿古制，無新知識。近年創辦市農會一所，將來討論日精，逐漸改良，固意中事。』對學生頗有引導性。

（江慶柏）

江蘇檢定委員會審定

姜堰市鄉土志

沈編

俞儴書端

敘一

是書爲沈君向渠所編已兩易寒暑矣君長市立小校時按括古今分門擷要凡足以爲鄉土掌故而推廣兒童之聞見者無不悉著於篇其文字之簡明筆法之變換章法之有秩序由淺及深引人入勝合之則爲鉅觀分之則成碎玉又足以供初步作文者之所取法誠佳製也迨君主任吾校補習科後出此以爲教授鄉土志材料學生之受業以去者類皆手錄一冊朝夕揣摩而學生衆多輾轉謄抄殊形煩難屢請出版而君以不足觀辭茲復經蘇省檢定小學教員會審定慷慨付梓以公同好吾喜此書一出不惟省吾校諸生筆墨之勞亦使吾市各校生徒皆得以共聞鄉土之大概也豈不懿歟

中華民國戊午年秋泰縣第三高等小學校校長丁　牧謹識

敘二

丙辰之秋余適擔任市立第一校職務每週應為甲組生徒講鄉土志一則乃檢閱馬氏所編列皆全縣掌故處非初等兒童耳目之所能及因改就本市入手搜采見聞按期編授俟課畢時然後推之全縣亦行遠自邇登高自卑之意一學期終得課藁十九而予以病辭校務家居無事復採集志乘所傳者續成十九課都為一卷會縣立第三校長丁君挽予為該校補習科壹任國文而外兼課鄉土志復出此以為教材課終慮其散佚勉付梓印以存真家非敢有所表異亦聊為鄉土志中之一種記載而已後有同志瓜而載之則幸甚

中華民國八年季夏之月羅塘淍渠沈榮基甫誌

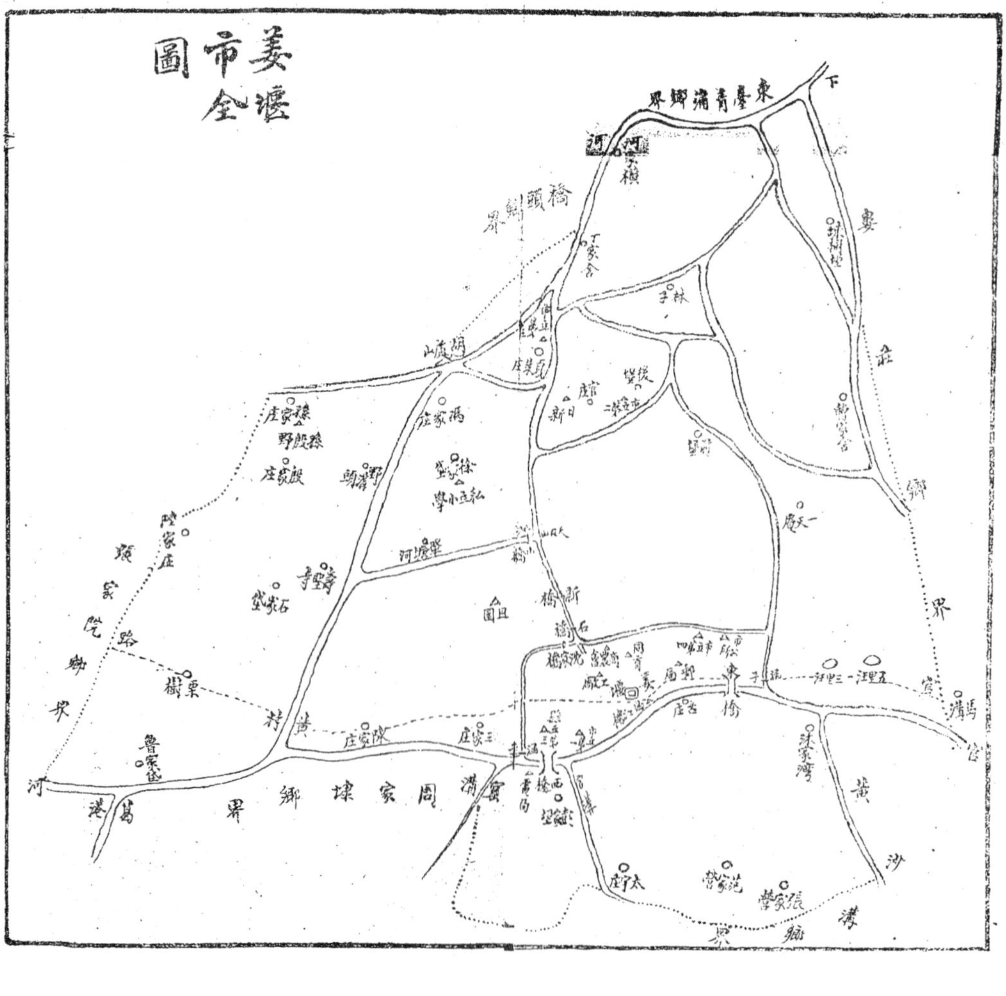

姜堰市鄉土志

第一課　原起

鄉土者鄉里之風土也志者記其事實也汝等兒童生長姜堰焉可不知姜堰市古今之事實令試撮其大略為汝等告

第二課　隸屬

姜堰為泰縣之一部分在城東水路六十里陸路三十六里清初居民百餘家乾嘉以後生齒日繁人民增至數十倍今則五方雜處烟火萬家推為江北通商大埠（據民國元年國省會調查姜堰戶口八萬五百五十九名）

一

第三課　區域

區域舊僅本鎮迨行地方自治吾姜劃為市區疆域廣袤其南與周家埭黄沙溝兩鄉毗連而以太宇莊一帶為畛其北與青浦（東臺縣境）橋頭兩鄉接壤而以何家橫為畛長可二十餘里至於西畛則跨有栗樹東畛則馬溝以西皆為市有長亦近二十里

第四課　形勢

地形環抱鹽河河之東西各架石梁於其上是為通泰興（縣名）之陸路北岸則有涵洞兩道河水下注逶迤匯於永豐橋（石橋名）下行三里許繞天目山而北至夏朱莊側復分流入東臺畛

第五課　沿革

吾姜古號羅塘又名三水南可通江西達淮湖東則到海明代壩口未經堵塞三水（江淮湖也）匯於河灣（亦名魚灣）賁激湍成羅紋形（疑羅塘即因此得名）北流而入下壩並無阻隔迨清初黄君眉房建龍王廟於壩上而上下河始分

第六課　山川

壩口之北三里有土山一座高二丈三尺周二百三十步形如螺髻下有二井相對如目名曰天目蕭梁王仙翁（名治）嘗飛昇於此華陽隱居所謂地鉢福地是也嘗攷府志泰州八景其一為天目晴嵐則此山之馳名久矣（志載王治藏靈寶符杖履水鞿隱形帽於天目山左井天台女道王妙行投金龍玉璧於右井）

二

第七課　續前

距夏朱莊西五里（馮家莊後）有土邱馬方可一畝形似葫蘆雖大水不能滅其頂三面溪流縈迴如帶土人號為葫蘆山又稱羅浮山然無所攷據故不能與縣治西北之羅浮齊名（山距城五里）

第八課　續前

區內長川有三一為鹽河（即上河漢吳王濞所開）東通如皋西通縣治長百八十里一為黄村河水從鹽河下注入橋頭鄉畛

長十餘里一為官溝由西板橋側上通黄橋長六十餘里其在市區者五里而已

第九課　溝渠

區内溝渠計有數十不能殫述就近所可見者南則六家池烟墩汪等處北則錢家池潭沚口杜家灣（一名銀魚灣）等處東則東汪沐家灣等處西則單塘河三角塘沙漠溝等處其經流或與上河相通或與下河相接然多止水故不傳

第十課　橋梁（渡附）

橋之大者曰東板橋曰西板橋（有石刻曰泰橋第六十一座）曰石橋（即永豐橋）曰新橋曰山橋（在天目山前）凡五處皆公家募貲所建造者此外偏僻之處跨河為梁僅通行旅合計不下數十處私建公建性質雜分今皆不着惟古莊黄村刁家垈三渡最為要津行人便之是宜注意

三

第十一課　道路

水陸道路交通四達為吾泰市鄉中最善之東西船舶往來絡繹不絶（有帮船輪船商船郵船等）車輿則東南西三面皆能徑達行旅亦號坦途惟北往興東鹽阜等縣港汊分岐非船莫渡然帮舟商船任人僱儎固無所謂不便也

第十二課　郵電

通信之法舊時僅有官驛（名姜堰鋪宋陳琮建清初猶存）商民則恃帮舟遞送而已不便孰甚焉近來西橋設有電報局一處（商會總理丁植青議倡辦）東街設有郵政局一處而民信局復有兩家帮舟亦代投遞魚雁往來音書千里誠與交通前途有莫大之關係

第十三課　商務

閘嘗登曲江樓（樓主沈姓建於清初雍乾間今賃為旅館）而遠望帆檣雲集皆商船也鱗次櫛比皆市井也所謂上壩之商務也而下壩之商務異是稻河計有一道凡來姜售貨者由行主將貨樣與買客接洽隨市作價每年生意約有二百萬石之譜其大宗則推稻麥焉（民國以來設有商會商務大興）

四

第十四課　工廠

或謂吾姜工業不甚發達由於技術之不精固也而其原因則未有人提倡之故誠能如林嘉煒氏（福建人）所創之泰綸工廠（在香店巷）逐漸推廣多設處所凡仰給於舶來品者均能仿造則國貨尊工業自益發展庸非吾姜之幸福乎

第十五課　學制

科舉時代吾姜文人學子較他區為多其師法一遵先正遺矩有勵材堂以月試優劣（張彌承創始）有義學館以教誨貧癸（吳綬章創）自明迄清數百年間文風丕振迨清季改辦學堂公立私立雖經設有十餘處而興廢無常（鑿羅半日明德鈞亭辦辦）

理岡效現存者九校而已（縣立第三高等市立第一二第三第四私立同育日新共和及徐家伀新創之初等）

第十六課　農業

地方所賴以豐阜者農也姜之農業計分三類居上河者多種蔬蓏而種桑麻者絶少耕耘之法多沿古制無新知識近年創辦市農會一所（曹文鎔曹炳文創辦）將來討論日精逐漸改良固意中事（會附設商會內）

第十七課　防衛

滿清定鼎以來姜堰設一汛官（署址在蔦港）所轄之地西至縣城東至力乏橋司兵二十五名清季添辦警察設區官一名光復後汛官取消保衛治安全恃警察近因警區擴張（東轄周家埭東尹莊顧高家莊黄沙溝大埝莊橋頭等鄉區）改為泰縣第五區警察分所設所長一名巡士一百名每年經費約洋一萬餘元

第十八課　物産

海陵紅粟載之史篇吾姜下河一帶實産之近來麥莊林立除塩河兩岸所生之麥菽外水田亦多改旱麥之收數幾與稻等古時無有也林木則榆樹居多能製造器具販運四方皮可製麪售歸香葉實宋劉善明之遺患（善明宰泰時課民種榆）雞豚之屬出數日增運銷於上海者十之五六惟

五

天目山後所産之銀魚每年利益尚居少數亦憾事也（銀魚灣在天目山後）

第十九課　風俗

風俗崇尚淳樸民多節儉同光以前冬令僅着棉袍衣裘者百之一二平時飲食除初二十六兩日不食肉婚喪宴客不得過六簋惟新年正月親族故舊循環宴飲所謂春戽酒也新稻上市同業迭為賓主銜杯相慶所謂新稻酒也而人尤重廉恥以負債不償為大辱甚至有因此自頸者（咸同間有周某欠店東之款未得責償死於異地）士紳之家以好施與為榮遇慈善事爭為之如粥厰義水施材義塚之類皆創始於其時與今日之民氣大不同也

第二十課　人物

吾姜人物往古無聞其見於州志及家乘者孝子則有黄宸鄉賢則有王棟逸民則有黄雲絶技則有黄龍士及王翼鵬而善人則有曹公其操行卓卓均足以垂久遠至一二清廉尚義奇節可風者亦不容澌滅則附見焉

第二十一課　續前

宸字慕渠母氏臧嘗淅米粉為元宵節饌母歿宸抱蓼莪之痛遇元宵必流涕輟食終身不改而其待兄弟子也一如其所生每秋成所入必分給之使無匱乏其孝友類如

六

此

第二十二課　續前

棟字隆吉號一庵明歲貢生歷官南城訓導南豐教諭暨泰安深州等學正居官不受私致仕後清貧如洗師事族兄心齋受格物之旨講性睦宗立祠創譜著有易説祠堂紀事等書殁後配享心齋精舍

第二十三課　續前

雲字仙裳號舊樵明諸生鼎革後隱居不仕博學工詩亦精書法著有桐引樓悠然堂等集為漁洋山人所賞識平生重道義與仲弟天濤黄岡杜濬宣城沈眉生茂苑徐昭

法等為莫逆交蓋其矜慎名節當時莫與京焉

第二十四課　續前

先生有族弟二一曰龍士一曰喬年均布衣龍士善弈遊京師名聲籍甚世號棋國手著有弈譜行於世喬年工畫與同里王翼鵬先後馳名翼鵬喜畫山水尺幅中有烟雲之勢世多有其手筆喬年之名出其上而不輕為人畫故傳者絶少（翼鵬九鵬弟九鵬工詩具制藝亦有經籍之光）

第二十五課　續前

曹公宗殷字良儒有隱德鄉里稱為善人嘉慶十年水災飢民嘯聚洶洶不可犯公往諭之皆散去其信義之感人

類如此是役也公首捐銀五百餘兩助官賑藩司許額其門曰惠孚桑梓

第二十六課　續前　廉節

黄懿家極貧嘗於途中拾得遺囊一探其所有皆金屬復至原處守其旁日暮遺囊者至懿詰而歸之遺金者感甚以半金酬懿懿笑曰予愛爾酬孰若攜去之為愈也卒不受而返

第二十七課　續前　義士

義士沈公輕財好施與見義勇為會歲暮出檢門户鄰皆寢獨對户某店有燈光竊疑主人飲未終也推門試與寒

暄見主人寂坐垂淚縣繩於梁驚詢其故招飲於家慰之既解囊代償其債復助錢百餘千以為資本由是某氏全活而店亦以復興（公諱東曙字麗堂居主江南人）

第二十八課　續前　奇僧

有僧名行修者沙村人性至聰慧髫齡祝髮為僧居荒庵茅茨不剪日食常缺勵志苦修數十年無稍懈殁後火化方白晝人於烟燄中見其化佛上昇羣以為奇僧云

附名人著作表（書多散佚不可得就其載於志乘者若干種列於篇）

類別	著作者
易説	王棟
會語正集	王棟
眉房詩集	黄位中

類別	著作者
祠堂紀事	王棟
會語續集	王棟
深柳堂集	黄九河

桐引樓詩集 黃雲
偶存草詩集 蔣鐵
周易集解 黃佐成
晉古堂詩集 黃成焕
桐屋文稿 王志勳
一草亭目科 劉漢臣
悠然堂詩集 黃雲
詩經釋義 錢高坤
奕譜 黃龍士
三黃合稿 黃佐九蘭友蕙友
有竹亭詩稿 王栻
善善集 曹氏刻

第二十九課 古蹟 鹿女臺

天目山左側，舊時有臺名鹿女，相傳王治飛昇時，有牝鹿吞其遺丹，未幾生一女，亦飛昇而去，土人以為神，築臺祀之。迄今臺圮，其遺址改建東嶽廟，尼居其中。

第三十課 續前 歸栽草堂

王棟致仕後，樂道課徒，風動遐邇。隆慶六年，建草堂以居四方就業者，名曰歸栽，著會語續集。課之時，年七十餘矣，朝夕講學，孜孜不倦，有簞瓢陋巷之風焉。今改草堂遺址改建王氏宗祠。

第三十一課 續前 杜來閣 秋嘉館

明鼎革後，黃天濤隱居不仕，一以詩文自娛，既構秋嘉館以為棲息之所，復於其旁建閣，高可五十尺，廣二十尺。其建閣也，適黃岡杜濬字茶村來訪，因觴之閣上，落其成，命名曰杜來閣，作記以紀其盛。今其遺址相傳在東後街丁氏宅內云。

附杜茶村閣記 泰州郭東四十五里為姜堰鎮，友人黃子天濤居之。黃氏世有聞人，如天濤尊先子眉房公暨仲兄仙裳氏，俱以詞學知名當世，而天濤承之，以絕異之才，績學虛已，求友析義，一時聲譽翕然。於是既於宅後構秋嘉館，以為讀書供吟眺之所；又築臺結閣，以登高而望，於館之旁得異境焉。則予來訪，偕仙裳到門，望見天濤立閣上，臨視而笑。成適予下，肅客入，握手歡忭，以為奇越。一日，置酒閣上，落急趨其成，余周視此閣，高可五十尺，廣二十尺，憑檻而望，多平疇遠水，漁村樵舍，時秋柳未落，翳然夕照中，頗有圖畫之趣。北望彷彿見山影，如髻螺，即州志所載蕭梁時仙翁王治飛昇處也；南望江帆，數點有無出沒於朝烟暮靄之間，亦復曠觀，須臾賓主酣暢，相與樂其地之蕭遠，與是閣之為宜。天濤則舉酒屬余曰：惟先生有以名之。余方沉吟未出，吻仙裳已躍起曰：夫是閣成而杜先生適至，當名杜來閣耳。又他求乎？四座咸曰：善。余即蹴踖不敢當，其意而亦不得不以為善也。天濤曰：然則先生盍記之。余惟此閣之勝，概與閣之所以名，則既具是矣。所欲言者，獨吾之期許天濤，所以傳此閣者，其惟文章乎？夫文章之道，必博極萬卷，然後以深傳，必於慎名節。然後貴必審擇出處，然後重吾之所以為天濤願而閣亦賴之以傳。鰥彼淵明之東籬，子美之草堂，文章傳之也，而不盡於文章。焦先之蝸廬，袁宏之土室，其文辭不少概見，然要為得其意。至於幼安之水，比伯鸞之廡下，其文心益奇，故皆傳焉。此不可為世俗道也。今天濤居是閣也，望古遙集，則慕此閣而來者，尚有當世第一流，若宣城沈眉生、茂苑徐昭法、婁東王元達一旦褰裳戾止為閣中不速之客，天濤其拂衣俟之。如余者，混迹糊口，鹿鹿塵沙中，不及三君子遠矣，杜之來也，糠粃在前耳，何足以華此閣，因記並及之。

第三十二課 續前 萬竹園

鎮之東北，古有萬竹園，為唐志尹氏所構，其地舊有竹十數畝，園臨其旁。唐公隱居其中，為飲酒賦詩之所。一王維之竹裏館也，今園雖荒廢，而人猶呼其地為萬竹園。本市之園甚多，除東西兩橋南花園外，又有景山園、沈園、且園、劉園等，或廢或存，今皆坍見。

第三十三課 續前 岱嶽寺 淨業寺

姜之古廟有二，一為岱嶽寺，建於隋唐時，中有銀杏一株週圍可二三十尺爲泰屬樹之最古者一爲淨業寺舊爲彌勒禪院晉始改建爲寺前明唐荊川先生嘗客死於此後人於寺中創荊川學舍荊川名順之江南武進縣人

附庵廟表

名稱	所在地	住持類別	有無	創建時代
岱嶽寺	西板橋	僧	有	隋唐
淨業寺	北街	同	有	晉
東嶽行宮	同上	同	有	前清
呂祖殿	西板橋	同	無	同上
際閣禪院	渡船口	同	有	同上
龍王廟	瀾口	同	有	前明
痘神殿	百壽巷	同	有	前清
福慶庵	磨子橋	同	有	同上
大聖庵	石頭場	尼	有	同上
西大聖庵	同上	同	有	同上
觀音庵	同上	同	有	同上

名稱	所在地	住持類別	有無	創建時代
寶蓮庵	詹家汪	尼	有	前清
如來庵	北大街	同	有	同上
積善庵	炕房巷	同	有	同上
財神庵	同上	同	有	同上
玄真觀	南大街	道	有	前明
都天行宮	六家池	同	有	前清
城隍行宮	東大街	同	有	同上
觀音閣	西大街	同	有	同上
關帝廟	東大街	僧	無	同上
文昌宮	同上	同	有	同上
三官殿	同上	同	無	同上
三學庵	東場	同	有	前明
淨土庵	東汪	尼	有	前清
太平庵	東板橋	同	有	同上
古東嶽廟	老莊	同	有	前明
積善庵	天目山	僧	有	前清
地藏庵	黃家垡	同	有	同上
吉祥庵	潘家垡	同附岱嶽寺		同上
大悲庵	夏朱莊	尼	有	同上
千佛庵	同上	僧	有	同上

名稱	所在地	住持類別	有無	創建時代
龍王廟	同上	同	無	前明
地藏庵	陳家垡	同	有	同上
太平庵	金家垡	同	有	前清
觀音庵	後仲莊	同	有	同上
普慶庵	前仲莊	同	有	同上
水月庵	朱家灘	同	有	同上
太平庵	小莊	尼	有	同上
觀音庵	陳家莊	僧	有	同上
一天庵	燕蜓安	同	有	同上
草庵	東官莊		無	同上
地藏庵	野溝頭	同	有	同上
福緣庵	孫家莊	同	有	同上
復興庵	雁子墩	僧	有	同上
羅淨寺	葫蘆山	同	有	前明
極樂庵	馮家莊	尼	有	前清
延生庵	徐家垡	僧	有	同上

附祠所表

類別	所在地	創建時代
黃氏宗祠	東大街	前明
王氏宗祠	東後街	前明
丁氏宗祠	丁家巷	前清
郁氏宗祠	南大街	前清
錢氏宗祠	東大街	前清
丁氏宗祠	同上	前清
王氏宗祠	詹家汪	前清
劉氏宗祠	銀鋑橋	前清
沈氏宗祠	夏朱莊	前明
程氏宗祠	墳頭	前清
鄭家祠	北街	前清
巫氏宗祠	小梁山	前清
凌氏宗祠	西官莊	前清
李氏家祠	吳家缺	前清
黃氏支祠	石橋河西	前清
陳氏宗祠	南大街	前清
曹氏宗祠	山頭莊	前清
石氏宗祠	石家垡	前清
曹氏支祠	香店巷	前清
三賢祠	王氏宗祠內	前清
節孝祠		前清

黄節孝祠	三家莊	前清
上行公所	文昌宮	前清
下行公所	火星樓	前清
布業公所	東場	前清
米廠公所	城隍廟巷	前清
集福會所	磨子橋	前清
糖房公所	南街	前清
魚行會所	都天廟	前清
自治公所	淨土庵	前清
積穀倉	油坊巷	前清
保嬰局	北涵子	前清
京江公所	東後街	前清
同善堂施材局	東嶽廟巷	前清
勵材堂	文昌宮	前清

第三十四課　逸事　衣冠墓

明代倭寇恆為地方害王公天錫出家財練鄉兵以捍衛桑梓倭不能逞民賴以安然自是倭銜天錫甚誘之至海

海上害之尸竟未歸家人取其衣冠以營葬焉明嘉靖時事

第三十五課　續前　倭子墳

是役也鄉兵奮力與倭決死戰倭之死者無數血流尸橫野草為赤土人取積於一處加土封之以為鯨觀今其遺塚在烟墩汪上今俗名倭子坟

第三十六課　續前　節農墓

明季有農某耡於野適滿清定鼎之初騎兵持膽黃至姜就問路農見其言語衣服不與華同詰其來歷兵答以明已亡欲汝等降耳農憤恨以鋤砍其馬馬驚兵怒首於官農以叛逆誅土人哀之葬其尸於鎮西然以犯清忌不敢

傳其名故後世鮮有知者

第三十七課　續前　義犬殉葬

王公升階尚俠義偶見丐將殺犬以為食公憐其觳觫吒而止之贖以錢蓄於家犬感公恩意守夜甚勤公故善拳勇平時練習操步犬在旁竊學之久之術亦精公有緩急犬必任保護之職公壽終犬繞棺哀號不食而死公家義之殉葬於公之墓側在西街頭

第三十八課　續前　神牛渡江

吾姜氏族其支派稱繁衍者王氏而外首推錢氏錢氏本吳鄉王後世居浙其遷泰也實始於錢公綗公初來至江

畔欲渡無舟徘徨至日暮計無所之見沙上有牛一遂乘之渡既渡牛不復見驚為神助由是至姜卜廛而居焉

誌外另有圖十六幅參攷一冊俟書成續入茲以付梓期迫姑從闕焉附識

泰州詩書畫及見識

程嵩齡 輯

《泰州詩書畫及見識》一卷，民國程嵩齡輯，據《晙廬叢書》本影印。

程嵩齡（一八七七—一九五一），字俊生，號晙僧，民國泰州人。隱居城西，築因樹園。此爲程嵩齡七十歲所輯，原標作『卷一』，爲考訂其手藏泰州詩書畫作品的作者生平之作，所收共一百零七人。原擬續就所見所知輯爲卷二，因時局變遷未果。

（江慶柏）

海陵程萬齡輯

唆廬叢書之一

泰州詩書畫及見識

晙廬叢書之一

泰州詩書畫及見識

海陵程嵩齡輯

著者遺像

像遺人夫太丁配德者著

輯印說明

一、一九八四年九月。千編印先君畯廬樸著既成。曾將近年由家鄉帶出先君遺著。續加整理。預計於數年內。每年輯印一二種。總其名曰畯廬叢書。俾劫後殘存先君著述。得由是先後問世。期以稍慰先君在天之靈。

二、本書爲先君七十歲前後所輯。原名泰州詩書畫及見識卷一。意在先就其手藏吾邑泰州詩書畫作品。爲考訂作者生平。輯爲卷一。俟續就以後所見所知，再輯爲卷二。惜乎時事不許。僅能成此一卷。茲輯爲畯廬叢書之一。應可有助於鄉土文獻之徵也。

三、本書帶出係影印本。爲保持先君手澤，故用照相印刷。雖其中偶有先君筆誤或改易之處。亦仍維原狀。以存其眞。至少許脫漏或佚失文字。有存稿者由千增寫補入。無存稿者只得加註從闕。

四、本書少數作者說明下方。有先大兄天如行書加註上欵文字。想見所有詩書畫原件。在先君棄世後。先大兄曾逐一檢點。目前究竟有無存者。殆已不可得而知矣。可勝浩嘆。

江蘇泰縣程大千恭印並識

一九八五年七月於美國休士頓市

泰州詩書畫及見識 目次

泰州詩書畫及見識

程嵩齡輯

易東

東字田授。廪貢生。父維時。明季曾以博學宏辭薦。未就。遂終身隱居。東承其父高隱之後。砥行立品。不詭隨世俗。腹笥淹洽。問字者衆。順治五年。以優行舉辛卯、戊子、兩中副榜。雖數奇不遇。而聲望益隆。泰州雍正志儒林

東字田授。副貢生。其父維時。於明季薦博學鴻詞。不

就。東恬裕有父風。能以名節自厲。順治初以優行舉。泰州道光志篤行
東。崇禎十三年庚辰。歲入泰州學十八名。泰州學冊
易田授以明諸生。兩中清初副貢。入邑志儒林傳。惜
未及。其書法脱胎晋唐。可與品學共傳。此幀以白
綾書成。猶沿明代作家遺風。乃書肆以田易東墨
寶五字題籤。為晙哥買而購之。並詳叙其歷史以
示八。田授先生亦何幸於二百五十二年後。得此

知音也。晙哥屬為題記，走筆應之。民國二十四年三月二十六日風雨燈窗。淩文淵跋

題易田撥書白居易冷泉亭記云：前輩舊臨池，攜來晤直支。孤燈欣共賞，一跋許相知。展卷高譚會，忘言時直題跋多掉字得意時。古人何可及，風雨寄餘思。嵩齡跋五律一章

黃雲

雲字仙裳，號舊樵，世居姜堰鎮。慷慨正直，尚節義，當

事屢聘不應。幼受知太守陳素。陳乏嗣。被枉破家。雲偕遊汝寧。太守饋以千金。雲分贈貧友。抵家囊罄。康熙癸亥。制府于公聘修省志。詩宗盛唐。文擬左史。書摹二王。所著有桐引樓集七律分韻五言詩抄行世。年八十二。無病而終。子二。長陽生。以詩名。次泰來。字文三。工詩文。泰州雍正志儒林

雲字仙裳。號舊樵。世居姜堰鎮。早孤。事母郁至孝。幼受知於州牧陳素。素被枉破家。雲不避險難。與

之同游汝寧竭力周旋。人以爲難。康熙癸亥。與修省志。晚年愈貧苦。屢辭聘名。益肆力於詩歌。東南持風雅者必宗焉。時而臘網鄉漁人。時而海船鄉佐客。最后不儒不墨。自號樵青。年八十二而終。著有樵青集桐引樓集、偬然堂稿。子二。陽生、泰來。並工詩。泰州道光志隱逸

王漁洋輓門人黃仙裳兼憶宗定九云。東原今宿草。又見哭黃公。已覺河山異。還悲耆舊空。文章曾逐鹿。

踪跡各冥鴻。太息遺書在。他時待所忠。注云。黄年八十三。東原、宗隱居處。（蠶尾續集）

順治三年丙戌。黄仙裳刻樵青集。四年州牧劉藥生（繼蘭）創吳陵社課士。刻吳陵詩選。凡十八人。宮鶱隣、沈林公、（復曾）潘曉青、（乾）劉愚公、（懋賢）宮紫元、（偉鏐）童蟬孫、（希舜）王驄馬、（孫驄）張詞臣、（幼學）吳七超、（家駒）杜呂公、（維甫）王子隅、（碼品）丁漢公、（日乾）鄧孝威、（漢儀）方白英、（苞）陸元升、（舜）劉僅三、（懋贄）黄仙裳、（雲）宗定九（元

鼎

諸公也。退庵筆記

仙裳先生著述極富。順治丙戌刻樵青集。癸巳十年游越。刻康山集。丙申十三年鹽臺山陰姜公圖南爲刻悠然堂全集。康熙庚戌九年如皋令上谷李公文秀爲刻桐引樓集。甲子二十三年休寧吳方宏。宗湑爲刻七律分韻。以上皆詩集已刻者。雜著已刻者有景曾錄。又有洗心錄、臨池隨筆二種。退庵筆記

嵩臧仙裳先生閏七夕分詠。七排、十二韻詩一首稿。

陳燦

燦、康熙十七年戊午科試。開例捐納入學。學册

璨著倥侗詩鈔、西泠遊草。泰州道光志藝文

嵩藏倥侗先生五律一首稿。

陳伊旭

伊旭字學顛。諸生。真行得二王之妙。道光泰州志藝術

伊旭、康熙三十八年科試。州首。未入學。三十九年歲試。州首。未入學。四十二年癸未。歲試入學。學册

嵩藏先生字一小愼。

李善樹

善樹字廷標。清高閒遠。書法酷肖其父嘉蔭。（雍正泰州志名賢李嘉蔭傳）

康熙三十三年甲戌五月。州人李廷標（善樹）具書迎費此度（密）先生至。與黄儀逋、仙裳交三、俞水文、陳芳楷、繆墨書（肇甲）湘芷、（沅）沈子厚、（嘉植）陸寄園、周天掇、劉德治游。六月之揚州。（退庵筆記）

善樹一字若木。號夜識（杜詩夜識金銀氣）山人。曲江李存文玄孫。存文詩文書法稱三絶。父嘉蔭尤工書。嵩藏若木先生手卷一長幅。又臨蘭亭一小幀。

李廷蔚

廷蔚字蔚臣。一字霞山。又字瑕芝。雍正七年己酉武舉人。（道光泰州志孝友）嵩齡藏霞山先生詩稿一幀。

程儀

儀字具羽。號巢雲。工書。學董文敏。道光泰州志藝術

儀康熙五十三年科試入學。學冊

嵩藏先生字一小幀。

程風沂

風沂公諱盛脩。家貧篤學。祖母吳、每寒夜促之就寢。已復然鐙讀。雍正八年成進士。改庶吉士。授翰林院編修。擢御史。乾隆四年進詠史樂府。奉上諭。輪進經史講義之御史程盛脩。所進詠史樂府十二章。

指事寓規。詞義意婉摯。得獻納之意。與泛論經史者不同。甚屬可嘉。着賞內用緞二疋。筆墨二種。以示嘉獎。視漕通州。晉順天府府尹。順天府志京兆尹欄內載乾隆十九年繼裘曰脩任是年繼任者程巖次年陳兆崙惟公誤泰州人應改以終養歸。晚年自訂所著詩稿。為夕陽書屋初編四卷。而冠所進樂章於首。又次其歸養後諸詩。為南陔松菊集一卷。卒年八十五。泰州道光志文苑

風沂公嵩太高高祖也。乾隆康熙五十三年科試。入泰州

學。五十九年庚子舉人。雍正八年庚戌進士。學冊及選舉表

嵩藏公寄懷詩一首。云月落不羨城。鴉啼諸葛宅。三十六陂閒。波光淨如拭。中有素心人。清操矢冰蘖。呂杜認前徽。措施踐曩迹。風吹京邑來。循聲稱嘖嘖。走也尤色喜。抱負慰平昔。未免見鸞鳳姿。猶然困枳棘。良晤會有時。訴此情脈脈。此幀丙子二月。故友楊厚甫貽我。是年六月厚甫下世矣。

吴儒度

儒度字復翁。貢生。品學端粹。與兄儒清。講心性。士望歸之。有因事謝以千金者。卻未受。工書。學董文敏。兼精天文推步法。年八十有二終。道光泰州志 篤行

儒度。康熙五十七年歲試入學。學冊

嵩藏先生臨歿年題靜安和尚松鶴圖內詩稿。

宮翼宸

翼宸字參兩。官光祿寺丞。以母老乞歸。著有紅椒山房詩八卷。楓亭詩鈔八卷。道光泰州志文苑

夢仁孫翼宸。字岑兩。所著紅椒山房詩集。有觀先曾祖春雨草堂圖七律一首。大父春雨别業初成七律二首。又有編輯先大人春雨草堂遺集七古一首。

阮文達廣陵詩事

嵩藏先生題風沂公南陔松菊圖詩云。風塵南北共因依。京兆知名達帝扉。誰得似君年七十。萊衣戲綵向慈闈。詔許還山喜慶初。故園松菊滿庭除。期頤歲月尋常度。着處逍遥奉板輿。時年七十九。

江淮

江淮字桐柏。住海安鎮。工小楷。疊數幅校之。一絲不走。道光泰州志藝術

淮、雍正四年科試入學。學冊

嵩藏先生小楷一幀。

丁樂

樂字希韶。乾隆庚辰舉人。幼失父。每見父手澤必淚下。奉孀母。終身不離左右。學使張廷璐扁表其門。泰州

道光志
孝友

樂。雍正四年入學。乾隆四年己未。歲試一等第五名。食廩餼。八年癸亥。一等第九名。十四年己巳。科試一等第三名。二十三年戊寅。科試一等第一名。學册

嵩巖先生題靜安和尚松鶴圖詩二首。千里家駒本絕塵。如何幻出鶴松身。請看雪上飛鴻爪。猶憶當年握槧人。七十丹鉛老斲輪。故交落落向星辰。梁園凋盡殘書在。可許回頭一問津。吾宗右勤二

兄暨思望大姪。皆泰邑膠庠名宿。相繼應少微而殞。其似續逃名方外。越廿年杖錫歸來。覲面幾不識能識。出其禪影囑言閱所題詠、皆伊祖若父同庠業共鳴和者。若以肥遯予之。余不禁慨然感之。為寄意二絕。示我靜安。以為何如也。按樂一字虞廷。靜安蓋故家子。學冊康熙五十八年科試有丁勷入學。未知即右勷也。思望更不審何名矣。

張光成

光成雍正八年入泰州學。學冊

嵩藏先生題靜安和尚松鶴圖詩稿。

柳念祖

念祖，雍正九年科入泰州學第六名。學冊

嵩藏先生題靜安和尚松鶴圖詩稿先生字頫仙。

葉雯

泰州葉雯以著書。李斗揚州畫舫錄

葉蔚村文書法名家也。長余二十餘歲而戚誼平行。

不嘗忘年友。某年新正飲予弟兄於小平原。問余所見拙書以何處為第一。余應之曰。永寧寺樓下橫幅第一。拍手而起。曰。佳在何處。曰。行款勻稱。曰。真賞音。寫字五十餘年。不下數千紙。其稱心如意者惟此。吾欲再寫此幅不可得。殆有數存乎。予曰。聞右軍寫禊帖。亦曾數十本。到恰好處。丈曰。予何敢當。但不可多得耳。壁上字幅十二則。程其羽其師也。名儀。畫亦十二幅。汪木各體也。

姜桐軒叢譚偶錄

案乾隆二年丁巳。科試入泰州學。學冊

嵩臧先生題松鶴圖詩云。松鶴相依迴絕塵。空門君是讀書人。禪棲帕染繁華習。坐卧深山潔一身。先生字爵村。

蒿二峰

江都吳世伯云。蒿二峰筆活墨呆。園時根紙陳畫盡細思嫿不可易。姜桐軒叢譚偶錄 甘泉人見揚州畫舫錄名柱

嵩臧先生臨宗搨十七帖一小幀。

翟宣

宣字日三。號應齋。少好馳射。中乾隆三年武舉人。遂棄其業。刻意為詩。與浙西胡裘鐔、興化鄭燮、同里仲鶴慶輩唱和。五言尤擅長。著有清樂堂詩鈔。道光志文苑

嵩藏先生詩一幀。上款鶴翁。

宫增祜

增祜字篤周。號節溪。翼宸子。副貢生。初從方䇲如、王罕皆兩太史遊。後官安徽東流教諭。學純品粹。老厭宦途。

歸掌文壇。為羅浮七子之一。著有節溪詩鈔。光緒泰州志

增祜。乾隆四年歲入泰州學。學冊

羅浮七子者。宮公增祜、字篤周俞公塽、字安亭羅公克承、字息紹張公紹齡字曲江徐公泌、字希鄦陳公瑄、字光軾朱公昊。字樂庵篤周文廿師事王已山、方朴山兩先生。七子中宮、張、陳、朱、羅。文名最著。俞、徐次之。張又工書。宮又能為詩、古文。為陳、朱諸公所不逮。然諸公能亨於文而塞於遇。陳止鄉薦。宮僅副車。羅、徐、陳終明經。退庵筆記

嵩藏先生庚戌夏仲胡兩同學招飲荻莊即事口占六章。時携小伶十人歌以侑酒云。荻莊泉石絕清幽。老樹千章萬綠稠。最愛青蘋翻曲水。高臺風軟似新秋。嘉賓風雅擅詞章。書畫更番笑語涼。鄭重主人能愛客。桃花潭水意深長。吹竹彈絲子夜歌。繞梁清韻漾瓔珂。聲聞爭散纏頭錦。淺惜深憐奈若何。憑欄俯仰不勝情。名士消沈感笛聲。謂周文白民程文蕁江回憶寒宵觴詠處。可憐舊塚繞殘鶯。程文唐此十餘年矣江村伏案企浮名。請謁師門賦遠征。時麟兒以謁王少冦至淮沈醉園林歌舞罷。孤舟一夜廣陵城。扶醉歸來漏已三。悲歡賣趣我何堪。枚皋一枕鷄人夢。宛似深山彌勒龕。按庚戌係乾隆五十五年。蓋先生晚年作也。

陳傳閬

傳閬，乾隆十二年丁卯科入泰州學。學冊

嵩藏先生詩稿一小幀。先生字西崖。

繆永煦

永煦著有靜軒詩鈔、霜筎詩稿。道光泰州志藝文

永煦乾隆十七年壬申。歲入泰州學。學冊

繆靜軒在五子社。人品古樸。學問淵雅。兼通釋典。十歲即與外祖俞餘齋唱和。羣以大器期之。然性迂而短視。於詩文外世故人情。一毫不知。惟與予有韓孟之好。雖同胞不啻也。余嘗云靜軒有三友。反每事糊塗。而於義利之辨甚明。終身除正配外不二色。而好作香匳體。生平不善書。而鈔書終日不倦。幾於等身。先生笑曰。信然。

姜桐軒叢譚偶錄

嵩藏先生題松鶴圖云。掃空文字業。清梵入高林。風格絶聲色。歲寒無古今。縱餘身外影。久得定中心。此境不可說。遥天孤鶴音。

何廷瑞

廷瑞、乾隆十七年科入泰州學。學冊

廷瑞字芝圃。嵩藏先生題松鶴圖稿。

任志尹

志尹、乾隆二十三年歲入泰州學。二十六年科試一等第二名。食廩餼。三十四年歲試一等第四名。四十九年歲試一等第七名。嘉慶丁卯欽賜舉人。戊辰欽賜國子監學正。官江寧訓導。道光泰州志選舉表及學冊

志尹字鋤雲。一字莘田。嵩藏先生詩一稿。

繆承鈞

承鈞號善夫。早著文譽。肄業郡城安定書院。時主講吳錫麒器其文。拔置上舍。自是名益噪。巨室爭延致之。久困場屋。晚年家居課子。屢空晏如也。年七十二

終。著有寒翠軒詩集。道光泰州志文苑續纂揚州府志人物文苑

承鈞乾隆二十三年科歲入泰州學。幼童四十四年科試一等第四名。四十七年科試一等第三名。五十五年歲試一等第二名。五十八年歲試一等第一名。六十年科試一等第四名。學冊

嵩藏先生聽鸝山館看牡丹分閒字詩一稿。

王　聯

聯字鷺亭。廩生。與甘泉沈鳴謙為性命交。乾隆庚子。

沈鄉試江寧。病喉欲歸。聯送之。沈歿於路。輿人欲去。聯涕泣相留。殯之丹徒某寺中。訃其家。他日或有以此事問者。聯曰。我無之也。嘗買一僮。僮每泣。詢之。曰。我安慶人。思父母耳。聯為其親族歸之。（道光泰州志篤行）

甘泉范秋帆沈鳴謙同居北湖。相隔五里。往來吟詠。時稱湖中二詩人。與泰州王鷺亭交。乾隆庚子同試於省。八月初。沈病急。王不應試。送沈歸。不能輿。以身翼之。既死於途。復為之殯。時人以為義。（阮文達廣陵詩事）

乾隆二十六年歲科試。入泰州學。四十七年科試一等第一名。學册

先生一名字南村。嵩藏先生四言詩一稿。

張星

余年十二始為文。時未下試詩。令館師禁甚嚴。以學詩妨學文也。余竊好。私為之。師怒扑。又為又扑。懼而棄之矣。偶從人至城北三步橋。過一家。庭有花竹。入室雅潔。四壁粘詩幅。皆題曰鐵橋先生。中一聯云。這

裏頗不俗。此中大有人。爲興化鄭板橋書玩而樂之。頃一人出。清秀而癯。深衣拱手。語音鏗然。意其爲先生。即前揖。略通訊而退。退歸即爲四絕句。明晨肅衣謁先生。笑曰。孺子可教也。然未知韻。因出贈小韻書二本。問日報詩一章。中以龍賓、虎僕對。愛其工。益肆力爲之。自是倡和往來。作忘年交。亡何功令下。人競爲詩。適西堍亦川諸詩人來游。同里俞丈牧隱陳倥侗輩倡爲會。會必與先生偕。燭短更長。茶溫酒冷。分題闢韻。無往不從。先生詩甚敏。間有不經意處。亦蒼樸入古。性謙而莊。或同人諧謔。輒正色退。以是咸敬憚之。工書。善寫蘭竹。所居必修飾。一几一瓶。皆楚楚有致。晚年移西橋。四面皆古廟。獨擕一枕。苦吟於晨鐘暮鼓間。先後數十年。余或游或歸。未嘗不造先生。先生未嘗不過余。庚戌辛亥間。余遷城北。猶時時扶杖來。鬚眉微白。衣冠甚古。時年七十矣。先是余為先生卜遠遊。言偶中。先生神之。一日晨。款門焚香。使占之。

卦成。余駭不能言。固詰之。曰某日法當大凶。室有病者乎。曰無。更有耄如先生者乎。曰無。余愕然。先生亦愕然。歸寢疾。至期卒。時某月某日也。先生姓張氏。諱星字鐵橋。廿應儒試。後業醫。廉潔無苟取。有婿曰吳某。名諸生也。與余善。外史氏曰。世稱高達夫五十為詩。非也。蓋五十而後工。非始為五十時也。詩天籟也。必自童子始矣。余生平所學。强半無師。而詩為甚。然一切可悲、可喜、可驚、可愕。意之所不得。天不能呼。父母

友朋不能告。無不於詩乎寫之。向微先生。不且涓涓者絶。萌者折。而孩者夭乎。為先生傳。志感也。亦志幸也。 園蕉墩窮交十傳

嵩藏先生題靜安和尚偈一幀。

繆祖培

祖培字晴嵐。乾隆甲午順天中式舉人。戊戌會元。集之孫。乾隆四十五年高宗南巡。獻詩。著有修月樓詞稿。 泰州道光志文苑

公中會元時。年二十八。家居怏怏。次科庚子會試。秀水汪公如洋以會元得狀頭。公一日在友人家正鬥葉子戲。適見題名錄。遽發疾歸。未幾卒。蓋先生早掇巍科。未展其用。中年折喪。有才無命。悲夫。退庵筆記

泰州繆晴嵐會元。次閿鄉縣詩云。亂山爭瘦削。征馬倦黄昏。又紅橋舟中留别宮霜橋云。鶗鴂聲中蕩畫橈。離情黯黯付新潮。分明兩岸消魂柳。何必愁人定灞橋。阮文達廣陵詩事

嵩藏先生題靜安和尚詞稿云。脫卻儒冠。獨振空山錫。携瘦鶴。如人參靜色。展取生綃幽意逼。身外孤松。眼前片石。說今感往事。斯語真堪逸。方之外有何形迹。揮麈譚禪心久寂。紅雪當年。白雲此日。調寄侍香金童

潘　煦

煦字螺村。乾隆二十六年科入泰州學。學冊

嵩藏先生館中自慨。寄王左亭詩云。柴門臨水此羈

棲。半卷殘書手自攜。心等轆轤終日轉。跡同傀儡任人提。三更冷夢憐嬌女。一紙空函慰老妻。不及柳陰垂釣客。持竿落落坐前溪。又聞六月七日為天孫作詞云。數點輕雲。半規新月。晚粧無意爭妍。正停梭罷織。暗憶良緣。記得年時此際。西風外。環珮蹁躚。如今又藕生益節。遲教成蓮。　濺濺銀河波浪。問何時清淺。變作桑田。算古今也有。薄命神仙。莫怪保章調律。餘晷刻。偏在秋前。須知是人間天上。好事遷延。調寄鳳凰

臺上憶吹簫

韓均

均字自治。又字治也。後更名敬之。乾隆二十八年歲入泰州學。四十二年科試一等第六名。四十四年科試一等第六名。四十九年科試一等第一名。五十四年己酉舉人。居姜堰。無子。學冊及選舉表

嵩藏先生字一幀。先高祖星泉公因先生病痁。瘧疾詩以詢之。云一寒方至此。又奈病侵。何我悵詩情減。君

添藥債多。家無三尺僕。門掩半庭莎。為念萱堂上。秋風鬢欲皤。先高祖星采吟草

程星泉

星泉公諱應韶。晚自號星采。六歲時。京兆公官京師。即能作書以寄。京兆公喜以詞書箑賜之。其末云。漫說鴉塗解寫平安兩字書。年十五。京兆公告養在籍。凡寄人詩文。以目昏不能自書。多口授公代書。故公之詩古文。皆得其家學。年十八。乾隆三十二年科試入州學。二

十八。四十二年食廩餼。戊申、江南主試德定圃得公卷。亟賞之。擬魁選。同佳卷數本置枕席間。填榜時忘取出。榜發始憶及。因命拆彌封。及見公名。謂同事曰。此吾師之孫也。吾師固正人。以無心得之。復以無心失之。吾無愧吾師矣。公自知科名無分。遂坐監。公性孝友。家固貧。性極揮拓。銀錢到手即散去。若不屑屑謀生者。為友謀。又多作長久計。卒年七十八。家傳

星泉公嵩高祖也。敬錄公吟草一卷待梓。又藏書篋。

陳燮

燮字理堂。嘉慶三年舉人。少負儁才。綜覽典籍。學政謝墉亟賞之。既游京師。聲華藉甚。畢尚書沅督陝時。延為上客。梓其詩。吳會英才集中。晚年官邳州學正。以修江寧府志歿於旅次。著有憶園詩鈔。泰州道光志文苑

乾隆三十四年歲入泰州學。四十年歲試一等第一名。食廩餼。四十二年科試一等第一名。考授拔貢。學冊

先生一字學山。嵩藏先生詩一小幀。

沈謙

謙字君撝。湛深經術。兼工詩文。乾隆四十九年進士。歷史官福建羅源、南靖、上杭、長汀縣知縣。政績俱著。後知浙江嵊縣。續纂揚州府志人物文苑

嵩藏先生題姜桐軒松風接瀑圖詞云。靈長如斯。活潑任心源疏瀹。問誰向流水聲中。獨立懸崖。領略峽裏砯漰。自今古山中渨灅成瀆瀑。都付與黑蚌朝飛。青螭夜攫。　我友桐軒。廣騖八裔。步巉巖絕壑。發長

嘯氣本如虹。壯心直倚鋒鍔。倒詞源三峽全傾舒學海長河半落。欲直欲令手舞孤雲去天一握。 爰圖翠壁。細寫冰簾。天外青如削。指點處。荊門欲接。陰雲捲去。匹練飛來。總歸磐礴。長松獨倚。半山蒼翠。聽來謖謖危橋徑。恐夜深風雨蛟龍惡。奇情四出。碧沙遺跡。往來巨石。肆硯前却。 愛奇似我。歷險探幽。曾記攀東嶽。直窮到峰高日觀。脚下青排。螺髻如人。龍鱗似絡。散珠時至。驟雨還來。迢迢大小天門路。恨勞人竟

日窮糟粕。何如畫裏神仙。志在虛無。神遊寥廓。鷺涪序

朱慕渠

慕渠字漱泉。乾隆三十五年科試入學。四十年歲試一等第八名。五十年貢監錄科第二名。學冊

嵩藏先生與胡希曾純洲雪夜小酌。邀廉泉不至。聯句云。小酌頻年事。漱泉懽開五夜樽。興乘來訪戴。純洲臥隱獨慚袁。古屋青氈冷。漱泉薰爐綠蟻溫。何須兼味設。純洲正欲寸心論。郤步陳蕃榻。漱泉為窺董氏園。書堂真朗

徹。蒓洲詩境讓雄渾。坐久燈花落。漱泉人遲莫析喧。荆州誰繫馬。蒓洲黌舍已扃門。慳遇都如此。漱泉牽懷可共言。天涯蘭臭合。蒓洲道誼古風惇。邦水鄉思迥。漱泉燕台客緒繁。敝裘憐季子。蒓洲進飯惜王孫。轉瞬韶華換。漱泉相期宿好敦。艷園花樣簇。蒓洲輝覽鳳儀軒。瀛海三山壯。漱泉鵾鵬萬里騫。他時干氣象。蒓洲今夕話寒喧。爾我忘形契。漱泉詩書大雅存。分箋裁五字。蒓洲共被憶連番。飛絮風偏緊。漱泉停杯燭未昏。來朝傚韓子。蒓洲襟上酒留

痕。激泉

袁振華

振華字冶山。乾隆三十七年歲入州學。學冊

嵩藏先生五律詩一稿。為桐軒詩書

李亨衢

字南阿。乾隆三十七年歲入州學。四十年歲試一等第五名。四十三年歲試一等第六名。四十四年科試一等第五名。學冊嵩藏先生字一小顛。

仲振奎

振奎字春龍。監生。工詩法少陵。為文精深浩瀚。出入

三蘇。平生著作。稿多散佚。所存惟紅豆村樵詩草若

干卷。續纂揚州府志人物文苑

振奎一字雲澗。泰州道光志文苑

振奎、乾隆四十七年科試貢監錄科第三名。學册

嵩藏先生石城曲、清溪曲、湖上吟三詩一稿。贈春桐軒。

陶升

升字梯山。乾隆四十年歲入泰州學。學冊

嵩藏先生題靜安和尚小照詩一稿。

葉兆蘭

兆蘭字古軒。乾隆四十年歲試。入泰州學。學冊

嵩藏先生隨園感舊七律一稿云。廿年金馬老漁樵。五斗功名恥折腰。山水緣能隨處結。神仙福已及身消。文章聲譽空三島。裙屐風流占六朝。愁絕清涼山

下路。酒旗歌板雨瀟瀟。

吳曾

曾字曉嵐。嘉慶甲子舉人。海陵詩彙

乾隆四十三年歲入泰州學。撥入府學。學冊

嵩藏先生花朝北郭尋春詩稿。先生刻有竹所詩鈔。

費復堅

復堅字烋夫。乾隆四十六年歲入泰州學。學冊

嵩藏先生戊午嘉慶三年上巳同人集望雲禪室分得五

律詩稿。

潘慶齡

慶齡字餘庭。著有級汲綆書屋詩鈔。

慶齡，乾隆四十六年歲試入學。嘉慶六年辛酉舉人。

學冊及選舉表

嵩藏先生戊寅秉鐸龍城詩箋。

李宸

宸字楓崖。乾隆四十七年科入泰州學。五十二年歲試一等第二名。五十四年科試一等第三名。嘉慶元年歲試一等第二名。

嵩藏先生友人招賞菊花。即席賦沁園春詞云。秋雨蕭疎。秋風料峭。秋色爭妍。正客子愁多。倘窺花外。主人情重。招集花前。一个狂生。幾枝瘦影。人與花俱世外仙。今拚得拚醒和花坐。醉共花眠。　一春多少花天。再提起春光亦可憐。記燕子身輕。曾穿芳徑。杜鵑聲老。早散瓊筵。富貴易空。繁華不再。才信輕清寒骨力堅。還相約東籬處士。三徑年年。又詩稿一帙。均王左亭款。先生與邑中諸名士。結芸香詩社於芝山精舍。題其楹曰。僧無酒禁。人盡詩豪。其風雅可想。著有粵游草四卷。

宮製錦

製錦字石泉。乾隆四十七年州府首試均第一名入學。撥入府學。四十九年歲試一等第四名。五十年科試一等第三名。五十二年歲試一等第七名。五十三

年戊申順天舉人。學冊及選舉表

嵩藏先生聯云。齒牙吐慧艷於雪。肝膽照人清若秋。

上款先高祖星泉公。先生係京兆公孫婿。

宮煥勳

煥勳字竹軒。乾隆四十九年歲試入泰州學。學冊

竹軒先生與俞先生樸人、宋先生秋嶼、繆先生靜軒、

善夫李先生南阿、姜先生桐仙軒、陳先生理堂。均園

鶴姣先生詩弟子。姜桐軒跋園鶴奴先生詩

竹軒先生。偉鏐曾孫。博學工詩。著有古希老人集。同里王輔藏有冒宮貼梅册子先生為之傳。

嵩藏先生移家詩并序。古云七十不修屋。予謂不然。屋以蔽風雨。適起居。予於履跡所經。雖舟窗傳舍亦喜從而整葺之。其性情使之也。乙秋。僦予宗數椽地甚幽僻。林木陰翳。禽鳥之聲不輟。大可遣懷。且與蕙亭衡宇相望。撰聯句。恰喜鶯聲皆出谷。自憐蟲語慣鳴秋。興未之盡。又成六絶句云。一生浮泊滯天涯。自予弱歲便寄人於甬就閑居快煮茶。倘使春來飢勿迫。

今已五十餘年

庭前多種四時花。天地吾廬寄興賒。香山樓臺閣又奚誇。數椽草草安行笈。倚杖柴門看晚霞。接宇琳宮靜不譁。地近呂祖仙壇鄉傳功火煉丹砂。欲訪羽士還童訣。先換蒼蒼雨鬢華。幾人許我說幽遐。藉屋無須頌禱加。脫略形骸隨意坐。好分沈李與浮瓜。枉道欣停長者車。出門數武酒能賒。醉來橫縱談天地。撑轉張騫泛海槎。兩樹高梧碧蔭遮。繞廬匝屋徧桑麻。從茲亞婦勤工績。學得於陵仲子家。上款左亭。下款訪鶴老人。某按訪鶴。蓋猶念鶴奴師也。又按呂祖仙壇當係斗姥宮隣近。今早築外人洋房矣。可慨也。

葉鹿鳴

鹿鳴字苓洲。乾隆四十九年歲入泰州學。嘉慶十二年科試一等第六名。食廩餼。道光初年歲貢生。據學册及選舉表

嵩藏先生字一愼。

常廷謨

廷謨字諍士。號檢齋。貧而耽吟。不事生產。中年痿廢。日坐敗牆老屋中。嘯詠弗綴。易簀前十日。咏春月有句云。深院梨花門半掩。高樓楊柳笛將殘。讀之幽冷有鬼氣。余謂古軒曰。檢齋病不起矣。後果然。其子繼香。學富才敏。耽吟。綽有父風。爲刊檢齋全稿集。鄒耳山海陵詩彙

嵩臧先生問杏七律一詩稿。檢齋作讀齋。款左亭。

韓一鳴

一鳴字柳村。乾隆四十九年歲試。入泰州學。學冊撥府

嵩藏先生范隄觀海詩云。到此難為水。纔知天外天。發源在何處。縱目竟無邊。日出鯨波湧。烟銷蜃市懸。大隄隄外路。惆悵憶前賢。先生詩選入海陵詩彙中。

韓光際

光際字曉村。監生。鄒耳山海陵詩彙

嵩藏先生答葉古軒詩云。故人書到勸加餐。去住其

如事百端。有母別當垂老日。無衣行況晚秋寒。空囊作客神先沮。長路依人鋏怕彈。到底壯心消不得。一鞭風雪上征鞍。按田鶴舫先生有送韓曉村再遊大梁詩。

俞國鑑

國鑑字玉衡。嘉慶五年順天舉人。幼負異禀。年十三。肄業郡城書院。運使曾燠極賞之。刻其詩題襟館集中。是時泰之能詩者。首推陳爕。國鑑年廿於爕。而詩名

與相頡頏。旋之京師。從士大夫游。業益進。選授通州學正。以母老不赴。卒年五十二。著有樵月山房集。續揚州府志人物文苑

國鑑。乾隆四十九年歲試入學。撥府。五十二年歲試。府學一等第一名。五十四年科試。一等第四名。五十五年歲試。一等第二名。嘉慶元年歲試。一等第三名。二年科試。一等第一名。四年優貢。學冊

蒿藏先生詩稿二。又聯云。科名得路人餘幾。子弟能

文事最難。

羅克俠

克俠字夏園。乾隆五十二年歲入泰州學。學册撥府

羅文夏園。芸香社詩人也。同時如許雲原、葉古軒、鄒

耳山諸公。皆先後溘逝。丈獨巍然。道光乙未年七十

五矣。少特在闈中作號舍詩云。至公堂下列西東。小

巷條條路不通。九日騰諠三載內。一身枯坐萬人中。

矮檐怕觸頻低首。短板思眠要曲躬。蝸舍蜂房盡如

此。淚儂都是可憐蟲。退庵筆記

嵩藏先生與古軒、嘯竹、蔚伯、牛首即事。時鶴舫、紅舫同行。詩云。亂石疑無徑。捫蘿快一登。極天雙闕嶮。躡足幾人登能。返照明江水。荒烟黯孝陵。祇愁高唱驚醒六朝僧。又雨中登高詩稿。

孫光璧

光璧字二泉。乾隆五十四年科入泰州學。學冊

嵩藏先生冊頁一紙。係辛酉初夏書。按辛酉嘉慶六年。

盧琯

琯字蕙圃。善草隸。有晋人風格。隱居城北羅浮山側。里人王輔有過盧蕙圃村居詩。光緒泰州新志稿藝術按先生字非草隸。善草隸者。羅夏園也。新志誤羅指盧。實則兩先生手蹟可證。

嵩藏先生新夏同人岳墩晚眺云。黃梅雨後嫩晴天。散步同登岳阜巔。山色蒼茫空翠裏。湖光蕩漾夕陽邊。出林鐘度漁樵路。抱甕人歸菜麥田。無限詩情吟未盡。西城蔀座動炊烟。

夏蘭

蘭字紅舫。乾隆五十五年歲入泰州學。學册

紅舫一字鐵翁。退庵先生伯兄也。著有香草軒詩存兩卷。地理元機一卷。居州城北門之北東。東橋之北。有香草山房。為先生吟詠處。

嵩藏先生詩稿一幀。先生又字補生。見伯山詩話。

俞國華

國華字蔚村。詩選入海陵詩彙中。

嵩藏先生留別王左亭云。計擬乘舟雄水邊。離懷爭奈落花天。知君著述非初願。愧我飄零是夙緣。休指青旗招伴侶。好謀金屋貯嬋娟。閑來欲慰相思句。還趁鄉關赤鯉傳。

王輔

輔字左亭。監生。性至孝。直言質行。學人多敬憚之。幼慧。博通典籍。而不應選試。日以詩酒為樂。與同里諸子。角勝騷壇。至晚年而好愈篤。興化詩人徐鶴峰病歿。爲營其殯葬。立石於墓以表之。其他行誼見重於時多類此。道光元年舉孝廉方正。力辭不就。著有雪蕉堂詩草。匏尊老屋經史紀餘。圜錢所見記。卒年六

（以下兩行原稿佚失）

退藏臼下。厲齋譚遺事云。春風又綠三山草。夜雨空

明十廟昏。

伯山詩話

嵩藏先生菊影詩云。蕭疏掃不散山村。掩映騷人舊酒樽。滿徑夕陽扶活韻。一籬明月寫秋魂。侵來烏帽瘦無力。點上白衣香有痕。未免瀟瀟尋不見。斜風細雨濕柴門。秋日憶秦淮舊遊云。曾記秦淮選勝遊。六朝佳麗十三樓。花迎粧閣春爭艷。水戀歌船夜不流。彈指光陰悲故我。關心風雨又清秋。板橋楊柳今搖落。料得丁孃也白頭。

田琳

琳字鶴舫。乾隆五十五年歲入泰州學。學冊

吾鄉諸君前作詩會於芝山精舍。數十年來風雅不墜。存於會中者。詩如東蜀。美不勝擾。田鶴舫茂材友人留飲云。雨後虹如才子氣。月中花似美人魂。答諸子書云。詩境漸如淮橘化。風懷猶作海棠顛。伯山詩話

琳字林玉。號鶴舫。諸生。清癯玉立。善病工愁。詩多商音。讀之如聞三峽哀猿。其有才無命之徵與。海陵詩彙

嵩藏先生客中月夜云。雨過天如洗。烟光帶露流。誰

家弄長笛。吹起故鄉愁。花影半簾月。蟲聲滿院秋。不堪情緒惡。此境故清幽。蝶衫上款字二方

許秉銓

秉銓字筠園。布衣無題云。裏湖湖裏荷花香。外湖湖外郎船忙。留住郎船看花去。明日西風荷葉黄。伯山詩話

秉銓一字右衡。嵩藏贈左亭蝶衫上款二詩稿客途口號云。檢點韶華事事非。楊花作雪戀征衣。如何江北江南路。猶有傷春客未歸。偶成云。六扇疎櫺敞碧

紗。藥欄亭午報蜂衙。山翁鎮日饒清課。編竹成籬護菊花。

鄒熊

熊字耳山。別駕。秋日遣懷云。酒於深夜防沈湎。詩到中年減性情。贈朱野雲云。遍交入洛諸名士。平揖當時上大夫。伯山詩話

乾隆五十四年科試貢監錄科第二名。嘉慶二年科試貢監錄科第二名。學册

熊字耳山。監生。性曠達。中年始爲詩。芸香社諸前輩爭虛左以待。丹徒王豫輯羣雅集。謂其詩清峻雄邁。與雉皋謝德泉並稱海上作者。著有聲玉山齋詩集五卷。光緒泰州新志文苑

嵩藏先生米貴歎詩稿。

魯嘉祥

嘉祥字楓橋。上舍書懷云。漸覺嘗完惟世味。最難看破是名心。伯山詩話

嵩藏先生詩稿一幀。寒衾云。冷味嘗原慣。中宵擁獨頻。温須還籍我。熱本不因人。落拓餘孤影。支離縮此身。黑甜多好事。却夢累重裀。野眺云。夕照淡孤影。無言坐石根。人家烟樹外。三五自成村。

楊尊三

尊三字方田。號達軒。監生。有過天津詩一首。選入鄒耳山海陵詩彙中。

嵩藏先生書被催成。墨未濃。詞稿云。尺素煩雙鯉。迴文托使鴻郵人何事不從容。難道俄延片刻。偏自話匆匆。無限心頭事。傳來瞬息中。松烟那得細磨礲。畧寫愁衷。畧寫幾照時逢。畧寫鴛鴦。字字總朦朧。調寄啄木兒

萬傑

傑。乾隆五十七年科入泰州學。嘉慶九年科試一等第一名。十一年歲試一等第一名。十二年科試一等第一名。是科丁卯舉人。學冊及選舉表

槃字薌林。嘉慶十二年舉人。少孤。力學。試輒冠軍高等。肄業書院。運使曾燠榜其文於題襟館。爲多士式。燠官湖北按察使。槃往就之。病殁於旅舍。爲歸其喪。

續纂揚州府志人物文苑

嵩藏先生便面。書陰平曉渡口占云。行行曉月上林端。凍合長河喚渡難。立馬霜前思往事。雞窗無此十分寒。

任鈺

鈺學册名琰。乾隆五十七年科入泰州學。嘉慶十九年歲試。一等第二名。食廩餼。道光二年壬午舉人。

鈺字其相。嵩藏先生爲蝗衫書册頁。

湯治昭

治昭。乾隆五十八年歲入泰州學。嘉慶十一年歲試。一等等第七名。十二年科試。一第等第三名。食廩餼。十四年歲試。一等第四名。二十五年歲試。一等第二名。學册

治昭字懋齋。歲貢生。品端學博。孝友性成。從學者多所成就。著有清嘯堂詩草。續纂揚州府志人物文苑

吾鄉湯悔菴治昭明經。家與余家只隔兩衖。昕夕過從。幾無虛日。歸道山後。詩稿散失。幾難追尋。辛卯一編。偶於同人處見之。亟錄其佳句。如贈寫生馬蘭谷云。未成魚鼈聊行樂。得畫麒麟自有人。蓋辛卯歲河決馬邏灣。兼開車邏等壩。故有未成魚鼈之句。閑關云。薄醉顛毛霜後草。清秋夜齒畫中山。歲暮歸里云。

蘇秦已敝還鄉屩。呂覽空懸正字金。浩歌云。世情且可點頭看。詩句何消注腳多。詩家往往自下注腳。並非僻典難字。而喋喋不休。豈以閱者皆枵腹而必為此聊耶。宜悔葊言之如是。伯山詩話

嵩藏先生伯山賦贈伯山仁弟云。兩萍蹤跡慣裴徊。為過蘇端冒雨來。愛爾胸中幾雲夢。慚余衣上有塵埃。前程犖落經賢叔。後起風騷此霸才。倚醉高譚芒角露。累他鷗鳥盡驚猜。又贈王左亭分詠唐宋詩人

得李白、杜甫云。詩中史筆酒中仙。開寶風流說兩賢。殿上眼空高力士。江南腸斷李龜年。浮雲蔽日愁難放。茅屋經秋事可憐。只有文章光燄在。錦城西去夜郎天。

宮騏

乾隆六十年科入泰州學。

學册

嵩藏先生書屏一幀。先生字柯亭。

繆引年

引年乾隆六十年入泰州學。（學册）

引年字漁湖。嵩藏先生書被催成墨未濃詞稿云。玉指拈斑管。鸞箋展蜜香。拚將細細寫柔腸。陡地一聲辭去。催促兩三行。 小字款兼草。封函疾使忙。這回書信太荒唐。帶去他鄉。帶去送檀郎。帶去被他暗笑。笑我沒文房。（喝火令） 又泥美人云。千古紅顏歸尺土。而今翻化菌條汝。烔烔雙眸衣楚楚。無言處。息夫人是芳鄰伍。 撲面風沙誰愛護。此身却被鉛華悞。何事香閨生嫉妬。須重顧。恕儂木石心腸苦。漁家傲 又偷將拄杖撥紅裙云。對此紅裙。撩起我老人心癢。為認取一鉤雙玉。拖翻拄杖。悄地撥開前後縫。瞞他偷覷苗條樣。這風情比較廿年時。何多讓。難道有非非想。又怎敢呆呆相。便逢場作戲。奚辭孟浪。落得眼前看個飽。未妨手底成無狀。幸始終沒有別人知。心兒放。滿江紅 上款左亭。

陳晉元

晋元乾隆六十年科入泰州學。學冊

晋元字檗生。嵩藏先生乙酉道光五年秋仲五十初度詩云。依然一室坐維摩。草草流水（光）半百過。筋力已從殭歲減。心情都被病軀磨。早除塵妄存真性。畧借禪機養太和。但使此身能棄疾。年華那敢怨蹉跎。身後無名總莫論。及時行樂已輸人。也拚諧俗如游戲。只許哦詩可率真。琴摔終難成古彈調。車焚豈為悔方輪。感恩知己尋常事。獨怪虞翻骨相屯。迂疏真是百無能。卅載羈孤笑陸沈。貧賤安閑非易事。功名淡漠豈初心。年來但覺交游廿。老去惟餘感慨深。便道狂奴仍故態。新霜羸得鬢毛侵。七年小住又羅塘。閉戶權充養病坊。最喜清風常入室。每邀明月共開觴。干時絕少千金帚。醫嬾都無百藥方。窮達信知洵有命。漫隨翁子問行藏。上款夏紅舫先生。

朱佶

佶、嘉慶元年歲入泰州學。六年一等第七名。學冊佶字閑軒。嵩藏先生手書冊頁。上款蜨衫。

澧字蘭波。王左亭先生社友也。印章家住鳳凰城。其為泰人可知。

朱　澧

嵩藏先生七十生朝詩云。磨盡雄心賸白頭。小山風物且優游。月輪看到千番滿。花甲掄過四百周。雞犬隨身難拔宅。雲煙瞥眼不登樓。故人幾輩漁樵老。我亦銜杯唱野謳。

潘厚坤

厚坤、嘉慶元年歲入泰州學撥府。十七年府學一等第十名。

厚坤字碧江。感嵩藏先生感懷詩稿云。九轉迴腸十二時。栖栖老矣欲何為。嫁衣作處偏慚我。蜂蜜甜來竟為誰。三五星憐天近曙。念番風悔信愆期。空空色相渾無着。枯坐禪關（以下字脫落）

依舊强加餐。（以下字脫落）

試嬾原知求第一（落三字）解作詩難。柔腸百結歌千首。吟罷春風興未闌。上款左亭先生。

沈穀春

穀春，嘉慶十一年歲入泰州學。十六年一等十三名。食廩餼。學卌

嵩藏先生五古四章。弔吉門徐節婦稿。

李觀時

觀時，嘉慶十一年歲入泰州學。撥入揚州府學。十二

年科試。一等第二名。十七年科試。一等十三名。二十一年科試。一等第三名。二十二年歲試。一等第六名。二十四年科試。一等第一名。

余友李雨村觀時。本籍江右。因隨其尊人作賓泰州。遂入郡庠而食餼焉。作詩刻苦。每分韻闈題。必捉鼻酸吟。而後落紙。所惜者地下修文之後。伯道兒經短折。中郎女亦蚤夭。詩稾散佚。無可蒐羅矣。余記其題畫云。桃花如錦柳如絲。正是河魚欲上時。幾日不來春又去。東風吹水綠參差。小游仙詩云。年廿緣何道力堅。時於醉後放狂顛。麻姑倘許搔奇癢。甘受方平背上鞭。縕藉中時露風趣。讀之可想其為人矣。伯山詩話

嵩藏先生兩詩稿。均贈王左亭云。草痕波影綠參差。三月遊魚上水遲。千片紅雲吹不散。桃花如雨打潮時。赤欄花靜夜迢迢。縹緲高樓碧玉簫。八扇紗窗涼浸水。銀盤飛渡海門潮。過江家橋云。麥苗風暖麹塵輕。閒曳青鞋緩緩行。望見茅檐蔽叢竹。也思驅犢學

春耕。淺水池塘半野蒿。道旁人亦喚（笑）青袍。忽驚粉蝶向西去。古塚菜花三尺高。靖海樓觀梅云。僧樓高倚女牆東。花繞春城有徑通。雙屐新泥拖宿雨。滿衣香雪攬晴風。人甘小隱思和靖。詩紀閑游學放翁。扶徧闌干各歸去。白鷺飛帶夕陽紅。

儲鎮藩

鎮藩，嘉慶十二年科入泰州學。十五年科試一等第四名。學冊鎮藩字价人。嵩藏先生賀某書室落成詩稿云。幽齋結構最精嚴。畫意詩情四壁兼。書帶草香侵坐榻。鳳仙花影上蘧簾。蠹搜青簡枯涎拭。茗煮紅爐活火添。第一桑榆多晚景。朝朝迎得夕陽暹。固由胸次多邱固由胸次多邱壑。半假蕭閑娱老親。小隱最宜椎髻婦。承歡能慰白頭人。招邀朋輩都緣俠。富有圖書不算貧。我亦市城甘閉户。輸君瀟灑出風塵。

李慶華

慶華嘉慶十四年歲入泰州學副貢生。學冊及揚州府志選舉表

嵩藏先生輓叔高祖聞軒公詩云京兆家聲舊清門世澤長。如何褰國器。第使佐琴堂。屈宋銜官抑。張徐吏治良。鸞遷身忽退。屬望在書香。有子皆騏驥。孫兼玉筍班。出門事書計。橐筆各關山。暫使承歡隔。相期衣錦還。毋為兒女態。終老戶庭間。果然崑玉美。奪解到京華。桂馥三霄貴。蘭餐一倍加。餘慶知未艾。後起尚無涯。科第公家物。扶筇看傍花。醇醪恒有

味。秋水淨如（爲）神。鶴髮飄如雪。芝顏與若春。三朝羅掌故。四世篤天倫。壽乃休徵首。昌齡篤八旬。娛老耽遊覽。終朝杖履忙。互為東道主。都是文人行。社慣枌榆集。譚資茗荈香。自從游子返。侍膳倍康彊。一朝旗鶴至。撒手跨青牛。城腳雲都閣。橋心水不流。生將黃綺視。去亦佛仙儔。倘遇同懷客。應邀訪十洲。

宮玉華

玉華、嘉慶十二年科入泰州學。十七年科試一等第

三名。食廩餼十九年歲試一等第五名。二十一年一
等第十一名。
玉華號瑤臺。字舜昭。題鄒雋生手藏鄉先輩法書裝
演潢成册詩云。遺珠冢罔求。古鏡微之得。荆璞卞和
知。啞鐘文讙識。自古不世奇。每向沈淪出。先哲運精
思。英靈總不没。休哉故紙堆。寶光騰發越。梓里舊閭
人。名賢真墨蹟。況乃吾高曾。氤氳親手澤。鍾王生氣
存。歐褚新機闢。滿幅灑雲烟。遊歷蛟龍窟。鉤心鬭角

思。戲海遊天筆。如登波斯庭。如入瑯嬛室。如泛米家船。如觀酒樓壁。行道山陰深。食蔗佳境入。兩朝翰墨林。一幅書畫册。芝蘭氣味親。枌榆古香挹。對吾祖若宗。竦然毛髮立。對此前文人。愧恧神思滅。雋生真可人。妍緒幽蹤闢。諄囑沈休文。向我片言乞。我本老鬚眉。秃筆久枯澀。愛玩不忍辭。聱牙寫佶屈。頌我布世珍。踵我先人迹。揚我故鄉芬。潑我松煙汁。

程文伯

嘉慶十四年歲入泰州學第一名。十七年科試。一等第十二名。二十二年歲試。一等第六名。道光二年科試。一等第五名。三年歲試。一等第三名。食廩餼。六八年戊子捐貢。

文伯公諱紹昌。嵩叔曾祖也。同里袁子文先生題公像贊云。先生幼岐嶷。落筆已驚其長老。又嵇亭解元。命從李南阿明經及堂兄香巖孝廉游。工制藝。直入黃岡鍾陵之室。與堂弟韶庵解元齊名。又與從子小

鄉小松同硏至契。號吳州四程。邑名宿湯悔庵康伯
山唐蔚伯常高庵高文子田少泉諸老。先後與先生
文字相切磋。每學使案臨。試輒冠軍。最為周石芬朱
虹舫白小衫三先生所稱賞。暇作詩古文詞。俱考覽
經史。出入漢魏。顧不甚愛惜。甫脫稿輒棄去。才不偶
命。省試書十上。幾獲雋選而躓者再。卒不遇。而先生
不少懈。性嗜古。與通州馮集軒進士同癖。最稱莫逆。
尤工行草。未下筆時。先縱飲大醉。醉輒伸紙疾書。有

天馬行空之概。先生於書法無所不窺。而於李北海為近。晚乃用安吳包先生一派。斷縑賸幅。世爭寶之。家故不豐。以授徒自給。中年後。卜宅郡城。與范膏庵羅茗香吳讓之為友。掌教徐松泉先生見所作安梅兩書院課藝。每盛稱之。歲癸丑。先生始回故里。徐清惠公寓書先生。招遊西湖。膺疾未果。年七十一。歿於邑之馮家村。咸豐九年十一月也。

紹昌字文伯。廩貢生。少與從弟字光及姪祥棣祥芝齋名。州人有四程之目。所為詩文。涵濡經史。矩矱漢魏。工書。得李北海法。著有春暉草堂詩集。（續纂揚州府志人物文苑）嵩於民國三十二年十月。敬輯公詩古文詞。仍其名曰春暉草堂詩文集。

康發祥

發祥字伯山。歲貢生。工詩古文詞。性耿介。家貧。以著述自娛。著有三國志補義。伯山詩話。詩鈔。雜文。小海山房詠史詩若干卷。卒年七十八。續纂揚州府志人物文苑嘉慶十四年歲入泰州學十九年歲試一等第九名二十一年科試。一等第八名。道光三年歲試。一等第四名。食廩餼。學册

嵩藏先生輓叔高祖聞軒公詩云。去秋風木恨悠悠。先慈於去年七月捐養清涓沇瀾又哭公。强健方游茶社裏。公病前一日尚於某茶社見之凄涼旋嘆酒爐中。鷗花有地尋刁約。東坡集中有哭刁景純詩詩注景純享年八十有四今公齒德皆與景純相符車杖無緣奉仲

弓。仰見德星天墜天半。哀哀江郭走鱗鴻。公病日小松兄同里後數日令嗣鶴衫兄自符離遄歸人言梅福竟仙游。花下籃輿近日收。曾向江關騰驥足。公昔官廿府歷任縣佐州倅所至皆有惠政盡教子弟作龍頭。哲弟嵇亭先生丁卯獲解令嗣韶庵六兄又於丁酉獲解儒風純粹伊川學。暮雨飄零洛社秋。我向公門誤哀誄。生翁如此敢輕投。

夏荃

嘉慶十五年科入泰州學。撥府第一名。二十二年一等第三名。二十四年一等第二名。

荃字退庵。著輯有海陵文徵二十卷。海陵詩徵若干卷。著有退庵筆記十六卷。宋石齋筆談一卷。六客之廬筆談一卷。退庵錢譜。

嵩藏先生手選先高祖星泉公吟草抄目一紙。

程小瓣

嘉慶十六年歲入泰州學第一名。二十一年科試。一等第三名。食廩餼。道光三年歲試。一等第一名。五年

乙酉優貢生。學册及選舉表

公諱祥芝。字小香。晚號小薌。嵩先祖父也。歿年七十有二。

嵩藏公遺稿敬輯一卷。

常增

嘉慶十六年歲入泰州學。撥入揚州府學。道光五年乙酉拔貢生。學册及選舉表

增字高庵。道光五年拔貢。性至孝。聰慧過人。好學不

倦。著有儀禮瑣辨一松樓文稿編年詩鈔高庵詩話竹葉山房外集。續纂揚州府志人物文苑

嵩藏先生甲戌嘉平賀王左亭移居云。辛勤十載覓衡茅。未許頻年作繫匏。擇木又看鶯出谷。卜居渾似燕營巢。綢繆牖户偏難定。料理圖章書不忍拋。此後訪君深巷裏。柴門休厭我常敲。購得蝸廬寄此身。番番點綴見精神。世無廣廈誰能庇。壁有新詩不覺貧。近市只貪常貫酒。傍橋況喜可垂綸。北來我

在山房住。時館天竺山房戴氏也與君家算結鄰。

陳奉綸

嘉慶二十二年歲入泰州學。撥入揚州府學。道光八年科試。一等第一名。學冊

奉綸字掖亭。嵩藏先生小飲四首。次東坡岐亭詩韻。

次日復謄一首稿。

朱賜章

嘉慶二十五年歲入泰州學第一名。道光五年一等

第十名。六年一等第六名。十五年一等第四名。十七年一等第二名。二十一年一等第五名。賜章字五橋。嵩藏先生一詩稿。篆西先生手録題字

俞翔洽

嘉慶二十五年歲入泰州學第二名。翔洽字松蓀。嵩藏先生一詩稿。題篆西先生照

王廣業

原名佐業。嘉慶二十五年歲入泰州學第三名。道光

元年辛巳舉人。三年癸未進士。官福建漳州府。學册及續纂揚州府志選舉表及人物志

嵩藏先生輓小松公詩云。聞說歸帆出峽中。鰕生半刺許先通。門前滿擬迎王粲。床下何堪拜德公。一面有緣衰鬢白。兩人無語夕陽紅。瀕行仍作重逢約。檢點詩筒又酒筒。

記醉君家舊酒爐。每過城闕望衡廬。壞牆繞屋門圍千堞。枯樹欄橋卧一株。岳阜秋風悲北宋。草堂春雨隱西湖。長歌短詠渾如昨。此樂他

年不信無。鳥語鵑魂各一天。人生聚散亦前緣。東西跡阻三千里。兄弟情韋五十年。雲路仰看君直上。歸鞭竟讓我居先。蜀中亦有言旋意。二老風流在眼前。歸來三日疾瀕危。來去分明撒手時。一月短緣拋病婦。十行遺囑泣孤兒。首邱得遂終為福。心願難完只自知。多少單寒齊下淚。民之父母士之師。先生字子勤。

田寶臣

寶臣。嘉慶二十五年歲入泰州學。道光二十六年一等第一名。

寶臣字少泉。諸生。工制藝。詩派出眉山。而加以精鍊。解經確有心得。尤貫通許氏說文。著有小學駢支八卷。續纂揚州府志人物文苑又少泉詩集。田寶臣撰。府志藝文

嵩藏先生輓叔高祖聞軒公集蘇詩云。讀書想前輩。寓迹同一塵。伊昔風雲會。世有蕭雲麟。怪公一生俱是德。八十三年如一晨。豈弟君子天所予。此理何須

更問人。筮仕得江國。松花落衣巾。傷心清潁尾。實無負吏民。野老蒼顔一笑温。四方爭看擊鵬鯤。問禪不契前三語。回首蒼蒼多白雲。

五松山在銅陵公宦游地

公病以三月三日殁庵前在都門神鐵告之至此始悟也

程鶴衫

夏君退庵與先兄鶴衫先生交最早。兄嘗出游。蹤跡惟余獨密。相待之厚無異待吾兄。

韜庵公撰夏退庵墓志

嵩輯公烟波漁唱集序云。叔曾祖鶴衫公。韜庵公胞兄小松公胞叔也。幼侍間軒公宦游皖南北。晚年病於霍山幕。咸豐八年歿於壽州旅次。文伯公哭之詩云青山孤旅魄。江表有詞名。足槩公生平矣。春秋六十有九。真行草書俱擅長。工詩古文詞。不沾沾治舉子業。安廬士大夫。爭延公作席上賓。與邑人夏退庵康伯山諸老輩友善。同里時過從甚密。某年偕退庵先生游邑之松林庵、潮音寺諸古刹。載在退庵筆記中。公諱紹裘。

節錄烟波漁唱集序

嵩藏公甲戌松林庵看古柏詩云。嘉樹何來老吏遒。想從鬼斧費雕搜。月明深院鶴無語。雨過空檐龍未收。瘦影橫開千佛界。靈根歷盡古今（六朝）秋。壁間斷碣渾難讀。坐對疎篁禪意幽。寺門遥指傍蓬蒿。入座頻聞風怒號。翠黛一林盤佛髻。碧雲滿地走秋濤。最多妙筆多因曲。等是名山不在高。歸去逼人殘照冷。數聲清磬散平皐。又廣寒秋詞云。蟾窺竹樹露涼砧。人在天香深處。凭欄一樣好秋光。渾不是舊時心緒。

畫樓久別。銀屏夢斷。蟲語替人低訴。愁留欲付水東流。恐只把年華流去。

程韜庵

原名紹芳。後更諱宇光。嘉慶二十五年入泰州學。道光三年一等第五名。食廩餼。五年一等第八名。六年一等第三名。八年一等第一名。十二年一等第一名。十三年一等第二名。

宇光字韜庵。廩貢生。廿聰穎。勤苦力學。累試不售。嗣改籍順天。道光十七年應京兆試。遴領解。選授溧水縣教諭。以疾未赴。晚年主講海門書院。益肆力於漢魏六朝之文。醫經釋典。悉能通貫。著有困是齋詩文集。柏影軒詞集。續纂揚州府志人物

韜庵公嵩叔曾祖也。丙午道光二十六年穀雨後。小波沈大弟客授環溪。久有看梨花之約。風雨不能踐。約至則花事已闌珊矣。紀之以詞云。環溪十里蕩清愁。夕陽收。暮烟留。底怪殘春。涼意逼殘秋。夢醒繁華來已晚。

花為我乞新晴。結伴遊。娉婷瘦影倚芳洲。弄輕柔。悵悠悠。竹寒沙碧無人過。自惜風流。料得明朝漸放綠陰稠。一段春光閑煞了。渾付與。逐飛英。水上鷗。江城梅花引

程小松

嘉慶二十五年歲入泰州學。撥入揚州府學。道光八年一等第二名。十一年一等第一名。十八年一等第二名。

程祥棟字小松。泰州人。工文詞。賦筆尤華贍。以廪貢生從軍黔中。歷著戰功。由知縣同知。洊升知府。加道銜。賞戴花翎。歷官四川新繁、樂山、江津知縣。在官廉能。多善政。倡舉團練。尤得民心。任新繁時。建復東湖書院。刻有東湖草堂賦鈔。及醫書數種。重輯洗寃錄。流播川中。年逾七十告歸。思以餘俸建宗祠義莊。病亟未果行。遺命屬族人成之。續纂揚州府志人物

民國三十二年。嵩手輯公松承堂詩文集。存於家。

程瀛仙

瀛仙公嵩胞叔祖也。道光六年入泰州學。八年戊子江南第十八名舉人。諱祥鏊。嵩藏公手書星泉公家傳。

趙瑜

道光八年科試。入泰州學。撥入府學。十一年一等第六名。二十三年一等第四名。二十四年一等第二名。二十九年一等第二名。三十年一等第三名。

瑜字漁亭。著有晉磚室詩文集。

嵩藏先生致韜庵公書云。同人捧讀同仁堂碑記。額誦再三。欽佩無已。擬於今春上石斯堂。與大箸同不朽矣。昨過守吾閑談。得知閣下研究內典。講求禪悅。凡諸無生之旨。皆係有用之言。以大神通、大自在如閣下者。視我輩拖泥帶水。苦海無邊。忍不以超渡筏引登覺岸耶。瑜忽已六旬。須髮皆白。回思髫齡奉教之時。幾四十餘年。蒯子訓摩挲銅狄。王方平感慨桑田。我之謂矣。琴川湘文、仲海諸君。痂嗜拙詩。慫恿付梓。知己之感。重違其意。謹從癸丑起至乙丑止。集詩四百餘首。顏曰晉塼室詩存。內有新樂府數十首。皆紀兵荒實事。論者比之鐵崖。未免過譽。然留為徵文考獻之資。未必無補也。諸君各有題詞。亦各極其妍。惟序言一事。專待俯賜椽筆。俾增光寵。相愛之久。相知之深。闔邑諸輩中惟閣下一人。萬勿推卻也。現在謄寫樣本未就。容再寄呈大教。先將自敘冊來一覽便知大概。盥薇静候。臨穎依依。此達。即頌韜庵老長兄六先生文祉。愚小弟趙瑜九頓首。

俞雲錦

道光三年歲入泰州學。道光癸卯科舉人。乙巳進士。學册及揚州府志選舉表

嵩藏先生書箑。

陳文田

道光九年歲入泰州學。十七年一等第一名。丁酉拔

貢。癸卯科順天中式舉人。咸豐庚申進士。（學冊及府志選舉表）文田字硯香。著有晚晴軒集。

嵩藏先生將試京兆留別同人。指得看字詩云。一笑出門去。匆匆上客鞍。中年學遊覽。遠道耐飢寒。旅食良非易。離懷強自寬。喃喃小兒女。臨別幾回看。三載春明道。牢愁集百端。如何經潞水。重復踏長安。海嶽幾遊屐。雲霄一羽翰。箧中有故劍。不用背人看。帶甲滿江海。竟忘門戶單。高風逝鴻雁。初日照桑乾。

詩興春多倦。名心晚未闌。二毛今始見。嬾向鏡中看。

文字吾儕契。銘心兩不刊。交情十年重。離别一春難。揮手自兹遠。開樽且盡歡。冰綃成匹日。寄與故人看。

葉汝彬

汝彬、道光十一年科入泰州學。十五年一等第五名。

汝彬字雨樓。訓導奉親家居、與妻高拈題分詠。妻亡。刻其詩於揚郡。晚居州城北。常斷炊。親友造之。未嘗

言貧。歿後遺稿散失。伯山詩話有汝彬訪徐孝子詩。僅吉光片羽耳。光緒新志文苑

按先生妻高佩華。字芷衫。著有芷衫吟草一字素香。道光壬寅康伯山先生序。又附詩餘一卷。嘗借抄本。藏於因樹園。

嘗藏先生題某松琴鶴圖云。一琴一鶴一閒人。瀟洒風姿迥出塵。愧未我未能除俗慮。淮南雞犬尚隨身。

沈濚

道光十一年科入泰州學。十三年科試一等第九名。食廩餼。十七年一等第四名。十八年一等第一名。二十一年一等第六名。二十四年一等第一名。二十六年一等第五名。二十七年一等第三名。二十九年一等第一名。己酉科拔貢生。朝考一等。

瀠字筱坡。嵩藏先生詩稿云。結交意氣傾廿年。花下酣歌柳下眠。除却清風與明月。何可一日囊無錢。錢兮錢兮勝珠玉。人求有餘君不足。天工若為斟酌之。

杖頭挂處文猶緣。我與兄書久絶交。萬事悠悠忘寵辱。畫中莫笑阮郎貧。不是財奴免醫俗。

沈炘

道光十二年歲入泰州學。十八年一等第三名。食廩餼。二十三年一等第三名。咸豐歲貢生。

炘字旭初。嵩藏先生詩稿云。天涯草草盡勞人。君獨安恬養性真。不逐民風隨鬼蜮。脩然琴鶴伴閒身。

陳恩溥

道光十一年入泰州學。撥入府學。二十年一等第三名。二十六年一等第六名。按學册撥府係俞恩溥十二年一等案亦俞恩溥

恩溥字小鶴。嵩藏先生雜感六首。和硯鄉弟元韻詩云。舊時風物骨太棱棱。抛去流光白髮增。一曲聽人歌白紵。十年悔我誤青燈。蒙頭積緒纏如繭。過耳浮名鬧似蠅。剩有此心清可鑑。盈盈常抱玉壺冰。　如銅馬骨瘦生棱。伏櫪空教壯志增。萬里曾横天外劍。一龕今懺佛前燈。升沉有數空蕉鹿。毁譽無根任棘

蝇。靜悟南華秋水諦。夏蟲休與說春冰。　豪氣消磨舊劍稜。年來酒債券頻增。破臨春水三間屋。冷對秋風一點燈。家計搬薑憐餓鼠。生涯鑽紙笑痴蝇。熱中久已全消盡。肯學莊生夕飲冰。　一錢何處覓重稜。猶記年荒穀價增。託病久懸留客榻。任貧不減課兒燈。典衣買醉昏浮蟻。乞米工書細寫蝇。我輩例窮原不諱。未霜底事慮堅冰。　月或全圓或半稜。人情有減却無增。熱心漫擬嘗然鼎。冷眼偏窺不滅燈。纔覺微香先惹蝶。未消餘汁尚營蠅。須知朗朗山如玉。倚處幾成六月冰。無愁不慣蹙眉棱。百感偏從醉後增。好夢我空尋醒枕。故人誰共話疎燈。無田望雨因供鶴。有劍含霜背逐蠅。恰好門前詩債索。閑中也學鏤寒冰。

徐承塛

道光十二年歲入泰州學。十七年一等十三名。乙酉壽榜副貢生。

承埰字右卿。刻有寂感吟。倡和詩。

嵩藏先生七十初度詩云。僂指光陰七十春。自嗤生就葛天民。賓朋且盡樽中酒。憂樂何關物外身。有限行程腰脚健。原注生朝在部伯遊各寺觀無才詩句性情真。葫蘆依舊從今畫。已刻寂感吟倡和詩今又擬索和待刊詩厭敲門索和頻。

葛增

道光十二年歲入泰州學。撥入府學第一名。屢列一等。咸豐歲貢生。

增字漱泉。嵩藏先生七絶詩稿。　楚寶四先生正

劉天榮

道光十五年歲入泰州學。撥入府學。

嵩藏先生題伯外祖張蓉圃虎色圖詩云。徹夜歌筵酒不空。尋花問柳興無窮。須知枕席歡娛甚。便是羊拋虎口中。　夫婦倫常不可無。休將色慾用工夫。威風何止胭脂虎。能使青年骨髓枯。

葉　燾

道光十五年歲入泰州學。撥入府學。二十一年一等第四名。二十三年一等第一名。三十年一等第五名。咸豐歲貢。

壽字筱朋。又字石菴。嵩藏先生七絕詩稿。鈐寶田收藏三方

劉作賓

道光十七年科入泰州學第一名。

嵩藏先生律詩二首。用陳硯香韻云。創句驚人似有棱。詩情別緒一齊增。心源衍自濂溪水。見地明於佛

祖燈。久信文章非畫虎。誰云名譽等飛蠅。知君未化
耽吟癖。此日詞壇又鏤冰。原注懷又橋先生　半生傲骨本棱
棱。貧病推磨感慨增。已為米鹽催白髮。何當風雨對
青燈。壯懷輸與淩雲鶴。瘦影同於被凍蠅。莫向人前
乞憐愛。人間六月有寒冰。原註病骨

唐震之

道光十七年科入泰州學。撥入府學。二十年庚子。江
南舉人。

震之字靜甫。嵩藏先生題鄒雋生裝潢鄉先輩手蹟成卌詩云。年來染翰學鴉塗。柳骨顏筋臂本殊。幸有梓鄉真蹟在。一番懷古一披圖。

張兆璠

道光二十一年歲入泰州學。二十七年一等第七名。三十年一等第一名。同治元年一等第七名。二年一等第五名。九月接行科試一等第八名。

兆璠字筱石。廩貢生。擅文詞。尤工畫梅。著有醉墨軒

文鈔。三影堂詩稿。光緒新志文苑
嵩藏先生題某琴鶴圖詩稿。
常存恭
道光二十一年歲入泰州學。咸豐七年一等第一名。
未補廪。
嵩藏先生二月三日同人分韻。得春從何處來題。中
平聲七律四首。録呈陳硯香云。東皇久𢡟雪中人。歷
盡冰霜劇苦辛。已困奇寒難驟暖。更從何處問來春。

白蘋忽動江皋興。黃鳥驚傳物候新。應念袁安高臥足。杏花消息小樓頻。　西溪積雪尚重重。鐵脚梅花嚼自濃。流水暗生今倏睹。好山如睡昨猶逢。從頭欲覓來時路。識面都迷舊日容。試聽潮聲雷奮處。猜詳一樣問無從。　南徐春水驟生波。打槳人來盼若何。小雨分題閒韻得。和風門茗戰聲多。梅花白雪前峯隱。桃葉紅雲隔岸拖。從此向榮添氣象。陽春一曲請同歌。　北郭嬉晴幾日來。青衫白袷費疑猜。一鳩啼樹雨初足。雙燕入簾風忽開。似畫江城迷遠近。如烟楊柳認樓臺。敢誇一首春蒐賦。常（原缺）人傳盛世才。

潘曜三

曜三字星廉。道光壬辰副貢生。

嵩藏先生七律六章。和陳硯鄉元韻云。玉篋金繩舊有棱。蘇家父子價頻增。騰身已躍三層浪。課子能傳五夜燈。文陣光華羣吐鳳。筆花璀璨偶成蠅。奪標又見掄元兆。天子儲材待薦冰。奉贈凌空樓閣露觚棱。聲價吳陵十倍增。半壁烟霞迷舊壘。滿城風雨逼寒燈。孤臣有骨終全鯁。新主無才誤聽蠅。最是丹心能向日。玉壺難買一條冰。岳墩隔江山色起模棱。一望蒼茫百感增。博浪沙邊先佇足。橫渠門下暫挑燈。謂靖江縣房師張鐵安夫子 生前可是河中鯉。悟後方知扇底蠅。師告予自翻摘降之故 賴有頻年詩草在。曾叨珠玉鑒寒冰。弟詩稿賴師作序閑情第一章 渾河巨浪湧風棱。身到龍城色象增。遒文之龍城廣文任 滿目烟雲千萬嶺。一天星斗兩三燈。登臺誰識盤營馬。謂戲馬臺入署先驅拂面蠅。謂學中某某我喜追隨三月久。清於白水冷於冰。閑情第二章書簾斜月閃波棱。身入羅浮夢轉增。仙筆點成飛白字。秋風涼到不紅燈。幻情半作呈材驥。世事渾如過眼蠅。草色乍添初日上。案頭正釋硯池冰。曉夢兆斗星光夜有棱。文章聲譽一時增。臺高俯視千江月。友人邀同雨花台步月樓遠平分萬屋燈。中秋夜與友登平遠樓共道仙雲翔白鳳。那知幻夢引青蠅。半夜有聞者友遂復失篋中寶劍乘時用。衡鑑堂前鏡是冰。

懷金陵何其
盛　懷友

鄒彥賓

彥賓。道光二十三年科入泰州學。

彥賓字綏亭。壬申題某圖云。宦境明知萬事難。命由天定貴能安。一錢到手談何易。留與囊中仔細看。

王桐

道光二十四年歲入泰州學。原名柱。豐咸豐戊午順天舉人。庚申進士。

桐字子賓。嵩藏先生聯云。十畝有園皆入畫。一年無日不看花。

陶鳳鈞

道光二十四年歲入泰州學。二十四七年一等第九名。二十九年一等第五名。三十年一等第四名。未補廩。

鳳鈞字竹庵。嵩藏先生一詩稿。五十自述詩

王鴻業

鴻業字雪帆。築遯園於白米鎮後。雜蒔花木。有隱君子風。胸襟清曠。好吟咏。紅羊亂後。揚州諸名士如吳讓之諸老輩。均往來邂園。嵩見讓之先生爲刻一印云。除却澆花嬾折腰。可想見其風趣矣。嵩藏先生題某琴鶴圖。其次首云。我亦年來愧請纓。虛懷日日凛冰清。披圖更作冲霄想。一曲知音好結盟。

吴陵畫譜補

程嵩齡 編

《吴陵畫譜補》二卷，民國程嵩齡編，據南京圖書館藏泰縣古物支會鈔本影印。

程嵩齡有《泰州詩書畫及見識》，已著録。

本書未署作者，但從按語可知，此爲程嵩齡編。此書從有關畫學著作及方志、筆記、詩話、文集等文獻中，彙輯泰州籍、包括部分旅居泰州的畫家事迹。各條資料均注明出處，兼有編者按語。如卷一『夏厚』條下云：『嵩按：《繪事微言》續紀藝篇，止前明嘉隆間，已列先生。又《退庵筆記》載宫恒山和詩，均可證明非清代事。新州志加國朝誤。』此據文獻記載，辨明夏厚爲明人，非清人。又『劉濤』條下有按語云：『嵩按：劉先生既未入志，又不以畫傳，其習園遺址，明在城西，迄無從訪。設非假白舫先生一詩傳之，千百年後，如此湮没無聞，何可勝計。』王白舫有《過亡友劉山尹習園故址》詩，有句云：『城西景物已荒凉，舊日園林剩斷牆。』由此可見，本書不僅可以考察泰州畫人事迹，也可藉以瞭解泰州地理、風景。亦有部分條目僅列人名，無事迹。此本鈔寫在『泰縣古物支會』藍絲欄稿紙上。陸銓《泰縣著述考》卷六著録程嵩齡有《海陵書畫譜》二卷，鈔本，不知是否即爲此書。

（江慶柏）

卷一

吳陵畫譜補

泰縣古物支會

吴陵畫譜補

卷一

夏厚

夏厚號烟林泰州人 繪事微言

夏厚號烟林泰州人工山水 圖繪寶鑑續纂 畫史彙傳 梓里舊聞

夏厚字烟林本城人性瀟灑不治生產工畫擅名一時 東臺志

東臺場夏厚字烟林瀟灑不問生計山水人物擅名一時 微尚錄存

吾邑精繪事者甚夥以吾所知以夏烟林為首稱烟林名厚東臺場人紫玄太史稱其瀟灑不問生計山水人物擅名一時則其畫品可知矣道光己丑有持烟林畫幅求售者開幀見高峯聳削老樹槎枒雪意瀰漫山谷山徑有驢數頭背有重馱雙耳縠僵滑欲仆二人短衣尾驢後以手擁鼻寒意瑟縮似逆風而行真神來之筆烟林畫筆流傳絕少急購之款題萬歷丁未七二叟夏厚丁未為萬歷三十五年烟林當生於嘉靖十四年乙未距今三百年真老畫師矣 退庵筆記

國朝夏厚號煙林工山水宮恆山先生有和煙林釣筆作畫叉詩 續修泰州志

嵩按繪事微言續紀藝篇止前明嘉隆間已列先生又退庵筆記載宮恆山和詩均可證明非清代事新州志加國朝誤

泰縣古物支會

盧世美

盧世美字海瀛上舍巨富工繪事以山水人物行 微尚錄存

烟林後有盧海瀛世美邑巨富工山水人物 退庵筆記

泰縣古物支會

唐志契

烟林後十餘年唐志契字敷五諸生志尹字相五上舍父孝廉貽家産不薄愛清事學畫疊石為園而家廢契工山水 微尚錄存

唐志契字敷五廣陵人邑諸生工山水所著繪事微言頗得六法之蘊 無聲詩史

唐志契字敷五海陵人潑墨有逸致 圖繪寶鑑續纂

唐志契泰州人精繪事興寄所託便齎糧游名山大川經月坐卧具下故畫筆蕭散清遠有元人風致著繪事微言弟志尹花鳥得呂紀王偕之傳時稱二唐 揚州畫舫錄

唐志契字元生又字敷五海陵諸生就繪事得六法深趣著繪事微言 畫史會要及畫史彙傳

志契字敷五善山水能詩 道光泰州志

繪事微言四卷邑人唐志契撰契字敷五一字玄生明諸生此本收入四庫提要稱其刪除蕪雜汰取菁英持論頗為不茍顧傳本絶少庚寅儲价人為余假諸祝家莊徐姓始得見之凡四卷卷首有陳眉公鄭超宗沈淵淵三序及自序核其剞劂之歲則天啓之六七年也

唐志尹

唐志尹字聘三志契弟花鳥得王偕呂紀之傳時稱二唐 畫史彙傳 尹工翎毛為一時重 微尚錄存

志尹字聘三一字相五明國生子志契弟 退庵筆記

尹工翎毛長幀巨幅頗見於世辛卯歲大飢有持尹所畫百鳥圖求售者急購得之幅畫巨鳳二百鳥繞之鳥必有偶畫意頗火色然煊染精緻設色古豔翡翠蘭苕不足喻其鮮明也畫作於辛巳是為崇禎十四年距今百九十年矣余所蓄鄉先生畫軸烟林雪景外此乃其亞 退庵筆記

唐志尹字相五住姜堰鎮工花卉翎毛所居搆萬竹園冐襄藍瑛輩嘗過訪之康熙初年八十餘弟志契 道光泰州志

唐日昌

唐日昌字爾熾以畫稱 畫史彙傳

今明經日昌畫翎毛乃見從父所爲遂能咄咄捉筆作玄菟也 微尚錄存

唐日昌者契尹姪也工翎毛 退庵筆記

志契子日昌字希白得志尹傳時稱三唐 道光泰州志

據志契所撰繪事微言知志尹爲契弟日昌爲契姪復據紫玄太史微尚錄存知日昌亦志尹姪新州志以契爲尹弟日昌爲契子恐有誤 退庵筆記注

程贊

明程贊字易三住海安鎮工山水運筆高渾名載吳陵畫譜中 道光泰州志

西花園在西門外四里許前明里人程贊字易三與弟通字山居築贊善畫通善書終日寢處園中不輟筆性不喜贈人多掘園中隙地埋之時人得之若拱璧園多古木有桂百餘樹大可數圍高至三丈花時數里香氣不絕近人宅居稍伐其樹聞者惜之 海安考古錄

陸舜詩家有數畝園主人易程陸林木苦不多曉春帶

微錄泉香自然水鳥囀天然曲煮泉聽鳥歌光景飽幽獨 同上

陸祖褘詩我愛先生畫在質不比等閒訣點漆一塔高空臥白雲一亭溪畔樹蕭瑟山光斷續有無中潑墨淋漓掃風疾其間絕俗獨驚人擬對王開明月出臨池每惜墨如金慰我相思寄此筆 同上

李芳

繪事微言序後列校正姓氏數十人皆工繪事者弟志尹姪日昌與馬邑人如李芳字湘洲趙穀字雲石匪桂名卷端後人未由知其名 退庵筆記

趙穀

趙穀字雲石 退庵筆記詳李芳下

劉漢臣

余見朱君蟾客所藏鈔本繪事微言二卷與刻本小異序後另葉列門生六人邑劉漢臣成穩及釋如澍與馬為刻本所無其校正名家姓氏鈔本視刻本多九十四人中如夏全趙璧王長參李麟朱亮戴雲江夏森吉士張昇皆泰產並泰州僧方廣凡十人 退庵筆記

劉漢臣字見龍 詳前

成穩

成穩字心如 詳劉漢臣下

夏全

夏全字周齊 同上

趙壁

趙壁字玉吾同上

王長參

王長參字揖西同上

泰縣古物支會

李麟

李麟字文瑞同上

朱亮

朱亮字寅白同上

戴雲江

戴雲江字名鬩同上

泰縣古物支會

夏森

夏森字茂林同上

吉士

吉士字純之 同上

張昇

張昇字暘谷 同上

陸舜

徐虹亭稱陸吳州舜山水絶工 退庵筆記

陳之襄

陳之襄字自力別號榖庵生而美丰姿言論侃侃類引繩墨切事情然性尤易忤頗落落不可一切以酒自豪率真任達有禮豈為我設之意獨好為韻語書法畫竟以龔為師補邑庠增廣生員晚入太學 張良御依歸草太學生陳公墓誌銘

何天申

張幼學題何天申草蟲畫卷詩三年不見何天申癯面敝衣如故貧手畫一卷亟展示問我何如前古人開窗玩之幅相續驚起相顧還拭目絲縈轂蹴昔所長近日新添元氣足天申之心能入微天申之筆能應機一花一草如可摘一蜂一蝶如欲飛足天申之技精至此河皐東

泰縣古物支會

亭人不齒未嘗一過問先生乃令先生餞欲死封君臣
賈盈千家有錢但買河南花大癡規模北苑廓金礬玉
軸為堂華先生不言人不識何怪畢世不相得勸汝來
往江淮間見有眼人慎無匿 雙虹堂詩集

泰縣古物支會

張嶔

張嶔初名崟字石樓泰州人授知州不仕畫最有聲 畫徵錄及錢元昌傳

埜翁平生少有許可惟推張石樓為知畫理者石樓名嶔初名崟泰州人美丰姿雅好古玩器名公卿多折節交之以資為郎當授州牧竟不仕畫筆最有聲 國朝畫識

張嶔字石樓幼學子工畫尤善繪事遊京師得嶔片紙者寶若珠璧以西征辦馬得官需次時有謁選者持里中故交書求代保結同人疑之嶔獨曰故人數千里相託豈有迂哉遂從其請果以此事詿誤落職嶔絕不置意河督重其才奏題工次者十餘載及朝賢薦用而嶔已歿人多以重金購其書畫焉 泰州志

泰縣古物支會

李穎

李穎字箕山江南泰州人善山水墨焦筆健氣勢大雄 圖繪寶鑑續纂

李穎字箕山泰州人焦筆山水氣健而雅 畫史彙傳

海陵李穎箕山予聞其名于程穆倩老友紀饕叟以其譜見寄題其冊曰箕山工詩畫刀法之妙洞微穿穴人巧極而天工出至於性情高澹超然塵俗之外尤不可及觀命名可以知其人矣 印人傳

李穎字箕山能詩工篆籀尤擅山水在北苑大癡間嘗

遊上谷雲中見峯巒寄哨畫益進諸賞鑒家爭寶之
泰州志

李穎字箕山泰州汐村人能詩工鐵筆為周司農亮工坐上客司農好圖章篆籀客常滿東閣箕山尤所傾倒又精山水在董北苑黃大癡之間其遠山疎樹平林山莊則又居然雲林石田也諸賞鑒家爭寶之 沈默發幽錄

吾鄉李箕山穎布衣善焦墨作畫著有十二竹草堂詩稿詩多秦晋齊魯遊覽之作寄崛蒼勁不同題畫一派村居云如此林居合酒徒風塵何事旅游孤勸君收拾

凌雲筆只寫秋山牧犢圖 伯山詩話

李穎題畫送顧見山僉憲之洮岷古人詩畫誰廉妙右丞南宮擅絕調曩時莫過董華亭今見虎頭更狂叫先生用筆如有神丹青往往得天真不然徒與粉本似極意刻畫何足珍自慚少小無師學游戲毫端寫五岳縱橫霸習媿未除差勝軟熟與肥濁何期得受先生知謂能一一窺藩籬小兒託祖遽見許教以潑瀋須淋漓新持玉節洮岷路鳴笳行叱涼州馭索我鵝溪一幅圖欲携西去懸清署憶昔會登太華顛高歌搔首同青蓮秦關百二雖在望未經隴塞終茫然想像金城染秋色旌旗掩映丹楓側積石摩雲天險開雕弓盤嶺龍湫黑玉關從此息邊烽投壺揮翰共雍容安得從公成樓吹笛暇一寫崙之上閬苑層城十二重 羅浮草堂集

戚著

戚著字白雲畫山水學煇道生書法亦妙 國朝畫識

鄧孝威稱戚白雲著為吳陵丹青名手 退庵筆記

考宗定九新柳堂集云新柳堂初為戚著繪圖著字白雲泰州高士嘗蓑衣蒻笠任其所之云云惜州志穩逸藝術兩門均未收 退庵筆記注

黃泰來

黃泰來字交三泰州人乃吾友仙棠令嗣宗子定九之快壻也年方韶秀雅嫻詞賦兼工隸篆繪畫諸技與阿兄月航稱二難 賚墨堂詩傳國朝畫識引

戴笠

戴笠字雲笠一字剩夫冲和閒遠雅人深致先世業曲臺言必稱古禮行事亦遵之家積縹緗併先民手蹟庭前雜種花卉笑傲其中詩字俱蒼古如虬松瘦石意趣瀟洒隨筆作蘭竹得坡仙遺意二三老友鬚髮皓然追叙往事侁侁時輩稀得近之家傳保赤之書亦數十世矣精明慈惠隨手生春襁負而至者趾相接也年近九十不輿不杖步履安舒望之者以為老人星瑞云 雍正泰州志

戴笠字雲笠號賸夫善蘭竹有東坡筆意喜吟詠書亦蒼勁工小兒醫多所全活年九十餘 道光泰州志

康熙三十八年己卯九月賈此度 寗先生至泰州晤黃儀逋蔡公韓補齊陸天聲震金谿祖淵張良御符驤戴雲笠笠俞驄臣之驛濟航又機學耕維植陳穀伯宮維章張友石姚瑞甫王白舫孫驤沈蒼樹沈達生沈宗詰諸公 退庵筆記

王白舫有陳翼臣半刺招集燕譽軒同紀允公凌青王戴雲笠陳个臣詩 入畫广詩

泰縣古物支會

宮偉鏐

出見紛華不悅固然然寧弗見至婦大父爲園則意甚樂之歸乃在文稿後畫園亭粉本　庭聞州世説

宮偉鏐字紫陽憲副繼蘭子天才穎敏千言立就崇正壬午亞魁癸未會魁館試副卷翰林院檢討充王講官我朝定鼎兩以薦舉起用援獨子終養例乞歸隱居著書放浪山水親友罕有見者其面築春雨草堂于小西湖之遺址嘯傲其中康熙癸丑州志係其手定壽七十著春雨草堂集五十卷行世　雍正泰州志

嵩按紫陽先生不以畫名或有時寫意茲據庭聞州世説列入

宮昌宗

宮昌宗字武承號毅菴幼工詩古文詞書畫琴棋音律醫卜旁及二氏無不通曉十八歲由附學生拔順治辛卯第六名貢生廷試得縣令復考授內弘文院中書舍人欽賜九成宮字帖每下筆中堂僚友及館閣諸公咸羨之有九雲書屋集行世　雍正泰州志

劉濤

劉濤字山尹善詩文尤精書畫海陵知名士卒年三十有九有緗曉堂詩行世王白舫先生過亡友劉山尹習園故址詩云城西景物已荒涼舊日園林剩斷牆竹覆清溪三月水菜連遠圃一城香可憐蘚剝題詩石猶憶花邀載酒航數載人琴生涕淚眼前況復易滄桑入畫广詩並注

嵩按劉先生既未入志又不以畫傳其習園遺址明在城西迄無從訪設非假白舫先生一詩傳之千百年後如此類湮沒無聞者何可勝計

泰縣古物支會

周鼎

周鼎字定九庠生善畫梅生平鐵幹嶙峋經霜雪倍見精采亦宛然梅也王孫驟力除馬矗始約周事者多人及見犀矗猖獗又聞有與援則稍稍散去生死不相背者獨鼎一人王生却金暮夜四知外知之者鼎也遇犀矗於金陵亮鋒甚銳非鼎奮袂前勢且不免事平對酌梅花下言及前事聞者毛豎王生臨終命其子晋原以赤藤杖贈鼎為别白我兩人擔荷大事扶持桑梓如此杖云 雍正泰州志

周鼎工梅花退庵筆記

泰縣古物支會

王汶

王汶工寫真與丹徒王禧海寧俞培吳江周杲輩齊名
道光志引畫徵錄 泰州王汶丹徒王禧俱以寫真名
國朝畫識引畫徵錄

黃喬年

黃喬年字皀仙太學生讀書自愛綽有文名屢試不遇尤工詩賦遠近爭傳後字畫稱為雙絕年八十 雍正泰州志

黃喬年字皀仙工詩擅書畫 道光泰州志

程鶴衫先三叔曾祖嵩附注贈余小橫披為費此度窗先生自書坐天濤菊園題皀仙畫偕寄園箕山龍若過太平庵諸詩 退庵筆記

黃植

植喬年子亦工字畫清苦安貧不愧高士之後 雍正泰州志

泰縣古物支會

李善樹

李若木善樹工山水小景余曾得一便面若木筆秀潔明淨絕無點塵真逸品也 退庵筆記

宮鳳舉

宮鳳舉號蓼溪編修鴻歷子工詩善書畫規橅宋元人粉本輒生動 道光泰州志

圍昇

圍昇字冠霞泰州人工詩畫 揚州畫舫錄 揚州畫苑錄

昇字冠霞號鶴荄康熙庚子本籍副榜官廣文善教士年八十八終著有假年日錄畫山樓詩十卷文四卷其弟子陳燮姜鳳喈拾其遺詩為一卷 道光泰州志流寓

昇即冠霞先生郡羊生康熙庚子副榜官碭山縣教諭 退庵筆記

蓋圍氏世為泰人久矣若雲蔚若冠霞若椒燈皆能文章名著一時 退庵筆記

圍冠霞先生撰程京兆公家傳京兆為冠霞妻兄 節錄退庵筆記

圍昇字冠霞號鶴荄儀真人居泰州康熙庚子副榜官訓導著畫山樓詩文集假年日錄程雙橋京兆以社中老斲輪稱之晚年目盲惟日午就窗作詩文易米字大如胡桃得者寶之卒年八十有八 邵耳山海陵詩彙注

圍冠霞先生辰冬歸自雲中京兆尊內兄惠贈佳篇依韻奉答詩云閱盡川原路百千萍蹤飄泊幾經年空餘鄉思同王粲那得文成似馬遷親串問多非往昔孫曾看喜勝從前蓬蒿終老元吾分準擬歸耕舊研田 原稿

按此稿現由嵩珍藏

陳鐄

陳鐄字漑夫號倫西別號澹道人庠生能詩工書畫書松與桐尤極其妙寓居京師與弟鑾齊名夢麟大谷山堂集有澹道人秋梧桐歌甚稱許焉 海安考古錄

吾邑以繪事者名者無過於張石楼李箕山唐敷五陳漑夫漑夫畫松時作長歌其氣浩落 伯山詩話

嵩按道光志文苑載陳鑾字仙仗號雲巢住海安鎮乾隆戊午舉人與弟鐄齊名是鐄乃鑾弟王叶衢考古錄以鑾為弟當別有所考也

仲鶴慶

泰州仲解元鶴慶號松嵐善畫蘭而詩與書法亦工雅嘗客東河有自題畫蘭絕句云春山二月下南蒙簇幽蘭細細風我棹瑤釵君飲露憐香曾許兩心同山風山雨本無常幾日空林改舊粧不識曲江江上路可能回首問瀟湘廖明府古擅每對予吟賞不置 墨香居畫識

仲鶴慶字品崇號松嵐乾隆十九年進士需次家居時多水患莊巡撫有恭幕客某以洪湖大漲欲棄泰之北鄉田為水宅鶴慶與議謂高寶與泰形如釜底而興為甚泰未受水而興先之興既受水而高寶隨之不能獨棄泰田也且洪湖水下四邑之生靈皆盡咎將誰歸事遂寢比謁選授四川大邑縣令正疆域以息水訟表地界以靖山爭創建書院延師課士兩權邛州事民愛戴之三十一年緬匪犯邊鶴慶以馬政赴雲南督修瀾滄官道監牛角關軍糧後攝遂溪縣被議鶴慶性剛直為某所疾禍幾不測德尚書保攝川督事乃得雪初鶴慶罷遂溪復任大邑及被逮士民泣送越境乃已居蜀二載始歸主講鎮江寶晉歸德文正南康白鹿如皋雉水

各書院著有追暇集古文二卷詩六卷工寫蘭菊竹得者以為寶年六十三卒 道光泰州志

嵩藏松嵐先生畫菊二幀

繆維

繆維字右川工山水 道光泰州志

吾州數十年前以畫名者家天農叔祖及繆右川先生繆善皴祖善染有一時瑜亮之目 園椒墩窮文十代傳

繆蕆

右川有子曰青嵐世其業狂士也亦奇士也青嵐名蕆初業儒與余同師儲酣齋先生每午講羣坐拱聽青嵐獨耽好耽先生厲聲呼不應擊案冠落再呼大鼾如雷矣甫罷亟趨出牽同輩西園水次捉蝦蟆或上泰墩石臺睹跳一夕邀過其家右川先生故居也又門門空及廳空及堂一檻臥二扉餘四壁耳衆乃眙愕青嵐已市酒至踞扉捉客飲高談混沌以前玄黃萌牙之理及地獄諸變相又悉舉海外神怪詭山海洞寞神異羣書窒漏荒唐恣肆不可方物衆大駭歡別越日過之扉檻亦亡問之曰薪之矣余出游十年歸及真州省方丈竹楼老畫師也壁張夏山煙靄圖指謂余曰此廉州麓臺望而百拜者也視其名則青嵐竊怪青嵐未嘗為之且溺染空超不似其父及歸則家有其作長幀短箋備極其妙乃大歎服然青嵐挾其技初不出游窮如故狂亦如故獨寄破寺無僧對佛而寢好讀異書以瓦缶盛酒且飲且讀有以畫請者麾之曰去醉則為古歌詩自以曼聲吟之或散髮痛哭竟以狂卒先是余友俞雲樵當館

而師之執禮甚恭寢以文窗白縑帷青嵐醉唾汙之俞好潔竟罷其業然每遇其畫必稱曰吾師吾師也 窮文十傳

繼起如繆青嵐薰方摶齋鈞各有擅長團椒墩姜桐軒雨丈亟稱之其筆墨揮灑必有異於俗工之所為矣 退庵筆記

方鈞

邑畫師方鈞字摶齋州之樊汊人畫諸品魚極江姜丈桐軒亟稱之余家藏所畫帶子魚巨幅先君子浣香軒中舊物也近其畫不多見故名不甚顯於時國朝畫識別載方鈞字範斯號秋巖青浦人仿倪黃尤工墨竹與摶齋是二人 退庵筆記

宋之極

宋之極字瑞圖住港口鎮工人物花卉 道光泰州志

宋致字寧遠號靜山從父之極泰州老畫師也自父秀公隸籍栟茶遂家焉致少孤力學善山水人物為時所稱性耿介不計生産人或以塵事語之輒不答日惟賣畫以自給 東臺志

泰縣古物支會

園時根

園時根字天農善繪水之極弟子 泰州志

時根字協中以畫名時翁畫筆力摹雲林雖氣力不厚而掃盡塵氛居然作手亦諸園之冠也其縑楮流傳最多聞西人多出善價購之近亦不多見矣余家有時翁畫大小數幅先君子浣香軒中舊物也退庵筆記

桂天培

桂仙巖名天培字因之一字仙巖泰州諸生與余同師文學昌黎清勁骨法詩妍隽中晚以上騈體樂章並麗仿小米作畫翁染入妙善弈尤工鐵筆案頭小石纍纍如聚寳然余每過其齋琳瑯滿目香氣襲入閒以花鈴鳥檻輒移日不去也生而秀削弱不勝衣手爪剡刻長數寸或登樓臨水微風吹怯甚而好為綺語靡音自云終當為情死余恒危之為十詩以諫有云未了死生非學問不牽兒女是英雄又云聰明未必天無忌解脱休教佛有權又云漢武迷魂方士藥平原快事美人頭蓋垂泣而道也已聞聘某女氏某女者國色也余曰嘻仙巖死矣未已果病絶而蘇者數矣為小詞寄余有玉簫吹冷乘風歸去廿作孤飛鳳之句情致淒楚令人酸鼻及卒召余執手歔欷别時某年月日也年二十七窮交十傳

張星

余年十二始為文時未下試詩令館師禁甚嚴以學詩妨學文也余竊好私為之師怒扑又為又扑懼而棄之矣偶從人至城北三步橋過一家庭有花竹入室雅潔四壁粘詩幅皆題曰鐵橋先生中一聯云這裏頗不俗此中大有人為興化鄭板橋書玩而樂之頃一人出清秀而癯深衣拱手語音鏗然意其為先生即前揖略通訊而退歸即為四絶句明晨肅衣謁先生笑曰孺子可教也然未知韻因出贈小韻書二本間日報詩一章中以龍賓虎僕對愛其工益肆力為之自是倡和往來作忘年交亡何令下人競為詩適西圯亦川諸詩人來游同里俞丈牧隱陳倥侗輩倡為會會必與先生偕燭短更長茶温酒冷分題鬮韻無往不從先生詩甚敏間有不經意處亦蒼樸入古性謙而莊或同人諧謔輒正色退以是咸敬憚之工書善寫蘭竹所居必修飾一几一瓶皆楚楚有致晚年移西橋四面皆古廟獨措一枕苦吟於晨鐘暮鼓間先後先後數十年余或游或歸未嘗不造先生先生未嘗不過余庚戌辛亥間余遷城北

猶時時扶杖來鬢眉微白衣冠甚古時年七十矣先是余為先生卜遠遊言偶中先生神之一日晨欵門焚香使占之卦成余駭不能言固詰之曰某日法當大凶室有病者乎曰無更有耄如先生者乎曰無余愕然先生亦愕然歸寢疾至期卒時某年某月某日也先生姓張氏諱星字鐵橋少應儒試後業醫廉潔無苟取有埒曰吳某名諸生也與余善（窮交十傳）

嵩按仲松嵐先生迫暇集有同人踏月訪張鐵橋詩云路西三兩步雲水小橋邊倚玉一人影凌虛萬里

天叩門驚犬吠埽葉起茶煙清興老猶昔相攜况少年有　先高祖星泉公吟草有落梅詩和鐵橋即東亩林上人云禪板香燈月上遲一空色相別南枝羅浮説遠人非遠都在鄰翁夢覺時又同張鐵橋游光孝寺口占云古剎橫秋水老樹餘枯枝長空數飛雁妙香欲動時有宮霜橋霄峥集載鐵橋先生過某氏荒園有感云風流江左舊官衙無復當年鬥麗華燕子還來認簾幙主人何處抱琵琶苔封斷石餘芳草檻枕荒隄但落花歌板畫圖都省識幾回憑弔夕陽斜又載陳倥侗（燦）與柳塘鐵橋芍田霜橋求山春社分韻詩足見鐵橋乃吾泰詩人而又能畫惜志書未採入而其畫又不傳嵩僅購得先生題靜安和上松鶴圖詩稿一小幀畫惜未經見

宮國苞

宮國苞號霜橋泰州人工詩寫蘭竹雜卉生致可掬（墨香居畫識）

宮國苞號霜橋泰州人蘭竹雜卉生致可掬工詩（畫史彙傳）

嵩購得先生畫竹石一幅畫蕙草一小幀又題墨莊樂耕圖詩李頑石

李頑石

仲鶴慶字松嵐泰州進士畫有生氣書卷盎然團時根宮國苞李頑石並泰州人俱工詩畫 揚州畫舫錄 畫史彙傳

程應韶

程應韶字星泉京兆公孫生而頴悟六歲時京兆公官京師即能作書寄京兆公喜以詞書箋賜末云漫說鶵塗解寫平安兩字書至今猶藏之笥中年十八補博士弟子員二十八食餼能詩文不存稿兼能書畫不常作病篤時猶欲畫扇書聯分贈老友易簀前數日作松石小幀介高君省存六十卒年七十八重游泮水 文水王錫蒲為公傳

程文星泉於乾隆三十二年入學至道光七年花甲一週矣是年文次孫祥鏊適補博士弟子員冢孫祥芝以優行貢京師文因作重謁泮宮詩遍送同人 退庵筆記

陳志樞

憶少時從君家大父柳塘先生遊先生之為人沖夷淵雅工詩善畫經術制藝外每教及門習韻語蓋先生固騷壇老宿為吳陵詩人之冠家有松筠閣別墅里中俞牧隱仲松嵐張鐵橋諸前輩觴詠之地他若錢塘胡西垞皖江李嘯村楚水鄭板橋京口李蘿村於一川諸君至輒下榻其中詩酒林亭殆無虛日 繆承鈞清味齋詩集序

潘煦

潘煦字蠡村善詩能畫有館中寄畫王左亭先生詩云柴門臨水此羈棲半卷殘書手自攜心等轆轤終日轉跡同傀儡任人提三更冷夢憐嬌女一紙空函慰老妻不及柳陰垂釣客持竿落落坐前溪 嵩家藏詩畫原稿

嵩按先生詩已載入鄒耳山先生海陵詩彙中有客中喜悟表冶山及送冶山之東亭館舍二首

徐瓌

徐瓌字懷玉號偉人善詩畫篆刻兼青烏之學九齡失怙性純孝里人競徐孝子目之 海安考古錄

陳道庸

陳道庸字坦園廩貢生工琴碁書畫 海安考古錄

泰縣古物支會

周楨

周楨字蒼厓善青綠山水奇横蕭疎兼有其致李岱及僧清永師事之道光泰州志

李岱

岱號柏堂工山水花卉道光泰州志

李岱字瞻魯號柏堂工山水花卉海安考古錄

嵩購得先生山水尺工一方

李峯

岱弟峯號石文工墨梅道光泰州志

李峯號石文岱弟工墨梅海安考古錄

嵩按一稱石丈一更石文或傳寫之訛

黃景雲

黃景雲者號竹田作蘭竹花鳥草蟲工兼工書法道光泰州志

黃景雲題畫詩云策杖入林壄行行路轉幽苔深人跡少地迥暝烟浮斜日空亭暮西風古樹秋何當躋高頂萬里豁雙眸宮國苞霄峥集同穗

徐采

徐采號神皐字賓庭別號伍草居士工詩善畫尤工山水花鳥江左雅推之名載吳陵畫譜中海安考古錄

徐日彪

徐日彪字文虎能詩善寫真尤工著花卉海安考古錄

徐彪字文虎住海安鎮能詩善寫真道光泰州志

嵩按考古錄曰日彪或另有所考也

方松齡

方松齡名封五號野橋工詩善畫尤擅著色花卉海安考古錄

方松齡號野橋住海安鎮工詩畫擅著色花卉道光泰州志

嵩藏先生人物山水便面一

張品邁

張品邁字龍璧諸生工花卉翎毛嘗繪百蝶圖缺一偶游集山見一蝶衣備八卦乃補足道光泰州志

繆肇慶

繆肇慶者號棠溪以芭蕉得名畫秋菘亦生氣拂從十指出道光泰州志

李茂林

李茂林字湘嵐庠生善詩工墨筆蘭竹揮洒踈秀是能寫其意者題詠高超尤不落尋常蹊徑海安考古錄據澹仙詩話

鍾爾敬

鍾爾敬字竹椽工詩善畫山水得三王秘奥新志

鄒耳山先生選鍾竹椽詠春草寄宮霜橋詩一首海陵詩彙

嵩藏竹椽先生畫菊一頁

馬呈圖

馬呈圖字墨初號陶庵居士少肄武事躍馬彎弧有幽并俠氣老不得志隱於丹青於蘆洲上搆矮屋數椽作畫其中脩然自樂間為詩歌亦臻逸品海陵詩彙載其初營蘆洲別墅七律二章新志

康伯先生雪中偕湯悔庵過蘆洲觀馬墨初作畫作詩贈之云北風吹城城欲倒城上棲烏跡如埽板橋一帶最荒寒冒雪衝泥尋馬老爾健者破帽殘衫矮屋下十指如錘凍不皴胸中奇氣烟雲寫人來觀畫如堵牆揮毫對客鬚眉張誰與馬老助腕力傾囊沽酒來髯湯閒君年少誇身強彎弧躍馬輕侯王何為老去不得志丹青餬口身倔強至今使筆如使槍每於娬媚形堅剛得意疾書自高妙舞劍不用公孫娘吁嗟乎畫師博得將軍號內庭供奉李昭道馬老作畫能亂真蹤跡何緣雜耕釣耕釣之地得邱壑挈婦攜兒貧亦樂時看揎袖畫遙山此即今時馬一角伯山詩鈔

泰縣古物支會

每千字叁 此书係崔中宗樸先生所抄計六萬三千七百七十四

朱鶴年

朱鶴年字野雲幼工畫九歲為寺僧作山水小幅州牧見之曰此子當以畫傳及壯貧無以養親遂以錢八百纏腰徒步北上鬻畫以為旅食入都後畫理益精名噪一時鶴年外和而内介喜行善事提掖寒素曾救人於死人皆樂與之游朝鮮人喜鶴年畫且重其人品有懸鶴年像而拜之者 揅經堂續集　續揚州府志

鶴年僑寓都門山水有滌子風椒畦孝廉稱其意趣閑遠不染時習性喜結納法時帆學士主盟騷壇築詩龕奉陶靖節繪圖徵詩山人乃顔其居曰畫龕與都中賢士大夫文酒往還聲氣殆與詩龕敵故其畫益著京師馬秋葯張傳山兩先生尤引重之吾邑孫子瀟太史嘗寄詩云米恠倪迂萬邱壑周妻何肉半瞿曇燕雲回首難忘處一箇詩龕山人仕女人物花卉竹石靡不佳山人偶過舒鐵雲齋見唐稚川所作破被篇即點筆寫破被圖圖成系之以詩云冷被多年鐵打圍杜陵舊雨送春歸替他絲筆傳春夢一夜兜央破壁飛十年禪榻睡魔消留得姜肱被一条還似霓裳初出 青天補石月修簫鐵雲自作長歌紀之見瓶水齋集山人曾於萬柳堂補種柳樹友人出都輒寫蘆溝析柳圖送行乎生所作不下数十幅 揚州畫苑錄

太高高祖風沂公題朱鶴年運甓圖云捉麈清談王夷甫超超元箸推典午天下蒼生究何補八州都督長沙公不尚浮虛真英雄大勛反手勤勞中須知此日足可惜萬里烟霄休寂且向齋頭來運甓 夕陽書屋詩初編

郘耳山贈朱野雲云橐筆長遊滯帝都廿年霜雪滿頭顱遍交入洛諸名士平揖當朝上大夫何日彈冠同貢禹徒聞讀畫贊倪迂歸來笑解輕裝看篋底惟餘叅硯圖 聲玉山齋集

王翼鵬

王翼鵬號凌青善丹青師宋元諸家於米芾最近繪萬竿烟雨圖尤稱精妙居平蔬食晏如卒年八十五時目為畫隱 揚州府志

泰縣古物支會

高垂慶

高垂慶字麓庵泰州人善書工詩畫官安徽滁州壽州知州補廣德州均以賢能著道光十一年再官壽州值歲飢力籌賑恤境無流亡民感之 揚州府志

吾鄉高麓庵垂慶刺史歷任滁壽廣德諸州循聲大著惜中道作古未盡其才家居時素工作畫彈琴賦詩無不精妙 伯山詩話

袁寶鏐

袁寶鏐字後山諸生工書善畫嘗得其祖遺硯為之繪圖徵詩 新志

嵩藏先生山水畫箑一幀又藏鄭芹甫談巽夫涂竹居燕子堅陳崇光花卉合景畫箑後山先生署款

泰縣古物支會

儲震昌

儲震昌字曉嵐工山水 新志

顧濤

顧濤工畫新志

顧言

顧言工畫新志

泰縣古物支會

顧堅

顧堅字介石祖濤父言皆工畫堅承家學人物山水無不精妙新志

顧堅字芥室泰州人工山水惜有市氣揚州畫苑錄

小香岳在州治西鹽宗廟側邑人顧堅舊址新志

黄石

黄石字頑玉工詩擅蘭竹揚州畫苑錄

祖吉安從九品原名石號頑玉工詩畫墨竹著有小琳瑯山館筆談三卷黄竹堅歲貢履歷

泰縣古物支會

鮑琛

鮑琛字渭璜工人物山水 嵩補入

嵩藏先生畫箑上書丙申長夏海陵渭璜鮑琛以是

知係泰人

泰縣古物支會

程宇光

程宇光字韜庵道光十七年應京兆試領解後選授溧

水教諭未赴晚年主講海門書院益肆力於漢魏六朝

之文著有因是齋詩文集柏影軒詞稿 新志

興化李學山 福祚 題拔函云敬庵六叔大人閣下昨敝

友來從珂里亟稱大繪精工懇畫一小幅見惠俾朝朝

觀覧既似卧遊且似仙人縮地得覩先生面目於百里

之外何快如之 原函

六叔曾祖韜庵公不以畫傳晚年研究佛學詩古文

詩而外或有時隨興所至偶作小品一二幀藉以消

遣嵩藏芝石畫箑一面畧施采色筆致疏落蓋得力

於字者多亦胸襟使然也嵩何敢沒謹列入

泰縣古物支會

鄒鍾靈

鄒鍾靈字雋生泰州人工畫拳石瓶盎小品殊有别趣

揚州畫苑錄

嵩按先生喜藏鄉前輩書法伯山先生詩云今得雋

生重鄉里地下陳人呼盡起試將樽酒酹重泉百三

十人列莲几今伯山先生詩稿乙丑嵩購得係乙巳

立冬前二日伯山先生手書

胡英

胡英字鐵仙一號跛道人善寫墨蘭芥子園徵其畫入畫譜新志

趙九鼎

趙九鼎字蘭隱工畫蘭師文蔣寶齡稱其深得板橋筆妙新志

張兆璠

張兆璠字筱石廩貢生擅文辭工畫梅著有醉墨軒文鈔三影堂詩稿

丙辰五月　叔曾祖文伯公陪真州吴先生飲張君石琴西齋見壁小石先生詠梅四律依韻答之梅影

云蒳樹霜階猶錯落数枝水面亦横斜四更吐月翻竹正月開冰魚咬花浄垢都忘參有相色空不著會無遮畫禪若許窺三昧吮墨新摹韻字紗録原稿

四首之一

徐信

吾鄉徐小園信工畫模跡放有伯倫荷鋤之風詩筆頗似徐文長行吟得句每借市人之筆硯以記否則醉卧輒忘着有青藤館詩草 伯山詩話

徐曉峯

徐曉峯名旭以字行號雲溪東臺人以戰功累保福建汀漳龍道時未赴僑居泰州於喬勤恪公席次始識其人逾日折柬招東園仲海旭庭子鴻暨鍪在渠寫作畫會衣冠肅穆執禮恭甚不獨酒饌豐盛也遂出其所作山水花卉示觀工力甚深惜微有習氣後赴任遂不通消息矣同治三年漳州陷闔家殉難贈内閣學士銜賜謚剛毅 揚州畫苑錄

徐曉峯名旭以字行號雲溪東臺人以戰功累保擢福建汀漳龍道同治三年九月粤匪陷漳州府城偽侍王李世賢誘以偽封曉峯怒叱之賊錮於室中絶粒數日賊又持人蔘湯偽為餽進曉峯潑於地援筆題壁上曰壯志未酬君恩何補取義成仁臣心千古賊知志不可奪以火灼曉峯手指至焦墮罵不絶口凡十七日遂遇害妻王氏女文姑及僕婦陳氏並自經死事聞有忠孝節烈萃於一門之諭加贈内閣學士銜以二品例賜祭葬謚剛毅入祀京師昭忠祠漳州府城建立專祠 揚州府志

案府志謂曉峯東臺人然徐氏祠墓後裔均在泰之

海安鎮泰學明倫堂更有徐忠臣扁額錄以俟考匪敢蹈爭墩之習也 新志

吾鄉徐雲溪曉峯廉訪器識宏遠聲光隆鑠立功皖水洊登台司因公錦旋蓬門訪舊袖詩一册見示其紀事之作皆身經百戰而略述其光景也硯銘云掃欃槍俾爾作于矛澤蒼生用汝作霖雨遺我子孫毋使瓦礫為侶為袁筱塢題石云相彼拳石孰與爾堅磨而不磷功可補天豈一邱一壑之才也當位置於燕然 伯山詩話

陳研香先生題徐雲溪曉峯觀察小像云俠客千金劍

男兒百戰身勛名誇獬豸圖畫上麒麟決勝需長策安危尚有人南疆憂不細早為弟荊榛共索長安米相知已十秋家山同宦轍注時同奉在籍團練之命貧賤數交游羨爾纓先請暫投從容杯酒外一笑看吳鈎晚晴軒詩存

嵩按雲溪先生泰人也有伯山先生詩話可證開口便稱吾鄉徐雲溪云云又陳硯香先生晚晴軒詩集注時同奉在籍團練之命曰在籍曰吾鄉當時已辨別清楚不待死後續府志何以既誤於先畫苑錄何以復誤於後應更正

徐震甲

徐震甲字東園為人倜儻多才賦性慷慨成友自結當事不避嫌怨傾身排解訖事乃止生平無疾言厲色與人交和藹可親少工畫中年所詣益進筆意雅近十三峯蓋能提空而不滯者咸豐中粵賊猖獗大江南北郡縣淪陷文人墨客達官名流多避亂僑泰州震甲之與交文酒過從殆無虛日卒年六十九

康伯山為徐東原畫山水幛子作歌以贈之云徐熙家法從今變徐君下筆開生面揎袖雲煙一掃開淋漓墨蘸鶴溪綃國朝作畫稱三王山人烏目官奉常司農官閣吏華貴内庭供奉誰頡頏此後數上作者往往曰二張二張者為誰南北同翱翔南張曰寶巖峯名譽噪朱方金焦兩點供裝軸空中設色成青黄白張曰桂巖賜寫家住滄州滄鬱伊懷抱不可遏酒酣奇氣圖衡湘畫成有時見高卧高卧一十三峯之草堂我與南北二張俱惛服尤覺桂巖之畫情同痂嗜癢今君欲入桂巖堂豈獨升堂嚌胾稱今狂時人見君畫成就謂其老成身崛强詎知君年甫弱冠錦衣玉貌繡裲襠江湖畫師不

盡老此邦年少君稱郎吁嗟乎我時索君畫君咼斂我
酒此事從來期不朽董巨荆關孰垂久塵氛筆底君應
無邱壑胸中吾亦有又趙漁亭題徐東園畫冊云畫理
具冢妙花卉尤稱冠神肖奪化工生氣萃不渙著色世
所同雅俗判冰炭即以巧拙論亦復溯河漢徐熙今書
家妙難一辭贊與我三世交生小同里閈偶爾尺幅貽
珍藏戒褻玩自惟筆花摧題畫愧强半君行作畫仙傳
世夫豈但又表子文 錦 為徐東園繪秋景紈扇貽程芷

君題賀新涼詞云小試青藤手展冰紈高梧聳翠賺來
庭牖吟奇礓叢碧裏脩竹甘蕉欹又是叢菊乍開時候
粉本盡翻崇嗣藁寫秋光直把秋心透饒把握便消受
　丹青翰墨君家有儘胸中生香活色染毫都就葉葉
花花相掩映䍐掛桐枝疏秀誰解送籬邊尊酒他日鳳
皇樓穩處買新縑城北重相逅評舊憕試囘首
　嵩藏先生秋景紈扇一柄係芷君叔祖上款又購得
　先生墨筆畫菊扇面一幀珍藏之

姜浤

姜浤字若泉工山水花鳥 揚州畫苑錄
近時之善八法者姜若泉 浤 徐東園 震甲 其嗣音也姜
不譚詩徐閒作韻語 伯山詩話
　嵩藏先生畫伯山先生小海山房圖

劉慶山

劉慶山字少石初習舉子業工四體書尤善畫以金石
著名 新志

徐振

徐振字荔香工畫嘗客遊京師不事干謁無所遇歸以課讀自結性疏簡不耐煩新志

徐閬卿

徐閬卿字蓮甫工畫與徐東原齊名人稱二徐性曠逸頹所居曰畫水樓日惟鍵戶作畫不事家人生產鄉里高之新志

同邑徐蓮甫閬卿主簿以詩草見貽余喜其韶秀雋雅語為自在流出蓮甫兼明畫事效法徐君東園伯山詩話

顧允厚

吾鄉顧載之允厚上舍於余為角丱之交性和厚工詩善畫梅伯山詩話

程子駿

程子駿字芷君文伯三子也諸生能詩詞善畫花卉歇或署程鄉酒人居白米後袁子文詞謂丹青朝墨君家有可概見也嵩增入

朱餘庭

朱餘庭字築軒貢生善篆刻曉音律尤工書畫嘗客崇川作狼山圖彭少司馬見之擊節稱妙

朱丙炎

朱丙炎原名裕庭字仲仙諸生築軒弟也亦工書善畫梅時人兩稱之仲仙著九十春吟

泰縣古物支會

陳祖武

陳祖武字繡孫號石耘文霦子以諸生歷游大府幕司章奏閩督卞公寶第倚重之書法絕精兼工篆刻餘事作仕女亦工緻累保知縣需次閩垣卒

郜瀛

郜瀛字伯海詩人應庚子少工畫應庚為詩得佳句即付瀛圖之今所傳瀛畫不多惟武廟及岳墩圍屏是其手筆

泰縣古物支會

張熙亭

張熙亭住南門外打魚灣詩人張逸弟也善畫墨蠏

沈小庵

沈小庵工人物

鄒康

鄒康住姜堰鎮亦以畫圍屏著名幼有殘疾十指即以左二指寫真頗稱精妙時尤異之

泰縣古物支會

楊澗

楊澗字小泉居西橋善寫真兼工畫馬

沈進

沈進字退之畫花卉翎毛有生趣

張文澤

張文澤字兑生廩貢生善畫梅得家法

徐兆熊

徐兆熊字開州號東賓泰州人乾隆癸卯孝廉授内閣中書終養歸里以詩畫自娱工花鳥尤善畫松 墨香居畫識 畫史彙傳 揚州畫苑錄

嵩按泰州志選舉表乾隆朝無此人斷非泰人無疑姑另列於後待查又查江都志選舉表有徐兆熊雍正己酉舉人

陳嵩

陳嵩字肖生泰州人善梅花 明硯田齋筆記 畫史彙傳

石頤

石頤字正也號養齋泰州人以增貢考授同知善畫法王麓臺 廣陵思古編 小傳 揚州畫苑錄 採

以上三先生均從他書提出明指是泰州人又均善畫姑彙列之俟博雅君子一詳考焉

王式

王式明末人畫小西湖圖

劉廷之萬春題王式小西湖畫卷云惟有西湖在錢塘練光黛色何惟茫煙拖楊柳千行翠風遮荷渠十里香側身南望隔揚子無因飛渡六橋水平生曾識西高峯夜夜神遊清夢裏吾鄉亦有小西湖泰山之麓城西隅蛙鼓隔林空積翠雁沙連影刺列蘆豈知得遇來陽伯身作江淮天半壁截疏截淪追禹功頼使烟波依舊碧碧流如帶更如環臨賞真同濠濮間宛轉橋通仙舫過菁葱樹侍美人擘畫史王郎稱好手筆落冰綃堪換酒他時攜向越中行還將彷彿西湖否 波小坡先生書屏存臨湖禪院

嵩按王先生是否泰人未可知姑列名俟查

宮畹蘭

宮畹蘭海陵人進士偉鏐女冒褒室才情朗暢尤工墨梅雪葉風枝脩然有偃蹇瑶臺之思 婦人集 畫史彙傳

如皐冒起宗先生次子褒娶吾邑宮紫陽太史女褒凡巢民與太史同登崇禎壬午鄉榜且同盟好締姻後巢翁答箴書刺輒仍舊稱略不諱抑東淘王石袍先生譏其不當禮作正名解以正之又有可議者太史父名繼蘭太史女適褒者名婉蘭不避祖名何居或曰中憲初名大壯後更名繼蘭不知中憲中萬歷四十六年戊午

應天舉人移入北直靜海縣改今名時紫元太史甫八歲婉蘭爲太史第四女安得以蘭字命名耶退庵筆記

冒宮者海陵宮氏女嫁於雉水冒氏夫亡守節者也仿趙松雪夫人管趙之例而立名曰冒宮其貼梅之法則施膠調粉而貼落英於紙上花之向背疏密淺深以及已開未開之態罔不畢肖枝幹則以筆鉤勒之曲直欹正之致亦各極其妙友人王在亭有册囑余題云吾鄉誰數丹青手曾說黃湄女史才何似殘梅收拾起頓教生面又重開謾道丹青女子能幾人節操凜寒冰趙家媳婦元人派前事休題管道昇伯山詩話並詩鈔

黃楣

黃楣喬年女以畫名道光泰州志

楣筆獨有神悟蝴蝶草蟲落筆栩栩欲活兼能詩辭有易安之風而所著祕不傳外孀居食貧清苦度日不愧高士之後發幽錄

嵩按伯山先生詩將楣作湄恐誤

長塚古物友會

卷二

吳陵畫譜補

泰縣古物支會

吴陵畫譜補

卷二

來復

來復字陽伯號星海三原人進士天啟七年任海防兵備道 道光泰州志名宦

海防兵備道署在州治南 道光泰州志公署

來復字陽伯三原人萬曆丙辰進士仕至布政使兵備揚州性通慧善畫為人重氣義好客泛交道廣友聲詩之文書外琴棋劍器百工技藝無不通曉 詩集小傳

畫史彙傳

藍瑛

畫之有浙派自戴進至藍瑛為極 畫徵錄 國朝畫識

唐志尹搆萬竹園冐襄藍瑛輩嘗過訪之 道光泰州志

萬濯

萬濯原名近字行遠宜興人戊午舉人崇禎七年任學正萬故世家子多風雅詩詞書畫種種擅場刻有意園詩集史論行世士子有一長汲引如不及每月課出酒脯以供諸論隲能引人勝地所謂居然名士風流者矣是時州牧徐公多所興除公與為共濟所襄贊皆出於正修復學宮諸形勝尤有裨益丙子聘考山西識拔多知名選六館轉戶部郎督倉清江浦 宮偉鏐微尚錄存

呂潛

呂潛字半隱四川遂寧人明兵部尚書大器子崇禎癸未進士值蜀亂播遷四方澹於仕進後偕其弟澈僑居泰州工詩文書畫人得其尺幅皆珍之嘗遊宮氏春雨草堂與姜垓梁以樟倡酬極多傳為盛事舊志參府志

呂潛字孔昭號半隱又號石山農遂寧人僑居泰州崇正癸未進士官行人甲申後不仕花草放縱不越矩矱善書工詩著懷遠草堂守閒堂課耕樓三集畫史彙傳

呂潛字孔昭遂寧人崇禎癸未進士官行人善花草用筆放縱而不越矩矱神氣清朗可貴性曠達淡於仕進入國朝遂不出以詩畫娛老畫徵錄

孔昭大器子亂後僑居泰州號半隱又號石山農有懷歸堂守閒堂課耕樓三集集中望江一絕漁洋極賞之兼工書畫為時所重笠亭詩畫

呂潛字半隱四川遂寧人前午未聯捷進士為大司馬大器子詩文書畫一時推重播遷後益精康熙癸丑來泰州遂家焉名流爭暱就之呂亦不自惜所求必應無不厭其意以去論者比之坡公云發幽錄

朱魯瞻光函送呂半隱歸蜀詩云峨眉山色望中寒獨客還家值歲殘老去滄桑應洒淚名成詩酒罷彈冠十年旅況羊腸慣千里歸途鳥道難隱矣西川廬墓好杜鵑聲急雨漫漫海陵詩彙

何鐵

何鐵字龍若京江人僑居泰州工詩善畫揚人重之揚州畫苑錄

何鐵一名金雨字龍若京江人僑居泰州少從檢討陳維崧遊工詩善畫揚人稱之後死於葉縣 泰州志

康熙十三年甲寅四月費此度移家江都東野田村六月至泰州晤俞水文 瀫 周屺公 斯盛 何龍若 鐵京口人流寓泰州 九月之揚州 退庵筆記

何鐵字龍若鎮江人幼從學陳太史維崧工元人詞曲任俠負氣不能包容於尋常人使酒善罵於意所不合雖遠宦貴人必以氣陵之嘗作雜齣狀顯者頤指氣使以酒肉得名士歡與名士伺候顯者之門善事無怨備諸醜態妙盡形容善畫及秦漢金石刻常持刀筆出游所在醵金求之贈遺滿橐然輒隨手盡妻不免啼飢或不顧作有力者強之終不肯竟作好昌谷詩其作向往往多鬼氣諸老宿皆畏其才其僑居泰州特久予初未識鐵聞人談鐵狂怪狀甚熟一日會飲他許見鐵議論鋒鍔咄咄逼人已又同蹋鳳山抵掌今古鐵言削益未平

時賊獻忠殺人自喜其生日一裨將當上壽叩頭請獻忠出帳觀禮則有兩犬山拱列左右乃割婦人乳及小步所為也獻忠大笑浮白無算因相對憤惋至於泣下自是遂別去不復見聞鐵從宦河南入柳縣令文署中感暴疾死無後遠近莫不傷之其僕潤子為求賻於知交得金五百星扶櫬以歸葬京口先人基側金費存三之一猶以奉主婦薪米凡有功於鐵之喪者數人而潤子之勤勞盡忠於所事有讀書明義理者所不及予讀近思錄至謝師宰從明道先生假僕掘桑白皮而曰以公所使人不欺竊歎堅賢誠己格物之效畧見於此鐵喜怒乖方鞭笞無節其恩澤之入於僕御者淺矣一朝客死客無丁男一在下有鰥往返走三千里使鐵得正首丘又能不思私一錢俾寡婦有貲以生養所謂奴愛才如蕭穎士也然非鐵之賢亦何以致此鐵或名金雨別號忍冬子云 張良御依歸草

何鐵字龍若鎮江人依韓遜之僑居泰州特久與蜀人葉縣令柳長在文友善僧之署暴疾死韓遜之以第二子涵繼其祀蓋韓與何為亞故哀其死而延厥後焉今

泰縣古物支會

涵子名何崧江右劉學使科試揚州入泰州學 沈默發
幽錄流寓
王曰舫集蔡補齋别墅同丁謙龍何龍若詩云賭罷圍
棋又酒杯野人連袂踏歌來醉因别久添高興量為愁
深減舊醅五夜霜寒紅燭冷滿城柝盡曉鐘催天明棹
向萸灣去客傍河邊送復回原注時補齋有事邗曲又
蔡補齋雨夜招集同黄翁仙裳交三喬梓何龍若戴雲
笠詩云早梅香裏雨聲聲催剪銀燈集友朋見面忽驚
三載别論心敢負百年盟閒從雲物窮時態遍歷風波

泰縣古物支會

驗老成今夕談言杯在手始知世事類棋枰入畫广詩集
吳野人送何龍若詩云無事坐谿上青天度白雲光采
殊可攬聊與盡殷勤如何賞弄懷倏忽思紜紜關山妒
良會舉步即離羣影散悲落葉心焦近燔薰路側戀
親昵斑騅鳴夕曛又云駕鵞下田間飲啄同鷺鳩洲渚
怡野性顧盼以遨游得展聚會情翻因稼梁謀大風催
勁翮將舉復夷猶去程方汗漫感子念舊儔欲安適桑
柳趣悠悠非惟毛羽小心實好林丘又篆隸印章歌贈
何龍若云幾十年間工篆隸布衣獨數黄雉皋書須摹

楮黄不然以石為紙筆則刀白日照牖石飛几孫情卓
犖思卿嘈丞相中郎李斯蔡邕微妙意脱然出手心不
勞户外車馬忽雲集是時頭顱已二毛歐初推重縣櫟
下迺獲聲價來蓬蒿父執相呼者何人南徐何郎今譽
髦熟精具技弗嘗試偶試便為時賢褒田產蕪盡仍下帷門
東無奈兒啼號新坑名石入壓質衣購鈍鐵餬口行路操
寧知賤貧趾逾踴市井輕薄身頻遭精製讓受不與錢
旅甑塵厭煙難高行李冰霜問北關道途坎壈尋東淘
俗方識客類寒鵲我獨愛君如駿驁從來金臺會鑒

泰縣古物支會

賞此日上谷尤風騷況君少年善詞賦才藝俱足稱世
豪詎之知音若櫟老吹笙擊筑傾松醪簷際落花向座
飄歌童舞妓娛我曹興酣起作猛虎步籬下豺狗誰敢
嘷又京口何龍若僑居吳陵城中奉訪有贈云門內語
鶺鴒門外無車馬城郭里巷綠樹色來原野何年此卜
居蝸舍趣瀟洒雨餘菜自重客去書還把白雲映萊妻
究在三山下又云楊雲情嗜飲對月思酒壺識字雖無
用飲君尚有徒 醺眾甕則空虛閭閻雜糟丘
風俗 模糊念醒不念餕此地亦難居

魯子猶

張詞臣次魯子猶來韻為贈時避亂自京口來詩云骨骸今參政風流老右丞威儀心史著文獻酒杯徵闇外誰工拙泥中載寢興憂貧羣口譎覆亂一身憎有賦推王粲無家念杜陵警緣風鶴屢盟遂海鷗仍節晚黃花在寒深白袷增感時雙袖淚道故一枝燈水澗魚書少城空虎氣騰金焦舊遊處何日擬同登又贈魯子猶云落拓乾坤數數奇青門此日種瓜時眼前尚有公侯氣前曾為執金吾才下誰為大小兒留得素封泉是酒寄將清興畫中詩相逢莫話生平事雨後黃花正蒲籬又挽京江魯子猶云早歲胸中富甲兵一江南北重才名每從水石師王宰恰近清明弔柳卿詞賦未刪珠玉落音容如見骨峥嶸身羈旅次魂歸去應畏金焦浪不平白髮窮途強笑支腹中多不合時宜兩朝故老春風淚一代才人落月詩畫壁只今懷道子書裙從此重羲之兒曹縱到泉臺閑杖履何由慰所思總帳遙遙酹一杯楚雲吳樹盡堪哀香燈欲滅憐摩詰寒食無烟哭子推雨不斷絲渾是淚雷無常火總成灰新詩湛墨人今古

几下梅花几自開柳外黃鸝不住啼春雲春雨總淒淒生從海上依賢坦死向山中伴老妻執紼僅同懸劍冷舉喪誰與助舟齋太平已報新冲主莫畏江干有鼓聲評云子猶先生精於翰墨生平以詩酒自豪國變去官避亂海陵方之古人蓋東陵侯晉處士一流人而書畫尤足不朽詞臣四詩可作先生行畧

查士標

查士標字二瞻號梅壑海陽人前明諸生尋棄舉子業專事書畫家多鼎彝及宋元人真跡遂精鑒別書初學倪高士後參以梅花道人董文敏筆法用筆不多惜墨如金風神嬾散氣韻荒寒逸品也晚年畫益超邁直窺元人之奥 畫徵錄

查士標書法精妙人謂米董再出畫亦超詣求者填門或終歲不可得遇困乏時揮灑尺幅人爭購之年八十餘卒於江都 江南通志

泰縣古物支會

查士標字二瞻與華亭同干支又號後乙卯生休寧人居江都性迂家多古銅器及宋元人真跡書法華亭畫初學倪高士後參以梅花道人董文敏與孫逸汪之瑞釋宏仁稱四家延王石谷至其家乞潑墨作畫蓋有所取資也 揚州畫舫錄

康熙十八年辛巳七月州人儲穎如具書迎費此度先生至泰主其家郝羽吉 士儀 徵人查二瞻 士標 徵人汪扶晨 徵遠 徵人來訪 退庵筆記

泰縣古物支會

惲香山

余購得惲香山山水小幅題緻數十言殆深於畫理者字法亦古峭可喜圖繪寶鑑續集稱其學問淵深数題有本末良非虛譽尾署時在海陵福城庵香山惲尚志先生初名本初號道生後解名向字香山蓋作於更名後其印則仍本初道生字也惜未書年分無從考先生游泰歲月所云福城庵亦不知所處 退庵筆記

張詞臣先生贈惲香山時將別去復以兵留也詩云綰地論交事若何中原文字隔干戈虎頭顧子名方噪燕頷班生鬢已皤起我九華成半臂留君萬竈歇橫磨浮沈未便傷遲莫轉眄商風許嘯歌評云香山先生高才博學為葩壇主盟垂白阨窮不得志於時遨遊吳楚間竟有以畫師目之者悲夫得詞臣知己雖死可以無恨

雙虹堂集

張詞臣先生再過柳溪未訪半千舟中書此乞畫云六月過訪若炎酷紬紙乞書嫌穎禿展轉清秋秋更冬今茲又以己一陽復昨過柳溪乘便風今過柳溪恨期促柳溪不遠我不間往來但望溪邊屋春秋香山為余畫注毘陵惲道生墨法得黃董之神近時第一手倣得四家殊不俗所以望君之畫來裝褫共成十六幅君當為我成此願間過柳溪拜君足 雙虹堂集

惲壽平

惲壽平以字行武進人名格一字正叔號南田又號白雲外史工詩文好畫山水及見虞山王石谷自以材質不能出其右則謂石谷曰是道讓兄獨步矣格妄恥為天下第二手於是舍山水而學花卉斟酌古今以北宋徐崇嗣為歸一洗時習獨開生面為寫生正派由是海內宗之所居有甌香館唱酬皆一時名士六十餘卒於家 畫徵錄

國初時武進惲正叔游吾泰寓西山寺一日作松陰鳩

夢圖題詩其上云清夜松花覆翠陰西山月色欲沈沈春寒鳥夢驚栖起為有鐘聲到隔林書法遒逸與詩畫稱三絶此圖後為徐禮華先生所得甚愛重竹鄉丈冬日西郊雜興詩其四云西山白雲寺寂寞隱城隈鳥夢驚殘月松陰覆古苔小窗禪榻共昔日畫師來我獲連城璧方知米易才蓋為正叔作也退庵筆記

海陵宮紫玄先生嘗構小西湖别墅四方名士過者輒流連歎洽經旬累月不去相傳南田惲氏客此最久畫中所稱西山派寺者今西門内西山寺是也寺距小西湖百步許意其月夜乘興來往遂寫此圖一時興會所至景色蒼然純乎天趣觀其題詠其為得意之筆可知也予偶過小市見此畫於敗絮中遽以六百錢買歸時同人皆笑為不值此不過贋畫耳予亦笑而不言乃知世間尤物屈於不知者多矣豈獨畫也哉畫已百餘年而裝池草草似前此亦未有愛惜者予故具書本末使後之讀畫者知所考焉嘉慶二年十月閱篋中舊畫因重題其上將俟善工付之重裝勿褻也禮華老人手記

嵩藏原稿

李泰

李泰字佐民如皋人曾繪七寶瓔珞金粟如來妙相孫增克荷家學復參北苑乾隆庚午修邑乘延繪圖焉如皋志　畫史彙傳

李泰字左民姿性蕭爽嘗入玉女山趺坐鴛鴦松下有停雲翠然竟日遂超靈悟一夕娩白駢青寫七寶瓔珞金粟如來妙相張護國寺觀者如堵一時王公貴人朱輪翠幰駢填雜遝咸稽首膜拜歎息欣悦得未曾有名遂震都下王妻東掞歎其心樓雙樹顏駐八公沈鴛湖

曾懋稱其豪雅亞於檣畢 國朝畫識

李左民者善寫真相傳赴郡守之召行李入城有力者負之而去左民假紙筆於市默識其面目繪小像懸之城門衆曰此某也立訪之果獲 道光志載藝術

楊古存先生 瑚璉 康熙初詩人也以明經終宮枚波濤從市攤購得先生小像册頁爲像者十或參禪或煉丹或魚子或劍士或執鞭或臂弓或抱琴或擂菊或把筆背立或手摩太極圖命意各別生面獨開洵一奇也題贊者爲俞音隱 澂 陳芳 楷 蔡半嘯 芭 沈桓雙 嘉值 許鹿村 彭年 顧湘靈 瀛 余羽尊 儀曾 程訥庵 瑞初 姬田 瑞栘 諸公或詩或贊或楷或草或篆或隸行欵參伍錯綜又一奇也繪圖者爲蘭陵李泰字左民余所藏羽尊小像亦泰筆傳神奕奕真頰上添毫手也 退庵筆記

山陰黄儀逋 逵 先生題李左民畫云左民那見左民面自寫左民如看見曉來寫出菱花中我笑汝笑顔色同無端畫一舡舡頭跣雙足踏得乾坤雙動摇不繫一枝楊柳綠滿船艙是何代書我疑載與三閭讀漫言騷後少文章也有能教鬼夜哭魚鼈蛟龍識字無𥿄米蓮房媚幽獨那知左民濯足滄浪深左民自寫左民心滄浪清復濁不改左民心左民心滄浪深 錄原稿

歙人王文治著後村雜著其自記小像云康熙甲申冬下相徐子壇長來金陵偕行者爲泰州李子舍子舍善寫真爲予作小照數幅首荷鉏次讀書次垂釣次尋梅次看劍次游嶽圖 新志雜志據後村雜著

嵩按退庵先生稱泰爲蘭陵人當別有所考也或蘭陵爲海陵之訛按子舍畫與泰彷彿且同生康熙朝子舍別集無徵或係左民外號附錄俟考黄達詩藏嵩笥中

泰縣古物支會

宗元鼎

宗元鼎字定九號梅岑別號小香居士又號賣花老人
工畫著色山水 揚州畫舫錄
甘泉東鄉宜陵鎮宗氏兄弟皆工詩出漁洋之門以才
調擅長元豫字子發觀字鶴問元鼎字定九號梅岑吳
薗次嘗題定九所居為夫容別業 廣陵詩事
庚戌雪中宗梅岑先生過訪不值詩云風雪報君來柴
扉扣未開忽驚籬犬吠半作野樵猜興盡迴孤櫂身閒
問老梅衝寒歸墅遠誰伴闘尊罍 王白舫入畫亭詩集

泰縣古物支會

康熙十八年十二月費此度至泰州宮紫元陳懋吉凝
祉雁峯文史父 黄仙裳名雲 交山名泰來 宗定九名元
鼎揚州人 園同春真州人寓泰州 先後來訪退庵筆記
康熙十九年庚申孫豹人先生在泰同定宗九黄仙裳
飲陳君三宅 退庵筆記
黄九河天濤贈宗定九云三十年姻婭班荆識面初家
仍隣謝傅貧已似相如碧水秋栽賦寒堂夜讀書何時
過委巷烟柳待柴車 又黄瀛客鷺祥同外祖宗梅岑先
生國博孔東塘先生鸞祥侍家祖父即席命賦分得十

四寒詩云廣陵雨歇尚餘寒躡屐招尋春未殘曲浦漁
舟吹笛過畫橋烟樹隔山看閒邀好友同高詠靜對芳
樽締古歡此是幔亭投轄處不妨剪燭且盤桓 海陵詩
彙
余門人廣陵宗梅岑名元鼎居東原其詩本才調集風
華婉媚自成一家 分甘餘話
宗梅岑畫紅橋小景見寄賦懷二首辛夷花照明寒食
一醉紅橋便六年好景匆匆逝流水江城幾度沈郎錢
紅橋秋柳最多情露葉烟條遠恨生好在東原舊居士

泰縣古物支會

雨窗著意寫蕪城
定九家江都之東原而泰州黄泰來其門楣也故客泰
州亦久王貽上寄定九詩云灣頭東去水如烟最好清
明祓禊天可憶南唐徐騎省暮春橋下過年年自注云
徐鉉海陵詩暮春橋下手封書 伯山詩話
梅岑興化人名世之孫觀之子名世名良弼居江都萬
歷已丑進士任紹興教授著蒙史畧含香堂文集觀字
鶴問副榜以詩傳元鼎工詩善才調集與楊因之思本
齊名著有芙蓉齋新柳堂等集善畫似錢舜舉晚年隱

於宜陵搆東原草堂有古梅一株名宗郎梅手藝草花每辰擔花賣得錢沽酒市人笑之謂之花顛自著賣花老人傳文簡與之友 揚州畫舫錄

嵩按江都志觀名世孫從弟元鼎廣陵詩事稱觀與元鼎兄弟

趙壁

趙壁字完卿徽州人居於何垛博通篆學工書善畫嘗摹心齋作聖圖 東臺志

徐名世

徐名世徽州人至性過人父行可以教諭卒於官名世方十歲即哀毀如禮長事母孝友于兄弟嘗客西蜀數年晚歲寓梁垛所居一室琴書滿案蒔花養魚吟咏適志或時作潑墨畫客至奕棋飲酒投壺雅歌曰不言世事壽至九十有四 東臺志

葉震

葉震字東萊歙人寓安豐性孤峭耽吟尤工於畫不輕作人得其片紙寶貴之 東臺志

嵩按東臺未分孫以前屬泰茲採入以上三人

高鳳翰

高鳳翰字西園號南村別號南阜老人又自稱老阜膠州人舉孝友端方爲歙縣丞公薦爲泰州分司工詩畫善書法稱三絶病痺右臂不仁作書用左手號尚左生又號丁巳殘人愛硯著硯史 揚州畫舫錄

泰有監掣官自雍正十年始高公西園爲第二任舊無廨署治事舟中公乃首創壩署工書善畫隸書尤佳晚右臂患痺乃用左手書自號左手生程鶴衫贈余左書小横披爲邑陳公方行 端 官膠州牧時西園所贈詩篇

也西園膠人故自書治下殘民書法飛動奇肆不可方物殆勝於右腕頃余又購得公隸書詩句大幅字大如巨盌有鹺部督壩使者章蓋公官泰時作公監掣在雍正甲寅乙卯間其翰墨流傳極多至今邑人得公寸楮甚愛重 退庵筆記

鄭燮詩西園左筆壽門書海内朋交索向予短札長箋都去盡老夫贋作亦無餘 板橋集

田雲鶴愛耽山水嘗爲仙霞武夷之遊高西園鳳翰爲作煙霞泉石圖當時雅雨山人及黄彤章 煒 鄭克柔 燮 皆爲之題華陽史梧岡 震林 題云皓月心胸白雪才傲裘難換歲寒盃詩人願化山頭石知是狂星隨地來 廣陵詩事

鄭燮

鄭燮號板橋丙辰進士興化人工詩詞善書畫長於蘭竹蘭葉尤妙焦墨揮毫以草書中之中豎長撇運之多不亂少不疏脱盡時習秀勁絶倫書有别致詞不屑作庸語爲人慷慨嘯傲曾知山東濰縣事以病歸遂不出 國朝畫識

鄭燮字克柔號板橋興化人著有板橋詩鈔及家書小唱工畫蘭竹以八分書與楷書相雜自成一家 揚州畫舫錄

板橋工畫蘭竹亦善畫石其宰朝城時嘗畫石三幅一寄膠州高鳳翰西園一寄燕京圖清格牧山一寄江南李鱓復堂此三人者皆板橋石交也 墨林韻語

鄭板橋明府燮答泰州田上舍雲鶴云昨買一小園在水中央又得銅菩薩五枚意欲改此園為銅菩薩庵 廣陵詩事

鄭板橋少為楷書極工自謂世人好奇因以正書雜篆隸又間以畫法過故波磔之中往往有石紋蘭葉 廣陵詩事

鄭板橋贈方外梅鑑詩云海陵南郭居人少古寺斜陽破佛樓一徑晚煙籬落瘦幾家黃葉豆棚秋雲山有意憐狂客鐘鼓無情老比邱郤到舊時曾宿處半窗寒紙正颼颼 板橋集

嵩按梅鑑和上舊主吾泰南山寺旁普賢庵板橋先生來往吾泰下榻於此故作是詩贈之嵩舊藏先生茶廿日永四字橫披上款書梅公社兄和尚蓋亦普賢庵遺物

顧蓮溪

顧蓮溪同根 興化老諸生工於畫法邑東郭外有浮圖三級建法輪寺久不修因繪三圖一原其始一寫中圮一望更新各係以詩里人踴躍而功遂成然其畫雖素好不易得作時一硯一水盂正衣端坐不與人通一語或十數日成一紙紙中方寸地有加染數十次者問其故笑而已 廣陵詩事 揚州畫苑錄

先高祖星泉公贈顧耦耕兄弟兼送其令弟蓮溪之豐縣云掃除雪逕拂烟蘿剝啄欣聞一棹過陸氏才華傳洛邑龐公事業寄巖阿香浮官閣清吟健草染池塘別夢多惆悵季方峭帆去杏花時節渡黃河 星采吟草

嵩按顧書宣太史圖河大橋人其長子亦名同根字友于廣陵詩事稱其詩心賦手不愧父風茲謹列顧先生號以別之

張賜寧

張賜寧字坤一直隸滄州人現官通州管河通判久聞其山水精妙辛酉秋在山塘雙清閣始見其設色扇幅蒼秀渾厚超然拔俗殊令人摩洋不置 墨香居畫識

賜寧字坤一號桂岩滄州人嘗為郡伯巡檢幼習工筆王蓬心太守一見歎其筆妙於是授以六法以故山水花卉各擅其長又工人物年七十餘尚孳孳不倦所為詩雅與畫稱 揚州畫苑錄

嘉慶五年張賜寧任泰州州同 道光泰州志職官表

張鏐

張鏐字紫貞號老薑善畫山水工八分書兼長篆刻性嬾不修邊幅不飲酒嘗以詩代飲 墨香居畫識

張鏐字子貞號老薑性孤峭不隨俗俛仰遇不可於意輒見顏色工詩磔卓傲岸如其為人著有求當集 揚州府志

張鏐字子貞號老薑工詩畫 揚州畫舫錄

陳少芳 晉元 有西河草堂送春同皖江李少白淮陰周曙峰東淘袁獻竹周西岑邗上汪蔚伯葉布帆張老薑許春卿同社許筠園羅夏園葉古軒鄒耳山韓曉村夏紅紡王左亭俞蔚村會楓橋分韻云春光九十去忽忽轉眼東皇秩又終別帳四圍排慘綠歸途千里認愁紅鵑應有淚和零雨鶯到無聲咽斷風欲把離歌歌徹夜南薰未忍託絲桐 清味齋集

鄒耳山 熊 歸自金昌適老薑過訪喜賦即步留別原韻云江南春盡片帆歸岸柳花飄上客衣風雨竟將遊興阻囂塵莫怨賞音稀幸夆戶外雙鳧至又恐雲邊一鶚飛我為留賓開舊社主持風雅願相依 聲玉山齋詩集

夏紅舫蘭喜張老畫至云未見張徵士聞名已十年無瑕留白壁萬選得青錢嵇阮風流在荆關衣鉢傳相逢殊恨晚那惜酒如川 杏草軒詩存

周煦

周煦字曙峯淮陰人工詩善畫鄒耳山先生有淮陰周曙峯來遊客館三載今卜居始成喜賦云数口飄零客路寒托身有地夢初安江湖旅燕營巢苦風雨飢烏擇木難古屋才聯新草榻寓公合住舊詩壇汪同社許本泉舊居繞門曲水沿堤柳都入雲林畫裏看又懷友周曙峯云吳越名區数往回山川跋涉出奇才畫中詩與詩中畫妙境都從閱歷來 聲玉山齋詩集

王松樵紀蝦秋日偕徐鶴峰周曙峰招賢橋晚眺並訪葉古軒詩云日色澹高秋秋風散客愁僧歸黃葉寺鳥下白蘋洲北郭千家暝西河一水流草堂不知遠訪菊暫勾留 海陵詩彙

徐鶴峯觀送周曙峯歸里詩云十載飄零感謀生事事難與君同作客先我上歸鞍風緊離歌咽天昏别酒寒臨歧無一語各指鬢毛看 海陵詩彙

嵩藏先生畫山水尺頁一方並題詩

泰縣古物支會

金德輝

金德輝字子石貢生工畫山水能仿大家自出心意新又善詞與同邑鄭子硯黃子晋為興化三子 興化縣志

揚州畫苑錄

康伯山先生懷金子石云百里空勞尺素將忽傳天外又新涼美人未到香先至才士無言氣亦張繞郭雲山皆畫稿當年人物感昭陽何時來訪僧齋已汪謂僧高亭徹夜談詩宿上方 伯山詩鈔

嵩購得伯山先生小海山房圖係子石先生繪並題

詞足見小海山房乃子石先生經遊地故能了然於心借書於筆也

袁先忠

袁先忠字義竹東臺人詩人瞰竹子也工蘭竹以力量勝而氣韻不高 揚州畫苑錄

趙漁亭先生贈袁蘭生詩剝啄驚聞舊雨來相逢一笑且銜杯青萍結綠誰評價白露蒹蒼老此才十載音書嗟闊絕六街車馬厭塵埃漢陰久信機心息不聽王郎唱莫哀達摩面壁苦回甘禪悅都從悟後參幾輩功名成馬上何人詞賦寫江南曲眉豈賴君真健善病工愁我不堪記否竹西歌吹日談詩讀畫衆香庵 晉磚室詩存

袁蘭生自真州歸東淘舟次吳陵見訪贈句夏紅舫先生依韻奉答云四代詩才子風流羨肯堂敝廬勞命駕翦燭共飛觴客路新春雨歸程十月霜却因賦明發五夜促行裝絳帳懸冰署真州遇嘗音憐才前輩意贅語故人心法授金鍼秘功磨鐵硯深郎君奉庭訓努力事清吟 香草軒詩存

周琴生

麓庵宅有三峯園明太僕陳公 應芳 築後歸高氏麓庵葺而新之曹艮甫侍御宋于庭太令黃虛谷少府周琴生上舍暨余昔觴咏其中彝鼎圖書無不精妙而園中樹石之奇亦為吾州冠冕 伯山詩話

叔曾祖文伯公跋王竹坨先生所藏畫冊云竹坨先生家藏書畫精鑒賞出所藏畫冊見示囑署書首兼題冊頁空紙冊蓋胡蝶裝也啟函讀之畫者凡三人皆三十年前舊交忘年友也三人均長於余高君麓庵吾州巨

族美丰姿精書畫琴棋善騎射作州牧有政聲畫學三王余舊館三峯園所見甚夥李生某君名育江都人嘉慶中余居郡城於旋叔可亭家數共談讌性豪邁工吟詠書法畫有天授所作禽鳥花卉出入宋元囊曾乞畫扇今尚存也周君琴生家東臺嘗館高氏三峯園善畫工篆隸性簡默寡言笑似低眉佛視某生兼飲啖氣概如高冠長劒揮霍生風意境有仙佛之殊皆高君麓庵坐上賓也畫册今存十一頁自郡城避亂余回故里所存書卷斷壁零珠回憶故人晨星落落竹垞博古好學似君工文藝兼精六法酒後書此攄懷舊之蓄念亮有同情也畫册當不止此吾州儲君曉嵐鍾君竹椽皆精繪事與高君友善必有畫册今不知歸何所已原稿

李育

李梅生育江都人畫人物山水花鳥雜品靡所不工著聲維揚久矣余友沈甌史嘗論之曰梅生寫意花卉水石能綜各家所長脫略高渾下筆甚捷有心手相和色墨並施之妙桂巖別駕後當首屈一指墨林今話

鑒按梅生先生工行草善八分所寫人物花鳥菓品鱗介之屬無不生動韻致嫣然幽逸直似新羅山人惟山水過於求脫又不耐皴染是以不逮古人而小幀扇頭間一為之又復令人愛慕蓋天分高而巧於布置也揚州畫苑錄

李育字梅生畫善寫意私淑華秋岳山水有曠逸之致花鳥亦多生趣嘗北遊京師名重公卿間揚州府志

夏紅舫贈李梅生詩彙筆吳陵半載留少年醇謹似恬侯清吟湖上鶯花夢淡寫江南草樹秋人有奇才皆大雅世無寒士不羈遊即今海上諸名輩分外交情縞紵投香草軒詩存

郁耳山簡李某生云狂歌痛飲仍如舊籍籍才名勝昔年我但乞書兼得畫最多情是李龍眠聲玉山齋詩集

嵩按郘耳山先生集又有贈李梅生送李梅生兩詩
玆不錄

吳文錫

儀徵吳蓮芬 文錫 觀察官四川告歸後僦屋於泰州三
峯園蒔花種竹詩酒流連與哲兄陶伯白首相依洵足
怡悅 伯山詩話

吳文錫字蓮芬儀徵籍文節公文鎔胞弟道光辛卯北
闈舉人由國子監出為四川同知洊升知府歷任叙州
成都知府置鹽茶道工詩善花卉著半螺龕詩六卷雜誌
四卷尤精小楷泰州鹽宗廟記是其所書 揚州畫苑錄

已未年李秋范雨村制科由邵伯來天長宗琴川由寶

應來同集於吳蓮芬之三峯園觴詠累日在座為子勒
吳讓之共繪一小照署曰三峯七老圖 伯山詩話

吳讓之

吳讓之原名廷颺字熙載諸生工詩畫書法肆力最深
篆隸行草皆臻妙品 揚州府志

吳讓之原名廷颺字熙載儀徵諸生善各體書兼工鐵
筆邗上近無與偶餘事作花卉亦有生氣詩不多作 墨林今話

鋆按先生五十後以字行少為包慎伯先生入室弟子
邃於小學其篆書鐵筆當世無儷所作花卉亦風韻絕
俗鋆亂後師事之終日晤於泰州姚氏遲雲山館精於

金石攷證著有通鑑地里今釋稿存歸安吳平齋觀察處詩古文詞皆工惜不多作銮僅得蘆花四律刻入十二硯齋隨錄 揚州畫苑錄

趙漁亭辛酉九日姚仲海招集碧雲丈室各以其姓為韻詩云與酣作擘窠運筆游龍蟜注謂吳讓之又甲子上巳姚仲海招同吳讓之談巽夫高芸生沈旭庭周還之胡厚堂黃子鴻汪研山李冰叔郭堯卿張鐵宕徐東園陳蕉生錢辛白羅浮精舍脩禊晚飲遲雲山館詩云盪舟鳳尾橋羅浮指山麓又琴川從古以五月十五日為大端陽是日招同馬石樵陳六舟吳讓之康伯山沈旭庭李冰叔城西草堂雅集詩云繪圖擬續羅浮勝妙筆還推馬少游注今春修禊永寧仲海繪圖紀事 晋磚室詩存

馬堯年

馬堯年字石樵黃琴川甲子招集城西草堂趙漁亭詩注石樵工畫 晋甎室詩存注

談權

談權字巽夫甘泉人工山水花卉 揚州畫苑錄

甲子上巳與吳讓之等集羅浮精舍脩禊 晋磚室詩存

汪鋆

汪鋆儀徵諸生工詩畫 揚州府志

汪鋆字研山輯揚州畫苑錄四卷卷一卷二本籍卷三流遇卷四流寓與方外閨秀次第列流寓如宦於揚居於揚館於揚者均入焉 畫苑錄

甲子上巳與吳讓之等集羅浮精舍 見上

吳榕

吳榕字蓮椒歙人司鐸揚州畫梅宗宋元非其人不與也 畫林新詠

吳才甫榕字蓮椒歙人某科進士官揚州府學教諭工畫梅饒有宋元風韻非其人畫不輕與 墨林今話

吳才甫榕學博畫梅冊康伯山為盧葵生題句云吳均史學齊書在餘事猶能作畫家獨怪停雲太匆促何時為我寫梅花

嵩按先生當是院試時在泰

萬嵐

萬嵐字袖石鹽城人工山水花卉人物尤以寫真名於時咸豐己未仲冬姚君仲海延至泰寓所寫數十幅鮮不畢肖歸鹽城逾年卒 揚州畫苑錄

萬秀石為黃子仲寫照康伯山先生題詩云數年不見黃公望今日相逢水石間績學未曾登畫省釀錢直欲買青山欣聞老尚強腰腳難得閒中有笑顏擬挈煙蘿拖雪屐與君同出又同還向平婚嫁未曾休笑我年來不自由近市恨無臨水屋移家欲任對山樓交情最愛

汪汪度身事渾如泛泛舟寄語萬田狂弄筆也應爲僕寫滄洲伯山詩鈔

王章

王章字雨嵐上元諸生工書善畫許海秋先生稱其不謬於古而以簡秀擅長詩兼衆體所涉者深有吐納萬象之勢亦題畫之作亦必蒼厚咸豐十一年卒於泰州揚州畫苑錄

王素

素字小梅晚號遜之甘泉人日久臨摹新羅山人至再至三凡人物花鳥以及走獸蟲魚無入妙早年即有聲譽而人品端方規行矩步自悔書拙每早必臨數百字至老無間癸丑之亂家室蕩然挈眷居邵伯鎮後又遷於郭村時晤與泰州其年近七十矣逾年返揚光緒三年卒年八十四工詩揚州畫苑錄

徐度

徐度字尺樓伯疇玖字九思善畫先生子也江都人工花鳥稍變家法以僕老擅長又善於度曲亂後晤於泰州揚州畫苑錄

涂林

涂林字竹居儀徵人寄居泰州工畫所作仕女花草神似王小某時人重之

泰縣古物支會

姚正鏞

姚正鏞字仲海奉天蓋平人入資為戶部郎中精繪事善各體書詩文肆力漢魏兼長鐵筆性耽風雅喜結納文士咸豐中客泰州顏其齋曰遲雲山館與高氏三峯園同為文士讌集之地主盟風騷壇坫極盛同治四年以供職赴郡卒於官

徐繼裕

徐繼裕字穀初江都人諸生僑居泰州已三世矣工山水得耕煙神韻與邑中徐震甲徐閬卿齊名時稱三徐卒年七十二

泰縣古物支會

徐守信 以下仙釋

徐守信宋人號神翁或稱神公神翁像相傳公自畫今奉城內斗姥宮 退庵筆記

如澍

如澍字潤一泰州僧 詳卷一李芳劉漢臣下

方廣

方廣泰州僧字空凡 同上

德源

德源泰州僧草卉蟲鳥宗青籐 畊硯田齋筆記 畫史彙傳

放生庵崇禎末兵備鄭公二陽建一名雲谿精舍地近小西湖庵僧名德源者字百泉工詩乾隆壬子癸未間錢塘湖西垞舍人寓庵中與俞牧隱元燈宮節溪仲松嵐諸公倡和極盛 退庵筆記岳像下

黃北垞交遊極廣每一友沒則錄其詩句為黃壚集所載揚州人凡八十七若張紹良字又房泰州人袁爾職字肩山泰州人陳時清字老香泰州人施震鐸字千里泰州人張符驤字良御泰州人李載可字吟四泰州人李堪倫字小石泰州人陳聞字雪吼泰州人高詣字次庸一字坦園泰州人田昌運字書飲泰州人張銓字木菴泰州人田雲鶴字迴抱一字輪長泰州人潘志恒字無怠泰州人汪岱字覲東一字鋤月泰州人俞熹字為光泰州人仇昌字雲屏又字瀑峰泰州人凡泰人十六一僧與焉即德源德源字巨潭泰州僧 廣陵詩事

泰縣古物支會

太高高祖風沂公秋日過雲谿山房用壁間韻同田輪

長注巖岩團冠霞僧巨潭笠隱賦云閑倚禪關愛晚晴
到來愁思若為輕樹頭三匝鳥聲碎門外一灣秋水橫
塵鞅刪餘無罣礙性天徹後認生平歸途尚爾吟情健
又向水輪湧處行又和百泉和上九日述懷韻云未蹈
嵇生七不堪漫思彌勒許同龕黃花紫蟹深秋節落日
寒鴉古木菴老矣幾曾忘薊北毋兮猶自戀陔南懶殘
相對殷勤語煨芋還憑事後參四海應知鬢未霜重陽
幾度滯江鄉瀰漫萬井天無岸粧點三秋菊有黃過眼
滄桑空復爾會心魚鳥木相忘輸君瀟洒酬佳節摘得

茱萸禮梵王
宮參兩先生同學海叔夏日雲谿即事賦五言十律因
限韻見貽謹依來韻奉酬云路隨清磬引幾曲度重矼
冐著穿村栅尋幽禮佛幢石闌雲擁殿粉堞樹當窗眺
望連空濶遙峰隔大江徑峴蟠空上陰陰灌木齊蟲沙
三界小龍象四天低爭唱迎神曲時聞報午雞梅壇香
繞袖不負此攀躋鐘梵聲中坐心清境自佳珍貽方竹
杖塵拂水松牌椒實紅垂塢梔花白映階不妨同結夏
老子亦長齋百公飛錫久隨意具山肴種菜多臨水移

秧亦近郊慈懷施寶筏壽命卜瓊茅更值經函暇詩瓢
手自敲注百泉師著有腰雪堂詩行世已久陡釋南薰
氣飛泉引桔槔塵中時易失方外興偏豪鷦詠追春禊
蘭蘅念楚騷枯榮看木槿應悔此生勞面城風景好匝
岍稻畦青且近蓮花座親繙貝葉經蜜林烟澹澹亂石
水冷冷欲識陰晴意遙空辨塔鈴放生池尚在深院絕
炎蒸七郡游踪集三朝祀典徵仙乩占藥券禪榻伴棋
僧自有招涼趣何煩夏語氷注雲谿原放生禪院百公
知交最廣故江南北過吳陵者必下榻其中寺西荒樹

石先世隱居庵老鶴何年家春芳幾客簪重來尋故址
依舊俯空潭向晚絺衣薄卒勿溯葛覃注寺西即先太
史公春雨草堂今臺榭一空惟餘樹石而已吾叔眈清
淨烟霞逸致兼心閒游鹿豕味淡耐齏鹽閱歷炎涼異
招尋歲月添驚波看宦海深幸老夫潛罰酒依金谷分
闈到阿咸遙憐青竹裄共卸白蕉衫談柄迎鋒解禪燈
倩壁銜篇成走相報骨力隔仙凡又百公以夏日雲谿
同人小集十律見示因成長句將欲以柬百公云炎官
火繖張虛空赤日鑠石天光烘敲門忽枉雲谿什恍若

置我萬壑寒冰中如蠶細字書滿紙險韻平押天然工
警蔔花開禪意靜妙香飄出維摩宮就中傑句逞雄俊
佛力光放珊瑚紅幅長三過讀不盡茶瓜留客欽已公
前者分闈詠見及使我搜索枵腹窮篇成瑟縮不敢獻
蕉葭玉樹難相容細思蘭亭梓澤集不少何意花龕結
夏復躡前賢蹤何劉沈謝紛滿座松牌竹杖高僧從傍
午鐘鳴飯積蔔蕨葵莧兼長松東岡竹樹擁峯黑石闌
莎徑蟠杉松西湖春雨縱消歇岑碉凹凸凄含風人間
此境不易得我師何年飛錫誅蒿蓬幽懷清景塵襟絕

天機豁達傳詩筒我如書生坐鷰籠老病藥物時交攻
使欲擬師碧雲作慚愧夢筆江文通況復村橋野店路
紆折惆悵日暮蒼烟封又東百公云瑤篇累牘挹清芬
日日樓頭望白雲莫悵秋山相隔遠西風時送曙鐘聞
紅椒山房詩存
宮霜橋先生秋日雲谿精舍雅集云采菊蘸相近登高
路自便霜風凋疊木葉響秋天雁影江城戍漁榔野波
烟何當尋老衲破寂且談禪半紅樓詩鈔
宮杜洲懋謙先生九日岳阜登高過雲谿精舍云志士

感蕭晨騷人愛素節杖策事幽尋溪迴路多折捫蘿展
遐眺佳興登高發山空雁影沈木落秋容潔下臨古蘭
若花石轉幽絕上人足名理相對忘言說一悟清淨因
永息馳驅轍牛羊下前山黯黯溪頭別回首晚林鐘疏
烟淡微月海陵詩彙
劉阮仙靖先生新晴泰墩春望云晴光漸入杏花天抖
擻探春上絕巔雪岸亂流歸壑水寒峰初散隔江烟帘
搖疏樹村中市網罣斜陽郭外船安得雲谿北麓下借
休容我共談禪海陵詩彙

周天橋先生雲谿精舍春感同得雲字云又入東風寺
凋零感舊羣枯僧呼不出注謂百泉上人好句讓誰分
鉢冷飢鼯遠廚荒布穀聞登臨何落落惟見渡江雲天
橋初稿
陳理堂先生小西湖送春云麥隴青青野菜黃春膡如
畫蝶飛忙詩筒酒盞心情改枯雲谿雁字堂注雲谿精
舍在岳墩下憶園詩鈔
嵩按德源字百泉一字巨潭工詩而又能畫惜志書
不載茲就各集中錄出不憚求詳足見雲谿精舍乃

乾隆間城西一詩龕也而又兼畫室則其風雅可知矣又德源所著腰雪堂集據泰興志慶雲寺僧德溥工詩亦著腰雪堂詩一卷是一是二待考

泰縣古物支會

清永

清永號詞門海安西寺僧工山水學王右丞其徒大略雲瓢並能書畫 道光泰州志

清永字銘山號詞門西寺僧工山水學王右丞其畫冠絕一時 海安考古錄

釋慈門住本城彌陀寺工畫山水冠絕一時其徒雲瓢畫亦工法倪高士 東臺志方技

嵩按清永亦兩縣志書登載足見僧不僅住一寺德源德溥或係一人

泰縣古物支會

大略

大略雲瓢皆清永徒並工書畫法倪高士 海安考古錄

陸進贈大略程生詩不見程生有十年相逢長嘯水雲邊笑將囊裏金揮盡買得袈裟直幾錢為說皈心付落花蒲團穩睡作生涯不知曉月鐘聲破夢裏春可是家

海安考古錄

雲甑

雲甑畫亦工 詳上

泰縣古物支會

性慧

性慧字炳一號幻雲乾隆初自寶華來主光孝寺方丈改禪宗為律門二十一年得弟子圖能喜曰異日能了吾事者必此人也師徒並精戒律善詩畫性慧著幻雲詩鈔 泰州志

繆葛峰先生尋炳公不遇云返照入迴塘溶溶映上方斷橋迷古陌野色澹嚴霜訪道虛元度尋山悵孟陽相期無俗韻此意覺微茫 嗜書堂集

圖能

圖能字西林一字墨庵晚號香雨道人著有香雨詩鈔

泰州志

吳曉嵐先生畫竹歌贈西林上人云張顛學書稱神工一揮萬紙如游龍解衣槃礴據牀坐筆陣早已排胸中驀然一潑一斗墨生面萬古開洪濛草書得趣信如此畫竹之法將毋同雪色素練展一丈寒梢十丈廊有容其光捫紙目不瞬穿插一氣歸陶鎔筆所來到意有竹攝之以筆來相從一筆兩筆裁落紙紙上颯颯生秋風

泰縣古物支會

蒼梧山高湘水潤冷猿夜夜啼寒叢黃陵廟前一萬個寫以縮本何青蔥想見虛堂掛一幀四壁彷彿涼雲籠此事非讀萬卷破刻畫枝葉難為功吁嗟乎畫竹乃得草書法吾見亦罕誰希蹤七百年來兩作者昔之與可今西公又畫蘭歌贈西林上人云香雨道人開雲房花雨一散諸天香優曇薝蔔無不有就中蘭草尤芬芳芳蘭幽恨空愁絕秋雨秋烟啼不歇可憐照影不勝情只有湘江古時月道人採入春臺中洒以甘露噓天風拂擺為鄰貝葉伴蘭亦歡喜皈支公有時拈花一微笑端

相細寫幽蘭照花原非色亦非空别有真香自然妙一花一葉皆禪心蘭兮幾生脩得到 竹所詩鈔

琴樓

武廟僧琴樓者亦風雅善畫蘭竹 新志

法成

法成字少雲光孝寺僧工書畫善着色花卉 嵩補入

谷鳴

谷鳴亦光孝寺僧能畫着色花卉 嵩補入

蓮溪 流寓

真然字蓮溪興化人道光二十四年同歙人汪仰霑來揚州始寓衆香庵一日吳幼蓮司馬過候見蓮公畫盈丈人物不朽稿落筆穩成遂驚為絶藝於是知蓮之名而乞畫者衆因留揚州居數年又同汪至徽州頗多遇合又獲遊黃山因亂始歸在泰州逾年乃回揚時外省求畫者亦夥矣六十外率以蘭竹應求光緒十年示寂時六十九 揚州畫苑錄

泰縣古物支會

吴陵藝苑

夏兆麐 編

《吴陵藝苑》一卷，民國夏兆麐編，據泰州圖書館藏民國清稿本《耐庵叢著》（二十四種）本影印。

夏兆麐（一八八五——一九四八），字紹侯，號耐庵，江蘇泰州人。清宣統三年（一九一一）畢業於兩淮師範本科。民國十六年（一九二七）入國立中山大學社教講習會學習，卒業後供職於泰縣圖書館，並擔任泰縣教育行政委員會委員、縣政府文獻會委員、修志局委員。日軍侵佔泰州時期，堅持民族氣節。抗戰勝利後任泰縣圖書館館長。著有自傳《夢痕録》。

本書著録明代以來泰州書畫家、金石家。按傳主姓氏筆劃爲序，筆劃同者以部首爲序，姓同則略按時代先後爲序。作者自序稱此書『僅就讀書所得及平日所知者録之』，然『所述事實皆有所本，不敢擅爲批評也』。從本書中可以看到泰州一地深厚的藝術成就，然作者仍不無遺憾，他在本書跋尾中説泰州藝術人才中，曆算如陳厚耀、説書如柳敬亭、國弈如黄龍士、技擊如黄爾常、塑像如吴本裕、戲劇如梅蘭芳，『皆卓然有名於世，可以傳之於後』。只是這類人才均難以多求，所以只能附於卷末，不再另外立傳。

（江慶柏）

吳陵藝苑目次

以筆畫多寡為序

吴陵藝苑

耐菴夏紹侯編

吾泰書畫家甚夥金石家亦不乏人此册斷自明代僅就讀書所所脱漏俟有所聞陸續補入其姓氏部首分先後姓同則畧按時代不敢擅為批評也

（丁）

補 丁煌 字耀庭工繪事花鳥蟲魚皆精尤善寫真年至古稀尚能作畫

補 丁克勤 字毅庭邑諸生善書畫學顏惜五十餘卒於著筆故流傳絶少

（尤）補

尤璋 字 善書道光間南山寺碑記即璋所書

（方）

方鈞 字搏齋樊汊人善丹青尤工畫魚吹花唼絮各極其妙詩人姜桐軒亟稱之惜流傳極少而名不甚著也

方松齡 字野橋住海安鎮工詩畫擅着色花卉

（毛）

毛錦江 字文渭善寫真世以其啞也僉稱為毛啞云

（王）

王汶 工寫真與丹徒王禧吳江周杲輩齊名

王衷丹 字太丹工詩書法始摹羲獻後仿懷素極蕭疏曠放之至

王步瀛 字竹屋供事三通局書法為名貴人所稱劉文清公嘗倩其書全部金剛經進呈御覽

王……鳥 字凌青善丹青師宋元諸家於米芾最近繪萬竿烟……再倩妙

王聯三 藏筆道光三年南山寺碑記

王氵…… 工書晚年習靜益以筆墨自娛……為分字條一

王桐 原名柱字子實洲之子也咸豐進士由庶常授主事工書法初宗北海後仿松雪

王培茯 字仲琥精書法畫入張賜寧十三峯之室為邑人徐震甲高弟

王培蓮 原名培蘭字季徵培茯之弟書名震一時與其父桐有羲獻之目

王夢榴 字丹石住姜堰人極古樸質實而小楷極秀娟娟娟可愛不類其人少應童試即以字冠揚郡八屬遊庠

王度 字慕舟工花卉善鐫刻

王耔 字植之善畫並善鐫刻能於楷扇骨刻赤壁賦或蘭亭序全文得者頗珍寶之

吳陵藝苑

耐菴夏紹侯編

吾秦書畫家甚夥金石家亦不乏人此冊斷自明代僅就讀書所得及平日所知者錄之自必多所脫漏俟有所聞陸續補入其姓氏以筆畫多寡為次筆畫同則依部首分先後姓同則畧按時代先後序之所述事實皆有所本不敢擅為批評也

〔尤〕

尤璋 字善書道光間南山寺碑記即璋所書

〔方〕

方鈞 字搏齋樊汊人善丹青尤工畫魚吹花唼絮各極其妙詩人姜桐軒亟稱之惜流傳極少而名不甚著也

方松齡 字野橋住海安鎮工詩畫擅着色花卉

〔毛〕

毛錦江 字文渭善寫真世以其啞也僉稱為毛啞云

〔王〕

王汶 工寫真與丹徒王禧吳江周杲輩齊名

王衷丹　字太丹，工詩書法，始摹羲獻，後仿懷素，極蕭疏曠放之至。

王步瀛　字竹屋，供事三通局，書法爲名貴人所稱，劉文清公嘗倩其書全部金剛經，進呈御覽。

王翼鵬　字凌青，善丹青，師宋元諸家，於米芾最近，繪萬竿烟雨圖，尤稱精妙。

王洲　字鷺兮，海安諸生，篤行，工書，晚年習靜，益以筆墨自娛，縣立圖書館藏有鷺兮字條一。

王桐　原名柱，字子實，洲之子也，咸豐進士，由庶常授主事，工書法，初宗北海，後仿松雪。

王培茯　字仲琥，精書法，畫入張賜寧十三峯之室，為邑人徐震甲高弟。

王培蓮　原名培蘭，字季徵，培茯之弟，書名震一時，與其父桐有羲獻之目。

王夢榴　字丹石，住姜堰，人極古樸質實，而小楷極秀媚娟娟可愛，不類其人，少應童試，即以字冠揚郡八屬，遊庠。

王度　字慕舟，工花卉，善鐫刻。

王耔　字植之，善畫，益善鐫刻，能於摺扇骨刻赤壁賦或蘭亭序全文，得者頗珍寶之。

流寓王章

字雨嵐，上元諸生，工書，善畫，詩兼眾體，吐納萬象，題畫之作亦多蒼厚。咸豐十一年卒於泰。

流寓王素

字小某，江都人，避兵寓泰，善畫人物，泰壩署九班所藏都天會中之六角燈傘四柄，畫二十四孝圖，即小某手筆，邑人藏其畫者亦不少。

史啟□（明）字不傳，與宮偉鏐、范鳳翼□友，同時以工書聞

（石）

石和鈞

嚴[illegible]女[illegible]以[illegible]篆書名

（仲）

仲鶴慶

字品崇，號松嵐，乾隆進士，官大邑知縣，工畫事，最善寫蘭竹，得者以為寶。

仲振猷

字雲浦，鶴慶子，嘉慶舉人，工繪事，邑人高和民家藏有振猷墨蝶之立軸。

仲貽光

字小浦，工書，能作篆隸，壽至耄年，嘗設墨稼山房於泰寧橋北，其鐫刻善用宋體，識者稱之。

（朱）

朱鶴年

字野雲，山水有大滌子風，椒畦孝廉稱其意趣閒遠，不染時習，人物花卉竹石更無一不能，在都中與賢士大夫文酒往還，故畫名益著，而朝解人重其畫尤重其人品，有懸鶴年像而拜之者。

朱桂芳　字蟾客以工書名

朱寶善　字櫻船芳桂子官福建海澄知縣工詩善書畫尤精妙時有鄭虔之目解組家居不與外事畫理研究益深徐樹銘侍郎稱其畫質重氣輕爲近二百年所罕覩其聲譽可知矣

朱晉源　字茶舫諸生工詞賦尤精篆刻

朱餘庭　字蕖軒恩貢生善篆刻書法宗唐畫花卉翎毛能作大幅嘗作狼山圖彭少司馬見之稱妙

朱炳炎　字仲仙餘庭弟書參北魏畫梅有書卷氣

朱葆逵　字劍青廩生住白米鎮工書

朱劍青　字南金亦工書

朱煥光　字文斗罡門紙紮匠嘗從王元章學畫

朱　瑀　字仲萱善寫真與楊宗傑齊名

流寓

王章

字雨嵐上元諸生工書善畫詩兼衆體吐納萬象題畫之作亦多蒼厚咸豐十一年卒於泰

流寓

王素

字小某江都人避兵寓泰善畫人物泰壩署九班所藏都天會中之六角燈傘四柄畫二十四孝圖即小某手筆邑人藏其畫者亦不少

流寓

王宗炎

字雷夏人官寓居泰邑以工篆書名

（石）

石和鈞

原名如嶽字岱菴廩生書法以鍾王為宗

（仲）

仲鶴慶

字品崇號松嵐乾隆進士官大邑知縣工畫事最善寫蘭竹得者以為寶

仲振猷

字雲浦鶴慶子嘉慶舉人工繪事邑人高祁民家藏有振猷墨蝶之立軸

仲貽光

字小浦工書能作篆隸壽至耄年嘗設墨稼山房於泰寧橋北具鐫刻善用宋體識者稱之

（朱）

朱鶴年

字野雲山水有大滌子風椒畦孝廉稱其意趣閒遠不染時習人物花卉竹石更無一不能在都中與賢士大夫文酒往還故畫名益著而朝解人重其畫尤重其人品有懸鶴年像而拜之者

朱桂芳 字蟾客以工書名

朱寶善 字櫻船芳桂子官福建海澄知縣工詩善書畫尤精妙時有鄭虔之目解組家居不與外事畫理研究益深徐樹銘侍郎稱其畫質重氣輕爲近二百年所罕覯其聲譽可知矣

朱晉源 字茶舫諸生工詞賦尤精篆刻

朱餘庭 字葉軒恩貢生善篆刻書法宗唐畫花卉翎毛能作大幅嘗作狼山圖彭少司馬見之稱妙

朱炳炎 字仲仙餘庭弟書參北魏畫梅有書卷氣

朱葆達 字劍青廪生住白米鎮工書

朱劍青 字南金亦工書

朱煥光 字文斗罡門紙紮匠嘗從王元章學畫

朱瑀 字仲萱善寫真與楊宗傑齊名

〔江〕

流寓 江淮 字桐柏任海安鎮工小楷疊數幅校之一絲不溢

〔何〕

流寓 何鐵 一名金雨字龍若京江人僑居泰州工詩善畫書法揚人稱之

流寓 字董芬義徵舉人官道員寄居於泰工詩善畫書法

吳通〔明〕崇德訓導書法高古處士實公墓誌銘是其書丹

流寓 吳廷颺 行儀徵人避亂至泰少受學於包世臣遂小學精金石考證工詩善畫書法肆力最深篆隸行草皆臻妙品

流寓 吳嵩泰 字岱雲一字少秋其先世康熙中自高郵僑居於泰能文章工書法精篆刻縣立圖書館藏有嵩泰字條一子同甲光緒庚

流寓 吳騰 長翰林亦能書號盦翁宛平籍任江都鬻書於泰筆法蒼老亦善畫

〔呂〕

流寓 呂潛 〔明〕字半隱四川遂寧人值蜀亂僑居泰州工詩文書畫人得其尺幅皆珍之

流寓 呂宮 武進人順治丁亥狀元未達時嘗館於棋竿巷朱氏工書法邑人劉榮森家藏有宮書尺頁

七

（巫）

巫履坤　字厚菴姜堰廩生工書法

（李）

李時行（明）工書儲侍即嚾稱其書價高不可得又曰余之嗟慕者又不但知公書法之妙□重□人其操行

李巘山（明）善畫山水人物花卉禽魚一抹五成筆力甚老建昌蓋王甚重之見武府志流泉

李□祠（明）宣德間貢生善書法王震墓誌銘即其手筆

李□□□畫山水

李存文（明）字曲江工書法與張桐齋名

李又白（明）字吟仙諸生工書北山寺碑乃其所書也

李　穎　字箕山能詩工篆籀尤擅山水筆意在北苑大癡間後遊上谷雲中見峯巒奇峭畫益精進諸鑒賞家爭寶之（刀法精工）

李　岱　字柏堂工山水花卉從周蒼厓遊深得其傳于少柏之亦工於畫

李　峯　字石文岱之弟也以工墨梅稱

〔江〕

江淮

字桐柏，任海安鎮工，小楷疊數幅校之，一絲不溢。

〔何〕

流寓 何鐵

一名金雨，字龍若，京江人，僑居泰州，工詩善畫，揚人稱之。

〔吳〕

流寓 吳文錫 補

字蓮芬，儀徵舉人，官道員，寄居於泰，工詩善畫書法，出入鍾王。

流寓 吳廷颺

字熙載，號讓之，五十後以字行，儀徵人，避亂至泰，少受學於包世臣，遂小學，精金石考證，工詩善畫書法，肆力最深，篆隸行草皆臻妙品。

流寓 吳嵩泰

字岱雲，一字少秋，其先世康熙中自高郵僑居於泰，能文章，工書法，精篆刻，縣立圖書館藏有嵩泰字條。一子同甲，光緒庚辰翰林，亦能書。

流寓 吳賸

號羞翁，宛平籍，住江都，鬻書於泰，筆法蒼老，亦善畫。

〔呂〕

流寓 呂潛

〔明〕字半隱，四川遂寧人，值蜀亂僑居泰州，工詩文書畫，人得其尺幅皆珍之。

流寓 呂宮

武進人，順治丁亥狀元，未達時嘗館於棋竿巷朱氏，工書法，邑人劉熒森家藏有宮書尺頁。

李

巫

巫履坤 字厚菴姜堰廪生工書法

李時行 (明)工書儲侍郎巏稱其書價高不可得又曰余之嗟慕者又不但如公書法之妙也巏不輕許人其操行必有足重者故為所傾慕書法其餘事耳

[illegible]芳 補 (明)字繼泉號湘洲嘉靖進士為給事中善畫山水

李存文 (明)字曲江工書法與張桐齋名

李又白 (明)字吟仙諸生工書北山寺碑乃其所書也

李 穎 字箕山能詩工篆籀（刀法精工）尤擅山水筆意在北苑大癡間後遊上谷雲中見峯巒奇峭畫益精進諸鑒賞家爭寶之 之

李 岱 字柏堂工山水花卉從周蒼厓遊深得其傳于少柏亦工於畫

李 峯 字石文岱之弟也以工墨梅稱

李禎石　工詩畫

李善樹　字若木亦號夜識山人善草隸尤工山水秀潔明淨時稱逸品

李左民　名泰以字行善寫真嘗赴郡守召入城有力者貿其行李逸去左民默識其面目繪象訪之果獲

李夢庚　字星緯書法宗趙文敏而能獨出機杼學使曹秀先稱賞之

李冠時　一名觀時字雨村工書法爲當時吳門（伊訓）八才子之一

李沛深　字梅初光緒進士官主事書法楷行皆工

李效郢　字楚臣歲貢生善書得顏平原筆意

李覲唐　字薇階廩貢生住塘灣行草書能取法右軍南宮而運以己意

李兆蓉　字鏡芙廩生博學能文書法得晉人之奧

李亨衢　字南阿號雲客歲貢生工書得米南宮法暮年書法尤勁

〔汪〕

李彬 字質君，工繪事，乞巧圖最有名，泰山藥王殿屏燈即彬所畫。

汪鋆 流寓 字研山，儀徵諸生，工詩畫，法三王。避亂居泰，與康發祥、徐震甲友善。

汪瓚 流寓 字仲玉，號蓉湖，晚號信天拙叟，又號苦行頭陀，旌德貢生。自其祖即挈家僑泰。精金石之學，其八分書得程邈、蔡邕古法。年七十七卒。

汪梓 流寓 字響泉，皖人，僑泰，工書法。

〔宋〕□□之極 邑之港口人 善繪人物花卉 團時根其弟子也

善繪墨菊，每幅必有題詠，書法亦極秀勁。

〔沈〕

沈嘉植 字桓叟，康熙拔貢，鄉僎賓，工書法。嘉植能紹其傳。

沈桱 字小庵，工人物。

沈瀠瀠 字小波，道光拔貢，工書。縣圖書館藏其琴條及題詩尺頁各一。

沈殿春 工書法。縣圖書館藏其手題五古尺頁一。

李碩石 工詩畫

李善樹 字若木亦號夜識山人善草隸尤工山水秀潔明淨時稱逸品

李左民 名泰以字行善寫真嘗赴郡守召入城有力者覓其行李逸去左民默識其面目繪象訪之果獲

李夢庚 字星緯書法宗趙文敏而能獨出機杼學使曹秀先稱賞之

李冠時 一名觀時字雨村工書法為當時吳門(伊訓)八才子之一

李沛深 字梅初光緒進士官主事書法楷行皆工

李效郢 字楚臣歲貢生善書得顏平原筆意

李覲唐 字薇階廩貢生住塘灣行草書能取法右軍南宮而運以己意

李兆蓉 字鏡芙廩生博學能文書法得晉人之奧

李亨衢 字南阿號雲客歲貢生工書得米南宮法暮年書法尤勁

汪

李彬 字質君，工繪事，乞丐圖最有名，泰山藥王殿屛燈即彬所畫

汪鎣（流寓） 字研山，儀徵諸生，工詩畫，法三王，避亂居泰，與康發祥、徐震甲友善

汪瓚（流寓） 字仲玉，號蓉湖，晚號信天拙叟，又號苦行頭陀，旌德貢生，自其祖即挈家僑泰，精金石之學，其以八分書得程貌邈蔡邕古法，年七十七卒

汪梓（流寓） 字響泉，皖人，僑泰，工書法

汪（流寓補） 字仲山，善繪墨菊，每幅必有題咏，書法亦極秀勁

沈

沈嘉植 字桓雙，康熙拔貢，父傳曾工書法，嘉植能紹其傳

沈桱 字小庵，工人物

沈濴濴 字小波，道光拔貢，工書，縣圖書館藏其琴條及題詩尺頁各一

沈殿春 工書法，縣圖書館藏其手題五古尺頁一

沈逵 字筱莊善鐫刻亦能作古直篆秦漢書畫並精尤擅長於摺扇柄刻蘭亭序 武進人駐杭城全文當時與江都于嘯仙齊名

乙乞乞 字惕齋光緒進士官主事工書法

周茂朋 永樂間貢生善篆隸

人 山水奇橫蕭疏兼有其致

（周）

周楨

周鼎 工梅花見退庵筆記

流寓 周樹榮 字向丹號恢廬書法豐腴秀勁畫法呂昌碩意境不輕為人作

（易）

易東 字田順治副貢生工書邑人劉榮森家藏有東書尺頁一

（武）

武國良 字簡侯號簡子工草書與到時繼筆所之頗有擘游行之概寸楷亦有可觀

（金）

金渠 字野樵善畫山水

流寓 金鎔 字冶青興化人曾寓泰工畫山水

（俞）

俞鐸 字木天順治壬辰傳臚工書西山寺正殿舊有無遮法會四字匾即鐸手書夏退菴稱其姿態奇偉方駕

孟津惜其榜今已不傳末由瞻仰耳

俞國鑑　字玉衡號澄夫嘉慶舉人書法宗二王

（姚）流寓　姚正鏞　字仲海奉天蓋平人官郎中精繪事善各體書兼長鐵筆咸豐中客泰州顏其齋曰遲雲山館

（姜）　姜雲池　武庠生嘗以爇香火頭畫白綾作大塊山石為前人所未有篆百壽圖尤妙見叢談偶錄

姜泫　字若泉工山水花鳥

姜牧　字亦之工人物

（柳）流寓　柳榮宗　字翼南丹徒諸生書法姜古咸豐間避亂海安鎮

（段）流寓　段謙　字他山號雲帆旗籍流寓泰城工書法得二王神韻王子勤太史刊刻有正味齋駢文注即其手寫羣推佳絕

（洪）流寓　洪澧　字揖侯皖人久居於泰以工書名

沈進（補） 字退之工畫

沈秉乾（補） 字惕齋光緒進士官主事工書法

〔周〕

周楨 字蒼厓住海安善青綠山水奇橫蕭疏兼有其致

周鼎 工梅花見退菴筆記

周樹榮（流寓） 字向丹號恢廬書法豐腴秀勁畫法呂昌碩意境不輕為人作

〔易〕

易東 字田　順治副貢生工書邑人劉榮森家藏有東書尺頁一

〔武〕

武國良 字簡侯號簡子工草書與到時縱筆所之頗有掉臂游行之概寸楷亦有可觀

〔金〕

金渠 字野樵善畫山水

金鎔（流寓） 字治青興化人曾寓泰工畫山水

〔俞〕

俞鐸 字木天順治壬辰傳臚工書西山寺正殿舊有無遮法會四字匾即鐸手書夏退菴稱其姿態奇偉方駕

孟津惜其榜今已不傳末由瞻仰耳

俞國鑑　字玉衡號澄夫嘉慶舉人書法宗二王

〔姚〕流寓　姚正鏞　字仲海奉天蓋平人官郎中精繪事善各體書兼長鐵筆咸豐中客泰州顏其齋曰遲雲山館

〔姜〕　姜雲池　武庠生嘗以爇香火頭畫白綾作大塊山石爲前人所未有篆百壽圖尤妙見叢談偶錄

姜浤　字若泉工山水花鳥

姜牧　字亦之工人物

〔柳〕流寓　柳榮宗　字翼南丹徒諸生書法姜古咸豐間避亂海安鎮

〔段〕流寓　段謙　字他山號雲帆旗籍流寓泰城工書法得二王神韻王子勤太史刊刻有正味齋駢文注即其手寫羣推佳絕

〔洪〕流寓　洪澧　字揖侯皖人久居於泰以工書名

(洪) 寓洪 溍

(胡)

胡英 字鐵仙，號跛道人，善寫墨菊，芥子園徵其畫入譜。

胡式咸 字筱莊，精篆刻，嘗於清末供職印鑄局，後移家於蘇，泰人遂鮮有知者。

(唐)

唐志尹 (明)字聘三，亦字相五，任姜堰鎮，工花卉翎毛，長幀巨幅尤工。

唐志契 (明)字元生，亦字敷五，諸生，志尹弟，工山水，惜流傳極少，所著繪事微言四卷收入四庫提要，稱其深得六法之蘊，其畫筆當非粗工所能及。

唐日昌 字爾織，亦字希白，明天啟諸生，清初歲貢，契尹侄，亦工翎毛，得尹之傳，時稱三唐云。

(夏)

夏厚 (明)號烟林，宮紫元太史稱其人瀟灑不問生計，山水人物擅名一時，則其畫品可知矣。

(徐)

徐乙垩 字二泉，工書，師事宮製錦，得窺其奧，製錦沒後稱替

晉康 字寿人，海安人，善畫草蟲蜻蜓絡緯，神情奕奕如生。

宮鳳舉 號蓼溪，工詩，善書畫，規橅宋人粉本，筆致極生動

宮麒 一字時圃號柯亭善書縣圖書館藏有柯亭書七言聯

宮製錦 字春浦號石泉嘉慶舉人官[illegible]知縣自少工書筆法鎔顏柳歐於一爐兼而有之在都時貴家子弟爭相師[illegible]復入京名益重晚年寓居康山[illegible]其門遂歿於揚州石泉嘗臨原拓傳顏法成親王深賞之吳縣支從鐫印行世縣圖書館曾藏其拓本

保棠 [illegible]工鐫刻嘉靖[illegible]乃[illegible]宋元[illegible]

宮本昂 字[illegible]有晉唐風格 宮山東汶上縣知縣善書畫少以風雅名[illegible]藏明清[illegible]名人扇面千餘幅又有八仙過海張果老騎驢圖均名品扇面後歸與錫麈泉光緒間去官時人爭以得其書畫為快

漢磚古器

徐宮樹 字友蘭善畫棣栩栩然有生意

徐彪 字文虎任海安鎮能詩尤善寫真

佘洛 字步雲文虎弟工書好吟咏

徐褱 字偉人善鐵畫青烏之學見海[illegible]古錄

徐[illegible]作[illegible]詩[illegible]近徐文長

（胡）

胡英 字鐵仙，號跛道人，善寫墨菊，芥子園徵其畫入譜。

胡式蔵 字筱莊，精篆刻，嘗於清末供職印鑄局，後移家於蘇泰，人遂解有知者。

（唐）

唐志尹 （明）字聘三，亦字相五，任姜堰鎮，工花卉翎毛，長幀巨幅尤工。

唐志契 （明）字元生，亦字敷五，諸生，志尹弟，工山水，惜流傳極少，所著繪事微言四卷，收入四庫，提要稱其深得六法之蘊，其畫筆當非粗工所能及。

唐日昌 字爾織，亦字希白，明天啟諸生，清初歲貢，契尹侄，亦工翎毛，得尹之傳，時稱三唐云。

（夏）

夏厚 （明）號烟林，宮紫元太史稱其人瀟灑，不問生計，山水人物擅名一時，則其畫品可知矣。

（孫）

孫之璧 字二泉，工書，師事宮製錦，得窺其奧，製錦沒後，稱替

（宮）

宮偉鏐 （明）善書法，與其友史啟元、范鳳翼同時以工書聞，但為氣節名所掩。

宮國苞 ……掬

宮鳳舉 號蓼溪，工詩，善書畫，規橅宋人粉本，筆致極生動。

宮麒　一字時圃，號柯亭，善書，縣圖書館藏有柯亭書七言聯。

宮製錦　字春浦，號石泉，嘉慶舉人，官知縣，自少工書，筆法鎔顏柳歐於一爐，兼而有之，在都時貴家子弟爭相師［illegible］，復入京，名益重，晚年寓居康山［illegible］其門，遂歿於揚州。石泉嘗臨原拓傳顏法，成親王深賞之。吳縣支從鐫印行世，縣圖書館曾藏其拓本。

（明）工鐫刻，嘉靖［illegible］年［illegible］孫乃孫［illegible］

宮本郎　字退菴，［illegible］宮山東泗水縣知縣，善書畫，少以風雅名，以所藏明清兩名人扇面千餘幅，又有八仙過海、張果老騎驢圖，均名品。扇面後歸無錫廣泉［illegible］諸向去。宮時人爭以得其書畫［illegible］丁篔［illegible］篔號［illegible］有晉唐風格。

漢磚古照

（徐）宮樹　字友蘭，善畫楝，栩栩有生意。

徐彪　字文虎，住海安鎮，能詩，尤善寫真。

徐洛　字步雲，文虎弟，工書，好吟詠。

徐褒　字偉人，善鐵畫青鳥之字，見海陵古錄。

徐［illegible］仁［illegible］詩［illegible］射近徐文長

（胡）

胡英 字鐵仙號跛道人善寫墨菊芥子園徵其畫入譜

胡式咸 字莜莊精篆刻嘗於清末供職印鑄局後移家於蘇泰人遂解有知者

（唐）

唐志尹 （明）字聘三亦字相五任姜堰鎮工花卉翎毛長幀巨幅尤工

唐志契 （明）字元生亦字敷五諸生志尹弟工山水惜流傳極少所著繪事微言四卷收入四庫提要稱其深得六法之蘊其畫筆當非粗工所能及

唐日昌 字爾識亦字希白明天啟諸生清初歲貢契尹侄亦工翎毛得尹之傳時稱三唐云

（夏）

夏厚 （明）號烟林宮紫元太史稱其人瀟灑不問生計山水人物擅名一時則其畫品可知矣

（[illegible]）

孫兆璧 字二泉工書師事宮製錦得窺其奧製錦沒後稱替人馬

（宮）

宮國苞 字霜橋善蘭竹雜卉生致可掬

宮鳳舉 號蓼溪工詩善書畫規橅宋人粉本筆致極生動

宮麒

字時圃號柯亭善書縣圖書館藏有柯亭書七言聯

宮製錦

一字春浦號石泉嘉慶舉人官南寧知縣自少工書筆法鎔顏柳歐於一爐端莊流利兼而有之在都時貴家子弟爭相師事罷官後復入京名益重之晚年寓居康山索書者日盈其門遂歿於揚州石泉嘗臨原拓多寶塔以傳顏法成親王深賞之吳縣支雲從鐫印行世縣圖書館曾藏其拓本

佐臣

字瑟菴工行書草書饒有晉唐風格

殿春

字在茲工書善畫並能鐫刻善摹仿漢磚古器

徐采

號神皋工詩畫擅着色花卉

徐彪

字文虎住海安鎮能詩尤善寫真

徐路

字步雲文虎弟工書好吟咏

徐信

字小園工畫詩筆雅近徐文長

徐長

字荔香工畫性疏簡不耐煩擾間一寄情翰墨故流

徐振 字荔香工畫性疏簡不耐煩擾間一寄情翰墨故流傳絕少

徐震甲 字東園少即工畫中年所詣益進筆意雅近十三峯盡能提空而不滯者見畫苑錄

徐閬卿 字蓮甫工畫山水與徐震甲徐繼裕齊名人稱三徐其所居曰畫水樓

徐樾 字桂堂善畫草蟲花卉筆法工致着色妍秀絡緯蛺蝶尤栩栩欲活

徐煦 字鶴孫諸生書法米襄陽晚移居安豐

徐炳華 字菊人廪生工書雖老日必作書未嘗少懈

徐藻 字友萍拔貢工楷書

徐慶蒲 字午樽工畫法擅長山水樹石豪於飲自號鐵瓢子

流寓 徐步雲 字蒸遠號禮華興化舉人官中書淵雅工詩尤精於書法

流寓 徐培森 字松泉貴州進士官御史工書得晋人宗法老益遒整

流寓 徐觀 字鶴峯興化人寓居泰州僧舍工篆刻求者以金輒拒之飲以酒則欣然應

流寓 徐鳴珂 字竹鄉步雲子夙承家學以工詩善書鳴於時

流寓 徐度 字尺樓江都人父九工花鳥山水度稍變其家法以樸老擅長江都人避兵燹流寓於泰

流寓 徐繼裕 字穀初江都人僑泰三世工山水得耕烟神韻與邑中徐震甲徐閬卿齊名

流寓 徐退 字進之興化人書名並駕包吳寓泰州年久每日必至經武橋酒肆小飲索書者輒倩肆主乘其醉求之

（桂）

桂天培 字因之號仙巖諸生仿小米作畫滃染入妙

（涂）

流寓 涂林 字竹居儀徵人避兵寓泰畫仕女花草神似王小某畫天官鬍鬚亦工細非他人所能及邑北門越城武廟屏燈即其所繪

（秦）

秦定遠 號以御康熙癸卯武舉人工書好吟咏

（袁）

袁景雲 字光忠號鶴光以工書聞

袁振華 字冶山諸生工詩善作擘窠書

袁寶鏐 字後山冶山子亦工書並善畫

袁澄 號雪坨善書其六十生朝自述詩有老去狂吟猶結社與來縱筆尚臨書之句是蓋垂老而不倦者

袁鈗 字苾菴書法自成一家有外柔内剛之妙榜書尤舉重若輕有名於世

（馬）

馬呈圖 字墨初號陶菴於蘆洲上搆矮屋數椽作畫其中儵然自樂

馬澍棠 字秋谷工繪事筆法近十三峯

馬錫藩 字衍桐工書尤擅長花卉人物秀韻天成嘗繪畫北平鬱鬱不得志以歸

馬[illegible] 字彬甫拔貢官安徽秋浦知縣書法與徐炳華齊名

馬白[illegible] 字[illegible]衍桐之侄也工寫生號[illegible]

（高）

高垂[illegible] [illegible]州知縣

高紹淦 以其父銘號曼亭故字小曼工詩精楷書程宇光見之自謂弗能及

孫蘭蓀

高善樹 字友伯書法磚塔銘童試以字冠揚郡八屬遊庠旋補廩膳生

高爾庚 字星仲號曼孫歲貢生工詩古文辭並究心天文堪輿醫術旁及金石篆刻書法仿漢魏碑版晚宗趙松雪近人得其尺幅寸縑皆珍如拱璧

寓流

高鳳翰 號南村又號左手生任泰州監掣官工書善畫隸尤精妙擫署廳事畫壁石刻鹽津濟會四大字及行書詩三章皆具手筆

（崔）

寓流 補

崔寶善 字少山東臺富安人晚居海安工詩畫遍遊漢滬西湖畫意詩情盎徵高秀

（官）

補 常繡山

常曾 字高庵拔貢工書邑人朱俊臣家藏高庵七言聯一

工鐵筆所刻印譜甚精丹徒李慎題常繡山印存詩極稱賞之

七十外猶運腕如神

考

盧 遊京師名公卿多折節交之

玩器工書尤善繪事

張品邁 字龍壁諸生工花卉翎毛嘗繪百蝶圖缺一角遊焦山見一蝶衣備八卦乃補足之

袁振華　字冶山諸生工詩善作擘窠書

袁寶鏐　字後山冶山子亦工書並善畫

袁澄　號雪坨善書其六十生朝自述詩有老去狂吟猶結社興來縱筆尚臨書之句是蓋垂老而不倦者

袁鈗　字苾庵書法自成一家有外柔內剛之妙榜書尤舉重若輕有名於世

（馬）

馬呈圖　字墨初號陶庵於蘆洲上構矮屋數椽作畫其中脩然自樂

馬澍棠　字秋谷工繪事筆法近十三峯

馬錫藩　字衍桐工書尤擅長花卉人物秀韻天成嘗鬻畫北平鬱鬱不得志以歸

馬憲章　字彬甫拔貢官安徽秋浦知縣書法與徐炳華齊名

（高）

高垂慶　字麓庵善書工詩畫官壽州知縣

高紹淦　以其父銘號曼亭故字小曼工詩精楷書程字光見之自謂弗能及

高善樹 字友伯書法磚塔銘童試以字冠揚郡八屬遊庠旋補廪膳生

高爾庚 字星仲號曼孫歲貢生工詩古文辭並究心天文堪輿醫術旁及金石篆刻書法仿漢魏碑版晚宗趙松雪近人得其尺幅寸縑皆珍如拱壁

高鳳翰（流寓） 號南村又號左手生任泰州監掣官工書善畫隸尤精妙壐署廳事畫壁石刻鹽津濟會四大字及行書詩三章皆具手筆

（崔）

崔寶善（流寓） 字少山東臺富安人晚居海安工詩畫遍遊漢滬西湖畫意詩情並徵高秀

（常）

常增 字高菴拔貢工書邑人朱俊臣家藏高菴七言聯一

（張）

張桐 （明）號鳳樓官職方郎中工書法七十外猶運腕如神

張嶔 初名崟字石樓美手姿雅好古玩器工書尤善繪事遊京師名公卿多折節交之

張品邁 字龍壁諸生工花卉翎毛嘗繪百蝶圖缺一角遊焦山見一蝶衣備八卦乃補足之

張與宗 字嶷亭拔貢真行俱得二王墨妙

張星 字鐵橋工書善寫蘭竹並以詩聞見窮文十傳

張紹齡 字曲江工書並以文名與宮增祜俞堜等稱羅浮七子

張逸 字逸君美鬚髯自號髯翁善草書筆法秀勁無倫遠宗懷素為人灑脫不羈常嗜飲酒有招之飲者即為奮筆不以貴賤拘也否則雖搢紳先生索一字而不可得也歿後名猶重

張士炘 字熙亭逸之弟也善畫墨蟹著有蟹譜一書

張兆璠 字筱石廩貢生擅文辭尤工畫梅

梅三兩疏踈枝頗饒逸趣

志蓮頗為畫家所珍重惜終

流寓補

張湘 字紱湘浙江山陰人光緒間隨張牧濟幕來泰遂家焉工於畫人物山水花卉翎毛無不酷肖併像尤其專長壽今許終於泰

(戚)

戚著 字白雲泰州高士嘗為江都宗定九繪新柳堂圖

凌

凌文淵　字直支諸生入民國官財部次長未達時即善繪事橐官後益肆力於書畫

許

許愛堂　字蓉裳善草書尤工詩時值赭亂隱身於賈

許則林　字杏農廩生工書法

流寓　許德符　字徵仲杭縣人寓居於泰書法老拙不輕自署款畫之花卉用沒骨法鮮妍腴潤雖老猶然徐震甲極稱賞

郭

流寓　郭化淳　鹽城人僑寓海安三塘工書所書碑碣至今人猶摹之

陳

陳　鑽　號流夫一號澹道人住海安鎮工書善畫畫松與桐尤極其妙侍郎夢麟作澹道人秋色梧桐歌極稱許其藝

陳　端　字方行號瑑餘附貢生官刑部員外郎工書法宗唐歐陽率更

陳志樞　號柳塘歲貢生工詩畫與錢塘胡西坨丹徒李蘿村與化鄭板橋司邑仲鶴慶等友善

張興宗 字嶷亭拔貢真行俱得二王墨妙

張星 字鐵橋工書善寫蘭竹並以詩聞見窮交十傳

張紹齡 字曲江工書並以文名與宫增祐俞塽等稱羅浮七子

張逸 字逸君美鬚髯自號髯翁善草書筆法秀勁無倫遠宗懷素為人灑脫不羈常俗嗜飲酒有招之飲者即為奮筆不以貴賤拘也否則雖搢紳先生索一字而不可得也歿後名猶重

張士炘 字熙亭逸之弟也善畫墨蟹著有蟹譜一書

張兆璠 字筱石廩貢生擅文辭尤工畫梅

張文澤 字兑生邑諸生善畫墨梅三兩疏踈枝頗饒逸趣

張美鎏 字硯芸畫人物法宗陳志蓮頗為畫家所珍重惜終身潦倒其名不彰

戚

戚著 字白雲泰州高士嘗為江都宗定九繪新柳堂圖

（凌）

凌文淵 字直支諸生入民國官財部次長未達時即善繪事棄官後益肆力於書畫

（許）

許愛堂 字蓉裳善草書尤工詩時値赭亂隱身於賈

許則林 字杏農廩生工書法

流寓 許德符 字徵仲杭縣人寓居於泰書法老拙不輕自署款畫花卉用沒骨法鮮妍腴潤雖老猶然徐震甲極稱賞之

（郭）

流寓 郭化淳 鹽城人僑寓海安三塘工書所書碑碣至今人猶摹之

（陳）

陳鑽 號流夫一號澹道人住海安鎮工書善畫松與桐尤極其妙侍郎夢麟作澹道人秋色梧桐歌極稱許其藝

陳端 字方行號琢餘附貢生官刑部員外郎工書法宗唐歐陽率更

陳志樞 號柳塘歲貢生工詩畫與錢塘胡西垞丹徒李蘿村興化鄭板橋同邑仲鶴慶等友善

陳伊旭 號學顛諸生真行俱得二王墨妙

陳怡 字如堂號晴樓工書能文

陳彝簡 主事陳文田子諸生工畫書法

陳祖武 字纁孫號石耘邑諸生父文霦善書祖武克承家學書法絕精兼工篆刻間作仕女亦工緻

陳晉元 字少芳號檗生歲貢工詩書法仿黃庭經弟蕉生亦工書

陳維馨 字秬香善花卉翎毛尤工寫真神致妙肖性孤介富翁某以鉅金丐其畫不應知己貧士為親求畫者輒揮毫無

陳文霦 善書法宮中書 [illegible]生工畫 近名故人亦鮮知者

陳執戩 字崑甫工書兼善畫不輕作故鮮流傳 [illegible]民業得畫師涂竹

寓 陳崇光 居教乃棄所業而學畫藝乃絕 晚年不輕為人落筆

陸

流寓 陳克劭 字子勤，丹徒拔貢，陳宗起子，咸豐間避亂居海安，詩文清腴，善繪山水

陸舜 號吳洲，康熙翰林，山水絕工，徐虹亭稱之，見退菴筆記

陸藻 字湘舫，諸生，舜七世孫，工吟嗜古，精於篆刻

陸祖禕 號迂叟，任海安鎮，善草書及擘窠字

陸儋辰 字莞泉，海安廩生，精醫理並工書法

惲

流寓 惲向 字香山，初名本，號道生，武進人，游泰寓福城菴，邑人夏荃曾藏其山水小幅，上綴題詞，許為深於畫理，並謂字亦古峭可愛

流寓 惲格 字南田，武進人，流寓泰邑，居西山寺白雲寺，曾作松陰鳩夢圖

游

游昌甲 字子瞻，拔貢，工楷書

程

程贊 （明）字易三，住海安鎮，工山水，運筆高渾，有名於時

陳伊旭 號學顛諸生真行俱得二王墨妙

陳怡 字如堂號晴樓工書能文

陳彝簡 主事陳文田子諸生工畫書法

陳祖武 字繡孫號石耘邑諸生父文霦善書祖武克承家學書法絕精兼工篆刻間作仕女亦工緻

陳晉元 字少芳號槃生歲貢工詩書法仿黃庭經弟蕉生亦工書

陳維馨 字秬香善花卉翎毛尤工寫真神致妙肖性孤介富翁某以鉅金丐其畫不應知已貧士為親求畫者輒揮毫無吝色

陳東 字耘生亦字雲生工畫不近名故人亦鮮知者

陳崇光 字若木初名炤儀徵人寓泰為手民業得畫師涂竹居教乃棄所業而學畫藝乃絕精晚年不輕為人落筆

陸

流寓 陳克劻 字子勤丹徒拔貢陳宗起子咸豐間避亂居海安詩文清腴善繪山水

陸舜 號吳洲康熙翰林山水絕工徐虹亭稱之見退菴筆記

陸蕖 字湘舫諸生舜七世孫工吟嗜古精於篆刻

陸祖禕 號迂叟住海安鎮善草書及擘窠字

陸儋辰 字莞泉海安廩生精醫理並工書法

惲

流寓 惲向 字香山初名本號道生武進人遊泰寓福城菴邑人夏荃曾藏其山水小幅上綴題詞許為深於畫理並謂字亦古峭可愛

流寓 惲格 字南田武進人流寓泰邑居西山寺白雲寺曾作松陰鳩夢圖

游

游昌甲 字子瞻拔貢工楷書

程

程贊 (明)字易三住海安鎮工山水運筆高渾有名於時

程通 （明）字子邈號山居住海安鎮工書終日不釋筆亦一喜贈人每掘隙地瘞之與程贊齊名

程儀 字其羽號雲巢工書學趙文敏

程宇光 字韜庵道光順天解元工書法

程紹昌 字文伯廩貢生工書得李北海法與從叔宇光齊名

程祥禾 字雨笙紹昌子官縣丞工詩賦小楷

程祥杓 字魚雅祥禾弟能詩善畫尤工山水

程同壽 流寓 善篆書縣圖書館藏同壽七言篆聯末署六雲程同壽篆於海陵官廨雨窗下蓋程同壽及四周金石之章各一

程朴生 流寓 字石洲歙人官江西知縣解組後寓泰精篆書筆致古秀

程 流寓 字松泉歙人亦工篆書

〔費〕

費樾　字蔭棠廪貢生能文工書

〔黃〕

黃雲　字仙裳號舊樵住姜堰工書法縣圖書館藏仙裳草書中堂一極古厚樸茂

黃泰來　字交三雲子工隸篆繪畫與凡陽生稱二難

黃喬年　字息仙工詩善畫壽八十子植女楣均以書畫名

黃景雲　號竹田作蘭竹花鳥草蟲絶工兼善書法

黃石　字碩玉擅蘭竹

黃元章　字慕林以其師爲興化王維翰翰字墨林故也善花卉翎毛草蟲水菓大幅通景尤長

黃憲章　字式周元章弟亦工畫

黃羣杰　字秀升光緒翰林書法窺唐人秘奧

流寓

黃涇祥　字琴川江西樂平人好古工書生平喜聚金石書畫藏鄧石如書最多嘗謂鄧書爲清朝第一因顔其居

趙瑜寓公吳熙載姚正鏞等相倡和

（黃）寓流 黃逵 字儀逋號玉壺山人山陰諸生寓泰僦居西橋左側與人
耳退菴筆記稱其詩才逸妙書法亦嫵媚奇肆雅與人

（喬）補 喬鶴駿 字其家克明諸生善畫蟹鮑知之弟子也著有蟹序載

補 喬鶴年 字松亭鶴駿之弟善畫蘆雁得邊壽民筆意

（林）林〔 〕……駿圖著名

（楊）楊宗傑 字吉人小泉弟子亦善寫真工畫馬

（萬）寓流 萬嵐 字岫石鹽城人善壘石爲山工畫山水花草人物尤以寫真名咸豐己未流寓泰州

（葉）葉雯 善以箸作書見李斗畫舫錄

葉承年 字灌成光緒壬寅舉人工書嘗取范氏天一閣本石鼓文重鐫於木自謂其功不讓真州阮氏

葉擇 字競武善畫爲西湖禪院摹岳忠武像與原本無毫髮差

（葛）葛蓉 字秋江住泰寧橋工畫嘗應御試入選

〔董〕寓流董培基字雲卿歙人爲人恢奇自喜工書法能作擘窠大字

〔解〕解模字筆梠以善書稱

〔鄒〕鄒瀛字伯海詩人應庚人少工畫應庚得句即付瀛圖之今所傳瀛畫不多惟武廟及岳墩園屏是其手筆

鄒鍾靈字雋生深知六法尤善作拳石小品嘗集鄉前輩百六十人墨蹟彙爲一册

𨸏……之字齋之有幾矣以三方……頗稱清妙亦嘗以畫殿圍屏見稱於世

鄒增泰（補）字卜菴善畫獅著太師圖圓目仰鼻狀極猙獰毛彩之然如生王梅坨深賞之

〔團〕團時根字天農善畫山水人物望雨圖最著名

〔臧〕臧柔又名克柔善篆刻嘗鉤勒董香光心經真蹟

〔趙〕趙穀（明）字雲石精繪吳熙載見之者咸以爲真矣□深得板橋筆妙見墨林今話

何爾將（補）武字少衍善書隸篆刻與吳熙載齊名作品鐫刻圖印亦極工

所居曰鄧齋客遊泰州甚久與州人趙瑜寓公吳熙載姚正鏞等相倡和

黃達（流寓）
字儀逋號玉壺山人山陰諸生寓泰州僦居西橋左側退菴筆記稱其詩才逸妙書法亦嫵媚奇肆雅與人稱

（楊）

楊瀾
字小泉善寫真尤工畫馬以八駿圖著名

楊宗傑
字吉人小泉弟子亦善寫真工畫馬

（萬）

萬嵐（流寓）
字袖石鹽城人善壘石為山工畫山水花草人物尤以寫真名咸豐已未流寓泰州

（葉）

葉雯
善以箸作書見李斗畫舫錄

葉承年
字灌成光緒壬寅舉人工書嘗取范氏天一閣本石鼓文重鐫於木自謂其功不讓真州阮氏

葉擇
字競武善畫為西湖禪院摹岳忠武像與原本無毫髮差

（葛）

葛蓉
字秋江住泰寧橋工畫嘗應御試入選

董

（寓流）董培基　字雲卿歙人爲人恢奇自喜工書法能作擘窠大字

解

解模　字筆楫以善書稱

鄒

鄒瀛　字伯海詩人應庚人少工畫應庚得句即付瀛圖之今所傳瀛畫不多惟武廟及岳墩圍屏是其手筆

鄒鍾靈　字雋生深知六法尤善作拳石小品嘗集鄉前輩百六十人墨蹟彙爲一册

鄒康　字濟之有殘疾以左二指寫真頗稱清妙亦嘗以畫武廟圍屏及西倉普濟堂華王殿圍屏見稱於世

（補）鄒春海　字澤如廩生工小楷

團

團時根　字天農善畫山水人物望雨圖最著名

臧

臧柔　又名克柔善篆刻嘗鈎勒董香光心經真蹟

趙

趙殼（明）字雲石精繪事

趙九鼎　字蘭隱工畫深得板橋筆妙見墨林今話

劉

劉振疆字石君游武庠後棄所學留心金石文字搜討久之擅篆刻刀法極遒媚筆印尤精妙繪百壽圖為淮揚道某所激賞贈以鐵筆吴陵第一枝之章

劉慶山字少石工四體書尤善畫以金石著名

劉……介海安劉桐之曾孫工篆刻

流寓 劉壽高字鶴秋湖南衡陽人光緒間寓泰善書真草隸篆並工藏碑帖極富

……大字

潘

潘兆奎……如板橋李馥堂賣畫於泰見其筆墨之奇使之捉刀見叢談偶錄

鄧

鄧琬善以指作書人呼為獃子見李斗畫舫錄

鮑

鮑……字舜上……軍官學校畢業工書法……知邑之鮑……莊人善畫墨蟹甲胄……無俗態……草蟲亦佳弟子張士炘能得其傳

鮑……字亦雲工寫真……法以隸楷行三體相參別成一格嘗鬻畫……縣為人灑脫工

泰

〔盧〕

流寓鄭箕 字芹甫晚號老芹善畫以荷柳著名避亂寓泰與邑人徐震甲寓公徐繼裕吳廷颺等友善

盧世美 明字海瀛邑巨富工山水人物見退菴筆記

盧綰 字蕙圃善草隸有晉人風格

〔繆〕

繆維 字右川工山水

繆嵐 字青嵐右川子善畫得父皴法嘗寫夏山烟靄圖淌染空超備極神妙真州方元鹿極稱之

繆肇慶 號棠溪以畫芭蕉得名畫秋菘亦生氣拂拂從十指出

〔蕭〕

蕭然 字自如諸生游幕有年夙工書法

〔鍾〕

鍾爾敬 字竹椽善畫山水得三王秘奧

鍾河 字清瑞工書法

〔韓〕

韓敬之 初名均號治也又號思廉舉人官上元教諭工書學鍾王嘗題香海畫册鐵侍郎保極稱之

劉 補

劉振疆 字石君，遊武庠，後棄所學，留心金石文字，搜討久之，擅篆刻，刀法極遒媚，筆印尤精妙，繪百壽圖為淮揚道某所激賞，贈以鐵筆吳陵第一枝之章

劉慶山 字少石，工四體書，尤善畫，以金石著名

劉份 海安劉桐之曾孫，工篆刻

劉屺 字巳山，姜堰人，善作擘窠大字

潘

潘兆奎 諸生，工書畫，乾隆間鄭板橋、李馥堂賣畫於泰，見其筆墨之奇，使之捉刀，見叢談偶錄

鄧

鄧琬 善以指作書，人呼為獃子，見李斗畫舫錄

鄧寅 字甯生，陸軍軍官學校畢業，工書法

鄭 補 流寓

鄭燮 字克柔，號板橋，興化，乾隆進士，官知縣，為人灑脫，工畫蘭竹，書法以隸楷行三體相參，別成一格，嘗鬻畫於泰

流寓

鄭箕 字芹甫晚號老芹善畫以荷柳著名避亂寓泰與邑人徐震甲寓公徐繼裕吳廷颺等友善

〔盧〕

盧世美 明字海瀛邑巨富工山水人物見退菴筆記

盧綰 字蕙圃善草隸有晉人風格

〔繆〕

繆維 字右川工山水

繆嵐 字青嵐右川子善畫得父皴法嘗寫夏山烟靄圖滃染空超備極神妙真州方元鹿極稱之

繆肇慶 號棠溪以畫芭蕉得名畫秋菘亦生氣拂拂從十指出

〔蕭〕

蕭然 字自如諸生游幕有年夙工書法

〔鍾〕

鍾爾敬 字竹椽善畫山水得三王秘奥

鍾河 字清瑞工書法

〔韓〕

韓敬之 初名均號治也又號思康舉人官上元教諭工書學鍾王嘗題香海畫冊鐵侍郎保極稱之

儲

戴

魏

譚

韓發棠　字杏村工八分書兼善吟咏

韓光啟　字曉村工詩善書縣圖書館藏有曉村書詩箋一頁

韓壁　海安人工畫圖時根之弟子也邑人夏光宇藏其雪景中堂一軸

韓國鈞　字紫石舉人官蘇省長工書以潤筆資助海安工廠經費

儲震昌　字曉嵐工山水

諸煦　字暄堂晚號左盲工書得歐褚遺法

戴　字漢三從戎有年而精於繪事知者絕少並工雕刻亦蒼勁所刻濟顛像不但神情逼肖見者莫不讚嘆

流寓

戴堊　字小舟休寧人寓泰州以畫為業傳其法者甚衆黃元章王紫芝及其子度尤著

流寓

魏茂林　字笛生莆田人寓居於泰嘉慶進士工書縣圖書館藏有茂林字条一

譚純熙　字蚷菴工書

譚業騏字小亭工書

譚組雲海安人自稱譚海陵鬻書海上頗著聲譽子小雲亦工書畫

闞 流寓

顧

闞烈字俊侯口口人工書

顧瀛字湘靈貢生為文寖饋史漢楷法亦古秀

顧堅字介石祖濤父言皆工畫堅承家學人物山水無不精妙判官亦□室即其畫室也

顧觀森字雨田工書得公權筆意蘭雞嘗為上真殿書□祥善

待詔顧頤烜顧

諸生父子覲為名書家階升承其家學尤精妙

顧山字善草書

儲

韓發棠 字杏村工八分書兼善吟咏

韓光啟 字曉村工詩善書縣圖書館藏有曉村書詩箋一頁

韓壁 海安人工畫圖時根之弟子也邑人夏光宇藏其雪景中堂一軸

韓國鈞 字紫石舉人官蘇省長工書以潤筆資助海安工廠經費

儲震昌 字曉嵐工山水

補

儲煦 字暄堂晚號左盲工書得歐褚遺法

戴

戴笠 字雲笠號賸夫善蘭竹有東坡筆意書亦蒼勁

流寓

戴堃 字小舟休寧人寓泰州以畫為業傳其法者甚衆黃元章王紫芝及其子度尤著

魏

流寓

魏茂林 字笛生莆田人寓居於泰嘉慶進士工書縣圖書館藏有茂林字条一

譚

譚純熙 字蚯菴工書

譚業騏 字小亭工書

譚組雲 海安人自稱譚海陵鬻書海上頗著聲譽子小雲亦工書畫

關

流寓

關烈 字悠侯口口人工書

顧

顧瀛 字湘靈貢生為文寢饋史漢楷法亦古秀

顧堅 字介石祖濤父言皆工畫堅承家學人物山水無不精妙判官亦著名小香岩原名芥室即其畫室也

顧允厚 字載之工詩善畫梅與同邑康發祥善

流寓

顧階升 字晉齋與从諸生父子觀為名書家階升承其家學亦以書名隸尤精妙

方外

釋

清永 號詞門，海安西寺僧，工山水，學王右維，其徒大畧與雲飄並能畫能書

性慧 字炳一，號幻雲，乾隆間主光孝寺，與其徒圓能並精戒律，善詩畫。圓能字西林，一字墨菴

真實 字達真，號雪齋，又號竹嶼，泰州僧，寀錫焦山，善書法，躭吟咏。縣圖書館藏雪齋書詩箋一頁

琴樓 武廟僧，風雅，善畫蘭竹

法成 字少雲，光孝寺方丈，善畫花草

谷鴻 字東溪，法成之徒孫也，亦善畫花卉

釋家排印次序 依首六字法寫出

(一)谷鴻 (二)性慧 (三)法成 (四)真實 (五)原谷 (六)清永 (七)琴樓

道

洪複初 字紫筠北斗宮道士工花卉尤善竹其殿後原有竹林朝夕流連林下窺其姿態故畫頗有獨到之處

單來景 字小湖同光間主姜堰都天廟能書畫尤嗜吟咏其廟門前有聯云當門月影依林入隔岸鐘聲渡水來即其手筆

張集 字石齋三元宮道士書法師興化徐退之以退之嘗寓三元宮石齋得窺其運筆法也

朱輝 字月樵玉皇宮道士善書龍及壽星年逾八旬猶能握管宣統統初元南洋勸業會美術館列其畫龍立軸定價六十金懸未久即為人購去

補 **宋陽裕** 斗姥宮道士也名鶴儕海陵八景詩石刻即陽裕所書今嵌斗姥宮牆左

〔釋〕

方外

清永 號詞門海安西寺僧工山水學王右維其徒大畧與雲飄並能畫能書

性慧 字炳一號幻雲乾隆間主光孝寺與其徒圓能並精戒律善詩畫圓能字西林一字墨菴

真實 字達真號雪齋又號竹嶼泰州僧寀錫焦山善書法躭吟咏縣圖書館藏雪齋書詩箋一頁

琴樓 武廟僧風雅善畫蘭竹

法成 字少雲光孝寺方丈善畫花草

谷鳴 字東溪法成之徒孫也亦善畫花卉

原谷 淨因寺僧以善畫蘭竹得名

道

洪複初 字紫筠，北斗宮道士，工花卉，尤善竹，其殿後原有竹林，朝夕流連林下，窺其姿態，故畫頗有獨到之處。

單來景 字小湖，同光間主姜堰都天廟，能書畫，尤嗜吟咏，其廟門前有聯云「當門月影依林入，隔岸鐘聲渡水來」，即其手筆。

張集 字石齋，三元宮道士，書法師興化徐退之，以退之嘗寓三元宮石齋，得窺其運筆法也。

朱輝 字月樵，玉皇宮道士，善書龍壽星，年逾八旬，猶能握管，宣統統初元南洋勸業會美術館列其畫龍立軸，定價六十金，懸未久即為人購去。

宋陽谿 斗姥宮道士也，眉鶴倩海陵八景詩石刻即陽谿所書，今嵌斗姥宮牆左。

閨媛

（宮）宮宛蘭　進士偉璆女，工畫墨梅，雪葉風枝，翛然有偃蹇瑤臺之思。見東臬年帰久集。

（張）張國英　字蘭漪，山陰名畫師張西湖女，適海陵鍾氏。其畫得父真傳，筆墨靈活，花卉擅沒骨法。

（黃）黃　楣　書畫家黃□□之學，工書善畫。

（陳）陳妃雪　居邑之東門，吳寓稼陳之裡也。適蘇州張姓，其夫不甚慧，而偏精於刻硯，乃授技於妃雪，妃雪能得其傳。凡端歙硯以手押之，即知其良否。後返泰，傳世嘗為泰州殷某事刻一硯，贈東鄰，頗珍異之。生平所刻硯甚多，以達摩度海圖、松鹿圖為最，有名於時。又善鐵線銀鈎，鐵極甚工緻，識者以蘇州顧眉娘稱之。

遺系 吳姓氏錄

附誌

吾泰藝術人才，曆算如陳厚耀、説書如柳敬亭、圍弈如黄龍士、技擊如蔡尔常、塑像如吳本裕、京劇如梅蘭芳，皆卓然有名於世，而傳誌寥寥。然惟此類人才，均難多索，故謹附識於此，不另立傳，非畧也，幸閱者諒之。

附庵謹誌

閨媛

（宮）宮婉蘭 進士偉璆女，工畫墨梅，雪葉風枝，翛然有㑹偃蹇瑤臺之思。見陳其年《婦人集》

（黃）黃楣 書畫家黃喬年之女，承父之學，工書善畫

（陳）陳妃雪 居邑之東門吳窗橋陳氏之裔也，適蘇州張姓女，其夫不甚慧，而偏精於刻硯，乃授技於妃雪，妃雪能得其傳，凡端歙硯，以手抑之即知其良否，後返吳，何世當為秦敷事刻一硯寄顧東鄉，頗珍異之，生平所刻硯甚多，以達摩渡海圖、松鹿圖尚最有名，顧晴又著一鐵錄盦，銀鉤鐵極甚工緻，識者以蘇州顧二娘媲之

[illegible]縣姓氏錄 以上[illegible]

附誌

吾泰藝術人才，曆算如陳厚耀，說書如柳敬亭，國弈如黃龍士，技擊如蔣東常，琴徽如吳本韜，戲劇如梅蘭芳，皆卓然有名於世，而以傳[illegible]。但惟此類人才，均難多索，故謹附識，不另立傳，非略也。幸閱者諒之。

謝庵謹誌

新增本邑藝術家小傳

王培元 字伯倚 擅長篆刻

王光璆 字農孫 歷任地方法院推檢 居嘗作畫以自娛

（流寓）王亞平 鹽城人 曾任蘇州中學教員 善畫貓

（流寓）尹天民 湖南人（字大衢）曾佐李明揚戎幕 善畫虎 吳人得之者甚夥

（流寓）任雄之 興化人 善草書

朱木欣 字寓生 醫生 能行書

宋　　字鳳翔 善畫寫真

汪贊文 字瑞生 瑣入泰籍 工書法

仲　彬 字約哉 能畫不輕着筆

李觀賢 字思齊 書法秀逸 臨靈飛經極工

李　瑞 字慕之 號懶翁 嘗為書畫義賣會畫流民圖 識者稱之

李春源 字左泉 善畫馬

金　誠 字貴君 號院僧 工花卉

徐子兼 瀟灑自然 不同凡響 （花人善畫梅竹 從謝公展之門 謝稱而往）

秋樹棠 字石南 善寫真

姚谷良 號鳳子 畫品不俗 花卉工

高炳若 字天爵 善畫人物山水

高叔卿 字壽徵 隸書頗有名於時

張　字寶秋善畫蟹

馮金章　字天培工畫山水

陳銘章　與葉大根齊名工畫山水人物

陳昌年　字西伯善楷書

陳熙晨　字季明工書善畫

孫廷　字靜溪善畫米仲詔弟子

寓泰　孫瘦石　東台人工畫山水

陳吳齡　字景蘭工繪事

葉大根　名臣　字中行工畫山水人物與陳銘章齊名

楊文業　字仲修　一字仲千篆書頗得古法

寓泰　楊溶名　名梓　字子述卿　號石其　別號　又工篆刻　畫花　以賞泰　寄於泰

鄭墨　又名默　字□□　工書工畫尤善寫真

錢濟　字載舟　並工善摹人善畫

儲芝生　善繪花鳥

方外

徐鳴　字鳳岐　道士　善畫花鳥其亦有名

許掄英　字行健工草書

程法　字念樵　工畫　作程文　但筆法樞

程縱卿　工畫竹木知者甚少　姓鮮知者

閨媛

石靜嫻 字沐華妻工於花卉

朱珍 字玉梅朱仲宣之女工於畫

張蘋白 嘉興工畫師朱仲宣頗得其法

補

潘春鬱 字伯諧 再申中書恨丁

潘覲繪 字野聞 善寫照 勤點是